JN312921

現代法理学

田中成明

有斐閣

はしがき

　法とは何か。法は道徳や強制とどのような関係にあるのか。正義をはじめ法の実現すべき目的とはどのようなものなのか。法の解釈・適用はどのような方法で行われ，その合理性・正当性はどのような基準で識別されるのか。法律学とはどのような性質の学問なのか。これらの法と法学の在り方をめぐる根本問題について原理的基礎的に考察する学問分野は，法理学，法哲学，法理論などと呼ばれ，法の一般理論，正義論，法律学的方法論をその主要問題領域としている。本書は，このような法の基礎理論に関する概説書である。

　法というものは，法律家に限らず法的過程に関与するすべての人びとの法実践によって用い動かされてはじめて，その目的や機能が具体的に実現されてゆく動態的なものである。自由で公正な社会の法システムにおいては，すべての人びとに対して，たんに法的な規制・保護の客体にとどまらず，それぞれが善き生き方・正しい社会と考えるものを実現するために必要な場合には，法を用い動かす主体として，相互に尊重し配慮し合いながら，様々な仕方で法的空間の多層的な動態的過程に参加することが期待され，そのための各種の制度的仕組みが法システムに内在化されている。本書では，このような法動態への相互主体的視座の確立という問題関心から，法というものを，人びとが法的規準を中核とする共通の公共的理由に依拠しつつ公正な手続に従った自主的な交渉と理性的な議論によって行動を調整し合う「議論・交渉フォーラム」ととらえる法構想を提示している。そして，現代社会において法と法学が直面している諸々の理論的・実践的課題の法理学的考察については，このような議論・交渉フォーラムという法構想と併せて，自立型法と管理型法・自治型法からなる「法の三類型モデル」という理論枠組を用い，法を「多元的・対話的な行動調整フォーラム」ととらえる複合的なアプローチをとっている。

　本書では，法動態への相互主体的視座，議論・交渉フォーラムという法構想，法の三類型モデルという理論枠組について，それぞれの意義や理論的基礎とそれらの相互関連などを，法理学の主要問題領域における考察の伝統的遺産と現代的課題とも関連づけて説明するとともに，このような私の法理学的理論を基

礎として，現代日本の法的問題状況をどのように解明しどう対応すべきかを考察するための原理的視座と理論枠組をできるだけ体系的に提示することを試みた。また，法理学・法哲学を大学法学部・法科大学院などで学ぶ学生諸君だけでなく，法社会学・比較法学などの法の基礎理論的研究に関心をもつ方々，法律学研究や法実務に携わっている法律専門家，さらに実践哲学・公共哲学や公共政策学あるいは法教育などの観点から法・裁判・権利・正義などをめぐる原理的諸問題に関心をもつ人びとにも，それぞれの関心から法理学・法哲学の伝統的な主要問題と現代的課題について一通り理解していただけるように工夫した。

　法理学・法哲学という学問の現況は，このような体系的な概説書をまとめるのに必ずしも適したものでないことを重々承知しつつも，本書を公刊するのは，旧著『現代法理論』(1984年)，『法理学講義』(1994年)の場合と同様，自己の専攻分野についてこの種の書物を公にして大方の批判を仰ぐことも，大学で相当期間にわたって伝統ある講座の担当者として研究教育に携わる者の重要な責務であるという先輩教授らの教えに従い，これまでの研究教育活動に一区切りつけるためである。『現代法理論』は，まだ私自身の法理学の学問的イメージも固まらないままに試行錯誤的な講義をしていた時期に，従来の法理学・法哲学よりも少し問題領域を拡げて，現代法に関する基礎理論的考察の問題状況と基本的課題を概観するテキストとして，講義の円滑な進捗をはかる必要に迫られてまとめたものであった。その後も，私の研究の進展にあわせて講義のなかで毎年のようにテキストの説明を補修し続けていたが，1980年代末に有斐閣で企画された『法律学大系』シリーズの『法理学』を執筆する機会を与えられ，その準備を進めている過程で，私なりの法理学の全体的構想と基本的な方向もみえはじめたので，その原稿の一部を取り込んで，『現代法理論』の全体の構成や内容を法理学的テーマに焦点を絞って大幅に改め，『法理学講義』を刊行した。
　その後も，法理学の体系的な概説書をまとめる準備は少しづつ進めていたが，大学運営業務や法曹養成制度改革に忙殺されたり身体のあちこちに不具合が生じてしばしば体調を崩したりして，法理学本来の研究に専念することができない状況が続き，ようやく二度目の定年退職を迎えた昨春から本格的な原稿整理

に集中的に取り組めるようになった。私自身の法理学的立場の理論的基礎づけと体系的展開については，まだまだ残された課題が多く，体系的な概説書を新たにゼロから構想し直し執筆する心境にはなれないけれども，『法理学講義』刊行後十数年経ち，その内容について補正・追加すべき箇所が増え，私の現在の法理学的理論を示すには不本意なものとなっている状況をこれ以上続けたくないという思いは日々強まってきている。そこで，あれこれ迷った挙句，前回と同様，『法理学講義』を一応基礎としつつも，編・章の構成を再編成し，内容も全面的に点検して補正・追加したり従来講義で敷衍していた説明も取り込んだりして，大幅に書き改め，新たに『現代法理学』として公刊していただくことにした次第である。

『現代法理学』というタイトルにしたのは，『現代法理論』から『法理学講義』を経て本書刊行に辿り着くまでの経緯への愛着をふまえ，かつ，類書と紛らわしいタイトルを避けたためであって，決して法理学という学問分野の最先端の理論を提示しているという趣旨ではない。もともと『現代法理論』を原型として「ノイラートの船」方式で補修を重ねてきたこともあって，各章によって問題の取り上げ方や説明に繁簡宜しきを得ず，私見をかなり積極的に展開している章もあれば，議論の対立構図の整理とその主要争点の基本的な考え方を示唆するにとどまっている章もある。意図的にそうしている場合もあるが，私の問題関心の偏りやまだ考察途上にあることに起因するところも少なくない。全体を読み通してみて，法理学や関連分野における内外の同時代の代表的理論との対話による考察に相当の紙幅を割いているのに比べて，法理学・法哲学の伝統的遺産の系統的な考察が十分ではない観があることも，「現代」法理学という限定的なタイトルにした理由である。このような同時代的な対話録としての本書の価値を少しでも高めることと，本書をテキストに用いて私自身が講義する機会は多分もうないと思われることを考え，旧著とは方針を変え，私自身が本書の執筆にあたって参照し読者が関連箇所を理解される参考になると思われる主要な内外の文献をかなり詳しく注記することにした。

ようやく本書の刊行に漕ぎ着け，私の法理学研究に一区切りつけることができたのは，有斐閣京都支店の編集部の方々の長年にわたる励ましとご配慮によるところが大きい。なかでも『現代法理論』以来お世話になってきた奥村邦男

氏には，同氏が定年退職されるまでに本書を仕上げる約束が果たせず，ご厚情にお応えできずにご迷惑をおかけした．本書の刊行については，原稿整理を集中的にはじめた段階から一村大輔氏に引き継いでいただき，執筆方針について迷う著者に適切な助言をし手際よく面倒な編集作業を進めてくださった．また，京都大学助教の近藤圭介氏には，初校ゲラ刷りに丹念に眼を通して説明が分かりにくい箇所や疑問のある箇所などを数多く指摘していただき，脚注の確認や索引作成も手伝っていただいた．指摘をふまえて初校ゲラに相当手を加えて説明を分かりやすくし疑問を解消する工夫をしたが，なお説明に不十分・不正確・不整合な箇所が残っていれば，すべて私の責任である．

　本書の刊行に当たって直接お世話になった以上の方々に心から御礼申し上げるとともに，私の講義を難解だとこぼしつつ聴講してこのような概説書をまとめる重要な誘因を与えてくれた学生諸君，私の法理学的見解に対して様々な観点から疑問や批判を提起して私の研究の進展に絶えざる刺激を与えてくださった方々にも，遅ればせながら懸案の書物が出来上がったことを報告かたがた，感謝の意を表したい．

　　　2011年9月

　　　　　　　　　　　　　　　　　　　　　　　　　　田　中　成　明

目　次

序　論　法理学の学問的性質と役割 ──── 1

1　法理学の位置と現況 ──── 1
- 1　はじめに (1)
- 2　現在の教育研究上の位置 (2)
- 3　法理学の現況とその背景 (5)

2　法理学・法哲学・法理論 ──── 9
- 1　沿革的説明 (9)
- 2　法理学の位置づけとその考察方法 (12)

3　法理学と法律学・法実務 ──── 16
- 1　法実務・法律学の視点 (16)
- 2　法理学的視点の特質 (19)

4　法理学の主要問題領域 ──── 21

第 1 編　法動態へのアプローチ

第 1 章　法への視座 ──── 31

1　法とは何か ──── 31
- 1　見解の対立とその原因 (31)
- 2　問題への複合的アプローチの試み (35)

2　法動態への相互主体的視座 ──── 41
- 1　法システムの動態的理解と相互主体的視座 (41)
- 2　動態としての法システムの四側面 (44)

3　強制的命令システムから議論・交渉フォーラムへ ──── 47
- 1　強制的命令システムという見方の難点 (47)
- 2　対話的合理性基準と議論・交渉フォーラム (52)
- 3　法的空間における合意・議論・手続 (55)
- 4　法における権威と実践理性 (59)

第2章　法システムの機能と構造 ──── 63

1　法システムと多様な法規範 ──── 63
　1　はじめに（63）
　2　準則（rule）と原理（principle）──法規範の規定方式（65）
　3　命令・禁止・許容・授権──指図内容の機能的区別（66）
　4　行為規範・裁決規範・組織規範──法システムの重層構造（67）

2　法の社会的機能 ──── 71
　1　はじめに（71）
　2　社会統制機能（72）
　3　活動促進機能（73）
　4　紛争解決機能（75）
　5　資源配分機能（76）

3　法　　源 ──── 78
　1　はじめに（78）
　2　国家制定法（80）
　3　公私の自治法規（81）
　4　慣　習　法（82）
　5　判　例　法（84）
　6　条　　理（87）

4　法の妥当性 ──── 89
　1　法の妥当性と実効性（89）
　2　北欧リアリズム法学のアプローチ（90）
　3　法実証主義的妥当論（91）
　4　法の妥当根拠論（95）

第3章　法の三類型モデル ──── 99

1　現代法の全体像を求めて ──── 99
　1　多元的法モデルによるアプローチ（99）
　2　「法化」「非＝法化」「反＝法化」論議（102）

2　法の三類型モデル ──── 105
　1　自立型法と管理型法・自治型法（105）
　2　自立型法と近代西欧法（112）

    - ③ 自治型法（118）
    - ④ 管理型法（120）
  - **③ 現代日本の法状況と対応戦略**……………………………………123
    - ① リーガリズム，法道具主義，インフォーマリズム（123）
    - ② 日本の法状況の特質とその現況（127）
    - ③ 現代日本の法状況への対応戦略（130）

第2編　法システムの基本的特質

第4章　自然法論と法実証主義 ——————————————— 137

１　自　然　法　論 ……………………………………………………137
- ① はじめに（137）
- ② 伝統的自然法論（138）
- ③ 現代自然法論の展開（141）

２　法実証主義 …………………………………………………………146
- ① 法実証主義の諸潮流と共通の特徴（146）
- ② 法実証主義における法と道徳の分離テーゼ（148）

３　悪法への不服従と抵抗 ……………………………………………152
- ① はじめに（152）
- ② 自然法論と法実証主義の悪法論（153）
- ③ 悪法への服従義務の根拠——秩序・平和と多数決原理（156）
- ④ 悪法の概念とその判定（157）
- ⑤ 悪法への対処の仕方（161）

第5章　法　と　道　徳 ——————————————————— 165

１　法と道徳の区別・関連 ……………………………………………165
- ① はじめに（165）
- ② 法の外面性・道徳の内面性（167）
- ③ 個人道徳と社会道徳（170）

２　法による道徳の強制 ………………………………………………172
- ① J. S. ミルの他者危害原理（172）
- ② 法的モラリズムをめぐって（174）

　　　　③　不快原理（176）
　　❸　法的パターナリズム……………………………………………177
　　　　①　その特質と諸類型（177）
　　　　②　パターナリズムの正当化（180）
　　　　③　パターナリズムと公益的規制の交錯（185）

第6章　法と強制 ———————————————— 189

　　❶　強制，サンクション，実力……………………………………189
　　　　①　はじめに（189）
　　　　②　法的サンクションの特質（190）
　　　　③　法的強制の多義的構造（192）
　　❷　法的強制，実力規制，国家権力………………………………194
　　　　①　法と実力の関係（194）
　　　　②　法的強制と国家権力（197）
　　　　③　法的強制の組織化の意義（199）
　　❸　多様な法規範と強制との関連…………………………………201
　　　　①　二系列の見解の対立（201）
　　　　②　ケルゼンの一元的な見解をめぐって（202）
　　　　③　両系列の統合をめざして（204）
　　❹　現代法の機能拡大と強制の位置づけ…………………………205
　　　　①　強制的サンクションの位置づけの見直し（205）
　　　　②　現代法の機能拡大と強制形態の変貌（209）

第3編　法の基本的な概念と制度

第7章　権利と人権 ———————————————— 217

　　❶　法的権利義務関係………………………………………………217
　　　　①　法的権利の重層構造——回復的権利と第一次的権利（217）
　　　　②　権利義務関係の特質（219）
　　　　③　法的権利義務関係の諸相（221）
　　　　④　法的権利の一般理論（224）

2　人権の特質と存在構造……227
- 1　人権保障の法的制度化の展開（227）
- 2　人権の基礎と特質（229）
- 3　人権の存在構造・生成過程（234）

3　新しい権利・人権……236
- 1　その生成・定着過程（236）
- 2　その提唱の背景と意義（238）
- 3　新しい権利の生成と裁判の役割（240）

第8章　犯罪と刑罰　——————————— 245

1　犯罪と刑罰の見方の変遷と現況……245
- 1　犯罪＝刑罰図式の法システムにおける位置（245）
- 2　犯罪概念をめぐる見解の対立（247）
- 3　刑罰制度の変遷（248）

2　刑罰の性質とその正当化……251
- 1　応報刑論（251）
- 2　目的刑論（253）
- 3　責任主義の意義とその限界（256）

3　刑罰の限界と代替的対応方式……259
- 1　「非犯罪化」と「ディヴァージョン」（259）
- 2　法的サンクション方式の多様化（263）
- 3　代替的対応方式の問題性（266）

第9章　裁判の制度的特質と機能　——————————— 269

1　裁判の位置と制度的枠組……269
- 1　法システムにおける裁判の位置（269）
- 2　司法的裁判の制度的枠組（271）

2　裁判の正統性……276
- 1　裁判の正統性の考え方（276）
- 2　司法的裁判の役割と制度的枠組の統合的理解（278）
- 3　手続保障論の新展開（281）

- ④ 手続の正統化機能 (284)
- **3 現代型訴訟と政策形成機能** ……………………… 286
  - ① 現代型訴訟の特徴と意義 (286)
  - ② 裁判の多様な政策形成機能 (289)
  - ③ 裁判の機能拡大の基本的な考え方 (294)
- **4 裁判と裁判外紛争解決手続（ADR）** ……………… 297
  - ① 裁判外紛争解決手続の現況 (297)
  - ② ADR の評価と位置づけ (301)
  - ③ 裁判と ADR の関係 (305)

第4編　法の目的と正義論

第10章　法と正義 ——————————— 313

- **1 法の目的と正義の諸相** ……………………………… 313
  - ① 法の目的と多様な正義観念 (313)
  - ② 主な正義観念と法との関係 (317)
- **2 法的正義と「法の支配」** …………………………… 326
  - ① 法内在的正義としての法的正義 (326)
  - ② 法 の 支 配 (329)
  - ③ 司法的正義 (333)
  - ④ 正義問題への「消極的アプローチ」(336)

第11章　実践的議論と対話的合理性 ——————— 341

- **1 正義論とメタ倫理学** ………………………………… 341
  - ① 規範的正義論と倫理学 (341)
  - ② メタ倫理学の主要類型 (342)
- **2 価値相対主義** ………………………………………… 345
  - ① 基本的主張内容とその方法論的基礎 (345)
  - ② 主張内容の批判的検討 (349)
- **3 実践的議論の合理性基準を求めて** ………………… 355
  - ① 実証主義的・形式論理学的な知的地平を超えて (355)

    2　日常言語学派（356）
    3　新レトリック論と実践的討議理論（359）
  4　実践的議論の対話的合理性基準……………………………………………362
    1　実践知としての実践的議論（362）
    2　合意・議論・手続——対話的合理性基準の基本概念（367）
    3　実践的議論の「制度化」（372）

第12章　現代正義論の展開────────────────377
  1　現代正義論の問題状況と背景……………………………………………377
    1　J．ロールズ『正義論』以降（377）
    2　功利主義（379）
  2　J．ロールズの「公正としての正義」論………………………………385
    1　反功利主義的な立憲民主制擁護論（385）
    2　正義の二原理（386）
    3　正義原理の社会的諸制度への適用——背景的正義と手続的正義（391）
    4　「公正としての正義」論の正当化（393）
  3　R．ドゥオーキンの権利基底的平等主義………………………………401
    1　権利基底的（right-based）理論（401）
    2　リベラルな平等概念——「平等な配慮と尊重を求める権利」（402）
    3　基本的自由権の平等主義的位置づけ（405）
    4　「資源の平等」構想（406）
  4　リバタリアニズム…………………………………………………………408
    1　福祉国家批判から市場原理主義へ（408）
    2　R．ノージックの最小国家論（410）
    3　F．A．ハイエクの自生的秩序論と社会的正義批判（413）
    4　J．M．ブキャナンの立憲契約説的公共選択理論（416）
  5　リベラリズム批判の諸潮流………………………………………………420
    1　社会主義（420）
    2　リベラル・コミュニタリアン論争（423）
    3　フェミニズム（430）
    4　多文化主義（multiculturalism）（435）
  6　わが国の問題状況をふまえた補足的まとめ……………………………440

第5編　法的思考と法律学

第13章　裁判過程と法の適用 —— 447

1　裁判過程の見方の変遷 …… 447
- ①　近代的裁判観の形成と展開（447）
- ②　自由法運動と利益法学（449）
- ③　社会学的法学とリアリズム法学（451）

2　法の適用と法的三段論法 …… 453
- ①　裁判過程と法的三段論法（453）
- ②　法的三段論法の限界と意義（456）

3　事実認定 …… 458
- ①　事実認定の特質（458）
- ②　事実認定と証拠（460）
- ③　証明責任（462）

4　法の解釈 …… 463
- ①　法の解釈と継続形成（463）
- ②　法解釈の技法（466）
- ③　法解釈の目標と規準（470）

第14章　戦後の法解釈理論の展開 —— 475

1　戦後日本の法解釈論争 …… 475
- ①　論争初期の問題設定（475）
- ②　川島武宜の法律学論——法の教義学と科学の間で（479）
- ③　利益衡（考）量論（482）

2　法解釈理論の現代的展開 …… 485
- ①　戦後の論争の基調への批判的潮流の台頭（485）
- ②　「法と経済学」アプローチ（487）
- ③　R.ドゥオーキンの司法的決定・法解釈理論（492）
- ④　平井宜雄の「法政策学」と「議論」に基づく法律学（499）

第15章　法的思考・法的議論・法律学 —— 505

1　法的思考の基本的特質 …………………………… 505
- ① 法的思考の特質と司法的裁判（505）
- ② 法的思考と要件=効果図式（508）
- ③ リーガル・マインドと法的思考（510）

2　法的思考と実践的議論 …………………………… 513
- ① 法的思考の知的地平と科学・論理学（513）
- ② 実践哲学の復権と法律学的方法論（517）
- ③ 法的議論と実践的議論の関係（521）

3　法律学とその教義学的特質 ……………………… 528
- ① 法律学の活動内容とその学問的性質（528）
- ② 法律学の教義学的性質（533）

第16章　法的正当化の基本構造 —— 543

1　問題への視座転換 ………………………………… 543
- ① 法的思考と裁判の制度的枠組（543）
- ② 法的議論の構造とその正当化の考え方（546）

2　法的正当化における利益衡量と目的=手段思考 …… 553
- ① 「法的」利益衡量の在り方とその位置づけ（553）
- ② 法的正当化における目的=手段思考（557）

3　法的正当化と対話的合理性 ……………………… 564
- ① 法的正当化の全体構造と法解釈の規準との関連（564）
- ② 法的判断と賢慮の伝統（567）
- ③ 法的正当化における社会的コンセンサスの位置づけ（570）

事 項 索 引（579）
人 名 索 引（588）

凡　例

1．本書の構成と内容は，旧著『法理学講義』（1994年），さらに『現代法理論』（1984年）を基礎にしているが，今回は，前回以上に，構成・内容だけでなく体裁も改訂の域を超えた補正・追加・変更などを行っているので，『法理学講義』の改訂版とはせずに，新著として公刊することにした。また，とくに必要な箇所を除き，これらの旧著の見解からの変更箇所などをいちいち説明することも原則として省略した。

2．本文における説明の重複を避けるとともに，読者の理解の便宜のために，本文中で本書の関連箇所をできるだけ相互に参照指示することにした。原則として第1章 **1** ①(1)(i)という表記で指示するが，括弧書きで本書の関連頁のみを参照指示していることもある。

3．欧文の参照・参考文献については，邦訳がある場合は原則として付記することにしたが，訳文は，付記した邦訳を参考にさせていただいたけれども，必ずしもそれらの邦訳に依っていない。

4．脚注は，各章ごとに通し番号で付けることにし，同一の参照・参考文献を繰り返し引用する場合は，その章における前出脚注番号を括弧書きで示し，文献名は適宜略記した。

5．本書では，主な参照・参考文献をそれぞれ関連箇所で脚注などで付記したので，上記旧著で各章末に掲げていた邦語参考文献は，必ずしも必要でなくなったけれども，脚注の文献指示とは異なる通覧的な利用価値もあることを考慮して，各章で取り上げているテーマ全般に関わる文献を中心に，邦訳をも含めて，主な邦語文献一覧を掲げることにした。掲載順序は，著者のあいうえお順に掲げた後に，講座・雑誌・学会機関誌等の巻・号全体，私自身の関連邦語文献を挙げた。

6．欧文・邦文文献ともに，サブタイトルは，章末参考文献を除き，とくに必要な場合以外は原則として省略することにした。また，欧文・邦文ともに，雑誌や論文集所収の論文については，一部関連箇所のみを参照指示する場合は該当頁を記載したが，論文全体を参照指示する場合には，雑誌名と巻号または論文集名のみを記載し，所収頁の記載は省略した。なお，雑誌名について，国際法哲学・社会哲学連合の機関誌 Archiv für Rechts- und Sozialphilosophie のみ ARSP と略記した。

7．版を重ねている文献については，脚注では，原則として執筆に当たって参照した版を挙げることにし，とくに最初に刊行された時期が重要な場合には，初版刊行年も付記することにした。各章末の邦語参考文献では，原則として最新版を掲げることにした。

8．索引は，事項と人名に分けて作成し，関連箇所が多い項目については，重要箇所を太字で示すことにした。事項索引の関連項目については，関連の仕方・項目数・検索の便宜などを考慮して，大項目・小項目方式と矢印による指示方式を適宜使い分けることにした。人名索引については，本文で言及している場合だけでなく，脚注でその見解や文献に言及している場合でも，本文の理解にとくに重要なものは挙げることにした。

本書のコピー，スキャン，デジタル化等の無断複製は著作権法上での例外を除き禁じられています。本書を代行業者等の第三者に依頼してスキャンやデジタル化することは，たとえ個人や家庭内での利用でも著作権法違反です。

序論　　**法理学の学問的性質と役割**

1　法理学の位置と現況

1　はじめに

　法理学を，さしあたり，法および法学の根本問題について原理的基礎的に考察する学問と暫定的に規定して，その輪郭を説明することからはじめよう。

　法理学は，法哲学と呼ばれることも多く，最近では，法理論と呼ばれることもある。このような法理学は，現在では，法学の一分野として確固たる位置を占めているが，民法・刑法などの実定法の解釈・適用に関与する実用的な法律学（法解釈学・実定法学）とは学問的性質をかなり異にしている。法理学は，その考察姿勢からみた場合には，哲学的考察を基本とすることから，哲学の一分野ともみられており，法学と哲学にまたがる学際的な競合領域として，独特の位置を占めている。

　このような法理学ないし法哲学の学問的性質，基本的課題，方法論などについては，この学問を専攻する人びとの間でも，様々な見解が対立している。けれども，少し長期的な視野からみれば，法理学・法哲学が取り組むべき主要な問題領域が，法の一般理論，正義論，法律学的方法論であることについては，多少の見解のずれや力点のおきどころの相違はあっても，広範なコンセンサスが存在すると言ってよいであろう。

　法の一般理論は，法とは何かという法の概念自体の解明をはじめ，法源理論，法と道徳や強制との区別・連関の考察，法システム・法規範の構造と機能の解明，権利・義務・責任あるいは法の効力（妥当性）などの法の基本的諸概念の分析を中心的問題としている。現に在る法（実定法）を対象とするこのような

法の一般理論に対して，正義論は，在るべき法の探求を課題とし，法価値論とも呼ばれる。正義とは何かをはじめ，自由や平等，法的安定性や法の合目的性など，法の実現すべき価値理念ないし実定法の評価・批判の規準を探求し，それらを具体的に実現する制度を構想することを中心的問題としている。法律学的方法論は，法の解釈・適用ないし法的議論・推論の論理構造や合理性・正当性基準，法律学の学問的性質の解明を中心的テーマとする。

　これら三つの問題領域における重要な論点は，相互に深くつながり合っており，統合的アプローチによる全体的考察を不可欠としている。また，法理学・法哲学が伝統的に取り組んできた問題のほとんどは，古来，様々な歴史的コンテクストのもとで繰り返し問い直され，いろいろな方法で解答が試みられてきているにもかかわらず，依然として問い続けられている恒久的なものである。このような恒久的な根本的諸問題に，それぞれの歴史的コンテクストのもとで対応を求められている時代的課題をふまえて取り組むところに，法理学の基本的な役割がみられる。

2　現在の教育研究上の位置

　現在では，法に関してアプローチを異にする諸々の学問が成立しており，それらは，一般に，医学における臨床医学と基礎医学の区分にならって，法律学，法政策学（立法学）などの実用法学と，法理学，法史学（法制史），法社会学，比較法学などの基礎法学（理論法学）とに分けられている。

　法に関するこれらの学問のうち，法律学が古代ローマ以来の長い伝統をもっており，20世紀に入る頃までは，法理学・法哲学を除けば，法に関する唯一の専門的な学問であっただけでなく，現在でも，法に関する教育と研究において中心的な位置を占めている。法律学は，裁判・行政などの専門的な法実務に役立つだけでなく，ルールや手続を重視する各種の組織管理・問題解決能力の基礎訓練にもなると，その社会的有用性が説かれ，大学法学部や法科大学院は，その専門化のレベルは異なるが，基本的にこのような実用的な法学教育に重点をおいてきている。だが，法律学に対しては，長い伝統を誇っているにもかかわらず，実定法を権威的前提とする教義学的性質や素人には分かりにくい秘儀的・職人的な技法への非難，"権力の侍女"，"パンのための学問"という軽蔑が古くから浴びせられてきている。

法理学は，このような法律学をもその考察対象としており，法律学だけでなく法システム・法実務についても，それらの基本的な特質や前提を学問・社会制度・実践活動などの全体的連関のなかで解明し，法律学・法システム・法実践の存立条件や在り方を自由に探求し批判的に考察することを本領としている。このような法理学は，とかく現実離れした高遠な非現実的学問とみられがちである。けれども，法理学的考察は，法律学的思考が尽きたところではじまるのではなく，法の解釈が分かれていたり判例の変更が求められたりするハード・ケース（難しい事件）における法的問題の適正な解決においては，法律学的思考の内部ですでに何らかの法理学的考察が必要とされていることが見落とされてはならない*1)*。法理学は，個々の法的問題の解決に直接関与するものではなく，"実用的"ではないけれども，法律学や法実務にも原理的指針や理論的基礎を提供するという意味では，"実践的"学問である。

　このような法理学は，法史学，法社会学，比較法学などと並んで，基礎法学の一部門とされている。だが，法史学，法社会学，比較法学，さらに法人類学や法心理学など，比較的新しく次々と成立した法に関する学問が，基本的に経験科学であるのに対して，法理学は，哲学的考察を基本としている点で，同じ基礎法学であっても，学問的性質をかなり異にしている。法理学は，法に関するこれらの経験科学の成果を相互に関連づけつつ批判的に摂取し，法や法学の根本問題を全体的連関のもとで原理的基礎的に考察するなかに取り込んでゆかなければならない。また，法の経験諸科学も，それぞれの基礎的な概念や理論のレベルでは，法理学的考察と大幅に重なり合っており，共通の問題についてそれぞれの視点からの考察をふまえて相互に学び合い協働して解明しようとする学際的対話が不可欠である。

　現代社会においては，法システム・法実務の複雑多様化，法律学の専門領域

---

　1)　R.ドゥオーキンが，「法理学を裁判あるいは法実務のどのような他の側面からも区別する明確な線はない」「裁判官の意見はどのようなものであれ一片の法哲学だ」と述べているのも（Dworkin, *Law's Empire*（1986），p. 90（小林公訳『法の帝国』（未来社，1995年）155頁）），法律学の思考と法理学的考察のこのような関係を念頭においたものとみる限りでは適切である。けれども，このことから「法理学は裁判の一般的部分」という位置づけに焦点を合わせて「法とは何か」という法理学的な問いにアプローチしているのは，法理学的な問いの射程を限定しすぎているきらいがあり，賛同し難い（詳しくは，本書第1章31-32頁注*1*参照）。

1　法理学の位置と現況

の細分化，法に関する経験諸科学の分化独立などに伴って，相互の全体的連関，原理的・基礎的なものがともすれば見失われがちである。法理学は，このような現代的状況のもとで，法律学だけでなく他の基礎法学をも含めた法学全体を統合する基幹的部門として，法および法学の理論上・実践上の根本問題に取り組むことをその基本的役割としている。

　法学教育においては，法理学は，以上のような学問的位置に対応して，法学入門・概論・通論的役割が期待されることもあるが，基本的には，法学学習のいわば総仕上げとして，法学専門教育の最終段階で，個々の法律学科目の学習を通じて知った理論上・実務上の諸問題を相互に関連づけて全体的視野から原理的基礎的に考察するための視座と理論枠組を教えることが期待されている[2]。

　法理学は，現在では，以上のように，基本的に法学の一部門とみられ，大学法学部・法科大学院で講義され，主として法学者がその研究教育に携わっている。だが，他の基礎法学，例えば法史学や法社会学が，それぞれ歴史学や社会学の一分野ともみられているのと同様に，法理学も，とくに法哲学と呼ばれる場合には，哲学の一分野ともみられており，法哲学が哲学のカリキュラムに組み込まれていたり，哲学者が法哲学的問題に取り組んでいたりすることも少なくない。

　哲学は，伝統的に，存在論・認識論・論理学・科学方法論などの理論哲学と，倫理学・政治哲学・社会哲学などの実践哲学とに区分され，法哲学は実践哲学の一分野とみられている。歴史的にみると，法哲学的な考察自体は，法哲学・法理学が19世紀に独立の学問分野として確立される以前に，すでに紀元前5世紀頃から，倫理学・政治哲学・社会哲学などと未分離状態で，正義論，自然法論を中心に行われていた。現在でも，正義論については，これらの実践哲学相互の境界線はほとんどみられず，法の一般理論や法律学的方法論における考察についても，部分的に重なり合い相互に影響を与えている場合が少なくない。また，近時新しい分野として台頭してきた生命倫理学などの実践的倫理学は，法哲学の問題領域とも大幅に重なり合っている。さらに，法哲学は，存在論・認識論・論理学・科学方法論などの理論哲学とも密接に関連しており，理論哲学の動向は法哲学的考察にも強い影響を及ぼしてきている。

　2）　田中成明「法学教育のおける法哲学の役割」同『法への視座転換をめざして』（有斐閣，2006年）参照。

このような深いつながりの故に、一般哲学の主な潮流は、ほとんどつねに法理学・法哲学においてもそのスポークスマンを見出してきており、現在でも、分析哲学、現象学、解釈学（ヘルメノイティク）、プラグマティズム、マルクス主義、新トマス主義、ポスト・モダニズム等々、一般哲学の主な潮流は、それぞれに対応した法理学・法哲学の学派を形成している。だが、法理学・法哲学は、哲学的考察を基本とし不可欠としているけれども、決して一般哲学の何らかの理論や方法論のたんなる応用領域ではない。法理学・法哲学の本領は、あくまでも法および法学をその固有の実践形態にふさわしい知的地平で解明し批判的に考察することである。そして、このような法理学的な解明と批判のためには、一般哲学の方法・視点や知見だけでなく、諸々の社会・人文・自然科学の方法・視点や知見からも必要に応じて積極的に学ぶべきであり、必ずしも特定の哲学的理論・方法による考察に固執する必要はない[3]。

3　法理学の現況とその背景
(1)　法理学的考察の多様化

　法理学の以上のような学問的位置からみれば、法理学は、現在のわが国などのように、法学部・法科大学院で講義され、法学者によって研究されなければならない必然性は全くない。とくに、正義論などについては、哲学や政治学など他の学問分野の専攻者が議論の進展に重要な役割を果たしてきている。また、法理学の法学における位置や哲学との関連を考えるならば、法理学だけを専攻することが適切であるかどうかも問題であり、欧米では、法理学者が同時に何らかの法律学科目を専攻していることが多い。とくに法律学的方法論などについては、法律学者や法実務家によるすぐれた法理学的考察が少なくない。

---

　[3]　法哲学を一般哲学の"応用哲学"と位置づける見解もある。けれども、生命倫理学あるいは生命医療倫理学などを"応用倫理学（applied ethics）"ととらえる見解について、一般的な倫理理論・方法の具体的な問題分析・解決へのトップ・ダウン的"適用（apply）"というイメージが、理論上・実務上の誤解を招きかねないと反省され、この用語を避けて"実践的倫理学（practical ethics）"という用語を用いる動向が一般的となってきていることなどに照らしても、適切ではなかろう。なお、最近では、生命倫理学なども含めて、倫理学・政治哲学・社会哲学・法哲学などの実践哲学の諸分野を"公共哲学"とまとめてとらえる見解が拡がってきている。山脇直司『公共哲学とは何か』（筑摩書房、2004年）、桂木隆夫『公共哲学とはなんだろう』（勁草書房、2005年）など参照。

わが国の法理学・法哲学は，近時，その専攻者が増えているだけでなく，法学・哲学の関連分野，さらに政治学・経済学・社会学などとも問題関心が重なり合い，広く注目を集め活況を呈している。このように法理学的・法哲学的考察に携わったり関心をもったりする人びとの輪が拡がるにつれて，法理学的・法哲学的考察のパラダイムも，かつてのカントやヘーゲル，H. ケルゼンやG. ラートブルフなどから，1960年代頃以降，H. L. A. ハート，L. L. フラー，R. ドゥオーキンなどへ拡大ないし移行してきている[4]。さらに，F. A. ハイエク，J. ロールズ，J. ハーバマスらの著名な思想家も，法理学的・法哲学的テーマを体系的に論じた著作[5]を公にし，それらの影響は広範に及び，法理学・法哲学のイメージの拡散傾向がみられる。

　このような状況のもとで，法理学・法哲学の在り方についても，様々の批判や要請がなされているが，それらは，大別すれば，法学と哲学の学際的な競合領域であることに対応して，基本的に二つの方向に分けることができる。

　一方では，その時々の有力な哲学的方法をそのまま導入して抽象的一般的な論議・思弁にふけることなく，実定法システム・法実務の複雑多様化，法律学の専門領域の細分化を直視して，総合的全体的な法固有の視点の提示，法の基本的な概念・制度の分析の精緻化，法的思考の構造・技法の明確化，現実的な法的諸問題の解明・解決などに，基本的に法律学の視点・活動と連続的な知的地平でもっと積極的に取り組み，法律学の基礎理論という性質を強めることが求められている。他方では，法律学のとかく閉鎖的な視点・活動にとらわれることなく，実践哲学ないし公共哲学の一分野として，正義・自由・平等などの

---

　[4]　H. L. A. Hart, *The Concept of Law* (1961)（矢崎光圀監訳『法の概念』（みすず書房，1976年）），L. L. Fuller, *The Morality of Law* (1964)（稲垣良典訳『法と道徳』（有斐閣，1968年）），R. Dworkin, *Taking Rights Seriously* (1977)（木下毅＝小林公＝野坂泰司訳『権利論（増補版）』（木鐸社，2003年），小林公訳『権利論Ⅱ』（木鐸社，2001年）；Dworkin, *Law's Empire*（前出注 *1*）（『法の帝国』）など参照。

　[5]　F. A. Hayek, *The Constitution of Liberty* (1960)（気賀健三＝古賀勝次郎訳『ハイエク全集5〜7：自由の条件Ⅰ〜Ⅲ』（春秋社，1986-87年））；Hayek, *Law, Legislation and Liberty* (1973-79)（矢島鈞次＝篠塚慎吾＝渡部茂他訳『ハイエク全集8〜10：法と立法と自由Ⅰ〜Ⅲ』（春秋社，1987-89年）），J. Rawls, *A Theory of Justice* (1971)（川本隆史＝福間聡＝神島裕子訳『正義論（改訂版）』（紀伊國屋書店，2010年））；Rawls, *Political Liberalism* (1993), J. Habermas, *Faktizität und Geltung* (1992)（河上倫逸＝耳野健二訳『事実性と妥当性（上）（下）』（未来社，2002-03年））など参照。

価値理念，社会諸制度の構成・運用原理，実践的議論・活動の在り方などを，倫理学・社会哲学・政治哲学と共通の知的地平で自由闊達に考察し，法理学の視野拡大をはかることが期待されている。

現代法理学は，その問題領域・考察視点の矮小化に陥ることも，学問分野としての自立性を放棄することもなく，ときには相対立するこれらの要請にどのように対応するかを迫られているのである。

(2) ヘーゲルの法哲学とオースティンの法理学

現代法理学が直面しているこのような状況は，現代社会特有の要因やコンテクストに規定されているところもあるけれども，基本的には，法理学・法哲学が独立の学問分野として成立する過程からみても，宿命的なものとみることができる。

このことは，19世紀に法理学・法哲学が独立の学問分野として形を整えはじめた頃の代表的な二つの古典的著作，G. W. F. ヘーゲル『法哲学要綱』[6]とJ. オースティン『法理学ないし実定法の哲学講義』[7]とを比べてみただけでも，よく分かる。

これら二つの古典のうち，法理学・法哲学にとくに関心をもたない人びととの間でもかなり広く知られているのは，ドイツ観念論哲学を代表するヘーゲルの『法哲学要綱』のほうであろう。『要綱』は，ヘーゲルが，すでに弁証法的方法に基づく論理学・自然哲学・精神哲学の三部門からなる壮大な哲学体系を提示し，ベルリン大学哲学部教授として大きな影響力をもっていた絶頂期に公刊され，彼の哲学体系における精神哲学のうち，精神が社会制度として実践の領域で自己を実現してゆく客観的精神について詳細に論じたものである。『要綱』には，「自然法と国家学概要」というサブ・タイトルがつけられているが，自然法論を批判・克服し，国家の制定する実定法のみを法とする法実証主義への方向を示すものであった。だが，彼のいう「法（Recht）」は，実定法だけでなく権利や正しいものをも含意する倫理的社会秩序の総体であり，『要綱』では，

---

[6] G. W. F. Hegel, *Grundlinien der Philosophie des Rechts* (1821)（上妻精＝佐藤康邦＝山田忠彰訳『ヘーゲル全集 9a・b：法の哲学（上巻・下巻）』（岩波書店，2000-01年））。

[7] J. Austin, *Lectures on Jurisprudence or the Philosophy of Positive Law* (1863).

自由な意志の現存在である法について，抽象法（所有・契約・不法），道徳（Moralität），抽象法と道徳を止揚する人倫（Sittlichkeit）の三つの発展段階に分けて考察され，さらに，人倫が，家族・市民社会・国家という同じく三段階の弁証法的発展としてとらえられ，最後に，国家をも普遍的精神の裁きのもとにおく世界審判としての世界史にまで説き及んでいる。

このように，ヘーゲルの場合，法哲学は，彼の壮大な哲学体系の一環として展開され，実定法の内在的分析・解明にとどまらず，外在的な評価・批判をも行っており，現代の多くの法哲学とは違って，倫理学・政治哲学・社会哲学，さらに歴史哲学をも含んだ，実践哲学全般にわたるものである。このようなものとして，ヘーゲルの法哲学は，現在でも，最近の法哲学・法理学の問題領域・考察視点の矮小化を批判し，実践哲学ないし公共哲学の一部門として視野拡大と再編成をめざす方向の一つの典型的なパラダイムとして根強い影響力をもっている。

他方，オースティンの『法理学ないし実定法の哲学講義』は，法理学・法哲学の専攻者の間では，イギリスの分析法理学，近代的法実証主義を最初に体系的に展開したものとしてよく知られているが，一般にはほとんど知られていないだろう。オースティンは，J. ベンサムやJ. S. ミルらの功利主義者と親交があり，ロンドン大学の初代法理学教授となったが，講義の評判はあまりよくなく，短期間で辞職し，ヘーゲルとは逆に，生前はほとんど無名であった。『講義』は，オースティンの没後，妻サラが講義ノートを再構成して出版したものであり，すでに若くして名声を博していた歴史的法理学の創始者H. メインが，批判的に"分析的"法理学と呼びつつも，その重要性を評価したため，一躍して有名になり，イギリス法理学の主流的地位を占めることになった。

オースティンは，ローマ法・イギリス法などの成熟した法体系に共通の原理・観念・区別を説明する科学として，一般法理学（general jurisprudence）を構想し，一般法理学は，イギリス法に関する実用的な個別法理学（particular jurisprudence）の研究・実務の前提として効用があると説き，法律学の基礎理論と位置づけた。一般法理学は，実定法の制定・修正の評価規準（在るべき法）の決定に影響を及ぼす立法学（science of legislation）とは区別され，実定法の善し悪しには直接関心をもたず，もっぱら実定法体系の内的構造の価値中立的な分析に終始すべきものとされる。そして，オースティンは，『講義』におい

て，実定法を主権者の一般的命令と規定して，神の法や実定道徳と区別し，法理学の領域を画定した上で，権利・義務・自由・権利侵害・刑罰・賠償等々の観念，成文法と不文法の区別，衡平の意味，制定法と司法的立法の相違，諸々の権利・義務・権利侵害・犯罪などの区別について，全 2 巻52講にわたって辟易するほどきめ細かな分析を展開している。

オースティンは，伝統的自然法論ともヘーゲルとも違って，法理学の対象をもっぱら実定法に限定し，実定法と法理学の道徳・政治からの自立性を確立することによって，独立の学問分野としての法理学の展開の基礎を築いた。その後，このような法理学の役割限定，立法学との峻別，主権者命令説など，彼の法理学の位置づけや具体的見解に対しては，いろいろと批判が浴びせられてきているけれども，『講義』の序論部分[8]は依然として古典的地位を占め続けてきている。

以上のようなヘーゲルの法哲学とオースティンの法理学のごく簡単な対比からも明らかなように，ドイツ型法哲学とイギリス型法理学には少なからぬ相違がみられ，それが，現代における法理学の在り方にも影響を及ぼし続けているところもある。それ故，法理学の学問的性質やその現代的役割を理解するためには，法理学と法哲学の異同，さらに法理論との関係について，その歴史と現況を一通りみておく必要があろう。

2　法理学・法哲学・法理論

1　沿革的説明

法理学（jurisprudence）の語源は，ラテン語の iuris prudentia であり，もともとローマでは法や法適用に関する実用的な知識を意味していたが，次第に法的諸原理に関する体系的一般的理論として哲学の一分野とみられるようになったと言われる。紀元前 2・3 世紀のローマの法律学者ウルピアヌスの「iuris prudentia とは，神事と人事の知識であり，正・不正の識別である」という古典的定義などがこのことを示しているとされる。だが，iuris prudentia は，

---

8) J. Austin, *The Province of Jurisprudence Determined* (1832) として，『講義』の最初のおよそ 3 分の 1 が彼の生前に出版された。現在では，W. E. Rumble が編集した1995年版が読まれている。

必ずしもこのような方向だけに発展していったわけではなく，現在でも，ドイツ語の Jurisprudenz は法律学，フランス語の jurisprudence は判例を意味し，当初の実用的な法知識の意味を受け継いでいる言語もある。

　法理学を，実用的な法律学とは区別して，体系的一般的な理論法学として確立したのは，J. ベンサムの構想を継承したオースティンであるが，オースティンは，その一般法理学のモデルをドイツのパンデクテン法学に求めていた。英米では，ベンサムやオースティンの創始した法実証主義的な分析法理学 (analytical jurisprudence) が，ほぼ一貫して主流的位置を占め続けてきている。だが，その他にも，法理学と称したものだけでも，19世紀後半には，メインが歴史的・比較的方法による法の進化発展の考察を重視する歴史的法理学 (historical jurisprudence) を提唱したし，20世紀に入ると，プラグマティズムの強い影響のもとにR. パウンドが法を社会統制手段として考察する社会学的法理学 (sociological jurisprudence) を展開し，ヨーロッパ大陸の諸々の法哲学派の影響を受けた哲学的ないし倫理的法理学 (philosophical or ethical jurisprudence) も説かれ，多様な展開を遂げてきている。さらに，ヨーロッパ大陸の法哲学との交流が深まるにつれて，法哲学 (legal philosophy, philosophy of law) という名称が用いられるようになる一方，他方では，法理学や法哲学という名称を避けて，法理論 (legal theory) という名称も用いられはじめるが，法理学・法哲学・法理論の異同については，理解が分かれている。

　全般的に，英米の法理学は，ヨーロッパ大陸の法哲学に比べて，反形而上学的であり，科学的考察の占めるウエイトが高いと言われている。そのため，法史学・比較法学・法社会学・法人類学などが，経験科学的な学問分野として分化独立するにつれて，法理学との領域区分のあいまいさが目立っていた。だが，H. L. A. ハート『法の概念』(1961年) 以降，現代分析法理学が世界的に影響を及ぼすようになり，また，J. ロールズ『正義論』(1971年) 以降，規範的正義論が再興され，彼らの理論を新たなパラダイムとして多彩な法理学的考察が展開されるようになって，英米の法理学は，大陸の法哲学以上に哲学的となった面もあり，様相は一変した。

　他方，ヨーロッパ大陸では，18世紀末から法哲学という名称が用いられるようになるが，ヘーゲル『法哲学要綱』のサブ・タイトルが「自然法と国家学概要」であったことにもみられるように，19世紀中頃までは，法哲学と自然法と

がほぼ同義に用いられている書物が多い。だが、ヘーゲルの壮大な観念論哲学体系が崩壊し、F. C. v. サヴィニーの創始した歴史法学派のパンデクテン法学が法実証主義的な概念法学へと転化するなかで、19世紀後半には、法哲学は死亡宣告を下される。19世紀末から20世紀はじめにかけて、イギリスの分析法理学に類似した一般法学（Allgemeine Rechtslehre）がK. ベルグボームらによって提唱され、法律学の基礎理論の構築が試みられたが、法哲学の"代用品"、"安楽死"などと揶揄的な評価を受けることが多い。

現代法哲学の再生は、通常、20世紀初頭の新カント学派法哲学にはじまるとみられている。R. シュタムラー、E. ラスク、G. ラートブルフ、H. ケルゼンらがその代表者であるが、なかでも、ケルゼンの提唱した純粋法学（Reine Rechtslehre）は、徹底した法実証主義的理論として、現在でもなお影響力をもっている。その後、ナチズムの試練を経て、戦後の自然法ルネッサンス、さらに現代哲学の様々の方法に依拠した法哲学の多彩な展開がみられ、また、批判的合理主義対批判的社会理論のいわゆる実証主義論争やJ. ハーバマス対N. ルーマン論争などの社会理論の方法論論議からも強い影響を受けてきており、英米の法理学や哲学との交流も深まっている。1970年代以降、法理論（Rechtstheorie）という名称がかなり広く用いられるようになるが、法哲学との異同については、英米の場合と同様、理解が分かれている。

以上のような英米法理学とドイツ法哲学の展開以外にも、新トマス主義自然法論が、ヨーロッパ大陸や英米に限らず、世界的に広い支持層をもち続けてきていること、マルクス主義法理論が、社会主義諸国だけでなく、同じく世界的に影響を及ぼし続けていること、アメリカや北欧で独自に展開されたリアリズム法学が、実証主義的法理論の一典型として一定範囲で広く影響力をもち、批判的法学をはじめとするポスト・モダン法理論の諸潮流の一源泉となっていることなども見落とされてはならない。

わが国の法理学・法哲学は、幕末期から明治期にかけての自然法論（性法論）の継受、明治期・大正期における穂積陳重によるイギリスの歴史的法理学の影響を受けた社会進化論的法理学の展開にまで遡ることができる。だが、その本格的な発展は、昭和期に入って、恒藤恭、田中耕太郎、尾高朝雄らが、新カント学派法哲学の批判的摂取を共通基盤としつつも、各々、独自の立場の構築をめざして理論展開を試みはじめた以降のことであるとみてよかろう。その後、

ヨーロッパ大陸の法哲学と英米の法理学の双方の展開から学びつつ，また，マルクス主義法理論，新トマス主義自然法論，リアリズム法学などの影響も受けつつ，わが国の法理学・法哲学は多様な展開を遂げ，現在に至っている。

2 法理学の位置づけとその考察方法
(1) 法理学・法哲学・法理論

　沿革的には，概して，法理学は法律学の基礎部門，法哲学は一般哲学の応用部門という性質が強く，考察姿勢や問題領域において重なり合いつつも，学問的性質や基本的課題について少なからぬずれがみられた。けれども，法理学においても，法哲学においても，いずれの名称を用いているかよりも，それぞれの学派によって方法論や問題領域の画定にかなり根本的な対立がみられることのほうが重要であろう。しかも，学派による対立には，法理学や法哲学という枠を超えた共通性がみられ，英米とヨーロッパ大陸間で，さらに世界的に学問的交流が深まるにつれて，このような傾向が一段と強まってきている。

　現在でも，法理学と法哲学，さらに法理論との相互関係をどう理解するかについては，見解が分かれている。英米と大陸に共通する傾向としては，法理学，法哲学，法理論の区別がとくに問題とされることなく，ほぼ互換的に用いられる場合が多いが，区別される場合は，法理学と法理論を，法の一般理論と法律学的方法論を扱う学問として，ほぼ同性質のものと理解して，法哲学と区別し，区別の基準は正義論を扱っているかどうかであるとされているとみてよいであろう。けれども，現在では，これらの異同を論じることによってあまり得るところはないように思われる。これらの区別にこだわる立場には，一定の哲学観を前提にして，法哲学と法理学・法理論を区別し，法理学・法理論を"非哲学的"と決めつけたり，逆に，法の「哲学」の学問的可能性を否定ないし疑問視して，法理学・法理論という名称をわざわざ用いたりする傾向がみられる。だが，法哲学・法理学・法理論のいずれの名称を用いるにせよ，重要なことは，法および法学の根本的な問題が取り上げられ，原理的基礎的な考察姿勢がとられているか否かであり，何らかの特定の哲学的な"方法"や"主義"に忠実に依拠しているか否かではない。

　私自身は，法理学という名称が適切だと考えているが，とくに"反=哲学"的立場を強調する趣旨ではなく，法哲学や法理論という名称と互換的に用いる

ことにあまり抵抗はない。法哲学という一般的な名称ではなく，法学関係者以外にはあまり知られていない法理学という名称を用いる理由を強いて挙げれば，次のようなものである。(i)法理学は，経済原論・農学原論などのように，各学問分野の根本となる理論・原理を論じる"原論"的位置を法学全体のなかで占めるべきだと考えていること，(ii)法理学の学問的性質について，それと語源的につながる iuris prudentia（法の賢慮）の prudentia という実践知の伝統との関連を重視すべきだと考えていること，(iii)法理学においては，哲学的考察が基本であり不可欠ではあるが，特定の哲学的方法に固執することなく，人文・社会・自然諸科学をも含め，法や法学に固有の根本的問題の解明・考察に適した多様な方法・視点を適宜取り入れ，統合的アプローチをとる必要があると考えていることなどである。もちろん，これらの理由が一定の哲学観（あるいは反=哲学観）に基づく法理学の性質規定だと言われるならば，それをあえて否定しない。

　法理学は，一般哲学の何らかの方法論のたんなる応用領域ではなく，どのような方法・視点をとるかは，法および法学の根本問題について法固有の実践形態にふさわしい知的地平で解明し批判的に考察するのに適切か否かを主な基準として，各人が最終的には自分の責任で選びとるべきである。その場合，哲学的な考察態度が基本であり不可欠ではあるが，一般哲学の方法・視点から学びつつも，必要に応じて社会・人文諸科学，さらに自然科学の方法・視点をも取り込んで，多様な方法・視点が含まれるべきである。問題領域によって異なった方法・視点がとられることも，理論全体として整合的で統合性が保たれておれば，何ら差し支えなく，むしろ，多様な方法・視点を相互に自由に移行・転換しつつ問題に多面的に接近し，それぞれの知見を関連づけて統合し，法および法学についての全体的な視座を切りひらき基礎づけるところに，法理学の学際的な基礎研究としての本領が求められるべきであろう。

(2) **哲学的考察の特質**

　哲学的な考察姿勢がどのようなものかについては，これまで，私なりに関心をもった幾つかの哲学の"方法"や"主義"との対話を通してそれぞれから貴重なことを学んできた。けれども，森鷗外の言葉を借りれば，「多くの師には逢ったが，一人の主には逢はなかった」[9]というところであり，これが哲学だというものを確定的かつ体系的に示す用意はない。

ポスト・モダン的状況のもとで，一般哲学の諸々の学派が対立しているだけでなく，"反=哲学"や"哲学の終焉"すら説かれている一方，他方では，諸々の個別科学が分化独立して，次々と新しい知見を生み出している。このような現代の知的状況のもとで，哲学の専門的な論理・言語分析の技法や秘儀的なジャーゴンに通じていなければ哲学をする資格がないとする立場には反発を覚えるだけであり，かつての"万学の女王"としての哲学という幻想にあこがれるほどナイーヴでもなく，さりとて，人は生きている以上，何らかの哲学をもっており，人生観・世界観をそのまま哲学とみる常識哲学でよいと居直るものでもない。

　基本的に，哲学的な方法論議を一般的抽象的に行っても，しょせん"畳水練"であり，あまり意味はなく，哲学的な考察姿勢は，様々の根本問題に実際に取り組むことによって学び，個々の問題の考察の仕方のなかにおのずとあらわれるべきものと考えているので，ここでは，ごく平凡で暫定的な哲学観を素描するにとどめておきたい。

　哲学の伝統的特質は，その原語である philosophia（知を愛し求めること）が示しているように，自由な批判と徹底的な反省によって問い続けるという考察姿勢にみられ，現在でも，社会一般の常識では自明とされていることや諸々の個別科学が当然の前提としている原理・観念の批判と反省が哲学の基本的課題だとみてよいであろう。哲学は，このような性質の故に，常識や科学よりも高次の知とみられているけれども，常識や科学を一方的に批判するだけでなく，むしろ，共通の問いについて諸々の科学やその時々の常識と絶えず対話し，それらの知見を全体的視野のもとで整合的に関連づけて批判的に吟味しつつ，自己反省と相互批判を徹底的に続ける姿勢が重要である。また，哲学と科学の境界線も明確ではなく，つねに流動的であり，むしろ，哲学が学問的価値をもつためには，諸々の科学的知見の基盤に支えられていなければならず，逆に，どのような個別科学も何らかの哲学的契機を内含しているのが通例である。強いて区別するならば，よく引用される「分かっているものが科学であり，分からないことが哲学だ」[10]というB.ラッセルのアフォリズムが示唆的である。

　哲学は，このような批判と反省によって，全体的・根源的な知を探求し，そ

9）　森鷗外「妄想」『森鷗外集：明治文学全集27』（筑摩書房，1965年）103頁。
10）　B. A. W. Russell, *Bertrand Russell Speaks His Mind* (1960), p. 11 など参照。

の究極的・無前提的な基礎づけをめざすべきだとされてきた。だが，現在では，このような全体知の探求とその究極的基礎づけの可能性について否定的ないし懐疑的な見解も強く主張されており，これらの伝統的な哲学的要請を自明視することはできなくなっている。もちろん，これらの要請の学問的可能性を問うこと自体が，哲学の自己否定的活動の徹底化に他ならないとも言える。全体的なもの・究極的なものへの志向が哲学的考察にとって不可欠だとしても，人間知の部分的・可謬的性質に照らして，全体性・究極性の観念を動態的にとらえなおし，"無知の知"の自覚に基づく全体的なもの・究極的なものへの絶えざる対話的接近という活動自体を重視すべきであろう。

　さらに，伝統的に哲学的考察を特徴づけてきた世界観的関心についても，積極的にその構想をめざすべきか，それとも，できる限りその影響を排除すべきか，根本的な見解の対立がみられ，また，とくに価値判断を含む部分について合理的な議論・基礎づけの可能性が重要な争点となっている。一口に世界観・人生観と言っても，ごく常識的な処世訓から体系的に展開された理論まで，様々なレベルのものがあり，また，世界の意味づけ・正しい社会の在り方・善き生の追求など，知・情・意にまたがる多様活動を含んでおり，それらのうちのどのレベル・どの側面がどこまで哲学的考察の主題となるのか，合理的な議論・基礎づけを可能とする手続・基準はどのようなものかなどについて，根本的な再検討が求められている。とりわけ社会制度や人間行動の規範的な評価・批判に関わる実践哲学においては，世界観的関心のからんだ考察が重要な位置を占めているが，このような問題領域における合理的な議論の在り方については，演繹と帰納という論証による理論知（episteme, scientia）よりも，個物と普遍を同時に把握して複雑な現実的状況のなかで何が可能かを的確に判断する実践知＝賢慮（phronesis, prudentia）を重視し，公正な手続的状況のもとでの対話的討議を通じて，理性的合意に基礎づけられた原理整合的で普遍化可能な結論への到達をめざす協働的実践を基軸に考えるべきであろう。

　法理学においても，以上のような哲学的考察姿勢が不可欠であり基底的位置を占めている。だが，法理学的考察においては，特定の哲学的な"方法"や"主義"への忠誠に固執する必要はなく，一般哲学の諸部門の方法・視点や知見だけでなく，法の諸科学，さらに社会・人文・自然諸科学の方法・視点や知見も適宜取り入れなければならない。法理学は，このような特質の故に，記述

的・分析的・規範的次元を含んだ統合的な学問分野であり，このような統合的なアプローチによって，常識的な法観念・法文化の問題性を批判し，専門技術的な法実務・法律学の根本的な問題や前提についてできるだけ広い視野から根底的に考察することを本領としている。法理学は，このような考察によって，法および法学の特質と存立条件，その可能性と限界などを解明するとともに，法および法学の在るべき姿を提示し，法実務・法律学だけでなく，法実践全体に原理的指針と理論的基礎を提供することをめざすべきである。

❸　法理学と法律学・法実務

■1　法実務・法律学の視点
(1)　法実務のコミットした内的視点

以上のような学問的性質をもった法理学が，特定の実定法システム内部で現実に法を用い動かす法実務，法学において中心的位置を占めている実用的な法律学とどのような関係に立っているかを，内的視点・外的視点の区別[11]と関連づけて概観することによって，法理学的視点の特徴をみておこう。

まず，法実務の視点からみてゆくと，一般に，裁判官の判決作成や弁護士の法廷弁論など，法律家の裁判実務が，法実務の典型とみられている。だが，裁判外での自主的な交渉・紛争解決活動，国や地方自治体の行政事務，企業法務，さらに各種の予防法学的活動，一般の人びとが日常的に法を利用したり遵守したりしている行動も，実定法に準拠した規範的活動を含むという意味では，法

---

11) 　以下における内的視点（コミットした内的視点，距離をおいた内的視点）・外的視点の区別についての説明は，H. L. A. Hart, *The Concept of Law*, 2nd ed. (1994), とくに Postscript；Hart, *Essays in Jurisprudence and Philosophy* (1983), pp. 14–15, N. MacCormick, *Legal Reasoning and Legal Theory* (1978), pp. 275–92（亀本＝角田＝井上＝石前＝濱訳『判決理由の法理論』（成文堂，2009年）303-24頁）；MacCormick, *H. L. A. Hart* (1981), pp. 33-44, J. Raz, *The Authority of Law* (1979), pp. 153-57；Raz, *The Concept of a Legal System*, 2nd ed. (1980), pp. 234-389（松尾弘訳『法体系の概念』（慶應義塾大学出版会，1998年）278-82頁），Dworkin, *Law's Empire*（前出注1）（『法の帝国』），中山竜一「法理論における言語論的転回（1）（2・完）」法学論叢129巻5号，130巻2号（1991年）などにおける議論に依拠しつつ，私なりの用語法で整理したものである。用語は異なるが，基本的にマコーミックの見解に近い立場をとっている。田中成明『法的空間』（東京大学出版会，1993年）5-9頁参照。

実務に含まれる。

　これらの法実務の共通の特徴は、実定法規範をその行動の指針・評価規準や議論の正当化理由として内的に受け容れて、「法的観点」を共有しているところにみられる。法実務は、このような法的な内的視点を共有して法的過程に参加する人びととの間ではじめて意味ある規範的活動として成り立つ。このような法実務への参加者は、特定の実定法システムの正統性を基本的に承認してその枠内で活動するという「コミットした内的視点」をとっている。そして、各種の法的問題の今ここでの適正な解決に主たる関心を向け、通常は、実定法規範を権威的前提として受け容れ、よほどのことがない限り、その正当性自体を問わずに、実定法に拘束された教義学的思考によって、個別具体的事例におけるその遵守・適用のみを問題とする。

　もっとも、法実務においても、いわゆる悪法論議のからんだ不服従・抵抗運動や裁判闘争などにみられるように（第4章3参照）、例外的にではあるが、個々の実定法規範の正当性自体が問われることもある。また、それほど極端でなくとも、個別具体的事例において遵守・適用すべき実定法規範の選択やその解釈をめぐって意見が分かれることがしばしばあり、法教義学的思考以外の各種の思考様式・視点をも取り入れないことには、法的問題の適正な解決ができない場合が少なくない。けれども、法実務が実定法に拘束された教義学的思考を基本としているという特質自体に変わりはない。

(2) **法律学と裁判実務の関係**

　法律学は、古代ローマ以来、裁判実務と密接に関連しながら、実定法の意味内容の具体的明確化や継続形成によって裁判における法的紛争解決の規準を提示するという実用的な規範的活動を中心に発展してきた。現在では、法律学は、裁判外の各種の法実務をも視野に入れる必要があるが、裁判外の法実務も、重要なものであればあるほど、その法的当否が最終的に判定される裁判実務を念頭において行われるのが通例である。それ故、法律学の視野が拡大されても、各法分野によって事情は多少異なるかもしれないが、基本的に、法律学の実用的な規範的活動が裁判実務との関連を中心に行われるという姿勢は変わらないであろう。

　法律学は、このように、裁判実務などの法実務に関与するという実用的任務をもつ限り、特定の実定法システムの正統性を基本的に承認し、その法規範を

権威的前提として受け容れる教義学的思考を行い、基本的に法実務と同じ参加者の内的視点をとっている。だが、法律学は、現在では、裁判実務のように、個別具体的な法的紛争の今ここでの解決に直接関与することなく、ある程度類型的な典型的問題事例を念頭において実定法の意味内容を体系的に解明して、一般的な解決規準を提示することに力点をおき、裁判実務には一定の距離をおいて間接的に関与するにとどまることが多くなっている。

法律学のこのような姿勢に対応して、法律学においては、諸々の法的概念・制度・原理やそれらの相互関係の比較史的解明および論理的・言語的分析、いわゆる立法者意思の歴史的・文献学的探究、判例の流れの整理や判決の予測など、記述的および分析的な認知活動の占めるウエイトが、裁判実務の場合よりもはるかに高まることになろう。さらに、判決の論評など、裁判実務に対して評価的・批判的な姿勢をとることも許される、否、必要であろう。

また、法教義学的思考についても、実定法に拘束されるという権威的・保守的側面のみが強調されがちであるが、次々と生じる新たな法的問題をつねに適正に解決できるように実定法規範の意味内容を社会の変化に応じて多様に展開し継続形成する（解釈学説の提唱など）という創造的側面も正しく理解され評価されなければならない。そして、このような実定法規範の創造的な展開・形成によって法的問題を適正に解決するためには、法律学においても裁判実務においても、法的規制の対象となる個別的事例や背景的社会関係の観察・分析、諸々の対立する価値・利益についての評価・政策決定など、教義学的思考とは性質を異にする多面的活動によって準備され基礎づけられることが不可欠となる。

法律学のこれらの非教義学的活動においては、社会・人文・自然諸科学の個別科学および哲学の諸部門の多様な方法・視点や知見が用いられるが、これらの活動の全体としての基本的特徴は、Th. フィーヴェクの用語[12]を借りれば、「探究学的（zetetisch）」思考ということにある。探究学的思考は、権威に拘束され思考中断を強制される教義学的思考とは対照的に、自由な認知的・評価的

---

[12] Th. Viehweg, Ideologie und Rechtsdogmatik, in W. Maihofer (Hrsg.), *Ideologie und Recht* (1969)；Viehweg, Some Considerations Concerning Legal Reasoning, in G. Hughes (ed.), *Law, Reason and Justice* (1969), 岩倉正博「法教義学と法探究学—フィーヴェクの法学観研究ノート」民商法雑誌82巻2号（1980年）など参照。

機能を第一としており，法探究学的思考においては，実定法規範も暫定的なものとみなされ，その前提・内容が吟味・批判され，必要に応じて修正・撤回されることもある。そして，法律学においては，裁判実務よりもこのような法探究学的思考の占めるウエイトが高くなり，自由な科学的・哲学的考察の余地が広くなるけれども，法実務への関与という実用的任務との関連では，法教義学的な内的視点にとどまらなければならない。だが，法律学は，法実務のように，必ずしもつねにコミットした内的視点をとる必要はなく，法実務への参加者のこのような内的視点を前提とし，それにいわば寄生しているけれども，法実務の意味を認知的に解明するという「距離をおいた内的視点」をとることができる。

2 法理学的視点の特質

法理学は，以上のような法実務とも法律学とも違って，特定の実定法システムにコミットすることなく，また，実定法規範に拘束されることもなく，実定法システムや法実務・法律学をも自由な探究学的思考によって批判的考察の対象とする。だが，このことは，法理学が，実定法システムや法実務・法律学をもっぱら所与的な考察対象として受けとめ，それらを外部から観察し，それらの特質を記述したり批判したりする「外的視点」にいつも立っていなければならないということを必ずしも意味しない。

法理学は，法の理論（theories *of* law）と法についての理論（theories *about* law）からなる，と言われることがあるように[13]，法に対して内面的な理論と外面的な理論の両方を含んでいる。法理学は，一方では，特定の実定法システムにコミットした純然たる内的視点をとる必要はないけれども，このような内的視点から法的過程に参加している人びとの法実践の意味を解釈学的に解明するという，距離をおいた内的視点を含んでいなければならない。他方では，諸々の個別科学や哲学の諸部門のとる様々な外的視点をその考察のなかに取り込みつつも，つねに，観察者の外的視点にとどまっているものではない。

法理学的考察の本領は，距離をおいた内的視点と多様な外的視点との境界線上でいわば複眼的視座から，内的視点・外的視点の相互移行・転換を自由に行

---

13) 例えば，E. W. Patterson, *Jurisprudence* (1953), pp. 8-9 など参照。

い，それぞれの問題領域に適した視点をとることによって，異なる視点間の媒介役を果たし，法および法学全体の解明と批判を統合的に行うところにみられる。ごく一般的に言えば，実定法の一般理論や法律学的方法論における分析的考察の場合には，解釈学的な距離をおいた内的視点，正義論における評価的・批判的考察の場合には，実践哲学的な外的視点が，それぞれ中心的な位置を占めることになろう。そして，いずれの領域における考察についても，諸々の外的視点からの認知的・評価的知見の動向を見定めつつ，その進展と絶えずフィードバックさせることが不可欠である。

以上のような法理学的視点と法実務・法律学の視点との関係はかなり複雑であり，それぞれの視点が分かち難く交錯し相互に規定し合っている。従って，重要な法的問題の解明や解決においては，考察の重点をいずれにおくかの相違にすぎず，相互に他の視点からの考察との対話によって学び合うことが不可欠な場合が多い。

例えば，環境権などの新しい権利について裁判による司法的救済の当否を論じる場合，たんに憲法13条と25条を根拠条文とする法律学的理論構成を示せば，それだけで決着がつく問題ではない。わが国では，環境権は，現在のところ，"政策論"としてはともかく，"法律論"としては無理だと一般にみられているが，その場合，実定法の条文以外に，一体何が法律論と政策論を区別するメルクマールとされているのか。また，日照権が判例によって承認されているのに，何故環境権はだめなのか。これらの問題は，判決や解釈学説の法的正当性はどのようにして正当化されるべきか，裁判による法形成の正統性やその限界をどのように考えるか，一定の権利主張が法的な具体的権利として司法的救済の対象となるためにはどのような要件が必要か，個人の権利・経済的効用・公益性など，環境保護の在り方をめぐって対立している諸々の価値・利益は法的にどのように調整されるべきか，裁判による正義の実現にはどのような特質と限界がみられるのか等々，法理学的問題と深くつながっており，法理学的考察を抜きにして適正な法律学的結論を形成し十分に基礎づけることは難しい。

新しい権利の問題に限らず，重要判例として取り上げられている事例や解釈学説が分かれているような争点には，たんに実定法の条文を挙げただけでは決着のつかない法理学的問題が含まれているのが，むしろ通例であろう。裁判実務においては，このように，法律学的考察が尽きたところではなく，その内部

ですでに法理学的考察が必要とされる場合が少なくないのである。

　だが，法理学は，法実務や法律学に対して，このように，いわば"順接的"関係に立つだけでなく，"逆接的"関係に立つこともまた見落とされてはならない。もっとも，順接的関係と逆接的関係は必ずしも明確に区別できるものではなく，法理学的考察は，法実務や法律学と基本的に共通の視点で一定の法的問題解決に協働して関与し，その限りで順接的関係に立っている場合でも，法実務や法律学の現状（status quo）に対して何らかの批判的契機を含んでおり，その限りで逆接的関係にも立っているとみることができる場合が多い[14]。

　いずれにしろ，法理学が，法実務や法律学の根本的な前提を問い，その存立条件や限界を解明しようとする姿勢を強めれば強めるほど，法理学は，法実務や法律学に対して逆接的関係に立たざるをえない。法理学の歴史をみても，ベンサムのコモン・ロー批判，マルクス主義のブルジョア的法学的世界観批判，ケルゼンの伝統的公法学批判，アメリカのリアリズム法学の裁判過程批判，北欧リアリズム法学の法的基本観念批判，批判的法学のリベラル・リーガリズム批判など，法の脱神話化をめざすイデオロギー批判に主な関心を向けたものが少なくない。これらの法イデオロギー批判は，最終的には法実務・法律学によって全面的に受け容れられない場合でも，法実務・法律学の視野拡大や改革に大きなインパクトを及ぼしてきているのである。

　法理学のこのようなイデオロギー批判的活動は，法実務や法律学からみれば，外的視点からの批判かもしれないが，法実務や法律学は，様々な外的視点からの批判にも耳を傾け，自己反省のきっかけとする姿勢を失ってはならない。そして，法実務や法律学が現実にこのような姿勢をとるかどうかは，法理学がそれだけの説得力をもち，広く支持と承認を得ることができる理論を提示できるか否かにかかっているところが大きい。

4　法理学の主要問題領域

　法理学・法哲学が独立の学問分野として確立されたのは19世紀に入ってから

---

[14]　順接的・逆接的という対比で基礎法学と実定法学の関係を論じたものとして，青山＝石井＝江橋＝芝原＝長尾＝前田＝森島「〈座談会〉基礎法学と実定法学」『ジュリスト増刊・理論法学の課題―法哲学・法社会学・法史学』（1971年）参照。

である。だが，正義とは何か，法とは何か，人びとは何故法に服従しなければならないのかなど，法理学・法哲学の典型的な問いとされている問題についての原理的基礎的考察自体は，紀元前5世紀のギリシアにまで遡る。このような考察は，正義論，自然法論を中心に，倫理学・政治哲学・社会哲学などと未分離状態で行われていたが，法理学・法哲学が自立的な学問分野として形を整えはじめるのと並行して，実定法の構造や基本概念の分析・解明に主な関心を向ける法の一般理論が中心的な問題領域とされるようになる。法律学的方法論の主要問題自体は古代ローマ法律学以来論じられてきているが，独自の問題領域としてクローズアップされるようになったのは，19世紀末から20世紀初頭にかけてである。その後，各学派によって，また，同じ法理学者・法哲学者でも，その活動時期によって，アプローチやウエイトのおき方などに相違はあっても，少し長期的にみれば，正義論，法の一般理論，法律学的方法論を法理学の主要な問題領域とみることについては，広範なコンセンサスがあると言ってよかろう。

　これら三つの問題領域について，本書においては，第1編・第2編・第3編では法の一般理論，第4編では正義論，第5編では法律学的方法論と，それぞれ各領域の主要な問題を取り上げて説明する。ここでは，法理学という学問領域の全体的な輪郭の理解のための道案内として，それぞれの領域の基本的諸問題が法理学的な問いとして自覚され，体系的に考察されはじめた背景，当初の問題設定，その後の展開，最近の動向などを，古いものから順にごく簡単に紹介しておこう。

(1) 正　義　論

　最も古くからの問題領域であり，紀元前5世紀にアテネ民主制の最盛期から凋落期にかけて，ソフィストたちが"ピュシス（自然）"と"ノモス（法習）"という対比図式を用いて既存の法的その他の秩序・制度を批判的に考察しはじめ，法哲学だけでなく，倫理学・政治哲学・社会哲学をも含めて，実践哲学共通の考察態度・理論枠組の基礎が築かれた。ソフィストたちは，プロタゴラスの保守的相対主義，ゴルギアスらの実力主義，アンチフォンらの平等主義など，様々な見解を展開した。そして，彼らの見解との対決のなかから，哲人王制による正義の実現をめざすプラトンの理想国家論，配分的正義と矯正的正義の区別など現在まで影響を及ぼしているアリストテレスの正義論が生まれ，西欧の

法哲学だけでなく哲学一般の原型が形成された。さらに、ノモスとピュシスという対比図式は、ヘレニズム期のストア派によって"自然の法"という観念に転換され、その後、中世のトマス・アクィナスの神学的自然法論を経て、グロチウスやホッブズにはじまる近世初頭の啓蒙期自然法（理性法）論に至るまで、実定法の評価規準ないし妥当根拠として機能する自然法の探求・基礎づけを中心に、正義論が展開されてきた。

だが、ロックやルソーらの自然権論・社会契約説、カントやヘーゲルの法哲学にみられる応報的正義論などを最後に、彼らの主張内容の多くが実定法システムや法律学理論に取り入れられたこと、ベンサムらの功利主義者によって厳しく批判されたこと、全般的に実証主義が思想界を風靡するようになったことなどが相まって、19世紀以降、実定法だけを法とみる法実証主義が支配的となり、自然法論も正義論も衰退することになる。さらに、20世紀に入ると、倫理学の関心が規範的倫理学からメタ倫理学に傾斜し、新カント主義や論理実証主義などの価値相対主義が優勢となり、伝統的な規範的正義論は久しく沈滞していた。

ようやく最近になって、J.ロールズ『正義論』（1971年）をきっかけに、英米を中心に、権利と功利、自由と平等などを対立構図とする規範的論議が再燃し、リベラリズム内部での相互批判から、リベラリズム攻防戦を経て、多様なポスト・リベラル正義論の展開へと、戦線が拡大され、活発な論争が続いている。また、実践的議論の論理構造や合理性・正当性基準が、実証主義を超えた知的地平で問い直されるようになり、手続的正義の観念への関心の高まりとも重なり合いつつ、実質的正義原理自体の探求・正当化だけでなく、正義をめぐる合理的な議論や正義の実現のための手続・制度の構想にも、正義論の考察対象が拡がってきている。

正義論については、このような最近の規範的正義論や実践的議論の理論を中心に、実践哲学の復権をめざす諸潮流が台頭し、活発な議論が展開されている一方、他方では、実証主義やマルクス主義など、正義論の学問的性質を否定ないし疑問視して、イデオロギー批判の対象としてしかみない立場も依然として一定の影響力をもち続けており、学問としての可能性と限界がつねに問題とされている。

(2) 法の一般理論

　正義論が在るべき法を探求するのに対して，法の一般理論は，現に在る法を対象とし，実定法の評価的・批判的考察よりも，その価値中立的な内在的分析に力点をおく。法の国家化が進み統一的法秩序の体系的整備が軌道に乗った19世紀に入って，法理学の独立の学問分野としての確立とほぼ並行して，その中心的課題とされるようになった。ベンサムやオースティンらのイギリス分析法理学にはじまり，20世紀におけるケルゼンの純粋法学やH. L. A. ハートらの現代分析法理学に至るまで，分析的法実証主義がこの領域での研究の基調を形成してきた。

　これらの代表的な法実証主義的理論は，自然法の法的資格を否定し，実定法一元論をとり，法と道徳を峻別し，実定法システムの内的構造や基本的概念を道徳的評価や政治的イデオロギーに左右されずに分析することが可能かつ必要であるという，反形而上学的な価値判断排除の立場では共通している。だが，ケルゼンの純粋法学とH. L. A. ハートの現代分析法理学という，最近の法実証主義の代表的理論の間でも，法理学と法社会学の相互関係，実定法の妥当性を識別する基礎的規範の性質など，重要な問題について基本的な見解の相違もみられる。最近では，H. L. A. ハートの「自然法の最小限の内容」の承認，L. L. フラーとの「法内在的道徳」をめぐる論争，R. ドゥオーキンとの「原理」の法的拘束力をめぐる論争などをふまえて，法実証主義と自然法論の対立を相対化しようとする理論展開も進みつつある。また，これらの論争とからみ合いつつ，現代分析法理学の流れを汲む法実証主義者の間でも，ハードな（排他的）法実証主義とソフトな（包括的）法実証主義との内部分裂がみられる。

　法の一般理論の領域では，以上のような法実証主義的立場以外にも，いろいろな立場から注目すべき法理論が提唱され，この領域での研究の進展と視野拡大に貴重な貢献をしてきている。主なものをみておくと，まず，19世紀後半にイギリスのH. メインが創始した歴史的法理学は，歴史的・比較的方法による法の進化発展の考察を重視し，分析法理学に対抗する学派を形成し，法史学・比較法学だけでなく法人類学の基礎をも築いた。また，マルクス主義法理論も，法の階級性を批判しその死滅を説いたK. マルクス以後，A. メンガーの法曹社会主義，E. B. パシュカーニスらのソビエト法理論など，多彩な展開を示し，大きな理論的・実践的影響力をもった。さらに，20世紀に入ってからは，

アメリカや北欧のリアリズム法学が，法現象を心理学的ないし社会学的な事実に還元してとらえようとする徹底した実証主義的立場から，それぞれ法的基本観念や裁判過程のイデオロギー批判を展開した。E. エールリッヒ，M. ウェーバー，N. ルーマンらの法社会学的理論，J. ハーバマスの批判的社会理論に基づく手続主義的法理解なども，法理学的研究に刺激を与えてきている。最近では，批判的法学（Critical Legal Studies）などのポスト・モダン法理論や「法化」「非=法化」論議が，法理学だけでなく，基礎法学・実用法学全体の在り方に重要な問題提起を行っている。

　この領域における考察については，法理学は，法律学研究や法史学・比較法学・法社会学などの法の経験科学と重なり合うところが多いため，境界線をどこに引き，法律学的あるいは経験科学的な考察の方法や成果をどのような仕方で摂取し，法理学的考察の独自性をどこに求めどのようにして確保するかをめぐって，意見の対立がみられる。

(3) 法律学的方法論

　法の解釈・適用の方法や法律学の学問的性質に関する考察自体は，古代ローマ法律学以来，いろいろな側面から行われてきた。法的思考の議論様式・技法は，レトリック（弁論術・修辞学）の知的伝統のなかで，法廷弁論を中心に作り上げられてきたが，聖書解釈の決疑論（casuistry）の技法の影響を受けた中世後期注釈学派，F. C. v. サヴィニーにはじまるドイツ・パンデクテン法学の私法学方法論などによって，伝統的な法律学的方法論の基礎が築かれた。

　だが，法律学的方法論が独自の問題領域としてクローズアップされはじめたのは，19世紀末から20世紀はじめにかけて，近代法から現代法への展開に伴って，いわゆる社会経済問題の深刻化を背景に次々と生じる新たな個別具体的な法的紛争を適正に解決するために，裁判官は既存の実定法規範に対してどのような姿勢をとるべきかが広く政治的社会的関心を集めるようになった頃からである。ヨーロッパ大陸では，自由法運動や利益法学，アメリカでは，リアリズム法学や社会学的法学が，裁判の法創造的機能を強調して，それぞれ概念法学や機械的法学の影響下にあった伝統的な裁判実務・法律学に改革を迫った。その後，これらの運動の問題提起を受けて，新カント学派や分析哲学の科学方法論とか心理学・社会学などの研究の進展の影響のもとに，基本的に法律学の"科学化"をめざす方向で議論が深められ，わが国でも，第二次世界大戦後，

法解釈論争が"国産論争"として展開された。

英米では，法的推論（legal reasoning）や裁判過程（judicial process）の研究，ドイツでは，法律学的（juristisch）思考・議論の方法論として，独自の問題領域として論じられてきている。最近では，実践理性の復権によって実践的議論の一般理論の再構築をめざす実践哲学の諸思潮の多彩な展開を背景に，法の賢慮（iuris prudentia）という法独特の伝統的な実践知の合理性を見直そうとする傾向が有力となっている。また，現代正義論の対立構図とも重なり合いつつ，権利基底的正義論を背景とするR．ドゥオーキンの司法的裁量論批判や構成的法解釈理論，市場による効率的な資源配分を合理性基準とする費用・便益分析を法制度の分析・評価に適用しようとする「法と経済学」アプローチが，アメリカを中心に影響力を強めている。

三つの問題領域のなかでは最も専門的技術的であるが，その主要な争点は，たんに哲学・科学・論理学の方法論の適用だけで解明し尽くすことはできず，裁判の機能や正統性，法による正義実現の在り方，正義原理の具体的内容やその正当化手続など，法の一般理論や正義論の基本的問題と深くつながっていることに注意する必要がある。

なお，以上の素描からも明らかなように，法理学の三つの主要領域で論じられている基本的諸問題が，いずれも，古来繰り返し問われてきた恒久的な問題であることから，現代的課題に取り組む場合でも，先学の思索に学び伝統的遺産を手がかりにしなければならないことが多く，法思想史的研究は法理学的考察において不可欠の位置を占めている。その際，西欧だけでなく，日本や東洋の法思想，さらに，偉大な思想家によって体系的に展開された法理論だけでなく，名もなき一般の人びとの間で支配的であった法文化・法意識にも眼を向ける必要があり，現にこの種の研究が増えてきている[15]。

もっとも，法思想史的研究は，社会史的アプローチ，深層心理分析等々，歴史や思想に関する多様な研究手法を導入して，多彩な個別的研究が積み重ねら

---

[15] 法思想史の概説書として，三島淑臣『法思想史（新版）』（青林書院，1993年），田中＝竹下＝深田＝亀本＝平野『法思想史（第2版）』（有斐閣，1997年），笹倉秀夫『法思想史講義（上）（下）』（東京大学出版会，2007年），また，比較法史的な概説書として，大木雅夫『日本人の法観念：西洋的法観念との比較』（東京大学出版会，1983年），村上淳一『〈法〉の歴史』（東京大学出版会，1997年）など参照。

れてくるにつれて，法理学のいわば補助的研究にとどまらず，独自の研究分野として確立する方向にも向かいつつある。

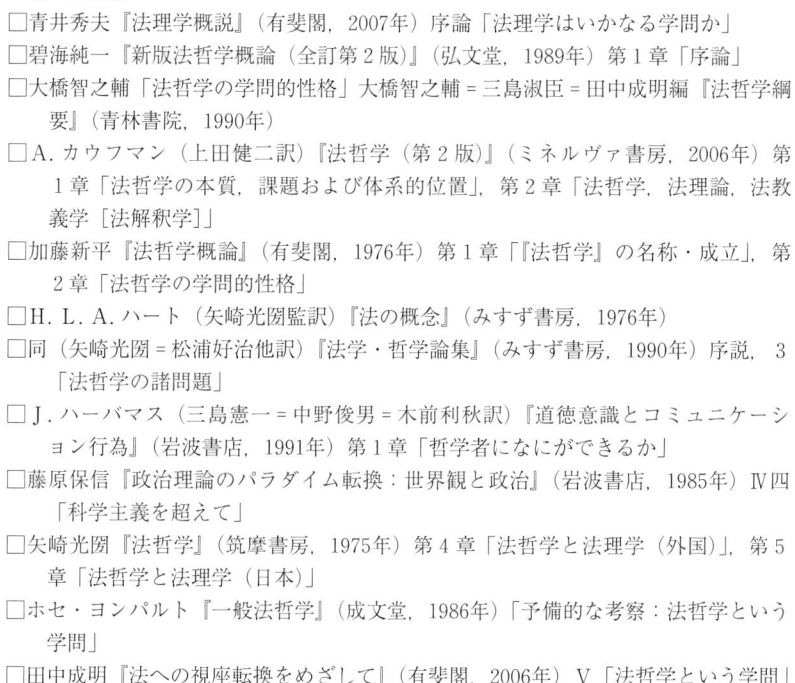

《参考文献》
□青井秀夫『法理学概説』（有斐閣，2007年）序論「法理学はいかなる学問か」
□碧海純一『新版法哲学概論（全訂第2版）』（弘文堂，1989年）第1章「序論」
□大橋智之輔「法哲学の学問的性格」大橋智之輔＝三島淑臣＝田中成明編『法哲学綱要』（青林書院，1990年）
□A．カウフマン（上田健二訳）『法哲学（第2版）』（ミネルヴァ書房，2006年）第1章「法哲学の本質，課題および体系的位置」，第2章「法哲学，法理論，法教義学［法解釈学］」
□加藤新平『法哲学概論』（有斐閣，1976年）第1章「『法哲学』の名称・成立」，第2章「法哲学の学問的性格」
□H．L．A．ハート（矢崎光圀監訳）『法の概念』（みすず書房，1976年）
□同（矢崎光圀＝松浦好治他訳）『法学・哲学論集』（みすず書房，1990年）序説，3「法哲学の諸問題」
□J．ハーバマス（三島憲一＝中野俊男＝木前利秋訳）『道徳意識とコミュニケーション行為』（岩波書店，1991年）第1章「哲学者になにができるか」
□藤原保信『政治理論のパラダイム転換：世界観と政治』（岩波書店，1985年）Ⅳ四「科学主義を超えて」
□矢崎光圀『法哲学』（筑摩書房，1975年）第4章「法哲学と法理学（外国）」，第5章「法哲学と法理学（日本）」
□ホセ・ヨンパルト『一般法哲学』（成文堂，1986年）「予備的な考察：法哲学という学問」
□田中成明『法への視座転換をめざして』（有斐閣，2006年）Ⅴ「法哲学という学問」

第1編 法動態へのアプローチ

第1章　法への視座
第2章　法システムの機能と構造
第3章　法の三類型モデル

本編は,「法とは何か」という法理学の古典的な問題に対して,「議論・交渉フォーラム」という法構想と「法の三類型モデル」という理論枠組を組み合わせて複合的にアプローチする本書の基本的立場を提示する。第1章「法への視座」では,法の概念・構想論争を素描した上で,法動態への相互主体的視座と議論・交渉フォーラム構想の意義や相互関連を説明し,法システムを規範・制度・技術・主体の四側面からなる立体的な動態としてとらえる視座と,法というものを人びとが法的規準を中核とする公共的理由に依拠しつつ公正な手続に従った自主的な交渉と理性的な議論によって行動を調整し合うフォーラムととらえる法構想を概観する。第2章「法システムの機能と構造」では,法規範の代表的な種別,法の多様な社会的機能,法源の種類,法の妥当性など,法の一般的特質の解明をめぐる主要な法理学的争点の議論状況を整理し,以上のような法への視座と法構想と整合的な法の全体像を理解するための基本的な考え方と基礎的諸概念を説明する。第3章「法の三類型モデル」では,自立型法と管理型法・自治型法からなる多元的法モデルの基本的な理論枠組とその意義を概観し,現代日本の法的問題状況の解明と対応戦略をめぐる「法化」「非=法化」論議を法の三類型モデルを用いて考察する。

第 1 編　法動態へのアプローチ

第 1 章　法への視座

1　法とは何か

1　見解の対立とその原因

「法とは何か」という問いは，法理学の中心的問題であるだけでなく，法学全体の最初にして最後の問題であるとも言われてきた。そして，この問いのもとに，原理的で根本的な問題から実務的な問題に至るまで，相互に密接に関連した諸問題が様々なレベルで論じられてきている。

法理学においては，「法とは何か」という問いは，伝統的に，法の概念ないし定義の問題として論議されてきており，法というものを他の類似のもの——とりわけ一方では道徳・宗教などの社会規範，他方では裸の権力・実力による強制——から区別して，法をして法たらしめている重要な基本的特質・属性を解明することがめざされてきた[1]。

---

[1]　「法とは何か」という問いは，法理学的な議論領域では，このように，(i)社会制度としての実定法システムの基本的特質・属性を道徳・政治などとの関連・対比のなかで解明するという，実定法の一般理論の中心的問題と理解するのが一般的である。だが，その他にも，(ii)裁判官が判決の正当化理由として準拠するのが適切な権威的法源とは何か，(iii)一般の人びとが服従義務を負う実定法とは何かという，実務的・実践的な問いも，伝統的に「法とは何か」という問題として論じられてきている。これら三つの問いが相互に内的に関連しており，統合的な法理論としては，これらの問いに対して整合的な説明を与える必要があるけれども，それぞれの議論領域ごとに主たる問題関心が異なり，それに応じてアプローチの視点もずれることに注意する必要がある。例えば，R. Dworkin, *Law's Empire* (1986)（小林公訳『法の帝国』（未来社，1995年））は，「法とは何か」という問いを，裁判官の司法的決定の在り方に関する(ii)の問題に焦点を合わせ，(iii)の問題と相関的に理解されるべきだとして，解釈学的アプローチによって基本的に裁

様々の時代や社会の法にほぼ共通してみられる特質・属性としては、一般私人や公的機関に対して一定の行為を命令・禁止したり許容・授権したりすること、社会関係を権利義務関係として規律すること、その規定するところに違反すれば刑罰や損害賠償などの強制的サンクション（制裁）が課せられること、立法機関によって制定され裁判所での判決の権威的規準として用いられることなどがよく挙げられる。法のこれらの特質・属性は、ある程度の教養をもった人びとにとっては一つの常識だとも言え、このような常識的な法イメージについては、かなりのコンセンサスがみられる。

　だが、法のこのような様々の特質・属性のうちで、法をしてまさに法たらしめている重要な基本的特質・属性は何か、また、これらの共通の特質・属性の構造的・機能的意義やそれらの相互連関をどのように理解するか、というような原理的かつ根本的な問題となると、法学者や法実務家でもすぐに的確な答を与えることはなかなか難しい。法理学者の間においてすら、このような問題をめぐって実に様々の見解が説かれてきており、現在でも、それらが相互に鋭く対立し合っている。

　何よりもまず、法の概念規定については、方法論的に、法という言葉で指示されている事物に共通の本質的属性を明らかにする「事物定義（real definition）」とみる本質主義（essentialism）と、法という言葉の使用法・意味についての提案である「名目定義（nominal definition）」とみる規約主義（conventionalism）との対立がある。このような方法論的対立は、諸々の法的基本概念の分析・解明にも影響を及ぼしている[2]。

　他方、実質的争点としては、例えば、法規範のいわゆる名宛人は、一般私人、裁判所その他の公的機関のいずれなのか、人びとを義務づける命令・禁止規範

判官の内的視点から論じ、距離をおいた内的視点から(i)に焦点を合わせるH. L. A. ハートらの法の概念論を意味論的アプローチとして批判している。だが、ドゥオーキンの司法的決定理論自体には共鳴するところが多いけれども、「法とは何か」という問いをドゥオーキンのように限定してとらえる見解には賛同し難い。この点については、J. Raz, The Problem about the Nature of Law, in Raz, *Ethics in the Public Domain* (1994)（山崎康仕訳「法の性質に関する問題」深田三徳編訳『権威としての法』（勁草書房、1994年））など参照。

　2）　法の概念規定をめぐる方法論的議論については、加藤新平『法哲学概論』（有斐閣、1976年）第4章「法の概念」、碧海純一『新版法哲学概論（全訂第2版）』（弘文堂、1989年）第2章「法の概念」参照。

だけが本来の法規範なのか、そうでない許容・授権規範は完全な法規範ではないのか、通常は相関概念とされている権利と義務について、いずれが法にとって不可欠の基本的カテゴリーなのかなどをめぐって、見解の対立がみられる。あるいは、法規範の義務づけ力は強制的サンクションによって裏打ちされていることによるものか、それとも、その道徳的内容の正しさに基づくものかについても、見解は分かれている。また、法的強制についても、政治権力(とくに国家権力)による強制保障を法の不可欠のメルクマールとする見方がある一方、他方では、"社会あれば法あり(Ubi societas, ibi ius)" という法諺を支持して、このような法と政治権力の必然的な結びつきを否定する見方もある。さらに、法のもつ様々な機能のうち、法が国家権力の強化・正当化あるいはその政策目標実現の手段として用いられる側面を強調する立場もあれば、逆に、法が国家権力の制限あるいは市民の自由・権利の保障の手段として用いられる側面を強調する立場もある。

　立法と裁判の関係については、個々の判決に先立って予め存在する一般的な規範が法だとする通常の見方に対しては、むしろ個々の具体的判決そのものが法に他ならないとするアメリカのリアリズム法学の主張がある。また、判決が準拠すべき実定法規範についても、個々の規範の法的妥当性はどのようにして識別されるのか、慣習法や判例法など、立法機関が制定したもの以外の法源の法的妥当性の有無・根拠をどのように考えるか、さらに、裁判官はいわゆるハード・ケースにおいて実定法規範以外の道徳的・政治的価値規準に基づいて判決することが許されるのか、その場合、裁判官の活動は、立法者の活動と基本的に同じなのか、それとも、原理的に異なるのかなど、様々な重要争点をめぐって見解の対立がみられる。

　このように、法の概念・定義をめぐる論争は、法と道徳や強制との区別・関連、法システム・法規範の構造的・機能的特質、権利・義務・法的妥当性などの基本的概念、法源理論、裁判理論などをめぐる理論的・実務的争点に関する見解の対立と密接に関連している。しかも、以上で素描した見解の対立状況をみると、法の概念論争や関連争点について、何らかの統一的な最終的結論を導き出すことは、かなり難しいだけでなく、絶望的なようにも思われる。

　このような見解の対立が続いている原因としては、幾つか考えられるが、大別すれば、次の二つが主因であろう。

その一つは，法の概念規定をはじめ，これらの関連争点の解明を行う人びとが考察視野に取り入れる法現象の範囲・側面の相違という，客体的条件である。法一般というものは存在しないから，現に存在しているかあるいは過去に存在した諸々の法現象を手がかりに，そこにみられる共通の特質・属性の比較検討やその一般化・抽象化によって，法の概念規定や関連争点の解明を行わざるをえない。その際，例えば，一般に典型的な法システムとみられている近代国家成立以降の国内法システムに考察対象を限定するか，それとも，国際法，中世法・古代法・原始法あるいは未開社会における法にまで視野を拡げて考察するかによって，おのずと異なった見解に到達する可能性があるのは当然であろう。また，国内法システムについても，民法や商法など，私的な個人・組織間のいわば水平関係を規制する法に焦点を合わせるか，行政法や刑法など，私人と公権力機関とのいわば垂直関係を規制する法に焦点を合わせるかに応じて，法の様々の構造的・機能的特質のいずれを重視するかに相違が生じることも避け難い。

　もう一つは，以上のような条件と相関的であるが，法の概念規定や関連争点の解明を行う人びとの問題関心・視座に規定された観点の相違という，主体的条件である。法の概念規定や基本構造の解明を試みる場合，一般の人びとや法実務・法学研究に携わっている者の法意識・法観念並びに法史学・法社会学・法人類学・比較法学などによる法の存在形態やその構造・機能などの研究成果が，その考察の出発点となる。この限りにおいて，法の概念規定や関連争点の解明も客観的な制約を受けることになる。だが，一般的に，何らの関心ももたずに漫然と，ある現象のもつ様々の特質・属性のうち，いずれが重要で基本的なものであるかをたずねても無意味であるように，法についても，このような実証的に確証しうる事実をいくら集めても，それらだけで何が法をして法たらしめている重要で基本的な特質・属性であるかを確定することは不可能である。それぞれの問題関心・視座を背景とする一定の観点をもって法にアプローチすることによってはじめて，このような観点との関連において重要な意義をもつ特質・属性とそうでないものとを区別することができるのである。どのような観点をとるかは，究極的には，法の概念規定や関連争点の解明を行う者が各時代・各社会の理論的・実践的課題をどのように受けとめるかという主体的な選択にかかっており，その限りにおいて，人間社会における法の存在理由・位置

づけに関する各人の世界観的立場が法の概念規定や関連争点の解明にも様々の形で投影されることは避け難い。

このように，法の概念規定や関連争点の解明が，それぞれの時代や社会，否，各人によって多かれ少なかれ異ならざるをえない客体的および主体的条件によって左右されるものだとすれば，様々の見解が説かれ，しかも，それらが相互に鋭く対立してきているとしても，何ら驚くにあたらないとも言えよう。また，法の概念規定や関連争点について，何らかの完全に明確化され完結した統一的な最終的結論に至ることは，およそ不可能であり，果てしなく議論が続いてゆくのもまた当然のことかもしれない。

2 問題への複合的アプローチの試み
(1) 法の概念 (concept) と構想 (conception)

法の概念規定や関連争点の解明をめぐる以上のような見解の対立とその原因をふまえて，「法とは何か」という問いにどのように取り組むのが適切であろうか。

まず，方法論的には，法のように，社会制度と人びとの実践からなる複雑な人間的・歴史的現象については，伝統的な本質主義に従って，最近類と種差 (genus proximum et differentia specifica) による定義方式によって，「法とは，しかじかかくかくのものである」と，法の存在ないし識別のために必要かつ十分な条件を規定することは，きわめて難しいだけでなく，法の理解を深めるのにあまり役に立たないであろう。かといって，逆に，各人が原理上自由に提案すればよい言葉の使用法の問題にすぎないから，これ以上議論しても無意味だとするのもまた行き過ぎであろう。法の概念規定の方法論をめぐる従来の論争は，基本的に，法システム自体およびそれを構成する諸観念の「合理的再構成 (rational reconstruction)」の問題とみて，事物定義を基軸としつつも名目定義的契機をも取り込んで，両者を統合しようとする方向に収斂してきているとみてよいであろう[3]。

法の概念規定や関連争点の解明は，現実の法システムの存在形態や人びとの

---

3) 法の概念規定の方法論をめぐる加藤新平と碧海純一の論争も，基本的に対立する方法論的立場から出発しつつも，最終的にはこのような方向に収斂してきたとみてよいであろう。前出注 2 で挙げた文献参照。

法意識の変容，法現象に関する実証的知識の拡大・精密化，あるいはまた，法の概念規定や関連争点の解明を行う人びとの観点の変化に応じて，修正可能な暫定的な性質のものである。このような制約・限界を十分に自覚している限り，できるだけ広い視野から現在および過去の諸々の法現象にみられる様々の特質・属性を比較検討し，法をして法たらしめている重要な基本的特質・属性を見定め，それらの構造的・機能的意義や相互の内的連関について一定の見解を示し，法の全体像を提示することは，理論的にも実践的にも有意義なことである。それは，日常社会生活において人びとの抱いている断片的で統合性を欠いた常識的な法イメージに批判・反省を加える手がかりを与えるだけでなく，専門化・個別化に伴ってともすれば全体的な連関を見失いがちな法実践・法学研究にも有益な示唆を与えるものであり，法理学の重要な課題である。

けれども，法の概念規定をめぐる以上のような見解の対立状況をみるならば，「概念（concept）」と「構想ないし概念解釈（conception）」を区別して，従来の法の概念論争を，基本的に法の概念の解釈をめぐる構想論議としてとらえなおし，法のように，制度と実践からなる人間的・歴史的現象に関する概念は，「争われる概念（contested concept）」であり，その解釈をめぐってつねに理論的な意見の不一致がみられるのは当然だと考えたほうがよかろう[4]。この区別を法についてみると，法の概念が，"法"システムや"法"実践について大枠としてコンセンサスのみられる"法的なるもの"の対象的特質の画定に関わるのに対して，法の構想は，このような法の概念を共通基盤としつつ，その背景的枠組内で一定の問題関心・視座から法の構造的・機能的特質やその相互関係などを統合的に解明し，法の全体像について最適の解釈を提示する法理論であり，法システムを用い動かす実践の基礎にあって原理的指針を与えるという実践的性質をもっている，と理解することができる。

法というものを全体としてみた場合，一般の人びとや公的機関に対して一定

---

4) 概念（concept）と構想ないし概念解釈（conception）の区別は，正義論では，H. L. A. ハートやJ. ロールズらによって，形式的正義と実質的正義の概念区分にほぼ対応するものとして用いられ，かなり一般的になっているが（本書318頁参照），法の概念論争についても，Dworkin, *Law's Empire*（前出注1），pp. 70-73, 90-96（『法の帝国』115-17頁，154-63頁）などで用いられている。本書の理解も，ドゥオーキンの法の概念と構想の区別から示唆を得ているが，法の概念や構想に関する彼の具体的な見解にまで賛同するものではない。

の行動を指図すること,権利義務や強制的サンクションを規定し,裁判の規準となり,公権力行使の正当化理由となることなどの基本的特質・属性をもっていることについては,大枠としてのコンセンサスがみられる。見解が分かれはじめるのは,これらの特質・属性をもつ法にどのような問題関心・視座からアプローチし,これらの特質・属性に対して法の理解においてどのような意義・位置を与えるかというところからである。

　これまで「法とは何か」という問題設定のもとに法の理解を深める様々な理論や論争が展開されてきたが,見解の対立は,基本的に,法制度・法実践のパラダイムをどこに求め,それらをどのように解釈し,様々の法現象をどのような視座から選択し抽象化し,合理的に再構成するかにかかっていると言ってよいであろう。この点を明確にし,「法とは何か」をめぐる様々の論争や見解の対立から建設的に学びつつ,法の全体像への理解を深めてゆくためには,これらの論争を基本的に法の概念の解釈をめぐる構想の争いととらえるのが適切である。そして,このような法の構想としての法理論については,その真偽を云々するよりも,理論が全体として整合的であるかどうか,人間の存在構造や政治社会の一般的事実の的確な理解に基づいているかどうか,関係者や一般の人びとの法理解や法実践において適切な共通観点としてコンセンサスを得られる見込みがどの程度あるかどうかなど,その適切性・健全性が問題とされるべきであろう。

　たしかに,過去および現在の法規範・法システムの存在形態やその構造・機能そのものに相当の変動と多様性がみられることからして,法の概念の解釈においても,先ほど紹介した若干の例からもうかがえるように,かなりの見解の相違・対立が存在するのは当然のことと言えよう。にもかかわらず,多くの法規範・法システムに多かれ少なかれ共通してみられる幾つかの特質・属性が存在していることもまた否定し難い。法の概念の解釈において中心的な争点（主題）となっている特質・属性もおのずから限られており,議論の焦点自体はかなり収斂している。さらに,各論者がどのような特質・属性,また,そのどの側面に焦点を合わせているかとか,その背後にある各論者の観点の相違などに応じて,法の見方を幾つかの類型に分けることもできる。

　法の概念をめぐる様々の見解は,法理学においては,伝統的に,自然法論と法実証主義,最近ではリアリズム法学を加えて,三系列に大別されることが多

い（それぞれの見解の概要は，自然法論については第4章**1**，法実証主義については第2章**4**③と第4章**2**，リアリズム法学については第2章**4**②と第13章**1**③参照）。だが，これらの陣営相互間だけでなく，各陣営内でも重要な見解の対立が存在する一方，他方では，最近は，陣営間の見解の融合傾向もみられるところである。これらの三系列は，法的空間の三次元のうち，自然法論は価値理念レベル，法実証主義は規範・制度レベル，リアリズム法学は事実レベルにそれぞれ重点をおいて，各争点について相互に内的に関連した整合的な見解を示し，全体として統合的な見解を提示しようと試みてきている。これらの見解の具体的な対立状況については，法の妥当性，法と道徳，法と強制など，各関連争点ごとに，それぞれ第2章**4**，第4章と第5章，第6章において別々に取り上げることにする。

(2) **議論・交渉フォーラムと法の三類型モデル**

　本書では，これら三系列のいずれかに与するアプローチはとらずに，法理学的な法構想としては，法的空間を，規範・制度レベルを基軸としつつも，価値理念レベルと事実レベルをもその内部に取り込んだ多層的な知的空間ととらえ，実践的議論に関する「対話的合理性」基準を法的に制度化した「議論・交渉フォーラム」として解釈する法理論を提示している[5]。法というものを，人びとが法的規準を中核とする共通の公共的理由に依拠しつつ公正な手続に従った自主的な交渉と理性的な議論によって行動を調整し合う「議論・交渉フォーラム」としてとらえる法構想は，「法動態への相互主体的視座」の確立という，私の法理学的観点とも言うべき問題関心を背景とするものである[6]。

　このような「法動態への相互主体的視座」と「議論・交渉フォーラム」という法の見方は，伝統的な意味での法の概念規定と同じことをめざすものではなく，主として法システム全体の機能方式と法実践の知的地平の統合的理解のた

---

　[5] このような法構想を最初にまとめて試論として提示したのは，田中成明『法的空間：強制と合意の狭間で』（東京大学出版会，1993年）第1章「法をどうみるか」であるが，その後，「議論フォーラム」を「議論・交渉フォーラム」に変更したことをはじめ，本書の関連箇所でそれぞれ説明するように，内外の新たな文献の検討をふまえ，敷衍したり修正したりしているところが少なくない。

　[6] 法動態への相互主体的視座の確立というアプローチないし問題関心については，田中成明『現代日本法の構図：法の活性化のために』（筑摩書房，1987年）Ⅱ「法への視座―その拡大と転換のために」で最初に全体的な輪郭を提示した。

めの法理論を提示することをめざしている。そして，このような法理論の提示にあたっては，一方では，外的視点からの様々な法の理解を法システムの合理的再構成のなかに適宜取り込みつつも，観察者の視点にとどまることなく，他方では，必ずしも純然たる内的視点から特定の実定法システムに道徳的ないし政治的にコミットすることなく，法的過程に内的視点から参加している人びとの行動の解釈学的な解明をふまえて，基本的には認知的ないし距離をおいた内的視点に立って，内外両視点を統合する法システム・法実践の全体像の構築を試みることになる。

このような法構想を提示する法理学的理論の展開と基礎づけは，基礎法学の諸部門や法律学・法実務の視点とも分かち難く交錯し，相互に規定し合っている。従って，「法とは何か」をめぐる法理論・法実務上の重要争点の解明においては，法学の諸分野のアプローチは，基本的にいずれの視点を基軸に考察するかという相違にすぎない場合が多いと言ってよいであろう。

「法とは何か」という問いのこのような性質とも関連するが，法の概念や構想をめぐる法理学内部の理論の対立や展開は，法史学・法社会学・法人類学・比較法学，さらに法律学や法実務の問題状況・理論動向からも絶えず刺激や挑戦を受けてきている。そして，法理学に限らず，基礎法学に共通する様々な法の概念や構想に関する代表的な理論について，先ほどの法理学理論の三系列とは違った角度から類型化するならば，(i)公権力機関と私人との支配・服従関係において法のもつ構造的・機能的特質に焦点を合わせる「国家的な法の見方」（J. オースティン，H. ケルゼンなど）と，(ii)私的な個人・組織間の相互作用関係において法のもつ特質に焦点を合わせる「社会的な法の見方」（E. エールリッヒ，B. マリノフスキーなど）の二つの系列，さらに，(iii)これら二つの対立的な見方のいわば中間にあって，法の自立性を強調してこの二つの側面を統合しようとする見方（近代的な法の支配・権力分立制・立憲主義・私的自治などの統治原理が前提としている法の見方）という三類型を析出することができる。

本書においては，様々な法理論をこのように三つの法の見方に類型化することができ，かつ，比較史的にみてそれぞれの法の見方に対応する形態の法秩序が存在することをふまえて，法秩序・法観念・法文化などを比較史的に分析し現代法システムの動態を解明するための理論枠組として，「法の三類型モデル」[7]を用いる。このモデルは，(iii)に対応する自立型法を典型的な狭義の法類

型として，法的空間の中枢に位置づけるとともに，(i)に対応する管理型法と(ii)に対応する自治型法を，拡大された広義の法類型として，法的空間内部に取り込み，相互の補完的ないし対抗的な動態を解明するという，多元的な法モデルである。

　この法の三類型モデルと，法的空間を対話的合理性基準の法的制度化としての「議論・交渉フォーラム」ととらえる法構想との関係については，議論・交渉フォーラムという法構想が，法システム全体への相互主体的視座の確立という問題関心に直接関わる理論であるのに対して，三類型モデルは，このような問題関心とも無関係ではないが，第一次的には法システムを動態的・多層的にとらえてその形態的特質を比較史的に解明することをめざしており，関心方向が異なっている。また，三つの法類型それぞれと，「議論・交渉フォーラム」構想との関係については，「議論・交渉フォーラム」構想は，いずれかと言えば自立型法と最も親近性をもってはいるが，対話的合理性基準の法的制度化イコール自立型法と限定的に関連づけるのは，法的空間を「議論フォーラム」ではなく「議論・交渉フォーラム」ととらえる趣旨に反し，適切ではない。「議論・交渉フォーラム」構想は，自治型法の重視につながる面があるけれども，自治型法が多種多様であり，なかには対話的合理性基準の法的制度化を妨げるものも含まれているから，一概にそうとは言えないところがある。「議論・交渉フォーラム」構想は，基本的にいずれか特定の法類型と結びつくものではなく，むしろ，三類型の組み合わせからなる法的空間全体の知的地平の解明と基礎づけに関わる理論である。

　従って，本書では，「法とは何か」という法理学の伝統的な問いに対しては，「議論・交渉フォーラム」という法構想と「法の三類型モデル」を組み合わせた「多元的・対話的な行動調整フォーラム」とでも呼ぶべき複合的なアプローチで取り組むことになる[8]。このようなアプローチのうち，この第1章では，「議論・交渉フォーラム」という法構想の骨子と「法動態への相互主体的視

---

　7) 法の三類型モデルについては，田中成明「法・権利・裁判についての一考察─法の分析枠組覚え書」『法理学の諸問題：加藤新平教授退官記念論文集』(有斐閣，1976年) 117-27頁，同「法の特質と構造」磯村哲編『現代法学講義』(有斐閣，1978年) 3-14頁などで試論的に提示したが，その後，同『現代日本法の構図』(前出注6) 第5章「現代法の全体像を求めて」でかなり理論的に整理し，現在では，本書第3章**2**で説明するように，用語をはじめ見解を修正しているところがある。

座」の関連について説明し,「法の三類型モデル」については,第3章で改めて取り上げる。

2 法動態への相互主体的視座

1 法システムの動態的理解と相互主体的視座

　法システムの動態的理解とは,法システムを,法律家・法学者や一般の人びとの解釈・適用・遵守あるいは法理論的な分析・解明の所与的対象として,静態的にとらえるのではなく,法律家に限らず法的過程に関与するすべての人びとの法実践によって用い動かされてはじめてその目的や機能が具体的に実現されてゆく動態的なものとしてとらえることである。相互主体的視座とは,市民一人ひとりが,たんに法的な規制・保護を受ける客体としてだけではなく,それぞれが善き生き方・正しい社会と考えるものを追求・実現するために,必要に応じて法を用い動かす主体であることを自覚して,自由平等な人格として相互に尊重し配慮し合いながら,自分たちの共生・協働の公正な制度的枠組としての法システムに関わり合うという姿勢のことである。

　法システムの動態的理解と相互主体的視座の確立とは,相互に内的に関連し合っており,法システムを,意見や利害を異にする人びとが法的規準を中核とする共通の公共的理由に依拠しつつ公正な手続に従った自主的交渉と理性的議論によって行動調整を行うフォーラムとみる法構想は,法動態への相互主体的視座の確立にとって不可欠な知的地平を切りひらき,法に関わるすべての人びとの法実践に対して,それぞれにふさわしい位置づけを法的空間内部において与えることを可能とするのである。法というものをこのように相互主体的視座からとらえる場合,法システムは,法の概念の解釈である一定の法理論によってはじめて活性化され作動する動態となり,法に関与する人びとは,それぞれの法理論を基礎に実定法規範を創造的に解釈しつつ,主体的に法実践に携わり,法的空間内部で活動することになる。法システムは,実定法規範によって規定

---

8) 法動態への相互主体的視座,議論・交渉フォーラム構想,法の三類型モデルの相互関係については,法の三類型モデルの問題関心や用語・軌道修正に焦点を合わせた説明であるが,田中成明「法の三類型（自立型法と管理型法・自治型法）モデル再考」北海道大学情報法政策学研究センター編『新世代法政策学研究』4号（2009年）参照。

し尽くされた所与的な静態として，法理論のたんなる分析対象ではなく，むしろ，法的空間を法理論の真価が問われる動態的な"場"である「議論・交渉フォーラム」として構成し構造化しているのである。

　以下，本章では，このような法動態への相互主体的視座を確立するためには，法システムの全体構造および法実践の知的地平をどのように了解すべきかについて，基本的な考え方を説明しておきたい。

　まず，法システムの全体構造からみてゆこう。法の基本的特質や法全体の構造・機能が問題とされる場合，民法や刑法あるいは憲法など，現に行われている実定法の条文に眼を向けて，その多くが，人びとに一定の行為を指図する法規範であることに焦点を合わせ，法というものを多数の法規範の複合体として理解するのが一般的である。

　たしかに，法は，道徳・宗教・習俗などと同様，社会規範の一種であり，法の規範的な特質や機能が具体的には実定法の個々の条文の法規範としての規定内容にみられることから，法規範を法全体の理解の中心ないし出発点にすえること自体には問題はない。けれども，法の全体像の理解にとってより重要なことは，個々の実定法規範は，一定の制度的仕組みのもとにあってはじめて，"法"規範として存在し，その規定内容を具体的に実現し，予期された機能を現実に果たすことができるということである。他の社会規範と異なった実定法独特の規範的な特質と機能も，法がこのように「制度化されたシステム」であるところにみられるのである。

　そもそも実定法規範が人びとを規範的に拘束する妥当性をもつためには，法定立権限を与えられた機関によって所定の手続に従って制定されるか承認されたものでなければならないのが原則である。また，法規範の多くは，私人としてであれ公的機関としてであれ，人びとによって実際に遵守され用いられてはじめて，その機能を発揮できる。そのためには，法規範の適用や執行について，必要な場合には裁判所で公権的に裁定し，最終的には物理的な力を用いてでも強制的に実現するメカニズムが整備されていなければならない。さらに，ある法規範が一度定立されると，相当期間にわたって妥当し機能し続けるのが通例であるが，そのためには，法独特の専門技術的な技法を用いる法律家によって，その規定内容が個々の事例ごとに具体的に確定され，必要に応じて継続形成され特定化されなければならないであろう。

それ故，人びとの相互主体的活動に基づいた法システムの全体構造と作動方式を正しく理解するためには，法システムを，既存の実定法規範によって決定し尽くされた固定的な静態としてとらえるのではなく，一定の制度的仕組みのもとで法律家をはじめ法的過程に関与する人びとの法実践によって支えられ動かされる動態としてとらえなければならない。

　これまで法の基本的特質が問題とされる場合，憲法・法律・命令などのいわゆる法源としてあらわれる規範的側面だけが，法システムの全体的連関から切り離して取り上げられ，しかも，そのような法規範の意味内容がすでに所与的なものとして固定されて"そこにある"と考えられがちであった。だが，例えば公害被害の法的救済の拡充について，法規範自体に変更がない場合でも，かつては"立法論"，"政策論"あるいは"常識論"として斥けられていた解釈が，今日では判決のなかで"解釈論"，"法律論"として堂々と通用していることなどに象徴的にみられるように，法規範の具体的な内容は，社会的必要に応えて創造的に継続形成され変化してゆくのである。

　このように法規範の内容が具体的に特定化され現実に実現される過程には，法律家だけでなく一般の人びとの参加もまた不可欠である。だが，この法的過程への法律家や一般の人びとの参加の具体的な方式・条件は，国家機関相互の抑制・均衡関係のなかで裁判所の占める位置，裁判所の権限や組織などの制度的側面，法規による拘束や形式論理的な理由づけと具体的な利益衡量や判決の実質的結果のいずれが法解釈の方法として重視されているかという技術的側面，裁判官・弁護士などの法律家集団の構成やその養成方法・社会的地位などの主体的側面によって大きく左右される。

　法システムの基本的特質や全体像を正しく理解するためには，法の規範的側面だけに眼を向けるのではなく，法の定立・適用・執行に関する制度的仕組み，さらに法独特の専門技術的な議論・決定方法および法律家集団をも視野に収め，規準・制度・技術・主体の四側面を有機的に関連づけて立体的にとらえ，その自己組織的なシステムが法的空間における人びとの相互主体的活動に支えられて社会的必要に創造的に応えてゆく動態が明らかにされなければならない。このように，法システムを四側面からなる立体的な動態としてとらえることによって，一定の歴史的コンテクストのもとで各人各様の人生目標・利害関心をもって法実践に携わる人びとの相互主体的活動を，法システムの公正かつ実効的

な作動の必須条件として法的空間のなかに位置づけ，法というものを「議論・交渉フォーラム」として活性化させる知的地平も切りひらかれるのである。

　ここでは，一般に典型的な法システムとみられている近代国家成立以降の国内法システム，より具体的にはわが国の現行実定法システムを念頭において，法システムの四側面の意義と特質について，法全体の構造的・機能的特質の動態的理解に必要と思われる基本的な事柄だけを説明し，詳しいことは，各々関連箇所で改めて取り上げることしよう。

2　動態としての法システムの四側面
(1)　規範的側面

　法規範の"規範的"特質は，人びとが一定の行為を行ったり差し控えたりする理由を指図することによって，人びとの行動の指針・評価規準となるところにみられ，このような理由は，当然，法的議論においても一定の主張や決定の法的正当性の適切な正当化理由となる。法規範による理由指図は，一定の行為遂行などの要件事実に伴う法律効果を規定する準則によって行われるのが原則であるが，法律効果は，必ずしも刑罰などの強制的サンクションに限らず，一定の権利・利益の賦与など給付的なものであることも多い。また，現代法システムの規範的内容は，このような法準則を核としつつも，一般条項・人権条項などの法原理をも含んでおり，法原理を媒介として社会一般の正義・衡平感覚などの道徳的論拠の考慮にも開かれた柔らかな構造をとっている。

　法の規範的特質は，強制的サンクションによる動機づけと密接に関連しているけれども，このようなサンクションによる裏付けは法の規範的特質にとって不可欠でも決定的でもない。また，法規範の義務づけ力は，法独自の制度的理由に基づいており，その道徳的内容の正・不正によって判定されるものではない。けれども，法規範の個別具体的事例への適用が法原理によって左右されることがある限りで，一定の道徳的考慮とは内的に関連しており，法の規範的内容の自立性はあくまでも相対的なものである。

　法規範には幾つかの異なった種類のものがあり，それらが組み合わさって統一的な自己組織的システムを形成・維持し，諸々の規範的・社会的機能を果たしているが，この点については，第2章 **1**・**2**で改めて取り上げる。

(2) 制度的側面

　実定法規範がどのようにして形成され具体的に実現されるかを規律する制度的枠組について，わが国などの自由主義諸国の法システムの重要な特質は，とくに次の二点にみられる。

　その一つは，法システムが，法規範の定立，適用，執行という三段階の作用を基軸に作動しており，とくに，法規範を一般的に定立する立法作用と，それを個々の事例に適用する司法作用とが段階的に区別され，規範論理的に司法は立法の下位に位置づけられていることである。もう一つは，裁判などの法適用過程が，その決定を必要とあらば物理的な力を用いてでも強制的に実現する執行過程から切り離されて自立化し，法適用の手続過程や判決などの法的決定自体の独自の理論的・実務的重要性が高まってきていることである。

　これらの制度的特質は，人びとの自由と参加を尊重しつつ法システム全体の公正で実効的な作動を確保することをめざしており，権力分立制，立憲主義，法の支配，私的自治などの自由主義的統治原理を具体的に制度化したものとみてよい。

　このような実定法システムの制度的動態の中心には，立法部・行政部からの独立を保障された裁判所が，典型的な法的制度として存在し，法の諸々の規範的・社会的機能のほとんどすべての実現において中枢的な位置を占めている。そして，法源に関して成文法主義をとるわが国などの大陸法系諸国では，制定法が中心的な法源であり，司法裁判所の固有の権限はそのような制定法を適用することであるが，判例法も事実上重要な役割を果たしており，一定範囲内で裁判所にも法形成権限が認められている。法源理論については，第2章**3**で一般的に説明し，裁判所による法の継続形成については，第9章**3**でも取り上げる。

(3) 技術的側面

　裁判その他の法的過程において権利主張などの要求や判決などの決定を正当化するためには，政治・行政・経済などの領域での議論や決定の仕方とは異なった法独特の論法が用いられる。そして，この法の解釈・適用に用いられる論法は，相当期間の教育・訓練・経験によってはじめて修得できる専門技術的なものであり，そのため，法の解釈・適用の技法を専門的に教育研究する学問分野として法律学（法解釈学・実定法学）が存在する。また，法的議論は，よほど

のことがない限り実定法の規定自体の正当性は問わず，それに準拠して個別具体的な法的主張・決定を正当化しなければならないという教義学的性質をもっている。

　法的議論のこれらの特質は，裁判をはじめ法システム全体の合理的な運営を継続的に行うために不可欠である。だが，その反面，一般の人びとが法システムから疎外されていると感じたり，法律家の議論が職人的あるいは秘儀的な性質を帯びたりすることも，ある程度は避け難い。また，"法律論（解釈論）"と"常識論"あるいは"政策論"との関係など，複雑微妙な問題が多い。

　この技術的側面については，第5編で詳しく説明する。

(4) 主体的側面

　法システムの現実の運用に携わる人びとがどのようなものかという側面は，「法とは何か」が論じられる場合ともすれば見落とされがちである。だが，法システムの自立的な存立と円滑な作動にとって重要なことは，裁判官・弁護士などの法律家が，専門的な法的知識・技術を修得し一種の独占的な資格を与えられたプロフェッショナル集団として存在し，裁判その他の法制度の運用に直接的な責任を負っていることである。

　法システムの規範面や制度面がいくら形の上できちんと整備されていても，強力な自治組織と高い社会的地位・評価をもった法律家集団が存在しなければ，法システムの合理的な運営が不可能であるだけでなく，立法部・行政部や政治的・社会的諸勢力の圧力に抗して，法の支配や司法の独立を確立し維持し続けることは容易ではない。法律家の人口やその社会的地位・評価，法曹組織・養成制度（とくに法曹一元制か職業裁判官制か），弁護士の活動領域（法廷業務中心か予防法学的業務にまで及んでいるか）などは，各国家によってかなり異なっており，法システム全体の特質やその社会的役割を大きく左右している。

　わが国の場合，このような法システムの主体的側面に関わる法曹組織が主要西欧諸国に比べて質量ともに弱体であると言われてきている。そして，このことが，わが国の法システムや司法制度が，日本国憲法などの規定する制度的理想通りに機能していない主因であると，つとに指摘されてきており，今般の司法制度改革でもこの主体的側面の拡充が重要課題とされたところである[9]。

　以上で素描した法システムの全体的特質は，基本的に近代西欧で形成されたものであるが，19世紀末以降のいわゆる近代法から現代法への展開に伴って，

現実に修正されたり再検討を迫られていたりしているところもある。さらに，わが国の場合には，このような西欧とも共通の構造的変化がみられるとともに，非西欧的な伝統的法文化の影響が人びとの法イメージや法の運用・利用に根強く残っており，法システムの全体構造やその社会的役割には西欧的な制度原理だけではとらえきれない面もあることに注意する必要がある。

　現代社会の法システムは，我々の祖先がときには高価な代償も支払い試行錯誤を積み重ねて作り上げてきた貴重な知的遺産であるが，我々はそれを動かすべからざるものとして墨守する必要はない。また，法システムは，どのような社会的要求にでも応えうる価値中立的な装置ではなく，その内在的価値や制度的枠組を損なうことなしに果たしうる役割には一定の限界があり，決して万能ではない。だが，法システムの果たしうる社会的役割の可能性と限界は，人びとがどのような法イメージ・法理論に基づいて法実践に携わるか，法に対するその時々の社会の要求や期待がどのようなものか，法律家の姿勢と力量如何などによって相当程度左右されるものである。我々は，法システムの各側面についてその仕組みが今ここで自分たちの直面している様々な問題の適正な解決に適しているかどうかをつねに点検し，新しい時代の要求に応えて法システムを創造的に運用し，必要とあらば再編成し，それを次世代に伝えてゆく努力もまた怠ってはならない。

3　強制的命令システムから議論・交渉フォーラムへ

1　強制的命令システムという見方の難点
(1) 法の機能と知的地平の理解の偏り

　一般の人びとの常識的な法イメージでは，法というものは強制的で権力的なものとみられ，しかも，自分たちはもっぱら国家による法的規制・保護の客体として受動的に関わり合っているにすぎないと理解されていることが多い。民主的な考え方が一般化した現代でも，法というものを，それぞれの人生目標・利害関心を実現するために必要な場合には，自主的な交渉や理性的な議論によ

---

9)　このような法システムの主体的側面に関するわが国の問題状況については，本書では取り上げないが，その概要については，田中成明『法学入門』（有斐閣，2005年）第14章「法律家」参照。

って他人との相互関係を調整するフォーラムとして理解し，自分たちが法を用い動かす主体であると自覚している人びとは，それほど多くないのが実状であろう。

　法理学においても，J. ベンサムやJ. オースティンらの分析法理学以来，H. ケルゼンの純粋法学に至るまで，実定法秩序を道徳や政治などから区別して自立的な空間として画定し，その内的構造を分析することに主な関心が向けられ，法というものを国家権力が強制的サンクションを用いて人びとの行動を義務づけ規制する命令システムととらえる見方が支配的であった。だが，このような法の見方をする法実証主義的理論には，法動態への相互主体的視座の確立という観点からみて，大きく分けて二つの難点がある。

　その一つは，法システムの存立と作動について国家の強制権力の役割を過大評価して，国家と私人との垂直関係における法の機能に視野を限定し，社会レベルでの私人相互の水平関係における法の機能を正しく位置づけることができず，法実践における一般の人びとの相互主体的活動に適切な法理論的基礎を提供できないことである。もう一つは，法システムの存立と作動をできるだけ政治や道徳の影響から切り離そうとするあまり，法実践の核心をなす法的議論について，正義・道徳をめぐる実践的議論から相対的に自立しているけれども，正しい法への志向においては，基本的にこれらの議論と同じ知的活動であり，正義・道徳をめぐる議論・論拠にも開かれているものとして位置づける知的地平が閉ざされてしまいがちだということである。

　もちろん，強制的命令システムという見方が重視するような法の属性が，後ほど第6章をはじめそれぞれ関連箇所で詳しく説明するように，その意義や位置づけなどが正しく理解されるならば，法システムを道徳・宗教などの社会規範や裸の強制権力の行使と区別する上で重要な法独自の特質であることまで全面的に否定するのは行き過ぎである。しかし，国家の強制権力の行使とのつながりに焦点を合わせる従来の法の見方には，社会レベルにおける法の日常的な作動状況を法的空間内部に正しく位置づけることができないとともに，後ほど第11章**4**，第15章**3**を中心に関連箇所で詳しく説明するように，法律家や一般の人びとの法を用い動かす法実践を，実践理性の公共的使用によって法による正義の実現に参加する知的活動として，同様に法的空間内部に正しく位置づけることができないという致命的な欠陥が伴っていることは否定し難い。

このような従来の支配的な法の見方の欠陥を是正するためには，法システム全体の機能方式の理解をめぐる最近の法理学などの法の基礎研究における理論展開をふまえる一方，他方では，実践哲学の復権をめざす諸潮流の台頭，とりわけ実践的議論の理論と規範的正義論の多彩な展開をも視野に収め，法システム全体の機能方式と法実践の知的地平を解明する視座自体を転換させる必要がある。このような視座転換については，以下の各章で関連諸問題を詳しく検討するが，ここでは，少し先取りして，その骨子を素描しておこう。

(2) 法の機能理解の視座転換

まず，法システムの機能方式について，強制的命令システムという従来の見方による偏った理解を改め，視座転換の基礎となる法理論の構築の土台とともに受け皿ともなる法的空間を切りひらくことが，前提作業として必要である。

強制的命令システムという見方においては，法規範の規範的特質を命令と理解して，一定の行為を命令したり禁止したりする義務賦課規範をモデルに，すべての法規範をこれに還元したり関連づけたりして一元的に説明しようとする傾向がみられる。だが，このような法規範の理解では，有効な法的行為を行う公的・私的権能を一定の人ないし機関に付与する権能付与規範が，義務賦課規範と直接的には無関係に，独自に重要な機能を果たしていることに正当な位置づけを与えることができない。強制的命令システムという見方は，このような法規範のいわゆる命令説的な理解と結びついている限りにおいて，法規範の多様な指図内容を偏った狭い観点から一元的にとらえようとする欠陥をもっており，このような法の見方が，法と国家の強制権力との関係，さらに法システムの多様な社会的機能の理解にも看過し難い偏りをもたらしているのである（詳しくは，とくに第2章**1**・**2**，第6章**4**参照）。

たしかに，法システムが様々の形で国家の強制権力の行使と深く関わっていることは厳然たる事実であり，法の理解においても，この事実から眼を背けるべきではない。けれども，法が犯罪などの違法行為に対して刑罰などの強制的サンクションを規定している場合でも，その本来のねらいは，それだけで法が自発的に遵守され違法行為が抑止され，人びとが安心して日常生活を営みうる平和な状態を維持することであり，強制権力を現実に行使すること自体が法の目的ではない。サンクションとして強制権力が現実に行使されるのは，この第一次的な抑止が功を奏さなかった場合に限られており，例外的で第二次的なも

のである。さらに，ある程度安定した法システムのもとでは，法の機能発揮と強制権力の行使とが一般的に切り離される傾向にあり，法的規準・手続に準拠した議論や決定が，決定内容の強制的実現を保障する権力行使から自立化し，それだけで十分に機能を発揮できるようになっている。それ故，法システムを強制や権力の側面からだけみていると，法が円滑に作動している正常状態での第一次的な機能を，"法的なるもの"として正しく位置づけ損ないかねない。

　強制的命令システムという従来の見方では，法システムの中心的な社会的機能とみられてきた社会統制機能すら，必ずしも適切に理解することができない。法の支配のもとでの法的社会統制の最も重要な特徴は，国家の強制権力による人びとの行動に対する第一次的な統制自体が，人びとの自由と安全のために法的規準・手続によって厳格に規制され，法による第二次的統制を受けており，強制権力の現実の発動も，最終的にはこのような法的規準・手続に準拠した議論・決定によって正当化されなければならないというところにみられる。ところが，強制的サンクションによる義務づけを重視して強制的命令システムととらえる見方は，前者の"上から下へ"の第一次的統制だけに眼を向け，後者の"下から上へ"の第二次的統制を無視しがちである。

　日常社会生活における法の第一次的な機能は，国家の権力行使と直接結びつかない社会レベルにおいて，私人相互の自主的活動を促進するための枠組と指針を提供することである。そこでは，私人は，相互にどのような権利義務関係にあるかを了解し合っており，必要な場合には関係者との取引交渉によって契約を結び，新たな権利義務関係を形成したり従来の法的関係を変更したりして，たいていは相互関係を自主的に規律し調整しているのである。そして，法システムがこのような私人相互間の活動促進機能を果たす場合，人びとの法的規準・手続に準拠した自主的な交渉や理性的な議論による合意の形成というソフトな面が前景にあらわれる。国家の強制権力の行使というハードな面は背後に退き，合意の形成や実現を間接的に促進したり外面的に保障したりするという，不可欠ではあるが第二次的な補助的役割を果たしているにすぎない。

　だが，強制的命令システムという見方にとらわれている限り，たとえ下から上への法的統制機能をもその視野のなかに取り込んでも，しょせん国家と私人との垂直関係でしか法の社会的機能をみていないことには変わりなく，国家権力行使から相対的に独立した社会レベルにおける私人間の水平関係での自主的

な相互主体的活動を促進するという機能は，視野の外におかれたままである。国家権力に対する下から上への法的統制を実効的に行いうる主体的姿勢が強化されるためにも，それ以前に，まず社会レベルにおいて，各々善き生き方を追求する個人の人格を尊重し配慮し合いながら行われる相互主体的な法的活動が活性化され，このような私人間の水平関係における法実践が法システム全体の公正な作動の確保の原動力となる必要がある。"相互"主体的視座の強調には，このような意味あいもこめられているのである。

(3) 現代法の機能拡大への理論的対応

さらに，現代法システムのもとでは，資源配分的法令の増大による法の機能の拡大・多様化に伴って，この種の法令の遵守を確保し促進するために，懲役や罰金などの否定的サンクションだけでなく，租税上の優遇措置や補助金の給付などの肯定的サンクションが用いられることが多くなり，法的強制形態も変貌し，法システムの全体像を強制的命令システムという従来の見方でとらえることは，ますます不適切となっている。しかも，同時に，このような資源配分的法令の増大が法動態への相互主体的視座の確立を妨げかねない状況を惹起していることにも眼を向けなければならない。

資源配分的法令の基本的な役割は，私人間の権利義務観念による自主的な法的活動ができるだけ公正に行われるための社会的経済的諸条件を整備・確保し，法を用い動かす主体としての個々人の自律的能力を強化すること (empowerment) であるべきである。ところが，現実には，かえって国家との垂直関係での法的規制・保護の客体としての私人という受動的で受益者的な地位を強めているきらいもある。しかも，資源配分的法令による社会経済生活への配慮・介入においては，国家の物理的強制権力が直接行使される機会は少ないけれども，強制方式がハードなものから間接的で眼にみえないソフトなものに変わったにすぎず，国家の強制権力が一段と強化されている面もみられる。資源配分的法令によるパターナリズム的な規制・保護は，場合によっては刑罰に優るとも劣らない強制的な性質をもち，個々人の自律的決定に抑圧的に働き，私人相互間の自主的活動を阻害するリスクを内含していることが見落とされてはならない。

個々人が，国家によるパターナリズム的な規制・保護に安易に依存したり期待したりすることなく，国家の権力行使とは相対的に切り離された社会レベルで自主的に利害調整や紛争解決を行い，法を用い動かす相互主体的姿勢を強化

し確立しない限り，法システムは，私的利益追求や個人の操作・抑圧のための効率的な強制的権力装置に転化してしまいかねない。このような"法の死滅"を阻止できるかどうかもまた，法動態への相互主体的視座が，公権力行使に関わる政治的空間だけでなく，私人相互間の自主的行動調整が行われる公共的生活空間のなかにも広く浸透し，人びとがそれぞれ善き生き方と正しい社会を選択し追求する自由平等な人格として相互に尊重し配慮し合う相互主体的コミュニケーション関係が，何よりもまず社会レベルで形成され，その上で，個々人が，法システムを自由で公正な社会における共生と協働のための制度的枠組の一支柱として用い動かす主体として成熟してゆくかどうかにかかっているのである。

2 対話的合理性基準と議論・交渉フォーラム
(1) 対話的合理性基準とその法的「制度化」

　法動態への相互主体的視座の確立にとっての重要な法理学的課題は，以上のような法システム全体の機能方式の理解をふまえて，法システムを，価値観・利害関心を必ずしも同じくしない人びとが，法的規準を中核とする共通の公共的理由に依拠しつつ公正な手続に従った自主的交渉と理性的議論によって行動を調整し合うフォーラムとしてとらえ，そのような法システムの制度的構想とそれを用い動かす法実践に対して原理的指針を提供できる法理論を構築することである。

　本書では，このような「議論・交渉フォーラム」という法構想を基礎づける法理論として，法システム・法的空間を実践的議論に関する「対話的合理性」基準を法的観点から「制度化」したものと位置づけて，法的に正しい決定をめざす法的議論などの法実践に，正義・道徳をめぐる実践的議論をも内在化させうる知的地平とその内的構造を解明するというアプローチを提示したい。

　対話的合理性基準とは，実践的議論における規範的言明の正当化に関する基準であり，その基本的な特徴は，各議論領域の主題・論拠・情報などを構成・規律する共通観点の相互了承を背景的コンセンサスとして，公正な手続に従った討議・批判・説得などの対話的議論を通じて形成される理性的な合意を合理性・正当性の核心的識別基準とすることである（詳しくは，第11章4参照）。

　このような対話的合理性基準を構成する基幹的な条件は，各議論領域の共通

観点に即して適切な理由の範囲やその優劣・強弱についての背景的な相互了解があり，議論の共通の前提となる対象・主題が画定されていること，議論参加者が各々独自の人生目標・利害関心をもち自律的決定能力・責任能力のある人格として相互に承認し合うこと，より適切な論拠への強制以外の一切の強制の排除された状況で互換的・対称的関係に立って自由平等に議論に参加する機会が各議論主体に与えられていることなどである。実践的議論は，これらの要件が充たされた公正な状況のもとで，主張・基礎づけに関する平等な責任分担のルールに従って，それぞれの主張・論拠に吟味を加えつつ，理性的な合意に基礎づけられた原理整合的で普遍化可能な結論・決定の形成をめざして遂行される。対話的合理性基準においては，理想的な議論状況を保障する公正な手続的条件が充足され，議論の手続過程自体の合理性が確保されているかどうかが，その結果の正当性にも影響を及ぼすが，手続的条件の充足と結果の内容的正当性の関係については，結果の内容的正当性をめぐっても理性的な議論が可能だとする実践哲学的立場をとり，内容の問題と手続の問題を自律的な議論主体の相互作用的コミュニケーションによって語用論次元で動態的に統合することをめざしている。

　このような対話的合理性基準は，現実の実践的議論に対して可及的に充足すべき規制的理念として提示される。だが，現実の実践的議論には，実際生活における議論にしろ，学問的な議論にしろ，完全に自由な議論にゆだねておいたのでは，対話的合理性基準の要請する諸条件を充たす理想的な議論状況を確保できなかったり，仮にそれらの条件をすべて充たしても，必ずしも一定の具体的な結論が確実に得られるとは限らないという「不確定性」がつきまとっている。そこで，このような実践的議論一般の「不確定性」に対処するために，実践的議論の理論は，裁判での法的議論のように，一定の実践的問題について限られた期間内に公共的・集合的決定が社会的に必要とされる場合には，対話的合理性基準を構成する諸条件を法的形式によって「制度化」する。すなわち，公正な手続的状況のもとで合理的な意思決定が行われるように，それぞれの議論領域の特質に適合した合理的な議論の遂行のための理想的な手続的前提条件とともに，各議論領域の参加者が受け容れるべき権威的な共通論拠を制度的に規定して，手続・実体の両面から議論と決定を枠づけ方向づけることによって，それぞれの議論の領域と過程を相対的に自立的なフォーラムとして構造化する

のである。
 (2) 議論・交渉フォーラムとしての法的空間

　現代社会では，法的議論の領域が，政治的議論の領域と並んで，立憲民主制的な「制度化」を共通の背景的条件とする実践的議論の典型的なフォーラムである。法的議論は，実定法の適用によって具体的紛争を個別的に解決する裁判過程を主たる議論領域としており，裁判過程における対話的合理性基準の諸条件の制度化は，実定法規範を中核的な権威的論拠とし，裁判手続に従った議論を経て最終的には裁判官の権威的判決によって決着をつけるという方式で構造化されている。法的空間は，裁判だけに限らず，社会レベルにおける私人間の法的相互作用活動からなるインフォーマルな公共的空間にも拡がっているが，このような裁判外での自主的活動における法的議論も，多くの場合，裁判に照準を合わせた法的議論方式を念頭におきつつ遂行される。また，裁判外での自主的な法的相互作用活動では，法的議論は，利害対立や紛争を調整型合意の形成によって解決することをめざす交渉と重なり合いつつ行われることが多いが，このような法的交渉の公正を確保するために，可及的に対話的合理性基準の諸条件を間接的に適用することが，法的観点から要請される。従って，実践的議論の理論においては，法的空間は，全体としてこのような仕方で対話的合理性基準を法的に制度化した「議論・交渉フォーラム」として存立し作動することが規範的に要請されているのである。

　法的議論は，このように，実践的議論の「制度化」された一特殊事例として，実定法に拘束され裁判手続に従わなければならない限りで特殊性をもつけれども，その規範的言明の正当化や正当性基準について，対話的合理性基準を共通の一般的基礎としている。法的議論のこのような「制度化」によって，実践的議論の「不確定性」に対処するとともに，現実の法的な議論・決定が，基本的に実践的議論一般と同様，強制・権力や恣意専断によって左右され一方的な結論を押しつけられることなく，できるだけ対話的合理性基準に適合した理想的形態で遂行されるように，公正な状況を確保することがめざされている。

　けれども，法的議論の「制度化」によって，実践的議論一般の「不確定性」を縮減できても，完全に排除することはできず，法的議論領域の自立性も部分的・相対的なものにすぎない。個別具体的事例への実定法の適用にあたっては，いろいろな形で正義・道徳などをめぐる一般的な実践的議論・論拠による補完

を必要とし，実定法の具体的な意味内容は，個々の事例ごとに社会一般の正義・衡平感覚を反映した常識・社会通念などの社会的コンセンサスをも汲み上げつつ確定され，必要に応じて創造的に継続形成され特定化されなければならない。法的議論の領域は，正義・道徳などの議論だけでなく，政策形成や法形成に関わる政治的議論からも，相対的に自立的な議論領域として「制度化」されているけれども，決してこれらの議論から完全に切り離されているわけではなく，一定限度でこれらの議論にも開かれており，部分的に重なり合っている面もあることが見落とされてはならない。

第5編の関連箇所，とくに第16章で詳しく説明するように，判決などの法的決定の正当化においては，実定法内在的な理由づけだけでは不十分であり，社会一般の正義・衡平感覚をふまえ，実践的議論一般と共通の論拠に照らした理由づけも不可欠であり，双方の理由づけを整合的に織り込んだ統合的な正当化が要請されている。また，判決の正当性は，その内容だけでなく，訴訟の手続過程が両当事者の対等な相互主体的参加によって公正な状況のもとで理性的な法的議論を活性化しつつ展開されたかどうかにもかかっている。このような形でも，対話的合理性基準が法的議論の在り方を規律しているのである。法的議論と一般的実践的議論とは，たんに一方が他方に対して従属的ないし付加的な関係に立つのではなく，全体として統合的ないし共生的な相補関係に立っており，両者の合理性・正当性基準は基本的に共通しているのである。

3 法的空間における合意・議論・手続

対話的合理性基準の法的「制度化」の以上のような全体構造をふまえて，以下では，合意・議論・手続という，対話的合理性基準の三つの基本概念のそれぞれが「議論・交渉フォーラム」において占める位置について，以下の各章における個別的な説明に先立って，一般的に留意すべき主な問題を指摘しておきたい。

(1) 合意と強制

三つの基本概念のうち，法的制度化について整合的な理解が最も難しいのは，法システムが最終的には決定強制を伴っていることとの関連で，議論を通じて形成されるべきだとされる理性的合意の概念の位置づけである。共通論拠などの相互了承という背景的コンセンサスについては，実定法規範・法律学的理論

構成などの権威的・制度的論拠と社会一般の通念的正義・衡平感覚などの実質的論拠が，法的議論を典型とする法実践に共通の背景的条件として前提とされていることは比較的理解されやすい。だが，法的議論が，理由づけられた決定の作成はともかく，理由づけられた合意の形成をめざすという理解には，法的決定の強制的性質との整合性の関連で少し異和感もある[10]。

　法的空間においては，規範・制度レベルや事実レベルで形成されるべきだとされる合意の内容は，究極的には，対話的合理性基準の一環としての理性的合意という理念の規制を受けつつも，制度の実効性の確保，個人の自律的選択の尊重，自主的な相互作用的活動の促進などのために，多かれ少なかれ現実対応的なものに変容ないし緩和されている。それに応じて，めざされる合意も，一般的に，対立する理由づけの当否・優劣をめぐって議論して最終的にいずれかの理由づけを正当なものとして承認し合うべきとする理念的なタイプのもの（理由づけ型合意）に限らず，様々の論拠やトポスをめぐって意見・利害を調整し合い何らかの現実的合意（妥協）が形成されれば，その正当化理由までは問題とせず，さしあたりそれでよしとするタイプのもの（調整型合意）をも含むように，緩やかなものに拡がる傾向にある。

　具体的には，前者のような理由づけ型理性的合意がめざされるのは，法廷弁論を経て判決が下される典型的な裁判手続など，法的空間全体のなかでは比較的限定されたごくわずかの過程においてだけである。他の法的過程においては，後者のような調整型合意がめざされていたり，そのような合意に制度的に正統な位置が与えられていたりして，重要な役割を果たしている。しかも，対話的合理性基準の法的制度化の典型的な場である裁判手続も，最終的には裁判官の権威的決定で決着がつけられる仕組みになっている。従って，裁判手続全体についてはともかく，判決の正当性の識別基準として理由づけ型合意の契機を強調することは，理論的には十分可能だけれども，直観的・常識的には理解しにくいところがあり，公正な手続保障のもとで理性的な議論が尽くされたか否かという手続過程の正当化機能のウエイトが高まらざるをえないことになる。

　法的空間における合意概念をめぐるこれら若干の問題からも明らかなように，法システムを対話的合理性基準の制度化としてとらえる法理論の構築において

　10）　法的空間における合意と強制のダイナミックな相互規定関係についての詳しい説明は，田中『法的空間』（前出注5）とくに第2章参照。

も，法的空間がまさに強制と合意の狭間で存立し作動しているという現実をつねに念頭においておかなければならない。

(2) 議論と交渉

議論の法的制度化については，以上のように，法的空間全体においては，理由づけ型理性的合意だけでなく調整型合意も重要な役割を果たしていることを考慮に入れるならば，このような妥協形成をめざす交渉をも，可及的に対話的合理性基準の規律のもとにおくことによって，法的空間内部における正統な法的活動として位置づけ，法システムを「議論を要とする交渉フォーラム」と，重層的にとらえるのが適切であろう。法システムの存在理由は，その核心において，"数"や"利"の論理に一定の義務論的制約を課し，あくまでも"正"と"理"の論理を基軸に，公正な手続と理性的な議論によって合意形成と決定作成をめざすフォーラムを提供することにあり，議論フォーラムを最後の砦として堅持することが不可欠である。けれども，理論的にはともかく，現実の法実践において議論と交渉を区別することは難しく，両者は不可分的に交錯している。このことを考慮すると，むしろ，実践的・法的議論概念自体を，理由づけの正否・優劣をめぐる議論だけに限定せずに，意見・利害の対立を調整して妥協形成をめざす交渉をも含めて，ふくらみをもたせて理解し，実践的議論の公正を確保するための原理的要請を可及的に交渉にも間接的に適用し，公正な妥協の実現を確保する方向に拡げることが，裁判での議論だけでなく，訴訟手続と一体的な和解交渉，裁判外での法的議論・交渉をも含め，法実践全体の解明に適しているであろう[11]。

法的議論の合理性・正当性基準は，基本的にリーガリズムと命運を共にしており，法律専門家だけでなく一般の人びとの間でもリーガリズムが内的視点から共有されている知的地平においてはじめて，法的議論の合理性・正当性基準

---

[11] 法的空間における議論・交渉・妥協などの相互関係をどのように理解するかについては，J. Habermas, *Faktizität und Geltung* (1992), VI Zur Rekonstrukution des Rechts (2) (河上倫逸＝耳野健二訳『事実性と妥当性（上）』（未来社，2002年）第4章「法の再構成（2）」)，平井亮輔「妥協の問題―ハーバマスを中心とした覚書」山下正男編『法的思考の研究』（京都大学人文科学研究所，1993年），同「妥協としての法―対話的理性の再編にむけて」井上達夫＝嶋津格＝松浦好治編『法の臨界Ⅰ：法的思考の再定位』（東京大学出版会，1999年），野村美明「紛争解決過程における交渉概念と討議・議論・対話の概念」仲裁とADR2号（2007年）など参照。

を論じることが政治的社会的にも意味をもつ。法律専門家による法運用が「帝国主義的リーガリズム」といった批判を受けないためには，一般の人びとの裁判外での日常的な法実践をも法的議論共同体のなかに正しく位置づけ，裁判での専門技術的な法的議論とのフィードバックの回路を確立することが肝要である。さらに，第15章・第16章で詳しく説明するように，法的議論が，一般的実践的議論の一特殊事例として，個別具体的事例に即して社会一般の通念的な正義・衡平感覚を適切に汲み上げてはじめて，その法的正当性の社会的承認を求めうるものであること，また，法的議論には，教義学的思考と探究学的思考の相互移行過程が内含されており，既存の法ドグマは，個別具体的な問題事例の解決という場で，その適切性について必要に応じて哲学的・科学的な批判・吟味をも受けて継続形成されるべきものであることなど，法的議論が一般の人びとの正義・衡平感覚や科学的・哲学的探究による問い直しに対しても開かれた構造をもっていることが正しく理解されなければならない。

(3) **手続と結果**

手続の法的制度化については，"手続は法の核心なり"とも言われるように，法的空間においては，伝統的に手続が重視され，各種の手続的仕組みについて創意工夫が積み重ねられてきている。そして，一定の手続的条件の保障や充足が，個々の法的決定の正当化においてだけでなく，法システム全体の存立と作動においても，きわめて重要な位置を占めており，現代法の"手続化"傾向も指摘されており，その重要性は一段と強まっている。

法的空間における各種の手続的条件の保障や充足の意義は，各レベル・各領域によって，また，理由づけ型合意・議論と調整型合意・交渉のいずれがめざされているかに応じて，多様である。対話的合理性基準の手続的条件のなかには，個人の人格に対する尊敬と関心という人権的価値を内含しており，その結果如何を問わず，それ自体として他の目的に優先して遵守されなければならないものもある。だが，ほとんどの場合，合理的で正しい結果の獲得，少なくとも非合理的で不正な結果の排除という，結果志向的な従属的価値と，結果如何を問わず，手続過程の遂行自体によって実現される，手続志向的な固有の価値とが複雑に入り混じっており，いずれを優先させ，バランスをいかにしてはかるかについて，具体的なコンテクストや問題ごとに賢慮を働かせて微妙な判断を下すことを要求されることが多い。

手続的条件の充足の正当化作用については，裁判手続に限らず，法的手続全般にわたって，基本的に J. ロールズのいう「不完全な手続的正義」の事例と理解して，一定の実質的規準に照らして個々の結果の具体的内容の当否を合理的に議論し争う余地が確保されているとみるのが適切であろう。だが，裁判でも，いわゆるハード・ケースの場合とか，行政裁量が認められている行政手続の場合には，「擬似的な純手続的正義」の正当化作用が認められることもありうる（325-26頁参照）。これらの場合，一定の手続的条件に従って下された決定を，法的に正しいとみるか，不正ではないとするにとどまるか，正・不正がもはや問題にならないとみるか，決定の制度的拘束力とそれに対する批判・不服従の在り方との関連で問題が残る。

4　法における権威と実践理性

　法的空間を，以上のように，実践理性の公共的使用の一つの典型的な "場" である「議論・交渉フォーラム」と理解することによって，法実践における強制権力の役割が背後に退いたとしても，法システムの存立と作動にとって実定法や裁判官の「権威（authority）」が重要な役割を果たしていることを無視できない。けれども，法実証主義や価値相対主義などの法理論によくみられるように，"理性に代わりて意思が立つ（Stat pro ratione voluntas）" という主意主義，"真理ではなく権威が法を創る（Auctoritas non veritas facit legem）"（ホッブス）という決断主義に与して，理性と意思，真理と権威を二分法的に対置して，実定法や裁判官の法的権威について，その内容や決定について一切の理性的な批判や吟味を排除して，国家権力をバックに強制的実現をはかるためのものとみることは，法システムを対話的合理性基準の法的制度化という観点から理解する立場からは支持し難い。

　実定法の規範的内容の具体的実現という実践活動には，個々の事例ごとに裁判官と訴訟当事者が，賢慮を働かせて社会一般の正義・衡平感覚を汲み上げつつその内容を明確化したり継続形成したりして特定化してゆくという，権威と理性の協働活動が内在している。また，実定法の個々の規定は，絶対的な拘束力をもつものではなく，具体的事例へのその適用が社会一般の正義・衡平感覚に著しく反する結果をもたらすことが法的議論によって明らかになった場合には，例外的にではあるが，法適用過程で修正することも制度的に可能である。

さらに，判決も，裁判官が一方的に下す裁定ではなく，当事者間の法廷弁論に基づき，適切な理由によって整合的に正当化されていなければならない。その限りで，実定法や裁判官も対話的合理性基準に服し，それらの権威の正統化作用も，このような形での実践理性の働きに基づいているのである。権威と権力は混同されてはならず，権威が理性的基礎をもつが故にこそ，権威に基づく権力行使が正当化されうるという，実践理性と意思・権威・権力の相互関係が法システムについても正しく理解されなければならない。

　けれども，"悪法も法なり"と言われたり，誤判でも既判力などの法的拘束力が認められたりする場合に典型的にみられるように，実定法や裁判官の権威には——例外的で極限的な状況に限られていることが望ましいが——対話的合理性基準の観点から説明できない側面も含まれていることは否定し難い。これらの法的権威は，立法者・裁判官・訴訟当事者らの実践理性の公共的使用に対する信頼と期待に基づいていると同時に，その実践理性の限界に必要とあらば強制と権力に支えられて制度的に対処するという，アンビヴァレントな性質をもっている。法理学は，法システムの理想と現実の全体像の解明をめざす学問として，この事実から眼をそむけることはできない。

　人間によって作られ動かされる法システムについては，人間の実践理性の限界に留意するとともに，人間社会に不可欠な権力や強制の行使をここまで理性的に枠づけ構造化してきた叡知を正当に評価することが大切である。法システムの存立と作動が様々の局面で強制や権力とつながっていることを直視しつつも，それを公正な手続的条件のもとでの理性的な議論によってコントロールする可能性を拡げてゆくことが肝要である。このような法実践に原理的な方向づけと理論的基礎を提供することもまた，法理学の重要な現代的課題である。

　　《参考文献》
　□碧海純一『新版法哲学概論（全訂第2版）』（弘文堂，1989年）第2章「法の概念」
　□加藤新平『法哲学概論』（有斐閣，1976年）第4章「法の概念」
　□M. P. ゴールディング（上原行雄＝小谷野勝巳訳）『法の哲学』（培風館，1985年）第1章「法の性質：諸問題」，第2章「法の性質：諸理論」
　□R. ドゥウォーキン（小林公訳）『法の帝国』（未来社，1995年）第1章「法とは何か」，第2章「解釈的諸概念」，第3章「法理学再論」
　□H. L. A. ハート（矢崎光圀監訳）『法の概念』（みすず書房，1976年）第1章「執拗につきまとう諸問題」

- □J. ハーバーマス（河上倫逸＝耳野健二訳）『事実性と妥当性（上）（下）』（未来社，2002-03年）
- □平井亮輔「妥協としての法——対話的理性の再編にむけて」井上達夫＝嶋津格＝松浦好治編『法の臨界Ⅰ：法的思考の再定位』（東京大学出版会，1999年）
- □J. ラズ（山崎康仕訳）「Ⅰ 法の性質に関する問題」深田三徳編『権威としての法』（勁草書房，1994年）
- □日本法哲学会編『法の概念：法哲学年報1963（上）』（有斐閣，1963年）
- □田中成明『法的空間：強制と合意の狭間で』（東京大学出版会，1993年）

第1編　法動態へのアプローチ

第2章　法システムの機能と構造

1　法システムと多様な法規範

❶　はじめに

　およそ人びとが共同して社会生活を営んでいるところでは，その成員相互の行動に一定の規則性・類型性が存在し，それに対する期待・予測可能性に基づく社会秩序が確立されていなければ，人びとは合理的な人生計画を設計し実現できないのみならず，相互の関係・行動を調整し合って円滑に共同生活を営むことも不可能である。このような行動の規則性・類型性は，たんに惰性・習慣によって事実上そのような行動が多くの人びとによって一致して行われているという事実的状態にとどまるものではなく，ほとんどの場合，社会成員に対して一定の共通の行為規準を指図する社会規範によって支えられた規範的契機をも含んだものとして存在している。そして，社会成員の相当多数が，このような社会規範を自己の行動の指針として受容し，自己の行動の正当化の理由や他人の行動に対する要求・期待あるいは非難の理由として公的に用い，その相互の関係・行動を調整し合っている場合，社会的共生・協働の枠組と正統な期待の共通の基礎についての公共的な背景的コンセンサスが形成され，規範的な公共秩序が存在していると言える。

　法はこのような社会秩序を支えている社会規範の一種であるが，社会規範には，法の他にも，道徳・宗教の規範など，様々なものがある。これらの社会規範は，古代・中世においては未分離状態であったが，近代に入って，社会生活や統治機構が複雑化するにつれて，法の制定や運用の"国家化"が進み，法は道徳・宗教などの社会規範から次第に分化独立してゆく。さらに，法の支配や

権力分立制などの自由主義的統治原理のもとで、国家の政治権力の命令・強制からも相対的に独立した運用を保障され、独自の自立的な法的空間が確立され、統一的な実定法システムが形成されるようになる。

　法システムは、様々な種類の法規範の複合体を中心に構成されており、一定の制度的仕組みのもとにそれらの法規範を組み合わせて統一的な自己組織的システムを形成し、システム全体の存立と作動を内的に維持するとともに、諸々の価値・目的の実現をめざし重要な社会的機能を果たしている。法システムの中心的構成要素である法規範の規範的特質は、人びとが一定の行為を行ったり差し控えたりする理由を指図することによって、人びとの行動の指針・評価規準となる理由を指図することにある[1]。そして、法規範については、その行動理由の指図方式・内容あるいは法システム全体の制度的仕組みとの関連などを基準に、幾つかの理論的分類がなされている。また、実定法規範の法的妥当性の識別基準や法源の種類をめぐっても、かなりの制度的違いや見解の対立がみられる。

　本章では、近代国家成立以降の国内法システム――必要に応じて、より具体的にわが国の現行法システム――を念頭におきながら、法規範の代表的な種別、法の社会的機能、法源の種類、法の妥当性など、多様な法規範や法システム全体の機能・構造の理解をめぐる基本的諸問題を概観する。以下における各章の考察の一般的前提として、国内法システムが、憲法を頂点とする実定法秩序の段階構造をどのように構成し、各段階での法規範の定立・変更のための機関の創設や手続の制定、また、裁判所・警察・刑務所などの法適用・執行機関の創設やその活動の規制をどのような仕組みで行い、法システム全体の同一性・実効性・社会の応答性やその円滑な継続的作動をいかに確保しているかをみておきたい。

---

1) 　法規範の規範的機能をこのように行動や議論の理由指図として理解する見解は、倫理学における「理由探究的アプローチ（good reasons approach）」（本書第11章3②参照）、法理学におけるH. L. A. ハート、J. ラズ、加藤新平らの見解（H. L. A. Hart, *The Concept of Law* (1961)（矢崎光圀監訳『法の概念』（みすず書房、1976年））、J. Raz, *Practical Reason and Norms*, 1st ed. (1975)、2nd ed. (1990)、加藤新平『法哲学概論』（有斐閣、1976年）315-18頁に依っているところが多い。なお、対立する代表的な見解である命令説については、青井秀夫『法理学概説』（有斐閣、2007年）44-52頁、77-79頁、87-91頁など参照。

2 準則（rule）と原理（principle）——法規範の規定方式

　まず、法規範が法的行動・議論の理由を指図する方式については、法システムの公共的性質の一環として、法規範の一般性ということが重要な特質であると理解されている。そして、法規範は、典型的には、Aという事実があればBという法律効果が生じるべしという条件プログラムの形式で、一定の要件事実に対して一定の法律効果が帰属させられるべきことを指図するという規定方式（要件＝効果図式）をとる。この要件・効果の規定方式は、要件・効果ともできる限り明確に特定化し、一定のカテゴリーに属する人・物・行為に普遍的に適用される一般的な「法準則」によるのが原則である。法規範の中核をなすのは、このような法準則であり、制定法の条文の多くは法準則の方式をとっており、裁判などで個別具体的事例に直接適用されるのはこのような法準則である。

　だが、実定法規範のなかには、その他にも、「法原理」「法価値」などと呼ばれる一群の法規範が含まれている。原理が当為に関する義務論的性質をもつのに対して、価値は最善のものについての価値論的性質をもつということを除けば、両者の機能方式は基本的に異ならないから、よく議論されている法原理を中心にみてゆこう。

　いわゆるハード・ケースにおいては、何らかの法原理が個々の法準則の意味内容とか具体的事件への適用可能性の確定について決定的に重要な役割を演じることが少なくない。準則が、"全か無か（all-or-nothing）"という形で適用されるのに対して、原理は、議論を方向づける理由を抽象的概括的に指図するだけであり、その適用にあたっては具体的事例ごとに原理のウエイトを他の関連する諸々の準則・原理と比較衡量する必要があり、裁判所その他の法適用機関に判断の余地が一定範囲で残されているのが通例である。このような法原理については、R.ドゥオーキンによるH. L. A.ハートの司法的裁量論批判（第4章1③(2)、第14章2③(1)参照）以来、準則とは質的に異なった独特の法的拘束力を認める見解が有力となっている。

　現代の実定法システムの全体的構造については、確定的指図を与える法準則を中核的規準としつつも、このような法原理を媒介として、一定の道徳的論拠や社会各層の正義・衡平感覚に対していわば開かれた構造を形成していると理解するのが適切であろう。このような法原理は、各法領域を構成・規制する統合的原理として実定法規定のなかに組み込まれていたり、確立された学説や判

例として法律家の間で一般的に受け継がれてきたり，個々の法律・命令などの根底にある政策目標として制定法規の総合的・体系的解釈によって解明されたり，その形態は様々である。最近では，公序良俗・信義則・権利濫用・正当事由等々の一般条項，憲法の基本的人権条項，個々の法律・命令の冒頭の立法目的の規定などとして，明示的に宣言される場合が増えてきている。

　法原理の指図内容については，ドゥオーキンのように，あらゆる事例において「唯一の正解」に導くように序列化できるとみる見解から，決疑論者らのように，人びとが任意に用いうる視点としてのトポイ・カタログにすぎないとみる見解まで，かなり理解が分かれている。基本的には，法原理が，法準則と組み合わさって，一定の類型的な問題事例ごとに法的議論や人びとの行動を一定範囲内に枠づけ方向づける拘束的な論拠を指図する柔らかな構造を作り上げている限りで，ある程度までウエイトづけによる序列化ができるとみるのが適切であろう。個々の法原理の指図内容を実定法秩序全体との関連でどの程度まで序列化できるかは，法的議論をはじめとする法実践の成熟・洗練度次第であり，法原理の指図内容をできるだけ類型的に明確化し，ハード・ケースにおける法的議論手続を構造化して，法適用過程の討議的合理性・公正性を高めることが法律学の重要な課題の一つである[2]。

3　命令・禁止・許容・授権——指図内容の機能的区別

　法規範の指図内容の機能的区別については，「命令」「禁止」「許容」「授権」の四つに大別するのが一般的である。

　従来，法規範の規範的機能が論じられる場合，刑法や不法行為法などの規定に典型的にみられるように，規範違反行為に対して刑罰・損害賠償などの強制的サンクションを規定することによって一定の作為ないし不作為を命令したり禁止したりする「義務賦課規範」がその中心にすえられ，法規範のすべてをこのような義務賦課規範に還元したり関連づけたりして一元的に説明しようとする傾向が支配的であった。だが，法規範のなかには，その他にも，一般的に禁止されている行為を特別の条件のもとで例外的に許容する規範（正当防衛に関

---

　[2]　法における準則と原理をめぐる議論状況については，亀本洋「法におけるルールと原理」同『法的思考』（有斐閣，2006年），田中成明「法的思考についての覚書」山下正男編『法的思考の研究』（京都大学人文科学研究所，1993年）573-80頁など参照。

する規範，一定の条件のもとで堕胎を許容する規範など）や，有効な法的行為を行う私的・公的権能を一定の人ないし機関に付与する規範（契約・遺言・会社設立に関する規範，立法・行政・司法の組織や権能に関する規範など）のように，義務賦課規範中心の一元的理解によっては，その本来の機能を適切にとらえることのできないものが存在する。

　許容規範の場合は，第一次レベルでの理由を指図する命令・禁止規範の存在を前提としてはじめて，第二次レベルでのその理由指図が意味をもち機能を発揮できる仕組みになっているから，義務賦課規範に従属的なものとみても，さほど不都合ではないであろう。だが，権能付与規範による理由指図は，義務賦課規範とは直接的には無関係に，独自に重要な機能を果たしており，義務賦課規範に従属するものでも還元可能なものでもなく，また，決して不完全な法規範でもない。

　法システムの動態的作動方式と整合的に法規範の指図機能を区別するためには，H. L. A. ハートが『法の概念』（1961年）で提唱して以来（74頁参照），一般的に認められるようになっているように，権能付与規範を，義務賦課規範と並ぶ，もう一つの法規範の基本型と位置づけるべきである（詳しくは，第6章3B参照）。このような二元的理解は，法システムを人びとの私的・公的資格での相互主体的活動に支えられた動態としてとらえる視座の確立にとって不可欠な理論的前提である。そして，法システムが通常の状態で作動している場合には，主な役割を果たしているのは各種の公的・私的権能付与規範であって，義務賦課規範は，その円滑な作動を外的に保障するという，重要ではあるが副次的な役割を果たしているにすぎないのである。

　このように，権能付与規範を義務賦課規範と並ぶ法規範の基本型と位置づけることは，法システム全体の構造と機能の理解にも重要な影響を及ぼすものであり，その意義については，それぞれ関連箇所で説明する。

4　行為規範・裁決規範・組織規範——法システムの重層構造

　実定法秩序は，多様な法規範からなる統一的な制度的システムとして存立し作動しているが，その重層的構造の解明については，これまでの主な見解を比較検討してみると，「行為規範」「裁決（ないし評価）規範」「組織（ないし権限・構成）規範」という三種類の規範群を基本的区分として考えるのが適切であろ

う3)。

　典型的な法規範である刑法や民法の条文をみると，その多くは，「人を殺した者は，死刑又は無期若しくは五年以上の懲役に処する」(刑法199条)，「故意又は過失によって他人の権利又は法律上保護される利益を侵害した者は，これによって生じた損害を賠償する責任を負う」(民法709条) などのように，主として裁判におけるサンクション発動・紛争解決のための規準を指図する裁決規範の形式をとっている。裁決規範は，人びとの行為を直接指図するのではなく，一定の法律効果を帰属させるためにそのような行為を事後的に評価する規準であることに着眼して，行為規範に対して評価規範と呼ばれることもある。

　裁決規範の多くは，一定の規範違反行為に対する強制的な法律効果 (刑罰・損害賠償など) を規定する強制規範である。そのため，裁決規範は，以前は，このような強制的サンクションを規定する強制規範を中心に理解されてきた。だが，現在では，一定の資格や行為遂行などに対する法律効果として，補助金給付などの肯定的サンクションを規定したり何らかの利益・権利・権限などを与えたりする規範をも含めて，要件=効果図式に焦点を合わせて拡大して理解されるようになっている。

　このような裁決規範は，ほとんどの場合，それだけで独自に機能を発揮するのではなく，一般私人や公的機関に対して直接一定の行為を指図する行為規範，並びに，法システムの存立と作動の基礎を構成し各種の法関連機関の組織・権限やその活動の規準・手続を規定する組織 (権限・構成) 規範と結びついてはじめて，その機能を現実に発揮することができるのである。従って，法システムは，全体としてみれば，裁決規範，行為規範，組織規範という三種類の規範群が相互に支え合った立体的な重層構造をなしているととらえる必要がある。

　裁決規範は，違法行為や法的紛争が生じた場合に，個別具体的に要件事実の存否を認定して法律効果を事後的に帰属させるための規準を，主として裁判関係者に向けて指図するものである。この種の規範は，一般私人や公的機関に対して直接一定の行為を指図する行為規範が遵守されない場合にはじめて用いら

---

　3) 法システムを行為規範と裁決規範の二重構造として理解する一般的な見解に対して，組織規範を含め (あるいは中心に)，行為規範・裁決規範・組織規範の三重構造として理解する見解は，廣濱嘉雄『法理学』(日本評論社，1940年) 15-26頁によって提唱されて以来，わが国では広く受け容れられてきている。

れるものであり，規範論理的に行為規範を前提としている。法の第一次的機能は，一般私人や公的機関に対して直接一定の行為を一般的規準によって指図することである。そして，一般私人や公的機関は，いちいち裁判所その他の公的機関の判断を仰がなくとも，自主的にこのような行為規範に準拠して，本人の責任で自己の行為の法的当否を判断して適切な行為をとったり，法的権利義務関係の存否・内容を了解し，必要な場合には新たな法的関係を創設したり既存の関係を変更・廃止したりすることが期待されている。とくに強制規範の場合には，このような自己決定の機会を予め与えられることなく，いきなり公的機関によって一方的に強制的サンクションを加えられたり裁定されたりすることは，法の支配や私的自治の根本原理に反する。裁決規範は，行為規範がこのような第一次的機能を十分に果たすことができず，紛争や違法行為が発生した場合に備えるものであり，法の規範的機能の最終的実現の確保にとって必須のものではあるが，規範論理的にはあくまでも補助的・第二次的なものである。

　もっとも，制定法の条文においては，行為規範は，裁決規範の背後にあって表面にあらわれず，明示的に規定されていないことが多く，個々の行為規範と共通の規範内容をもつ道徳・宗教などの社会規範の間に，明確な境界線を行為規範のレベルで引くことは困難である。このことから，行為規範に法たる資格を承認するか否かについては意見が分かれているけれども，多くの法規範が規範論理的に行為規範と裁決規範の複合体として機能していることについては，一般的に承認されているとみてよいであろう[4]。

　さらに，法システムを組成する法規範のなかには，以上のような行為規範と裁決規範のいずれにも属さず，これらの規範を定立・適用・執行する権能の規定をはじめ，実定法秩序が諸々の法規範を統合して統一的な制度的システムと

---

[4]　行為規範と裁決規範の区別・連関を明確にすることの実務的な意義としては，通常，次のような点が指摘されている。(i)通常の法律・命令の名宛人を一般私人とみる見解の誤りを正して，これらの裁決規範の正当な名宛人を明らかにしたこと，(ii)"法の不知はこれを許さず (Ignorantia legis neminem excusat)" という法原理に理論的根拠が与えられること，(iii)裁決規範と行為規範を混同して，前者に道徳的内容を盛り込むべしと主張したり，前者に対して直接的な道徳的批判を加えたりする見解の不当性を明らかにできること，(iv)一定の法律要件に一定の法律効果を結びつけるという法規範の一般的な規定方式，さらに推定規定や挙証責任規定などの存在理由を的確に説明できることなど。

して存立し作動するための基礎を構成し，各種の法関連機関の組織・権限やその活動の規準・手続を規定する組織規範が，構造的に独自の位置を占める規範群として存在している。社会がある程度複雑化し諸々のサブ・システムが分化独立すると，社会全体の統一的な存立と共同生活の円滑な作動を確保するためには，その社会の法的仕組みの根本的な枠組を構成し組織化する法規範が必ず存在しなければならないから，構造的にみれば，組織規範はすべての法システムにおいてその根幹たる位置を占めている。とくに，統治機構や社会経済構造が巨大化・複雑化して技術的・組織的傾向が強まってくるにつれて，法システム全体において組織規範の占めるウエイトが高まってきている。

最も基本的な組織規範は言うまでもなく憲法である。そして，この憲法のもとでさらに詳細に国家機関や公共団体の組織・権限などを規定する諸々の法律（国会法・内閣法・裁判所法・国家公務員法・地方自治法など）の条文の多くは，組織規範に属する。公法の規定の多くが組織規範であるが，私法でも，民法の法人に関する規定（民法第1編第3章）や会社法などは組織規範に属するとみるべきであろう。

個々の法規範を以上の三つの規範群のいずれに属させるかについては，しばしば意見の相違がみられる。また，同一の法規範が，観点の違いに応じて別個の規範群に重複して属させられることも少なくない[5]。さらに，個々の法規範をすべて三つの規範群のいずれかに分類し尽くしうるわけではなく，三つの規範群の間には複雑な交錯関係がみられる。にもかかわらず，行為規範・裁決規範・組織規範という三つの規範群を基本的区分と考え，法システムは全体としてこれら三種類の規範群が相互に支え合った立体的な重層構造をなしているものと理解することは，法規範・法システムの構造的・機能的特質の理論的解明に役立つだけでなく，現代法システムの機能の多様化と構造の複雑化に伴って

---

5) 例えば，国家公務員に対して政治的行為の制限あるいは私企業からの隔離を定める国家公務員法102条・103条など，公務員の行動に関する諸規定は，組織規範および行為規範のいずれにも分類できる。憲法の条文の大部分は，第一次的には組織規範であるが，違憲法令審査の規準として機能する場合には，同時に裁決規範である。また，労働契約に関して労働条件の明示や賠償予定の禁止を規定している労働基準法15条1項・16条などは，直接私人の行為の規準を指図する行為規範であると同時に，監督機関の執務規準を指図する組織規範でもあり，さらに，違反の場合の罰則（労働基準法119条・120条）との関連では，裁決規範であるともみられる。

生じている諸々の実務的問題への対処にも寄与するところが少なくない。

2　法の社会的機能

1　はじめに

　法システムは，本章1で概観した幾つかの種類の法規範を組み合わせて用いて，様々な社会的機能を果たしている。法の社会的機能とは，法がもつ社会的効果の故にその機能とされるものであり，法は，その独特の規範的性質を通じて様々な社会的機能を果たすから，法の規範的機能は，法システムがその社会的機能を果たす手段の不可欠の部分という関係に立つ。

　法の社会的機能には，法の遵守・適用自体によってその実現が確保される直接的なものと，法の存在ないしその遵守・適用の結果として人びとの態度・感情・意見・行動様式にみられる間接的なものとがある。間接的な社会的機能は，一定の道徳的信念・価値の強化，権威一般への尊重心の涵養，国家的ないし社会的統合の高揚，社会的各層分化の促進等々，きわめて多様である。これらの機能が現実にどの程度実現できるかは，支配的な法文化の特質，法システムと他の社会規範・制度との相互関係などによって左右される。

　ここでは，法システムの外的環境に対する直接的な社会的機能だけを取り上げる。この種の対外的な社会規制機能については，実定法システムの内的自己維持機能との相互関係が，とくに法システムの自己組織的ないしオートポイエーシス的特質を強調する社会システム論的アプローチ（N. ルーマン，G. トイプナーなど）において議論の的となっている[6]。全般的に，現代法システムの社会的機能の拡大要求が高まるなかで，法システムの自立性の高度化による規範的閉鎖性と社会的要求に応答的になる認知的開放性の対立が尖鋭化する傾向にあり，最近の「法化」論議でも法システムによる社会制御・介入の在り方や限界が問い直されているところである。

---

　6)　N. Luhmann, *Rechtssoziologie* （1972）（村上淳一＝六本佳平訳『法社会学』（岩波書店，1977年））；Luhmann, *Die Soziologische Beobachtung des Rechts* （1986）（土方透訳『法の社会学的観察』（ミネルヴァ書房，2000年）），G. Teubner, *Recht als autopoietisches System* （1989）（土方透＝野崎和義訳『オートポイエーシス・システムとしての法』（未来社，1994年））など参照。

法の直接的・対外的な社会的機能をどのように分類し、いずれを重視して統合的に理解するかについては、かなり意見の相違がみられる。ここでは、相互に重なり合う部分もあるけれども、社会統制、活動促進、紛争解決、資源配分という、比較的最近の法理論で注目を集めてきた四つの機能について、法動態への相互主体的視座の確立との関連でどのように統合的に理解すべきかという問題関心から、それぞれの意義と仕組みを概観しておこう[7]。

2　社会統制機能

　法は人びとが一定の行動様式をとることを何らかのサンクションによって確保し、相互作用的活動を安定化させ社会の規範的統合を維持する重要な手段である。犯罪などの逸脱行動を刑罰などの強制的サンクションによって抑止することが、平和秩序としての法の古くからの基本的機能であった。

　法の社会統制技術としての特質は、公私の物理的な力の行使の規制と深く関わってきていることである。法は、一般私人が違法行為に対してそれぞれ勝手に実力を用いて私的制裁を加えたり自力救済を行ったりすることを原則として禁止し、強制的サンクションを加えうる権限を特定の人ないし機関に限定して、その条件・内容・手続などを法的に規制し、強制的サンクションを社会的に組織化する。そして、法による社会統制の"法的"特質は、法による人びとの行動様式の義務づけが国家権力に支えられた強制的サンクションによって裏付けられているという側面よりも、このような国家の強制権力の行使が法的規準・手続によって規制されているという側面にみられる。国家の強制権力による人びとの行動に対する第一次的な社会統制活動自体が、さらに人びとの自由と安全のために法によって厳格な第二次的統制を受けているという仕組みは、法の支配の最も基本的な要請の制度化である[8]。

　法が社会統制機能を果たす場合、第一次的統制については、刑法や不法行為

---

　[7]　法の規範的・社会的機能の全体的な理解については、J. Raz, The Functions of Law, in Raz, *The Authority of Law* (1979), pp. 163-79 に基本的に依っているところが多い。田中成明「法の機能雑感―その全体的な理解のために」判例タイムズ466号（1982年）参照。

　[8]　第一次的統制と第二次的統制の双方向性を重視して、社会統制機能を中心に法の社会的機能をとらえる見解として、碧海純一『新版法哲学概論』（弘文堂、1964年）第3章「法の社会的機能」参照。

法など，強制的サンクションを規定する義務賦課的行為規範，第二次的統制については，憲法，刑事訴訟法，民事訴訟法，刑事収容施設等法，民事執行法など，強制的サンクションの実行を授権ないし許容する権能付与的裁決規範・組織規範が中心となる。だが，強制的サンクションによる社会統制が必要かつ適切であり可能な領域はもともと限られており，また，法の機能拡大に伴って，社会統制においても補助金給付などの肯定的サンクションが用いられたり間接的な行動誘導・操縦しかできなかったりする領域が増え，法的社会統制の仕組みも変容しつつある。

　道徳・宗教などの社会規範と比べた法的社会統制の特質は，強制的サンクションによる裏付けの有無を中心に論じられてきており，このことは基本的には誤りでない。けれども，上述のような法的サンクション方式の変容に注意する必要があることに加えて，法の規範的妥当性はこのような強制的サンクションによる裏付けや動機づけの存在にかかっているものではないこと，また，もともと刑罰などの法的サンクションによる動機づけは，諸々の集団・関係によるインフォーマルな社会統制手段が実効的でない人びとや状況について第二次的に作用する補充的なものにすぎず，人びとの日常的行動に対する誘導・操縦効果は，道徳・宗教などに比べて弱いのが通常であることが見落とされてはならない。

3　活動促進機能

　法が強制的サンクションを規定して人びとに一定の行動を義務づける場合でも，決して人びとの自由な活動を制限することだけをめざしているのではない。刑法や不法行為法などの義務賦課規範は，契約・遺言・会社の設立などを有効に行うための方式を定める各種の私的権能付与規範と組み合わさって，人びとが各人各様の目標を実現するために自主的に準拠すべき指針と枠組を提供し，私人相互の自主的活動を予測可能で安全確実にするという機能を果たしている。法システムは，一定の行動様式を義務づけ，人びとの活動を適切な方向に誘導しようとする限りで，各人の選択の自由を制約するが，同時に，私人相互の自主的な取り決めの形成やその保護のための諸々の制度的仕組みを提供することによって，各人の選択した目標の実効的な実現を促進し支援するのである。

　法システムが円滑に作動している日常的な状況では，権力や強制と結びつい

た規制的な社会統制機能よりも、権利義務・契約などの法的観念を用いた私人相互間の自主的な行動規律・利害調整などを促進する機能のほうが重要な役割を果たしている。そして、法がこのような活動促進機能を果たす場合、私人相互の自主的な交渉や理性的な議論による合意の形成というソフトな面が前景にあらわれ、法の主な関心は、強制の排除された公正な状況で合意が形成され、その合意内容が社会の正義・衡平感覚に反しないように、様々な側面から指針を提供し規制を加えることに向けられる。そこでは、国家権力による強制的サンクションの規定や実行というハードな面は背後に退き、合意の形成と実現を間接的に促進し外面的に保障するという、不可欠ではあるが補助的な役割を果たしているにすぎない。

法の活動促進機能は、私的自治の原則に基づく近代市民法の重要な機能であるにもかかわらず、強制的命令システムという従来の法の見方のもとでは必ずしも正しく位置づけられていなかった（第1章3[1]参照）。比較的最近になって、H. L. A. ハート『法の概念』が、権能付与ルールを義務賦課ルールと並ぶ基本型ととらえ、裁判外での生活を規制し導き計画するために用いられる様々の方式のなかに法の第一次的機能がみられることを強調したり[9]、L. L. フラー『法の道徳（改訂版）』が、法が市民間に秩序だった相互関係を作り出し、自己規律的活動に対して信頼できる指針を提供するという水平的ないし社会的次元をもつことを強調したりしたこと[10]などをきっかけに、活動促進機能の重要性が一般的に認められるようになった。

法というものを人びとの相互主体的活動に支えられた動態的システムとみる視座の確立にとっては、このような国家権力の行使と直接結びつかない社会レベルにおける私人相互の水平関係での活動促進機能を、法システム全体の作動の基軸にすえることが不可欠である。法を強制的で権力的なものというハードなイメージでとらえている限り、このような私人の相互活動の促進という、身近なソフトな機能は視野の外におかれがちである。だが、これは、ラグビーやサッカーのゲームを例に挙げて言うならば、得点を取り合う本来のゲームの進行自体をみないで、反則を犯して注意を受けたり退場を命じられたりする選手ばかりをみているようなものであり、本末転倒である。

9) Hart, *The Concept of Law*（前出注 *1* ），Ch. III（『法の概念』第3章）参照。
10) L. L. Fuller, *The Morality of Law*, rev. ed. (1969), Ch. V 参照。

4　紛争解決機能

どの社会にも，その成員間に大小様々の規模で意見・利害の対立や紛争が存在するのが普通であるから，そのような対立や紛争を放置したり抑圧したりすることなく，平和的に調整し解決する仕組みを確立することが，社会の存立と発展にとって不可欠である。法システムは，一般的な法的規準によって予め権利義務関係をできるだけ明確に規定して紛争の予防に努めるだけでなく，具体的な紛争が発生した場合に備えて，法的紛争解決の規準・手続を整備し，当事者間で自主的に解決できない紛争について最終的に公権的裁定を下す裁判所を設営する。このような紛争の平和的解決のための規準や手続の整備は，法システムが他の社会統制機能や活動促進機能を実効的に果たす上でも必須条件である。

紛争解決機能は，活動促進機能の一環として，その延長線上にあるとみることもでき，また，その最終段階である裁判過程が，法的社会統制機能としての強制的サンクションの発動過程と交錯していることもあり，独自の社会的機能として注目されるようになったのは比較的新しい。だが，最近では，紛争解決を独自の社会的機能と位置づけるにとどまらず，法システム全体の機能や特質を紛争解決機能を基軸にすえて統合的に解明しようとするアプローチも有力となっている[11]。

法的解決の対象となる紛争は，一定の要求や決定の法的正当性に関する相互に対立した主張とそれをめぐる議論という形態をとった特定の紛争であり，このような正当性の主張・議論は共通の法的理由に基づく正当化という規範的次元で行われる。そのため，法的紛争解決過程において，法の社会的機能は規範的機能とも結びつき，議論・交渉フォーラムとしての法システム全体の規範的特質が最も鮮明にあらわれることになる。

法がこのような紛争解決機能を果たす場合，裁判所がその中枢的位置を占めている。裁判所の紛争解決機能は，もともと，実力行使を伴う法的サンクションの強制的実現と不可分的に結びついた法執行過程の一環であった。だが，法の機能の多様化や強制権力の国家的独占の堅固化に伴って，法的規準に準拠して規範的状況を権威的に決定する手続過程が，その決定の強制的実現を保障す

---

[11] 川島武宜『川島武宜著作集第三巻：法社会学3　争いと法』（岩波書店，1982年）Ⅲ，六本佳平『法社会学』（有斐閣，1986年）第2章「法の社会学的理論」など参照。

る実力行使から次第に切り離されて自立化し，手続過程や決定がそれだけで十分にその機能を発揮できるようになってきている。そして，裁判所の紛争解決機能も，最近では，強制権力の行使という側面よりも，一つの社会的サーヴィスの提供という側面からとらえられるようになりつつある。

　法的紛争解決の第一次的な関心は，過去に生じた具体的紛争を既存の実定法規範の適用によって事後的個別的に解決することである。そして，ナマの紛争を二元的に対立する比較的少数の当事者間の法的争点に抽象化・単純化した上で，事実認定についても法的権利義務の規範的確定についても，"全か無か"という二分法的思考がとられるところに典型的な特徴がみられる。また，その個別的・過去志向的特質の反面として，紛争当事者間の将来にわたる利害関係の調整とか，一定の解決が当事者以外の不特定多数の人びとの利害に及ぼす一般的影響などには，原則として第二次的な関心しか向けられない。

　裁判などによる典型的な紛争解決は，このような規準・対象面の制約を受け所定の手続によって行われなければならないから，あくまでも法的観点からの部分的・一面的なものにすぎず，ナマの具体的紛争全体を解決するものではない。法的関与を必要とする紛争の増加・複雑多様化に伴い，このような法的紛争解決方式の限界・制約に対処するために，最近では，和解・調停・仲裁などの裁判外紛争解決手続（alternative dispute resolution, ADR）が見直される傾向にある（第9章4参照）。

5 資源配分機能

　現代国家は，その機能を国防・治安・司法に限定していた近代の夜警国家とは違って，行政国家・積極国家・福祉国家などと呼ばれ，人びとの社会経済生活に広範かつ積極的に配慮し介入するようになっている。このような国家機能の拡大に伴って，法システムも，経済活動の規制，生活環境の整備，教育・公衆衛生などに関する公的サーヴィスの提供，社会保障，各種の保険や租税による財の再分配等々の重要な手段として広く用いられるようになっている[12]。

---

　[12] 資源配分的機能をもつ法令の増加を法現象の現代的特徴ととらえ，政策志向型訴訟の台頭・増加などと関連づけて，法律学の現代的課題を概観したものとして，平井宜雄「現代法律学の課題」同編著『社会科学への招待：法律学』（日本評論社，1979年）参照。

このような資源配分機能をもつ法令は，行政法や税法などの公法の他，労働法，社会保障法，経済法，さらに環境法や消費者法など，公法と私法の融合領域に多い。

資源配分機能は，特定の政策目標の実現のための手段という性質をもった管理型法によって，まず，いわゆる基本法ないし計画法（環境基本法や都市計画法など）の第1条で政策目標が概括的に掲げられ，そのもとに各政策の実施にあたる機関の組織・権限やその活動の規準・手続を具体的に規定する組織規範が，政令・省令・規則などの形式で制定されるという仕組みで実現されることが多い。資源配分的法令には，同時に，社会統制・活動促進・紛争解決機能を合わせもつものもあるけれども，このように組織規範を中心に作動し，私人によって直接遵守されたり裁判所で一般的に適用されたりすることを必ずしも予定していない規定が多い。以上でみた三つの社会的機能が，人びとに対して予め一般的準則によって権利義務関係を明確に規定し，個別的な権利侵害や義務違反には司法的救済や強制的サンクションの発動を予定し，行為規範と裁決規範の二層構造で作動するのと比べると，機能の実現様式には重要な違いがある。

資源配分的法令の増大は，近代法から現代法への展開の最も重要な特徴であり，法の"政策化"を推し進め，近代法システムのもとで形成された法の基本的な特質や構造の変容をもたらしている主因である。

とりわけ資源配分的法令の実効性の確保の仕組みは，以上でみた三つの社会的機能の場合とかなり異なっており，法的強制の現代的形態を理解する上で見落とされてはならない。資源配分的法令にも，違反行為に対して懲役や罰金などを規定する罰則が含まれているものもあるけれども，社会保障や生活環境の整備などのサーヴィス行政に関する法令が典型的にそうであるように，この種の法令の実効性は，罰則の有無・軽重よりも，国や地方自治体などの予算による財政的裏付けがあるか否かによって大きく左右される。さらに，資源配分的法令においては，その遵守を確保し促進するために，租税上の優遇措置や補助金の給付などの肯定的サンクションが用いられることも多い。

このような資源配分的法令の社会的機能は，強制的命令システムという従来の法の見方によっては的確にとらえることはできない。しかし，このことから，法の資源配分機能について国家の権力や強制を軽視あるいは無視してもよいと考えるのは誤りである。たしかに，直接的に物理的な力の行使による強制が行

われることは少ないけれども，国家による社会経済生活への配慮・介入は，強制がハードな直接的な力の行使から間接的で眼にみえないソフトなものに形を変えたにすぎず，見方によっては一段と強制が強化されているとも言えるのである（詳しくは，第6章4参照）。

　最後に，以上のような四つの社会的機能の相互関係を法動態への相互主体的視座の確立という問題関心から統合的に理解するにあたっての課題として，現代法システムのもとでこのような資源配分的機能のウエイトが高まっている結果，法に対する受益者的で受動的な態度が強まってきているきらいがあることに適切に対処することの重要性を強調しておきたい。資源配分的法令の基本的な役割は，人びとの自主的な法的行動ができるだけ公正な条件のもとで行われるための社会経済的環境を整備し，人びとの法を用い動かす自律的能力を強化すること（empowerment）である。それ故，活動促進機能を基軸にすえ，社会統制機能や紛争解決機能を第二次的で補助的なものと位置づけるという，以上で説明したような法システム全体の作動方式の理解においては，資源配分機能は，あくまでも法動態への相互主体的な姿勢を強化し促進する支援的な機能として位置づけられるべきであろう。資源配分的法令を運用する側でも利用する側でも，このような相互主体的姿勢を弱めたり阻害したりすることにならないように，この種の法令の役割を正しく理解して用いることが肝要である。

3　法　　　源

1　はじめに

　法源という概念は様々な意味で用いられ，法の妥当根拠（自然法や主権者の命令など）という哲学的意味，法規範・法制度の歴史的由来という歴史的意味で用いられることもあるが，法学では，通常，裁判における判決の法的正当化理由として準拠するのが適切と認められている一般的規準の存在形式をさす意味で用いられる。どのようなものがこのような意味での法源かという問題は，「法とは何か」という古典的な問いの一つであり，それらのなかで最も実務的なものである（31-32頁注1参照）。

　このような法源は，法的妥当性（拘束力）をもつ実定法であるとされ，裁判官はこのような実定法に裁決規範として法的に拘束され，その一般的規準を個

別具体的事件に適用して裁判することを義務づけられている。このような裁決規範としての法源は，行為規範としても，一般の人びとがそれを遵守する義務を負っていることを規範論理的に前提としていることが多いが，法規範の種類によっては，必ずしもこのような対応関係がないこともある。裁判官に適用義務を課す「法」と一般の人びとが遵守義務を負う「法」の範囲は，基本的には重なり合っているが，いわゆる任意法規などのように，必ずしも同一でないことに注意する必要がある。

　このような法源の範囲・効力順序を確定することは，法理論的には各実定法システムにおける法の識別基準に関する規約・実践的慣行（convention）の解釈問題であり，直接的には主として裁判実務上の問題である。だが，この問題は，実定法システム全体の生成・発展の在り方を左右するだけに，法理論的・法政策的にも重要な争点を含んでおり，法の概念・本質をめぐる議論（第1章1参照）や自然法論と法実証主義の伝統的論争（第4章参照）ともからみあって，激しい議論が展開されたこともあり，現代でもかなりの意見の相違がみられる。法の妥当性に関する理論的問題は本章4で取り上げることにして，ここでは，わが国の現行法システムにおける法源に関する基礎理論を説明する。

　法源は，通常，文字・文章で表現され，所定の手続に従って定立される「成文法」と，そうでなく，社会における実践的慣行を基礎として生成する「不文法」とに大別される。一般に，成文法には，成文憲法，法律，命令，各種の自治法規などがあり，不文法には，慣習法，判例法，条理，学説などがあるとされる。これら各種の法源の法的拘束力は一様ではなく，裁判官がつねにそれに準拠することを要求されている命令的（mandatory）法源を中心に理解されているけれども，法規範の指図内容の多様性に対応して，準拠することを必ずしもつねに要求されてはいないが，準拠することが適切だと容認されている許容的（permissive）法源も，たんに事実上の拘束力ではなく，法的な拘束力をもつ法源と理解するのが整合的であろう[13]。

　法源の範囲・効力順序などは，たんに実定法の規定だけでなく，究極的には，一定の裁判実務上の一般的慣行が社会的に正統性を承認されているかどうかによって決まるが，それは，各時代・各社会の法システム，さらに各法領域によ

---

[13] Hart, *The Concept of Law*（前出注*1*），pp. 246-47（『法の概念』280-81頁）参照。

ってかなり異なっている。例えば，大陸法系と英米法系とでは，伝統的に，成文法主義と判例法主義という異なった制度をとっているし，また，裁判拒絶が禁止されている民事裁判と，罪刑法定主義を前提とする刑事裁判とでは，法源の範囲・取り扱いに相違がみられる。

わが国は，ドイツやフランスなどの大陸法系諸国と同様，成文法主義をとっており，国家制定法が中心的な法源をなしている。だが，成文法主義のもとでも，国家制定法以外の法源の補充的効力が認められているのが通例である。わが国の場合には，国家制定法の他に，公私の自治法規，慣習法，判例法，条理が法源として認められていると理解してよいであろう。これらの他に，法学者のいわゆる学説を学説法として法源に含ませる可能性も，法源概念の規定如何によってはありうる。歴史的には，古代ローマのように，元首から解答権（jus respondendi）を与えられた法律学者の学説が法源として公的に認められていたこともあるし，19世紀ドイツにおけるように，パンデクテン法学者の学説が実質上の法源として裁判実務に対して指導的役割を果たしたこともある。現代でも，法律学者の学説は裁判実務に影響を及ぼしているが，あくまでも裁判官に法的判断の資料を提供するだけであり，権威的規準として裁判官を法的に拘束するものではないから，法源に含ませるのは適切ではなかろう。

以下，主な法源について，それぞれの特質・問題点を概観しておこう。

2 国家制定法

制定法は，わが国など成文法主義をとる大陸法系諸国においては，原則として他の諸々の法源に優先する第一順位の法源として中心的な位置を占めている。判例法主義をとる英米法系諸国でも，制定法の比重が高まっており，制定法には，判例に優先し，判例を変更する効力が与えられている。

制定法は，計画的に制定され，内容も体系的論理的に整序されており，明確で安定しているという長所がある。その反面，規定の仕方が概して抽象的で，裁判規準の具体的内容が不確定であるとか，改正が容易でなく，社会の変動・発展に即応する弾力性に欠けているといった短所もある。

制定法の基軸をなしているのは，憲法，国会の制定する法律，行政機関の定める命令（内閣の発する政令と，各省の発する省令），各種の国家機関の定める規則（国会の両議院が定める議院規則，最高裁判所規則など）という国家法の系列で

ある。

　これらの国家制定法相互間に規範内容の矛盾・衝突が生じるのを避けるために，予め相互の効力関係が一般的に定められている。主な原則は次のようなものである。第一に，国家法秩序は上下の段階的構造をなしており，上位法規は下位法規に優先し，上位法規に抵触する下位法規は効力をもたないとされる。先ほど挙げた制定法相互間では，憲法―法律―命令という上下系列が確立されており，各種の規則については，異論もあるが，その内容が法律と抵触する場合には，法律が優先するとみられている。なお，条約は，そのまま国内法としても効力をもつが，その国内法的効力については，法律との関係では条約が優先するとみるのが通説であるが，憲法との関係では，学説は憲法優位説と条約優位説とに分かれている。第二に，同等の効力をもつ制定法規相互間では，「後法は前法を廃する (Lex posteriori derogat legi priori)」の原則によって，時間的に後に成立したほうが優先する。第三に，一般法と特別法（例えば民法と労働法，民法と借地借家法など）との間では，「特別法は一般法に優先する (Lex specialis derogat legi generali)」の原則によって，特別法が一般法に優先して適用され，一般法は特別法に規定のない事項についてのみ補充的に適用される。

3　公私の自治法規

　以上のような国家法とは系列を異にする制定法として，まず，地方公共団体の自治立法権に基づく条例・規則がある。地方公共団体の議会は，法律の範囲内で条例を制定することができ（憲法94条），地方公共団体の長は，法令に違反しない限りにおいて規則を制定することができる（地方自治法15条1項）。条例には一定の範囲内で懲役などの罰則をつけることができるが（同14条3項），規則では行政罰として過料しか科すことができない（同15条2項）。

　これらの条例・規則の内容・効力については，国家法によって一定の限界が画されているが，環境保全，消費者保護，情報公開などに地方公共団体が積極的に取り組むなかで，社会的要請に即応して国家法を補完したり，その修正を促したりする貴重な役割を果たしている。そして，条例の効力については，条例は法令に違反してはならないと明記されているが（地方自治法14条1項），法律の根拠のない規制的条例や法令よりも厳しい規制基準・手段を定めるいわゆる「横出し条例」「上のせ条例」をめぐって，憲法や法律との関係で，様々の

複雑な具体的問題が生じており，裁判でも争われている。

　さらに，このような公的な自治法規の他に，私的な自治法規として，労働協約，就業規則，定款，普通契約約款などの法源性が問題とされている。労働協約とは，労働条件などに関して労働組合と使用者またはその団体との間で結ばれる団体協約のことであり，就業規則とは，使用者が事業場における労働条件や服務規律などを定めた規則のことであり，定款とは，会社などの法人の組織・運営の基本的事項を定めたものであり，普通契約約款とは，保険・運送などの営業について企業が予め大量取引に画一的に適用するために作成する定型的な契約条項のことである。

　これらの私的な自治法規に法源性を認めることに対しては，法源を公的な権威に基づく制定法だけに限定する立場や，これらの法的拘束力も私人間の契約の一種として解すれば十分であるとする立場などから反対がある。けれども，法源を公的権威に基づくものだけに限定しなければならない理論的必然性はないし，また，これらの法規は，個人的色彩の強い通常の契約とは違って，一定の関係にある人びとをかなり広範囲にわたって一律に拘束する一般的規準という性質をもっているから，その法的拘束力を契約と同列に論じることは不自然である。たしかに，自治法規にはかなり性質を異にするものが含まれており，自治法規と契約の区別も流動的なところがあり，個々の自治法規について個別的に検討しなければならない問題もある。だが，これらの自治法規にも，その規定内容が，憲法を頂点とする実定法秩序全体と原理整合的である限り，原則として，各々の団体や関係に加入している者の内部的な行為規範たる地位だけでなく，裁決規範としての法源性を認めるのが適切であろう。

4 慣習法

　慣習法とは，社会の実践的慣行を基礎として妥当する不文法の典型である。慣習法は，社会において一定の行動様式が繰り返し継続的に行われることによって定着し，かつ，社会成員が，そのような慣習を自分たちの行動の正当化理由や他人の行動に対する要求・非難の理由として用い，相互の行動・関係を調整し合うことによって，法として確信するようになった場合に成立する。慣習法は，このような法的確信に支えられた実践的慣行自体がすでに法としての効力をもつのであり，国家法の規定や裁判所の判決による承認を待ってはじめて

法的効力を与えられるものではない。

　近代国家成立以降の国内法システムにおいては，国家が全国的規模で計画的に定立する統一的な制定法が中心的な法源となり，自生的に生成する地域的な慣習法は，一定の範囲内で補充的な効力しか認められないのが通例である。だが，成文法主義のもとでも，社会の不断の発展に伴って生じる新たな法的要求に応じて生成し機能する慣習法がきわめて重要な役割を果たす領域もあり，経済的取引など一定の領域では，慣習法に対して，制定法の欠けている部分を補充する効力，場合によっては，制定法を修正する効力が認められている。

　わが国では，法の適用に関する通則法3条（「公の秩序又は善良の風俗に反しない慣習は，法令の規定により認められたもの又は法令に規定されていない事項に関するものに限り，法律と同一の効力を有する」）が，慣習法の効力に関する原則的規定である。人身売買や村八分のように，「公序良俗」に反する慣習は別として，それ以外の慣習は，法令によって承認されている場合（相隣関係に関する民法236条，入会権に関する民法263条・294条など）と，法令の規定が欠けている場合（農業水利権，温泉権など）には，法律と同順位の法源として認められている。

　このような一般原則の他に，「商慣習法」といわゆる「事実たる慣習」については特殊な効力が認められている。まず，商法1条2項（「商事に関し，この法律に定めがない事項については商慣習に従い，商慣習がないときは，民法の定めるところによる」）は，商取引については，民法の強行法規よりも商慣習法が優先的効力をもつことを規定している。これは，商法の領域では，経済生活の要求に敏速に順応する商慣習の重要性とその合理性にとくに配慮する必要があることによるものである。

　また，民法92条（「法令中の公の秩序に関しない規定と異なる慣習がある場合において，法律行為の当事者がその慣習による意思を有しているものと認められるときは，その慣習に従う」）は，任意法規に関して，当事者がそれと異なる慣習による意思があったと認めるべき場合には，その慣習に従うことを規定しており，慣習が法律行為の解釈の規準として実質的に法源となることを認めている。この慣習は，一般に，法の適用に関する通則法3条などの慣習法と区別して，事実たる慣習と呼ばれ，両者を区別するメルクマールを法的確信の有無に求めるのが従来の通説であった。だが，法的確信の有無による区別は実際上きわめて困難であり，また，法的確信を伴わないたんなる事実たる慣習が任意法規にも優先

することは，法的確信を伴ったより安定した慣習法についてこれを認めない法の適用に関する通則法3条の規定と矛盾する。現在では，民法92条が，法令に規定のある事項に関する慣習への準拠を，当事者がそれによる意思があると認められるべき場合に限定しているのに対して，法の適用に関する通則法3条は，法令に規定のない事項に関する慣習への準拠について当事者の意思を問題にしていないという点に相違があるとみる見解が有力であるが，解釈は分かれており，法改正の必要も説かれている[14]。

5 判 例 法

判例とは，先例として機能する裁判例あるいは判決例のことである。一度ある事件に対して一定の判決が下されると，その判決で示された一般的規準が先例として規範化され，その後の同種の事件においても同じ内容の判決が下されるようになる。そして，このような判決が繰り返されることによって，その先例的機能は一層安定したものとなり，いわゆる判例法・裁判官法が形成される。このような裁判実務上の慣行はわが国でも確立されており，判例法が実務上無視できない重要な役割を果たしていることは一般的に認められている[15]。

判例法に法源性を認めるか否か，また，認めるとして，どのような根拠によるかなどについては争いがある。判例法主義をとる英米法系諸国では，裁判所が上級および同級の裁判所の先例に拘束されることを法的に義務づける「先例拘束性（stare decisis）の原理」が制度的に確立されており，判例法が中心的な法源である。他方，成文法主義をとる大陸法系諸国では，先例拘束性の原理は確立されておらず，そのため，判例は制度上の法源としては認められないとするのがかつての通説であり，現在でも，このような見解が実務家の間では有力である。だが，最近では，大陸法系諸国でも，先例としての判例に従う裁判実務上の慣行はしっかりと根をおろしており，先例拘束性に関する基本的な慣行についても，大陸法系と英米法系との間に原理的な相違はなく，判例を重視す

---

[14] 内田貴『民法Ⅰ（第4版）』（東京大学出版会，2008年）273-74頁，山本敬三『民法講義Ⅰ（第3版）』（有斐閣，2011年）138-41頁など参照。

[15] わが国の裁判実務において判例がどのように理解されているかについては，判例の法源性に関する見解は本書の説明と異なるけれども，中野次雄編『判例とその読み方（3訂版）』（有斐閣，2009年）参照。

る程度の相違にすぎないと言われており，成文法主義だから判例は法源ではないという論法は通用しなくなっている。また，大陸法系諸国で判例に法源性が認められる場合，同種の事件について同じ内容の判決が繰り返されることによって，判例が慣習法として法源となるとする見解がかつては有力であった。だが，判例の場合，ただ一度の判決で先例として拘束力をもつ判例が形成されることがあるし，判例法の法源性は，法適用機関としての裁判所固有の権限に基づいている側面もあり，判例法を慣習法の一種とする説明によっては，判例の独自の法源性を基礎づけることはできない。

判例の法源性については，制度上の法源と事実上の法源という区別もなされているが，区別の基準は必ずしも明確でなく，流動的なところもある。それ故，基本的な考え方としては，判例によってその法的拘束力に程度差があることを認め，各国の裁判実務において，先例としての判例に従う一般的慣行が確立され，その慣行の正統性が社会的に承認されている程度に応じて，判例法にも，法適用機関としての裁判所固有の権限に基づく独自の法源性を認めるべきであろう[16]。

わが国の場合，上級審の判決はその事件についてのみ下級審を拘束するにすぎず（裁判所法4条），判例の先例的拘束力が実定法上の明文で制度的に保障されているわけではない。それ故，裁判官は判例に必ず従わなければならない法的義務を一般的に負っているわけではなく，最高裁判所は，自らの先例に反する判決を下す権限をもっているし，下級裁判所が上級裁判所の先例に反する判決を下すことも可能である。けれども，実定法上も，最高裁判所による判例変更は大法廷で行わなければならないとされていること（裁判所法10条3号），最高裁判所の判例に反することが上告申立理由あるいは上告受理申立理由とされていること（刑事訴訟法405条，民事訴訟法318条）など，判例の変更にはとくに慎重な手続が要求されている。その限りで，間接的にではあるが，判例に一定の先例的拘束力が実定法上認められていると解することもできる。

---

16) 判例の法源性など，わが国における判例法の理解の仕方については，田中英夫「判例による法形成―立法による法形成との比較を中心に」法学協会雑誌94巻6号（1977年）から示唆を得たところが多い。詳しくは，その後見解を修正しているところもあるが，田中成明「裁判による法形成」鈴木忠一＝三ケ月章監修『新・実務民事訴訟講座1：判決手続通論Ⅰ』（日本評論社，1981年）参照。

実際，制度的にみても，判例の変更は容易ではない。下級裁判所が上級裁判所の先例に反した判決をした場合，上訴され，上級審では，その先例に従って下級審の判決が破棄されることが圧倒的に多い。最高裁判所が大法廷で過半数の同意によって自らの判例を変更することはきわめて困難であり，その例はごくわずかである。このように，判例の変更が制度的にも抑制されているため，裁判所は，実際上よほどのことがない限り確立された判例に従って裁判しており，個々の判決を正当化するために判例にも準拠することが裁判実務上の慣行として広く行われている。

　そもそも，判例が統一性を保ちみだりに変更されず，同様の事件が同じように裁定されることは，たんに訴訟経済の見地からだけでなく，法的安定性・予測可能性の確保や形式的正義の実現という観点からも裁判所に対して要請されているところである。それ故，一度ある事件に対して一定の判決が下されると，それを覆す十分な理由がない限り，その後の同種の事件に対しても同じ内容の判決が下されることが社会的にも期待されており，原則として判例に従うという裁判実務上の慣行は，社会成員によってもその正統性を一般的に承認されているとみてよいであろう。

　また，判例の積み重ねによって，制定法，とくに一般条項の意味内容が具体的に明らかにされてきているだけでなく，譲渡担保とか内縁あるいは共謀共同正犯など，特殊な法制度・概念が形成されてきている例も少なくない。それ故，現実に行われている法規範の具体的内容を知るためには，判例を無視することはできず，あらゆる法領域において判例なしに法を語ることは不可能であるとさえ言われている。

　以上のような判例についての諸々の制度的・事実的な制約からみて，判例に対しても，個別具体的な事件の解決の前提として必要かつ十分な範囲内で定立された一般的規準である限り，法適用機関としての裁判所の固有の司法権限に基づいて妥当する補充的法源としての制度的拘束力を認めるのが適切であろう。

　判例となりうる判決は，原則として，最高裁判所，その前身である大審院，上告審としての高等裁判所の判決であって，最高裁判所判例集，大審院判決録・同判例集，高等裁判所判例集に収められたものである。だが，判例によって先例的拘束力に強弱の程度差があることを認めるならば，下級裁判所の判決をも含めて，これら以外の判決が判例となる可能性を全面的に排除する必要は

なかろう。下級審の判決でも，同じ内容の判決が多数ある場合には，最高裁判所がそれらの判決をそのまま追認することが多いし，また，事件によっては最高裁判所までのぼってこない場合もあるから，先例的拘束力をもつこともありうる。一般的には，上級の裁判所の判例であればあるほど，また，繰り返し確認された判例であればあるほど，先例的拘束力が強くなると言えよう。

判決のどの部分が判例としての先例的拘束力をもつかについては，わが国でも，英米法諸国の実務慣例に従って，「主文」で述べられた結論に至る法的推論過程を説明する「理由」を，「レイシオ・デシデンダイ（ratio decidendi）」と「傍論（obiter dictum）」とに分け，先例的拘束力をもつのは個別具体的事件の裁定に必要かつ十分な範囲内で法的問題についての判断を示す一般的規準であるレイシオ・デシデンダイの部分であり，事件の裁定に直接関係のない裁判官の一般的な説示である傍論にはこのような拘束力はないと説明されている。現実にどの部分がこのレイシオ・デシデンダイとして先例的拘束力をもつかを具体的に確定することは容易ではなく，事実関係や法的規準をどの程度抽象化するかをめぐって争いが生じることが少なくない。わが国の場合，判例を英米法系諸国と比べて抽象的理論のレベルでとらえる傾向が強いことに対する批判もあるが，大体，判例集の各判決の冒頭に書き出されている「判決要旨」が，判例集編纂者の個人的見解にすぎないけれども，レイシオ・デシデンダイにあたる場合が多いとみてよかろう。現実には，一般的な法律論が展開されている場合には，その判決で具体的に適用されていなくとも，判例として扱われることがあり，明確な傍論すら先例として機能することも少なくない[17]。

6 条　　理

条理とは，社会生活において相当多数の人びとが承認している道理・筋道のことであり，欧米で「事物の本性」とか「法の一般原則」と言われているものとほぼ同じである。適用すべき法律がない場合，罪刑法定主義に従って無罪判

---

[17] 傍論が先例として機能したケースとしては，直接には内縁の不当破棄が不法行為にはならないとして損害賠償請求を棄却した大正4年1月26日大審院連合部判決（大審院民事判決録21輯49頁）が，内縁の不当破棄は婚姻予約不履行として損害賠償の可能性が認められることを傍論で述べ，その傍論が大正8年4月23日大審院判決（大審院民事判決録25輯693頁）で先例として引用され，以後，現在まで，基本的にこの傍論が先例として拘束力をもっているケースがよく知られている。

決を言い渡せばよい刑事裁判とは違って，民事裁判では，裁判拒絶が禁止されているから，裁判官は，制定法，慣習法，判例法のなかに適切な裁判規準が見出せない事件においては，条理に従って裁判すべきであるとされている。

わが国では，明治8年の太政官布告103号裁判事務心得3条（「民事ノ裁判ニ成文ノ法律ナキモノハ習慣ニ依リ習慣ナキモノハ条理ヲ推考シテ裁判スヘシ」）が，条理の法源性を認めたものとされている。また，大陸法系諸国の民事裁判の指導原則として一般的に承認されている，1907年制定のスイス民法典1条（「文言ないし解釈によれば法律に規定が含まれている法的問題にはすべてその法律を適用する。法律から何らの規定も得られないときには，裁判官は慣習法に従って裁判し，慣習法もないときには，自分が立法者であるならば定立するであろう規準に従って裁判すべきである。その場合，裁判官は確定した学説および伝統に従う」）も，条理の法源性を正面から認めたものとしてよく引き合いに出される。

ただ，条理自体は，はじめから一般的規準として存在するものではなく，裁判官が具体的事件に即して適切な裁判規準を形成するための手がかりとでも言うべきものだから，制定法のように，予め一般的規準として存在している他の法源とはやや性質を異にしている。そのため，裁判官が条理に準拠しうることをもってただちに条理が法源と言えるかどうかは問題であり，条理の法源性を否定する見解も少なくない。けれども，条理に基づいてある程度一般的な裁判規準がまず形成され，それに基づいて判決が下されるのが通常であるから，この一般的な裁判規準を条理法とみればよいとも言えよう。

実際の裁判実務では，条理だけに準拠した裁判例はあまりなく，「権利濫用」「公序良俗」「信義誠実」「正当事由」などの一般条項，「社会通念」「社会的相当性」などの規範的概念の具体的内容を確定する規準として重要な役割を果たしている場合が多いのが実情である。また，例えば，民事調停の目的が「条理にかない実情に即した解決を図ること」であると規定されていること（民事調停法1条）などからもうかがえるように，条理は裁判外の法的紛争解決手続において重要な役割を果たしている。

4 法の妥当性

1 法の妥当性と実効性

　法システムは，以上でみたように，独特の制度的仕組みによって各種の法規範を組み合わせて，一定の価値理念の規制を受けつつ多様な目的や機能の実現をめざすが，その存立と作動は，現実には，多くの人びとの公的ないし私的な資格での行動に適切に支えられ，それらの行動に実効的に規範的影響力を及ぼすことができるかどうかにかかっている。法的空間は，規範・制度レベルを基軸にしつつも，一方では価値理念レベル，他方では事実レベルをも含む多次元的構造をもっており，法システムの全体構造の解明においては，これら三レベルの特質や相互関係をどのように理解するかが重要な争点となる。このような見解の対立が最も鮮明にあらわれるのが，実定法独特の存在構造である「妥当性（効力・拘束力）」という概念そのものをいかなるレベルでどのように規定するか，また，その根拠をどこに求めるかという問題である。

　この問題は，自然法論と法実証主義，さらにリアリズム法学という法理学における伝統的立場が鋭く対立する論点であるだけでなく，法の概念論争をはじめ，法と道徳や強制との区別・関連，悪法論や正義論，裁判理論など，法理学の主要争点とも密接に関連している。ここでは，基本的争点と見解の対立構図を概観するにとどめ，詳しいことはそれぞれ関連箇所で取り上げる。

　法の妥当性という概念をどのように規定するかは，法の妥当根拠をどこに求めるかと密接不可分に関連しているが，この関連については，様々な見解が複雑に錯綜しており，その議論状況の整理は，一定の立場をある程度前提としたものとならざるをえない。ここでは，問題群を一応三段階に分け，(i)法の妥当性をとくに実効性との関係でどのように規定するか，(ii)法の規範的妥当性を実定法システム内在的にとらえ自己正当化でよしとするか，(iii)法の妥当根拠を実定法システム外のどのようなものに求めるかについて，それぞれ見解の対立構図を整理し検討するというアプローチをとりたい。

　法の妥当性をめぐる問題は，伝統的に，法が人びとを拘束する規範的妥当性（validity, Geltung）と，法が現実に遵守・適用され実現されているという事実的実効性（efficacy, Wirksamkeit）との二元的枠組で考察されてきている。そし

て，法の規範的妥当性がその事実的実効性と内的に関連していることを認めつつも，両者は次元を異にする別個の概念であり，法の規範的妥当性の問題は，現に実効性をもっている規範の法的正統性に関わり，たんなる事実のレベルではなく，基本的に当為のレベルで問われるべきものと位置づけるのが一般的な見解だとみてよいであろう。

2 北欧リアリズム法学のアプローチ

以上のような一般的見解に対しては，規範的妥当性という概念を形而上学的観念として斥け，それを心理学的ないし社会学的な経験的事実としてとらえ，事実的実効性に還元しようとする徹底した実証主義的アプローチが，北欧リアリズム法学によって提唱されてきている[18]。

北欧リアリズム法学は，法現象をもっぱら観察可能な経験的事実のレベルでとらえようとし，法の妥当性ないし拘束力を形而上学的観念として斥ける方向では一致している。だが，法の妥当性ないし拘束力の問題への具体的アプローチは，その代表者たちの間でもかなり異なっている。例えば，K. オリィヴェクローナは，法の拘束力は，違法行為にサンクションが課せられるという事実と同じではなく，人びとの心のなかの観念としてのみ存在する心理的事実であり，それに直接対応する事実は現実世界には存在しないとする。それに対して，Th. ガイガーやA. ロスらは，法の拘束力ないし妥当性は経験的事実に還元してとらえることが可能であるとする。だが，それぞれ還元される事実は異なり，ガイガーの場合は，法の拘束力は，人びとが規範に合致した行動をとったかまたは規範に反した行動をとり反作用を受けたかの二者択一の結合として統一的にとらえ，規範実現の割合を数量化して確定し，拘束力の強さは事実レベルで測定可能とされる。ロスの場合は，法の妥当性に対応する事実は，私的個人の行動ではなく，裁判官による法適用行動とされ，ある法規定が現実に適用されているという外から観察可能な規則的状態および裁判官によって社会的に拘束

---

18) 北欧リアリズム法学についての以下の見解は，K. Olivecrona, *Law as Fact*, 1st ed. (1939) (碧海純一＝太田知行＝佐藤節子訳『事実としての法』(勁草書房，1969年))，2nd ed. (1971) (安部濱男訳『法秩序の構造：経験法学としての』(成文堂，1973年))，Th. Geiger, *Vorstudien zu einer Soziologie des Rechts* (1947), A. Ross, *On Law and Justice* (1958) などに依っている。佐藤節子『権利義務・法の拘束力』(成文堂，1997年) 参照。

的なものと感じられているという内面的な心理的状態という，二つの事実の行動主義的およびイデオロギー的解釈に基づく将来の裁判官の行動の予測としてとらえられる。

　ガイガーやロスらのアプローチは，それぞれ法の妥当性と関連する重要な法現象の経験科学的研究の方向を示してはいるが，このような還元主義的アプローチによっては法の妥当性の本来の当為的意味をとらえ尽くすことはできない。法の妥当性は，人びとの法遵守や裁判官の法適用などの一定の行動の「外的視点」からの観察によって記述し尽くしうる事実的現象ではなく，一般私人や公的機関が自己の行動の指針を一定の権威的規範に求め，自己の行動の正当化や他人に対する要求や非難の正当化理由として「内的視点」から受け容れているという慣行的実践の解釈学的解明を不可欠とする規範的現象としてとらえられなければならない。法的空間においては，事実は，いわゆる"ナマの事実"としてではなく，一定の制度的仕組みのもとで法規範を準拠枠組として解釈されてはじめて，"制度的事実"として意味をもつのである。法の妥当性に限らず，そもそも法現象をもっぱら事実レベルで記述し尽くそうとするリアリズム法学の極端な実証主義的立場自体が不適切なのである。

3　法実証主義的妥当論

　法の妥当性に関する法実証主義的アプローチに共通の特徴は，法の妥当性の規範的特質の解明や基礎づけを，その道徳的内容如何にかからせることを拒否し，実定法システム内在的にとらえる自己正当化でよしとするところにみられる。だが，法実証主義者の間でも，法の妥当性の識別規準をはじめ，規範的妥当性と事実的実効性の相互関係などの重要争点については，かなり見解が分かれている。J. オースティンの主権者の一般的命令や臣民の習慣的服従の観念による説明においては，実定法の規範的妥当性と事実的実効性の概念的区別と関連づけはまだ不十分であった。20世紀になって，H. ケルゼンの法の段階構造論・根本規範論，H. L. A. ハートのルール・システム論と承認の究極的ルール観念などの提唱によって，実定法システムの内在的な規範的構造の解明は飛躍的に進展し，その後の法理学的考察のパラダイムとなっている。

　H. ケルゼンの純粋法学は，新カント学派的方法二元主義に立って，一切の道徳的・政治的価値判断の混入だけでなく，法の社会学的・心理学的考察をも

排除して，実定法を純粋に構造分析する「法の科学」の確立をめざす。法の妥当性に関するケルゼンの見解には微妙な変化がみられるが，ここでは，主に『純粋法学（第2版）』[19]に依りながらみておこう。

ケルゼンは，当為としての妥当性と存在としての実効性を区別するが，大体において実効的な法秩序を前提にしたり個々の法規範の desuetudo（継続的不遵守・不適用による廃止）を認めたり，いわゆる最小限の実効性が法の妥当性の——根拠ではないが——条件だという関連が存在することは承認する。しかし，法の客観的妥当性については，もっぱら上位規範が下位規範の妥当根拠になるという段階構造によって純粋に規範論理的に説明しようとする。国家法秩序の場合，憲法を頂点に，法律・命令を経て，判決・行政行為，さらに法律行為に至る，ピラミッド型の多層的な段階構造をなしており，最上位の規範として「根本規範」が仮定される。根本規範は，何らかの権威によって定立されたものではなく，大体において実効的な強制秩序の存在を条件として，その秩序を（あたかも）客観的に妥当する諸々の法規範の統一的システム（であるかのごとく）解釈するために，法律学的思考において実定法秩序創造手続の出発点として超越論的に前提された規範であり，その妥当根拠はもはや問われないとされる。

ケルゼンは，規範システムの妥当根拠を，個別的なものの普遍的なものへの包摂として下位規範の内容が上位規範から論理的に導き出される静態的タイプと，上位規範が下位規範を定立する権威を授権する動態的タイプに分ける。そして，実定法システムは本質的に動態的な性質をもっており，下位の法規範が上位のより一般的な法規範の具体化としてその適用であると同時に個別的規範の創造であり，この法の創造・適用という動態的過程を自己自身で規制するところに実定法システムの重要な特徴があるとみる。彼によれば，このような実定法システムの根本規範は，内容を規定する実体的規範ではなく，内容はすべて規範定立行為にゆだねられ，「いかなる内容も法となりうる」とされる。

ケルゼンの以上のような徹底した規範論理的アプローチは，規範科学と因果科学の峻別に固執するあまり，究極において「力の法への転化」のために根本規範を擬制的に想定して思考中断するという，これもまたやはり一元的還元主義の限界を露呈している。

---

19) H. Kelsen, *Reine Rechtslehre*, 2. Aufl. (1960)（横田喜三郎訳『純粋法学』（岩波書店，1935年）は初版（1934年）の邦訳）。

他方，H. L. A. ハートは，法理学的分析と社会学的記述を統合するアプローチによって，法の妥当性の複合的構造をより現実的に解明しようとするが，その概要を主として『法の概念』[20]に依りながらみておこう。

　ハートの法理論の基本的特徴は，法と道徳，在る法と在るべき法の明確な区別という法実証主義の基本テーゼを擁護する限りにおいて，ベンサム，オースティン以来のイギリス古典的分析法理学の伝統を承継するものである。だが，実定法システムの分析において，「主権者命令説」を斥け，「ルール」の概念を導入して，個々人の行動に関する「第一次的ルール」とこれらのルールの承認・変更・裁定に関わる「第二次的ルール」の結合として実定法システムをとらえるルール・システム理論を提示しているところに，大きな理論的進展がみられる。

　ハートは，まず，ルールについて，それを自らは受容することなしに，もっぱら観察者として関わり合う「外的視点」と，行動の指針として受容し用いている集団の一員として関わり合う「内的視点」を区別する。そして，この視点の区別に，社会的ルールと社会的慣習の区別，法的義務の特質の解明だけでなく，第一次的ルールと第二次的ルールの区別と組み合わせて，法的妥当性や法システムの存在という観念の解明においても重要な位置を与えている。

　ハートによれば，第一次的ルールだけからなる社会は，その発展に伴って，ルールの不確実性，ルールの静的性質，ルールを維持する拡散的な社会的圧力の非能率性というような欠陥に直面し，これらの欠陥の救済のために，それぞれ承認・変更・裁定のルールという第二次的ルールが導入される。彼は，これを「前法的世界から法的世界への歩み」とみる。これら三種の第二次的ルールは，相互に密接に関連しているが，法システムの存在や法的妥当性の観念の理解において最も重要な位置を占めているのは，承認のルール，とくに承認の究極的ルールである。

　承認の究極的ルールは，あるルールがその社会の法的ルールとして妥当するか否かを最終的かつ権威的に識別するための基準を規定する。だが，近代法システムのもとでは，多様な法源が存在していることに対応して，法の識別基準は，通常，成文憲法・制定法・判例を含んだ複合的なものであり，承認の究極

---

[20] Hart, *The Concept of Law*（前出注1）（『法の概念』）。

的ルールも複雑であり，明示的にルールとして定式化されていることはまれである。「その存在は，裁判所その他の公務員，あるいは，私人やその助言者によって特定のルールが識別されるその仕方のなかに示されている」。そして，承認の究極的ルールをこのような仕方で用いる人びとは，それを「内的視点」から受容しているが，法的妥当性についての内的言明は，その法システムの実効性という事実の外的言明の真理をその通常の背景あるいはコンテクストとして前提にしており，承認の究極的ルール自体については，妥当性ということは問題とならないとされる。「承認のルールは，裁判所，公務員，私人が，一定の基準に関連づけて法を識別する，複雑ではあるが通常は合致した実践としてのみ存在しうる。その存在はあくまでも事実の問題である」。ハートによれば，ある法システムの存在にとって必要かつ十分な二つの最低条件は，このような承認のルールがそのシステムの公務員の公式の行動の共通の公的規準として実効的に受容されていなければならないという条件と，その規定する基準に従って妥当とされる行動のルールが個々の私人によって一般的に遵守されていなければならないという条件である。

　一般に法実証主義的妥当論においては，実定法システムの基礎には，個々の法規範の妥当性の有無，つまりその法システムに属するか否かの識別基準を究極的に規定する規範として，何らかの基礎的規範が含まれており，大体において実効的な法システムのもとにある個々の法規範は，この基礎的規範の規定する識別基準に合致しておれば，その規範内容の道徳的価値如何を問わず，実定法として義務づける力をもっているとされる。そして，この基礎的規範が実定法の妥当性を基礎づける究極的な淵源であるとされ，基礎的規範あるいは他の実定法規範の妥当性の根拠をさらに遡って実定法システムの外に求めることは，形而上学的ないしイデオロギー的だとして，一致して拒否される。

　以上のような法実証主義的妥当論が，実定法システムや法理学・法律学の自立性の確保という学問的関心あるいは権威的な法源の明確化という法実務的要請に支えられたものであるということの意義自体は，それ相応に評価されなければならない。だが，そもそも，このような根本的ないし究極的な規範・ルールを規範論理的に仮定する必要があるかどうか，また，実際に存在するかどうかについて，根本的な批判や疑問が繰り返し投げかけられてきている。さらに，法理学的考察にとっては，このような法的思考特有の思考中断に制約されなけ

ればならない必然性があるかどうかが問題であろう。現行の実定法システムを所与的なものとして無批判的に受けとめて分析するだけではなく、法システムの在り方をその存立基盤にまで遡って批判的かつ主体的に問おうとする場合，このような実定法システム内在的な立場にとどまっていることはできない。あるいは少なくとも，このような法実証主義的妥当論が，プラトンがその幾つかの対話篇においてソクラテスやソフィストたちの口を借りてその問題の所在を明らかにして以来，伝統的に法の妥当根拠如何という形で問われてきた問題のすべてに答えるものではないことは明らかであろう。

4 法の妥当根拠論

　法の規範的妥当性の根拠を，実定法システムを超え出てその外に求める見解に眼を転じると，様々の見解が錯綜しているが，大別すれば，その根拠を政治的・社会的・心理的等々の事実的なものに求める「事実的妥当根拠論」と，法によって確保・実現されるべき一定の価値理念のレベルに求める「道徳的妥当根拠論」という二つの系列に分けることができる。そして，事実的妥当根拠論の系列には，法を制定・適用・執行する人びとの実力やその強制に根拠を求める実力説ないし強制説と，法共同体員による何らかの承認ないし同意に根拠を求める承認説ないし同意説が代表的な立場としてある。道徳的妥当根拠論の系列には，自然法の要請に合致していることに根拠を求める伝統的自然法論をはじめ，正義・自由・平等・人権・人間の尊厳・人類の解放あるいは法的安定性・平和・秩序など，法によって確保・実現されるべき目的とされる諸々の価値理念のいずれかに根拠を求める様々の立場が存在している。これら二つの系列は複雑かつ微妙に交錯しており，まさに十人十色，百人百様の見解が対立相剋しているのが現状である。

　この問題に対して十分な理由づけを伴った納得のゆく態度決定を行うことは，人間社会における法の存在理由如何という根本問題をはじめ，法理学の幾つかの関連重要争点についての周到な検討を経た後でなければ不可能であり，容易なことではない。だが，「正統性の近代版としての合法性」（M. ウェーバー）に対する信念が動揺し，「合法性」による「正統性」の代替作用が崩壊しつつあるポスト・モダン的状況のもとで，法実証主義的な「合法性」概念の理解自体が適切かどうかを再検討し，その正統化機能を問い直すことは，実定法システ

ムに批判的かつ主体的に関わり合おうとする人びとにとって避けて通ることのできない課題であり，法の妥当根拠如何という錯綜した議論のなかにいつかは踏み込んでゆかざるをえないのである。

　このような法の妥当根拠の問題の深さと拡がりの故に，要約的な説明は難しく，本書全体がこの問いに取り組むための基礎的な準備的考察であるとも言えるぐらいである。ここでは，法の妥当根拠論と直接関連する論点・見解について，基本的な考え方だけを示し，詳しいことはそれぞれ関連箇所で触れることにしたい。

　まず，実力説については，実力や強制によって服従を生み出すことはできても，服従の義務を生み出すことができないことが欠陥だとされるが，その服従すら，一時的なものはともかく，長期的な安定した服従を生み出すことはできないであろう。また，服従ということは，服従する側の人びとの何らかの承認・同意なしにはおよそ不可能であり，実力説をつきつめてゆくと，承認説に転化せざるをえない。このことは，実力説の典型としてよく挙げられるオースティンの主権者命令説が，臣民の習慣的服従を不可欠の構成要素としていることなどに象徴的にあらわれている。いずれにしろ，実力説のように，法の妥当根拠をそのたんなる貫徹可能性に求める見解は，基本的にこの問い自体の意義の否定につながらざるをえないであろう。

　承認説は，現在でもいろいろな形で継承発展させられている社会契約説などがその代表的理論である。先ほど紹介したH. L. A. ハートの法的妥当論も承認説の一種とみることもでき，承認ないし合意の契機を何らかの仕方で妥当根拠論のなかに組み込もうとする傾向がかなり広くみられる[21]。

　承認説の具体的主張内容はきわめて多様であるが，(i)承認の主体を，個々人，社会の圧倒的ないし大多数の人びと，過半数の人びと，代表的ないし支配的階層，法律家・公務員など法関連機関の直接的担い手等々のいずれとするか，(ii)承認の対象を，個々の法規範，基本的法原理，全体としての法システム，法定立機関ないし法適用・執行機関の権限あるいはそれらに関する手続規定等々のいずれとするか，(iii)承認の形態について，自発的な承認・支持から消極的な黙従・受忍まで，どの程度のものを必要とするかなど，幾つかの論点に関する要

---

　21)　承認説の意義・問題点などについては，大橋智之輔「『承認説』の歴史的位置」今井弘道編『法思想史的地平』(昭和堂，1990年)参照。

件の組み合わせによって類型化することはできる。だが，これらの要件をあまり厳格にすると，非現実的になり，かといって，逆に緩やかにしすぎると，空洞化してしまい，どの程度の要件をどのように組み合わせるかは，なかなか難しい。

　現在では，いわゆる一般的承認説が支配的であるが，基本的に，立憲民主制下の実定法システム・法規範の妥当根拠論としては，承認の主体や対象を限定して，社会の相当多数の人びとが，所定の手続にのっとって法定立機関が制定し法適用・執行機関が実現している法規範を受け容れて遵守する心構えでいるという，社会心理学的事実を基軸に考えてゆくのが適切であろう。また，必要とされる承認の形態も，例えば先ほどみたH. L. A. ハートの見解のように，公務員か一般私人かによって異なって考えてもよいであろう。

　だが，このような承認に関する一定の要件を充たした社会心理学的事実の存在は，法の規範的妥当性の不可欠の実在的識別基準ではあるが，このような事実レベルだけで規範的妥当性を十全に基礎づけることはできない。法の規範的妥当性は，一定の価値理念への志向を内含していてはじめて人びとを義務づける当為性をもつ。社会の相当多数の人びとの上述のような承認も，その核心的部分において，法システム，とくに法定立機関が一定の価値理念の実現をめざしその規制のもとにあることの基本的な了解を背景としているとみるべきであろう。従って，承認説は，必ずどこかで道徳的妥当根拠論と内的につながっており，法の規範的妥当性は，一方では事実の承認の存在，他方では価値理念への志向という二つの次元を内含した複合的な存在構造をもっている。

　法の妥当根拠として要請される価値理念への志向とは，実定法システムの社会的存在理由からみて，一言で言うならば，正しい法への志向，正義に適った法への志向に他ならない。本書では，法がそもそも法であるために志向しなければならないこのような価値理念のいわばミニマム基準として，L. L. フラーの「合法性」概念などから示唆を得て，法の存立と作動の最低条件と最適条件に関わる「法の支配」原理を実定法内在的道徳と位置づけ，形式的正義・手続的正義だけでなく，一定の人権や自由・平等あるいは人間の尊厳の尊重などの「法の支配」の中核的要請内容を組織的かつ全面的に無視しようとする法システムや法規範には，人びとを法的に義務づける資格を認めることはできないという立場をとっている（第10章②参照）。このような立場は，一定の道徳的価値理念への志向が実定法システムに内在化されていなければならないと，実定

法と一定の道徳との必然的関連の存在を認めるものであり,「合法性」の正統化機能についても,法と道徳を峻別する法実証主義的立場とは違った理解をすることになる。道徳的妥当根拠論についても,ここでの当初の説明のように,法の規範的妥当性の根拠を,実定法システムの外に求める見解と特徴づけることは必ずしも適切ではなく,実定法システムの内外を問わず,一定の道徳的内容との適合性にかからせる見解と修正したほうがよいと考えるものである。

このように修正した分類枠組に従えば,実定法システムが対話的合理性基準と法の支配原理を内在化して存立し作動することを要請する「議論・交渉フォーラム」という本書の法構想は,基本的に承認説の実践哲学的基礎づけをめざす道徳的妥当論の系列に属することになろう。

《参考文献》
- 青井秀夫『法理学概説』(有斐閣, 2007年) 第1部「法と法なき空間」,第3部「制定法の法命題」
- 井上茂『法秩序の構造』(岩波書店, 1973年)
- 井上達夫『法という企て』(東京大学出版会, 2003年) 第Ⅰ部「法理念論」,第Ⅱ部「法存在論」
- 尾高朝雄『実定法秩序論』(岩波書店, 1942年)
- H. ケルゼン(横田喜三郎訳)『純粋法学』(岩波書店, 1935年)
- 同(尾吹善人訳)『法と国家の一般理論』(木鐸社, 1991年)
- 竹下賢『法 その存在と効力』(ミネルヴァ書房, 1985年)
- 恒藤恭『法の本質』(岩波書店, 1968年)
- 西野基継「法の妥当根拠」大橋智之輔=三島淑臣=田中成明編『法哲学綱要』(青林書院, 1990年)
- H. L. A. ハート(矢崎光圀監訳)『法の概念』(みすず書房, 1976年)
- J. D. フィンチ(田中成明=深田三徳訳)『法理論入門』(世界思想社, 1977年)
- 深田三徳『法実証主義論争:司法的裁量論批判』(法律文化社, 1983年)
- 同『現代法理論論争:R. ドゥオーキン対実証主義』(ミネルヴァ書房, 2004年)
- L. L. フラー(稲垣良典訳)『法と道徳』(有斐閣, 1968年)
- L. M. フリードマン(石村善助訳)『法と社会』(至誠堂, 1980年)
- G. ラートブルフ(田中耕太郎訳)『ラートブルフ著作集第1巻:法哲学』(東京大学出版会, 1961年) 第10章「法の効力」
- J. ラズ(松尾弘訳)『法体系の概念:法体系論序説(第2版)』(慶應義塾大学出版会, 1998年)
- 六本佳平『法社会学』(有斐閣, 1986年)
- 日本法哲学会編『法規範の諸問題:法哲学年報1977』(有斐閣, 1978年)

第 1 編　法動態へのアプローチ

第 3 章　法の三類型モデル

1　現代法の全体像を求めて

■　多元的法モデルによるアプローチ

「法とは何か」をめぐる従来の法理学的議論においては，法をして法たらしめている基本的特質・属性の解明に主たる関心が向けられてきた（第1章1参照）。その際，考察対象としての法については，法が道徳・宗教などの社会規範や裸の権力・実力による強制から最も純粋な形で分化し独自の自立的領域を形成したとされる近代西欧法システムが典型的な法とみられ，しかも，このような近代西欧法が普遍的あるいは最も合理的ですぐれたものとしてとらえられがちであった。のみならず，近代西欧法にみられる特質・属性を欠いた規範や秩序をただちに非法的ないし非合理的なもの，未成熟ないし逸脱形態とみる近代主義的なリーガリズムにとらわれた見解も少なくなかった。

たしかに，法システムは，近代西欧において，その自立的普遍主義的特質の体系的な制度化を強力に推し進め，すぐれて法的な政治社会の規範的構想を具体化した。それ故，現代法の構造的・機能的特質の解明においても，近代西欧法にみられた特質・属性との比較検討ということが重要かつ不可欠な作業であり，このような傾向がみられることにも，それ相応の理由はある。また，従来の議論が，法システム・法規範を道徳・宗教などの社会規範および裸の権力・実力による強制から明確に区別することに主たる関心を向けたことは，法システムや法理学・法律学の自立性の確保という学問的関心，あるいは，権威的な法源の明確化という法実務的要請と結びついていた場合が多く，このような関心や要請にも相応の配慮をする必要があることは否定し難い。けれども，法の

構造的・機能的特質の法理学的解明は，このような学問的関心以外の多様な関心にも基づいており，また，法実務的要請に拘束されなければならないものでもなく，より広い視野からの考察が求められているのである。

現代では，近代西欧法にみられた特質・属性も，より広い視野から比較史的にみた場合，やはり，一つの特殊な歴史的産物に他ならないという認識が，比較法学・法人類学・法史学などの研究の進展に伴って一般化している。また，近代西欧法のアンビヴァレントな構造・機能やその存立基盤の内的矛盾・緊張も，一般的に承認され，19世紀末以降，その修正・克服が様々な形で試みられ，すでに現実に制度化されているものも少なくない。のみならず，それらの変容を経た現代法システムについても，「法化」「非=法化」論議などにおいて，その限界や更なる改革の検討を迫られている昨今である。それ故，今日では，近代西欧法モデルを相対化して，その現代的意義を批判的に評価しうるより普遍的な理論モデルを構築することなしには，現代法の問題状況を的確に解明することはもはや不可能であると言ってよいであろう。

このように，近代西欧法モデルを相対化して，より普遍的な理論モデルの構築を試みるにあたっては，何よりもまず，法の社会的機能の拡大・多様化に伴って，法システムが政治・行政あるいは道徳・経済より直接的な形で交錯している領域でみられる現象にまで法理学的考察の視野を拡げる必要がある。現代社会においては，これらの交錯領域で生じる諸問題に法的に対処するために，法理論・法実務上の様々な試みが活発に展開され，それに伴って法システムの構造・機能も著しく変容し多様化してきている。このような現代法システムの動態を的確に解明するためには，法理学的考察の視野を拡大し，法動態の創造的展開の最前線とも言うべきこれらの交錯領域において法システムの示す構造的・機能的特質をも，法的空間のなかに正しく位置づけて解明できる理論枠組を構想することが不可欠である。典型的な法的過程である裁判過程にのみ焦点を合わせる一元的な法モデルでは，現代法システムの動態の全体像をとらえることはもはや不可能である。立憲民主制下の現代法システムについては，裁判過程を法的空間の中枢に位置づけるとしても，立法過程はもちろんのこと，行政過程，裁判外の自主的な交渉・紛争解決過程なども，「法の支配」のもとにある法的過程としてとらえ，各々にふさわしい独自の法的位置づけを与え，法的空間を多層的にとらえる多元的な法モデルを構築することが必要である。

わが国の現行法システムの基本的な仕組みや構成・運用原理の多くは，近代西欧で形成されたものを明治期以降継受したものである。また，少なくともフォーマルな法的規準・手続などの制度レベルでは，基本的に西欧と同様，近代法から現代法へという展開をたどってきている。けれども，法システムの現実の作動や人びとの法イメージについては，制度的建前とかなりのずれがみられ，伝統的なものと現代的なものとが複雑に交錯し，西欧の場合とはかなり異なった様相を呈しているところもある。このようなわが国における法制度・法文化の複雑な動態の全体像を的確にとらえ，法システムが現代社会で果たしうる役割の可能性と限界を見定めようとする場合，避けて通ることのできない法理論的課題は，近代西欧法の現代的意義を批判的に検討し，その何を受け継ぎ，どこをどのように修正し発展させるべきかを，次々と法に向けられる新たな社会的諸要求に即して点検してゆくことである。

　近代西欧法の自立的普遍主義的な思想と論理については，その存立基盤たる政治的・社会経済的条件のその後の変化に伴って修正されるべき側面とともに，自由平等な市民の共生・協働の公正な制度的枠組の規範的構想の典型として，普遍的価値をもった遺産として継承発展させてゆくべき側面もある。近代法から現代法への展開を経た今日，近代西欧法の思想と論理はもはや過去のものになったと葬り去るのは早計である。わが国のような非西欧社会においても，近代西欧法の自立的普遍主義的な思想と論理と全く無関係に在るべき法システムを構想し論議することは不可能であろう。しかし，同時に，このような普遍的な課題に取り組むにあたっても，わが国の場合，非西欧的な伝統的法文化の特徴がなお根強く法システムの作動や人びとの法イメージを規定している状況にいかに対処するかということをもつねに視野に収めておかなければならない。

　従来，わが国における法システムの作動や人びとの法意識・法行動の特質が論じられる場合，川島武宜の先駆的研究[1]に代表されるように，もっぱら近代西欧法との対比において"遅れ""ゆがみ"などとしてとらえ，前近代的・封建的・非合理的などのマイナス・シンボルで理解し，それらの特質は，わが国

　1）　T. Kawashima, Dispute Resolution in Contemporary Japan, in A. T. von Mehren (ed.), *Law in Japan* (1963), 川島武宜『日本人の法意識』（岩波書店，1967年）が内外で広く読まれているが，戦間期からの著作も含む同『川島武宜著作集第一・三・四巻』（岩波書店，1982年）参照。

の政治社会の近代化＝民主化に伴っていずれは消滅するか克服されるべきものと評価する近代主義的な見方が支配的であった。

　このような近代西欧法の普遍主義的な思想と論理を理想的モデルとする二分法的対比図式が，第二次世界大戦後の法の近代化＝民主化論議を長らく規定し続けていた。けれども，このような議論図式には，もともと，西欧の理想と日本の現実という，次元を異にするものの比較，すべての社会が西欧と同じような段階を経て発展してゆくとみる，西欧中心の単線的な発展段階論的進歩史観などの問題があった。それに加えて，近代的なものと伝統的なものとの対比に焦点を合わせるあまり，近代法から現代法への展開に伴って生じている諸々の現代的な法現象を的確に位置づけることができないという限界も次第に明らかになってきた。とりわけ，法的紛争解決方式の多元化，裁判の回避と利用，現代型訴訟の増加，資源配分的法令の比重の高まりなどをめぐって，法システムの作動や人びとの法意識・法行動にみられる伝統的なものと現代的なものとの複雑な交錯状況を正しくとらえることができず，日本社会の「法化」は，川島の予測通りには展開しなかった[2]。

2　「法化」「非＝法化」「反＝法化」論議

　現代法システムの機能拡大・構造変容やその可能性・限界をめぐる考察が，1970年代後半からドイツやアメリカなどで「法化 (legalization, Verrechtlichung)」「非＝法化 (delegalization, Entrechtlichung)」論議として展開されはじめたが，わが国でも，80年代以降，法システムと社会・文化の相互関係など，法状況の現代的な課題の考察が，「法化」概念を用いて論じられるようになった。だが，わが国の「法化」「非＝法化」論議は，全体的に「法化」が不十分な状況のもとで，司法制度をはじめとする法システムが社会構造・関係や法文化の「法化」にどのように対応すべきかに主たる関心が向けられ，基本的に過剰な「法化」への対応として「非＝法化」論議が展開されていたドイツやアメリカとはかなり異なった様相を呈しており，とくに伝統的な「反＝法化 (anti-legalization, Gegenverrechtlichung)」傾向をも視野に入れた考察が不可欠である[3]。

---

　2)　このような観点からみた川島武宜の法理論の意義と問題点については，田中成明「日本の法文化の現況と課題」思想744号（1986年）とくに4-7頁参照。

「法化」「非=法化」「反=法化」という概念の意味内容には，各国の問題状況や各論者の問題関心によってかなりのずれがみられ，必ずしも合致していない。「法化」は，アメリカやドイツでは，「多すぎる法律家」「多すぎる法律」「多すぎる訴訟」[4]というキャッチフレーズなどに典型的にみられるように，過剰な「法化」を批判するという否定的な意味で用いられることが多いが，法現象の中立的な分析のための用語としては，必ずしも適切ではない。わが国などでは，もっと広い意味で，一定の問題が一般的ルールによる規律や権利義務関係としての処理が必要な法的問題と認知されるようになったり，その対応のために，弁護士に相談したり裁判所を利用したり，あるいは，法律を制定したり行政的な規制が行われたりするようになったり，要するに「法」を用いる必要が生じ，「法」を用いて対応することが，一般的に「法化」と呼ばれているようであり，概念整理はこのような広い意味にそって行ったほうが適切である。

　社会のどのような問題が法的なものと了解され法的規制・処理が必要と認知されるか，法システムがどのような制度的形態によってそれに対処するか，各種の法的過程のいずれに重点をおくか，法システムが現実にどのように作動し所期の社会的機能を適切に果たしうるか等々は，法システムの制度的受容・対応能力だけでなく，一般の人びとや法律家の間で支配的な法文化によって左右されるところが多い。「法」がどのように観念され，どのような「法」が用いられるかという問題は，後ほど法の三類型モデルと関連づけて扱うことにして，ここでは，「法化」の主な意味内容を，社会の法的要求，法制度的対応，法文化の三つの要因と関連づけて，さしあたり，次のように整理しておこう。

　まず，最も一般的な用法は，いわゆる制度化（institutionalization）の一側面として，法制度的対応に焦点を合わせて，一定の社会的要求に対処する制度が法的形態をとり法的性質を強め，法的ルール・手続が増加し複雑化してゆくと

　3）　アメリカ，ドイツ，日本における論議の比較検討として，民事紛争解決に焦点を合わせたものであるが，田中成明『現代社会と裁判』（弘文堂，1996年）21-28頁参照。ドイツと日本の議論の比較検討として，樫沢秀木「介入主義法の限界とその手続化」『法の理論10』（成文堂，1990年），広渡清吾「日本社会の法化」『岩波講座・現代の法15：現代法学の思想と方法』（岩波書店，1997年）参照。なお，現代日本の法状況全般を「法化」「非=法化」「反=法化」論議との関連から論じたものとして，田中成明『転換期の日本法』（岩波書店，2000年）も参照。

　4）　L. M. Friedman, *Total Justice* (1985), pp.7-23 参照。

いう「法的制度化」を意味するものであろう。だが,「法化」には,この他にも,社会化 (socialization) の一側面として,法文化に焦点を合わせて,人びとの意識や行動が法的な価値・原理・ルール・手続などを内面化し法的になるという「法的社会化」の意味が含まれていたり,むしろ,この意味が中核となっていることもある。さらに,社会の法的要求に焦点を合わせて,社会内部の構造・関係の変動によって法システムに対する必要性・依存性が高まるという,社会の側の客観的条件(「社会の法化」)を意味していることもある[5]。

これらの区別と並んで重要なことは,「法化」をめぐる議論において"法的なるもの"がどのようにとらえられているかである。「法化」の場合には,法的制度化,法的社会化,社会の法化のいずれの意味においても,その具体的な「法的」特質は概して問題にされず,法一般について用いられていることが多い(もっとも,近代西欧法が法一般と暗黙裡に同一視されていることもある)。それに対して,「非=法化」の場合には,たんに「法化」の反対概念として法一般について用いられることもないではないが,全般的に,法的制度化レベルにおける近代法から現代法への展開というコンテクストのなかで,近代法の形式的性質が弱まっていったり(非形式化 (deformalization), 実質化 (materialization)),近代の司法的裁判の原理・手続から離れていったり(非=司法化 (dejudicialization))する傾向をさすために,その「法的」特質がより具体的に特定されていることが多い。最近では,ポスト・モダン的状況のもとで,さらに「非=形式化」が「実質化」から「手続化」に焦点を合わせて論じられるようになり,問題状況は一層錯綜してきている。また,西欧において「法化」ないし「非=法化」という概念を用いて議論がなされている場合,法制度的対応の問題に焦点が合わされているのに対して,わが国における法システムと社会・文化の相互関係が問題とされる場合には,圧倒的に「非=法化」よりも「法化」にウエイトがおかれ,また,法的制度化よりも社会の法化や法的社会化に焦点が合わされ,両者のずれの克服に主な関心が向けられてきた。

以上のような概念的整理をふまえて,現代日本における法システムと社会・文化の相互関係にみられる複雑な問題状況を考察する概念装置としては,「法化」「非=法化」の他に,とくに社会の法的要求と法文化については,およそ

---

5) このような「社会の法化」に焦点を合わせた用語法については,とくに六本佳平『法社会学』(有斐閣, 1986年) 248-50頁参照。

"法的なるもの"を内的視点から受け容れることを原理的に拒否する「反=法化」という概念をも用いる必要がある。「非=法化」傾向が、あくまでも法的領域内にとどまっているのに対して、「反=法化」傾向は、法的領域外にとどまったり移行しようとしたりするものであり、後者が前者を推進する重要な要因である場合が多いけれども、"法的なるもの"への内的視点の独自の存在理由を承認しているかどうかによって、原理的に区別することが肝要である。

「法化」「非=法化」「反=法化」のいずれについても、たんに法一般について論じるだけでなく、各々の「法的」特質をより具体的に特定し、それらの相互関係を問題にすることが不可欠である。そして、そのためには、一元的な法モデルでは不十分であり、多元的な法類型モデルを用いることが必要かつ適切である。

2 法の三類型モデル

1 自立型法と管理型法・自治型法

(1) 法の三類型モデルの意義

わが国における「法化」「非=法化」論議の問題状況を解明し、その対応戦略を考察するための理論枠組として、本書では、「自立型法」と「管理型法」「自治型法」という法の三類型モデルを用いる[6]。この多元的な法の三類型モデルは、より一般的には、法システムと法文化を動態的・多層的なものとしてとらえ、その形態的特質を比較史的に解明するとともに、様々な法的過程への一般の人びとや法律家の主体的参加を法的空間の活性化の必須条件として内在化させることをめざしている[7]。

---

6) 法の三類型モデルという理論枠組は、多くの内外の代表的な法理論の比較検討に基づく構想であるが、直接的には、各類型の特質や相互関係の理解はかなり異なっているけれども、R. M. Unger, *Law in Modern Society: Toward a Criticism of Social Theory* (1976), E. Ehrlich, *Grundlegung der Soziologie des Rechts* (1913)(河上倫逸 = M. フーブリヒト訳『法社会学の基礎理論』(みすず書房、1984年))から示唆を得たところが多い。それぞれの法類型の析出の手がかりとした法理論については、田中成明「法・権利・裁判についての一考察―法の分析枠組覚え書」『法理学の諸問題：加藤新平教授退官記念論文集』(有斐閣、1976年) 117-22頁、同「法の特質と構造」磯村哲編『現代法学講義』(有斐閣、1978年) 3-14頁、41-43頁参照。

自立型法は，法の一般性と自立性に焦点を合わせた法類型であり，近代西欧の立憲主義・権力分立制・法の支配・私的自治などの自由主義的統治原理が前提としていた法システムの存在形態・作動方式を一般化・抽象化して理念型として再構成した法類型である。それに対して，管理型法と自治型法は，第1章1②(2)で触れたように，各々，法の国家的な見方と社会的な見方の系列につながり，それぞれに対応する法の存在形態に焦点を合わせて再構成した法類型である。

　三つの法類型のうち，自立型法が典型的ないし狭義の法類型である。自立型法の基本的特質は，法システムの存在形態・作動方式の一般的・形式的な普遍主義的性質であるが，このような特質は，近代西欧の立憲主義・権力分立制・法の支配・私的自治などの統治原理をできるだけ純粋に制度化しようとしたものに他ならない。自立型法は，普遍的に適用される一般的な法準則を定立しそれに準拠するという方式をとり，互恵的権利義務観念と当事者主義的裁判手続を基軸として存在し作動する。自立型法は，法的空間をそれと類似した隣接領域――とくに，一方では道徳・宗教などの社会規範，他方では裸の権力・実力による強制――から自立的な領域として区別する上で重要な，一般に法の基本的属性として了解されているもののほとんどすべてを典型的に備えており，法的空間の中核をなすものとして位置づけられる。

　近代西欧法をモデルとする自立型法をこのように典型的な法類型ととらえ，法的空間の中枢に位置づけることは，決して近代西欧法の存在形態やその統治原理を普遍的あるいは最も合理的ですぐれたものとみる近代主義的リーガリズムに与することを意味するものではない。そのめざすところは，むしろ，すぐれて法的な政治社会を規範的構想として提示し具体化しようとした近代西欧法システムを比較史的に相対化してとらえなおすことによって，その特質やメリット・デメリットを批判的に検討する，より普遍的な視座を切りひらくことである。そのために，自立型法は，様々の時代・社会における公共的規範秩序や強制的権力装置が，そもそも「法的」性質をもちうるためにある程度備えていなければならない幾つかの基本的属性を析出して，それらを"法的なるもの"

---

7) 法の三類型モデルの法理論的位置づけ・問題関心や用語の変更などについては，田中成明「法の三類型（自立型法と管理型法・自治型法）モデル再考」北海道大学情報法政策学研究センター編『新世代法政策学研究』4号（2009年）参照。

の限界領域を識別するメルクマールとして統合的に再構成し、法のいわば理念型を示すものである。

　自立型法は、一般に法的空間と了解されてきている領域の核心部を指し示すけれども、そのすべての領域をカヴァーするものではない。近代主義的リーガリズムのように、この法類型だけを唯一の法モデルとして、自立型法の基本的属性のいずれかが欠けていたり希薄であるからといって、その法的資格自体を否定したり法的に劣っているとか歪んでいるとみたりするアプローチでは、過去および現在の多様な法の存在形態や法文化の特質を的確に比較検討し、法全体の動態を理解することはできない。

　近代主義的リーガリズムが前提としていた法の見方から脱却するためには、法的空間が隣接諸領域と直接交錯するところで存在し作動している法類型として、いわば正反対の方向に拡大された二つの広義の法類型を構成し、法的空間内に位置づける必要がある。その一つは、公権力機関による特定の政治的・社会経済的な政策目標の実現のための一般的指図である管理型法である。もう一つは、社会における人びとの意識・行動を現実に規制しているインフォーマルな社会規範やその成員間で共有されている正義・衡平感覚に基づいて自生的に生成し存立する自治型法である。

　管理型法と自治型法は、各々、政治・行政などの国家的活動、道徳・経済などの社会的活動とより直接的に交錯している領域で形成され作動している。これらの拡大された法類型の構成・運用原理は、自立型法とはかなり異なった独自の思想と論理を示しているため、自立型法に照準を合わせた従来の法の見方においては、概して周辺的なものと位置づけられていた。そして、これらの法類型をめぐる諸問題は、法的ではない政治・行政上あるいは道徳・経済上の問題として片付けられたり、理論的問題ではなく実践的戦略・戦術の問題としてしか論じられなかったりすることが多かった。

　だが、現代の法状況だけをみても、その多元化する法的過程の動態とそこにおける一般の人びとや法律家の主体的参加の多様な方式を的確にとらえるためには、"法的なるもの"の考察視野を拡大し、これらの法類型が、法の創造的展開の最先端に位置する領域で次々と生じる新たな法的要求に弾力的に応えることによって、法システム全体の応答的な柔構造の確保において果たしている重要な役割にも、それにふさわしい法的位置づけを与えることが必要である。

このような理論モデルとして，管理型法と自治型法を自立型法から相対的に独立した類型として位置づけ，これら三つの法類型を組み合わせて法の存在形態や法文化の動態を解明するという，多元的法モデルによるアプローチを提唱するものである。

三つの法類型は，以上のようなそれぞれの特質に対応して，表3−1のように，どのような思考・決定方式，法的過程を重視するかにも相違がみられる。

まず，それぞれの法類型で用いられる思考・決定方式について，自立型法では，一般的準則の規定する一定の要件に具体的事実をあてはめ，要件事実の存在が認定される限り，一定の法律効果を与えるという要件＝効果図式が，比較的純粋な形で用いられる。それに対して，管理型法では，一定の目的の実現に最も効率的な手段を選択するという目的＝手段図式，自治型法では，関係者のその場ごとのアド・ホックな交渉によって相互に合意可能な妥協案をさぐり利害調整をはかる合意型調整図式が，各々重視される（第15章**1** ②参照）。法の解釈・適用に関わる法的議論などの法実践においては，それぞれの問題領域や法的過程の特質に対応して，これらの思考・決定図式をどのように組み合わせて適切な議論・交渉や決定を行うべきかが問題となるが，とくに裁判による法の継続形成が問題となるような法的議論・正当化においてこれらの思考・決定図式がどのように構造化され用いられるべきかの解明が法律学的方法論の重大なテーマとなる（詳しくは，第16章**1**，**2**参照）。

また，三つの法類型は，多層的な法的過程のいずれに法の生成・発展の動態の重心をおいているかを基準として構成されたとみることもできる。すなわち，自立型法は裁判過程，管理型法は行政過程，自治型法は私人間の法的相互交渉過程に，それぞれ法の生成・発展の動態の重心をおいていると言えよう。そして，各法類型が重視するそれぞれの法的過程ごとに一般の人びとや法律家の参加形態もかなり違ったものとなる。三つの法類型が，たんに比較史的解明の理論モデルだけでなく，法動態への一般の人びとや法律家の参加の位置づけに関わる実践的意味をも含んでいるというのはこのことによる。

さらに，「法化」「非＝法化」論議などにおいて新しい問題領域に対応するにあたって，基本的にどのような戦略をとるかについて，自立型法・要件＝効果図式・裁判過程を重視する考え方をリーガリズム，管理型法・目的＝手段図式・行政過程を重視する考え方を法道具主義，自治型法・合意型調整図式・私

表3-1　法の三類型モデル

特徴＼法類型	管理型法	自立型法	自治型法
基本的特質	特定の政策目標の実現手段	一般性，形式性，普遍主義	非公式性，自生的性質
思考・決定方式	目的＝手段図式	要件＝効果図式	合意型調整図式
法的過程	行政過程	裁判過程	私的交渉過程
法的関係	垂直関係	三者関係（triad）	水平関係
法化への対応戦略	法道具主義	リーガリズム	インフォーマリズム

図3-2　「法化」「非＝法化」「反＝法化」

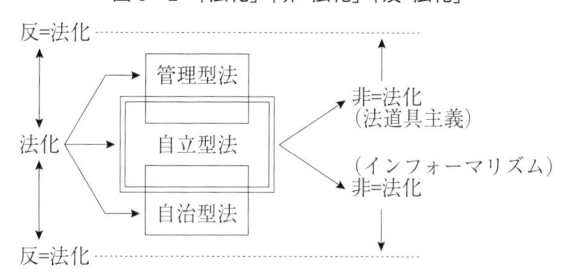

```
反＝法化 ┄┄┄┄┄┄┄┄┄┄┄┄
  ↕        ┌→ 管理型法
         ┌─┤              →非＝法化
 法化 →─┤  │   自立型法      （法道具主義）
         │  │              （インフォーマリズム）
         └─┤              →非＝法化
  ↕        └→ 自治型法
反＝法化 ┄┄┄┄┄┄┄┄┄┄┄┄
```

的交渉過程を重視する考え方をインフォーマリズムと呼ぶことにしたい。これらの戦略の意義・問題点などについては，後ほど本章3①で改めて取り上げる。

　以上のような法の三類型モデルを「法化」「非＝法化」論議の問題状況の解明や対応戦略の考察に用いることによって，一口に「法化」と言っても，自立型法化方式でなく，管理型法化や自治型法化という方式もあり，どの法類型によって対応するかによって，「法化」の意義や問題点が異なることを明確にすることができる。また，自立型法からの「非＝法化」が，法道具主義的な管理型法への「非＝法化」にしろ，インフォーマリズム的な自治型法への「非＝法化」にしろ，「反＝法化」傾向とは違って，なお法的空間内にとどまる戦略であり，しかも，管理型法化や自治型法化と現象的に重なり合うことも理解できるようになる（図3-2参照）。これらのことは，先ほど触れたように，日本とアメリカやドイツなどの「法化」「非＝法化」論議の比較検討にとっても重要な意義をもっている。

(2) 三つの法類型の相互関係

これら三つの法類型について，自立型法が，法独特の思想と論理を最も純粋な形で制度化しており，そのような意味で典型的な法とみているけれども，必ずしも最も合理的なものとみる価値判断は含まれていない。同様に，管理型法と自治型法に関しても，管理型法が悪くて自治型法が良いというような一般的な価値判断は含まれていない。むしろ，各類型とも，固有のメリットとデメリットをもっており，法システムが多様な社会的機能を適切に果たすためには，個々の問題領域や法的過程の特徴に応じてこれらの法類型を適宜組み合わせて用い使い分けてゆくことが肝要である[8]。

現代社会の法的ニーズの複雑多様化に伴って，もはや自立型法だけでは，社会の「法化」に適切に対応することはできず，管理型法や自治型法を補助装置として適宜用いる必要がある。だが，その場合でも，法システムの相対的「自立性」が確保され，"法的なるもの"が政治・行政や道徳・経済などに還元されてしまわないためには，自律的な法的主体間の権利義務関係を予め一般的に規律し，個別具体的な問題・紛争はこの一般的規準に準拠して公正な手続に従って処理するという，自立型法の基幹的な作動方式が堅持されるべきである。自立型法は，現代法システム全体の核心をなす背景的枠組であり，裁判過程を基軸に作動する自立型法がしっかりと社会的に定着していることが，管理型法や自治型法が，補助的な調整装置として適切に作動するための前提条件でもある。このことは，「法の支配」の基本的な要請であり，管理型法や自治型法が，法システム全体の背景的枠組としての自立型法の存在理由を全面的に否定したり，その規範的制約を全く受けずに作動したりすることは，"法的なるもの"の相対的自立性をも損ない，法の支配の否定につながりかねない。

以上のような意味において，自立型法は法的空間全体の境界を識別する基準

---

[8]　三つの法類型の相互関係をこのように理解することから，同じく法の三類型モデルを提唱している最近の法理論，例えば，「抑圧的法」→「自立的法」→「応答的法」というP. ノネとP. セルズニックのモデル（P. Nonet & P. Selznick, *Law and Society in Transition : Toward Responsive Law* (1978)（六本佳平訳『法と社会の変動理論』（岩波書店，1981年）参照)），「形式的法」→「実質的法」→「自省的法」というG. トイブナーのモデル（G. Teubner, Reflexives Recht, in *ARSP*, Vol. 68, Nr. 1 (1982) 参照）のような進化論的モデルとは異なる。田中「法の三類型（自立型法と管理型法・自治型法）モデル再考」（前出注7）84-86頁参照。

としても働き，他の二類型の在り方を規制している。管理型法や自治型法は，自立型法の一般的・形式的性質を弱める「非＝法化」の契機が何らかの形で含まれており，各々，独自の「法化」方式として位置づけられるべきであるけれども，管理型法や自治型法が，そもそも「法的」性質を保持するためには，自立型法とどこかでかなりの程度重なり合うメカニズムを共有しつつ作動しなければならないのである（図3-2参照）。現代法システムのもとでは，自立型法と管理型法・自治型法は，相互に補完的ないし対抗的な緊張関係に立ちつつ作動しており，三つの法類型の相互関係は決して安定したものではなく，自立型法は，管理型法と自治型法の片方あるいは双方に傾いてゆく契機をつねに内含していることが見落とされてはならない。

各時代・各社会の法の存在形態や法文化の特質は，これら三つの法類型の各々あるいはそれらの組み合わせとの対比による類型的比較によって解明される。法文化，さらに法理論においては，これらの類型のいずれかの特質がかなり明確に浮き彫りにされることが多い。だが，現実の法の存在形態は，三つの法類型のいずれかに重心がおかれているけれども，他の類型も多かれ少なかれ含まれており，それらが相互に補完ないし対立し合っているのが実情であろう。

三つの法類型モデルについては，法制度・法文化の比較史的分析枠組として用いる場合と，現代法システムの動態の解釈枠組として用いる場合とでは，各法類型の特徴やそれらの区分・相互関係の意義の理解の仕方について，ずれが生じることがある。とくに現代法システムの動態の解釈枠組として用いる場合には次のようなことに留意する必要がある。

まず，三類型の区分・相互関係について，自立型法と管理型法，自立型法と自治型法をそれぞれ区分する意義は異なり，従って，自立型法の管理型法と自治型法のそれぞれに対する関係も，図3-2などが推測させるように，自立型法を中心に管理型法と自治型法が対照的に並置されるというような関係にはない。現代の実定法システム・法源と関連づけて説明するならば，自立型法と管理型法の区分は，管理型法には通達や行政的指針などのように厳密には実定法でないものも含まれるが，基本的に国家制定法内部の区分であり，自立型法が，民法や刑法など，行為規範と裁決規範の二層構造で市民社会を一般的に規律するのに対して，管理型法は，行政法など，主として組織規範によって統治機構を規律するという，それぞれの作動方式と構造的・機能的特質に着眼した区別

である。それに対して，自立型法と自治型法の区分は，フォーマルな国家制定法とインフォーマルな慣習法・社会自主法規・条理という，法源の存在形式にほぼ対応した区分であり，管理型法と自治型法が，実定法システムの全体構造のなかで自立型法との対比で占める位置には重要な違いがある。

　また，三つの法類型それぞれの実定法としての妥当性・効力については，自立型法の場合は基本的に問題とならないのに対して，管理型法の場合には，通達や行政的指針など，理論上法的効力の認められていないものも含み，自治型法の場合には，宗教団体の内部法規など，いわゆる部分社会の法の法的効力に関して見解の対立がみられるように，その実定法性が問題となる事例が多い。このような意味において，法の三類型モデルは，実定法システムの周辺をも含めて法的空間をやや緩やかに理解しており，一般的には，管理型法と自治型法は，比喩的に言えば，実定法領域の境界で生成し作動しているということになる。しかし，三つの法類型の間には，管理型法の運用に自治型法の思想と論理が導入されたり，逆に，自治型法の運用に管理型法の思想と論理が浸透したりするという相互関係もみられ，さらに，自立型法の中枢に位置する裁判過程のなかにも管理型法や自治型法の手法が取り入れられる傾向もみられる。このような意味では，管理型法や自治型法の思想や論理が生成・作動するのは必ずしも周辺領域に限られないことが見落とされてはならない。

　以上のような自立型法と管理型法・自治型法の込み入った区分基準と相互関係は，図3-2のような平面的な図表では的確に言い表せていないことに注意していただきたい。

2 自立型法と近代西欧法
(1) 自立型法の特質とその制度的形態

　自立型法の基本的特質は，法的規準の定立・適用方式とその規定内容のすぐれて一般的・形式的な性質，および，道徳・宗教などの社会規範と裸の権力・実力による強制からの高度の自立性にみられる。一般に法の基本的属性とみなされているもののほとんどは，この自立型法の一般性・形式性と自立性が具体的に制度化されたものであるとみてよいであろう。これらの特質を制度化した属性は，法的空間の核心を構成し，その境界の識別基準でもあることから，法システムの四つの側面について第1章**2**②で素描したものと大幅に重なり合う

が，それぞれ特徴的な事柄を補足しておこう[9]。

まず第一に，規範的側面からみてゆくと，法的規準の大部分は，法律要件と法律効果が明確に規定された一般的準則からなり，原則として議会などの特定の公権力機関によって所定の手続に従って定立され，予め一般の人びとに向けて公示される。このような法準則は，特定の身分や地域によって異なるのではなく，統一国家の全域においてすべての人びとに平等に妥当し，一定のカテゴリーに属する人びとや行為に普遍的に適用される。そして，個々人の社会的経済的力関係の強弱などを捨象して，形式的抽象的な法的人格として自由平等ととらえ，その相互関係を権利義務関係として一般的準則によって明確に規定する。個々人の権利義務が具体的個別的に規定されるのではなく，また，そのような具体的個別的な権利義務の総体が法であるというのでもなく，一般的準則が予め公知のものとして存在し，その一般的準則にのっとってどのような権利義務関係を具体的個別的に形成するかは個人のイニシアティヴにゆだねられている。このような法の一般性と個人の自律性の尊重は，法の支配や私的自治などの自由主義的原理の根幹的な要請である。

第二に，制度的側面においては，権力分立制に基づいて立法・司法・行政の三権を分け，それぞれを担当する機関を分離独立させた上で，抑制=均衡関係におかれ，法的規準を一般的に定立する立法作用とそれを個々の具体的事件に適用する司法作用がカテゴリー的に区別され，規範論理的に司法は立法の下位に位置づけられる。そして，公権的司法機関として，立法部・行政部からの独立を制度的に保障された裁判所が設置され，その非政治的中立性が強調され，典型的な法的制度として法動態全体の作動において中枢的位置を占めている。

第三に，技術的側面については，裁判その他の法的過程において法的規準に準拠して一定の法的決定を要求したり正当化したりするために用いられる論法は，政治・行政・経済・道徳などの領域での議論や決定の仕方とは異なった独特の方式によって進められる。このような法の解釈・適用の技法は，法の支配

---

9) 自立型法の一般性・形式性・自立性などの特質並びにそれらを具体化する制度的形態についての以下の説明は，近代西欧法について一般的に指摘されていることを整理したものであり，とくに目新しいところはないが，自立型法の類型的特質に関する最近のまとまった説明として，Unger, *Law in Modern Society in Transition*（前出注6），pp. 52-54, 176-81, Nonet & Selznick, *Law and Society : Toward Responsive Law*（前出注8），pp. 53-72（『法と社会の変動理論』83-113頁）を参考にした。

の確立に寄与した16・17世紀イギリスの法律家・政治家E. コーク（クックとも呼ばれる）が国王の裁判干渉を拒絶するにあたって，裁判には長年の経験と訓練に基づく"技術的理性（artificial reason）"が必要であることを強調したエピソードに象徴的に示されているように，相当期間の教育と訓練によってはじめて修得しうる専門技術的なものであるとされる。また，このような法的正当化方式は，要件=効果図式を固有の特質とすると一般的に了解されているだけでなく，その要件=効果図式は，概念法学や機械的法学などにみられるように，法準則・概念からの形式論理的演繹に固執する形式主義的な包摂方式ととらえられがちであった。

最後に，主体的側面に関しては，裁判官・弁護士などの法律家が，専門的な法的知識・技術を修得し一種の独占的な資格を与えられた独自のプロフェッショナル集団として存在し，裁判その他の法的制度の運用に直接的な責任を負う専門的な担い手を形成している。強力な自治組織と高い社会的地位・評価をもった法律家集団が，裁判をはじめ法システムの合理的な運営を支え，立法部・行政部や政治的社会的諸勢力の圧力に抗して，法の支配や司法の独立を確立し維持し続けることを可能とする。とくにアメリカでは，「法の支配とは，かなりの程度法律家の支配である」，「裁判の質は，それを動かす法律家以上に良いものではありえない」とさえ言われている。

(2) 自立型法と近代西欧法の関係

以上のような自立型法の諸特質・制度的形態は，近代西欧法の存在形態やその統治原理を，その一般性・形式性と自立性に焦点を合わせて一般的抽象的レベルで理念型として再構成したものである。自立型法システムは，合理的官僚制や市場システムと並んで，近代西欧社会の重要な特徴であるが，近代西欧法と言っても，大陸法系と英米法系とではかなり大きな違いがある。現代では，融合傾向が進んでいるが，図式的に整理すると，伝統的に次のような対比的特徴がみられた。

例えば，規準面について，ドイツやフランスなどの大陸法系諸国では成文法主義がとられ，議会などで制定される高度に体系化された国家制定法が第一次的法源としてほとんどすべての法領域をカヴァーしている。それに対して，英米法系諸国では判例法主義がとられ，裁判所でケース・バイ・ケースに作り上げられた判例に先例的拘束力が認められ，判例法が第一次的法源たる地位を占

めている。制度面については、伝統的なコモン・ローによる法の支配の確立がめざされた英米では、行政に関する事件も通常の司法裁判所の裁判権に服した。他方、行政官僚主導の政治体制がとられたフランスやドイツでは、司法裁判所とは系列を異にする別個の行政裁判所が設置され、行政内部での監督統制が重視されたため、行政機関に対する一般の人びとの権利・利益の救済には不十分なところが多かった。技術面でも、大陸法系では、包摂方式、つまり一般的準則への具体的事実のあてはめ推論、英米法系では、類推方式、つまり典型例による事例から事例への推論が、それぞれ中心とされ、演繹対帰納と対比されることもある。さらに、法律家の組織と養成についても、英米では裁判官を弁護士その他の法律家として相当期間経験を積んだ者から選任する「法曹一元制」がとられているのに対して、ドイツやフランスでは、最初から裁判官として採用し、裁判所内部で訓練・養成し、昇進制によって順次上級の地位を占めてゆく「職業裁判官制（キャリア・システム）」がとられている。

　自立型法の基本的特質・制度的形態を析出し構成するにあたっては、これらの歴史的差異をある程度捨象して、法の自立的特質がより強くみられるほうに焦点を合わせて一般化・抽象化した。従って、規準面では大陸法系の成文法主義、制度面では英米法系の司法権優位の裁判制度、技術面では大陸法系の要件＝効果図式、主体面では英米の法曹一元制に、各々焦点が合わされている。

　自立型法の一般的・形式的特質は、一般的準則の公平な適用という作動方式を基軸とすることによって、国家権力の恣意的専断的行使を抑止し人びとの自由と権利を擁護するとともに、私人が社会内部の利害調整や紛争解決を自主的に行うための共通の枠組・手続を提供する。このような特質は、法の規制的・消極的な機能に照準を合わせており、基本的に古典的自由主義の法政策の要請によって貫かれている。裁判所その他の公権力機関が一般的準則を公平に適用することによって形式的正義が確保され、個々の市民がそのイニシアティヴで一般的準則を活用して各々の選択した目標を実現してゆくための形式的な自由と平等を保障することが、自立型法の基本的な役割である。

　このような自立型法は、それ固有のメリット・デメリットをもっており、現代法の機能の拡大と多様化に伴って、その限界も目立つようになってきている。けれども、自由平等な市民が共生・協働する市民社会の公正な制度的枠組の規範的構想としてのその思想や論理には、現代でも継承し発展させてゆくべきも

のが多い。このような観点から自立型法の諸特質・制度的形態の現代的意義を評価するにあたって留意すべきことは，自立型法は，近代西欧社会においても，その自立的な思想と論理を全面的に貫徹できたわけではなく，その構造や機能にはもともとアンビヴァレントなところがあったということである[10]。

(3) 近代西欧法における自立型法と管理型法・自治型法との関係

このような近代西欧法における自立型法のアンビヴァレントな性質について，管理型法と自治型法それぞれとの関係からみておこう。

まず，管理型法との関連では，自立型法システムの形成と運用は相当強力な統一的政治権力が存在しないことには困難である。にもかかわらず，自立型法の自立的特質，とくにその公権力規制機能は，管理型法による能率的統治と権力強化をめざす，その時々の政治権力の担い手の要請としばしば矛盾対立関係に立たざるをえない。自立型法は，とりわけ法の支配と司法の独立の直接的な担い手である法律家の組織的統一がなく，市民社会的基盤も弱い場合には，管理型法による能率的統治や権力強化の要請との妥協を強いられ，その要請を法システムの内容や作動のなかに取り入れてゆかざるをえないことになる。

ドイツやフランスにおける行政裁判所は，このような妥協を典型的に示すものである。これらの大陸諸国では，統一的な法システムの整備自体が，もともと，自立型法による公権力行使のコントロールの強化によって自律的な自治型法の支配領域の安定化をめざす市民階層の自由主義的関心と，管理型法による行政官僚主導の中央集権的統治体制の確立と強化をめざす君主・官僚層の絶対主義的関心との妥協の産物であった。自立型法と管理型法の依存と対立という緊張関係は，強力な統一的国家権力のもとでの自立型法の宿命である。

他方，自治型法との関連では，自立型法は伝統的な身分的・地域的自治型法

---

[10] 自立型法のアンビヴァレントな性質についての以下の説明は，マルクス主義法理論による近代ブルジョア法批判，M. ウェーバーによる近代法における形式的合理性と実質的合理性の対立相剋の分析，F. ノイマンによる市民社会における法の機能変化の分析（F. Neumann, *The Democratic and Authoritarian State* (1957), Chs. 2, 6（内山＝三辺＝倉沢＝萬田訳『政治権力と人間の自由』（河出書房新社，1971年）第2章，第6章）），批判的法学によるリベラル・リーガリズム批判（D. Kennedy, Legal Formality, in *Journal of Legal Studies*, Vol. 2, No. 2 (1973), Unger, *Law in Modern Society*（前出注6）など参照）などで指摘されている事柄のうち，法の三類型モデルと直接関連するものに限って要約的にまとめたものである。

の拘束から人びとを解放し，個人のイニシアティヴによる自律的な社会関係の形成のための制度的枠組を提供し，市民社会の発展に大いに貢献した。だが，自立型法の公権力規制機能と一般的・形式的性質は，法的レベルでの形式的自由・平等の実現には役立つけれども，その背後で新たに生じた社会経済的レベルでの実質的不自由・不平等を是正し社会的正義を実現するために，国家その他の公権力機関が社会経済問題に積極的に配慮し介入することには一定の限界を画する。また，このような事実上の実質的不自由・不平等を規範的に正当化したり政治的支配によって補強したりするための手段として法システムが利用されることも，原理上阻止できない。

そのため，自立型法は，とりわけ社会経済的弱者の正義・衡平感覚を反映した自治型法に配慮することによって実質的自由・平等の実現を求める諸勢力から，繰り返し抵抗や挑戦を受けてきた。そして，自立型法は，このような自治型法の要求を多かれ少なかれ取り入れることなしには，その正統性を十分に獲得し，その存立と円滑な作動を確保することができなかった。

以上のように，自立型法は，もともと近代西欧社会でも，管理型法と自治型法への配慮を求める諸勢力の要請を一定限度でそのなかに受容しつつも，それらの勢力に抗して独自の自立的な思想と論理を保持し実現してゆかなければならないという，アンビヴァレントで不安定な性質をもっていたのである。

ところが，近代法から現代法への展開のなかで，資源配分機能を中心に法の機能が拡大し，法システムは，公権力機関に対する社会各層の多種多様な要求を実効的に汲み上げるために，管理型法によらざるをえない場合が増えてきている。同時に，法システムの運用において，社会各層の正義・衡平感覚を反映した自治型法への配慮を一層強化する必要も高まっている。現代法システムが社会の多種多様な法的ニーズに応答したり現実に人びとの日常生活を規律したりするにあたって，管理型法や自治型法が果たしている役割はきわめて大きく，現代法システムの現実の作動は様々な形で管理型法と自治型法に対して依存する度合いを強めつつあると言ってよい。自立型法の社会統合的役割を否定して，このような動向を是認し推進するポスト・モダン的諸潮流も台頭し，自立型法の一般的・形式的な特質を保持し実現する社会的基盤そのものが大きく変容し，再編成を迫られている状況にある。現代法については，自立型法によって管理型法と自治型法を適切に統合し続ける制度的形態と社会的基盤の再編成が重大

な課題となっているのである。

3 自治型法

歴史的にみれば，自治型法や管理型法は近代西欧における自立型法の成立以前から存在していた法類型である。自治型法は統一的政治権力がまだ確立されていない原始社会においてすでに存在し，管理型法は東洋の律令法体制や西欧の絶対主義法体制のもとで生まれた。これらの法類型は，近代西欧の自立型法のもとで，法システムの周辺部に追いやられたにもかかわらず，決して完全に克服されることはなかった。たしかに，自立型法の洗礼を受けた法システムのもとでは，自治型法や管理型法が，それ以前の思想と論理をそのまま保持し実現することはできなくなっており，その連続面だけでなく断絶面にも留意する必要がある。けれども，現代法システムのもとでも，社会の多様な法的要求への応答的対応やその創造的展開において，これらの法類型が一般に考えられている以上に重要な役割を果たしていることが見落とされてはならない。

自治型法は，比較的小規模でその成員の同質性が高かったり共通の目的を協働して追求したりする共同体的関係・集団・組織において，その内部秩序を構成したり成員間の利害調整や紛争解決を規律したりする実体的規準やインフォーマルな手続として，その共同体内部での法的正統性の一般的承認によって自生的に生成し存立する[11]。共同体内部で現実に行われている道徳その他の社会規範やその成員間で共有されている正義・衡平感覚を基礎として，成員間の相互作用的活動による暗黙あるいは明示の合意によって形成される。

自治型法には，いわゆる慣習法や社会自主法規という形をとるものだけでなく，関係者の契約あるいは協約によって成立するものも含まれている。全般的

---

[11] 自治型法についての説明は，基本的にはF. C. v. サヴィニー以来の「民衆法」の伝統を受け継いだE. エールリッヒの「生ける法」の観念を念頭においているが，自立型法との関係やその現代的意義の理解については，L. L. Fuller, Human Interaction and the Law, in Fuller (K. I. Winston ed.), *The Principles of Social Order* (1981) から示唆を得たところが多い。なお，最近注目されている「ソフトロー」という概念（中山信弘編集代表『ソフトローの基礎理論』（有斐閣，2008年）など参照）で説明されている事例は，私の理論モデルでは，基本的にこの自治型法の一種と位置づけうるものが多いが，行政的指針（ガイドライン）などの管理型法的特質をもったものも，そのインフォーマルな性質に着眼してソフトローと呼ばれている。

に後者のウエイトが高まってきているけれども、契約や協約も、たいていの場合、何らかの慣習法的基盤があってはじめて直接関係者を超えて一般的な法的効力をもちうるから、両者が相互に依存し合っていることが多い。また、自治型法には、明確な法準則として定式化されていないものも多く、その遵守も、外部的な強制的サンクションよりも関係者の立場の互換性や互恵的関係によって内面的に支えられており、自力救済や私的制裁が一定限度内で許されている場合も少なくない。自治型法の基盤となる共同体的な関係・集団・組織には、とくに現代法システムのもとでの自治型法のアンビヴァレントな役割を的確にとらえるためには、いわゆるゲマインシャフト（Gemeinschaft）的なものだけでなく、ゲゼルシャフト（Gesellschaft）的なものも含めて理解するのが適切であろう。

　自治型法は、統一的政治権力が確立されていない原始社会や未開社会における法の一般的な存在形態であるだけでなく、政治権力が統一され国家法システムが整備された後においても、自治型法の支配にゆだねられている法的領域は依然として広範囲にわたっている。フォーマルな国家法によって一般的抽象的に規律されている領域でも、そこでの人びとの法的な意識と行動を現実に規律しているのは自治型法であることが多く、私人間の自主的な法的相互交渉は、通常、自治型法だけで十分実効的に行われている。とくに商取引では、大企業間から個人商人間に至るまで、それぞれの取引の実情に応じた様々な慣習的自治型法が尊重されている。また、借地借家関係でも、権利金や立退料などの慣行が自治型法として成立し守られている。日照権などの新しい権利も自治型法として生成してきたものである。

　全般的に、フォーマルな国家法の内容や運用が複雑かつ精緻なものへと専門化・技術化してくるにつれて、逆説的ではあるが、フォーマルな国家法の規定が、日常生活まで浸透したり社会的変化に応じて継続形成されたりするにあたって、自治型法が欠かすことのできない潤滑油的役割を果たしており、かえってその重要性が高まってきているとさえ言える。それ故、現代法システムのもとで自治型法の正当な位置づけや復権を求めることを、いちがいに社会の全般的管理化が強まってゆくことに対するロマンティックな非合理的反発として片付けてしまうことは早計である。けれども、一口に自治型法と言っても、多種多様なものがあり、その評価や位置づけを一般的に行うことは難しく、フォー

マルな国家法との関係も複雑である。

現代法システムにおいて自治型法が果たしている役割にはアンビヴァレントなところがあり，法システム全体の公正かつ実効的な作動を確保し，法動態の相互主体的活性化を促進することに必ずしもプラスに作用していない事例もあることに注意する必要がある。とくに，自治型法の基盤となる集団・組織が大きくなればなるほど，その個々の成員の自律的決定による自主的合意との関係も希薄となり，個々の成員の自由を抑圧したり，その権利や利益を侵害することもありうる。自治型法は必ずしもつねに法に対する個々人の自律的・主体的姿勢の確立につながるとは限らないから，その現代的意義は自治型法の具体的な形態ごとに個別的に理解し評価する必要がある。

自治型法は，わが国の第二次世界大戦後における法の近代化＝民主化論議では，E. エールリッヒの影響のもとに「国家法」と「生ける法」という対比図式で論じられることが多かった。生ける法の具体例として挙げられてきているものには，かつては，「イエ」制度のなごりをとどめていた農漁村部の結婚・相続慣行，入会権などが代表的なものであったが，最近では，日照権，ヤミ・カルテルや談合のような業界内部の協定，さらに，インフォーマルな和解・調停などの裁判外紛争解決手続など，かなり多様なものが含まれるようになってきている。これらの自治型法には，旧くからの慣行に基礎をおくものもあれば，社会の流れに棹をさすものもあり，国家法の精神に照らして是認できるものもあれば，できないものもある。そのため，私人間の相互交渉や裁判外の紛争解決において関係者が自主的にそれに依拠している場合はともかく，自治型法をめぐる紛争が裁判所に持ち込まれた場合には，裁判所の対応はまちまちである。社会自主法や慣習法あるいは条理や社会通念の具体的内容として裁判においても尊重されるものもあれば，公序良俗違反とか個人の基本的人権の侵害として是認されないものもあり，国家法と各種の自治型法との関係には，微妙で，しかも流動的なところが多い。

4 管理型法

管理型法は，相当程度組織化された政治権力の存在を前提として，その政治権力の担い手が特定の政治的・社会経済的な政策目標の実現のために定立し運用する一般的指図である[12]。その政策目標の具体的内容は，政治的・社会倫

理的な秩序維持など，消極的・規制的なものから，社会保障，生活環境の整備，経済活動の規制など，積極的・促進的なものまで，多種多様である。

現代法システムのもとでは，とりわけ資源配分機能に関わる管理型法が飛躍的に増えてきている。これらの管理型法には，各政策の基本的内容やその実施にあたる機関の組織・権限と活動の規準・手続などを規定するものが多く，私人によって直接遵守されたり，裁判所で普遍的に適用されたりすることを必ずしも予定していない。自立型法が裁決規範，自治型法が行為規範を中心としているのに対して，管理型法は，そのめざす目標が複雑化し専門化してくるにつれて，組織規範を中心に作動するようになってきている。また，管理型法においては，裁判による司法的救済の対象となる個々人の具体的な権利・利益が直接明確に規定されていることは比較的少なく，そのような具体的な権利・利益の確定は担当行政機関の裁量的判断にゆだねられていることが多い。これらの性質が相まって，全般的に，管理型法は，自立型法や自治型法に比べて，その作動過程が一般の人びとの眼にみえにくく，そのコントロールや批判も難しく，一般の人びとや法律家の参加の拠点も十分に確立されていない。

公権力機関による管理の対象が，最小限の秩序維持から，生活の経済的・文化的な質の向上にまで拡大され，管理のために用いる手段・資源も，強制権力の行使だけでなく，各種の財・サーヴィスの給付にまで，著しく多様化してきており，現代における管理型法を近代以前のそれと同列に論じることはできない。けれども，現代でも，管理型法が，法の資源配分機能に関連して注意を喚起したように（第2章❷⑤参照），いかに社会的正義の実現にとって不可欠な役割を果たしているとはいえ，つねに強力な公権力機関による人びとの操作と抑圧につながる可能性をもっていることから眼をそらさないために，管理型法と

---

12) 管理型法についての説明は，アンガーの「官僚的ないし規制的法」(Unger, *Law in Modern Society*（前出注6）参照)，エールリッヒの「国家法」(Ehrlich, *Grundlegung der Soziologie des Rechts*（前出注6）参照) の概念などを主として念頭においている。また，L. L. フラーの「管理的指図 (managerial direction)」の概念 (L. L. Fuller, *The Morality of Law*, rev. ed. (1969), pp. 207-13 参照)，F. A. ハイエクの「テシス (Thesis)」の概念 (F. A. Hayek, *Law, Legislation and Liberty*, Vol. I (1973), Ch. 6（矢島鈞次＝水吉俊彦訳『ハイエク全集8：法と立法と自由I』（春秋社，1987年）第6章参照) も，彼らはそれらの法的性質を否認しているが，私の理論モデルでは，管理型法と位置づけられ，彼らの見解から示唆を得たところも少なくない。

しての形態的連続性をも視野に入れておくべきであろう。

　管理型法は，行政機関によって具体的に実現される場合が多いが，行政機関による法の実現にあたっては，行政機関内部での法令の解釈の統一をはかるなど，事務処理の規準を示すためのものである「通達」「訓令」や「指針（ガイドライン）」などが決定的に重要な役割を果たしている。もちろん，通達・訓令や指針などは法的効力をもたず，一般私人はそれに拘束されないし，裁判所もそれらに従った行政活動の適法性などについて司法独自の判断をできることになってはいる。けれども，行政活動の専門的技術的性質ということもあって，行政活動の司法的コントロールは事実上困難であることが多く，行政機関による法の実現が，裁判所による法の実現という自立型法の基幹的作動方式から相対的に独自に行われている領域も少なくない。

　現代法システムの機能拡大に伴って，全般的に法の実現の重心が裁判過程から行政過程へと移行し，法の"政策化"，"行政化"などと呼ばれる傾向が深まり，法システムの自立的・一般的な性質が様々の側面で弱まってきている。このような自立型法から管理型法への「非＝法化」は，自治型法への「非＝法化」とは正反対の方向に，しかも，それよりは抵抗も少なく，推し進められてきている。だが，この両方向への拡散は，必ずしも対立せず，相乗的に作用し，内的につながっている面があることも見落とされてはならない。

　社会の各団体・組織は，社会レベルで自治型法によってそれぞれの価値・利益の確保・実現をはかるけれども，現代的諸条件のもとではそれだけでは不十分であり，各々の価値・利益を実効的に確保・実現するためには公権力機関の配慮介入に何らかの形で依存しなければならないことが多い。だが，各団体・組織の価値・利益の要求には，諸々の利益集団・圧力団体の立法・行政機関に対する働きかけの内容をみれば一目瞭然であるように，一般的な法準則によって権利として普遍的に保障することが難しいものが増えており，自立型法による対応にはなじみにくい。そのため，立法・行政機関が各団体・組織の多種多様な価値・利益の要求をきめ細かにその政策形成過程のなかに汲み上げてゆく装置としては，管理型法によらざるをえない。ところが，このような管理型法と自治型法の結びつきは，権利観念の拡散や裁判回避を推し進め，自立型法の自立的・一般的な思想と論理による規制を実効的に及ぼしうる範囲を縮小してしまい，法システムを，私的個別的な価値・利益の要求を公権的管理のもとに

実現することを形式的に正当化する強制装置に転化させてしまいかねないリスクを伴っている。

現代社会における法システムには，行政機関の肥大・強化と社会の組織化・集団化が進んでゆくなかで，個々人が各々の生き方や人生目標を自律的に決定でき，それを公正かつ実効的に実現してゆくための基礎的条件を整備し，自由で公正な社会の背景的正義を維持するという重要な役割が期待されている。だが，現代法システムがこのような役割を適切に果たし続けうるためには，自立型法を中枢にすえつつも，自立型法と管理型法・自治型法相互の適正な対抗ないし依存関係の在り方を広い視野から検討し直す，"法的なるもの"の特質やその役割の可能性と限界を見定めることが必要となっているのである。

3 現代日本の法状況と対応戦略

1 リーガリズム，法道具主義，インフォーマリズム

現代社会が高度複雑化し，人びとの価値観も多様化するにつれて，社会の「法化」が否応なしに進み，社会各層の法的要求も多様化し，法システムの社会的機能は拡大され，構造的変容を遂げつつある。全般的に現代法システムの道具主義的特質が強まっているが，同時に，このような管理型「法化」に反発・抵抗したり，その限界・弊害を是正したりするために，インフォーマリズム的な「非=法化」「反=法化」政策を唱道する諸潮流も台頭し支持を集めている。

このような「法化」「非=法化」「反=法化」論議の動向は，多かれ少なかれ世界的に共通するものであるが，各国特有の議論構図やその背景も無視できない。現代日本の法状況に焦点を合わせた考察に先立って，まず，リーガリズム，法道具主義，インフォーマリズムという三つの戦略（108-09頁参照）について，各々の特徴と問題点を一般的に概観しておこう。

(1) **リーガリズム**

リーガリズムは，自立型法や要件=効果図式による問題解決・決定作成のもつ自由主義的価値を重視することを基本的特徴としている[13]。以上で説明したような自立型法の占めている中枢的位置づけに対応して，リーガリズムに対する内的視点からのコミットメントをおよそ欠いた戦略は，そもそも"法的"

戦略とは言えないであろう。リーガリズムの特徴と問題点を，さらに自己抑制型と勢力拡張型とに分けてみておこう。

自己抑制型は，法システムや法的思考が適切に機能し，そのメリットを十分に発揮できる領域は，もともと裁判による紛争解決などに限られているとみる。それ故，法システムがその能力限界をわきまえずに新たな領域に進出して，逆機能による弊害をもたらしたり，原理上異質な手法の導入によってアイデンティティを失ったりするよりも，守備範囲をむやみに拡大せずに限定し，その代わり，そのなかでは自立型法独特の価値や論理をできるだけ純粋に貫徹し続けるのが適切だと考える。このような現状維持的で保守的な戦略は，無難で安全な態度であり，現代型訴訟への裁判官の対応によくみられるものである。たしかに，刑事裁判などにおいては，いわゆる"政治裁判"に陥らないためにも，このような戦略の現代的意義が正当に評価されて然るべきである。けれども，民事裁判，さらに法的過程全体については，法システム全体の機能拡大が現に進んでゆくなかで，このような戦略だけでは，法システムや法律家に対する多様な社会的要請に十分に応えてゆくことは不可能であろう。

それに対して，勢力拡張型は，新たに拡大された法的領域でも，できる限り自立型法独特の仕組み・技術や思考様式を用いて問題解決や決定作成を行うのが理想的で最も合理的だと考える。そして，自立型法システムや要件＝効果図式的な思考・決定の限界や不適切さを何らかの仕方で補って，法システムや法的思考の自立性を多少犠牲にしても，新しい社会的要請にも積極的に応えて法システムの応答能力や法的思考の視野を拡大し現代的に再編成してゆくべきだとする。つねにルネッサンス人的万能選手たらんとする自負心をもった法律家には，もともとこのような戦略を好む者が多いが，実務から一定の距離を保ち

13）リーガリズム（legalism）は，より一般的に，法というものを至上視して，社会道徳や政治社会に関するあらゆる問題をできるだけ一般的な法的ルールの規制のもとにおき，権利義務の問題としてとらえ，裁判などの法的規準・手続に依って処理することをよしとする考え方である。西欧では，法律家の間だけでなく，一般の人びとの間にも浸透しており，法の支配や立憲民主制，法律家の高い社会的地位などを支える政治風土を作り上げている。このようなリーガリズムについては，J. N. Shklar, *Legalism*, 1st ed.（1964），2nd ed.（1986）（田中成明訳『リーガリズム（第2版）』（岩波書店，2000年））の鋭い批判的分析があるが，彼女の見解に対するコメントも含めて，リーガリズムの法理論的意義に関する私見については，田中成明『法的空間』（東京大学出版会，1993年）第5章「法的思考とイデオロギー」参照。

つつ理論的研究に専念している法学者によくみられる考え方である。法律家・法学者が程度の差はあれ基本的にこのような戦略に傾きがちなのは当然のことかもしれないけれども，新たな領域では法的な規制や処理の一面性・部分性による弊害が生じやすいことにも十分配慮すべきであろう。自立型法や要件＝効果図式的な思考・決定の論理と機能を万能視して，万難を排してそれらの全面的な貫徹をはかろうとする硬直した姿勢をとると，悪しきリーガリズム（法規可能主義）として反発・非難を招くことになる。

(2) **法道具主義**

　法道具主義は，管理型法や目的＝手段図式による効率的ないし便宜的な問題解決・決定作成を重視し，法システム全体をこのような考え方で運用・利用しようとする。法システムや法的思考を基本的に法以外の何らかの政治的・道徳的・社会経済的等々の目標を実現するための道具・手段であるとみる。とくに新たに拡大された法的領域においては，自立型法の仕組み・技術や伝統的な法的思考様式の技法を用いるか否か，それらに独特の価値や論理をどの程度貫徹するかは，各領域での目標実現のための効率ないし便宜の問題であると考え，自立型法独特の制度的枠組の制約をできるだけ緩和しようとする。

　このような戦略は，マルクス主義，プラグマティズム，功利主義などの立場をとる法律家によって主張されているが，もともと自立型法システム・法文化の政治的社会的基盤が弱いわが国には，このような戦略が受け容れられやすい土壌がある。たしかに，法システムや法的思考は，自己目的的なものではなく，道具的・手段的性質をもっている。けれども，法独特の思想や論理に固有の価値や機能も軽視されるべきではなく，法によって実現できる社会的目標には一定の内在的な制度的制約があることも忘れられてはならない。道具主義的な戦略を無批判的に推し進めることは，法の機能領域や法律家の活動領域を拡大するようにみえて，その実，法システム固有の存立基盤を掘りくずすおそれが大きい。硬直したリーガリズムの二つの極端な戦略に固執する場合よりも，はるかに危険な仕方で"法的なるもの"のアイデンティティを損なうことになろう。

(3) **インフォーマリズム**

　他方，インフォーマリズムは，自治型法やインフォーマルな合意型調整図式による自発的で分散的な問題解決・決定作成を重視する。司法・行政などの公権力行使と結びついた自立型法や管理型法の役割を最小限に抑え，公権力行使

から相対的に独立した社会レベルで自生的に生成し作動する自治型法の支配領域をできるだけ拡大することによって，新たな法領域での多様な社会的要請に柔軟に応えてゆこうとする。自立型法であれ，管理型法であれ，法の官僚制的・専門的・規制的・非個性的な性質を拒否し，法の形成や作動をできるだけ自発的・個性的なものとし，素人によるインフォーマルな私的秩序づけの復権をめざす。

この戦略においては，法律家・行政官僚らの法的・技術的な専門的知識よりも，市民の日常生活における常識的な知恵・感覚・洞察力・熟練が重視され，陪審制など司法への市民参加，裁判外の自主的紛争解決手続（ADR）の拡充などが提言される。また，中央集権的な一元的国家法体制の強化に反対し，地方自治体の条例や多様な部分社会の自主法規の独自性をできるだけ尊重し，法形成のチャネルを多元化し分散化することが望ましいと考える。

インフォーマリズムは，自立型法の形式的性質の修正（非=形式化），司法的裁判原理からの離反（非=司法化）を推進する点では，法道具主義と共通するところもあるが，両者の思想的背景には根本的な相違がある。法道具主義が，社会的正義の実現のためであれ，効率的な社会統制・市民管理のためであれ，公権力機関の肥大と強化につながるのに対して，インフォーマリズムは，コミュニティの復権をめざす共同体主義的なものであれ，管理・統制に反発するリバタリアニズム的なものであれ，中央集権化や公権力の介入に強く反対する。アメリカでは，1950年代以降の法・裁判による平等主義的な社会改革の推進に対する反発・反省，70年代末からの社会の全般的な保守化傾向などを背景に，インフォーマリズム的「非=法化」傾向が強まった。わが国の場合，インフォーマリズムは，伝統的な公私の調停手続による紛争解決に代表される「反=法化」傾向と結びついて理解されがちであったが，西欧の動向とも共通するインフォーマリズム的「非=法化」戦略としての改革提言も次々と行われ，有力化してきている[14]。

もちろん，以上のような三つの戦略は基本的な考え方の相違にすぎず，個々の具体的な対応策への賛否においては重なり合っていることも多い。法律家に

---

14) インフォーマリズム的「非=法化」戦略を提唱する代表的な見解として，井上治典『民事手続論』（有斐閣，1993年），和田仁孝『民事紛争処理論』（信山社出版，1994年）など参照。

は，その専門的叡知に裏付けられたジェネラリスト独特のバランス感覚を働かせて，各問題領域ごとにこれら三つの戦略のメリット・デメリットや適切な組み合わせ方を見定めつつ，どのような戦略をとるべきかを広い視野から多面的に検討することが求められている。

これら三つの対応戦略の相互関係についても，基本的に三つの法類型の相互関係に関する本章２①の説明に対応させて理解するのが適切であろう。法システムの自立的・一般的・形式的な特質・属性を偏重して法道具主義やインフォーマリズムを全面的に排除する硬直的なリーガリズムでは，もはや現代社会の複雑多様化した「法化」要求にきめ細かに対応することはできない。現代社会においては，一方では法システムの運用に携わる人びとの計画的できめ細かな法道具主義的決定・制御・支援体制の整備，他方では私的な個人・組織の責任ある自己決定・自律的調整を基礎とするインフォーマルな法的ネットワークの拡充によって，法システム全体を柔構造化し，社会各層の法的ニーズへの応答性と感度を高めることが不可欠である。とはいえ，ポスト・モダン的諸潮流のように，リーガリズムの限界・弊害ばかりを誇張して，自立型法がおよそ"法的なるもの"の存立と作動の背景的枠組として占めている基底的な位置を軽視するのは行き過ぎであろう。法道具主義とインフォーマリズムへの両極分解ないし両者の短絡的結合によって，法システムの自立的構造とその存立基盤が解体されてしまいかねない状況に陥らないためには，管理型法や自治型法をあくまでも補助装置として用いるにとどめる，賢慮に基づくリーガリズム（prudential legalism）を基軸とする対応戦略をとるべきであろう。

２ 日本の法状況の特質とその現況

次に，現代日本の法状況への対応戦略の考察の前提として，わが国における法システムの作動や法文化の特徴を三つの法類型モデルを用いて素描しておこう[15]。

明治期以前の伝統的法システムは，中国の律令法制の影響を受け，刑事法・行政法中心の管理型法システムであり，裁判は一般行政と明確に区別されていなかった。全般的に，このような管理型法システムのもとでは，「反＝法化」傾

---

[15] 以下の素描よりももう少し詳しい説明として，田中『転換期の日本法』（前出注3）第3章「日本の法観念―その過去，現在，そして将来」参照。

向が強く，共同体内部の秩序維持や紛争解決はインフォーマルな規律・調整・解決手続にゆだねられており，管理型法がこのようなインフォーマルな自治型法をいわば囲い込む形で作動していた。中世の武家法には，普遍主義的な自立型法の萌芽が一時みられたこともあるけれども，全般的に，"統治の道具としての法"という，律令法体制を特徴づける管理型法観念が基調をなしており，近世幕藩体制のもとでこのような管理型法体制が一段と強化された。

明治期以降における近代西欧の自立型法システムの継受も，基本的に行政官僚主導の中央集権的統治体制の整備と対内的・対外的な権力強化をめざして推進された。そのため，自立型法・管理型法混合のドイツ型大陸法制をモデルとする法体制の近代化も，ドイツの場合以上に管理型法に偏った行政主導の法運用が行われ，一般の人びとの法イメージにおいても，私法や民事裁判よりも，公法・刑法や刑事裁判が圧倒的なウエイトを占め，司法制度をはじめとする法システムは，"お上の掟"，"お上の裁き"として敬して遠ざけられてきた。その結果，民事裁判や権利義務観念などの自立型法の中核的な制度や精神は，社会内部にまで十分に浸透せず，社会レベルでは，義理・人情などの個別主義的な「反＝法化」傾向が根強く残存し，自立型法の社会的定着を一般的な背景として自律的に自治型法が形成される市民社会的基盤の成熟は遅れた[16]。

第二次世界大戦後の日本国憲法体制のもとでは，アメリカの自立型法システムをモデルに，憲法・司法制度などの原理的再編成が行われた。けれども，法システムの現実の作動は，戦時体制のもとで強化された規制的な管理型法的な運用方式が引き継がれ，行政優位から司法中心の法運用への転換は，憲法の制度的理想通りには進まなかった。行政機関主導の法システムのパターナリズム的運用および民事紛争解決におけるインフォーマルな解決手続の重視と裁判回避傾向という，わが国の法システム・法文化の伝統的な特質として内外の論者によって指摘されている傾向が基層として残存し，法システムの作動を規定し続け，利益誘導政治や護送船団型経済などと批判されるわが国の政治経済構造の法的インフラとして機能していた。

このような法システム・法文化の伝統的特質は，1960年後半以降の急速な都

---

[16] 日本の伝統的な法システム・法文化の特質と法の近代化過程におけるその影響については，一般的に石井紫郎編『日本近代法史講義』（青林書院新社，1972年），大木雅夫『日本人の法観念：西洋的法観念との比較』（東京大学出版会，1983年）など参照。

市化・工業化という内発的な要因，さらに80年代以降の国際化・グローバル化の進展という外発的要因によって，日本社会の「法化」が本格化するに伴って，従前通りに機能しなくなり，変容してきている。だが，社会の「法化」への制度的対応政策については，公害環境紛争や消費者紛争などへの対応に典型的にみられたように，訴訟手続の活性化や訴訟へのアクセスの整備といった自立型「法化」戦略よりも，行政的規制・保護による管理型「法化」戦略や裁判外紛争解決手続の活用・拡充による自治型「法化」戦略が重視されてきている。このような「法化」戦略は，管理型法と自治型法が司法中心の自立型法を回避して短絡的に結びつくという伝統的作動方式について，その抜本的転換をめざすものではなかった。

このようなわが国の「法化」戦略は，一方では，一般の人びとだけでなく法律家の間でも，法道具主義的あるいはインフォーマリズム的な法の考え方や用い方，それどころか「反＝法化」傾向すらみられるという，わが国の法文化・法観念の伝統的特質の残存を背景に推し進められてきたと理解できる面がある。しかし，他方では，法の実現において行政機関の果たす役割が飛躍的に増大し，裁判外の各種の紛争解決手続が拡充され，司法中心の自立型法からの「非＝法化」傾向が強まっている西欧諸国の動向と共通する現代的な改革戦略と理解できる面もある。このように，伝統的な「反＝法化」と現代的な「非＝法化」の両契機が，複雑に混じり合って，しかも，管理型や自治型法による「法化」方式が，それぞれ管理型法あるいは自治型法への「非＝法化」方式と現象的に重なり合って（109頁図3-2参照），自立型法の普遍主義的な思想と論理が法システムの作動や人びとの法意識・法行動のなかに十分に浸透していない状況のまま，管理型法と自治型法への拡散ないし両者の短絡的結合が進みつつあるのである。そして，このことが，わが国の最近の法状況全体の現状を的確に理解し，その行方を見定めることを難しくしている主因である。

若干の事例をみてみると，裁判回避傾向について，最近の各種の調査結果では，裁判には費用や時間がかかり手続も煩雑であるとか，厳格な訴訟手続や金銭賠償を原則とする事後救済によっては公正で実効的な紛争解決が難しいなど，現代的な「非＝法化」の契機のほうが，和の精神や義理人情など，各種の伝統的な「反＝法化」の契機よりも重要な理由となってきている。けれども，現代的な「非＝法化」が抵抗なく推し進められてきていることは，伝統的な「反＝法

化」の契機の残存と決して無関係ではないであろう。

　また，裁判外紛争解決手続として，裁判所での調停が重要な位置を占め続けてきていることに加えて，訴訟上の和解が重視され訴訟＝判決手続と一体的に運用するという実務慣行の定着は，自立型法の思想と論理の民事紛争解決過程への浸透を妨げている面と，その限界や欠陥を現実的に是正している面との両面があり，その機能にはアンビヴァレントなところが多い。けれども，現実の実務においては，調停でも，訴訟上の和解でも，管理型法による自治型法の囲い込みという傾向が依然として強いとみられる（第9章4参照）。

　さらに，裁判利用についても，両当事者間の自律的な法廷弁論を基軸とする当事者主義的訴訟手続がその制度的理想通りには作動せず，自立型法の司法的裁判固有の機能が十分に発揮されず，裁判官の職権主義的配慮と権威的決定に依存する伝統的な管理型法の思想と論理の影響が根強く残っていた。現代型訴訟には，当事者のイニシアティヴによって法廷弁論を活性化させ，できるだけ自立型法の思想と論理にそった裁判運営を促進し，当事者間の紛争を自主的に解決するだけでなく，広く政策形成過程にもインパクトを及ぼしてゆこうとする主体的で自律的な意識と行動に支えられているものもみられる。けれども，裁判官のイニシアティヴによる管理型法の思想と論理にそったパターナリズム的な裁判運営の強化につながる契機もかなり含まれている。現代型訴訟のこのようなアンビヴァレントな傾向は，程度の差はあれ，他の多くの訴訟にも一般的にみられ，今後どちらの傾向が優勢になってゆくかは定かではない。

3　現代日本の法状況への対応戦略

　以上のような素描からもうかがえるように，わが国の法システムの作動状況や法文化の現況の背景には，相当根深いものがあり，社会・文化の特質や政治経済の構造とも密接に関連しており，問題状況を打開するための法制度改革も法文化転換もなかなか容易ではない。現代日本法の複雑な問題状況を，わが国の伝統的な社会構造や文化的特徴から説明するか，それとも，裁判が実効的な権利実現・紛争解決手続として利用されるために必要な司法制度・法曹制度の整備を怠り，行政依存やインフォーマルな解決のほうが現実的であるという状況を放置してきたという政策的・制度的要因から説明するかについては，意見が分かれるところである[17]。このような社会的・文化的要因と政策的・制度

的要因は，相互依存的な面もあり，どちらが決定的な理由であるかはなかなか判定しにくい。けれども，明治期以降の司法制度の近代化過程，とくに今般の司法制度改革によって打開しようと試みられている司法の機能不全状況の説明としては，政策的・制度的要因による説明のほうが説得的であろう。それに加えて，わが国の伝統的な社会構造や文化的特徴とされてきたいわゆる"日本的なもの"自体が，これまで時代の転換期ごとにその維持・再編が政策的に意図されてきたにもかかわらず，徐々に変容してきており，1980年代以降の国際化・グローバル化の進展に伴って，その変容が一段と加速されているという状況も無視できない。

　司法制度が法システム全体の自立的な存立と作動を支える中枢的制度として実効的に機能するための制度的・人的基盤が十分に整備されていないわが国では，司法制度・法曹制度の抜本的改革によって司法機能を拡充し，裁判を実効的な権利実現・紛争解決手続として一般的に利用可能とする制度的環境を整備することが急務である。司法制度の充実・活性化によって，法の支配を，公権力行使に関わる領域だけでなく，私人相互の自主的な社会経済活動をも含めて，社会の隅々にまで及ぼし，法システムの市民社会的基盤を拡充すること，そして，司法制度を最後の砦とする法的空間が，公正な手続的状況のもとで理性的な議論と自主的な交渉によって物事を処理してゆく場であることを広く市民が実感できる状況を作り出すことが，法システムが自由で公正な社会の基幹的インフラとして期待される役割を果たすためには不可欠な前提条件である。

　もちろん，現代法システムが，社会の「法化」によって生じる多種多様な要求に適切に対応し社会各層の期待に応えてゆくためには，司法制度を基軸に作動する自立型法だけでは不十分であり，管理型法や自治型法を補助的な調整装置として用いることが必要である。行政主導のパターナリズム的法運用やインフォーマルな紛争解決手続の積極的活用を説く法道具主義やインフォーマリズムについても，これらの手法をいつまでも管理・教化の道具という伝統的側面

---

17) 川島武宜らの社会的・文化的要因を重視する見解に対して，政策的・制度的要因を重視すべきだと批判する見解として，J. O. Haley, The Myth of the Reluctant Litigant, in *Journal of Japanese Studies*, Vol. 4, No. 2 (1978)（加藤新太郎訳「裁判嫌いの神話（上）（下）」判例タイムズ902号，907号（1978-79年）），大木『日本人の法観念』（前出注*16*），K. v. Wolferen, *The Enigma of Japanese Power* (1989)（篠原勝訳『日本／権力構造の謎（上）（下）』（早川書房，1990年））など参照。

ばかりに眼を向けて批判し続けるだけでなく、そのメリット・デメリットを人間社会の現実的諸条件のもとで比較検討し、批判されるべきところは改めた上で、自立型法の限界を補強し法システム全体の応答性を高める補助装置として創造的に活用する方向を探るべきであろう。法システムが複雑多様化した現代社会においてその調整・統合機能を適切に果たそうとする場合、公権力機関によるパターナリズム的な配慮介入によって、個人の自律・自立を支援したり私的相互交渉活動の公正を確保したりせざるをえない問題領域が存在するし、また、インフォーマルな手法によるほうが、私人相互間あるいは公権力機関と私人との交渉が円滑かつ協調的に進むケースも少なくないのである。

けれども、管理型法や自治型法による「法化」あるいは「非＝法化」を安易あるいは過度に推し進めることには、その間のバランスが失われ、いずれに偏りすぎた場合にも、また、自立型法の背景的規制を回避して、両者が短絡的に結合した場合にも、法システムや司法制度の自立的な存立基盤が解体されてしまいかねない。このような状況を招かないために周到な配慮が不可欠であることは、いくら強調しても強調しすぎることはない。

公権力機関による管理型法の運用は、自立型法の手法による司法的コントロールが実効的に行われ、社会各層の正義・衡平感覚を反映した自治型法への適正な配慮を確保する各種の市民参加手続が整備されていない限り、法システムを私的個別的な利益追求や一般の人びとの操作・抑圧のための効率的な強制的権力装置に転化させてしまいかねないリスクを伴っている。このような事態を招かないためには、公権力機関のパターナリズム的な法的規制や権利保護に安易あるいは過度に依存したり期待したりせずに、自立型法システムが背景的枠組として社会的に浸透した状況下で、必要に応じて自律的に自治型法を形成し、公権力行使とは切り離された社会レベルでできるだけ自主的な利害調整・紛争解決を行おうとする相互主体的姿勢が一般の人びとの間で強くなることが必要であろう。

全体的に、賢慮に基づくリーガリズムを基軸に対応戦略を練るべきであり、近代西欧法に対するポスト・モダン的な批判や日本の伝統的文化・国民性との適合性などを理由に、管理型法による行政的介入・規制を重視する法道具主義、自立型法の背景的枠組なしに自立型法だけでやってゆこうとするインフォーマリズムには、問題が多く、批判的な眼でみなければならない。わが国において

現代法システムが自由で公正な社会の基幹的インフラとして期待されている役割を適切に果たすことができるためには，何よりもまず，司法の機能的容量と人的基盤を拡充することによって，自立型法を基軸とする法システムの制度的整備と社会的定着をめざす「法化」を強力に推進することが不可欠であろう。その上で，このような自立型法を法システム全体の背景的枠組として，公権力機関がトップ・ダウン型に運用する管理型法の肥大化の抑止と自治型法による自律的なボトム・アップ型調整の領域の拡充をはかるという，二段階戦略ないし両面戦略をとって，「法の支配」を確立することを基本とすべきである[18]）。

《参考文献》
- M. ウェーバー（世良晃志郎訳）『法社会学』（創文社，1974年）
- 江口厚仁「法的思考様式のアイデンティティをめぐって（1）」法政研究58巻4号（1992年）
- E. エールリッヒ（河上倫逸＝M. フーブリヒト訳）『法社会学の基礎理論』（みすず書房，1984年）
- 大木雅夫『日本人の法観念：西洋的法観念との比較』（東京大学出版会，1983年）
- 樫沢秀木「介入主義法の限界とその手続化」『法の理論10』（成文堂，1990年）
- 川島武宜『川島武宜著作集第一・三・四巻：法社会学1・3・4』（岩波書店，1982年）
- C. シュミット（加藤新平＝田中成明訳）「法学的思惟の三種類」長尾龍一編『カール・シュミット著作集Ⅰ』（慈学社出版，2007年）
- F. ノイマン（内山＝三辺＝倉沢＝萬田訳）『政治権力と人間の自由』（河出書房新社，1971年）第2章「近代社会における法の機能変化」，第6章「政治的自由の概念」
- P. ノネ＝P. セルズニック（六本佳平訳）『法と社会の変動理論』（岩波書店，1981年）
- F. A. ハイエク（矢島鈞次＝水吉俊彦訳）『ハイエク全集8：法と立法と自由』（春秋社，1987年）
- L. L. フラー（稲垣良典訳）『法と道徳』（有斐閣，1968年）
- 同（藤倉皓一郎訳）『法と人間生活』（エンサイクロペディアブリタニカ日本支社，1968年）
- 村上淳一『〈法〉の歴史』（東京大学出版会，1997年）
- 六本佳平「法社会学における法の概念」潮見俊隆編『社会学講座9：法社会学』

---

[18]）このような戦略に基づくもう少し具体的な改革提言については，司法制度改革に焦点を合わせたものであるが，田中『転換期の日本法』（前注3）とくに「エピローグ」参照。

（東京大学出版会, 1974年）
□安田信之『東南アジア法』（日本評論社, 2000年）
□田中成明『現代日本法の構図（増補版)』（悠々社, 1992年）
□同「日本の法文化の現況と課題」思想744号（1986年）
□同『現代社会と裁判：民事訴訟の位置と役割』（弘文堂, 1996年）第1章「現代裁判をめぐる法状況」
□同『転換期の日本法』（岩波書店, 2000年）
□同「法の三類型（自立型法と管理型法・自治型法）モデル再考」北海道大学情報法政策学研究センター編『新世代法政策学研究』4号（2009年）

第 2 編　法システムの基本的特質

第 4 章　自然法論と法実証主義
第 5 章　法と道徳
第 6 章　法と強制

本編は，法と道徳・強制との区別と関連という，「法とは何か」という問いと不可分の重要関連争点であり，法の一般理論の中心的問題として論じられてきているテーマを取り上げる。第 4 章「自然法論と法実証主義」では，自然法論と法実証主義の基本的特徴を，法と道徳の関係をめぐるその伝統的争点に焦点を合わせて概観し，両理論の融合傾向もみられる最近の動向を素描した上で，立憲民主制下の悪法論議への対応について，従来の自然法論対法実証主義という対立構図を超えた動態的で実際的な考え方を提示する。第 5 章「法と道徳」では，実定法システムが道徳から分化し自立化した近代以降における法と道徳の区別・連関をめぐる従来の主な議論枠組を素描した上で，法による道徳の強制および法的パターナリズムをめぐる最近の議論状況を整理し，個人の自律的な統合的人格形成の尊重というリベラルな立場からこれらの問題の基本的な考え方を示す。第 6 章「法と強制」では，法的強制の一般的特質，法の作動における強制的サンクションの役割，法的強制と国家権力の関係，各種の法規範と強制的サンクションの関連などをめぐる従来の法理学的議論を批判的に検討し，法における強制の特質と位置づけについて，議論・交渉フォーラムという法構想と整合的な考え方を示す。

第 2 編　法システムの基本的特質

第 4 章　自然法論と法実証主義

1　自然法論

1　はじめに

　「法とは何か」という法理学・法哲学の根本的な問いのもとに，古来，法をして法たらしめている基本的な特質・属性についての原理的な考察が行われてきた。このような考察は，法が道徳・宗教などと一体となって政治社会的秩序を形作っていた19世紀初頭までは，在るべき法の基礎や内容を論じる自然法論という名称のもとに行われていた。このような自然法論の基本的特徴は，人間が作る法以前に"自然に"存在する法が，高次の法（higher law）として人間の行動や政治権力を規律すると考えるところにあり，このような伝統的自然法論が，倫理学・社会哲学・政治哲学などと未分離状態にあった法哲学的考察において中心的な位置を占めていた。

　19世紀後半になって，近代統一国家のもとで"法の国家化"が進み，道徳・宗教や政治から自立的な実定法秩序が整備されるようになると，実証主義精神の拡がりとも相まって，自然法の法的性質を否定し，実定法のみを法とみる法実証主義が台頭し，自然法論はひとたびは退潮する。だが，法理学・法哲学の考察対象が，在るべき法から現に在る実定法に重心移動し，実定法システムの内在的分析に主たる関心が向かうようになっても，在る法と在るべき法の関係，法と道徳の関係，法の拘束力や法遵守義務の根拠など，自然法論が論じてきた法理学の伝統的テーマ自体の重要性がなくなったわけではない。

　近代法秩序が動揺しはじめ，その修正が求められるようになった19世紀末から，徐々に自然法論が再生し，とくに第二次世界大戦終了直後には華々しい自

然法論の再燃現象がみられた。それ以降,これらの法理学的テーマをめぐる議論は,自然法論と法実証主義の対立を基軸に展開されてきたが,相互に批判・反論が繰り返されるなかで,それぞれの立場の基礎づけ・理論構成・主張内容にもかなりの修正が加えられてきている。最近では,自然法論と法実証主義のいずれの陣営においても,内部分裂が生じているだけでなく,両陣営の融合傾向も強まり,自然法か法実証主義かという二者択一を超えた"第三の道","第三の理論"をめざす動向もみられ,両者の基本的な対立構図,それぞれの争点をめぐる議論の対立状況はかなり複雑な様相を呈している。

　本章では,自然法論と法実証主義の基本的特徴について,法と道徳の関係という,両者の伝統的対立の中心的争点とされているテーマに焦点を合わせて概観した上で,悪法論議について,市民的不服従(civil disobedience)をめぐる政治哲学的論議をも参考に,自然法論か法実証主義かという伝統的な対立構図を超えた現代的アプローチの方向をさぐってみたい。法の妥当性をめぐる自然法論と法実証主義の見解の対立については,すでに第2章4で一通り説明したので,本章では,そこでの説明を前提に概観を進めたい。

2 伝統的自然法論[1]

　自然法論の基本的特徴は,古代・中世・近世初頭におけるその伝統的形態に関する限り,実定法に対する高次の法として,実定法の妥当根拠としてその正・不正の識別基準となる自然法が存在していると主張し,自然法と矛盾する実定法の法的効力(妥当性)を原則として否認するところにみられる。自然法

---

　1) 伝統的自然法論全般の概観については,H. Rommen, *Die ewige Wiederkehr des Naturrechts*, 2. Aufl. (1947) (阿南成一訳『自然法の歴史と理論』(有斐閣,1956年)),A. P. d'Entrèves, *Natural Law* (1951) (久保正幡訳『自然法』(岩波書店,1952年)),加藤新平『法哲学概論』(有斐閣,1976年) 第3章「自然法と実定法」,啓蒙期自然法論の概観については,和田小次郎『近代自然法学の発展』(有斐閣,1951年),F. Wieacker, *Privatrechtsgeschichte der Neuzeit*, 2. Aufl. (1967), 4. Teil Das Zeitalter des Vernunftrechts (鈴木禄弥訳『近世私法史』—初版 (1952年) の邦訳—(創文社,1961年) 第三部「理性法の時代」) 参照。伝統的自然法論に関する以下の説明は,これらの文献の他,加藤新平『新版法思想史』(勁草書房,1973年),三島淑臣『法思想史 (新版)』(青林書院,1993年),A. Verdross, *Abendländische Rechtsphilosophie* (1963), H. Welzel, *Naturrecht und materiale Gerechtigkeit*, 4. Aufl. (1962) に依っているところが多い。

は，人為的で可変的な実定法とは違って，人間の本性や理性，神の意志や理性，事物の本性などに基づいて自然的に存立し，普遍妥当性と不変性をもつと考えられていた。そして，このような自然法に照らして不正と判定された実定法は，たとえ正統な権威をもつ者が所定の手続に準拠して制定したものであっても，法的効力をもたず，人びとがそれに服従する義務もないとされた。

このような自然法的思考様式の起源は，紀元前5世紀のアテネで活躍したソフィストたちが現存の秩序・体制の批判的考察に用いた"ピュシス（自然）"と"ノモス（法習）"という対比図式まで遡ることができる。だが，一般に，自然法の観念がはじめて明確に提示されたのは，ヘレニズム期のストア派が，"自然に従って生きよ"という倫理的原理を掲げ，ロゴス（理法）を，自然界を規律する自然法則であると同時に，人間の行為をも規律する倫理的な「自然の法」であるととらえ，このようなロゴスに従って生きることが人間の自然本性である，と説いたことであるとされている。

このようなストア派の倫理思想は，ローマ共和制末期に，キケロによって法理論として発展させられた。キケロは，ロゴスの発現である永久不変の法則としての自然法則（lex naturae）が，人間の共同生活の秩序との関わりにおいて自然法（ius naturale）として発現するとして，共同生活の秩序の侵害の禁止と共通善の促進を基本原理とする自然法の具体的内容を論じた。そして，このような自然法と並んで，人類の全体が共通に遵守する万民法（ius gentium）の存在を認めて，これが自然法の経験世界における似像であると主張し，さらに，市民法（ius civile）について，それが正しいものである限り，すべて自然法にその根拠をもっているとした。

自然法論は，その後，中世スコラ哲学の最盛期に，トマス・アクィナスによって，アリストテレス哲学とキリスト教信仰を統合した神学的自然法論として体系的に展開された。彼の『神学大全』を典拠とするトマス主義自然法論は，現在に至るまで，自然法論の古典的形態として連綿と受け継がれてきている。トマスによれば，法とは，神をも含めて，共同体の配慮を司る者が制定・公布する，理性による共通善への何らかの秩序づけであり，このような包括的な法には四つの類型の法が含まれているとされる。(i)全被造物を支配し秩序づけている神の計画，摂理であり，一切の法の源泉であるる永久法（lex aeterna），(ii)理性的被造物の永久法への参与であり，人間の自然本性の諸傾向から導かれる

諸規定からなる自然法（lex naturalis），(ⅲ)旧約・新約聖書において啓示され，人間を永久の幸福に導くことを目的とする神の法（lex divina），(ⅳ)人間の理性が自然法からの推論的帰結およびその一般的規定の詳細な特殊化規定として導き出す人定法（lex humana）。そして，自然法に反する人定法は，「法の歪曲」であり，良心を義務づけず，騒乱や危険に陥ることがない限り，服従する義務はなく，また，神の法に反する人定法にはいかなる事情があっても服従してはならないと説いた。

　伝統的自然法論の今ひとつの古典的形態は，近世初頭の17・18世紀の啓蒙期に展開された合理主義的・世俗的自然法論である。この啓蒙期自然法論は，オランダのH. グロチウス（『戦争と平和の法』1625年）にはじまり，イギリスのTh. ホッブス（『リヴァイアサン』1651年），J. ロック（『政府二論』1689年），ドイツのS. プーフェンドルフ（『自然法と万民法について』1672年），Ch. トマジウス（『自然法と万民法の基礎』1705年），Ch. ヴォルフ（『学的方法で考察された自然法』1740-48年），フランスのJ. J. ルソー（『社会契約論』1762年）らを代表的主張者としており，I. カントや初期のJ. G. フィヒテらによって，自然法論から理性法論へと転換されていった。国際法の確立や近代市民法の体系的整備の基礎を提供し，また，イギリスやフランスの近代市民革命，アメリカの独立運動に重要な理論的武器を提供し，大きな歴史的役割を果たした。

　啓蒙期自然法論者たちの基本的な世界観，政治的姿勢，自然法論の基礎づけや理論構成などには，かなりの相違や対立もあるが，ほぼ共通して，それぞれ例外もあるけれども，以下のような基本的特徴がみられる。第一に，スコラ神学的な目的論的自然観に代わって，自然科学的・数学的自然観を基礎とし，人間の理性的・社会的性質あるいは自己保存的性向など，人間の本性を基本的に個人主義的に理解し，これらの人間の本性に合致すると理性によって認識される共同生活の基本原理を，合理主義的演繹的方法によって自然法として基礎づけ展開すること。第二に，自然法の基本的内容として，自由平等な個人が生命・自由・財産への一定の不可譲・不可侵の絶対的権利を生来の自然権として保持していることが含まれ，その相互尊重と国家による保護を命じていること。第三に，それぞれの人間の本性の理解に基づいて一定の自然状態を想定して，そこにおける生存の不確実・不安定から脱却するために，自由平等な個人の全員一致の合意である社会契約によって，国家・法などの秩序ある政治社会の成

立を正当化するという方法論的特徴。第四に，自然法や自然権に基づく政治権力や法律に対する反抗権・抵抗権の存在を主張し，極端な暴政や甚だしく不正な法律に対する不服従・抵抗を正当化したことなどである。

　以上のような伝統的（古典的）自然法論は，19世紀に入ると，歴史法学派や功利主義からその内容や基礎づけの非歴史性・非科学性・非現実性などの理論的批判を受けはじめる。そして，市民法典や人権宣言など，自然法・自然権の主張内容を取り入れた実定法秩序の整備が進むにつれて，次第に退潮し，代わって，法を実定法だけに限定し，その基本的特質や内的構造の分析に関心を向ける法実証主義が法理学・法哲学の支配的な潮流となる。

3　現代自然法論の展開
(1)　ヨーロッパ大陸の場合

　現代自然法論は，19世紀末から20世紀初頭にかけて徐々に再生しはじめ，とくに第二次世界大戦終了直後にナチス独裁体制の批判と事後処理をめぐって再燃し，現在に至っている。このような現代自然法論の再生と展開は，トマス・アクィナスの伝統の継承発展をめざす新トマス主義を中心に推し進められてきているが，それ以外にも，正しい法への志向という自然法論の核心的特質を受け継ぎつつも，その理論構成・基礎づけの仕方などを現代的に再構成する新しいタイプの自然法論も提唱されている。全般的に，法実証主義との論争を経た現代自然法論は，新トマス主義自然法論も含めて，伝統的自然法論とはかなり異なった理論構成となってきており，法と道徳の区別・関連をはじめ，法実証主義との伝統的争点への対応姿勢も多様化してきている。

　19世紀末から20世紀初頭にかけて，フランスのR．サレイユやF．ジェニィが，自由法運動による注釈学派の法実証主義的思考批判とも連動して，実証的な経験科学的認識に基づく歴史的相対的な自然法論を提唱し，また，ドイツの新カント主義法哲学者R．シュタムラーが，その「正法（richtiges Recht）」理論において「内容可変の自然法」という観念を提唱した。これらの動向と重なり合って，ヨーロッパ大陸諸国で新トマス主義自然法論者がトマス主義的伝統の現代的展開を推し進めるようになる[2]。そして，この時期以降の自然法論には，新トマス主義自然法論をも含めて，自然法の内容の歴史性・相対性への対応を重要課題とするという特徴がほぼ共通してみられる。不変の第一次的自然

法原理と可変の第二次的自然法原理の区別や正しい法の実現過程の動態的・主体的把握などによって，自然法の普遍性と歴史性を統合することに関心が向けられ，歴史学・比較法・文化人類学・生物学などの経験科学的知見がその基礎づけに積極的に取り入れられるようになった。このような動向は「自然法の再生」として注目されたけれども，法律学・裁判実務全体の法実証主義的な基調を変えるだけの影響力はもたなかった。

　第二次世界大戦終了後いち早く，G. ラートブルフは，「法律は法律だ（Gesetz ist Gesetz）」という法実証主義的見解こそ，ナチス独裁体制下の恣意的で残忍かつ犯罪的な法律に対して一般国民並びに法律家を無抵抗にしたという反省に基づいて，「法律の形態をとった不法（gesetzliches Unrecht）」からその法的資格を剥奪する「法律を超える法（übergesetzliches Recht）」という一種自然法論的な定式を提唱して，人間の尊厳や人権，形式的正義への志向を否認する法律の法的妥当性を認めない法理論的可能性を示した[3]。

　このラートブルフ定式は，自然法に訴えたナチス独裁体制の事後処理の法理論的な拠りどころを裁判実務などに提供しただけでなく，ドイツを中心とする自然法論の再燃の嚆矢となり，その後の多様な自然法論の展開の手がかりとされた。だが，人間の尊厳や人権など，ほとんどの自然法論が一様に主張した価値が，基本法の条項として明文化され実定法化され，自然法に訴える法実務的意義がなくなるにつれて，法実証主義のみにナチス独裁体制の責任を帰することの一面性，自然法論の理論構成や基礎づけの理論的難点などを指摘され，戦後の熱狂的な自然法ルネッサンスは退潮する。けれども，その後も，「法律を超える法」というラートブルフ定式は，自然法論の現代的形態として論じ続けられ，新トマス主義の正統的自然法論[4]以外にも，例えばH. ヴェルツェルの

---

　2) このような現代自然法論の再生の概要については，野田良之「現代自然法」尾高朝雄＝峯村光郎＝加藤新平編『法哲学講座第五巻（下）：法思想の歴史的展開（V）』（有斐閣，1958年）参照。

　3) G. Radbruch, Gesetzliches Unrecht und Übergesetzliches Recht (1946), in Radbruch, *Rechtsphilosophie*, 6. Aufl. (1963), S. 347-57 ; Radbruch, *Vorschule der Rechtsphilosophie*, 1. Aufl. (1947), 2. Aufl. (1959), S. 113-14（小林直樹訳「実定法の不法と実定法を超える法」，野田良之＝阿南成一訳「法哲学入門」36節，尾高＝野田＝阿南＝村上＝小林訳『ラートブルフ著作集第4巻：実定法と自然法』（東京大学出版会，1961年）216-19頁，249-68頁）参照。

事物論理構造論に基づく人格主義的法哲学，A.カウフマンの法存在論などによって，客観的に正しい法を今ここで実現しようという，自然法論の基本的な志向を継承する注目すべき理論展開が試みられた[5]。

これらの現代自然法論には，(i)自然法の普遍性と歴史性の統合という，先ほど指摘した特徴とも重なり合うが，(ii)自然法の具体化・個別化や正しい法の実現における制約規準・拠りどころとして，理念的・価値的なものだけでなく，歴史的連関や事実的所与などの実在的なもの（とくに事物の本性）を重視すること，(iii)基本的に実定法一元論に立って，客観的に正しい法を各時代の諸々の条件・前提のもとで今ここで具体的に実現しようとする自然法論的な志向を実定法の存立条件として内在化させようとすることなどの特徴がほぼ共通してみられる。

現代自然法論のこれらの特徴，とくに自然法の実定法への内在化という特徴は，自然法か法実証主義かという二者択一を超えた"第三の道"をめざす動向の典型である。法と道徳の区別・関連をめぐる見解に関する限り，後ほどみる「ソフトな法実証主義」と実際上さほど異ならないところもあり，自然法論と法実証主義の融合傾向のあらわれみることができるであろう。

(2) 英米法理学の場合

英米の法理学においても，自然法論は，伝統的自然法論と現代自然法論に分けて論じられ，現代自然法論の代表例としては，J.フィニス[6]らの新トマス主義自然法論の他に，L.L.フラーとR.ドゥオーキンがH.L.A.ハートの

---

4) 新トマス主義自然法論に関する主な邦語文献として，J.ダバン（水波朗訳）『法の一般理論（新版）』（創文社，1976年），J.メスナー（栗城壽夫＝野尻武敏＝水波朗訳）『自然法（第7版）』（創文社，1995年），A.フェルドロース（原秀男＝栗田陸雄訳）『自然法』（成文堂，1974年），ホセ・ヨンパルト『実定法に内在する自然法：その歴史性と不変性』（有斐閣，1979年），同『一般法哲学』（成文堂，1986年），稲垣良典『法的正義の理論』（成文堂，1972年），水波朗『トマス主義の法哲学』（九州大学出版会，1987年）など参照。

5) このようなドイツを中心とする現代自然法論の動向については，田中成明「『正法』問題の新局面―西ドイツ」『ジュリスト増刊・理論法学の課題―法哲学・法社会学・法史学』(1971年)，同「アルトゥール・カウフマンの法存在論（1）～（3・完）」法学論叢79巻5号，6号，80巻1号（1966年），同「ハンス・ヴェルツェルの人格主義法哲学」法学論叢88巻1=2=3号（1970年）参照。

6) J. Finnis, *Natural Law and Natural Rights* (1980).

法実証主義批判として展開している法理論が挙げられるのが一般的である[7]。フラーとドゥオーキンの法実証主義批判は，H. L. A. ハートが，実定法システムを承認の究極的ルールを基礎とするルール・システムとしてとらえる法実証主義的な法理解（第2章4③参照）の一環として，後ほど本章2②でみるように，法と道徳の分離テーゼを擁護し，ハード・ケースの裁定を裁判官の裁量にゆだねる司法的裁量論を主張することへの批判に焦点を合わせて展開されている。

H. L. A. ハートとL. L. フラーの論争[8]は，1950年代末に，ラートブルフ定式や自然法に訴えたナチス独裁体制の戦後処理の当否にも言及しつつ展開されたが，この論争後に刊行されたハート『法の概念』とフラー『法の道徳』とも相まって，法実証主義と自然法論の対立の現代的な議論構図を形成することとなった。

フラーは，法システムを分析的研究の対象ととらえる法実証主義を批判して，法システムを「人間の行動をルールの支配に服させようとする目的志向的な活動過程」ととらえ，このような活動過程を導き規制する「法を可能ならしめる道徳」「法内在的道徳」の存在を説く。そして，このような法内在的道徳の要請内容として，(i)法の一般性，(ii)公布，(iii)遡及法の濫用の禁止，(iv)法律の明晰性，(v)法律の無矛盾性，(vi)法律の服従可能性，(vii)法律の相対的恒常性，(viii)公権力の行動と法律との合致を挙げる。フラーによれば，これらの「合法性（legality）」の諸原理は，高次の法を説く伝統的な実体的自然法ではないが，一種の手続的自然法として，立法者・裁判官に目的・理想を示すだけでなく，法システムの存立と作動に不可欠な条件をも示しており，これらの八原理のどれか一つでも全面的に損なわれると，もはや「法」システムとは呼べず，市民の服従

---

[7] 例えば，B. H. Bix, Natural Law : The Modern Tradition, in J. Coleman & S. Shapiro (eds.), *The Oxford Handbook of Jurisprudence & Philosophy of Law* (2002) など参照。

[8] H. L. A. Hart, Positivism and the Separation of Law and Morals, L. L. Fuller, Positivism and Fidelity to Law : A Reply to Professor Hart, in *Harvard Law Review*, Vol. 71, No. 4 (1958). 以下におけるハートとフラーの見解は，とくに付加的な注をつける箇所以外は，この2つの論文とH. L. A. Hart, *The Concept of Law* 1st ed. (1961), 2nd ed. (1994)（矢崎光圀監訳『法の概念』（みすず書房，1976年）），L. L. Fuller, *The Morality of Law*, 1st ed. (1964), rev. ed. (1969)（稲垣良典訳『法と道徳』（有斐閣，1968年））に依っている。

義務も基礎づけることができないとされる。

フラーは，このような法内在的道徳の存在を説く独自の法理論に基づいて，ナチス独裁体制の戦後処理については，ハートと同様，高次の法としての自然法に訴えるアプローチには反対するけれども，ナチス法体制のもとでは遡及法が濫用されたり秘密命令が出されたりして，法内在的道徳が完全に無視されていたから，法システム自体が存在せず，個々の法律の遵法義務もなかったとして処理することができる，という見解を示した。そして，ハード・ケースにおける法の解釈問題については，ハートがアメリカの法的伝統に特有の「周縁部へのとらわれ」と片付けたことに対して，フラーは，法解釈活動が法の支配をめざす「目的志向的」過程として「合法性」の諸原理の維持・実現において中枢的位置を占めていることを強調し，ハートのような法解釈理論では，裁判官が法理論の助けを最も必要とするハード・ケースにおいて全く役に立たない，と批判する。

R. ドゥオーキンによるH. L. A. ハートの法実証主義批判も，フラーと同様，ハートのハード・ケースにおける司法的決定・法解釈論に対する批判を基軸に展開されている[9]。ドゥオーキンによれば，法システムには，ルール以外にも，正義・公正などの政治道徳的次元の要請であるが故に法的拘束力をもつ「原理」が含まれており，ハード・ケースにおいては，裁判官はこのような原理に拘束されて「唯一の正解」を追求するべきであるとされる（第14章❷③(1)参照）。そして，このような政治道徳的原理が実定法システムに内在的であるとみる立場から，ハートの法実証主義的な法システムや法解釈の理解に対して，その承認の究極的ルールが，政治道徳的な内容を含む原理を「法の外にある（extralegal）」ものと位置づけ，実定法としてとらえることができず，また，法解釈という実践について，何が法かという実定法の内容をこのような原理の指図する政治道徳の問題の考慮なしには決められないことを適切に説明できない，と批判する。

---

9) R. Dworkin, *Taking Rights Seriously* (1977)（木下毅＝小林公＝野坂泰司訳『権利論（増補版）』（木鐸社，2003年），小林公訳『権利論 II』（木鐸社，2001年））; Dworkin, *Law's Empire* (1986)（小林公訳『法の帝国』（未来社，1995年）），深田三徳『法実証主義論争：司法的裁量論批判』（法律文化社，1983年），同『現代法理論論争：R. ドゥオーキン対法実証主義』（ミネルヴァ書房，2004年）参照。

このようなドゥオーキンのハートの法実証主義批判は，法と道徳の分離テーゼの批判ではあるが，必ずしも自然法論擁護をめざしたものではなく，自然法論と呼ばれてもあえて異を唱えないと自認しているだけである。現在では，「統合としての法（law as integrity）」という法構想を前面に出して，将来への展望・展開にも配慮しつつ，過去の制定法・判例との整合性をできる限り追求し，それらの背後にある原理に基づいて法実践全体を最もよく正当化できる解釈によって現時点での権利義務を確定すべきたとする解釈学的立場をとっている。そして，ハートらの法実証主義を，制定法・判例などの法的規約・慣行（convention）が事実として確認される限り，裁判官はそれに拘束されるが，このような実定法が確認されない場合は，裁判官は法以外の規準に従って裁量を行使して法的権利義務を決定すればよいとする「規約・慣行主義（conventionalism）」であるととらえ，リアリズム法学のルール懐疑主義などの法的プラグマティズムとともに，批判している（第14章2③(2)参照）。

　以上のようなフラーやドゥオーキンによる法と道徳の融合論は，かつての自然法論のように，実定法に外在的ないし超越的な何らかの道徳との必然的関連を説くのではなく，実定法に内在的ないし基底的な一定の道徳との必然的連関を主張するものであり，伝統的な自然法論と法実証主義の対立を超えた"第三の理論"と位置づけられている。このような見解は，先ほどみたドイツの現代自然法論の展開と基本的に同じような方向をめざしているとみてよいであろう。

2　法実証主義

1　法実証主義の諸潮流と共通の特徴

　19世紀に入り，啓蒙期の合理主義的自然法・自然権論の主張内容を大幅に取り入れた人権宣言・民法典などの実定法システムの整備が進み，コント流の実証主義が思想界を風靡しはじめると，自然法論は形而上学的という烙印を押されて急速に衰退しはじめる。代わって，自然法の法的資格を否認し，実定法だけが法であるとする実定法一元論が支配的となり，一般に法実証主義と呼ばれている特徴をもった法理論が台頭し，その後の法的思考に決定的な方向づけを与えることになった[10]。

　法実証主義の代表的理論としては，通常，イギリスのJ.ベンサム，J.オ

ースティンらの分析法理学,ドイツの概念法学や一般法学,H. ケルゼンの純粋法学,H. L. A. ハートらの現代分析法理学などが挙げられている。これらの法実証主義は,基本的に実証主義の法学版とみられており,反形而上学,政治的・道徳的価値判断排除など,実証主義科学一般と共通する特徴をもっていることは確かである。けれども,ケルゼン,ハートらの現代法実証主義には,アメリカや北欧のリアリズムのように,法現象を徹底して経験科学的事実に還元するアプローチとは一線を画し,経験科学的事実に還元できない法独自の規範的性質・構造を解明しようという関心が強く,実証主義一般とは微妙なずれがあることに注意する必要がある(第2章4参照)。

　法実証主義に共通の基本的特徴としては,一般に,次のような主張内容が挙げられている。(i)法の定義に関して,自然法の法的資格を否認して,実定法だけが法であるとする実定法一元論に立つこと,(ii)法と道徳,在る法と在るべき法を厳格に区別すべきであるとして,正統な権限をもつ機関が所定の手続に準拠して制定した法律は,その内容の道徳的価値如何を問わず,法的効力(妥当性)をもつとすること,(iii)実定法とそうでないものとを明確に識別するために,個々の法律の法的効力の有無を判定しうる何らかの基礎的規範が実定法システムのなかに存在しているとみること,(iv)実定法システムの内的構造,権利・義務・責任などの基本的な法的概念を,道徳的評価や政治的イデオロギーに左右されずに,価値中立的に分析することが可能かつ必要であり,このような法の分析的研究が,法の批判的・評価的研究とは別個独立の価値をもつと考えること。

　これらの実定法システム全体の理解に関する基本テーゼについては,ほぼ意見の一致がみられると言ってよかろう。それに加えて,いわゆる司法的立法や裁判の法創造的活動の否定,判決自動販売機的な裁判過程や形式主義的な法的推論の見方も,法実証主義的とみられていることが多い。法理論的には,このような裁判過程・法的推論の見方が,実定法システム全体に関する以上のような法実証主義的な基本テーゼと整合的であると考えられる。けれども,歴史的

---

10)　法実証主義の概念やその基本的特徴の概観として,H. L. A. Hart, Legal Positivism, in P. Edwards (ed.), *Encyclopedia of Philosophy*, Vol. 4 (1967), pp. 418-20, 加藤新平『法哲学概論』(有斐閣,1976年) 247-67頁など参照。以下の説明もこれらの文献に依っているところが多い。

事実としては、ドイツの概念法学や一般法学には、このような典型的な結びつきがみられたけれども、それ以外のベンサム、オースティン、ケルゼン、ハートらは、司法的立法や裁判の法創造的活動を基本的に認めており、裁判過程・法的推論に関する法実証主義的テーゼについては、法実証主義内部でも見解の不一致・対立がみられる。

　従って、裁判や法解釈の法創造的性質を認める場合には、実定法システム全体に関する法実証主義的テーゼとどのように整合的に説明するかが、重要な法理論的課題となる。法実証主義に対する批判、とくにその法と道徳の分離テーゼに対する批判には、先ほどみた H. L. A. ハートの見解に対するフラーやドゥオーキンの批判にみられるように、この点に焦点を合わせたものが多い[11]。

2　法実証主義における法と道徳の分離テーゼ
(1)　H. L. A. ハートの分離テーゼ擁護論

　H. L. A. ハートは、先ほど触れたように、フラーとの論争論文や『法の概念』などにおいて、法と道徳、在る法と在るべき法の必然的関連を否定し、法の定義や効力を正義その他の道徳的価値に関係づけることを拒否する法実証主義の伝統的な分離テーゼの強力な擁護論を展開した[12]。

　ハートは、法と道徳の関連について、社会において一般的に受容されている道徳や様々な道徳的理想が立法や裁判過程を通じて法の発展に大きな影響を及ぼしていること、法の安定が部分的にはこれらの道徳との合致にかかっていることなど、法と道徳が事実上関連していることは承認する。のみならず、人間の活動の固有の目的が生存し続けることだと前提された場合、人間の傷つきやすさ、おおよその平等性、限られた利他主義、限られた資源、理解力と意志の強さが限られていることという、自明の真理としての事実から、いかなる社会組織の存続にも身体・財産・契約の保護に関する一定の基本的ルールが自然的に必要とされるとし、このような「自然法の最小限の内容」については、法と

---

　11)　田中成明「判決の正当化における裁量と法的規準—H. L. A. ハートの法理論に対する批判を手がかりに」法学論叢96巻4=5=6号（1975年）参照。
　12)　H. L. A. ハートの見解については、前出注 *8* で挙げた文献、とくに Hart, *The Concept of Law*（前出注 *8*）, Ch. IX Laws and Morals（『法の概念』第9章「法と道徳」）参照。

道徳が部分的に一致することも認める。他方，法実証主義についても，特定の内容や社会的必要と全く関連づけることなしに，法の基本的形態を純粋に形式的な言葉でもって定義することは不適切だと考えて，K.ベルグボームやH.ケルゼンらのように，「法はいかなる内容でももちうる」と説き，法に服従する無条件的な道徳的義務を説くドイツ流法実証主義とは一線を画する。

　その上で，ハートは，法と道徳の必然的連関を拒否する法実証主義的テーゼに与するかどうかという問題の真の論点は，「道徳的に不正な法は法でない」とする狭い法概念と，そのような法もまた法であるとする広い法概念との価値の比較であるとする。そして，悪法に対する服従義務の問題の理論的解明と実践的解決にとって広い法概念を選択することの学問的・実践的メリットを，イギリス功利主義の自由主義的伝統と関連づけて検討し，ベンサム，オースティン以来の分析的法実証主義の伝統的テーゼには，悪法への批判と抵抗の独特の論理が伏線として含まれていることを強調して，それを継承すべきだと説く。

　ハートは，広い法概念を選択することの学問的・実践的メリットとして，次の三つの理由を挙げている。(i)伝統的自然法論のような狭い法概念をとっても，社会現象としての法の理論的あるいは科学的研究において得るところはなさそうであるが，広い法概念をとれば，道徳的に不正な法の特徴や，それに対する社会の反作用も，研究分野に取り入れることができる。(ii)狭い法概念も，それなりに実践的影響力をもつだろうが，法的妥当性の証明でもって服従の問題に決着をつけることが，公権力の濫用への抵抗を強め，悪法問題の道徳的問題点をより明確に認識させることになるとは思えない。「各個人が究極的にはそれに訴えることによって自己の服従の問題を解決しなければならない何物かが公式の体系の外にあるという感覚」は，「悪法は法にあらず」というよりも，「これはたしかに法だ，けれども，道徳的にあまりにも不正であるから，従うことも適用することもできない」という論法をとる広い法概念においてこそ保たれる。(iii)狭い法概念は，一方では，「これは法たるべきではないから，法でなく，私は，それを自由に非難しうるだけでなく，無視することもできる」というアナーキストの論法，「これが法であるから，法たるべきである」という反動主義者の論法を許容する危険，他方では，自ら悪法に服したソクラテスの問題や，戦後西ドイツの裁判所が直面した遡及的処罰の問題などにみられる道徳的論点の複雑性・多様性を過度に単純化する危険をもっている。

ハートは，これらの論拠から，法実証主義的な広い法概念のほうが，「悪法は法にあらず」とする自然法論的立場よりも，自由な道徳的批判の独自の領域を残しておくことによって，公権力の濫用に対する批判・抵抗の適切な拠りどころとなり，悪法問題に含まれている理論上・実践上の複雑かつ微妙な争点の解明に適している考える。そして，自然法に訴えたナチス独裁体制の事後処理にも批判的な姿勢をとった。

　H. L. A. ハートの以上のような法実証主義の分離テーゼ擁護論は，本章 1 ③(2)でみたように，L. L. フラーやR. ドゥオーキンから裁判過程・法解釈論の適切な説明ができないことに焦点を合わせた批判を受けた。だが，ハートは，ハード・ケースにおける法適用には在るべき法についての道徳的判断が必要だということを論拠に法と道徳の必然的関連を説く彼らの見解に対して，そのような道徳的判断が必要であることは認めるけれども，このような裁判過程の創造的性質は，法的ルールの「開かれた構造」に基づく「核心部と周縁部」理論によって適切に説明できると切り返す。そして，このような論拠によって法と道徳の融合を説くのは，アメリカの法的伝統における混乱の源である「周縁部へのとらわれ」だと反論し，司法的裁量論自体を変更することはなかった。しかし，フラーのいう「合法性」の基本的内容を実定法内在的道徳とみることについて，留保つきで認めるコメントをしたり，正義原理ないし実質的な道徳的価値が法的妥当性の究極的基準のなかに含まれている実定法システムの存在を認めたりして，フラーやドゥオーキンの主張と部分的に重なり合うと理解することもできる見解を示し，法実証主義的な分離テーゼ自体は変更していないけれども，その具体的理解について法と道徳の融合論とも接近する姿勢をとるようになった。

(2) **ハードな法実証主義とソフトな法実証主義**

　ハートとフラーやドゥオーキンとの論争を経て，現代では，法実証主義内部において，実定法の識別基準をどのようにとらえるかという問題と相関的に，法と道徳の区別・関連をどのように理解するかをめぐって，大別すると，ハードな（排除的）法実証主義とソフトな（包括的）法実証主義との見解の対立がみられるようになっている[13]。

　ハードな法実証主義は，J. ラズ[14]らに代表される見解であり，実定法であるか否かは，立法・判決・慣習などの社会的事実のみに照らして価値中立的に

確認されるべきであり（源泉テーゼ），自然法・正義原理・道徳的原理などは，その確認に個人の道徳的判断が入ることによって，法と法でないものとの区別を不明確にし，実定法の規範性・権威性を適切に説明できなくなるから，法に含ませるべきではないと主張し，伝統的な分離テーゼを支持する。それに対して，ソフトな法実証主義は，J.コールマン[15]らに代表される見解であり，源泉テーゼには固執せずに，実定法もその識別基準である承認のルールも規約・慣行的なものであり，承認のルールの要件に適ってさえおれば，ドゥオーキンのいう原理も法に含まれると主張する。ハートも，アメリカ合衆国の法システムにおける承認のルールは，ドゥオーキンらの指摘する通り，憲法条項などの原理を含んでいることを認め，ソフトな法実証主義を支持している。

ドイツでも，これらの英米法理学の論争をふまえて，R.ドライヤーやR.アレクシーなど，法実証主義的な分離テーゼを批判し，実定法システム全体を参加者の視点から解明する場合には，法と道徳の概念的必然的関連の存在を認めるべきだとする見解が有力となっている[16]。もっとも，これらの試みも，非実証主義的な融合テーゼを擁護するが，自然法論的テーゼとは称しておらず，

---

13) A. Marmor, Exclusive Legal Positivism, K. E. Himma, Inclusive Legal Positivism, in Coleman & Shapiro (eds.), *The Oxford Handbook of Jurisprudence & Philosophy of Law*（前出注*7*), B. H. Bix, Legal Positivism, in M. P. Golding & W. A. Edmundson (eds.), *The Blackwell Guide to the Philosophy of Law and Legal Theory*（2005），深田『現代法理論論争』（前出注*9*）第4章「現代法実証主義の諸形態」など参照。

14) J. Raz, *The Authority of Law*（1979），II The Nature of Law and Natural Law ; Raz, *Ethics in the Public Domain*（1994），Ch. 9 The Problem about the Nature of Law, Ch. 10 Authority, Law, and Morality（山崎康仕訳「法の性質に関する問題」，深田三徳訳「権威・法・道徳」深田三徳編訳『権威としての法』（勁草書房，1994年））など参照。

15) J. Coleman, Negative and Positive Positivism, in Coleman, *Markets, Morals and Law*（1988），pp. 3-27 参照。

16) R. Dreier, Der Begriff des Rechts, in Dreier, *Recht-Staat-Vernunft*（1991）; Dreier, Zur gegenwärtigen Diskussion des Verhältnisses von Recht und Moral in der Bundesrepublik Deutschland, in *Rechts- und Sozialphilosophie in Deutschland heute : ARSP*, Beiheft 44（1991），R. Alexy, Zur Kritik des Rechtspositivismus, in *Rechtspositivismus und Wertbezug des Rechts : ARSP*, Beiheft 37（1990）; Alexy, *Begriff und Geltung des Rechts*（1992），酒匂一郎「法と道徳との関連―R.ドライヤーとR.アレクシーの所説を中心に」法政研究59巻3=4号（1993年）参照。

「法実証主義を法倫理的に豊かにする」試みと自己理解している見解もあり，戦後再燃した自然法論の法実証主義批判とは論調を異にしており，むしろ，自然法か法実証主義かという二者択一を超えた"第三の道"をめざす現代自然法論のその後の展開と重なり合うところがある。

　以上における自然法論と法実証主義の現代的展開の素描から，全般的に，法と道徳の関連をめぐる理論的論争については，自然法か法実証主義かという伝統的対立を超えて，一定の融合を認める統合的理解の方向へ進んでいるとみてよいであろう。本書で展開する法理論もまた，実定法システムが道徳から相対的に自立した存在であることを基本的に承認しつつも，実定法システムが，「正しい法」あるいは「正義」への志向という，その固有の規範的特質に照らして，一定の道徳を内含ないし基礎としており，実定法の存在・効力・適用がそのような道徳によって支えられ規制され方向づけられているとみる立場からのものである。

3　悪法への不服従と抵抗

1　はじめに

　いわゆる悪法にいかに対処すべきかという問題は，法律の要求と正義・道徳の要求が矛盾対立する状況において，自己の道徳的確信に従って良心的に生きようとする人びとを深刻なディレンマに直面させる。古くは，ソポクレスの悲劇の女主人公アンティゴーネの死，プラトンの対話篇『クリトン』で描かれているソクラテスの死などが，このようなディレンマの悲劇的な結末を示す例としてよく引き合いに出される。だが，悪法論議は，決して過去のものではなく，今日に至るまで，繰り返し，現実的な諸問題への具体的対処をめぐって，切実な関心をもって取り上げられてきている。

　本章 **1**，**2** でも触れたように，第二次世界大戦後の西ドイツにおいて，ナチス独裁体制下の非人道的で犯罪的な法律に従った市民や裁判官の法的責任が問題となった裁判をきっかけに，ナチスのそれらの法律の効力をめぐって，法実証主義的立場と自然法論的立場の活発な論争が展開された。また，ヴェトナム戦争批判と黒人差別撤廃運動が高揚した1960年代末から70年代はじめのアメリカでは，徴兵拒否や差別的法令への不服従が頻発し，H. D. ソロー以来の

伝統をもつ市民的不服従（civil disobedience）の観点から，悪法論議が時事的問題としても広く注目を集めた。わが国でも，破壊活動防止法制定，日米安全保障条約改定などをめぐって，戦後幾度か，悪法論議が広範な社会的関心を背景にクローズアップされたことがある。

　悪法論議は，政治と道徳，権力と良心が，法をめぐって対立相剋するところにおいてつねに生じる問題であり，抵抗権や市民的不服従の問題とも密接不可分に関連している。悪法論議は，政治上・道徳上の実践的問題への対処の仕方にも重要な影響を及ぼすから，法理学的側面から悪法論議にアプローチする場合でも，その政治的・道徳的射程への周到な配慮を怠ってはならない。悪法論議は，法の妥当根拠論（第2章 4 4 参照）が具体的に問題化する典型的事例であり，問題の性質上，法システムや法実務の存立基盤自体を政治的・道徳的に問い直すという次元で論じられるべき問題であろう。

2　自然法論と法実証主義の悪法論

　法理学的にみた場合，悪法論については，伝統的に，「悪法は法にあらず」とする自然法論と，「悪法もまた法なり」とする法実証主義が対立している。個々の自然法論者や法実証主義者の具体的な見解を検討すると，悪法論に対する自然法論と法実証主義の態度をこのように截然と区別できるかどうかは問題もあるけれども，本章 1，2 でみたように，悪法論は，実定法の効力をその内容の道徳的価値如何にかからせるか否かをめぐる，自然法論と法実証主義の伝統的対立と結びつけて議論されてきている。それ故，まず，悪法論に関する自然法論と法実証主義の基本的見解とその長所・短所を概観し，悪法論の問題の性質とその基本的争点を確認することからはじめよう。

　自然法論の場合，伝統的自然法論と現代自然法論とでは，その理論構成・基礎づけの仕方は，かなり異なっているけれども，悪法論に関しては，実定法の妥当根拠としてその正・不正の識別基準となる一定の客観的に正しい道徳的規準が存在するとして，このような道徳的規準を全面的に無視したりそれと甚だしく矛盾する実定法の法的効力（妥当性）を否認し，このようにして法的効力を否定された実定法には，たとえ正統な権威をもつ者が所定の手続に準拠して制定したものであっても，人びとは服従する義務もないという見解をほぼ共通してとっている。

このような自然法論の見解に対しては，多くの自然法論において実際に自然法として提示されてきている具体的内容が多種多様であり，また，かなり抽象的な原理・価値を示すにとどまっている結果，個々の法律が悪法であるか否かの具体的判定は，結局，各人の判断にゆだねざるをえず，悪法か否かをめぐって意見の相違・対立が多かれ少なかれ生じざるをえないということが根本的な難点として指摘されてきている。たしかに，各人がそれぞれの判断によって悪法とみなす法律への不服従・抵抗を自由に許すならば，統一的な公共秩序としての実定法システムの存在理由は著しく減殺され，法的安定性・秩序・平和が脅かされるだけでなく，アナーキストの論法を正当化することにもなりかねない。もっとも，自然法論者の多くは，この点に配慮して，不正な法律への不服従・抵抗が許されるのは，自然法との矛盾が甚だしいきわめて例外的な場合に限定している。

　また，自然法論と言えば，批判的・改革的，さらに革命的な機能をもつものと考えられがちであるが，自然法論には，自然法に基づいて実定法を正当化するという保守的機能をもつものも少なくないことが見落とされてはならない。個々の自然法論によって，いずれの機能が前面にあらわれるかには，かなりの相違があるが，ほとんどの自然法論は，その性質上，この両機能をもっているとみてよい。それ故，悪法論についても，自然法論には，つねに，「法に悪法なし」という保守的態度に転化し，実定法への絶対的服従を説く可能性が内含されていることに注意する必要がある。

　他方，法実証主義については，いわゆる悪法に対する服従義務も，法実証主義的テーゼのなかに含まれていると理解されることが多いが，この点については異論もある。厳密に言えば，首尾一貫した法実証主義では，「悪法」という概念自体が，法の分析に道徳的評価を持ち込むものとして拒否されるはずである。にもかかわらず，法実証主義のなかには，自然法論に対抗して，「悪法も法なり」と主張しているものがあることは事実である。そのような主張は，実定法の法的効力がその内容の道徳的価値如何と無関係であるという，その基本的主張を通俗的に述べたにすぎない場合もあろう。だが，多数決原理などにのっとって合法的に制定された法律はそのまま正統とみなされるべきであるとか，秩序・平和を維持しアナーキーを避けることが重要であるというような理由によって，悪法にも服従する義務があるという主張がなされている場合も少なく

ない。両者の主張は一応論理的に別個のものと区別して論じることができるかもしれないが，実際上，両者は密接に関連している。それ故，法実証主義の批判者だけでなく，法実証主義者も，両者が当然に結びつくと短絡的に考えていることが多い。

　悪法論に関する法実証主義的立場に対しては，通常，立法者にどのような恣意的な内容の法律でも制定する権限を与えることになり，いかに極悪非道な内容の法律でも適用・遵守する義務を課すことになるという非難が浴びせられている。一般的に，法実証主義は，政治権力やその法律に対する批判的精神を欠いた現状追随的な保守的態度を助長するものとされ，ドイツなどでは，合法的手続によるナチス独裁体制の成立やその暴政を手助けした一元凶という責任すら負わされている。

　たしかに，法実証主義にはこのような実践的帰結と結びつきやすい側面があり，このような非難を全く的はずれとして片付けてしまうことはできない。けれども，ナチス独裁体制の責任を法実証主義だけに負わせることができるかどうかとなると，かなり疑わしい。法実証主義者のなかには，K.ベルグボームらのように，ある法体系が現実に存在しているということは，それがいかに抑圧的あるいは正義に反するものであれ，多くの人びとに最小限の平和・秩序・安全を与えるのであり，これらの価値は，個人の法への抵抗によって危うくされることを道徳的に正当化するものではないという信念に基づいて，法に服従する無条件的な道徳的義務を説いた者もいる。だが，本章2①で触れたように，H. L. A. ハートは，このような見解は他の形態の法実証主義とは論理的に全く独立のものだとみている。

　しかし，H. L. A. ハートがそこで提示している悪法問題への法実証主義的アプローチも，たしかに，道徳的ないし政治的な助言としてはそれなりに魅力的ではあるが，悪法をめぐる法実践自体の内的視点からの解明としてはほとんど役に立たず，支持し難い。悪法論においては，道徳的な不服従・抵抗の法的正統性が問われ，法的問題と道徳的問題の峻別の可能性そのものが問題とされているのであり，彼のような法実証主義的アプローチが理論的争点の解明の適切な考え方を提供しているかどうかも疑問である。

　悪法論に関する自然法論と法実証主義の立場は，理論的にも実践的にも一長一短であり，具体的状況如何で各々の機能も様々である。自然法論対法実証主

義というレベルの議論では，現実の悪法論に含まれている理論上・実践上の争点が単純化されすぎているきらいもあり，問題の政治的・道徳的射程だけでなく，法実践内在的な争点をも十分にとらえられていないところがある。それ故，以下においては，これまでの考察成果をふまえつつ，わが国などのように立憲民主制と司法審査制をとっている政治・法体制のもとで生じうる悪法論議に視野を限定して，悪法論議の基本的な考え方について，もう少し具体的に検討してみよう。

3 悪法への服従義務の根拠——秩序・平和と多数決原理

まず，悪法論議の射程については，現存の政治・法体制の基本的正統性とそれに対する一般的服従義務を承認した上で，正義・道徳の観点からみて不正な個々の法律に対する不服従・抵抗が正当化されるか否かを問題とするという，市民的不服従の議論領域とほぼ同じものと限定し，現存の政治・法体制そのものの変革をめざす革命とは原理的に区別するのが一般的である。議論領域をこのように理解する場合，悪法への不服従・抵抗が正当化されるか否かは，一般的に法への服従義務の根拠をどのように考えるかにかかっていることになる。

悪法への服従義務の根拠として最もよく挙げられてきているものは，以上でも触れたように，秩序・平和という価値である。このような価値は，とくに法実証主義者によって強調されるものであるが，価値相対主義者G. ラートブルフもまた，「実定法の効力は，それによってのみ達成されるべき安定性に根拠をおく。……相争う法律観の間に実定法が樹立する平和，万人の万人に対する闘争を終熄させる秩序にその根拠をおく。……実定法によって与えられる法的安定性は，正当でなく合目的的でない法の効力をも正当化しうる」[17]と説く。たしかに，秩序・平和は，日常生活の安定性と予測可能性を求める人間の基本的欲求に根ざす価値であり，法による秩序・平和の確立のもつ基底的な意義は正当に評価されなければならない（第10章 1 2(1)参照）。

けれども，法によって確保される秩序・平和は，いかに不可欠で基底的なものであっても，あくまでも社会的共同生活のための基本的諸条件の整備という手段的なものにすぎない。また，一口に秩序・平和と言っても，その具体的な

---

17) Radbruch, *Rechtsphilosophie*（前出注3），S. 180-81（田中耕太郎訳『ラートブルフ著作集第1巻：法哲学』（東京大学出版会，1961年）223頁）。

形態・内容が問題である。例えば，一般的規準の定立とその公平な適用という形式的正義の要請を全く無視するような仕方での秩序・平和の維持とか，一般の人びと，とりわけ少数者の基本的な権利を著しく損なうような強権的抑圧による秩序・平和の確保が，悪法への服従義務を無条件的に正当化しうるかどうかは，きわめて疑わしい。さらに，個々の悪法への不服従・抵抗が，それほど秩序・平和に破壊的な影響を直接に及ぼすかどうかも疑問であり，むしろ，このような影響が生じる場合には，すでにその政治・法体制そのものの正統性やその作動の正常性に問題があると考えるべき場合のほうが多いであろう。

他方，たとえ悪法であっても，多数決原理にのっとって民主的に制定されたものであるが故に服従すべしという見解は，「合法性＝正統性」という法実証主義的論理の代表的なものである。たしかに，多数決原理は，立憲民主制下の政治的な共同的意思決定の中枢的手続である。それ故，多数決原理にのっとって制定された法律が，個々の市民の正義・衡平感覚からみて満足のゆくものでなくとも，市民は，それに服従すべき一応の (prima facie) 義務は負っていると考えるのが穏当であろう。けれども，多数決原理は，現実の選挙制度などの政治過程において，社会各層の意見が必ずしもつねに公正かつ時宜に適った仕方で立法過程に反映されることを保障するものではない。その所産たる法律が，多数者専制の道具となり，とくに立法過程への参加を半永久的に閉ざされている少数者にとっては耐え難いものであることもありうる。多数決原理は，このような場合にも，その法律に対する少数者の無条件的服従を正当化しうるものではなかろう。立憲民主制のもとでは，政治的な取引交渉や功利主義的計算に服しない一定の基本的な権利が，すべての市民に対して平等に保障されており，このような基本的権利は，多数決原理によっても侵害することが許されないものである。現代では，悪法論議がクローズアップされるのは，ほとんどの場合，一定の法律が特定の個人や集団の基本的人権を侵害するのではないかという疑義・批判が強まった状況においてであると言ってよいであろう。

4 悪法の概念とその判定

(1) 悪法と疑法

現代立憲民主制のもとで悪法問題が論じられる具体的な事例をみると，ほとんどの場合，直接何らかの超実定法的な正義原理に照らして，ある法律が悪法

であると主張されるよりも、むしろ、憲法などの実定法的規準についての一定の解釈に照らして、ある法律の実定法としての効力そのものが疑わしいという論法がとられていることに注目する必要がある。悪法問題が、実定法の効力とその内容の道徳的価値との関連をめぐる自然法論と法実証主義の対立というレベルで議論されている限り、このような「疑法 (doubtful laws)」とでも言うべき問題には正当な法理論的位置づけを与えることができないのである[18]。

厳密に言えば、固有の「悪法」問題が、不正な法律への不服従・抵抗という、法と道徳・政治が交錯するレベルの問題であるのに対して、この「疑法」問題は、あくまでも実定法としての法的効力そのものに疑問を提起するものであり、実定法内在的レベルで決着がつけられなければならない問題である。このように、両者は理論的に一応区別できるけれども、法原理を媒介とする実定法的規準の「開かれた構造」(第2章1②参照) や裁判による法の継続形成 (第9章3、第16章参照) の問題などと関連づけてみれば分かるように、両者の境界は流動的で連続的な面もあり、このことが、悪法への対処を一層複雑にしている。事実、わが国における戦後の悪法論議をみても、ほとんど両者が不可分のものとして論じられ、憲法闘争という形で展開されてきている。従って、悪法論議は、とくに司法審査制のとられている法体制のもとでは、裁判闘争とも結びつき、実定法規範の創造的展開にも貴重な寄与をなしうる可能性をもっている。

このようにみてくると、悪法への不服従・抵抗は、後ほどみるような制約のもとで、あくまでも例外的なものにとどまるべきものであるけれども、市民、とくに少数者が、不正な法律による基本的な権利の耐え難い侵害に対して、最後の手段 (ultima ratio) として直接異議を申し立て抵抗することを通じて、より正義に適った法システムの確保・実現過程に主体的に参加する一形態であり、立憲民主制下における国民主権の極限的行使形態として正当化されうる場合があると考えるべきであろう。

(2) 悪法の判断規準

以上のように、疑法をも含めて悪法の概念を少し拡大して理解し、悪法への不服従・抵抗の意義をとらえるとして、このような観点からみて、ある法律が

---

18) Dworkin, *Taking Rights Seriously* (前出注9), 8 Civil Disobedience (『権利論 (増補版)』第7章「市民的不服従」)、井上茂『法秩序の構造』(岩波書店、1973年) 447-67頁参照。

悪法か否かはどのようにして判定されるべきであろうか。

　悪法論議が正義論の"裏面"とでも言うべき位置にあることから，まず，基本的には，正義に反する法律が悪法であると言える。だが，第12章で詳しく考察するように，何が正義かをめぐって様々な意見が対立し激しい論争が展開されている現代の価値多元的状況のもとでは，個々の法律が悪法か否かを判定する具体的規準を定式化することはきわめて困難である。様々の正義観念の分類整理にまで遡って考察することが不可欠であるが，正義観念についての実質的正義・形式的正義・手続的正義の区分や法的正義（法の支配）の要請内容については，第10章で説明することにして，ここでは，具体的な問題状況に即して悪法か否かを判断するにあたっての原理的な指針ないし枠組について，基本的な考え方だけを示しておきたい。

　まず，形式的正義と手続的正義の基本的な要請内容は，L. L. フラーのいう「法内在的道徳」とほぼ同じような意味で実定法システムの存立と作動にとって不可欠な内在的構成・運用原理であることから（詳しくは，第10章❷参照），意図的に合理的理由のない恣意的差別をめざしたり適正手続の要請を全面的に無視したりする法律など，形式的正義や手続的正義に明白に反する法律は，およそ法たる資格を欠く悪法であると言える。そして，このような形式的正義や手続的正義に明白に反する悪法の判定については，比較的コンセンサスが成立しやすいであろう。それに対して，何が実質的正義かに関する意見の厳しい対立状況を反映して，実質的正義に反する悪法の判定については，意見が分かれることが多いであろう。けれども，一定の社会経済政策が分配的正義に適っているかを積極的に判定したり，法システムがどの程度どのような仕方でその分配的正義の実現に関与すべきかを決めたりする場合とは違って，具体的にある法律が市民の基本的な権利を著しく侵害しているか否かを消極的に判定する場合には，実質的正義に関する原理的見解の相違を超えて，コンセンサスが成立しやすいことも見落とされてはならない（第10章❷④参照）。実質的正義に反する悪法の問題が生じるのは，ほとんど後者の場合に限られ，しかも，憲法の人権条項などの解釈論という形をとって展開されることが多い。それ故，実質的正義に反する悪法の判定の問題は，完全に個人の政治的・道徳的な選択や判断にゆだねてしまえる問題ではなく，裁判の場での審理・裁定に服しうる法的問題という性質を多分にもっていることに注目する必要がある。

悪法の判定において最も困難なことは、それが何らかの原理的規準を演繹論理的にあてはめて解決できる問題ではなく、どの程度正義に反しておれば悪法となるかという「程度問題」の判断をつねに含んでいることである。法律というものは、多くの場合、もともと様々の対立競合する価値・利益の妥協・調整の上で制定されるものであり、何らかの正義原理の純粋な貫徹が一定の政策目標のために多かれ少なかれ犠牲にされたり、あるいは、どちらがより正義の確保・実現に積極的に寄与するかという考慮よりも、どちらがより少なく正義を侵害し害悪も少ないかという考慮によって制定される法律も少なくない。それ故、悪法か否かの判定においても、このような点への配慮を含めて、法律の制定目標やその効果の利害得失についての慎重な比較衡量を欠かすことができない。いずれにしろ、悪法の判定においては、「原理問題」だけで決着をつけることはできず、「程度問題」への配慮が不可欠であり、"著しく""明白に""耐え難いほどに"正義に反しているといった限定を原理的判定規準に付け加え、個々の場合におけるその具体的判定は、悪法への不服従・抵抗をめざす市民の賢慮に基づく良心的な決断にゆだねざるをえないのである。

　この場合、一般的には、ある法律が悪法であるという判定について、実質的正義に関する立場の相違を超えて、相当広範囲にわたって社会的コンセンサスが成立しており、しかも、その範囲が広ければ広いほど、悪法の程度も高まると言ってよいであろう。だが、悪法への不服従・抵抗を行う者が、ほとんどの場合、少数者であることを考えると、社会的コンセンサスの存在という要件をあまり強調することは、少数者が悪法への不服従・抵抗を正当に行いうる機会を事実上奪い去ることになりかねない。それ故、コンセンサスは必ずしも現実に存在する必要がなく、少数者が、悪法への不服従・抵抗を通して、多数者の正義・衡平感覚に訴えることによって、その主張を支持する社会的コンセンサスを相当広範囲にわたって拡げうる潜在的可能性が高いかどうかという側面からも、弾力的かつ動態的に考えられるべきであろう[19]。

---

19) 社会的コンセンサスの存在形態や確認方法については、本書第16章**3**[2]、田中成明『法的空間：強制と合意の狭間で』（東京大学出版会、1993年）66-75頁参照。

5 悪法への対処の仕方

(1) 市民の場合

次に、悪法が現に存在するとして、市民には、どのような条件のもとでどのような形態の不服従・抵抗を行うことが許されるのであろうか[20]。

悪法への不服従・抵抗は、あくまでも最後の手段である。それ故、悪法への不服従・抵抗が正当化されるのは、通常利用可能な様々の法的・行政的・政治的な異議申立てないし救済手段を用いて、関係者に対して不正な法律を矯正することを誠実に訴えたにもかかわらず、その訴えが無視され、耐え難い不正義が存在している（あるいはそうなる可能性がきわめて大きいことが明白である）場合に限定されるべきである。その場合でも、悪法への不服従・抵抗が、その法律の改廃という目標を達成するのに役立つか否か、悪法に服従している場合よりも一層耐え難い混乱や圧制の強化を招くことがないかどうか、いつどのような機会に不服従・抵抗を行えば、悪法に対する異議申立てを効果的に他の人びとに広く訴えることができるか等々、戦略的戦術的問題への周到な配慮も欠かしてはならない。悪法への不服従・抵抗は、本人に対して刑罰その他の様々の不利益が加えられるリスクを伴っているだけでなく、政治的社会的インパクトも大きいだけに、このような問題への配慮にいくら慎重であっても慎重すぎるということはないであろう。

悪法への不服従・抵抗は、もっぱら個人の倫理的良心や人格的誠実を貫くために行われることもあるが、多くの場合、同時に、その悪法の不当性について異議を申し立て、その改廃をめざして行われる。その具体的形態は、消極的なものから積極的なものまで、様々の段階のものが考えられるが、そのいずれが妥当かは、基本的には、悪法の程度如何にかかっている。悪法への不服従・抵抗がどのような形態をとるにせよ、少数者が多数者の正義・衡平感覚に訴えて悪法の改廃をめざすというその目的を達成するためには、最小限、通常密かに

---

[20] 悪法への不服従・抵抗の在り方については、基本的に市民的不服従の性質・正当化要件などに関する議論と同様に考えてよいであろう。本書の見解も、前出注*18*で挙げた文献、J. Rawls, *A Theory of Justice* (1971), pp. 363-91（川本隆史＝福間聡＝神島裕子訳『正義論（改訂版）』（紀伊国屋書店、2010年）478-513頁）における civil disobedience の定義・正当化・役割に関する説明、平野仁彦「『市民的不服従』研究序説（1）〜（3・完）」法学論叢111巻3号、112巻2号、4号（1982-83年）などに依っているところが多い。

行われる犯罪とは違って，その異議申立ての理由を明確にして公然と，しかも，他人の生命・身体・自由などに危害を加えないように，原則として非暴力的に行われなければならない。

悪法への不服従・抵抗は，とくに「疑法」という性質が濃い場合には，司法審査制がとられている法体制のもとでは，悪法とされる法律の法的効力について，裁判所の最終的な権威的裁定を求める裁判闘争として展開されることが多い。裁判による審理・裁定を通じて悪法の改廃を求めることは，「市民による実験と当事者主義的手続を通じた，法の展開と検証」（R.ドゥオーキン）[21]をめざすものであり，法的過程への市民参加の一形態として正当な法理論的位置づけが与えられるべきである。このような形で悪法に異議を申し立てる市民の権利については，判例変更の可能性を考慮に入れるならば，ひとたびある法律の合憲性などの法的効力が裁判所によって確定されると，それによって当然に，その法律の法的効力について異議を申し立てる権利が，将来にわたってなくなってしまうものではないと考えるべきである[22]。

(2) 裁判官の場合

最後に，裁判官は悪法にいかに対処すべきかという問題について，市民による悪法への不服従・抵抗が法的問題として裁判所に持ち込まれた場合に焦点を合わせてみておこう。

悪法への不服従・抵抗を行う市民は，裁判によって刑罰などの法的サンクションを受けるリスクを当然覚悟しており，場合によっては，むしろ，裁判や刑罰を受けることによってその異議申立てが劇的効果をもって公に知られるようになることを期待しているかもしれない。けれども，彼らは，最小限，公開の法廷で悪法の法的効力に対する自分たちの疑問を提起し，裁判官による公正な審理と納得のゆく裁定を受けることを，当然の権利として主張できる。もちろん，自分たちが悪法と主張する法律の合憲性などの法的効力が，裁判所によって否定され，違憲判決などを獲得できれば，それに越したことはない。

---

[21] Dworkin, 8 Civil Disobedience（前出注*18*），pp. 216-17（「市民的不服従」290頁）。

[22] この点について詳しくは，Dworkin, 8 Civil Disobedience（前出注*18*）（「市民的不服従」）参照。なお，本文で説明したような考え方に基づいて現代型政策形成訴訟の意義や裁判所の対応姿勢などを考察したものとして，田中成明『裁判をめぐる法と政治』（有斐閣，1979年）第4章，第5章参照。

裁判官が，悪法への不服従・抵抗を行う市民に対して，公正な審理を進め納得のゆく裁定を下すために，その専門的叡知を傾けて良心的に裁判にあたるべきであることは言うまでもない。このような市民の悪法への異議申立ては，「政治的問題」などの法理によって，司法的審査・裁定の権限外とされることが少なくないが，裁判官は，裁判官であるが故に当然に，悪法とされる法律にも絶対的に服従すべき義務があるわけではない。裁判官には，悪法とされる法律の解釈・運用による矯正（制定法に反した（contra legem）法形成），あるいは，司法審査権の行使による違憲判決などによって，悪法への異議申立ての法的正当性を承認する余地が，きわめて限られた範囲のものではあれ，残されているのである。裁判官に対しては，悪法への不服従・抵抗に慎重かつ柔軟に対処することによって，とりわけ少数者による個々の法律への異議申立てを，実定法規範の創造的展開のエネルギーに転化させ，立憲民主制的な政治過程の公正かつ実効的な作動を確保し，圧制か革命かという，悲劇的な途を回避するための貴重な安全弁たる役割が期待されている。

　少数者による悪法への不服従・抵抗は，裁判官だけでなく，法律の制定・運用に携わる公務員およびそれを支持している多数者にも向けられていることが忘れられてはならない。たしかに，悪法への不服従・抵抗によって，法律の効率的な制定・運用や社会の秩序・平和に多少の支障・混乱が生じることは避け難いかもしれない。だが，その責任をすべて短絡的にそれらの少数者のみに負わせることは適切ではない。その責任は，他に適切な手段がなく，やむをえず最後の手段として悪法への不服従・抵抗を行う少数者の側よりも，むしろ，このような形での異議申立てに向かわせる法律を制定・運用する権威をもつ者，また，それを支持ないし黙認している多数者の側にこそあるのではないかという，自己省察的な視座に立ちかえって，問題の所在を虚心に見定めようとする姿勢をとることが肝要である。

《参考文献》
　□井上茂『法秩序の構造』（岩波書店，1973年）第6章「法秩序の思想構造」，第7章「日本法秩序思想の特殊構造」
　□加藤新平『法哲学概論』（有斐閣，1976年）第3章「自然法と実定法」
　□H. ケルゼン（黒田覚＝長尾龍一訳）『自然法論と法実証主義』（木鐸社，1974年）
　□小林直樹『法・道徳・抵抗権』（日本評論社，1988年）

- □鈴木正彦『リベラリズムと市民的不服従』(慶應義塾大学出版会, 2008年)
- □A. P. ダントレーヴ (久保正幡訳)『自然法』(岩波書店, 1952年)
- □同 (石上良平訳)『国家とは何か』(みすず書房, 1972年)
- □R. ドゥウォーキン (木下毅 = 小林公 = 野坂泰司訳)『権利論 (増補版)』(木鐸社, 2003年)
- □同 (小林公訳)『法の帝国』(未来社, 1995年)
- □H. L. A. ハート (矢崎光圀監訳)『法の概念』(みすず書房, 1976年)
- □平野仁彦「『市民的不服従』研究序説 (1)〜(3・完)」法学論叢111巻3号, 112巻2号, 4号 (1982-83年)
- □深田三徳『法実証主義論争:司法的裁量論批判』(法律文化社, 1983年)
- □同『現代法理論論争:R. ドゥオーキン対法実証主義』(ミネルヴァ書房, 2004年)
- □L. L. フラー (稲垣良典訳)『法と道徳』(有斐閣, 1968年)
- □森際康友「遵法義務―悪法論再考」長尾龍一 = 田中成明編『現代法哲学1:法理論』(東京大学出版会, 1983年)
- □八木鉄男「悪法論」井上茂 = 矢崎光圀 = 田中成明編『講義法哲学』(青林書院新社, 1982年)
- □矢崎光圀『法実証主義:現代におけるその意味と権能』(日本評論社, 1963年)
- □ホセ・ヨンパルト『法哲学案内』(成文堂, 1993年)
- □G. ラートブルフ (尾高 = 野田 = 阿南 = 村上 = 小林訳)『ラートブルフ著作集第4巻:実定法と自然法』(東京大学出版会, 1961年)
- □J. ロールズ (川本隆史 = 福間聡 = 神島裕子訳)『正義論 (改訂版)』(紀伊国屋書店, 2010年) 第55節「市民的不服従の定義」〜第59節「市民的不服従の役割」

第 2 編　法システムの基本的特質

第 5 章　法と道徳

1　法と道徳の区別・関連

1　はじめに

　法と道徳は，社会秩序を支え人びとの行動を規律する代表的な社会規範であり，両者の区別と関連という問題は，第 6 章で取り上げる法と強制の関係とともに，実定法システムの特質やその機能・目的などの解明において中心的な位置を占めている。この問題については，幾つかの争点をめぐって古くから様々な対立する見解が説かれてきており，現在でも議論が続いている。議論の対立構図は，法と強制の関係をめぐる見解の対立とも密接に関連しているが，同時に，一般に道徳や倫理と呼ばれているもの[1]が様々な形態・次元・側面をもっていることによるところも多く，これらが複雑に交錯し規定し合って，錯綜した議論状況となっている。

　法と道徳の区別と関連をめぐって様々な議論が展開されてきているのは，法と道徳の規制が重なり合う領域があり，そのような共通の領域における両者の

---

　1)　道徳（morality）と倫理（ethics）の異同について，一般的には，とくに区別することなく，互換的に用いられており，本書でもそれにならっている。だが，古くはG. W. F. ヘーゲル（『法哲学要綱』など参照），最近ではJ. ハーバマス（J. Habermas, *Faktizität und Geltung* (1992), S. 125-29（河上倫逸＝耳野健二訳『事実性と妥当性（上）』(未来社，2002年) 123-29頁) など参照），R. ドゥオーキン（R. Dworkin, *Sovereign Virtue* (2000), pp. 485-86 (小林＝大江＝高橋(秀)＝高橋(文)訳『平等とは何か』（木鐸社，2002年) 322頁) など参照）らのように，両者を区別する見解もある。これらの区別の意図や意義を認めないわけではないが，本書では，道徳と倫理の概念自体の区別としてではなく，正と善という道徳の基本的概念の区分あるいは社会道徳と個人道徳という道徳の領域区分の問題として対応したほうが適切と考えている。

図5-1　法と道徳の相互関係

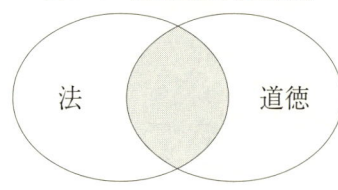

法　道徳

規制内容が，例えば「人を殺傷するべからず」，「他人のものを盗むべからず」，「約束は守るべし」などのように，基本的に合致している場合が多いけれども，必ずしもそうとは限らず，規制の仕方がずれていたり規制内容が対立したりする場合も少なくないことによるところが多い。このような法と道徳の規制内容からみた両者の規制領域の相互関係については，大小二つの同心円的関係にあるように理解されることもあるが，例えば「右の頬を打たれれば左の頬も差し出せ」という道徳規範とか，右側通行か左側通行かに関する交通法規などのように，法と道徳が相互に無関係な領域もあることから，法と道徳の大小関係をどのようにとらえるにしろ，このような理解は適切ではなかろう。両者の規制領域の関係は，よく用いられている図5-1のように，一定の共通領域をもちながらも，相互にはみ出した領域をもって交錯する二円のような関係にあると理解するのが適切であろう。

　法と道徳の指図内容が重なり合い交錯している領域では，両規範の指図内容が基本的に合致していることが，人びとの行動調整の安定化，社会の円滑な作動にとって望ましい。だが，法と道徳は，サンクション形態や関心方向などを異にするため，両規範の指図内容には多かれ少なかれずれがみられ，相互に補い合っていることもあれば，矛盾対立することもある。第4章**3**でみた悪法論議のような極端な事例だけではなく，例えば，民法166条以下の消滅時効に関する規定や民法754条の夫婦間の契約取消権に関する規定などは，法的には，訴訟になった場合の証拠の問題の考慮など，相応の理由に基づいているが，「約束は守るべし」という道徳規範に反する面があることは否定できない。

　責任・権利・義務等々，法と道徳が用いる規範的用語が同一であることは，両者の緊密な対応関係を示している。けれども，道徳的責任と法的責任の間には一定のずれがみられ，道徳的責任があっても法的責任は認められない事例や，逆に，法的責任が認められても道徳的責任は問われないという事例もあり，権利・義務についても同様である。例えば，「法的責任がなければ道徳的責任も問われるはずがない」，「法的責任がある以上，当然道徳的責任も負うべし」，「道徳的責任のある行為はすべて法によって規制し法的責任を追及すべし」

等々，積極的ないし消極的なリーガリズムの主張をめぐって様々な見解が対立しているのも，このような法的責任と道徳的責任の複雑な相互関係の反映に他ならない。それ故，法と道徳の関連・区別をどのように考えるかが，法と道徳の交錯領域で生じる法理論・法実務上の諸問題の解明や解決に重要な影響を及ぼすことになる。

　法と道徳の区別・関連という問題は，古くからそれぞれの時代や社会に特有の理論的ないし実践的な関心を背景に繰り返し論じられてきている。この問題は，第4章でみたように，法と道徳の融合論に立つ自然法論と両者の分離を主張する法実証主義の伝統的対立の中心的争点であるだけでなく，法の妥当性（第2章4），悪法論（第4章3），裁判による法創造や法的判断の在り方（第9章3，第16章）など，法理学上の重要争点がこの対立と密接に関連しつつ展開されてきている。実定法システム全体の規範的存立条件からみた法と道徳の関係をめぐる自然法論と法実証主義の対立については，第4章で一通り考察したところである。本章では，そこでの説明をふまえ，近代統一国家による"法の国家化"の推進，宗教改革にはじまる道徳の内面化と個人道徳の確立に伴って，実定法と道徳がそれぞれ自立的な規範秩序として分化独立しはじめて以降の議論の展開を概観した上で，現代社会における法と道徳の関連・区別をめぐる主要問題について，議論状況を整理し，基本的な考え方を説明したい。

2　法の外面性・道徳の内面性

　まず，近代社会の生成期には，法と道徳の関連よりも，むしろ，両者の基底的な関連を当然の前提として，両者の区別に主たる関心が向けられた。そして，「法の外面性・道徳の内面性」という，法と道徳の区別に関するその後の議論の展開に決定的な影響を及ぼしている定式が，ドイツの啓蒙期自然法論者 Ch. トマジウスによって最初に提示された。

　トマジウスによれば，法が，人間の対他関係における外面的行為を規律することによって，外的平和の確立を追求するのに対して，道徳は，人間の内面的良心を規律することによって，もっぱら内的平和の達成をめざすとされた。その結果，法的義務が外的権力によって強制されうるのに対して，道徳的義務はこのような強制の対象とはなりえないことが強調された[2]。法の外面性・道徳の内面性という区別を外的権力による強制の限界と結びつけて考えるこのよう

な見解は，当時の異端者審問・魔女裁判などに象徴される，教会や国家などの外的権力による個人の思想・良心への干渉を拒否するという，古典的自由主義の要請の法理論的表現に他ならなかった。

Ⅰ．カントは，法と道徳の区別基準を規律対象の内外に求めたトマジウスとは違って，義務づけの仕方の相違に両者の区別基準を求め，「合法性（Legalität）」と「道徳性（Moralität）」という区別論を展開した。この理論によれば，法は，その動機如何を問わず，行為が外面的に義務法則に合致しておれば，それでよしとするのに対して，道徳は，動機そのものの純粋性，義務法則に対する尊敬だけが行為の動機たるべきことを要求するとされた。そして，法における他律的義務づけを許容するこのような区別と不可分のものとして，強制の契機と結びつけて法を道徳から区別するトマジウスの立場も受け継がれる。カントは，法と強制権能とを同一のものととらえ，自由の妨害を強制によって抑止することは，普遍的法則に従って何びとの自由とも合致するが故に正当化されるとし，「法の概念は，普遍的な相互の強制と各人の自由との結合可能性のうちに定立しうる」と説いた[3]。カントの法と道徳の区別論においては，法的強制による干渉から個人の自律的な活動領域を確保しつつも，同時に，法的義務を，人間の共同生活の存立・維持にとって不可欠な消極的義務としてとらえることによって，法に対して基底的な社会倫理的意義が与えられていた。

法の外面性・道徳の内面性という定式は，このように，もともと古典的自由主義と深く結びついて提示されたものである。その後，近代社会の動揺・変容に伴って，法と道徳の峻別が批判され，法と道徳の統一や関連づけが主たる関心の的となり，"法の倫理化"ということも言われるようになったけれども，現代でも，法と道徳の区別については，この定式により精細な分析を加えたり若干の修正を施したりするという形で議論されることが多い。

例えば，G.ラートブルフは，トマジウスやカントによるものをも含めて，従来この定式に与えられてきた諸々の意味を，(i)外部的行態は法的規制に服し，内部的行態は道徳的規制に服するという「基体」の区別，(ii)法的価値はある行

---

2) H. Welzel, *Naturrecht und materiale Gerechtigkeit* (1951), S. 164-67 参照。

3) I. Kant, *Metaphysik der Sitten, 1 Teil Metaphysische Anfangsgründe der Rechtslehre* (加藤新平＝三島淑臣訳「人倫の形而上学（法論）」『世界の名著32巻：カント』（中央公論社，1972年））参照。

動を共同生活に対する善として示し，道徳的価値は善そのものとして示すという「目的主体」の区別，(iii)道徳は人がその義務を義務感情から行うことを欲し，法は他の動機をも許容するという「義務づけ様式」の区別，(iv)法については外から義務づける他者の意志として「他律性」が語られるのに対して，道徳は固有の人倫的人格によって各人に課せられる「自律性」がなければならないという「妥当の源泉」の区別という四つに分ける。そして，これらの区別の各々について批判的検討を加え，ラートブルフ自身は，「外部的行態は，それが内部的行態を認定させる限りにおいてのみ道徳の関心を惹き，また，内部的行態は，それが外部的行態を予期させる限りにおいてのみ法の視野に入る」と，法と道徳の関心方向の区別として，この区別をなお維持できるとしている[4]。

H. L. A. ハートも，この定式にはあいまいなところもあり議論の混乱もみられるとしつつも，(i)道徳的ルールの遵守と違反が社会的に非常に重要なこととみられていること，(ii)道徳的ルールは，人間の命令によって道徳的地位を与えられたり奪われたりして意図的な変更を受けないこと，(iii)個人が自己の行動についてある種のコントロールをしなければならないことが道徳的責任の一必要条件であるという，道徳的犯罪の自発的な性質，(iv)良心への訴え，罪の意識や自責の念の作用への依存など，道徳的圧力の独特の形態という，道徳を法的その他の社会的ルールから区別することに全体として役立つ四つの相互に関連した基本的特徴を簡潔に表現したものとしてみれば，それなりに意義があるとしている[5]。

法の外面性・道徳の内面性という定式のもとにこれまで説かれてきたことには，仔細に検討すれば，誤解を招きかねず，そのままでは支持し難いものもある。だが，自立型法の基本的属性や限界づけに関する限り，重要な洞察が含まれており，その自由主義的な問題関心をはじめ，若干の修正・限定を加えれば，基本的に現代でも承認できるものが多い。もっとも，道徳の内面性ということは，決して的はずれではないけれども，道徳のとらえ方が狭く限定されすぎて

---

[4] G. Radbruch, *Rechtsphilosophie*, 6. Aufl. (1963), Kap. 6 Recht und Moral (田中耕太郎訳『ラートブルフ著作集第1巻：法哲学』(東京大学出版会, 1961年) 第6章「法と道徳」参照。

[5] H. L. A. Hart, *The Concept of Law* (1961), pp. 168-76 (矢崎光圀監訳『法の概念』(みすず書房, 1976年) 188-96頁) 参照。

おり，多種多様な道徳に共通する基本的属性とは言い難い。道徳の内面性を強調することは，良心・動機の純粋性を問題とする個人道徳の場合には妥当するとしても，個人の自律的選択よりも慣習や伝統に主たる基礎をおく実定的な社会道徳の場合には，そのまま妥当するかどうか疑わしい[6]。道徳は，多くの場合，行為の内面・外面ともに関心をもっており，道徳の「全面性」というほうが適切であろう[7]。

3 個人道徳と社会道徳

法と道徳の区別が問題とされる場合には，以上のように，主として個人道徳・倫理が念頭におかれているのに対して，法と道徳の統一や関連づけ，"法の倫理化"などが問題とされる場合に念頭におかれているのは，実定的な社会道徳・倫理である。

法と道徳の区別と関連をめぐる議論が錯綜しているのは，一口に道徳と言っても，多種多様な道徳があることによることが多く，実定法以外のすべての社会規範を道徳の名のもとに論じている者すらいる。問題領域ごとに道徳の多様な形態・次元・側面を区別して論じなければならないが，多くの問題領域において最小限区別されなければならないのは，「個人道徳」と「社会道徳」の区別であろう[8]。

個人道徳と社会道徳は様々の仕方で区別されるが，大雑把に言って，個人道徳は，個人の良心や自律的選択など，内面的・主観的心情にウエイトをおき，個々人の抱く道徳的理想の独自性と多様性を尊重する。それに対して，社会道徳は，社会成員によって主として相互の外面的行動を規制するものとして一般

---

[6] J. Shklar, *Legalism* (1964), pp. 43-51（田中成明訳『リーガリズム』（岩波書店，1981年）65-77頁）参照。

[7] 加藤新平『法哲学概論』（有斐閣，1976年）323-25頁参照。

[8] このような比較的古くからの一般的区別と並んで，比較的新しい区別として，一定の社会集団で現実に受容され共有されている「実定道徳」と，現実の個人の行動や社会制度の道徳的評価・批判の規準となる「批判道徳」という，H. L. A. ハートらの用いる区別もよく用いられる（H. L. A. Hart, *Law, Liberty and Morality* (1963), pp. 17-24 参照）。その他，法曹倫理（legal ethics），医療倫理（medical ethics）など，法律家・医師などの専門職（プロフェッション）の職務行動規範であるプロフェッショナル倫理（professional ethics）が，専門職責任の具体的な内容を規定するものとして，法との関係において独自の重要な位置を占めている。

的に受容され共有されている実定的・客観的な道徳原理・規範であり，一定の社会的サンクションによって裏打ちされており，社会の存立と発展に不可欠ないし重要なものであるとみなされていることが多い。このような意味において，「私的道徳」と「公共道徳」という用語で区別されることもある。

　自由な社会においては，個々の社会成員には，自己の良心や自律的選択に従って，それぞれが理想的と考える生活を営む自由の領域が残されているが通例であるが，その理想的な生活像の実質的内容は，事実上，社会道徳によって与えられることが多い。しかも，社会道徳は，人びとが各人各様の道徳的理想に従って相互に関係を取り結びつつ協働して社会生活を営むことを可能とする共生のための諸条件を規律するにあたって，個人道徳にゆだねられる各人の自由の領域を多かれ少なかれ制約することになる。それ故，社会道徳は，個人道徳に対して，それを可能とすると同時に制約するという，微妙な緊張関係にある。

　法は，通常，個人道徳には立ち入らず，社会道徳と基本的なところで合致していることが望ましいとされており，とくに刑法については，基本的な社会道徳を維持するという，社会倫理的機能を強調する見解も有力である。そして，法と社会道徳の関連を示すものとしてよく引用されるのは，「法は倫理の最小限である」というドイツの法学者G. イェリネックの見解である。彼は，個人倫理を偏重する近代倫理を批判し，社会倫理の基底的意義を強調した上で，法は，客観的に，社会の存立のために必要な社会倫理の最小限しか要求せず，主観的にも，倫理的心情の最小限で満足するという，二重の意味で「倫理的最小限」だと主張した[9]。

　イェリネックのような見解は，たしかに，法と道徳の共通領域を念頭において，実定法の倫理的基礎や実効性の根拠などの考察に重要な示唆を与えている。刑法などによる法の社会倫理維持機能を基本的に認めていることに対しては，異論があるとしても，そのような機能を過大評価することなく，法による社会倫理の強制の自制を説くものとして，貴重な洞察を含んでいる。けれども，法と道徳は，一定の共通領域をもちながらも相互にはみ出した領域をもって交錯する二円の関係にあること，法と個人道徳の基本的な緊張対立関係を考慮に入れていないことなど，法と道徳の一般的な関係の説明としては単純すぎる。こ

---

[9]　G. Jellinek, *Die sozialethische Bedeutung von Recht, Unrecht und Strafe* (1987) 参照。

のような定式によって，法の機能が多様化し人びとの道徳観も多元化している現代社会における法と道徳の複雑微妙な関連の全貌をとらえ尽くすことは難しい。

2 法による道徳の強制

1 J. S. ミルの他者危害原理

　法と道徳の区別・関連をめぐる近代以降の議論における以上のような代表的な見解の素描をふまえて，次に，法による道徳の強制の正当化と限界という，近時様々の機会に激しい議論の応酬がみられる問題を中心に，現代社会における法と道徳の関係について考えてみよう。

　この問題をめぐる議論において現在でもよく引き合いに出されるのは，カントと並ぶ古典的自由主義者J. S. ミルが『自由論』(1859年) で提示したいわゆる「他者に対する危害原理」，すなわち「文明社会のどの成員に対しても，彼の意思に反して権力を正当に行使しうる唯一の目的は，他者に対する危害の防止である」という原理である。ミルは，このような他者危害原理に続けて，「本人自身の利益は，物質的なものであれ道徳的なものであれ，そのような権力行使の十分な正当化理由となるものではない。そうするほうが彼のために善いだろうとか，彼をもっと幸福にするだろうとか，他の人びとの意見によればそうすることが賢明であり正しくさえあるという理由で，彼に何らかの行動や抑制を強制することは，正当ではありえない。……自分自身にだけ関係する行為においては，彼の独立は，当然，絶対的である。彼自身に対して，彼自身の身体と精神に対しては，個人は主権者である」と述べ，子供や未開人などの若干の例外を除き，成熟した諸能力をもつ成人に対して本人自身の利益のために強制するパターナリズムを拒否する[10]。

　ミルのこのような他者危害原理と反パターナリズムは，各人が自己の利益の最良の判定者だとみるJ. ベンサムの功利主義的立場を承継するとともに，「各人が自分で善いと思う生き方を相互に許し合うことによって，彼以外の人

---

　10) J. S. Mill, *On Liberty* (1859) (in Everyman's Library No. 482), p. 73 (早坂忠訳「自由論」『世界の名著38巻：ベンサム，J. S. ミル』(中央公論社，1967年) 224-25頁) 参照。

びとが善いと思う生き方を彼に強いることによってよりも、ずっと大きな利益を人類は獲得する」[11]という確信に基づいていた。

 だが、ミルは、このような自由主義的原理について当初から必ずしも楽観的ではなかった。彼は、「社会的権力」が法律や世論によって個人の自由を圧迫する傾向が強まりつつあることと、集権化された政府官僚権力の増大がもたらす害悪が大きいことに繰り返し注意を喚起している。ミルのこのような懸念は、その当時だけでなく現在でも、個人道徳を重視する自由主義的立場が、社会道徳を重視する新旧両潮流によって挟撃されている状況をみるならば、決して杞憂ではなかったことがよく分かる。

 一方では、刑法の社会倫理維持機能を重視し、社会の存立の確保に必要な場合には、不道徳な行為は不道徳であるというだけで犯罪として法的処罰の対象とすることが正当化されるとする保守的な法的モラリズム（legal moralism）が、一般の人びとの素朴な道徳・復讐感情にも支えられて、古くから根強い影響力をもっている。現在でも、その影響力は衰えておらず、政治犯罪や道徳犯罪の厳しい取締りと処罰を求める"法と秩序（law and order）"運動は、このような法的モラリズムによって強力に支えられている。

 他方では、19世紀末以降、自由放任的競争市場では適切に対処できない社会経済問題が深刻化するにつれて、貧困者・労働者などの社会経済的弱者の保護のために、"法の倫理化ないし社会化"が強調され、社会経済立法が次々と制定されるようになる。20世紀に入り、社会的正義や福祉国家思想が拡まるにつれて、このような傾向が一層進み、現在では、国家などの公権力機関による社会経済的生活へのパターナリズム的配慮・介入は広範囲に及んでおり、政府官僚権力の増大もミルの予想をはるかに超えている。

 ミルが懸念していたこれらの新旧両潮流のうち、後者の社会的正義・福祉国家の台頭と政府官僚権力の増大をめぐる議論については、現代正義論の展開が直面している問題状況の一環として第12章で検討することにして、本章では、前者の法的モラリズムおよびそれと密接に関連する法的パターナリズムについて、それらの現代的争点をみておこう。

---

11) Mill, *On Liberty*（前出注*10*), pp. 75-76（「自由論」228頁）。

2 法的モラリズムをめぐって

ミルのような自由主義的見解について，現代的状況のもとで，とくに法的モラリズムや法的パターナリズムとの関連で再検討するための基本的な議論構図を作り上げたのは，法による道徳の強制の在り方をめぐって，イギリスで1950年代末から60年代にかけて展開されたP. デヴリンとH. L. A. ハートとの論争である[12]。

この論争は，ミル『自由論』公刊のほぼ一世紀後に，同性愛と売春に関するイギリス刑法の現状の調査と検討のために設けられた委員会が提出した「ウォルフェンデン報告」(1957年)をきっかけにはじまった。この報告は，成人間の合意により密かに行われる同性愛行為はもはや犯罪とすべきではなく，売春も，路上で公然と勧誘し一般の人びとに不快感を与える行為だけを禁止すればよい，という勧告をした。その基本的立場は，法が干渉すべきでない「私的な道徳ないし不道徳」という領域の存在を認め，「不道徳それ自体に関わることは，法の義務ではない。……それは，公序良俗に違反したり一般市民を不快ないし有害なものにさらしたりする活動に限られるべきだ」というものであり，一般にミルの自由主義的な他者危害原理を承継したものとみられている。

このようなウォルフェンデン報告に対して厳しい批判を浴びせたのが，デヴリン判事である。彼によれば，およそ社会にはその成員の行動・生活様式などを規制する共通の考え方があり，社会はこのような眼にみえない絆によって結びつけられており，「公共道徳」はこの絆の一部である。そして，このような一般的に承認された共通の道徳の存在は，社会の存立にとって不可欠であり，何が公共道徳かは，街のひと，陪審席にいるひとなど，「理をわきまえた (reasonable) ひと」という規準によって確認できるとする。

このような立場から，デヴリンは，「私的道徳」や「個人の選択と行動の自由」を強調するウォルフェンデン報告に対して，不道徳それ自体についての集合的判断の存在を否定するものだと批判する。彼によれば，社会は，社会の統

---

[12] この論争については，Hart, *Law, Liberty and Morality* (前出注8), P. Devlin, *The Enforcement of Morals* (1965), 井上茂「法による道徳の強制」同『法哲学研究第三巻』(有斐閣, 1972年), M. P. Golding, *Philosophy of Law* (1975), Ch. 3 (上原行雄＝小谷野勝巳訳『法の哲学』(培風館, 1985年) 第3章) など参照。以下の説明も，これらの文献に依っているところが多い。

合と両立する限り，個人の自由やプライバシーにも最大限の実際的配慮を行うべきであるが，公共道徳を守るために，不道徳それ自体に備えて立法を行う国家の権限には，理論上いかなる制約も存在しない。彼は，悪徳が抑圧されず公共道徳が守られないならば，社会は崩壊するであろう，と断言し，「悪徳の抑圧は，顛覆行為の抑圧と同様，法の任務である」と，道徳犯罪に対しても，政治犯罪と同じ厳しい姿勢で臨むべきだとする。

　このような保守的な法的モラリズムの典型的な擁護論に対して，H. L. A. ハートは，実定道徳の法的強制には道徳的正当化が必要だとする批判道徳の立場から，「人間の悲惨と自由の制限は害悪である」ということがすべての道徳にとって中心的な批判原理であるとして，ミルの他者危害原理を現代的状況に合わせて若干修正して承継すればよいと，全面的な反論を展開する。

　ハートによれば，デヴリンのような法的モラリズムは，道徳と社会の関係，道徳と政治の類比など，不明確な事実的想定に基づいているだけで，その道徳的正当化が不十分であり，道徳問題における多数者専制に対する批判や抵抗を弱めるおそれが大きいと批判する。そして，ハート自身は，法は，個人の生命・身体・自由・財産などに対する危害がある場合にのみ，その限りで，一定の不道徳な行為を犯罪として法的処罰の対象とすべきであり，不道徳だということ自体は法的処罰を正当化するものではないとするリベラルな立場に立ち，ウォルフェンデン報告を哲学的に擁護する。

　法的モラリズムと他者危害原理とのこのような対立は，刑法の機能を社会倫理維持とみるか法益保護とみるかの見解の対立と基本的に同じ構図であるが，殺人や強盗などの典型的な犯罪の場合にはほとんど問題にならない。だが，ウォルフェンデン報告の直接の対象であった同性愛や売春をはじめ，わいせつ文書等販売，重婚・不貞，堕胎などの性道徳に関する犯罪，麻薬などの薬物使用，賭博，安楽死，自殺など，社会的に不道徳だと一般にみられているが，それ自体他者に害悪をもたらさないとされる「道徳犯罪」や「被害者なき犯罪」については，見解の対立が明確にあらわれる[13]。このような見解の対立は，わが国の場合でも，1974年に法制審議会が答申した刑法改正草案の具体化作業を頓

---

　13) 最近の「非犯罪化」をめぐる議論状況などでは，これらの道徳的犯罪が社会的に不道徳な行為かどうか自体について争いがあり，また，被害者が本当にいないのかどうかについて異論もあることに注意する必要がある。本書第8章3[1](1)参照。

挫させてしまった根本的な思想的背景であり，また，わいせつ出版物やポルノ映画・ビデオなどに関する法的規制や判決の当否をめぐって時事的問題としてもしばしば話題になっているところである（第8章3①(1)参照）。

　もっとも，現在では，このような道徳犯罪ないし被害者なき犯罪の処罰については，デヴリンのような法的モラリズムに立たない場合でも，ミルの他者危害原理だけでは不十分だということは，一般的に認められている。

　例えば，H. L. A. ハートも，道徳の法的強制の正当化理由は危害原理以外にもあるとみて，現在では，ミルの時代と違って，個人が自分自身の利益を最もよく知っているとは言えず，個人の自由な選択や同意の意義を減少させる要因が増加してきているから，個々人を彼ら自身から保護するために法を用いることを正当化する法的パターナリズムが承認されるべきだとしている。彼は，その例として，刑法が被害者の同意を抗弁として認めていないこと，麻薬などの薬物の販売——使用ではなく——を禁止することは，法的モラリズムではなく，法的パターナリズムによって正当化されるとしている。

　だが，ハートは，法的パターナリズムと法的モラリズムを区別する重要性を強調するだけで，法的パターナリズム自体について詳しいことは何も述べていない。法的パターナリズムの問題は，その後，社会的正義・福祉国家や生命医療倫理などとの関連でも広く注目を集めるようになり，議論も深まっているので，本章3で改めて取り上げることにしたい。

3　不快原理

　ここでは，法的モラリズムや法的パターナリズムとは別個独立のものとして，危害原理との異同が問題にされている「不快原理（offense principle）」について触れておこう[14]。

　不快原理とは，不道徳な行為が当事者間の合意によって密かに行われている限り，処罰すべきではないが，その行為が公然と行われ一般の人びとを不快にさせる場合にのみ，それを理由に一種のニューサンス（nuisance）として処罰することができるとする原理である。H. L. A. ハートは，重婚の処罰がこの

---

　[14]　不快原理については，Hart, *Law, Liberty and Morality*（前出注8），pp. 38-48, J. Feinberg, *Social Philosophy*（1973），pp. 28-29, 33-45, 玉木秀敏「J. ファインバーグの社会哲学」『法の理論9』（成文堂，1988年）200-05頁など参照。

不快原理によって正当化できると考えていた。ウォルフェンデン報告が,「私的道徳」という概念を強調し,処罰の対象を路上などでの売春の公然たる勧誘だけに限定することを勧告しているのも,この不快原理に基づいているとみてよいであろう。わが国でも,売春防止法5条は「公衆の目にふれるような方法」とか「道路その他公共の場所で」勧誘することだけを処罰の対象としているが,同じような考え方に基づくものであろう。

不快原理は,ミルの他者危害原理の一種とみることもでき,ミル自身も,少しあいまいだが,そのように考えていたようである[15]。だが,危害を伴わない不快,強制を正当化するに足りないほどささいな危害しかもたらさない不快もあるから,実質的に他者危害原理を拡大するものであり,別個の補充的正当化原理とみるのが適切であろう。例えば,公衆の面前でのヌードの処罰などは,他者危害原理を補充する不快原理によらなければ,正当化困難であろう。また,ポルノ雑誌などのわいせつ文書規制については,不快原理によっても十分に正当化できるかどうか微妙であり,未成年者の保護などのパターナリズムによらなければ正当化が難しいかもしれない。

いずれにしろ,不快原理は,判断基準が主観的心理的なものであるだけに,法的モラリズムとの違いを明確にするためには,その適用にあたって,不快さが普遍的なものかどうか,合理的に回避可能なものかなどの基準による限界づけ,不快感情の深刻さ・蓋然性と処罰による自由・苦痛の犠牲との慎重な比較衡量などによって,できるだけ明確かつ具体的に適用範囲を限定することが肝要である。

3　法的パターナリズム

1　その特質と諸類型

H. L. A. ハートは,法的パターナリズムを彼のリベラルな批判道徳の立場から正当化することについて楽観的であった。だが,その後,リバタリアニズム的立場からの社会的正義や福祉国家思想に対する批判が強まってくるのとほぼ並行して（第12章4参照）,パターナリズムの正当化理由や限界を根本的に見

---

15) Mill, *On Liberty*（前出注10）, pp.153-54（「自由論」327-29頁）参照。

直そうとする関心が高まっている。法的パターナリズムもその例外ではなく，自己決定権が新しい人権として広く社会的に承認されるようになったこともあって，ハート以降の議論の拡がりと深まりにはめざましいものがある。

パターナリズムは，父権的干渉（保護・温情）主義などと訳され，その原型は親が子の保護のために干渉するという関係にみられ，法的パターナリズムにおいては，国家などの公権力機関が個人に対して法的規制によって干渉することの当否・限界が問題となる。法的パターナリズムには様々の形態のものがあり，それらに共通する基本的特質をどのようにとらえるかについては，とくにパターナリズムの正当化理由や境界事例の理解との関連で，見解が微妙に分かれている。

例えば，パターナリズムを最初に本格的に論じたG.ドゥオーキンは，「もっぱら強制される人の福祉，善，幸福，必要，利益ないし価値と関連する理由によって正当化されるような，ある人の行動の自由への干渉」[16]と理解しているが，このように，多様な正当化理由まで含めたパターナリズム理解はむしろ例外的である。最近の議論では，これらの実質的正当化理由を「本人自身の保護のために」と総括的にとらえて，本人自身の保護のためにその自由に干渉するという形態をパターナリズムに共通の基本的特質とみるのが一般的である。

パターナリズムの具体例については，ドゥオーキンは，刑罰などの法的サンクションを規定するものに限らず，所得の一部を退職年金掛け金にすることを強制する法律，金銭貸借の最高利率を規制する法律，有効な契約類型を規制する法律など，人びとがその計画を実行することを困難ないし不可能とする法的規制まで挙げている。だが，生活保護のための補助金を無駄遣いしないように，現金ではなく現物で支給する事例，虚偽広告や食料品・薬品の安全表示の規制は，自由への干渉でないとか，合理的な人間の賢明な決定のための情報提供にすぎないとして，パターナリズムに含めていない。

これらの事例は，パターナリズムに含められている場合でも，「非強制的」パターナリズムとして，典型的な強制的パターナリズムと区別されることが多く，また，後ほどみるように，公益的規制とも重なり合っている。だが，これらの法的規制も，本人の自主的な選択・活動に何らかの影響を及ぼそうとする

---

16) G. Dworkin, Paternalism, in R. A. Wasserstrom (ed.), *Morality and the Law* (1971), p. 108.

限り,自由への強制的干渉の一種とみるべきであろう。法的強制形態が多様化した現代法システムのもとでは(第6章3参照),法的パターナリズムを強制的なものと非強制的なものとに二分するよりも,「法的」パターナリズムは多かれ少なかれ強制的だとみて,ハードなものからソフトなものまで,多様な強制形態を連続的にとらえるのが適切であろう。

　パターナリズムをめぐる最近の議論では,幾つかの類型区分が用いられているが,それらのうち,とくに重要な区分は次の二つである[17]。

　(i)ハードなパターナリズムとソフトなパターナリズム　前者は,被介入者の選択・行動が完全に任意的(voluntary)であっても干渉するのに対して,後者は,被介入者が何らかの仕方で適切な判断能力を欠き,実質的に任意的でない(nonvoluntary)場合にのみ干渉する。

　成熟した判断能力をもつ本人の意思に反する強制であるが故にパターナリズムに反対したミルの見解を基本的に承継しつつ,パターナリズムの正当化理由が論じられる場合,この区分が決定的な意義をもつ。この区分においては,被介入者の意思の任意性や判断能力をどのような基準によって識別するかが重要な問題となり,見解もかなり分かれている。

　(ii)直接的パターナリズムと間接的パターナリズム　前者は,純粋型とも呼ばれ,オートバイ運転者に安全ヘルメットを着用させる事例など,被介入者と保護される者とが同一である。それに対して,後者は,非純粋型とも呼ばれ,一定の薬品を勝手に使用させないために,その薬品の製造や販売自体を規制する事例のように,被介入者と保護を受ける者とが別人である。前者をパターナリズムの典型とみることには異論はないが,問題は後者である。

　一方では,間接的パターナリズムと言われている事例は,他人に対する危害の防止というミルの原理によって正当化できるから,パターナリズム的正当化は不要ではないか,という見方がある。だが,間接的パターナリズムの場合には,他者危害原理とは違って,保護される被害者が危害を回避しようと思えばできるのであり,被害者と被介入者の意思に反して両者の取引関係に干渉がなされる点では,基本的にパターナリズム的特質をもっているとみるべきであろう。もっとも,このように理解しても,被介入者は「他人のために」強制され

---

17) パターナリズムの諸類型については,J. Kleinig, *Paternalism* (1983), pp. 11-14, 中村直美『パターナリズムの研究』(成文堂,2007年)30-33頁など参照。

るとみることができるから,直接的パターナリズムよりも強い正当化理由が必要だという意見があるが,いちがいにそうとも言えないであろう。

　他方では,間接的パターナリズムのこの「他人のための」強制という側面について,他人が社会一般とか不特定多数者で,保護される者と被介入者の関係が希薄で拡散したものとなると,道路・公園などの公共財の確保,他人の福祉・必要など社会的正義の実現のためといった,公益的観点からの課税その他の強制的措置と重なり合い,本人の保護というパターナリズム的性質が弱くなるという問題がある。ほぼ同じような問題が,労働時間の制限などのように,労働者という一定の集団全体の保護のために,その集団に属する個々人の自由を制限することになる事例についても生じる。

　以上の二つの主な類型区分の他,(iii)退職年金の積立強制など,被介入者の利益を増進させる「積極的」パターナリズムと,自殺の防止など,自分自身への危害から守ったり有害な状況から救出したりする「消極的」パターナリズムの区分,(iv)被介入者の保護のために,本人に一定の事柄をなすことを要求する「能動的」パターナリズムと,逆に,一定の事柄をしないことを要求する「受動的」パターナリズムの区分などが用いられることもある。

　なお,法的パターナリズムと法的モラリズムの関係については,各々の第一次的関心が本人自身の保護か社会道徳の擁護かということで,一応区別できるものの,パターナリズムの正当化理由や境界事例の考え方次第では,両者が重なり合う事例もあることに留意する必要がある。

2　パターナリズムの正当化

　日本社会はもともとパターナリズム的——もっとも父権的というよりは母性的であるが——性質が強く,家族・学校・企業などの生活領域全般において各種のパターナリズム的な配慮・介入が当然のこととして受け容れられ,パターナリズムに対する批判的な問題意識が全般的に弱かったきらいがある。しかし,最近では,個人の自律的な判断・選択を尊重すべきだとする自己決定権が重視されるようになり,福祉国家に対する規制緩和論的な批判が高まるなかで,パターナリズムに対する批判や再検討がいろいろな問題領域で重要課題となっている。

　パターナリズムをめぐる最近の議論においては,本人自身の保護のためであ

れ，その自由な選択・活動に対して公権力機関が強制的に干渉することから，とくに個人の自由を重要な基底的価値とみるリベラリズムの立場と基本的に相容れないと，全面的に否定的にとらえられがちである。けれども，パターナリズムをもっぱら本人の保護のためにその自由を制限するという規制的な側面からのみ論じるのは一面的であり，本人の最善の利益の保護のために配慮する適切なパターナリズムによってはじめて，本人の自律的な自由が十全に確保・実現されるという促進的な側面にも眼を向けることが重要である。とりわけ医師・法曹などのプロフェッショナル責任，社会的正義や福祉国家の役割などは，一定のパターナリズム的な考え方を取り入れないことには，その意義を適切に理解することはできないであろう。

　パターナリズムについて，個人の自律的な自由の尊重という基本的価値とも整合的な正当化が可能な事例がありうると考える立場からは，パターナリズムの正当化理由は，基本的に自由そのものの特質や価値をどのようにとらえるかということと相関的に考えられるべきことになる。

　個人の自由の特質・価値について，自律（カント），個性（ミル）など，どのような観念を中心にとらえるにしろ，個人は，賢明でない誤った判断であっても，そのような判断行為自体から学びつつ，試行錯誤的に判断能力を高め，各人各様の「統合的人格（personal integrity）」を徐々に形成し，その自律や個性を完成してゆくものであると，個人の自由の基底にある人格概念を発展的動態的にとらえることが，とくにパターナリズムの正当化の考察においては重要である。パターナリズムが，個々人の善き幸福な生き方を自主的に選択し追求する自己決定権と両立するためには，究極的には，被介入者の人格の尊重と配慮に基づいており，その統合的人格の形成・維持という観点からみても是認できるものでなければならない。

　このような基本的立場から，パターナリズムの正当化原理として説かれている主なものについて，その意義と問題点を整理しておこう[18]。

　(i)功利主義的原理　　この原理は，パターナリズムに反対していたミルの立場からも論理的に導き出せる原理だとされ，本人がパターナリズム的干渉によ

---

　[18]　パターナリズムの諸々の正当化原理については，Dworkin, Paternalism（前出注16），pp. 113-26, Kleinig, *Paternalism*（前出注17），pp. 38-78, 中村『パターナリズムの研究』（前出注17）37-42頁など参照。以下の整理もこれらの文献に依っている。

って受ける利益と，強制によってこうむる害悪とを比較衡量して，全体として前者が後者より大きければ，そのパターナリズムは正当化されるとする。この種の功利主義的衡量が副次的に必要な事例があることはたしかであるが，それを主な原理的正当化理由とすることは，自由な選択・活動自体に内在する独自の価値に対する配慮が欠けていることをはじめ，功利主義一般に関して指摘されているような欠陥（第12章1②参照）からみて支持し難い。

(ii)自由最大化原理　この原理は，奴隷契約に関するミルの見解を一般化したものであり，被介入者のより広範囲な大きな自由を保護するためのパターナリズムは正当化されるとする。原理的には(i)と同様，功利主義的な原理である。奴隷契約などの極端な事例は，この原理でも十分に正当化できるかもしれないが，通常の事例において自由の広狭や大小の比較が可能かどうかという前提条件についての疑問の他に，相当広範囲にわたる自由の制約が正当化される可能性が大きいこと，自由行使の前提となる生命・身体の保護まで含めて考えるとすると，自由の概念を拡張しすぎることになることなど，問題が多い。

(iii)「任意性（voluntariness）」基準　J.ファインバーグらは，ハードなパターナリズムとソフトなパターナリズムを区別するこの基準を，同時に正当化原理でもあるとみる立場を提唱しており，これもまた，ミルでも受け容れることのできる原理だとされる[19]。ファインバーグは，任意性をアリストテレスのいう「熟慮に基づく選択」に近いものと理解し，「自己関係的な有害行為が，実質的に任意的でない場合，あるいは，任意的か否かを確認するのに一時的な介入が必要な場合にのみ」，具体的には，神経症的な強迫観念，誤った情報，興奮とか衝動，アルコールなどによるもうろうとした判断，推論能力の未熟ないし欠陥などがみられる場合にのみ，ソフトなパターナリズムだけが正当化されるとする。だが，行動の任意性の判定においては，その選択が賢明か否か，価値あるか否かではなく，本当にその人の意思かどうかが重要だとされていることからもうかがえるように，このような見解は，次の同意原理の一要件に関するものと位置づけるほうが適切であろう。

(iv)同意（意思）原理　被介入者の何らかの同意を正当化理由とするこの原理が，現在，最も一般的な見解である。このような同意原理が有力であるのは，

---

19)　Feinberg, *Social Philosophy*（前出注*14*），pp. 45-52 参照。

介入時の本人の現実の意思とは異なる何らかの同意の観念を媒介にして，そのパターナリズム的干渉が本人自身のためになることを，本来ならば本人自身が承認するはずだという論法をとることが，自己決定を尊重するその基本的立場からいわば内在的に正当化でき，最も受け容れられやすいことによるところが大きい。だが，具体的にどのような同意が基準とされるかについては，①事前の現実の同意，②介入時にもしその機会があれば予期ないし期待されたであろう同意，③将来において事後的に与えられるであろう同意，④真意，⑤合理的な人間ならばするであろう仮定的な同意等々，見解が分かれている[20]。

　同意原理においては，ソフトなパターナリズムだけでなく，ハードなパターナリズムも正当化される場合があるとされる。そのため，先ほどみた任意性基準のような消極的基準だけでは不十分であり，本人の真意などの仮定的同意の内容を推定する積極的基準が必要となり，それをどこに求めるかが中心争点となっている。この積極的基準について，法律学でよく用いられる「平均人」観念など，何らかの抽象的一般的な合理的人間の意思を想定して，それに照らして画一的なパターナリズム的干渉をすることは，生命・身体の安全をはじめ，個々人が具体的にどのような生き方をするにせよ不可欠なものを保護する場合には，ある程度まではやむをえないかもしれない。けれども，個人の生活様式や趣味・嗜好についてまでこの種の画一的干渉を外から押しつけることは，個々人の具体的人格の独自性と多様性の尊重と相容れないであろう。

　本人がどのような干渉ならば同意するであろうかは，パターナリズムの趣旨からしても，あくまでも第一次的には被介入者自身の善き幸福な生き方についての全体的長期的構想に即して，本人の身になって内在的に判定ないし推定されるべきである（「本人の最善の利益アプローチ」）。自由な社会においては，他人の迷惑にならず，本人の自律的人格としての全体的統合を損なわない限り，他の人びとには愚かとか奇異にみえる非合理的な選択・活動をする自由もまた許容されなければならない。

　同意原理を以上のように理解するならば，パターナリズムを正当化する決定的な理由は，J. クライニッヒの指摘するように[21]，本人の何らかの同意では

---

[20] 例えば，中村『パターナリズムの研究』（前出注17）の見解は，②と④とを組み合わせたものと理解でき，G. ドゥオーキンは⑤のような見解の代表的な提唱者である。

なく，パターナリズム的干渉を受ける者の「人格的統合」の形成・維持と両立するか否かということになるであろう。そして，このような考え方は，発展的動態的な人格概念が個人の自由の基底にあるとみる，先ほど示唆した立場とも整合的なものである。

　大人はもちろん，自律的判断能力が十分成熟していない子供でも，それぞれの成熟度に応じて，その自己決定が最大限尊重されるべきである。だが，各人の全体的な人生構想において周縁的ないし下位にある関心や欲求を一時的に充たすために，長期的な人生構想の実現を取り返しのつかないほど妨げたり，そもそも何らかの人生構想を自律的に形成・追求する能力自体を決定的に損なったりするおそれの大きい場合などに，本人の最善の利益の保護のために一定のパターナリズム的干渉を行うことは，本人の人格的統合を損なわないのみか，むしろ，その統合的人格の発達・確保にとって不可欠であろう。

　パターナリズムの正当化を以上のように考えるならば，生命・身体の安全や健康の維持などに限らず，道徳・経済活動・社会保障などに関しても，様々なパターナリズム的干渉が原理的に正当化され，また，ハードなパターナリズムや間接的パターナリズムのなかにも，正当化可能な事例があるということになろう。

　けれども，法的パターナリズムについても，法的強制一般がそうであるように，それ自体必ずしも望ましい措置ではないことをいくら強調しても強調しすぎることはない。基本的には，パターナリズム的干渉を必要としないように，個人の自律的判断能力が成熟し，各人の判断・選択に基づく善き幸福な生き方の追求を可能とする公正な社会的仕組みが確立されるならば，それに越したことはない。パターナリズム的干渉も，このような個人の能力の向上と社会的仕組みの確立を支援・促進するような形で行われるべきである。

　それ故，一般的には，パターナリズム的干渉は必要最小限にとどめられるべきであり，幾つかの干渉形態が選択可能な場合には，被介入者の自由の制約が最も少なく，本人の全体的長期的な人生構想の促進と人格的統合の発達・維持に最も役立つ措置が選ばれるべきであろう。もちろん，実効性の確保という考慮も無視できず，パターナリズムの類型や正当化理由の強弱，被介入者（子供

21）　詳細は，Kleinig, *Paternalism*（前出注17），pp. 38-78 参照。

か大人か）などと相関的に決められるべきことは言うまでもない。

　また，強制的干渉の方式についても，否定的および肯定的サンクションだけでなく，無効・取消などの法技術，クーリング・オフ制度，民事賠償・保険金請求における不利益措置，有害表示・注意表示，情報提供，教育等々，強制権力を直接用いるハードなものから，被介入者の判断・選択・活動に間接的に何らかの影響を及ぼそうとするソフトなものまで，多様な方式が個別事例ごとにきめ細かに検討されるべきである。

3　パターナリズムと公益的規制の交錯

　法的パターナリズムの正当化に関して注意すべきことは，一般にパターナリズムの具体的事例とされている規制については，同時に，何らかの公益的観点からも同じ規制を正当化でき，両者の理由が相まってはじめて十分に正当化できる事例がきわめて多いことである。例えば，刑罰の正当化理論について，犯罪者の教育・改善を重視する特別予防論は，法的パターナリズムの典型であるが，特別予防論自体の当否を，犯罪の抑止という公益的観点との関連を抜きにして論じることはできないであろう（第8章❷参照）。また，法による社会的正義の実現もパターナリズムの当否・在り方と深く関連している諸問題を提起しているが，それらの問題については第12章で改めて取り上げる。ここでは，パターナリズムの観点からわが国で最近話題になっている若干の事例に即して，公益的規制との交錯の実状をみておこう。

　わが国では，オートバイ運転者には安全ヘルメット，自動車運転者にはシートベルトの着用が道路交通法によって義務化されており，義務違反に対しては，交通反則通告制度により，運転免許の停止・取消などの処分の基礎となる点数が付けられることになっている。このようなヘルメットやシートベルトの着用強制は，運転者自身の生命・身体の安全の保護のための直接的パターナリズムの典型的事例である。だが，このような典型的事例においても，パターナリズム的理由以外にも，例えば，ヘルメットやシートベルトなしで運転していると，とっさの場合に車のコントロールを失い，他人に危害を及ぼすおそれがあることとか，ヘルメットやシートベルトを着用しておれば防げたような重傷を受け，治療のために入院し働けない状態が長く続くと，本人の医療費や家族の生活費などの社会福祉費用がかさみ，公共的負担が増大することなど，公益的理由も

考えられる。前者はともかく，後者は無視できない考慮要因であろう。

　喫煙に関する規制は，本人の生命・健康のためというパターナリズム的規制の典型とみられていたが，"嫌煙権運動"などの高まりに伴って，間接ないし受動喫煙によって非喫煙者の生命・健康に悪影響を及ぼすという，他者危害原理によっても正当化可能と考えられるようになっている。また，喫煙による健康障害が医療費を増大させ，たばこ税収入以上の財政負担をもたらすという公共的負担論も，喫煙に対するパターナリズム的規制の強化に影響を及ぼしている。

　現代国家のもとでは，老齢・傷病・失業などに備える社会保障は，国家の重要な役割とされているが，各種の年金や医療保険の保険料の強制拠出制度も，パターナリズム的干渉の一種であろう。例えば，高齢化社会の進行とともに，退職後の生活に備える必要は一段と高まっているが，多くの人は日々の生活に追われて，将来の準備にまではなかなか手がまわらないのが実情である。それ故，収入のあるうちに，その一部を保険料として強制的に拠出させて，退職後の必要に備えさせることは，本人のためだと言われる。だが，年金などの社会保険制度は，パターナリズム的理由だけでなく，他の公益的理由によっても正当化でき，むしろ，公益の理由のほうが重要かもしれない。例えば，将来に備えていなかった者が，退職後の生活に困るようになった場合，他の人びとも放っておくわけにはゆかず，結局，関係者の援助や公的生活保護を受けざるをえなくなるという公共的負担論が，この場合にも説得力をもつ。さらに，現実に行われている各種の強制的社会保険の複雑な仕組みをみると，各人の能力や必要に応じて，保険料拠出額や年金支給額に相互扶助や社会連帯などを配慮した種々の調整が行われており，基本的には何らかの社会的正義原理によってはじめて十分に正当化できる側面が多い。

　虚偽ないし誇大広告の禁止，商品の品質その他の内容の表示制度，訪問販売におけるクーリング・オフ制度など，市場取引における消費者保護のための法的規制については，消費者本人の保護のためというパターナリズム的理由によって正当化できる側面があることは言うまでもない。だが，同時に，市場メカニズム自体の存立と作動に関わる公益的理由によって正当化できる側面が多いことにも注意する必要があろう。例えば，商品の最低品質や安全に関する規制は，公正な取引過程を損なう詐欺の防止という，市場原理自体に内在する観点

からも，また，他者危害原理からも正当化可能であろう。一般的に，消費者法に限らず，環境法や経済法などの分野における経済活動に対する法的規制については，第一次的には外部不経済への対処とか市場の効率や公正の確保などの公益的観点からの規制が，同時にパターナリズム的干渉としてもみることができる事例のほうが多い。

　法的パターナリズムについては，自己決定権との調整が中心的テーマであるが，以上で触れた領域以外でも，いろいろな領域でこのテーマが論じられている。とくに終末期治療・臓器移植・生殖補助医療など，生命医療倫理に関する領域においては，全般的に，医師のパターナリズム的な配慮と裁量を基調とする伝統的な医の倫理から，患者等の自己決定権やインフォームド・コンセントを基調とする方向へ転換してきているなかで，法によるパターナリズム的関与の在り方も問い直されている。そこでは，自己決定権とパターナリズムの対立に，科学技術の進展や宗教的倫理的死生観への配慮の問題が加わり，さらに人間の尊厳の尊重，家族関係への配慮，医療資源の配分の公正など，様々な要請も交錯しており，複雑微妙な法的対応を迫られる問題が次々と生じている[22]。法的パターナリズムの在り方をめぐる重要な争点が提起され，その議論状況もきわめて流動的であり，法理学における一般的な議論枠組に軌道修正を迫る動向もみられる。

《参考文献》
- 井上茂「法による道徳の強制」同『法哲学研究第三巻』（有斐閣，1972年）
- 小谷野勝巳「法と道徳」井上茂＝矢崎光圀＝田中成明編『講義法哲学』（青林書院，1982年）
- 澤登俊雄編『現代社会とパターナリズム』（ゆみる出版，1997年）
- 中村直美「法と道徳」大橋智之輔＝三島淑臣＝田中成明編『法哲学綱要』（青林書院，1990年）
- 同『パターナリズムの研究』（成文堂，2007年）
- H．L．A．ハート（矢崎光圀監訳）『法の概念』（みすず書房，1976年）第8章「正義と道徳」，第9章「法と道徳」

---

[22] 生命医療倫理におけるパターナリズムと自己決定権の対立をめぐる問題状況については，田中成明「生命倫理への法的対応の在り方について」同編『現代法の展望：自己決定の諸相』（有斐閣，2004年），同「尊厳死問題への法的対応の在り方について」法曹時報60巻7号（2008年）など参照。

- □宮崎真由「『法による道徳の強制』再考（1）（2・完）」法学論叢165巻4号，166巻1号（2009年）
- □J．S．ミル（早坂忠訳）「自由論」『世界の名著38巻：ベンサム，J．S．ミル』（中央公論社，1967年）
- □矢崎光圀『法実証主義：現代におけるその意味と権能』（日本評論社，1963年）第4章「市民の道徳と法の機能」
- □G．ラートブルフ（田中耕太郎訳）『ラートブルフ著作集第1巻：法哲学』（東京大学出版会，1961年）第5章「法と道徳」
- □サイモン・リー（加茂直樹訳）『法と道徳』（世界思想社，1993年）
- □日本法哲学会編『法と道徳：法哲学年報1957』（有斐閣，1958年）
- □同『法と倫理：法哲学年報1975』（有斐閣，1976年）

第 2 編　法システムの基本的特質

第 6 章　法 と 強 制

1　強制，サンクション，実力

1　はじめに

　法というものは，歴史的に，強制的サンクション（制裁），実力行使，国家権力などと密接に結びついて生成し発達してきた。そのため，法は強制的なものだと一般に考えられ，強制，サンクション，実力，権力等々の観念は，法の概念の規定や法の構造・機能の理解において不可欠あるいは重要な位置を占めているとみられていることが多い。法と強制の関係は，法と道徳の関係と並んで，実定法システムの基本的特質の解明をめぐる法理学的議論の中心的争点をなしている。

　だが，法システムの強制的性質自体が一般的に認められている場合でも，これらの基本的観念の意味内容や相互関係をどのように考えるか，法的強制の特質を具体的にどのように理解するか，法システムの全体構造や多様な機能との関連で強制の契機をどのように位置づけるかなどについては，従来からかなりの見解の対立や相違が存在していた。のみならず，法システムが強制的であることを重視する支配的な見解自体に対しても，いろいろな観点から疑問や批判が投げかけられてきている。このような疑問や批判が高まってきているのは，現代社会における法システムの機能拡大とそれに伴う内的構造の変容，法理学・法社会学・法人類学などにおける法システム・法規範の構造や機能に関する理論的・経験的研究の進展によるところが大きい。

　法と強制の関係をどのように理解するかは，第 1 章や第 2 章でも触れたように，法動態への相互主体的視座を確立し，「議論・交渉フォーラム」という法

構想を理論的に基礎づけ具体的に展開するにあたってきわめて重要な課題である。「議論・交渉フォーラム」という法構想は、「強制的命令システム」という法の見方に代わる理論として提示するものであるが（第1章3参照）、法の規範的機能に関して、命令説を斥け、理由指図説をとっていることから（64頁参照）、法が強制的「命令」システムであることは否定するけれども、法が「強制的」システムであることまで否定する趣旨ではない。「強制的命令システム」批判の主眼は、命令説に代表されるような、法の強制的特質に関する従来の支配的な理解を是正し、法規範の指図する一般的理由に人びとが自主的に準拠して多様な法の社会的機能の実現に相互主体的に関与する「議論・交渉フォーラム」という法構想と整合的な「強制的システム」像を再構築する必要があることを明らかにすることであった。H. L. A. ハートの表現を借りるならば、法システムを「強制的なシステムにおける自発的な協働」[1]を確保・促進するための制度的仕組みと理解できるように、法システム全体のなかに強制的サンクションの役割を適切に位置づけることが、「議論・交渉フォーラム」という法構想の基礎づけと展開にとって不可欠の理論的前提なのである。本章では、このような問題関心から、法的強制の基本的特質をどのように理解し、法システムの構造や機能の解明において強制の契機をどのように位置づけるのが適切かについて、最近の問題状況と争点を整理し、基本的な考え方を示したい。

2 法的サンクションの特質

一般に法が強制的であると言われる場合、法規範の違反に対して、刑罰や損害賠償[2]など、究極的には物理的実力の行使によって、それが向けられる者の意に反しても実現されるサンクションを規定しているという、法の一般的特徴がほぼ共通に念頭におかれているとみてよいであろう。だが、より具体的に、この一般的特徴のどの側面に焦点を合わせて法的強制の特質をとらえるか、また、強制・サンクション・実力行使の相互関係をどのように考えるかについて

---

1) H. L. A. Hart, *The Concept of Law* (1961), p.193 （矢崎光圀監訳『法の概念』（みすず書房、1976年）216頁）。

2) 刑罰と損害賠償をともに法的サンクションの典型的形態と理解することについては、わが国をも含めて大陸法系諸国では、民事上の損害賠償が抑止・非難というサンクション機能をもつことを否定する伝統的見解からは異論のあるところである。この問題に関する議論については、本書第8章3②参照。

は，かなり見解が分かれている。そして，このことが議論の無用の混乱を招いている観もあるので，まず，基本的な諸観念を一通り整理しておく必要がある。

　法と強制の関係についての具体的争点をめぐる見解の不一致にもかかわらず，刑法や民法の規定など，伝統的に典型的な法規範とみられている法規の大多数あるいは中心的部分が，究極的には物理的実力の行使によってその実現を保障されたサンクションを規定しているということについては，ほとんど異論がない。それ故，このような法的サンクションの観念を中心にすえて，法における強制・実力・サンクションの相互関係を明らかにすることによって，法システム全体の強制的性質をどのように理解するのが適切かを検討することからはじめよう。

　法的サンクションは，社会的サンクションの一形態であるが，社会的サンクションは，一般に，社会規範の遵守ないし違反に対して，その規範の遵守を確保・促進する意図でもってなされる一切の反作用と理解されている。社会的サンクションは，社会規範の違反を非難したり思いとどまらせたりする意図で，一定の価値・利益を剥奪したり一定の反価値・不利益を賦課したりする「否定的（negative）」サンクションと，社会規範の遵守を是認したり促進したりする意図で，報償などを与える「肯定的（positive）」サンクションに分けられ，刑罰や損害賠償などの法的サンクションは，前者の代表的事例とされている。

　だが，法的サンクションを否定的サンクションだけに限定しなければならない必然性は，論理的にも歴史的にもない。ローマ法において肯定的サンクションが用いられた実例があるし，また，後ほどみるように，現代法の機能拡大に伴って，その実効性確保のために肯定的サンクションを用いる法令が増え，否定的サンクション，とくに刑罰に偏った従来の法的サンクション理論の再検討が求められているのが実情である。とはいえ，現在のところ，法的サンクションとして中心的な位置を占めているのは否定的サンクションであり，法と実力行使や強制権力との関係をめぐる原理的問題が最も尖鋭化された形であらわれるのも否定的サンクションにおいてである。それ故，法的サンクションをめぐる現代的問題状況を理解するためには，まず，否定的な法的サンクションに限定して一通り考察した上で，肯定的サンクションをも視野に入れた検討へ進むのが適切であろう。

　刑罰・損害賠償などの否定的な法的サンクションについて，道徳・宗教など

の他の社会的サンクションから区別する主な特質として説かれているものをみると，大体，次の三点がほぼ共通して挙げられている[3]。

第一に，たんなる嘲笑・非難のような漠然とした批判的反作用ではなく，生命・自由・財産の剥奪，法的権利・資格の剥奪，法的義務の賦課など，社会的に重要な意義があると通常考えられている害悪を加えるものであること。

第二に，サンクションの条件・内容・手続などが相対的に精確に規定され，サンクションを行いうる主体も特定化され，サンクションが社会的に組織化されていること。

第三に，サンクションの重要部分について，究極的には物理的実力の行使によって，それに対する抵抗を排しても実現されることが保障されていること。

3 法的強制の多義的構造

他方，強制という観念は，基本的に自由と対立する観念であるが，その意味内容はかなり複雑であり，以上のような法的サンクションとの関連では，おおよそ次の三つのことを意味するものとして用いられている[4]。

(i)法規範の違反を思いとどまらせその遵守を確保する意図でもって行われる，サンクションの規定による抑止作用。

(ii)物理的実力の行使によるサンクションの実行行為。

(iii)サンクションの実現が，究極的には物理的実力の行使によって，それが向けられる者の意に反しても行われることが保障されていること。

---

3) 以下の三つの特質は，法理学・法社会学・法人類学などの代表的な文献における法的強制・サンクションについての見解を比較対照しながら整理したものであるが，法理学に関しては主として以下の諸文献に依っている。H. Kelsen, *Reine Rechtslehre*, 2. Aufl. (1960), Hart, *The Concept of Law*（前出注1）(『法の概念』), J. Raz, *The Concept of a Legal System* (1970)（松尾弘訳『法体系の概念』（慶応義塾大学出版会，1998年）, J. Hall, *Foundations of Jurisprudence* (1973), 加藤新平『法哲学概論』（有斐閣，1976年）。

4) 以下の三つの意味も，主として前出注3に挙げた文献を比較対照して整理したものであるが，その他，とくに H. Oberdiek, The Role of Sanctions and Coercion in Understanding Law and Legal Systems, in *American Journal of Jurisprudence*, Vol. 21 (1976) における分析からも示唆を得た。なお，法的強制の形態を「物理的強制」と「心理的強制」に分けることもよく行われているが，物理的強制は(ii)（および(iii)）の意味での強制を，心理的強制は(i)の意味での強制を，各々念頭においたものと理解してよいであろう。

これら三つの強制の意味は相互に交錯し密接に関連しているから、通常は厳密に区別せずに用いられている。だが、いずれを重視するか、また、強制の意味のなかにどれだけ含ませるかによって、法システム全体の強制的性質や法的強制の特質の理解にもかなり重要な相違が生じることに注意する必要がある。

　法的サンクションの強制的性質は、概して、(ⅱ)ないし(ⅲ)、あるいはこの両者にウエイトをおいて理解されており、従って、法的強制は少なくとも究極的には実力行使を必然的に伴っているとされ、法全体の強制的性質も承認されているとみてよいであろう。だが、法的サンクションの本来的意図は、(ⅰ)の意味での強制が功を奏し、法規範が、この意味では強制されているにもかかわらず、自発的に遵守される状況を確保することにある。(ⅱ)の意味での強制は、(ⅰ)の抑止作用が実効的に働かなかった場合にのみ行われる例外的で第二次的なものであり、このような物理的実力の現実の行使が少なければ少ないほど、法的観点からは望ましい。また、サンクションの規定による法規範遵守の確保という意図は、法的義務違反の存在という条件と表裏一体の関係にあり、租税とか伝染病患者の強制的隔離などから法的サンクションを原理的に区別するためにも、不可欠のメルクマールとされている（265頁参照）。

　以上のような法的サンクションの特質を明確にするためには、(ⅰ)の意味での強制のもつ独自の第一次的意義に対して正当な配慮がなされるべきであるけれども、後ほど説明するように、このような法的サンクションの規定による抑止作用は過大評価されてはならない。また、このことを理由に、法的強制の意味を(ⅰ)だけに限定したり、法的サンクションと実力行使の関連や法全体の強制的性質を否定したりするのも短絡的である。サンクションの規定による抑止作用という(ⅰ)の意味での強制自体は、程度の差こそあれ、道徳・宗教などの他の社会規範の場合にも共通にみられ、この点に法的サンクションの法独特の特質を見出すことはできない。法的サンクションや法全体が強制的であるという場合、やはり、物理的実力の行使ないしその可能性との関連が決定的に重要な意義をもっていることは否定し難い。法的サンクションの規定による抑止作用も、このような実力行使の可能性を背景としてはじめて、法独特の効果をもち、他の社会的サンクションと区別できるものとなると考えるべきであろう。

　(ⅰ)の意味での強制は、法的サンクションの不可欠のメルクマールではあるが、法独特の強制的性質を浮き彫りにするには、漠然としすぎていて不十分である。

図6-1 法的強制の仕組み

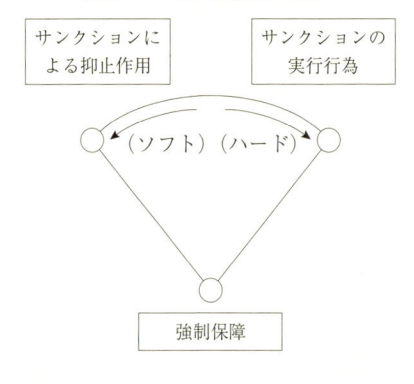

```
  サンクションに        サンクションの
  よる抑止作用          実行行為
       ○←―――――――→○
         (ソフト)(ハード)
              ＼    ／
               ＼  ／
                ○
              強制保障
```

だが，逆に，物理的実力行使そのものである(ii)の意味での強制は，法的サンクションや法システム全体の強制的性質を最も鮮明にあらわすものではあるが，このような実力行使との直接的関連を基軸にすえて法システム全体の強制的性質をとらえることは，法的強制の第二次的な極限的形態を強調しすぎて，その全体的特質を歪めてしまいかねない。それ故，法システム全体および法的サンクションの強制的性質のメルクマールとしては，(iii)の意味での究極的な強制保障という緩やかな形態で十分であろう。

以上のように，法的サンクションが強制的であることの意味を，三つの意味のいずれかに限定して，法的サンクションや法システム全体が強制的であるか否かを論じるよりも，むしろ，基本的に三つの意味のいずれをも含んでいると理解した上で，法的サンクションや法システム全体の強制的性質が問題とされる個々の論点ごとに，いずれの意味に焦点を合わせて考えるのが適切かという議論領域依存的アプローチをとるほうが，稔り多い議論ができるであろう[5]。

従って，法的強制の全体的特質は，このような多義的構造をふまえた上で，図6-1のように，(iii)の意味での強制保障をいわば要として，サンクションの威嚇による抑止作用という(i)の意味でのソフトな強制の段階から，現実の実力行使という(ii)の意味でのハードな強制の段階に至るまで，扇状的に拡がるものとしてとらえるのが適切である。

2　法的強制，実力規制，国家権力

1　法と実力の関係

人間社会の現実的諸条件のもとでは，法システムは，諸々の目的や機能を実

---

[5]　法的強制・サンクションの意義を，刑罰，損害賠償，無効，行政罰，租税などとの関連でどのように理解するかをめぐる議論については，田中成明『法的空間：強制と合意の狭間で』（東京大学出版会，1993年）144-46頁，179頁参照。

現するにあたって究極的には実力行使を伴う強制的サンクションを何らかの仕方で用いざるをえない場合が多い。それ故，実定法が実力行使を伴う強制的サンクションと内面的に深く結びついていることは，法システムを全体として他の社会規範から区別する重要な基本的属性であるとみてよいであろう。

問題は，このような実定法と強制的サンクション，とくに実力行使との関連について，どの側面が法独特のものであると理解するかである。具体的には，既述の法的サンクションの三つの特質（192頁）と関連づけて言うならば，法的サンクションの社会的組織化，つまり実力行使の法的規制という第二の側面と，法的サンクションの実現の実力による保障，つまり実力による法の強制保障という第三の側面のいずれにウエイトをおいて法的強制の特質をとらえるかという問題である。

法理論の対立状況をみると，イギリス分析法理学においては，J. ベンサムやJ. オースティンの「主権者命令説」以来，実力による法の強制保障という側面にウエイトをおき，しかも，このような強制を実定法の不可欠のメルクマールとみる見解が支配的であった。だが，J. ラズらの現代分析法理学者の場合には，法の強制的性質は「法への服従および法の適用が，究極的には実力行使によって，内面的に保障されていること」[6]と理解され，分析法理学の伝統は受け継がれているものの，もはや，このような強制は，重要ではあるが，実定法の不可欠のメルクマールとはされていない。

他方，H. ケルゼンなどは，強制の契機が実定法の決定的メルクマールだとしつつも，「法が強制的秩序であるというのは，法が……物理的強制を行使するという意味においてではなく，法がその規定する諸条件の効果として強制作用……を定めているという意味においてである」[7]と，実力行使の法的規制という側面にウエイトをおいている。また，K. オリィヴェクローナやA. ロスなどの北欧のリアリズム法学も，法が実力によって保障されるという見解を形而上学的ないしイデオロギー的なものと批判し，実力の行使に関するルールという側面こそ実定法の決定的な要素であると説いている[8]。

実力による法の強制保障と実力行使の法的規制とは，どちらも法システムの構造や機能の解明において無視できない側面であり，相互依存的でもある。そ

---

6) Raz, *The Concept of a Legal System*（前出注3），p. 3（『法体系の概念』3頁）。
7) Kelsen, *Reine Rechtslehre*（前出注3），S. 36-37.

れ故，実定法のメルクマールとしていずれの側面を決定的とみるかは，法システム全体をどのような観点からとらえるかというアプローチの相違によって強く規定されている。法動態への相互主体的視座を確立し，「強制的命令システム」から「議論・交渉フォーラム」へと法構想を転換するという，第1章で説明した観点からは，この論点をめぐる最近の理論展開をふまえて，以下のように理解するのが適切だと考えられる。

　法システムを全体としてみた場合，それが究極的には実力による強制保障によって支えられているという側面は，基底的ではあるが，法システムが円滑に支障なく作動している限り，背後に退いている。また，実力による強制保障という側面は，法規範遵守の直接の動機づけとして過大評価されてはならない。さらに，後ほど説明するように，法規範のなかには，その強制保障と直接的に関連することなしに存立し機能を発揮するものも少なくない。

　しかも，このような法の強制保障に関わる実力はどのようなものでもよいというわけではなく，"法的に"重要なことは，強制保障を行う実力およびその行使の具体的な形態である。実定法システムが道徳・宗教などの社会規範や国家権力の裸の命令・強制から明確に区別され，その自立性を確保できるためには，法システムがたんに実力による強制保障を伴っているだけでは不十分であり，強制保障に関わる実力の存在とその行使が社会的に組織化され，法そのものによって規制されていることが不可欠である。法的強制の"法的"たる所以は，実力の存在とその行使がこのように法的に規制されている側面にみられるのであり，この実力規制という要件が充たされていてはじめて，実力による強制保障ということも，法規範の遵守の確保というその本来のねらいを実効的に達成できるのである。

　法が"平和秩序"と言われるのは，このように，実力行使の規制に深く関わりながら生成し発達してきたからである。現代法システムのもとでも，公私の実力行使を原則として禁止し，限られた場合に一定の条件のもとで所定の手続に従った実力行使のみを許容ないし要求することが，実定法システムの果たすべき最小限の役割である。現代法システムは，実力行使の規制にとどまらず，

---

　8) K. Olivecrona, *Law as Fact* (1939), pp. 128-36（碧海純一＝太田知行＝佐藤節子訳『事実としての法』（勁草書房，1969年）125-32頁), A. Ross, *On Law and Justice* (1958), pp. 52-58 参照。

人びとの能力を拡大・解放して，その自発的な活動を促進し，多様な経済的・文化的機能をも果たすようになってきているけれども，法システムがこのような多様な機能を円滑に果たすこともまた，公私の実力行使の法的規制が実効的に行われていてはじめて，それを基盤として可能となるのである。

　法と実力の関係を，以上のように，実力行使の法的規制という側面にウエイトをおいて理解するならば，実力や実力による強制自体は，法内在的なものではなく，法外在的なものであり，基本的に国家権力の問題であり，法固有の問題は，実力行使やそれを伴う強制権力の規制の仕方にあるということになる。

2　法的強制と国家権力

　実定法のメルクマールとしての強制をめぐるもう一つの重要な争点は，強制的な法的サンクションは国家の強制権力によるものだけに限定されなければならないかどうかである。

　従来の法理論においては，「国家によって実行される強制が法の絶対的な標識であり，法的強制を欠いた法規は自己矛盾であり，燃えざる火，輝かざる光である」[9]というR.イェーリングの見解などに代表されるように，国家の強制権力による保障を実定法の不可欠のメルクマールとする見解が支配的であった。だが，現在では，このような見解は，通俗的な法イメージとしてはなお根強い支持を得ているけれども，法理論にまで洗練されたものに限ると，マルクス主義法理論が国家権力による強制保障を法の本質的メルクマールとして強調することなどを除けば，その支持者は意外に少ない。

　国家権力による強制保障を実定法の不可欠のメルクマールとする見解に対する批判は，20世紀に入って，主に法社会学や法人類学の領域からはじまった。例えば，法を国家的強制秩序とみる従来の国家的な法の見方を批判して「生ける法」の観念を提唱したE.エールリッヒは，先ほどのイェーリングの見解を揶揄しながら，国家の刑罰や強制執行はごく限られた規模で例外的に効力を発揮するにすぎず，社会団体の他の無数の強制手段のほうがはるかに強力であり，多くの人びとは，国家の権力的手段による統制を待つまでもなく，法に自発的に従っていることを強調した[10]。少し遅れて，人類学者B.マリノフスキーも，

---

9) R. v. Jhering, *Der Zweck im Recht*, 2. Aufl. (1884), Bd. 1, S. 322.

未開社会の法を犯罪者に加えられる刑罰に焦点を合わせて刑事法中心にとらえる従来の見解を批判して，個人・集団間の権利義務関係を，部族の処罰などの外部的サンクションによってではなく，相互依存関係の存在やまわりの人びとが見守っていることなど，「互恵性」と「公知性」という社会固有のメカニズムによっていわば内面的に規制する民事法が，未開社会にも存在することを強調した[11]。

　このような法社会学・法人類学の動向は，現代法システムの分析においても，国家の強制権力の行使と直接結びつかない法の作動や次元を重視する見解が台頭してきていることと軌を一にしているところがある。例えば，H. L. A. ハートは，「法の第一次的な機能は，裁判所外での生活を規制し，導き，計画するために法が用いられる様々の仕方のなかにみられるべきだ」[12]と，ケルゼンの強制的秩序モデルを批判している。L. L. フラーも，法をもっぱら国家の強制権力の行使ととらえる支配的な法理論が，法を「権威の一方的投射」として「垂直的次元」しかもたないとみていることを批判し，法が「市民間に秩序だった相互作用を作り出し，自己規律的な活動に信頼できる指針を提供する」という「水平的次元」ないし「社会的次元」をもつとみる「相互作用的な法の見方」を提唱する[13]。

　法的強制の特質を，すでにみたように，実力行使の法的規制という側面にウエイトをおいて理解するならば，法的な強制的サンクションは，社会的に組織化されていることが不可欠であるが，国家の強制権力によるものだけに限定する必要はない。それ故，法的強制を必ずしも国家権力の行使と結びつけずにとらえようとする最近の法理論の動向が基本的に支持されるべきであろう。

---

　10)　E. Ehrlich, *Grundlegung der Soziologie des Rechts* (1913), S. 49-66（河上倫逸＝M. フーブリヒト訳『法社会学の基礎理論』（みすず書房，1984年）55-75頁）参照。
　11)　B. Malinowski, *Crime and Custom in Savage Society* (1926) ; Malinowski, Introduction to H. Ian Hogbin, *Law and Order in Polynesia* (1934)（青山道夫訳『未開社会における犯罪と慣習』（ぺりかん社，1967年）参照。もっとも，マリノフスキーの用いる法の概念は幾度か変化していることにも注意する必要がある。
　12)　Hart, *The Concept of Law*（前出注*1*），p. 39（『法の概念』44-45頁）。
　13)　L. L. Fuller, *The Morality of Law*, rev. ed. (1969), Ch. V ; Fuller, Human Interaction and the Law, in Fuller (K. I. Winston ed.), *The Principles of Social Order* (1981) 参照。

3　法的強制の組織化の意義

　法的強制の決定的特質を，実力行使の法的規制という側面にウエイトをおいてとらえる場合，法的強制を必ずしも国家の強制権力によるものだけに限定する必要はない。けれども，一定の規範違反に対して，実力行使を伴った強制的サンクションが加えられるというだけでは，まだその強制的サンクションを"法的"サンクションとしてとらえることはできず，その強制的サンクションが社会的に組織化されていることが不可欠である。そして，このような強制的サンクションの社会的組織化の要件としては，サンクションの条件・内容・手続などが相当精確に規定され，サンクションを行いうる主体も特定化されることによって，サンクションが一定の規則性・類型性を示すほど定型化されていることと，そのようなサンクションを行うことの正統性が社会の一般的承認を受けていることという，二つの相互に関連した要件が中核的な位置を占めている[14]。

　法的強制の特質をこのように理解するならば，たとえサンクションを行うための特別の強制的権力装置が存在していなくとも，自力救済的あるいは私的制裁的な強制が以上のような要件を充たしている場合には，少なくとも萌芽的形態の法的サンクションとみなしてよいであろう。例えば，原始社会にみられた復讐や贖罪手続は，法的サンクションの萌芽的形態と位置づけることができる。他方，警察官・裁判官・執行官などの特別の国家的強制装置による，高度に組織化されたサンクション方式は，法的サンクションの典型的形態と位置づけられる。

　法的な強制的サンクションをこのように国家権力と切り離して緩やかに理解することは，法動態の比較史的分析，とくにいわゆる"国家なき社会"における法現象の解明に不可欠であるだけでなく，現代社会における自治型法の生成過程や国家権力の法的規制の特質の解明にとっても重要な意義をもっている。

　まず，高度に組織化された現代法システムのもとでも，自力救済的あるいは私的制裁的な強制が，法規範の遵守の確保や法・権利の生成・発展において果たしている独自の役割に正当な法理論的位置づけを与えることが可能となる。例えば，わが国における日照権などの新しい権利の生成過程に典型的にみられ

---

　14)　法的強制の二つの要件とその相互関係についての説明は，基本的に加藤『法哲学概論』（前出注*3*）363-425頁，とくに386-89頁，419-22頁に依っているところが多い。

たように，私人が自力救済的な強制手段に訴えることによって，法動態の創造的展開に社会レベルで主体的に参加できる可能性とその意義は，一般に考えられている以上に大きいことに注目すべきであろう（第7章3参照）。

さらに，法的な強制的サンクションの以上のような理解は，現代法システムのもとで強力な国家的強制装置によって実行される強制的サンクションについても，それが"法的"サンクションたりうるのは，決して国家の強制権力の行使であるからではなく，そのサンクションが組織化・定型化され，正統性の社会的承認を得ているからに他ならないということを含意している。いかに強力な国家的強制装置によって効率的に，一切の抵抗を排して行われる強制であっても，それが手続・内容ともに何らの規準・制約にも従わずに，全くアド・ホックに行われるものであるならば，それは，法的サンクションとも，法の実現とも考えられず，むしろ恣意専断として非難されるのが通例であろう。

たしかに，今日，法規範や法的サンクションの多くが，究極的には国家の強制権力の行使によって実現されるということは否定し難い。だが，このことから，逆に，国家の強制権力の行使によって実現されるものがすべて法ないし法的サンクションであるとは言えない。国家の強制権力は不法に発動されることもあり，この場合，裸の権力行使によって法が作り出されるわけではないのである。

国家の強制権力の行使が"法的"サンクションでありうる理由を以上のように理解することによってはじめて，「法の支配」の核心的要請内容の的確な説明が可能となり，実定法と国家権力との区別・関連もまた明確になるのである[15]。

---

15) このような理解については，六本佳平「法社会学における法の概念」潮見俊隆編『社会学講座9：法社会学』（東京大学出版会，1974年）43頁における次のような指摘参照。「法規範であれば多くの場合国家権力……の発動によって強制的に実現されうる（法規範の中には強制的に実現されえないものがあるが）とは言えるとしても，逆に国家権力によって事実上強制的に実現されるものが全て法規範だとは言えないであろう。国家権力は不法に発動されることもありうる。そのような場合には，それは，裸の権力行使にすぎず，裸の権力行使は決して'法'を作り出さない。法規範は国家権力の行使を拘束しているのである。法を政治権力の強制によって理解することは，〈法〉と〈政治〉との区別を困難にし，'法に従った統治'の観念を説明し難くする。」

3 多様な法規範と強制との関連

1 二系列の見解の対立

　実定法システムの全体構造の解明において，強制の契機，具体的には強制的サンクションにどのような位置を与えるべきかという問題も，現代法システムの機能の多様化と構造変容に伴って，再検討を迫られている重要な争点である。

　かつてベンサムやオースティンらは，すべての法規範に強制的サンクションが伴っており，強制がこのような意味では実定法の不可欠のメルクマールだと考えていた。だが，法規範の種別や法システムの構造の分析が精細化し，とくに組織規範や権能付与規範が独自の規範群としてクローズアップされてくるにつれて，各種の法規範と強制的サンクションとの関連，法システムの全体構造における強制の位置についても，見解の相違がみられるようになってきている。組織規範や権能付与規範と強制的サンクションとの関連をどのように理解するか，見解の対立の目立つところであるが，この対立は，法システムの全体構造の解明において行為規範と裁決規範のいずれを第一次的なものとみるか，また，法的強制の決定的特質を実力による法の強制保障と実力行使の法的規制のいずれの側面に求めるかという問題とも密接にからんでいる。

　大別すれば，二つの系列が対立している。その一つは，法システムの構造の解明において行為規範を第一次的なものと考え，法的強制の決定的特質を実力による法の強制保障に求め，強制的サンクションを結びつけることによって一般私人に法的義務を賦課する行為規範を中心に，法システムにおける強制の位置を理解しようとする系列である。いずれかと言えば，これが伝統的な立場であり，ベンサム，オースティンからハート，ラズらに至るイギリス分析法理学者がこの系列を代表している。もう一つは，法システムの構造の解明において裁決規範を第一次的なものと考え，法的強制の決定的特質を実力行使の法的規制に求め，裁判所その他の法適用機関に強制的サンクションの条件・内容・手続などを指図する裁決規範を中心に，法システムにおける強制の位置を理解しようとする系列である。ケルゼン，オリィヴェクローナ，ロスらがこの系列を代表している。

　いずれの系列においても，それが極端になると，上述のそれぞれの形で強制

的サンクションと直接関連しない法規範を，強制的サンクションと直接関連する法規範に何らかの仕方で還元したり，不完全ないし従属的な法規範，さらに，そもそも法規範たる資格をもたないものと位置づけたりすることによって，すべての種類の法規範と強制的サンクションとの関連を一元的にとらえようと試みられがちである。けれども，これらの試みは，法システムにおける強制の役割を過大評価して，法規範と強制的サンクションの直接的関連に固執するあまり，とくに組織規範や権能付与規範など，強制的サンクションと直接関連しないこともある各種の法規範がそれぞれ果たしている独自の規範的・社会的機能を正当に位置づけることができず，法システムの全体構造について歪曲された一面的な見方しか提示できない。各種の法規範と強制的サンクションとの関連づけ，法システムの全体構造における強制の位置づけにおいて重要なことは，各種の法規範の独自の機能を歪めることなく，それらを有機的に関連づけて統合的にとらえうる，バランスのとれた法の全体像を提示することである。

2　ケルゼンの一元的な見解をめぐって

　各種の法規範と強制的サンクションとの関連について比較的単純明快な一元的見解を提示しているのはケルゼンであり，この問題をめぐる最近の議論も彼の見解の検討を中心に展開されている。

　ケルゼンは，その著『純粋法学（第2版）』[16]によれば，実定法を一定の諸条件の効果として強制作用を規定するという意味で強制的秩序とみており，そこから，強制作用を定める一般的規範だけが自立的規範であり，それだけで完全な法規範としての性質をもつのは，この自立的規範だけだと論断する。それ以外の諸々の規範は，自立的規範の定める強制作用を執行するための諸条件のある一部分を定めているにすぎず，自立的規範と結びついてはじめて法規範としての意味をもちうるのであり，それ故，非自立的規範だとされる。例えば，ある行為規範が一定の行態を指図し，裁決規範がこの行為規範の不遵守にサンクションを結びつけている場合，行為規範は，自立的規範ではなく，本質的に裁決規範と結合しており，裁決規範がサンクションを結びつける条件を消極的に規定しているにすぎない。従って，裁決規範がこの条件を積極的に規定してい

---

[16]　Kelsen, *Reine Rechtslehre*（前出注3），S. 52-53, 55-59 参照。

るときには，行為規範は立法技術的観点からは余計なものとされる。また，立法を規制する憲法規範，裁判や行政の組織・手続を定める規範など，組織規範あるいは公的権能付与規範は，強制作用の執行を正当化し許容するための諸条件のある一部分を定めており，長々とした先行条件ないし条件節の一環をなしているにすぎないとされる。ケルゼンは，これらの例からも分かるように，各種の法規範と強制的サンクションとの結びつきを，すべて強制作用の一般的な規定とその個別的執行と関連づけて，かなり強引に一元的に理解しようとしている。

　以上のようなケルゼンの見解が，各種の法規範と強制的サンクションとの結びつきについて，それなりに一つの明快で統一的な説明を与えていることは否定し難い。また，強制的サンクションの規定と執行に焦点を合わせることも，実力行使の法的規制という法的強制の決定的特質がそこにおいて最も鮮明に典型的な形であらわれることを考えるならば，それ相応の理由のあることは認めざるをえない。

　だが，強制的サンクションの規定と執行において法的強制の決定的特質が最も鮮明かつ典型的にあらわれるということは，必ずしも法システムの全体構造の解明においてそこに焦点を合わせることを十分に正当化するものではなかろう。法システムの全体構造の解明において強制的サンクションの占めるべき位置そのものが問題となっているのだから，強制的サンクションの規定と執行を中心にすえて，各種の法規範の機能をすべてそれと関連づけて説明するのは，一種の論点先取であろう。むしろ，法システムを組成している各種の法規範が，その独自の機能を果たすにあたって，強制的サンクションとどのように関連しているかをそれぞれまず明らかにした上で，それらを統合的に説明することが求められているのである。このような観点からみると，ケルゼンの見解は，明快性と統一性を得る代償として，法システムの全体構造を一面的に歪めており，バランスのとれた法の全体像を与えているとは言い難い。

　ケルゼンの見解の根本的な欠陥は，H. L. A. ハートや加藤新平が指摘しているように[17]，各種の法規範と強制的サンクションとの関連を，すべて強制的サンクションを定める裁決規範とその執行と結びつけて説明しようとしてい

---

17) Hart, *The Concept of Law*（前出注 *1*），pp. 39-40（『法の概念』44-45頁），加藤『法哲学概論』（前出注 *3*）380頁参照。

ることと，法の強制的性質の理解においてもっぱら実力行使と法規範の直接的関連だけを問題にしていることという，相互に規定し合っている二つの点にみられる。このような偏りを是正するためには，むしろ，各種の法規範と強制的サンクションの関連については，行為規範レベルでの結びつきを第一次的なものと理解して，しかも，その場合，究極的な強制保障という背景的な緩やかな結びつきを出発点にすえて考えてゆくのが適切であろう。

3 両系列の統合をめざして

このような方向にそって，ケルゼンの見解の批判にとどまらず，それにとって代わるべき統一的な見解を展開しているのが J. ラズである。

ラズは，その著『法システムの概念』において，義務を賦課する第一次的ルールと権能を付与する第二次的ルールの結合として法システムの構造を解明したハートの見解を承継発展させ，法システムを組成する各種の法規範の分類やそれらの相互関係について精細な分析法理学的解明を試みている。ラズは，強制が法において特別の重要性をもっているとみる立場をとるが，同時に，必ずしもすべての法的サンクションが強制的なものではないこと，また，すべての法的義務がサンクションによって裏付けられているわけではないことを認める。そして，行為規範レベルでの義務賦課的法規範が強制的サンクションによって裏付けられているという，ケルゼンが法理論的考察の外においていた関連を法システムの全体構造の解明の基底にすえ，立法権能付与的法規範ですら，概念上，何らかの強制的サンクションの存在をきわめて間接的な仕方で前提にしており，強制は，何らかの義務賦課的法規範への服従の標準的な理由であるという意味において，法システムの究極的基礎だと主張する[18]。

ベンサムやオースティンらの分析法理学においては，行為規範レベルでの法規範と強制的サンクションの関連が，主として法規範遵守の動機という観点から論じられ，不当な一般化ないし単純化が行われがちであったことは否定できない。だが，このことを理由に，ケルゼンらのように，行為規範レベルでの法規範と強制的サンクションの関連を全く法理論的考察の外に放逐してしまうのは，行き過ぎであろう。たしかに，行為規範レベルでの強制的サンクションと

---

18) Raz, *The Concept of a Legal System* （前出注 *3*）とくに pp. 165-66, 185-86（『法体系の概念』193-94頁，217-19頁）参照。

の関連は，裁決規範レベルでの強制的サンクションの規定やその執行に比べれば，より間接的であり，明示的に規定されていないことも多く，その関連を法の全体構造の解明の前景にすえるのは不適切であろう。けれども，法的サンクションの第一次的抑止作用を正しく位置づけるためには，規範論理的に行為規範が裁決規範に先行すべきであること，また，法的強制の全体的特質を強制保障という緩やかな形態を要に理解することに対応して，法システムの全体構造の解明においても，行為規範レベルでの強制的サンクションとの関連に，いかに緩やかで後景に退いたものであれ，第一次的な基底的位置づけを与えることが整合的である。

だが，このように，行為規範レベルで義務賦課的法規範が強制的サンクションによって裏付けられているという関連を基底にすえることが，法システムの全体構造における強制の位置づけの出発点として不可欠だとしても，だからといって，すべての種類の法規範について，このような基底的関連と何らかの形で結びつけて一元的に説明する必要はない。とくに組織規範とか公的権能付与規範のなかには，このような行為規範レベルでの強制的サンクションと無理矢理関連づけて説明しても全く意味がなく，不自然なだけであるものが少なくない。また，強制的サンクションと関連している場合でも，むしろ，強制的サンクションの授権ないし許容という，ケルゼンが焦点を合わせた側面を主な機能とする法規範も多い。従って，ラズのようなアプローチを出発点としつつも，ケルゼンのようなアプローチによって補完ないし修正し，第一次的行為制御と第二次的権力制御の双方とそれぞれ関連づけて強制的サンクションの役割を位置づける二元的な理論構成によらないことには，各種の法規範と強制的サンクションの関連を適切に説明し，法的強制の多義的構造を統合的にとらえる法システムの全体像を得ることはできないのである。

4 現代法の機能拡大と強制の位置づけ

1 強制的サンクションの位置づけの見直し
(1) 強制的サンクションの過大評価への批判

実定法システムにおける強制の特質や位置の再検討が求められているのは，本章3でみたように，多様な法規範と強制的サンクションの関連をどのよ

に統合的に理解すべきかについての法理学的な考察の進展の結果だけによるものではない。より一般的な背景として、現代社会における法システムの社会的機能の拡大・多様化に伴って、法的強制に関する理論的・経験的研究が精細化し、従来の法理論が法遵守の動機や法の機能発揮において強制の占めるウエイトを過大評価しがちであったことに対する疑問や批判が高まってきていることによるところも大きい。

　法システムの構造的・機能的特質の解明において強制の契機が論じられる場合、従来の議論においては、強制的サンクションによる威嚇やその実行に焦点を合わせたアプローチが支配的であった。だが、このようなアプローチについては、法を国家権力が強制的サンクションを用いて人びとの行動を義務づけ規制する命令システムととらえる見方に対して一般的に指摘したように（第1章3①参照）、一般の人びとが法的規制の客体として受動的に法システムに関わり合う側面が前景にあらわれ、法システムを用い動かす主体であるという側面が後景に退きがちであるという、法動態への相互主体的視座の確立にとって致命的な難点があった。また、法システムの社会的機能の理解についても、第2章4②で説明したように、社会統制・活動促進・紛争解決といった、近代法の基本的機能の意義や相互関係を的確に理解できないのみならず、資源配分的機能をはじめ、現代法システムのもとで拡大・多様化した社会的機能全体を総合的に解明することがもはや不可能となっているのである。

　ここでは、第1章3①における強制的命令システムという法の見方に対する批判や第2章4④における法の妥当根拠に関する実力説・強制説に対する批判と重複するところもあるが、現代法システムにおける強制的サンクションの位置づけの考察の一般的な前提として、従来の見解の見直しの基本的な方向を確認しておきたい。

　まず、強制的サンクションによる威嚇やその実行に焦点を合わせた従来の見方には、法遵守の動機として強制的サンクションの威嚇力を過大評価する結果として、法規範と強制的サンクションの関連についての不当な一般化あるいは単純化を招きがちであり、近代法システムの中心的機能とされていた社会統制機能すら必ずしも的確に理解できないという欠陥があった。強制的サンクションの威嚇力を必要以上に強調することに対しては、一般的に、法システム全体を通俗的な刑法イメージによって歪曲して理解しようとするだけでなく、限界

的かつ例外的な状況における法の機能に焦点を合わせるあまり、法システムが通常状態で機能している場合におけるその典型的かつ特徴的な特質を理解することができないという批判があてはまるであろう。

今日、刑罰による威嚇の一般予防効果すら、経験的に十分確証しえないと言われており、刑罰は他の実効的な代替的抑止手段がない場合に必要最小限用いられるべきだとする「刑法の謙抑主義」が説かれている（第8章**3**①参照）。そして、通常の場合における人びとの法遵守の動機としては、一般的な遵法意識、個々の法律の道徳的正当性や社会的有用性、権力や法律に対する惰性的服従、社会的な信用失墜や非難に対するおそれ、功利的な利害計算等々が、第一次的な位置を占めていることが一般的に承認されている。刑罰などの強制的サンクションは、これらの要因による動機づけが効果をもたない人びとに対して、あるいは、そのような場合において、最後の手段（ultima ratio）として働くにすぎない。このようなものとして、強制的サンクションは、たしかに重要でしばしば不可欠な手段ではあるが、H. L. A. ハートの言うように、「服従の通常の動機として必要とされるのではなく、自発的に服従しようとする人びとが、服従しようとしない人びとの犠牲にされない保障として必要とされる」[19]以上のものではない。

法システムの機能の理解をめぐる従来の議論において、強制の契機が大きなウエイトを占めていたことは、近代社会では、法の様々な機能のうち、私人相互間の違法行為の抑止と国家権力の規制による人びとの自由と安全の保障という、消極的な社会統制機能が前面にあらわれていたことによるところが大きい。法理論の主たる関心も、このような消極的な機能に向けられ、強制的サンクションに裏打ちされた義務賦課規範や、強制的サンクションの実行を授権ないし許容する規範などが法システムの機能の理解の中心にすえられ、その結果、強制の契機が必要以上に強調されがちとなっていたのである。

(2) **法の活動促進機能と強制との関連**

けれども、近代社会においても、法システムがこのような消極的な機能によってめざしたことは、第2章**2**③で詳しく説明したように、たんに人びとの自由を制限することではなく、それによって人びとの自由を促進し、その能力・

---

19) Hart, *The Concept of Law*（前出注 *1* ）, p. 193（『法の概念』216頁）。

エネルギーを拡大・解放するための公的枠組を確立・維持することであった。このことは現代社会においてもそのまま妥当する。法システムが通常の状態で作動している場合に主要な役割を果たしているのは，私人による自主的な法的関係の規整や法利用活動である。このような日常的な状況においては，私人に対して強制的サンクションに裏付けられた義務を賦課する規範や，裁判所に対して強制的サンクションの発動に関する指図を行う規範は背後に退いており，強制・実力という契機は，私人の自主的な法的活動を外面的に保障するという，不可欠ではあるが附随的な役割を果たしているにすぎない。

ところが，ベンサムやオースティンの「主権者命令説」などにみられるように，法を強制的サンクションの威嚇に裏打ちされた命令としてとらえたり，また，R. パウンドの「政治的に組織化された社会の実力の組織的行使による社会統制」[20]という法概念などのように，法を実力行使による強制的な社会統制手段としてとらえたりする場合には，法によるこの自主的活動促進機能に正当な位置づけを与えることができない。この点は，すでに指摘したように，強制的命令システムという，従来の法の見方の致命的な欠陥である。このような観点から，例えば，法を「人間の行動をルールの支配に服させようとする目的志向的な企て」とみるフラーは，法実証主義や，法を社会統制手段とみる見解について，法をもっぱら「人間の行動に対する一方的なコントロールの行使」ととらえる結果として，「市民間に秩序だった相互作用を作り出し，自己規整的な行動に対して信頼しうる指針を供する」という，法の相互作用的活動促進機能への配慮が欠けていることを厳しく批判する[21]。また，六本佳平は，法を社会統制手段としてとらえる見解の幾つかの難点を指摘した上で，「要するに，『力』を中心とする法の概念は，社会の成員が，自ら主体として，必ずしも国家機関の助けをかりることなく，相互の問題を解決し，関係を調整する或る特殊の『法的』な仕方を認定する基準を与えてくれない」と批判する[22]。

以上のような強制的サンクションの役割の過大評価の見直しと並行して，法遵守の確保にとって社会成員の合意・承認や自発的協力の重要性が説かれるようになってきている。例えばD. ロイドは，法の作動において強制の契機を強

---

[20]　R. Pound, *Jurisprudence*, Vol. 1 (1959), p. 16.
[21]　Fuller, *The Morality of Law* (前出注13)，とくに Ch. V 参照。
[22]　六本佳平『民事紛争の法的解決』(岩波書店, 1971年) 28-33頁参照。

調する見解に対して,このような見解は,「人びとが法に服従するのは,実力によってそのように強いられているからではなく,人びとが法の作動に同意しているか,あるいは,少なくともそれを黙認しているからであり,また,法システムを動かしているのは,何らかの実力の威嚇よりも,むしろこの同意である」ことを誤解していると批判する。彼は,「法的過程から実力を排除することではなく,むしろ,重点を強制的な服従から自発的な同意ないし黙認に移すこと」をめざし,法は,そのルール違反者に対して圧力を加えるために実力を用いることができるか否かに関係なく,それ独自の力で存在すると主張し,「法的強制の存在ということは,決して法の存在にとって不可欠のものではなく,たんなる附随的手続の問題に引き下げられる」べきだとする[23]。

ロイドのような見解は,それが逆に行き過ぎて,法システムの健全な作動において組織化された実力の存在そのものおよびその一貫した行使のもつ効果の過小評価に導かない限り,基本的に適切な方向であろう。このような問題をめぐる見解の対立の意義を評価するにあたって重要なことは,法システムがその多様な社会的機能を実現するための動態的な作動方式の理解において,強制・実力と同意・承認のいずれを重視するかということよりも,法システムの存立や健全な作動をめぐって強制・実力の契機と同意・承認の契機の間にみられる対立緊張と相互依存の複雑な関係を的確に理解することである[24]。

2 現代法の機能拡大と強制形態の変貌

(1) 法の機能の多様化と強制の後退

現代国家においては,すでに第2章2でみたように,法システムは,伝統的な社会統制・活動促進・紛争解決などの消極的機能に加えて,積極的資源配分機能をも果たすようになり,法の社会的機能が著しく拡大・多様化してきている。

このような現代社会における法システムの機能の拡大・多様化は,国家による強制権力の独占の堅固化とも相まって,法システムの機能発揮において強制

---

[23] D. Lloyd, *The Idea of Law* (1964), p.37(川島武宜=六本佳平訳『現代法学入門:法の観念』(日本評論社,1968年)35-36頁)参照。

[24] 法的空間における強制の契機と合意の契機の対立緊張と相互依存の複雑な関係の考察として,田中『法的空間』(前出注5)とくに第2章参照。

の占めるウエイトをますます低下させることになり，強制的サンクションに焦点を合わせた法システム全体の機能の理解を決定的に破綻させることになった。

　第一に，法システムが資源配分機能を果たす場合，様々の公共施設の建設とか各種の資源・サーヴィスの管理・配分のための一定の組織・手続を規定する法令が中心となる。これらの法令にも，必要に応じて強制的サンクションを規定する罰則が含まれていることもあるが，これらの法令の実現において決定的に重要なものは，予算による財政的裏付けである。また，法遵守の確保・促進のために，罰金などの否定的サンクションだけでなく，租税の優遇措置や補助金給付などの肯定的サンクションが用いられることが多い。それ故，このような資源配分的法令の機能を，強制的命令システムという従来の見方に従って，サンクションの威嚇によって法遵守を強制的に確保するという側面からとらえるならば，その主な機能を著しく歪めてしまうことは明らかである[25]。

　第二に，裁判による刑罰・損害賠償などの否定的サンクションの事後的個別的賦課を，一つの資源配分機能という観点からみた場合，法システムが直接・間接に関与している資源配分全体のなかで，このような否定的サンクションの賦課の占める比重は，近代社会の場合と比べて大きく低下してきている。このことは，行政機関を通じた各種の財・サーヴィスなどの資源配分が，その質・量とも飛躍的に増大してきているのに対して，裁判を通じた否定的サンクションという形での資源配分は，刑罰・損害賠償などに限定されており，近代社会の場合とほとんど変わりがないことによるところが大きい。裁判による強制的サンクションの発動に焦点を合わせた従来の法の見方においては，行政的な資源配分という，現代法が市民生活と最も密接に関わり合っている局面において果たしている諸々の日常的な機能はほとんど見落とされてしまうことになる。

　第三に，国家による強制権力の独占の堅固化に加えて，法システムの機能が多様化するにつれて，法的規準・手続に準拠した一定の権威的な決定自体が，その強制的実現を保障する実力行使からますます切り離されて自立化し，それだけで十分に機能を発揮できるようになっている。法的決定過程と法的執行過程の分化も進み，実力行使は背後に退き，法システムが様々の機能を発揮する場合にも，法的規準・手続に準拠した決定そのものが前面にあらわれるように

---

[25] V. Aubert, The Social Function of Law, in *Die Funkitionen des Rechts: ARSP*, Beiheft, Nr. 8 (1973), S. 92-97 参照。

なる。

このような法的決定過程の自立化に伴って,法システムの制度的特質の理解において,一般的に,実力行使によって法的サンクションを強制的に実現する法執行機関よりも,既存の法的規準に準拠して規範的状況を権威的に決定する法適用機関が,典型的な法的制度として位置づけられるようになってきている[26]。裁判所の位置づけについても,法執行機関の一環としてよりも,法適用機関としての独自性が強調され,強制権力の行使者という側面だけでなく,社会的サーヴィスの提供者という側面にも関心が向けられるようになる。また,裁判の機能についても,刑罰・損害賠償などの賦課による個別的事後的紛争解決という本来的機能に加えて,その判決が判例として確立されたり,裁判過程の展開そのものが政策形成過程全般に様々の形で影響を及ぼしたりするという,政策形成機能にも注目されるようになっている(第9章3参照)。

全般的に,裁判をはじめ法システムの機能の理解において,実力行使による強制という側面は,ますます背後に退き,代わって,"法の手続化"傾向とも言われるように,法的規準・手続に準拠した決定そのものやそこに至る手続過程が,法システムの作動の中心にすえられるようになってきているとみてよいであろう。

(2) 法と強制権力の緊張関係

以上のように,強制的命令システムという従来の法の見方が,現代法システムの社会的機能の拡大・多様化に伴って,強制・実力の過大評価,その視野の偏りや狭さの故に,致命的な欠陥を露呈し破綻してしまっていることは否定し難い。けれども,このことを理由に,法システムの機能の理解における強制の位置を一般的に軽視ないし無視するならば,それは明らかに行き過ぎであり,法システムの存立・作動と実力行使ないし強制権力の間にみられる緊張関係を見落とすことになる。

第一に,現代社会における法システムの機能の拡大・多様化によって,実定法と実力行使との原理的関係があいまいになってきていることに幻惑されないよう,十分な配慮が必要である。たしかに,今日,法システムは,逸脱行動の抑止や公権力行使の規制という消極的な機能だけでなく,様々の仕方で人びと

---

[26] J. Raz, *Practical Reason and Norms* (1975), pp. 132-37 参照。

の能力を解放・拡大し，その自発的活動を促進し，多様な文化的・経済的機能を果たすようになってきている。けれども，法システムがこのように多様に拡大された機能を円滑に果たすことは，公私の実力行使の法的規制が実効的に行われてはじめて，それを基盤として可能となるのである。私人相互間のものであれ，国家の強制権力によるものであれ，実力行使の法的規制ということが，法の機能がいかに拡大し多様化するにせよ，また，この側面がいかに背後に退こうとも，「法の支配」の要請のもとにある法システムの機能発揮において基底的な位置を占めていることには，いささかの変わりもないということが銘記されるべきである。

　第二に，資源配分機能の拡大をはじめ，法システムの社会的機能が多様化してくると，直接的には実力行使による強制と結びつかないとしても，公権力機関による私人の社会経済生活への配慮・介入が様々の法的な形式をとって行われる機会が増え，強制も，もっと間接的で眼にみえないソフトな形をとるようになる。ところが，このような形での法システムの機能の拡大・多様化は，社会的正義の実現という大義名分や市民の社会経済的生活の質の向上というメリットなどをもっているだけに，人びとは，このような形での法的規制の強化・拡充に対しては，無警戒であるどころか，むしろ，それを積極的に要求し，公権力機関による配慮・介入に伴うリスクやデメリットを忘れがちである。このような公権力機関のパターナリズム的な配慮・介入もまた，直接的な実力行使を伴わなくとも，否定的サンクションなどに実質的には優るとも劣らない強制的性質をもち，個人の自律的決定や自主的な相互交渉活動に対して抑圧的に働く危険性をつねに内含していることが見落とされてはならない。直接的な実力行使を伴わないパターナリズム的な法的規制も，できる限り明確かつ公正な法的規準・手続による制約のもとにおかれるべきであり，さもなくば，「法の支配」は，法システムが市民生活と最も密接に関わり合っているところで空洞化されてしまいかねない。

　第三に，現代社会における法システムの機能の理解において，強制的サンクションの存在やその実行，また，国家権力による強制保障という側面が背後に退いてきているのは，国家が独占する強制権力による実力行使が法によって厳密に規制され，かつ，違法行為に対する法的サンクションが国家の強制権力装置によって圧倒的な形で実効的に加えられるようになったからに他ならないと

いう，逆説的な緊張関係が見落とされてはならない。しかも，各種の法的制度が円滑に支障なく作動していればいるほど，国家による強制的サンクションの実行のための現実の実力行使は背後に退くことになる。だが，公私の実力行使を今日の程度にまで減少させ，法システムの日常的作動の背後に退かせているのは，国家が圧倒的に強力な高度に組織化された実力を独占していることの楯の半面にすぎないとも言える。このような関係を直視するならば，法システムが究極的には国家の組織化された実力行使による強制保障によって支えられているという側面を過小評価することは，楽観的にすぎるであろう。

以上のように，一見，法における強制の後退にみえるものが，実は，国家の強制権力装置の強化の反映や強制形態の変貌の結果にすぎない場合が少なくないのである。高度に組織化された効率的な強制装置によって裏打ちされている現代法システムのもとにおいてこそ，法システムが，強制的サンクションによる威嚇を背景とする私的利害関心の権力的追求・実現の形式的合理化のための枠組に転化してしまう危険性は，一段と高まっているとさえ言える。現代法システムが，このような悲劇的な転化に陥ることなく，自由で公正な社会の基幹的なインフラとして期待された役割を果たせるかどうか，その成否は，究極的には，法システムの構想・運用に一般の人びとや法律家が主体的に参加しうる仕組みが確立され，それが公正かつ実効的に作動しているかどうかにかかっている。このような法システムへの主体的参加の仕組みを，法的過程のなかに内在化させ正当に位置づけうる法構想を提示することもまた，法動態への相互主体的視座の確立をめざす現代法理学の重要な課題である。

《参考文献》
- E. エールリッヒ（河上倫逸＝M. フーブリヒト訳）『法社会学の基礎理論』（みすず書房，1984年）第4章「社会的規範強制と国家的規範強制」，第9章「国家と法」
- K. オリィヴェクローナ（碧海純一＝太田知行＝佐藤節子訳）『事実としての法』（勁草書房，1969年）
- 加藤新平『法哲学概論』（有斐閣，1976年）第4章第2節5「法的強制」
- H. ケルゼン（尾吹善人訳）『法と国家の一般理論』（木鐸社，1991年）
- H. L. A. ハート（矢崎光圀監訳）『法の概念』（みすず書房，1976年）
- J. ラズ（松尾弘訳）『法体系の概念：法体系論序説（第2版）』（慶應義塾大学出版会，1998年）

□D. ロイド（川島武宜＝六本佳平訳）『現代法学入門：法の観念』（日本評論社，1968年）第 2 章「法と実力」
□六本佳平「法社会学における法の概念」潮見俊隆編『社会学講座 9：法社会学』（東京大学出版会，1974年）
□日本法哲学会編『法と強制：法哲学年報1982』（有斐閣，1983年）
□田中成明『法的空間：強制と合意の狭間で』（東京大学出版会，1993年）第 4 章「法における強制の特質と位置」

第3編 法の基本的な概念と制度

第7章　権利と人権
第8章　犯罪と刑罰
第9章　裁判の制度的特質と機能

　本編は，法システムがその目的や機能の実現において用いる基幹的な概念と制度について，法の一般理論，正義論，法律学的方法論の争点・動向とも関連づけながら，法理学的考察を試みる。第7章「権利と人権」では，自由権と社会権を二本柱とする人権保障体制が一般化し，権利・人権の道徳的基礎や政治的・社会的機能への関心が強まっている現代的状況をふまえて，従来の法律学的権利論の議論枠組を見直すという観点から，権利と人権の基礎理論を概観し，新しい権利・人権をめぐる問題状況と生成過程の動態的な解明を試みる。第8章「犯罪と刑罰」では，犯罪と刑罰をめぐる原理的諸問題について，正義論一般の動向と主要争点，責任主義の意義と限界，法的サンクション形態の多様化傾向との関連に留意しつつ考察する。第9章「裁判の制度的特質と機能」では，司法的裁判の正統性問題へのアプローチについて，裁判の規準・手続・対象の三側面の制度的枠組を統合的にとらえる基本的な考え方を示した上で，現代裁判の機能の拡大・変容への対応の在り方をめぐる原理的諸問題について，現代型政策形成訴訟の増加，裁判外紛争解決手続（ADR）の拡充という二つの動向に焦点を合わせて検討する。

第 3 編　法の基本的な概念と制度

第 7 章　権利と人権

1　法的権利義務関係

1　法的権利の重層構造——回復的権利と第一次的権利

　法システムの規範内容上の基本的特質は，社会関係を法的人格者相互の権利義務関係として規律するところにみられる。権利と義務という概念は，法が人びとの行動に対する理由指図によって社会における価値・利益の調整・配分やその保護・救済という機能を果たすのに不可欠な概念装置とされている。法的関係とは，具体的には権利義務関係に他ならず，一般的抽象的な法規範が個別的事例において特定の人びとに対して具体化される場合には，権利義務関係の発生・変更・移転ないし消滅という形であらわれる，と説明されることが多い。
　法システムは，紛争解決・政策形成過程における恣意専断の縮減，とくに一方的直接的な実力行使とアド・ホックな裁量行使の制御をめざす「法の支配」原理の実現のための中枢的装置として，権利義務概念と裁判手続を用いる。一般私人が，法規範に自主的に準拠しつつ，その価値・利益の相互調整や保護・救済を公正かつ実効的に行い，「法の支配」の実現に相互主体的に参加できる仕組みが適正に整備されてはじめて，法システムは，強制的サンクションに支えられた価値・利益の権力的な確保・実現の形式的正当化装置に堕することなく，自由で公正な社会の基幹的インフラである"議論・交渉フォーラム"として円滑に作動することになる。そして，そのためには，法規範が規律する権利義務関係が第一次的には社会レベルにおいて生成し存在するという共通了解のもとに法的相互作用活動が一般的に行われるとともに，そのような権利義務関係の具体的な確認・実現を最終的に保障する公的な場として裁判手続が設

営・整備されていることが不可欠である。

　だが，このように，権利義務関係，とくに権利概念を，法の基本的属性とみることに対しては，法の規範論理的構造や歴史的現象形態の解明に基づいて反対する異論もある。義務や責任を過度に強調する全体主義的・保守主義的な立場からなされることが多いが，マルクス主義法理論も，その近代市民法に対するイデオロギー批判の一環として，権利概念を法の不可欠の属性とする見解は，近代西欧社会に特有な権利の一歴史的存在形態を普遍的とみるイデオロギー的な法の見方であると批判する。興味深いのは，H. ケルゼンのような自由主義的法理論家が，一切のイデオロギーの混入の排除をめざす「純粋法学」の一帰結として，このような権利本位の法理論は，近代的個人主義・私的自治イデオロギーのあらわれに他ならない，と批判していることである。彼は，「対応する義務のない法的権利は考えられないが，対応する法的権利のない法的義務は十分にありうる」から，義務が法の基本的概念だとみて，「義務の不履行を訴訟によって実現する法的な力を法規範が個人に対して付与すること」を本質とする権利は，資本主義法に特殊な技術にすぎず，法がぜひとも用いなければならないものではないとする[1]。

　ケルゼンのような権利概念批判には，たしかに，無視し難いところもある。近代国家成立以降の国内法システムにおいては，権利は，通常，それが侵害された場合に，裁判所にその保護・救済を求め，国家の法的強制装置の発動を請求しうる権能——このような権利は一般に「回復的権利」と呼ばれる——として観念され，しかも，このような回復的権利によって裏打ちされていない権利の法的性質は否定されることが多い。それ故，法的権利を回復的権利のレベルだけでとらえる限り，このような批判に反論することは難しい。

　問題は，法的権利をこのように回復的権利という国家的強制と結びついたレベルだけでとらえること自体にある。このような見解によれば，国家的強制に裏打ちされていない法的権利の存在は否定されることになるが，第6章**3**で説明したように，このような見解は，法規範と強制的サンクションの直接的な結びつきに固執して，法の全体構造の理解において，裁決（強制）規範を第一

---

　1) H. Kelsen, *Reine Rechtslehre*, 2. Aufl. (1960), S. 130-49 ; Kelsen, *General Theory of Law and State* (1945), pp. 75-90（尾吹善人訳『法と国家の一般理論』（木鐸社，1991年）143-64頁）参照。

次的なものとみて，行為規範の法的性質を軽視ないし無視している。その結果，一般私人が，通常，いちいち裁判所などの公権力機関の助けを借りずに，行為規範としての法的規準に準拠しつつ，相互の法的権利義務関係を了解し合い，必要に応じて既存の関係を変更したり新たな関係を形成したりすることによって，社会レベルで自主的な法的相互作用活動を営んでいることに，正当な法理論的位置づけを与えることができない。

　法的権利概念を回復的権利に限定して理解する見解には，それぞれ関連箇所で説明するように，法的権利の生成・発展過程，法的権利の確保・実現方式の多元性，法的権利概念が裁判の内外でもつ多様な機能，法・権利の創造的展開過程における一般私人・法律家の主体的参加の役割などを，法動態全体のなかに的確に位置づけることができないという致命的な欠陥がある。法的権利の動態や多様な機能を全体的に理解・評価するためには，国家的強制とひとまず切り離された社会レベルで形成され作用する権利義務関係をも"法的"関係──「第一次的権利」──として位置づけ，このような行為規範としての第一次的権利が侵害された場合に，その救済のために法的強制装置の発動を請求する権能として「回復的権利」がはじめて作動するという，法規範の規範論理的関係と整合的な説明ができる権利論が必要である。このような第一次的権利と回復的権利という区別は，伝統的な実体法と手続法の区別ともある程度対応しているし，権利侵害が生じる以前から存在して人びとの日常的行動を規制している実体的な権利義務関係と，権利侵害があってはじめて作動する手続的な性質をもつ第二次的な回復的権利を区分することは，常識や法実務にも適合している[2]。むしろ，回復的権利によって裏打ちされていない第一次的権利の法的性質を否定する見解こそ，法の「国家化」を普遍的形態とみる近代主義的法イデオロギーであり，法動態をとらえる視野が狭すぎると言わざるをえない。

2　権利義務関係の特質

　一口に権利義務関係と言っても，多種多様な権利や義務がある。とくに現代法のもとでは，権利概念の拡散がみられ，それらに共通の特質について何らかの統一的な理論を提示することが，ますます困難になってきている観がある。

---

[2] D. Lloyd, *The Idea of Law* (1964), pp. 309-14（川島武宜＝六本佳平訳『現代法学入門：法の観念』（日本評論社，1968年）333-38頁）参照。

ここでは，まず，法律学の専門技術的議論において伝統的に典型的な権利とみられてきており，権利と義務の相関関係が比較的明確な私法上の権利について，回復的権利だけでなく，第一次的権利義務関係をも視野に入れて，紛争解決・政策形成過程における価値・利益の調整・配分や保護・救済に権利義務概念を用いることに内在している思想と論理を確認することからはじめよう。

　法的権利義務関係は，第一次的には，権利保持者が，一般的規準に準拠して，一定の事柄に対する請求を義務者に直接行うことについて，その法的正当性（妥当性）を社会が一般的に承認しているという規範的関係がみられる場合に，すでに社会的相互関係の"法的"特質として存在する。そして，義務者の義務違反に対しては，社会の定型化された組織的サンクション（制裁）が加えられることになるが，義務者が自主的に義務を履行しない場合に備えて，裁判に訴えて強制的サンクションの発動を請求できる権限によって裏打ちされていることが多い。けれども，これらのサンクションによる裏打ちやその発動は，法的権利義務関係の成立の条件ではなく，その帰結とみるべきである。

　このような権利義務関係の社会的・政治的・道徳的特質としては，とくに次のようなものが重要とされている[3]。

　(i)一定の価値・利益が法的権利として承認・保護されることによって，その法的に正当な要求の内容・範囲の明確性・特定性，さらに安定性・確実性が高まる。その結果，当事者だけでなく，第三者も，法的権利の内容・範囲について，相当程度の予測可能性をもち，間主観的な判定を行いうる可能性が高まることになる。

　(ii)権利概念には，普遍化可能な一般的規準による類型的取り扱いを要求し，しかも，その無制限な絶対的保護・承認を，論理的に可能な限界まで要求する内在的性質がある。また，裁判所その他の公権力機関による権利の確保・実現における裁量行使を原理的に拘束する優先的地位の承認を求め，他の諸々の政策目標の実現とのアド・ホックな比較衡量を排除ないし制約することを要求す

---

　3) 以下の説明は，川島武宜の権利概念の分析（川島武宜『法社会学（上）』（岩波書店，1958年）第3章「法規範の内容」，同『近代社会と法』（岩波書店，1959年）第5章「権利の体系」，同『日本人の法意識』（岩波書店，1967年など），R. ドゥオーキンの権利基底的（right-based）正義論（本書第12章3[1]参照），S. A. Scheingold, *The Politics of Rights* (1974)における「権利の神話」の分析などから示唆を得て，適宜補充修正したものである。

る。それ故，紛争解決・政策形成の規準として権利概念を導入することは，価値・利益の調整・配分をめぐる議論やその解決方法を，安定化・確実化する反面，画一化・硬直化させることにもなりやすい。

(iii)法的権利義務関係の最も基本的な規範的特質は，当事者が，原理上自由平等な法的人格たる地位において，各人の価値・利益の確保・実現における自律的な選択活動の範囲を相互に承認・尊重し合うところにみられる。従って，法的権利義務関係に関する規範的要求の正当性は，両者をともに拘束する共通の公的規準によって正当化されなければならないこと，また，権利義務の内容・範囲やその確保・実現の可能性が，当事者間の事実上の力関係の強弱・優劣によって左右されてはならないことが要請されている。

(iv)一定の要求を権利概念を用いて正当化することは，同様の要求が同じような状況で何人によってなされようとも，自己もまたそれを承認する義務を負うという，普遍主義的な互恵的規範関係にコミットすることを，その妥当性要求の前提条件として含意していなければならない。従って，権利主張を行う者は，私的な個別的利害へのエゴイズムとか，たんに現実的利害に敏感なだけの保守的な受益者意識から脱却して，一定の公的規準・手続に準拠してこのような規範的関係を自ら作り上げ支える主体へと成熟してゆくという意識変革を強いられる。また，一定の要求が権利として承認されることは，その要求を，たんなる私的な個別的利害主張から，このような規範的関係に裏付けられた公的普遍的なものへと転換させることになる。

以上のような諸特質をもった法的権利の本質をどのように理解するかについては，伝統的に，意思説と利益説を代表とする見解の対立があるが，この問題は，法的権利義務関係の諸相を概観した後で説明することにしよう。

3　法的権利義務関係の諸相

法的権利という概念は，現代では，以上のような相関的な権利義務関係だけでなく，幾つかの異なった種類の法的関係を言い表わすために用いられている。近代の法律学的権利論は，相関的な権利義務関係にみられる思想と論理を，私権だけでなく，公権についても，できる限り妥当させる方向で展開されてきたが，現代法システムの規範論理的構造においては，すべての権利と義務について，明確な論理的相関関係がみられるわけでなく，また，権利や義務という用

語で語られている法的関係のなかには，相関的な権利義務関係とかなり異なっているものも少なくない。いわゆる義務者が，特定個人から不特定多数者，さらに私的な個人・団体から国家などの公権力機関へと拡散し，また，社会権のように，国家の義務の内容・範囲が不確定なものとなると，相関的権利義務関係の思想と論理だけでは，それらの多様な法的関係を的確にとらえきれなくなっており，従来の法律学的権利論の限界にも眼を向ける必要がある。

　一般に権利概念を用いて説明されている法的関係には，以上のような義務と相関関係にある狭義の権利，つまり請求権（claim）の他に，自由（liberty）ないし特権（privilege），権能（power），免除（immunity）があるとされている。このような区分に関する現代の法理学的議論は，基本的にアメリカの法理学者W. N. ホーフェルドの分析図式[4]に依りながら，適宜修正を加えるという形で展開されてきているが，このような区分は，英米法系だけでなく，大陸法系の法システムのもとでの議論においても，ほぼそのまま用いられていることが多い。最近では，ホーフェルドの図式とJ. ベンサムの見解を対比しつつ，権能付与ルールや人権をも視野に入れた独自の見解を提示しているH. L. A. ハートの分析が注目されている[5]。ここでは，主にホーフェルドとハートに依りながら，法的権利義務関係の現代的諸相を概観しておこう。

　ホーフェルドは，広義の法的権利義務関係を，上記の四つの概念およびそれぞれと対立関係ないし相関関係にある概念と組み合わせて，図7-1のような図式を示した。最近の議論でよく用いられているのは，このようなホーフェルドの図式には欠けていた矛盾関係を補う図7-2のような図表である[6]。

　これら二つの図表を参考にしながら，広義の法的権利義務関係のそれぞれの特質を説明しておくと，まず，「狭義の権利（請求権）」は，XがYに対して一定の行為を請求する権利をもち，YがXに対してそれを履行する義務を負っている場合に成立する。このような権利は，それに対応する義務と相関関係にあり，XのYに対する請求権は，YのXに対する義務を論理必然的に含んでおり，

---

[4] W. N. Hohfeld, *Fundamental Legal Conceptions as Applied in Judicial Reasoning* (1919) 参照。

[5] H. L. A. Hart, *Essays on Bentham* (1982), VII Legal Rights, VIII Legal Powers（小林公＝森村進訳『権利・功利・自由』（木鐸社，1987年）第4章「法的権利」，第5章「法的権能」）参照。

[6] R. W. M. Dias, *Jurisprudence*, 4th ed. (1976), p. 35 など参照。

図7-1

〔対立関係〕	権利（請求権）	特権（自由）	権能	免除
	無権利 (no-right)	義務 (duty)	無能力 (disability)	責任 (liability)
〔相関関係〕	権利	特権	権能	免除
	義務	無権利	責任	無能力

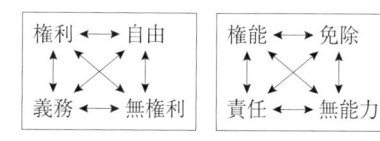

図7-2

権利 ⟷ 自由　　権能 ⟷ 免除
 ↕ ✕ ↕ 　　　 ↕ ✕ ↕
義務 ⟷ 無権利　　責任 ⟷ 無能力

（縦線―相関関係, 横線―矛盾関係, 斜線―対立関係）

義務がなければ，権利も存在せず，義務違反は，同時に権利侵害となる。私法上の契約によって成立する法的関係の多くは，このような狭義の権利義務関係の典型である。

「自由（特権）」は，狭義の権利が，それに対応する他人の義務と相関的であるのに対して，このような義務の不存在によって特徴づけられる。ハートの用いている例を借りれば，人は垣根越しに隣人を眺める自由をもっており，隣人を眺めてはならない義務も，眺めるべき義務も負っていない。この場合，隣人は，目隠しを建てる自由も，建てない自由ももっているが，隣の庭に同意なしに入り込んで眺めた人を殴ったりする自由はもっていない。このような自由は，決して裸の自由ではなく，物理的な暴行や侵害を含む一定の形態の干渉を禁止する刑法上・民法上の一般的義務によって外から保護されている一種の権利である。このような消極的な自由は，一見重要でないようにみえるが，経済的競争などに関する法的規律の性質の理解には不可欠であり，基本的自由権など，とくに重要なものについては，厳格に相関的な義務によって保護されている。

「権能」は，財産の譲渡，遺言，契約などの意思に基づく行為によって，自己および他人の権利・義務などの法的地位を変更できる法的能力のことである。所定の方式に準拠して行われたこのような行為は，法によって許容されているだけでなく，一定の法的効果をもつことが法によって承認されているところに

特徴がみられる。ホーフェルドは，ある人の意思に基づくコントロールによって他人の法的地位を変更できる場合，その人は法的権能をもち，他人はそれを免れ得ない法的責任を負うという，対応関係があるとしている。

「免除」とは，他人から一定の義務を課せられないことに対する法的保障であり，他人の法的権能の不存在と対応関係にある。他人に対する積極的な請求権である狭義の権利が，そのような他人の権利・請求権から免れているという自由と対称関係にあるのと同じように，免除は，意思に基づいて他人の法的関係を積極的にコントロールする権能に対して，このようなコントロールから免れているという形で一般的な対称関係に立っている。他人による法的変更からの個人の免除が，権利と考えられるのは，他人が他の種類の権利や法的に保護された利益を奪い，その変更が不利に作用する場合だけである。このような免除権のなかで最も重要なものは，個人にとって不可欠の基本的な自由や必要を，立法による変更に対して憲法的に保障する基本的人権である。

4 法的権利の一般理論

法的権利の本質については，伝統的に，法によって与えられた意思の力ないし支配とみる「意思説」（I. カント，F. C. v. サヴィニー，B. ヴィントシャイトら）と，法によって保護された利益とみる「利益説」（J. ベンサム，R. v. イェーリングら）が対立していた[7]。このような伝統的対立は，主として狭義の権利に焦点を合わせたものであったが，最近では，ホーフェルドらによる四つの権利概念の区分をふまえて，人権概念をも視野に入れた広義の法的権利全体に共通の特質をいかに統一的に説明するかが中心争点となっている。基本的に利益説に与する立場が有力な観があるが[8]，H. L. A. ハートが法的に尊重される個人の選択を共通の特質とみる「選択説」を提唱して以来[9]，議論の対立構

---

7) 青井秀夫『法理学概説』（有斐閣，2007年）169-76頁参照。

8) D. Lyons, Rights, Claimants and Beneficiaries, in *American Philosophical Quarterly*, Vol. 6, No. 3 (1969), J. Raz, Ch. 7 The Nature of Rights, in Raz, *The Morality of Freedom* (1986) ; Raz, Ch. 12 Legal Rights, in Raz, *Ethics in the Public Domain* (1994)（角田猛之訳「Ⅶ 権利の性質について」，桜井徹訳「Ⅷ 法的権利」深田三徳編『権威としての法』（勁草書房，1994年））など参照。なお，わが国における利益説の支持者として，小林公「権利概念に関する一考察」『法の理論 7』（成文堂，1986年），深田三徳『現代人権論』（弘文堂，1999年）124-29頁など参照。

図は利益説対選択説に移ってきている。だが，選択説は，基本的に意思説の一種とみることができ，権利基底的な義務論的リベラリズムと目的論的な功利主義の対立争点（第12章 **1**・**2**・**3**参照）ともからんだ議論状況など，伝統的対立とそれほど大きく変わっていないとも言える。

利益説は，基本的に狭義の権利と相関的な義務に焦点を合わせ，法が一定の義務を他の人びとに課すことによって保護される特定個人の利益が権利である，と説明する。この理論では，権利は義務と独立には存在せず，第一次的な義務概念に従属する第二次的な概念にすぎないものとなり，権利の概念が不要になりかねない。また，法的義務によって利益を受けるすべての人が権利保持者ではないから，法によって意図された義務履行の直接の受益者など，一定の限定をする必要がある。だが，その場合，第三者のための契約などの説明が，不可能ではないけれども，難しくなる。さらに，刑法について，すべての人びとが殺されない権利をもっていると説明する必要があるのか，また，動物虐待を禁止する法律の場合，これによって動物の権利が認められるのかという，これもまた理論的に不可能ではないが，実務的に不要ないし実施困難な問題が生じる。

利益説の致命的な難点は，権利の対象的・受益者的側面のみに関心を向け，権利の主体的・能動的側面を無視していることであろう。この理論では，法的権利主体のたんなる利益の受益者にとどまらない独自の規範的地位を適切に説明できない。

ハートの提唱する選択説は，狭義の権利だけでなく自由権・権能にも共通する特質を，権能を基軸にすえて統一的に説明しようとする。選択説によれば，権利は他者に対する一種の支配権であり，義務を負う人びとは一定の行為の範囲内で権利者のコントロールの対象となる。このコントロールには，義務を消滅させることも存続させることもでき，義務違反ないしそのおそれのある場合に損害賠償や差止命令などを請求することもしないこともでき，損害賠償義務を消滅させることもできるという三つの要素が含まれている。各権利によって，その程度は異なるけれども，権能だけでなく狭義の権利や自由権も，このような選択可能性の法的保護という観点から統一的に説明できるとされる。

このような選択説について一般に指摘されている難点は，動物や植物を保護

---

9) Hart, *Essays on Bentham*（前出注5），VII Legal Rights, VIII Legal Powers（『権利・功利・自由』第4章「法的権利」，第5章「法的権能」）参照。

する法律における動物や植物の権利主体性はともかく，未成年者など選択能力をもたない者の権利主体性の説明である。パターナリズムの問題ともからむ微妙な問題であるが，潜在的自律能力・統合的人格などの観念によって対応できないわけではない。ハート自身の認めている欠陥は，憲法上の自由権など，免除を適切に説明できないことである。彼は，個人の生命・安全・発達・尊厳の保持のために不可欠なある種の自由や利益が憲法上の基本権として保障されるのは，個人の基本的必要（needs）に基づくものであり，これは伝統的利益説とは異なったものではあるが，法的に確保されたある種の利益ととらえられるものであり，このような意味で利益説による補充が必要であるとする。

　ハートが基本的自由権との関連で指摘している選択説の限界は，かなり異なった仕方ではあるが，社会権的人権についてもみられるところであり，さらに，一般的に不可譲性をもつ基本権を選択説によって適切に説明することは難しい。もともと私法上の権利を中心に論じられてきた法律学的権利論でもって，人権をも含めて多様化した現代の各種の法的権利を統一的に説明しようとすること自体に理論的な無理があるのかもしれない。しかし，利益説と選択説が重視する側面を統合的に説明し基礎づけることができる何らかの原理的価値によって両者を整合的に組み合わせて，人権，とくに社会的人権をも含めた法的権利の統一理論を構築することは，必ずしも不可能ではないであろう。個人の選択の自由を中核的価値として，その確保・実現に必要な各種の利益が法によって保護されている規範的状態を，法的権利全体の特質とみて，各権利類型ごとにこのような全体的特質との構造的・機能的位置を解明し整序するというアプローチによって，法的権利についての整合的な一般理論を展開できる可能性はあると考えられる。

　さらに，以上のような法的権利の理解をめぐる見解の対立は，正義論・道徳理論における権利基底的な義務論的リベラリズムと目的論的な功利主義の対立ともいろいろな形で交錯している。とりわけ人権概念が法・政治・道徳などの領域にまたがる重要な共通価値として注目されるようになるにつれて，このような傾向が一段と強まっている。とくに利益説と功利主義の間には強い親近性がみられるが，必ずしも論理必然的に結びつくものではなく，功利主義的権利論は利益説とならざるをえないが，利益説を功利主義的立場以外によって基礎づけることは十分可能である。他方，権利基底的リベラリズムには，人権をは

じめ法的権利の排他的優先性を主張し、効用最大化的行動に対する義務論的制約と位置づける傾向が支配的であるが、そのような権利の具体的な特徴づけは、「政治的切札」（R. ドゥオーキン）、「横からの制約」（R. ノージック）など、様々である（第12章3①参照）。さらに、権利と効用を原理的に対立するものとみる傾向が強いけれども、このような理解が適切かどうかについては異論もあり、権利を功利主義的にとらえることも理論的に可能であるだけでなく、とくに効用の考慮をいっさい排除した権利の基礎づけや調整が可能かどうかはきわめて疑わしい。

以上の諸問題については、問題の所在と関連を指摘するにとどめ、詳しいことは、人権や正義について考察する際に改めて取り上げることにしよう。

2　人権の特質と存在構造

① 人権保障の法的制度化の展開

人権は、以上のような法律学的権利論の分析図式においては、自由権や免除権の一種として位置づけられてきた。だが、現代では、人権のカタログのなかに、伝統的な自由権的基本権だけでなく、国家による積極的な配慮を請求する社会権的基本権も含まれるようになり、さらに、私人間における人権の効力ということも問題とされており、立法による不利な変更からの免除という側面からだけでは、憲法で保障されている諸々の基本的人権の特質をとらえ尽くすことができなくなっている。人権は、法律学的な専門技術的用語であるとともに、道徳的・政治的概念でもあるため、法律学的権利論とは異なったより広い次元での考察も必要である。

成文憲法による人権宣言は、1776年のアメリカの「ヴァージニア権利章典」や「独立宣言」、1789年のフランスの「人および市民の権利宣言」などにおける自然権的な天賦人権の規定にはじまる。これらの18世紀的人権宣言は、国家権力による恣意的な干渉や差別的取り扱いを禁止する消極的な権利の保障をめざし、自由権的基本権を中心として、平等な参政権による裏付けを求めるものであった。人権宣言は、19世紀に入ると、ドイツの諸邦などでも基本権規定として憲法のなかに取り入れられるようになる。だが、人権のこのような実定法化と並行して、功利主義者J. ベンサムによる仮借なき自然権論的人権宣言批

判や，基本権を国家法によって与えられた公権と理解するドイツの法実証主義的国法学などの影響もあって，人権の天賦人権的性質は次第に希薄になっていった。

20世紀になると，法・政治レベルでの形式的自由・平等を消極的に保障するにとどまる自由主義的な夜警国家から，社会経済レベルでの実質的自由・平等を実現するために社会経済生活に積極的に配慮する社会国家・福祉国家への転換が進む。人権宣言においても，財産権や契約の自由などの経済的自由権に制約が加えられるとともに，新たに生存権・労働権・労働者の団結権などの社会権的基本権が保障されるようになる。このような人権保障の現代的展開は，ドイツにおける1919年のワイマール憲法にはじまり，この憲法は，その後に制定された多くの現代憲法における人権保障体制の範型となっている。

第二次世界大戦後は，ナチス独裁体制のもとでの"制定法の形態をとった不法（gesetzliches Unrecht）"による人権の組織的蹂躙という苦い体験から，再び人権の前国家的性質や不可侵性が強調されるようになる。また，1948年に国連総会で採決された「世界人権宣言」では，人権は「人類社会のすべての構成員の固有の尊厳と平等で譲ることのできない権利」と位置づけられ，18世紀以来の伝統的な消極的自由権と並んで，人間の基本的な必要を充たすために各種の便益を国家に対して積極的に請求しうる新たな社会的・経済的権利も人権として規定された。そして，1966年には，「経済的・社会的及び文化的権利に関する国際規約」（A規約），「市民的及び政治的権利に関する国際規約」（B規約），「市民的及び政治的権利に関する国際規約の選択議定書」からなる国際人権規約が採択され，1976年に発効し，その実効性確保のための国際的人権保障組織の整備も進み，"人権の国際化"が不可逆的な潮流となっている。

現代では，わが国をも含めて，多くの自由主義諸国の憲法においては，その法的制度化の具体的形態は様々であるが，自由権的基本権と社会権的基本権が，人権保障の二本柱たる地位を占めるようになっている。だが，人権保障が拡充されてきた反面，歴史的背景や国家権力との原理的関係を異にするこれら二種の人権をどのように統一的に理解し調整するかについては，理論的にも実務的にも様々な困難な問題が新たに生まれている。そこにおける争点は，第10章❷③で説明する司法的正義の特質と限界，第12章で説明する現代正義論における自由や平等の確保・実現に関する国家の役割などの諸問題とも密接に関連して

おり，見解の対立もまた厳しい。

2 人権の基礎と特質
(1) 人権概念の道徳的基礎づけ

現代における人権の基礎や特質をめぐる法哲学・政治哲学・道徳哲学などにおける議論では，以上のような国際法や各国の国内法における人権の法的制度化の進展をふまえつつも，人権の概念が，たんに法的その他の制度的側面だけでなく，もともと道徳的側面をもち，法的その他の制度的規範として承認されたり制定されたりするに先立って，それとは独立に存在するという意味で，本来的に道徳的権利であると理解されるのが一般的である[10]。そして，人権が，基本的に，人間が何らかの地位・役割を占めていたり特定の能力をもっていたりすることによってではなく，すべての人間がただ人間であるということだけによって，無条件かつ永久に，不可侵ないし不可譲のものとして等しく保持するのが当然の権利という特質も，主として人権の道徳的な側面ないし基礎に着眼した特徴づけである。憲法学における人権論でも，とくにR.ドゥオーキンらの権利基底的正義論の影響を受けた議論においては，人権のこのような道徳的側面と制度的側面を統合的にとらえようとする理論展開が試みられている。

人権概念をこのように道徳的側面をも含めて理解する見解は，思想史的には自然権理論に由来するものである。だが，現代の人権概念は，伝統的な自然権概念よりもはるかにその内容・範囲が拡充され，また，国際法や各国の国内法における制度化の進展に伴って，その基本的な性質にも少なからぬ変容がみられ，伝統的な自然権概念ではとらえきれない内容や性質も含まれるようになっている。それ故，現代における人権の基礎や特質を見定めるにあたっては，まず，人権と自然権の異同を確認しておくことが肝要である。

人間と自然権の異同に関して簡にして要を得た説明をしているのがJ.R.ペノックである[11]。彼によれば，人権と自然権の間には，普遍性，不可譲性（非消滅性）の他，「これらの権利の実現は，通常，国家権力に支えられた法的

---

[10] 人権の基礎をめぐる諸問題を人権の制度的側面と道徳的側面を視野に収めつつ統合的な解明を試みたものとして，深田『現代人権論』（前出注8）参照。道徳的権利の概念および道徳的権利としての人権概念の分析については，J. Feinberg, *Social Philosophy* (1973), pp.84-88 など参照。

サンクションに依存しているけれども,両類型の権利の妥当性が政府から独立しているとみなされている」という共通性がみられるが,同時に,次のような相違もみられる。(i)自然権が一般に絶対的であると言われているのに対して,人権は通常そのようには規定されておらず,より強い権利主張によって覆される場合もあること,(ii)自然権がいつの時代にも妥当するものとされ,新しい自然権の発生・創造・発見というような含みをもたないのに対して,人権の場合には,経済的・技術的などの状況の変化によってある利益の保護・増進を権利として保護することが可能となったり,すべての人間の従来気づかれなかった一定の必要について人びとが敏感になったりすることによって,新しい人権が生まれる可能性がそのなかに含まれていることという相違である。このようなペノックの人権と自然権の異同の説明を基本的に承認するならば,現代における人権概念の理解においては,その自然権的起源の現代的継承という精神を堅持すべきではあるけれども,人権の道徳的基礎の自然権論的な説明や正当化にこだわる必要はなく,価値多元的社会に適合した開かれた道徳的基礎を新たに見定めるべきであろう。

現代における人権に基礎や特質をめぐる議論では,人権の尊重や保障を「人間の尊厳」に由来する要請であるという説明が行われることが多い。人間の尊厳という概念は,国際人権法では,"法的"価値として広く承認されているだけでなく,各国の人権法制でも,例えばドイツ基本法のように,人間の尊厳の不可侵という原理を掲げ,この原理を尊重し保護する国家権力の義務の具体的内容として,各種の人権を規定するという構成をとっている国もある。人間の尊厳という実質的価値には,現代人権概念の道徳的側面と制度的側面の統合的な基礎として,基底的な位置が与えられているとみてよいであろう[12]。

人間の尊厳については,その道徳的基礎づけをどのように考えるか,また,人格の尊厳,個人の尊厳,生命の尊厳,人類の尊厳などのいずれを基軸にその

---

11) J. R. Pennock, Rights, Natural Rights, and Human Rights — A General View, in J. R. Pennock & J. W. Chapman (eds.), *Human Rights : NOMOS 23* (1981), pp. 6-7 参照。

12) わが国でも,憲法13条前段の「個人の尊重」が,ドイツ基本法1条1項の「人間の尊厳」とほぼ同趣旨であると理解するのが通説であるが,ホセ・ヨンパルト『人間の尊厳と国家の権力』(成文堂,1990年)など,異論もある。この点について詳しくは,青柳幸一『個人の尊重と人間の尊厳』(尚学社,1996年)参照。

規範的要請内容を理解するかなど，見解が対立しており，理論的にも実務的にもその具体的な内容の解明に関して検討すべき課題は少なくない。また，人間の尊厳の道徳的基礎を，自律的人格の観念に求めることだけで十分かどうかについても，見直す必要があるかもしれない。けれども，かけがえのない個人としての自律的人格の相互主体的承認関係を，人間社会の全領域に通底する中核的価値として認め合うことなしには，個人の自由や責任を規範的に意味のある観念として語り合える道徳的・法的空間が存立するかどうかは，根本的に疑問である。人間の尊厳と自律的人格の観念の関係については，さらなる究明が必要であるとしても，自由権的基本権と社会権的基本権を二本柱とする現代の人権概念を統合的に理解し，人権をめぐる理論的・実務的諸問題に適切に対処するためには，一定の個人の選択・自由や利益・福祉を基本的権利として基礎づけるだけでなく，同時に，個人に保障される選択・自由や利益・福祉にも一定の義務論的制約を課す実質的価値として，人間の尊厳に対して基底的な位置を与えることの意義は大きいと考えられる[13]。

　人権概念の道徳的基礎づけに関しては，以上のような自然権理論や人間の尊厳理論あるいは第12章❷・❸などで取り上げる権利基底的正義論以外にも，幾つかの注目すべき道徳理論が提唱され[14]，人権をめぐる様々な理論的・実務的問題の議論の深化にそれぞれの観点から貴重な貢献をしている。だが，価値多元的な現代社会における法理学的人権論としては，特定の道徳理論によるトップ・ダウン的な基礎づけは必ずしも必要ではなく，各種の国際人権法や各国の憲法などの具体的な規定による制度化によって示された社会的コンセンサスを共通の出発点としつつ，一方では，国内外の様々な具体的な人権問題，とくに人権侵害問題に関して示される一般の人びとの通念的な感覚や熟慮に基づ

　13）この点については，「近代法は，人間意思によって左右されてはならない個人の尊厳という価値を，その倫理的前提としてもいる。そして，この，個人の自己決定という形式と，個人の尊厳の不可変更性という実質価値内容の，緊張にみちた複合が，人権と呼ばれるものだったのである。」という樋口陽一の指摘（樋口陽一『人権』（三省堂，1996年）57-58頁）など参照。また，生命医療倫理における人間の尊厳と自己決定権の関係について，田中成明「生命倫理への法的関与の在り方について」同編『現代法の展望：自己決定の諸相』（有斐閣，2004年）139-42頁参照。
　14）人権の基礎に関する道徳理論の代表的事例の概要については，深田『現代人権論』（前出注*8*）第 6 章「人権概念と道徳理論」参照。

く信念・判断，他方では，理に適ったものとして相当数の人びとによって受容されている代表的な諸道徳理論の人権理論を，基本的に J. ロールズのいう一般的な広義の反省的均衡を求める正当化手続 (397-98頁参照) に従って，相互に適合させ調整するプロセスを繰り返して，人権の道徳的基礎について原理整合性と普遍化可能性のある自立的な説明・正当化ができれば，それで十分であろう[15]。人権の基礎づけに関して様々の対立する道徳理論との関係では，基本的人権の中核的内容の道徳的側面がロールズのいう「重なり合うコンセンサス」(399-400頁参照) によって支えられておれば十分であり，さらに遡っていずれか特定の道徳理論による究極的な基礎づけを求めることは，実際的には不必要であるだけでなく，人権の具体的内容の特定化をめぐる論議の展開に有害なことすらありうる。

(2) **人権に共通の基本的特質**

次に，人権の普遍性・無条件性・恒久性・不可侵性・不可譲性・平等性などの特質については，それぞれの概念の要件や相互関係を人権の各類型ごとに現代的諸条件に適合するように再定式化する必要があり，また，普遍性・不可侵性など若干の特質に統合して整理し直すことも可能かもしれない。これらの特質は，基本的に人権の道徳的側面に焦点を合わせた特徴づけであるけれども，現代においても，基本的人権の中核的内容に関する限り，人権概念に不可欠な属性として堅持されるべきであろう。もちろん，国際法や各国の国内法において，それぞれの適用領域の個別的事情にも配慮しつつ具体的な問題解決のための行動指針として機能するように，個々の人権の規範的内容を特定化して制度化するにあたって，これらの特質に必要な修正や限定が加えられることになる。これらの特質は，様々な人権のこのような制度化の仕方に一定の決定的な方向と枠組を義務論的拘束力をもって指示するところに意義がある[16]。

人権のこれらの特質が国際法や各国の国内法における個々の人権の制度化・具体化過程をどのように規範的に規律するかは，基本的に個々の人権の規範的

---

[15] 深田『現代人権論』(前出注 8) 第 7 章「人権原理のための良き理由」におけるアプローチには，このような考え方と重なり合う点が多いと理解して，基本的に賛同するものである。

[16] 人権のこれらの特質について，とくに不可譲性と普遍性を中心に，その思想史的起源，国際法・国内法における制度化の歴史的過程，現代的意義を考察したものとして，深田『現代人権論』(前出注 8) 参照。

要請内容の解釈・適用に関わる法律学的議論の問題である。そのような法律学的議論の前提として共通に留意されるべき一般的な問題に若干コメントしておくと、まず、普遍性という特質について、否定的ないし懐疑的な意見も強いなか[17]、どのように理解するかという問題がある。人権の概念やその内容が歴史的に生成発展してきたという歴史的な可変性・被制約性と、人権がすべての人間に普遍的に妥当する原理であるという規範的特質とをどのように整合的に説明するかは、基本的には、一定の普遍的妥当な内容の人権の経験的存否の問題ではなく、人権概念自体の規範的正当化の問題ととらえるべきである。そして、このような規範的正当化には、人間の自律的生存に不可欠ないしきわめて重要な権利としてすべての人間が等しく普遍的に保持する人権という概念を、道徳的・法的・政治的実践空間における人権をめぐる議論の共通の了解事項として相互に承認し合うべきことについて、適切な公共的正当化が存在すれば十分である。人権概念自体の普遍性と特定の人権内容の普遍性とは区別して論じる必要がある。

　これらの特質の要件や相互関係をどのように理解するにしろ、人権概念の構成的特質として、R.ドゥオーキンの権利基底的正義論などが強調するように（第12章3①・②参照）、人権相互の衝突の調整のための制約はともかく、通常の法的権利や社会的目標の実現などの政策的考慮に対する一定の閾値的な優先的地位（"切札"機能）が原理的に承認されない限り、人権の独自の存在理由は空洞化されてしまうということが銘記されるべきであろう。また、人権の特質として伝統的に重視されてきた「絶対性」という条件は、道徳理論における絶対的義務概念に対する"一応の（prima facie）義務"理論などによる批判を考慮し、現代の人権リストに含まれている多様な人権すべてに共通する特質としては強すぎると考えられるのではずしたけれども、生命への権利、拷問禁止など、一定の人権をいわゆる「絶対的権利」あるいは「効力停止されない権利（non-derogable or non-suspendable rights）」[18]と理解することの意義を否定するものではない。これらの絶対的権利は、他の諸考慮によってほとんど凌駕され

---

　17)　具体的な見解については、深田『現代人権論』（前出注*8*）第5章「人権の普遍性を否定する諸見解」参照。なお、本書第12章5②・④も参照。
　18)　絶対的権利、効力停止されない権利については、深田『現代人権論』（前出注*8*）84-91頁参照。

ることのないウエイトをもち，人権としての"切札"機能が格別に強く，人権概念を構成する諸特質をきわめて高度に備えているものと位置づけて理解すれば十分であると考えられる。

3 人権の存在構造・生成過程

　人権は，以上のような道徳的基礎をもった権利ではあるが，同時に，憲法によって保障された実定法的権利として，立法権の行使に対して一定の内容的・手続的な方向と枠組を指図するだけでなく，司法的保護・救済を請求する権原（entitlement）ともなる権利である。だが，人権が，もともと伝統的な法的権利とはその由来・機能を異にしていることに加えて，現代国家のもとでは，国家による積極的な配慮を請求する社会権的人権をも含めた人権保障体制が一般化していることもあって，人権の司法的保護・救済の在り方については，従来の法律学的権利論やそれに対応した訴訟制度論の枠内ではとらえきれない様々の新しい問題が次々と生じている。

　人権が道徳的レベルから法的レベルにまたがった存在構造をもつことから，人権をめぐる議論の無用の対立と混乱を避けるためには，人権の存在形態ないし生成過程の段階を区分する必要がある。例えば，R. マルティンとJ. W. ニッケルは，ある事柄に対してそれを求める道徳的権原をもつと確信した者が，それに対する人権があると主張する第一段階からはじまり，ほとんどの国でその人権の実現に必要な手段が利用可能であり，正当と認められた批判道徳のなかでその権利を支える義務が存在しているという第二段階を経て，すべての人びとがこの領域で実効的な社会的ないし法的権利をもっていると主張できる第三段階に至るという，人権の存在形態ないし生成過程の区分を説いている[19]。

　このような段階区分は，道徳的権利としての人権の側からみたものであるが，法理学的により重要なことは，人権の"法的"制度化過程自体の段階・レベルの区分とそれらの相互関係の解明である。人権の存在構造・生成過程の解明は，最近のわが国のように，次々と新しい権利・人権が提唱され，私権が人権と不可分一体のものとして意識・主張されがちな法文化のもとでは，人権の法的制度化過程が，法的権利一般についての第一次的権利義務関係の生成とその回復

---

[19] R. Martin & J. W. Nickel, Recent Work on the Concept of Rights, in *American Philosophical Quarterly*, Vol. 17, No. 3 (1980), p. 175 参照。

的権利による裏付けの獲得の過程を最も鮮明に示している場合が多いことからみても，重要な意義をもっている。

　人権の存在構造について，佐藤幸治は，R. ドゥオーキンの背景的権利・制度的権利，抽象的権利と具体的権利という区分[20]から示唆を得つつも，わが国の憲法学の議論状況に照らして独自の概念規定を与え，人権の道徳的・政治的背景と司法的保護・救済の両方向を視野に収めた次のような見解を提示している[21]。

　佐藤は，「人権観念は，人間存在のあり方の複雑さに対応して，理念的な性格のものから具体的なものに至るまで，多様なものを包摂しており，法秩序（憲法典）に対して批判的視点をもっている」として，背景的権利，法的権利，具体的権利という三つのレベルに大別する。背景的権利とは，「それぞれの時代の人間存在にかかわる要請に応じて種々主張され」，法的権利を生み出す母体として機能する権利であり，法的権利としての人権とは，「主として憲法規定上根拠をもつ権利」のことであり，具体的権利としての人権は，「裁判所に対してその保護・救済を求め，法的強制措置の発動を請求しうる権利」である。そして，背景的権利は，「明確で特定化しうる内実をもつまでに成熟し，かつ，とりわけ憲法の基本権体系と調和する形で特定の条項に定礎せしめることができる」という状況ないし条件が整えば，「解釈を通じても憲法上の『法的権利』たる地位を取得することがありうる」として，「自己についての情報をコントロールする権利」としてのプライバシーの権利，「政府情報開示請求権」としての知る権利などについて，このような可能性を認めている。また，憲法25条の生存権のような請求権的性質をもつ人権については，いわゆるプログラム規定説・抽象的権利説・具体的権利説という解釈学説の対立があるが，この対立について，佐藤は，判例の立場とされている「国の政策的目標ないし政治道徳的義務を定めたものであって，個々の国民に具体的な請求権を保障したものではない」とするプログラム規定説を斥け，「立法不作為の違憲確認を求めうる

---

　20) R. Dworkin, *Taking Rights Seriously* (1977), pp. 93-94（木下毅＝小林公＝野坂泰司訳『権利論（増補版）』（木鐸社，2003年）114-15頁）参照。
　21) 樋口陽一＝佐藤幸治＝中村睦男＝浦部法穂『注釈日本国憲法上巻』（青林書院新社，1984年）235-42頁〔佐藤幸治執筆〕，佐藤幸治『憲法（第3版）』（青林書院，1995年）393-94頁，同『日本国憲法論』（成文堂，2011年）122-25頁，363-68頁参照。

にとどまるものを『具体的』という名称を付すのが適当か否か，他方，憲法25条違反として裁判所で争う可能性を残すものに『抽象的』という名称を付すのが適切かどうか，疑問とすべき余地がある」としつつも，基本的には，「生存権は，その一般的実現には法律の制定を待たなければならないという意味で抽象的権利たるにとどまる」としている。

このような抽象的権利と具体的権利の区分を，回復的権利と第一次的権利という，本章❶で説明した法的権利一般の重層構造と対応させて説明するならば，抽象的権利は，回復的権利の裏付けを欠き第一次的権利にとどまっている法的権利，具体的権利は，回復的権利によって裏付けられた法的権利ということになろう。環境権をはじめ，次々と提唱される新しい人権が，抽象的権利レベルでの人権であっても，国や地方自治体による立法・行政上の政策形成や各種の市民運動・住民運動などにおける権利闘争の指導理念として無視し難い独自の規範的影響力をもっている現況をみるならば，人権についても，司法的保護・救済と直接結びつく以前の段階において成立する第一次的権利義務関係を，すでに"法的"関係としてとらえて，法理学的考察の視野のなかに取り込む必要性が一段と高まってきていると言ってよいであろう。

❸　新しい権利・人権

❶　その生成・定着過程

日照権，環境権，嫌煙権，知る権利，アクセス権，平和的生存権等々，次々と新しい権利・人権が裁判の内外で提唱されており，権利・人権の氾濫，過剰，インフレ現象などと言われる状況がみられる。多種多様な新しい権利・人権の主張のうち，これまでに判例として確立され，裁判によって直接に回復的・具体的権利としての法的裏付けを与えられたものは，プライバシーの権利，日照権など，ごくわずかである。だが，一般的に，本章❷❸で説明したような人権の存在構造・生成過程からみて，新しい権利・人権についても，憲法の人権規定と関連づけて原理整合的で普遍化可能な適切な法的理論構成がなされ，その法的正当性が相当広範囲にわたる社会的コンセンサスによって承認され，かつ，その権利主張が明確かつ具体的な内容・範囲をもつ場合，少なくとも第一次的権利としての法的性質が理論的に承認される可能性はあるだろう。そして，こ

のような社会的コンセンサスや権利の明確性・特定性が熟してくるにつれて，回復的・具体的権利として法的裏付けを与えるための立法上・行政上の措置をとる必要性が高まり，そのような措置が時宜に適った仕方でとられない場合には，裁判による法形成によって回復的・具体的権利として直接承認することが制度的に正統とされることもありうる。

　例えば，日照権などは，まず第一次的権利レベルでその保護・救済の内容・範囲が関係者間の自主的交渉の積み重ねによって徐々に明確化・具体化され，それに伴って，法的権利としての正当性に関する社会的コンセンサスの輪も拡がり，このような基盤が熟してはじめて，判例による承認や立法的・行政的措置による裏付けを与えられ，回復的・具体的権利としても法的に承認されるようになった先駆的な事例である[22]。このように，第一次的権利は，社会一般の正義・衡平感覚を反映したコンセンサスに支えられて，関係者の間で自律的に形成・承認され，裁判外の公私の紛争解決・政策形成過程における自主的な価値・利益の相互調整やその確保・実現において，国家的強制による裏付けがなくとも，独特の規範的拘束力をもった規準・指針として用いられることもある。従って，新しい権利・人権の生成・定着過程の的確な解明のためには，社会レベルにおいて自治型法として生成する第一次的権利の独自の規範的拘束力に対しても，法動態の重層的理解に適合した法理論的位置づけを与えることが必要なのである。

　とはいえ，日照権についてみられたようなボトム・アップ方式によって，新しい権利の要求がどの程度自主的に実現されてゆくかは，社会一般の通念的正義・衡平感覚の動向や当事者間の実力関係如何によって大きく左右されざるをえないのが現状である。新しい権利の主張者が，裁判外の紛争解決・政策形成過程において，その権利要求の法的正当性をいくら主張しても，それだけで相手方によってその要求が自主的に受け容れられることは，大抵の場合，至難である。

　一定の権利要求が関係者によって自主的に受け容れられる場合でも，裁判外の第一次的権利レベルだけでは，その権利要求の法的に正当な内容・範囲を明確化・特定化する方式に限界があり，その後の類似の権利要求において先例と

---

[22] 楠本安雄「『生きた法』・法曹法としての日照権」『ジュリスト増刊・特集日照権』（1974年）参照。

して援用される普遍化可能性や公知性を獲得することも難しい。それ故，第一次的権利は，その規範的関係をより安定した確実なものとし，価値・利益の自主的な相互調整やその確保・実現を公正かつ実効的に行うために，回復的・具体的権利による裏付けを要請する内在的契機をもっている。また，新しい権利が第一次的権利としての規範的関係を確立・強化し，回復的・具体的権利としても法的に承認されるためには，当事者間の実力関係の不均衡の回復だけでなく，権利要求の法的正当性について人権条項などと関連づけた適切な理論構成，権利の内容・範囲の明確化・特定化，互恵的相互承認関係による規範的裏付けの確立，社会一般の正義・衡平感覚を反映したコンセンサスによる承認・支持の形成・拡大，先例としての普遍化可能性と公知性の獲得などが必要である。だが，裁判外での関係者間の自主的交渉だけでは，これらの条件を充たし法的権利義務関係の規範的基盤を熟させてゆくことはなかなか難しい。このような法的権利の生成・定着過程において，裁判は，後ほどみるように，判例による法形成を通じて第一次的権利を回復的・具体的権利として直接法的に承認するだけでなく，広く裁判外での第一次的権利としての法的性質の確立・強化や回復的・具体的権利としての承認に必要な条件・基盤の整備にも，様々な形で重要な役割を果たしているのである。

2 その提唱の背景と意義

　新しい権利・人権の提唱のねらいは，かなり多面的である。裁判による直接的な司法的保護・救済の獲得が重要な目標である場合が多いとはいえ，必ずしもこのことがつねに唯一のあるいは中心的な目標であるとは限らない。最近の新しい権利の提唱は，具体的被害の事後的個別的救済よりも，むしろ被害の発生自体の一般的な事前防止にウエイトをおく傾向が一層強くなってきているが，この種の権利の要求内容を，裁判による法形成などの直接的な司法的保護・救済によって全面的に実現することは，適切な法的規準の欠如や裁判の制度的枠組による制約などのために，著しく困難ないし不可能な場合が多い。その権利主張の目標を十全に達成するためには，積極的な立法的ないし行政的措置が不可欠であり，権利主張の究極的なねらいも，このような措置の獲得や促進に向けられることになる。権利主張の内容も，一定の具体的な価値・利益の直接的な確保・実現を請求する実体的権利だけでなく，立法・行政レベルでの政策形

成過程の適正化やそれらの決定過程への参加を確保するための手続的権利にまで拡がってきている。

　新しい権利・人権の提唱の意義の理解にあたって留意すべき重要なことは，これらの権利・人権が一定の明確な具体的内容をもった法的権利として構成され主張されるようになったのは，たしかに比較的最近になってからであるけれども，このことは，決してこれらの権利が法的に全く新しい権利であることを意味するものではないということである。むしろ，人間の生命・身体・自由・安全にとって不可欠で基底的であるが故に，平穏な日常生活においては自明のもの・自然なものとしてこれまで無意識的に享受されてきた一定の価値・利益が，マスメディアの発達，生活環境の悪化，公権力機関の肥大などの外的な生活条件の変化に伴って，現実の侵害や侵害の脅威に直面して，その権利としての防御・確保の必要性が意識されはじめたにすぎないという場合が圧倒的に多いと言ってよい。このような意味において，諸々の新しい権利・人権の提唱によって，実は，もともと人びとが人間として当然受けるべきものとしてもっていた既存の権利，忘れられていた権利の回復とその法的具体化が求められていると理解されるべき側面が多分にあることが見落とされてはならない。

　さらに，新しい権利・人権については，人びとがその価値・利益の確保・実現において何らかの形で公権力機関に依存せざるをえない機会が増えてきているという状況のもとで，それらの権利の主張が，一般の人びとの独特の生存権感覚を反映して，自由権と社会権を原理的に区別せず，ほとんど同一次元でとらえる拡散した権利意識を背景として行われていることも，問題が多い[23]。たしかに，憲法の解釈学説の動向をみても，環境権をはじめ，新しい権利・人権の法的正当化根拠として，憲法13条の一般的包括的な幸福追求権と25条の生存権とが同時に挙げられている事例が多いことに象徴されるように，自由権の社会権的性質，社会権の自由権的性質という相互依存関係が様々の人権について主張されるようになり，自由権と社会権という伝統的な二分法的類型の再検討が迫られている。このような理論動向に照らせば，新しい権利・人権の主張

---

　[23]　新しい権利・人権の主張をはじめ，わが国の権利意識・権利主張の問題状況については，田中成明『現代日本法の構図（増補版）』（悠々社，1992年）第1章「権利の氾濫と拡散」，同『法の用い方と考え方』（大蔵省印刷局，1990年）第3章Ⅳ「新しい権利」参照。

やそれを支えている一般の人びとの生存権感覚と権利意識こそ，現代人権論の展開と符合するものとみるべきかもしれない。だが，対公権力関係における原理的対立緊張関係を軽視して，自由権と社会権の相互依存関係だけを強調することは，権利・人権の確保・実現における管理型法と自治型法の短絡的結合をもたらし，ごね得・物取り主義などと批判されているエゴイズム的な受益者的権利意識を亢進させるおそれがあることにも注意を払う必要がある。人権，とりわけ社会権的人権の保護・救済の在り方についても，公権力機関による個人の価値・利益への配慮という垂直関係だけではなく，社会成員相互間の価値・利益の自主的調整という水平関係における権利の保護・救済の在り方と整合的に関連づけて，できる限り互恵的な権利義務関係と連続的に，その補完と位置づけて考えてゆくことが，権利・人権の法的な保護・救済システムにおける自立型法と管理型法・自治型法との適正な協働・機能分担関係の確立・維持にとって適切であろう。

　以上のような新しい権利・人権の性質やその提唱のねらいをみるならば，新しい権利・人権について，裁判による直接的な司法的保護・救済の可否やその内容・範囲如何という，従来の法律学的議論のレベルだけで問題としていたのでは，新しい権利・人権の生成・定着過程やその多面的な目標・機能を十全にとらえることができないことは明白であろう。新しい権利・人権の提唱の重要な法理学的意義は，法的権利について，それが侵害された場合に裁判所に保護・救済を求め，国家の法的強制装置の発動を請求しうるか否かというレベルだけで論じて事足れりとする，従来の法律学的思考の視野の狭さを問い直す必要を訴えていることにもある。

3　新しい権利の生成と裁判の役割

　以上のような新しい権利の法的定着の実情やその提唱の多面的なねらいをも考慮に入れるならば，新しい権利・人権の生成・定着過程における裁判の役割について，裁判の最終的所産たる判決という，法規範レベルの機能だけに限定して考察している限り，裁判が現実に果たしている多様な役割を十全にとらえることは不可能である。訴訟の提起から公開の法廷での弁論を経て一定の判決へと至る，一連の当事者主義的手続過程の展開自体が，判決内容如何とは一応別個独立に果たしている役割をも視野に入れ，裁判を紛争解決・政策形成過程

全体のなかに位置づけて動態的に解明することが不可欠である。

のみならず，判例による法形成によって新しい権利が創出される場合でも，判決に至るまでのこのような手続過程の展開と連続的に関連づけることなしには，その判決や権利の法的正当性を正しく理解することはできない。裁判による法形成の制度的正統性は，第9章2・3で説明するように，その実質的内容が，実定法的規準全体と原理整合的で普遍化可能な理由づけを与えられ，その時々の社会的コンセンサスに支えられた正義・衡平感覚に適合しているか否かという内容的正当性だけでなく，裁判の手続過程が両当事者の対等かつ主体的な参加のもとに公正に展開されたか否かという手続的正統性にもかかっている。新しい権利が裁判による法形成によって創出される場合でも，公正な手続保障のもとでの両当事者の弁論を通じて，新しい権利の法的正当性についてのより適切な理論構成を工夫したり，その内容・範囲を司法的保護・救済になじむように明確化・具体化したりするために，法廷で十分に法的議論が展開されることが重要である。そのような議論をふまえて，最終的に，裁判官が，実定法的規準全体と原理整合的で普遍化可能であり，社会一般の正義・衡平感覚にも適合した一般的規準を形成し，それに基づいて一定の回復的・具体的権利を正当化するのであり，訴訟の手続過程の展開が不可欠の重要な役割を果たしているのである。

裁判の手続過程の展開が新しい権利の生成・定着過程において果たす役割は，以上のように，新しい権利の主張が最終的に判決によって承認され，回復的・具体的権利としての法的裏付けが直接獲得できる場合だけに限らない。むしろ，新しい権利の提唱の多面的なねらいやその法的定着の実情を直視するならば，このような判例による新しい権利の直接的な法的承認と一応切り離された局面において裁判の手続過程の展開が果たすインフォーマルな機能のほうが，現在のところ，より重要な作用を発揮しているのが実情である。

まず，裁判外での自主的な交渉だけで新しい権利の主張を相手方に承認させることは，当事者間の実力関係の不均衡などのために困難であることが多く，直接的な交渉の場すら確保できないこともある。裁判の場合には，このような実力関係の不均衡が審理や判決に不当な影響を及ぼさないように，当事者対等の理想の完全な実現には程遠いとはいえ，種々の手続的配慮がなされている。そのため，新しい権利を主張する者にとっては，相手方と対等の立場で共通の

法的規準に照らしてその権利主張の法的正当性について弁論を行い，公平な裁判官の裁定を求める機会を保障されており，また，訴訟の提起によって，交渉そのものを拒否する相手方を公開の法廷に引き出し，交渉のための最小限の場を確保できることの意義は大きい。このように，当事者間の実力関係の不均衡をできるだけ回復し，公正かつ理性的な交渉・議論の場を提供するという裁判の機能は，たとえ判決による新しい権利の直接的な法的承認にまで至らなくとも，裁判の内外での当事者間の自主的交渉を促進し，新しい権利の自律的創出の可能性を高めるものであり，判決自体の法規範レベルの機能とは切り離して，独自の法的位置づけが与えられて然るべきであろう。

また，訴訟の提起，公開の法廷での弁論など，一連の手続過程の展開自体が，判決による司法的保護・救済の獲得の成否を問わず，裁判外の公私の紛争解決・政策形成過程に対して，問題の提起，情報の公開，争点の明確化などのインフォーマルな波及効果を及ぼすことが少なくない。このこともまた，新しい権利の生成・定着過程において重要な意義をもっている。裁判で新しい権利を主張する者は，訴訟のこのような効果によって，潜在的に同様の被害を受ける可能性のある人びとや，現に同様の被害を受けているにもかかわらず，自己の権利の法的正当性を自覚していなかったりそれを実効的に確保・実現する方途を閉ざされたりしている人びとの権利意識を覚醒させ，新しい権利の法的正当性についての社会的コンセンサスによる一般的承認の輪を拡大し強化してゆくことができる。このようにして，第一次的権利としての規範的関係が確立・強化されるだけでなく，さらに，その権利要求の内容・範囲も，広く賛否の法的議論にさらされるなかで，徐々に具体的に明確化されてゆくし，また，立法的ないし行政的措置による回復的・具体的権利としての制度化を求める世論や運動を盛り上がらせることもできる。従って，その裁判自体においては直接的な司法的保護・救済を獲得できなくとも，このような政策形成過程への間接的なインパクトを通じて，新たな立法的ないし行政的措置による回復的・具体的権利としての法的制度化を促すことができるのである。

最近の新しい権利の要求内容が，具体的被害の事後的個別的救済から，被害の発生自体の一般的事前防止へとウエイトを移し，公権力による積極的な配慮・介入を求める社会権的性質の強いものとなっていることを考えるならば，裁判のこのような手続過程の展開自体のもつ独自の間接的でインフォーマルな

波及効果が，新しい権利の生成・定着過程において果たす役割は，今後，ますます重要になってゆくであろう[24]。

　裁判の以上のような機能については，第9章3で裁判の政策形成機能という一般的な観点から改めて詳しく検討することにしたい。

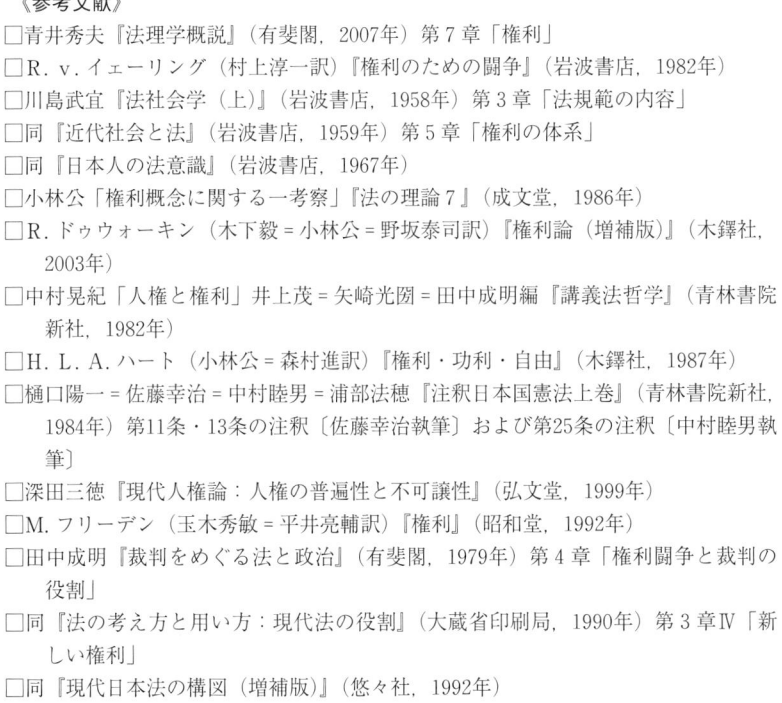

《参考文献》
- 青井秀夫『法理学概説』（有斐閣，2007年）第7章「権利」
- R. v. イェーリング（村上淳一訳）『権利のための闘争』（岩波書店，1982年）
- 川島武宜『法社会学（上）』（岩波書店，1958年）第3章「法規範の内容」
- 同『近代社会と法』（岩波書店，1959年）第5章「権利の体系」
- 同『日本人の法意識』（岩波書店，1967年）
- 小林公「権利概念に関する一考察」『法の理論7』（成文堂，1986年）
- R. ドゥウォーキン（木下毅＝小林公＝野坂泰司訳）『権利論（増補版）』（木鐸社，2003年）
- 中村晃紀「人権と権利」井上茂＝矢崎光圀＝田中成明編『講義法哲学』（青林書院新社，1982年）
- H. L. A. ハート（小林公＝森村進訳）『権利・功利・自由』（木鐸社，1987年）
- 樋口陽一＝佐藤幸治＝中村睦男＝浦部法穂『注釈日本国憲法上巻』（青林書院新社，1984年）第11条・13条の注釈〔佐藤幸治執筆〕および第25条の注釈〔中村睦男執筆〕
- 深田三徳『現代人権論：人権の普遍性と不可譲性』（弘文堂，1999年）
- M. フリーデン（玉木秀敏＝平井亮輔訳）『権利』（昭和堂，1992年）
- 田中成明『裁判をめぐる法と政治』（有斐閣，1979年）第4章「権利闘争と裁判の役割」
- 同『法の考え方と用い方：現代法の役割』（大蔵省印刷局，1990年）第3章Ⅳ「新しい権利」
- 同『現代日本法の構図（増補版）』（悠々社，1992年）

---

[24] 詳しくは，田中成明『裁判をめぐる法と政治』（有斐閣，1979年）とくに第4章「権利闘争と裁判の役割」，同『法の考え方と用い方』（前出注23）293-305頁，同『現代社会と裁判：民事訴訟の位置と役割』（弘文堂，1996年）200-08頁参照。

第 3 編　法の基本的な概念と制度

第 8 章　犯罪と刑罰

1　犯罪と刑罰の見方の変遷と現況

1　犯罪=刑罰図式の法システムにおける位置

　一定の行為を犯罪と規定し，犯罪者に対して刑罰を科すという仕組みは，法的強制の典型的な方式であり，犯罪と刑罰という概念は，権利と義務という概念と並んで，法システムが，その規範的・社会的機能を果たす上で不可欠の基幹的概念とみられてきている。法システムは，このような犯罪=刑罰図式によって，社会統制という古くからのその基本的機能を果たし，応報的正義という，最も原初的な正義原理の実現に関わってきている。犯罪=刑罰図式は，法システムが，反社会的で有害な行動とともに，非合理的な復讐やリンチをも規制することによって，私人の勝手な実力行使を抑止し社会秩序を維持するにあたって，中枢的装置として用いられてきている。

　近代国家のもとで法システムの整備が進み，法と道徳・宗教が分化し，個人の自由・権利意識が高まるにつれて，刑法による個人の信条・生活への強権的な干渉，国家権力による恣意的・一方的な犯罪規制・刑事裁判・刑罰執行に対する批判が強まり，罪刑法定主義，公開裁判などの刑事司法に関する自由主義的要請が，市民革命や人権宣言のなかで重要な改革目標として掲げられた。「法の支配」の確立をめざす法システムのもとでは，国家が刑法によって人びとの行動を規制する第一次的統制だけでなく，このような国家による統制活動自体を法によって規制する第二次的統制にも強い関心が向けられ，犯罪に対する刑罰的事後処理の公正の確保が重視され（第 2 章2②参照），形式的正義や手続的正義の要請（第10章1②参照）が，刑事司法システムにおける規制原理と

して重要な位置を占めるようになる。

　このような近代的刑事司法システムのもとでは，比較的早くから，その制度構成・運用原理をめぐって，正義論一般の場合と同様に，犯罪に対する非難・個人責任や刑罰の応報的性質を重視する義務論的立場と，実効的な犯罪予防・秩序維持を重視する功利主義的な目的論的立場との対立が続いてきている。この対立に加えて，20世紀初頭以降，国家による社会的正義の実現や社会福祉政策の推進の一環として，犯罪者の教育・改善によって社会復帰をはかることをめざす人道主義的傾向が台頭し，対立構図は一層錯綜してきている。

　犯罪者の社会復帰を目的とする人道主義的傾向は，さらに，アメリカを中心に，犯罪者を科学的に教育・改善しようとする科学主義と結びつき，犯罪者を治療の必要な病人として処遇すべしとする「医療モデル（medical model）」が提唱されるようになる。だが，この医療モデルないし社会復帰モデルに基づく不定期刑と仮釈放（パロール）を中心とする処遇方式に対しては，犯罪者の地位が不安定で適正手続の保障を欠いていること，再犯率など矯正効果に疑問があること，科学的技法を用いて人格変容や生活干渉を行うことに対する原理的反対などを理由に，1970年代以降，批判が高まる。代わって，犯罪者の処遇を「正当で当然の報い（just desert）」に基づかせようとする「正義ないし公正モデル（justice model）」が主張されるようになった[1]。このような犯罪者処遇思想の動向は，現代正義論におけるパターナリズム・社会的正義・福祉国家に対するリバタリアニズムなどの批判の台頭（第12章4参照）と重なり合うところもあるが，刑罰目的論の対立とも密接に関連しており，各国の議論状況は，それぞれの国の実務の実情を反映して，多様な展開を示している。

　犯罪＝刑罰図式による刑事司法システムは，以上の素描からも明らかなように，法システムの機能実現において中枢的位置を占めているだけでなく，様々の正義観念や正義理論とも深く関わり，その変遷・対立から強い影響を受けており，法による正義の実現におけるいわば"陰"の側面として，数多くの法理学的な原理的問題を提起している。本章では，一方では，法システムの機能と構造（第2章），法と道徳（第5章），法と強制（第6章）などの一般的説明をふまえ，他方では，法と正義（第10章），現代正義論の展開（第12章）における全

---

　[1]　このような「医療モデル」から「正義ないし公正モデル」の動向については，藤本哲也『刑事政策概論（全訂第6版）』（青林書院，2008年）219-31頁など参照。

般的な説明との関連にも留意しつつ，犯罪と刑罰をめぐる主要な原理的問題を取り上げてみよう。

2 犯罪概念をめぐる見解の対立

犯罪とは何かについては，罪刑法定主義をとる法システムのもとでは，一般に，刑法などの規定する構成要件に該当する違法・有責な行為という，形式的ないし法的な概念と，社会の人びとがどのような行為を犯罪と認知・評価しているかという，実質的ないし社会学的な概念とに分けて論じられている。そして，実質的犯罪概念の内容，形式的・実質的概念の相互関係をめぐっては，法理学的にも重要な理論的・政策的な見解の対立がみられる[2]。

犯罪は，もともと，法・道徳・宗教などにまたがる概念であり，宗教的タブー侵犯・社会倫理違反・他人に危害を及ぼす有害行為などが実質的犯罪の内容をなしていた。だが，法の道徳・宗教からの分化独立，共同生活の規模の拡大，人びとの価値観の多様化などに伴って，実質的犯罪の具体的内容について意見が分かれるようになった。また，実質的犯罪概念と形式的犯罪概念の間にもずれが生じ，刑法などの規定によって何を犯罪として刑罰を科すのが適切かについて見解の対立がみられるようになった。そして，現在では，犯罪の実質的概念についても，形式的概念についても，社会の変化とともに変わるものであるという"犯罪概念の相対性"が一般に認められている。

実質的犯罪の内容の規定については，大別すれば，(i)社会規範違反などの逸脱行為，他人に危害を及ぼす有害行為など，行為の内在的性質に着眼するアプローチ，(ii) C. ロンブローゾの生来性犯罪者説などが典型であるが，人類学的・生物学的・心理学的・社会学的などの方法で，通常人とは異なる犯罪者像を想定して，その素質的要因ないし環境的要因あるいは両要因の組み合わせによって犯罪原因を解明しようとするアプローチ，(iii)犯罪は，行為自体や犯罪者の素質ではなく，一定の行為とそれを認知・評価する者との相互作用から生じ

---

[2] 犯罪概念をめぐる整理の仕方や様々な見解の対立の概要については，大谷實『新版刑事政策講義』（弘文堂，2009年）第2章「犯罪および犯罪現象」，第3章「犯罪の原因」，吉岡一男『刑事学（新版）』（青林書院，1996年）第1章「犯罪現象と刑事制度」，第3章「犯罪概念とその適用」など参照。これらの文献だけでもかなりの見解の相違がみられるが，以下の説明は主としてこれらの文献を参考に私なりに整理し直したものである。

るものであり，他人によって犯罪というレッテルを貼られた行為が犯罪であるとするラベリング論が代表的なものである。それぞれのアプローチ内部でも，かなりの見解の相違や対立がみられる。刑法学で一般的である伝統的な規範的アプローチ(i)については，法的評価と道徳的評価の異同・関連，主として犯罪学で説かれているアプローチ(ii)については，通常人と異なる犯罪者の素質，犯罪原因などに関する知見の科学的信頼度，犯罪者処遇への導入の在り方をめぐって，それぞれ難しい問題がある。最近有力化しているラベリング論(iii)は，これらの問題の批判的考察だけでなく，刑事司法システム全体の在り方の検討にも重要な示唆を与えている[3]。三つのアプローチは必ずしも相互排斥的ではないが，いずれのアプローチをとるかによって，犯罪の範囲や法的対応の在り方に相違が生じる。

　犯罪の実質的概念と形式的概念のずれは，どのような行為を法律上の犯罪として刑罰の対象とするか（犯罪化），逆に，従来法律上の犯罪として処罰されていた行為を犯罪でなくするか（非犯罪化）という政策論議との関連で問題となることが多い。実質的犯罪概念についての見解の相違は，殺人や強盗などの典型的な犯罪の場合には，ほとんど問題にならないけれども，わいせつ文書販売・売春などの性犯罪，堕胎，賭博などの"被害者なき犯罪"の場合とか，かつての治安維持法などのように，反政府活動や政治的異議申立てに関する犯罪については，根本的な意見の対立がみられる。また，少年非行，交通犯罪，経済犯罪，法人犯罪などへの対応にも，少なからぬ影響を及ぼしている。全般的に，少なくとも理論上は，犯罪＝刑罰図式による社会統制をできるだけ最少限にとどめようとする傾向が有力であり，刑法の補充性・断片性・寛容性など，謙抑主義が説かれている。このように，非犯罪化傾向が強くなっているのは，次にみる刑罰制度の変遷とも深く関連している。

3　刑罰制度の変遷

　刑罰は，犯罪への典型的な対応方式であるが，その他，犯罪概念の理解の仕方や法制によっては，保安処分・保護処分や各種の資格制限が対応方式として用いられ，刑罰との異同が問題となる。ここでは，刑罰だけを取り上げ，他の

---

3) 吉岡一男『ラベリング論の諸相と犯罪学の課題』（成文堂，1991年）参照。

対応方式との関連は、後ほど関連箇所で触れることにしたい。

わが国で現在行われている刑罰は、生命刑たる死刑、自由刑たる懲役・禁錮・拘留、財産刑たる罰金・科料および没収の三種であり、いずれも剥奪刑である[4]。

歴史的には、犯罪者を威嚇したり社会集団から排除したり再び犯罪を犯すことができないようにしたりすることがめざされた時期には、死刑、手足や耳・鼻を傷つけたり笞で打って肉体的苦痛を与えたりする身体刑、離島などの遠隔地に送る流刑、一定地域から追放し立入りを許さない追放刑などが広く用いられていた。だが、犯罪者に対する人道主義的配慮が重視されるようになるにつれて、自由刑による拘禁が中心となり、身体刑は、現在の多くの文明諸国では、残虐な刑罰として禁止されている。また、死刑もごく例外的なものとされ、その存廃が重要な争点となっている。死刑の威嚇力による犯罪抑止効果、凶悪犯に対する応報感情への配慮などが存置論の主要根拠であるが、いずれも問題があり、残虐な刑罰にあたること、誤判の場合に回復が不可能であることなどを理由とする廃止論も有力であり、世界的に廃止の方向にある。1989年に国連総会で死刑廃止条約が賛成多数で採択されたが、日本は時期尚早と反対した。最高裁判所は、1948年の大法廷判決（最高裁判所昭和23年3月12日大法廷判決・最高裁刑事判例集2巻3号191頁）以来、死刑は残忍な刑罰にあたらないとする合憲論の立場をとっている。政府などの世論調査でも、死刑存置に賛成意見が多数の状況が続いている。

自由刑は、刑務所などの刑事施設に拘禁して労働に従事させる方法が一般的であるが、当初は、施設も劣悪で、犯罪者の社会からの隔離や労働力の利用にウエイトがおかれていた。犯罪者の教育・改善による社会復帰が重視されるようになったのは、第二次世界大戦後のことである。だが、自由刑の社会復帰モデルについても、その先進国であるアメリカや北欧では、先ほど触れたような「正義ないし公正モデル」による批判をふまえて改善ないし軌道修正され、開放処遇などによって、拘禁という性質を後退させる新たな展開もみられる。全般的に、この方向を徹底化して刑務所や刑罰制度自体の廃止をめざすラディカ

---

[4] 刑罰に関する以下の説明は、基本的に藤本『刑事政策概論』（前出注 *1*）124-70頁、大谷『新版刑事政策講義』（前出注 *2*）112-52頁、吉岡『刑事学』（前出注 *2*）174-216頁などに依っているところが多い。

ルな見解が唱えられる一方，他方では，自由刑をもっぱら危険な犯罪者の隔離のために対処療法的に使用しようとする保守的見解も示され，自由刑の位置づけをめぐる見解の対立は一段と拡がってきている。

自由刑には，そもそも，犯罪者を閉鎖的な施設に拘禁して改善・矯正し社会復帰をはかろうとする制度自体に原理的な矛盾があるとされる。社会から隔離され，設備もあまりよくない行刑施設への拘禁によって，自尊心の低下，家族・職業生活の破壊，他の犯罪者との接触による犯罪傾向の強化（"犯罪学校としての刑務所"）等々のため，受刑者の社会復帰がかえって困難になる面もあることは否定し難い。また，わが国などでは，懲役と禁錮が区別されているが，このような区別の必要やその基準にも疑問が投げかけられている。

これらの弊害をふまえて，全般的に，受刑者の人権保障と社会復帰のための処遇の拡充をはかるとともに，とくに短期自由刑については，執行猶予制度・保護観察制度や罰金制度の活用によって，その弊害をできるだけ避けようとする方向がめざされている。

わが国の場合，毎年の全確定判決のなかで罰金が言い渡される事件の占める比率は，略式手続も含めると，最近では，90％を超えている。罰金刑が多用される傾向にあるのは，自由刑の以上のような諸々の弊害を避けることができることによるところが多い。それに加えて，執行のために費用がかからず経済的であること，法人にも適用できること，罰金収入を被害者救済などに使えることなどのメリットもある。だが，罰金刑についても，その実質的な苦痛・害悪が受刑者の経済状態によって左右され，支払不能による労役場留置などに典型的にみられるように，不平等が生じること，罰金も税金と同じように営業活動の費用・便益計算に組み込まれ，罪悪感が弱まり犯罪抑止効果も減少することなど，無視し難い欠陥がある。にもかかわらず，全般的に罰金刑が多用される傾向にあるのは，刑罰に伴う弊害が相対的に最も少ないからであろう。

以上のように，いずれの刑罰方法も原理的な矛盾や様々の弊害をもつにもかかわらず，刑罰制度自体は，法システムの公正かつ実効的な作動の確保の最後の手段として不可欠だと一般にみられている。また，これらの刑罰の矛盾や弊害を緩和するために，種々の代替的方法が提唱・実施されてきているが，それらも，それぞれ問題をはらんでおり，いろいろな理想を具体的に制度化し，現実に期待通りの成果を上げることはなかなか難しいのが実情である。

2 刑罰の性質とその正当化

1 応報刑論

　刑罰については，全般的に，その弊害を回避する種々の試みが行われてきているけれども，本人の同意がなくとも強制的に生命・自由・財産を奪い，苦痛・害悪を加えるものであることには何ら変わりはない。このような刑罰制度がいかなる理由で道徳的に正当化されるのかという刑罰目的論については，古くから激しい見解の対立が続いてきている。

　刑罰の目的・正当化については，伝統的に，犯罪を犯したことに対する当然の報いとする「応報刑論」と，犯罪を抑止する効果をもつからとする「目的刑論」が対立している。前者が，過去の行為に対する非難として事後的に刑罰を科すこと自体に道徳的価値があるとみる義務論的立場であるのに対して，後者は，犯罪の一般的な事前予防，犯罪者の教育・改善による社会復帰・再犯防止など，刑罰が将来に向けてもつ効果を正当化理由とする功利主義的な目的論的立場であり，現代正義論の対立構図（第12章参照）とも重なり合っている。

　応報刑論によれば，刑罰という観念は，もともと，一定の悪行に対して罪のある者は社会によって相応の非難を受けて然るべきだという道徳的感情と密接に結びついており，刑罰に値するが故に処罰するという，いわば負の功績（desert）原理（322頁参照）に基づく応報的正義として，法の実現すべき正義の要とみられていた[5]。

　このような伝統的な応報刑論に対しては，処罰自体に何らかの道徳的価値を認める限り，しょせん苦痛・害悪に対して苦痛・害悪を加えて，復讐感情という人間の自然な欲求を充たすことを合理化するにすぎないという批判がある。

　たしかに，刑罰も復讐も，悪行に対する糾弾的な態度を表明するものであるけれども，道徳的公憤による社会的非難を表明する刑罰と，私憤に基づいて仕返しや報復による個人的な満足をねらう復讐の間には，重要な相違がある。例

---

　[5] 応報刑論についての以下の説明は，わが国の議論枠組などに合わせて適宜修正したが，M. P. Golding, *Philosophy of Law* (1975), Ch. 5 Punishment : Retributivism（上原行雄 = 小谷野勝巳訳『法の哲学』（培風館，1985年）第5章「刑罰：応報主義」）に依るところが多い。

えば，M. P. ゴールディングは，(i)復讐は憤激した感情を満足させるまで加えられるが，応報刑にはおそらく客観的な最大限がある，(ii)被害を受けたことに対する個人の反応は，その不満を正当化できるから，報復的だとは限らない，(iii)仮にその個人の反応が報復的だとしても，この状況に対する他人の反応は決して報復的ではないなどの相違を指摘している。

このように，応報は，復讐とは原理的に区別されるべきものである。そして，犯罪者に対する被害者や他人の怒りとか情緒的な動揺・反発を鎮静し安定させたり[6]，正直に法を遵守している者が犯罪者の犠牲にならないように保障したりして[7]，法システムの公正な作動に対する社会的信頼を確保するためには，刑罰の応報的性質を全面的に無視することはできないであろう。けれども，具体的に刑罰を科すこと自体がこのような作用を適正に果たすためには，犯罪者自身をも公正に扱い，本人に責任のある犯罪に対してのみ，その犯罪と均衡のとれた刑罰が科せられるべきであり，誰も彼が値する以上に厳しく処罰されないということが制度的に保障されていなければならない。

応報刑論は，犯罪に対する否定的サンクションとして犯罪者を非難し苦痛・害悪を加えるという意味で，刑罰を基本的に応報とみる立場を，現在でも承継している。だが，道徳的非難や応報ということ自体が刑罰を積極的に正当化する十分な理由とする，カントなどに代表される絶対的応報刑論は，法的モラリズム（第5章**2**②参照）の正当化にもつながるものとして，そのままの形では支持されなくなっている。現代の応報刑論は，個人はその自由意思による加害行為に対する道徳的非難として相応の責任を負うべきであるという一般的な道徳的規範意識を背景として，「責任なければ刑罰なし」と「刑罰は責任に比例すべし」という責任主義原理を取り込んだ穏健な相対的応報刑論へと移行してきている。そして，このような責任主義原理自体は，刑罰の目的・効果や人権保障への配慮とも両立するものであり，応報刑論の立場をとらない論者によっても広く支持されており，現在のほとんどの文明諸国の刑罰制度は，責任主義を基軸に構成・運用されている。

応報刑論は，正義原理として最も古くから説かれてきている功績原理の典型

---

6) 吉岡一男『刑事制度の基本理念を求めて』（成文堂，1984年）112頁参照。
7) H. L. A. Hart, *The Concept of Law* (1961), p. 193（矢崎光圀監訳『法の概念』（みすず書房，1976年）216頁）参照。

的事例であり、その魅力と限界も、基本的に功績原理と同じように考えてよかろう。個人が行ったことに応じて一定の賞罰によって報いるという、個人の行為に定位された過去志向的な功績原理は、個人を責任ある選択・行為の主体として公正に扱い、自律的人格の自己決定を尊重する限りで、自由で公正な社会の存立と作動にとって不可欠である。応報刑論が、責任主義原理と一体となって、この原理の制約のもとに受け継がれてきているのも、そのあらわれである。

　他方、平等主義的リベラリズムが共通して強調しているように（第12章**2**・**3**参照）、各人の選択や行為が、遺伝・家庭環境など、本人の責任に帰すことのできない自然的社会的偶然によって左右されざるをえない限りで、功績原理の道徳的評価規準としての限界があり、社会的正義の観念は、何らかの仕方でこの矯正をめざすものであった。20世紀初頭に、ドイツのF.リストらの新派刑法理論が、いわゆる意思の自由を否定し、行為者の反社会的性格を教育・改善して犯罪から社会を防衛することを主張したが、応報刑論を説く旧派に対する彼らの批判は、社会的正義の観念とも部分的に重なり合う観点から、功績原理に基づく応報刑論の限界をつくものであった。この問題については、後ほど責任主義との関連で改めて取り上げることにして、その前に、応報刑論と対立する目的刑論について検討しておこう。

2　目的刑論

　応報刑論が以上のように過去志向的であるのに対して、目的刑論は、刑罰は自己目的的なものではなく、犯罪の抑止という目的・効果をもつが故に正当化されるとみる将来志向的なものである[8]。目的刑論は、さらに、刑罰の規定自体や犯罪者へのその宣告・執行によって一般の人びとが犯罪を行わないようにする効果に着眼する「一般予防論」と、刑罰の執行自体や教育・改善によって犯罪者自身を社会復帰させ再犯を防止するという効果を重視する「特別予防論」に分かれている。

　一般予防論は、ドイツのA.フォイエルバッハの心理強制説やJ.ベンサム

　8）　目的刑論についての以下の説明は、わが国の議論枠組などに合わせて適宜修正しているが、H. L. Packer, *The Limits of the Criminal Sanction* (1968), Part I, Golding, *Philosophy of Law*（前出注5）, Ch.4 Punishment : The Deterrence Theory（『法の哲学』第4章「刑罰：予防説」）に依っているところが多い。

の功利主義的理論では，刑罰という苦痛・害悪を予め規定しておくことによる威嚇効果を中心に考えられていた。だが，一般の人びとの犯罪抑止の動機としては，通常，悪いことはしないという素朴な道徳的規範意識，法の規定は守らなければならないという一般的な遵法意識などが第一次的なものである。刑罰の威嚇力は，これらの動機づけが効果をもたない人びとに対して，あるいは，そのような例外的状況で，最後の手段（ultima ratio）として働くにすぎない。刑罰による威嚇の一般的抑止効果は，死刑についてすら，経験的に十分確証されておらず，刑罰の威嚇力の過大評価に対する批判が高まっている。そのため，一般的予防論でも，犯罪者に対して刑罰を現実に宣告し執行することによって一般の人びとの遵法意識などの規範意識を確認し強化することに重点をおく傾向がみられるが，これにも批判がないわけではない。

　他方，特別予防論については，再犯者率がかなり高いことなどから，刑罰執行による犯罪者の再犯防止の効果を疑問視する見解もある。とくに短期自由刑は，刑罰執行がかえって犯罪者というレッテルを貼ったり犯罪者の犯罪傾向を強めたりして，逆効果だという声も強い。犯罪者の矯正・社会復帰のための教育・改善という目的それ自体が意義あることは，多くの人びとが承認するところであろう。けれども，苦痛・害悪を加えるという刑罰の基本的性質と両立するのかどうかについては疑問が多く，とくに教育・改善を刑罰の主目的とすることには批判が強く，最近では，刑罰目的に含ませる場合でも，受刑者の自発的同意・参加を重視したり，また，刑罰内容とは切り離して一般的な社会福祉として行う方向に進むべきだとする見解も説かれている[9]。

　以上のように，目的刑論についても種々の難点があるけれども，刑罰制度全体の主要目的はやはり基本的に犯罪の抑止とみるのが穏当であろう。だが，犯罪の抑止という一般的目的だけで，個々の犯罪者に刑罰を科すことまで正当化できるかどうかは別問題である。この点については，功利主義的目的刑論には，第12章1②で詳しく説明するように，功利主義一般に対して指摘されているのと基本的に同じ欠陥がみられ，支持し難い。

　功利主義的目的刑論に対する最も一般的な批判は，効用計算の結果，犯罪の一般的抑止という社会的利益を生み出すのに必要とあらば，無実の者を処罰し

---

[9]　吉岡『刑事制度の理念を求めて』（前出注6）119-20頁など参照。

たり，犯罪の重さに比べて不当に苛酷な刑罰を科したりすることを理論的に正当化するというものである。

　犯罪者を犯罪予防という社会的目的のたんなる道具・手段として利用することになるというのが，カント主義的な応報刑論からの典型的な批判である。そこまで極端でなくとも，刑罰の唯一の正当化理由が犯罪防止であるならば，刑罰を必ずしも犯罪者だけに限定する必要はなくなる。処罰される者が無実であっても，彼が犯人だと一般に信じられていたり社会的に危険な性格をもっていたりするため，彼の処罰によって社会的破局の回避や凶悪犯罪の抑止に役立つのであれば，無実の者をこのような社会的利益を理由に処罰することも正当化できることになる。だが，これは日常的な正義感覚に明白に反する。また，軽い犯罪でも厳罰に処したほうが一般に犯罪抑止効果が大きいと考えられているからという理由で，犯罪の重さに比べ不均衡に厳しい刑罰を科すことも正当化されかねない。もっとも，功利主義的観点からも，快楽を求め苦痛を避ける合理的人間像を想定して，犯罪抑止に必要以上でも以下でもない刑罰が検討されたり，刑罰の規定・執行に伴う経済的費用・便益分析が行われたりして，一定の歯止めは考えられている。けれども，犯罪抑止に必要な刑罰が概して厳しいものとなりがちなことは否定し難い。

　それ故，刑罰制度全体の主要目的が犯罪の抑止にあることを基本的に認める立場をとる場合でも，功利主義的刑罰論のこれらの欠陥を回避するために，具体的に「誰に」「どのような量の」刑罰を科すかという問題については，先ほど触れた責任主義原理（252頁参照）による制約が不可欠である。

　功利主義的刑罰論内部でも，これらの無視し難い批判に対処するために，「行為」功利主義と「ルール」功利主義を区別して，効用計算の対象を一般的ルールの公的システムとしての刑罰制度だけに限定し，刑罰ルールの個別的事例への適用においては，いちいち効用計算をせずに，社会的に不利益な結果が生じるとしても，そのルールを適用すべしという立場をとるようになっている。そして，このようなルール功利主義による効用計算においては，無実の者の処罰を認めるような刑罰制度は，濫用されやすく社会的不安を招くから，到底是認されないであろうとされる。

　だが，このようなルール功利主義的刑罰論においては，刑罰制度は，たんに犯罪抑止という社会的効用だけでなく，一般的ルールの公平な適用という，効

用とは別個の形式的正義や公正の観点からも正当化されなければならないから，もはや純粋な功利主義とは言えない[10]。それ故，犯罪の抑止ということも，刑罰制度の唯一の正当化理由ではありえず，責任主義原理に加えて，このような正義や公正という，効用とは異質な価値によっても制約を受けなければならないのである。

3　責任主義の意義とその限界

応報刑論と目的刑論には，以上で素描したように，それぞれ長短があり，いずれか一つの理論でもって刑罰の性質や正当化理由のすべてを説明し尽くすことは難しい。そのため，現代の刑罰理論は，ほとんど，これらの理論を一定の仕方で組み合わせる"統合"理論をめざしている。

以上の検討から導き出される結論も，刑罰は基本的に犯罪に対する否定的サンクションとして犯罪者を非難し苦痛・害悪を加えるという意味で応報であり，人間社会の現実的諸条件のもとで犯罪の抑止に必要で役立つと多くの人びとが考えている限りにおいて，法システムの公正かつ円滑な作動を確保する外的保障装置として一般的に不可欠な制度であるけれども，その具体的効果も不確実で弊害や濫用の危険も多いから，必要最小限でやむをえず用いざるをえない"必要悪"だという，甚だ消極的な位置づけである。

(1) 責任主義

刑罰に不可避的に伴っている弊害や濫用の危険を防ぐためには，とりわけ「責任なければ刑罰なし」，「刑罰は責任に比例すべし」という，先ほど挙げた責任主義原理を処罰の必要前提条件として堅持することが重要である。この責任主義原理は，応報的功績原理ともつながるものではあるが，現代法システムのもとでの理解としては，むしろ，人権保障のための罪刑法定主義の一環としてとらえ，「法の支配」ないし「合法性」という法内在的な原理の核心的要請に対応するものとして位置づけるのが適切であろう（第10章2①参照）。

例えば，L. L. フラーは，罪刑法定主義などを含んだ合法性原理を「法を可能ならしめる道徳」「法内在的道徳」ととらえ，合法性原理は，法外在的な実質的目的に対してたいていは中立的だが，人間を責任を負う行為主体とみる

---

[10] 小林公「刑罰・責任・言語」長尾龍一＝田中成明編『現代法哲学3：実定法の基礎理論』（東京大学出版会，1983年）97-105頁参照。

点では中立的ではなく，このような人間の尊厳を損なう実質的目的を法によって追求することは許されないとみている[11]。このような見解は，責任主義が法システムの存立に不可欠な内在的原理であることを示唆している。

　彼の好敵手であったH. L. A. ハートも，この点については，基本的に同じような考え方を責任主義原理に即して具体的に展開している[12]。

　ハートは，他のほとんどの社会制度と同様，刑罰制度も部分的に対立する異なった諸原理の妥協であり，ある目的の追求はつねに他の目的の追求によって制約されるとみる。そして，刑罰は責任のある行為に対してのみ，責任の重さに応じた厳しさの刑罰が科せられるべきだとする責任主義原理も，応報や犯罪抑止という一般的目的の追求を，正義・公正・個人の自由という，より普遍的価値によって制約するものと位置づける。責任主義は，人間をその自発的な行為に特別な意義を与えることによって人格として等しく扱い，その自発的な行為に対する報いでない限り，人間を他の人びとの利益のために利用することを禁じる正義の要請である。それに加えて，責任主義は，刑罰制度の一般的目的としてではなく，そのような目的追求の公正な条件として重視されるのであり，自分の行為を罰則に合わせて事前に調整し選択する公正な機会を個人に与えることにその意義があるとされる。

　ハートによれば，刑罰制度がプロパガンダなどの操作技術や反社会的傾向をもつ者の資格剥奪と異なるのは，法の強制的枠組のなかで個人の自由を最大化する社会統制方法だということである。責任のない行為まで処罰される法システムのもとでは，各人が法の強制的枠組のもとで自分の将来の生活を予測し計画する能力が失われてしまい，人格の相互承認からなる人間社会の存立がおびやかされる。もちろん，実際に犯罪が行われ，責任が立証されるまで介入しない刑罰制度には危険が伴う。ハートは，これを，個人の運命はその人の選択にゆだねられるべきであり，自己規律という重要な社会的徳がそれによって促進されるということを一般的に承認することに対して我々の支払う代償とみる。

　責任主義は，フラーやハートらの見解が示唆するように，根本的には，法に

---

　11) L. L. Fuller, *The Morality of Law* (1964), p. 162 (稲垣良典訳『法と道徳』(有斐閣，1968年) 219頁) 参照。

　12) H. L. A. Hart, *Punishment and Responsibility* (1968)，とくに pp. 21-24, 177-85 参照。

よる人間の行動規律が，個人の自由意思と責任に関する一定の規範的規約（擬制と言ってもよいのかもしれない）にコミットしていることと相関的な要請である。このようなものとして，責任主義は，刑罰制度に限らず，法システム全体の内在的な道徳的原理として位置づけられるべきものなのである。

(2) 保安処分

以上のように，責任主義は自由で公正な法システムの根幹をなすものとして広く承認されているが，責任主義との関連で理論的にも実務的にも複雑で困難な問題をはらんでいるのが，将来社会的に危険な行為をするおそれのある者から社会を防衛するために，刑罰の補充あるいは代替として用いられる隔離・改善・治療などの処分である「保安処分」との関係である[13]。

責任主義のもとでは，いくら犯罪を犯す危険性が高い者に対しても，実際に犯罪が行われた後でないと，刑罰を科すことができないし，また，重い精神障害のために違法な行為をしても，責任能力がない場合には，刑罰を科すことはできない。このような責任主義に基づく刑罰制度だけでは社会の安全と再犯の予防に不十分であることから，再犯の危険性が高い常習犯や責任無能力者などが社会的に危険な行為をするおそれがある場合に，社会的危険を防止し，改善・治療による再犯の予防をはかる制度として保安処分が構想されたのである。

保安処分の理論的基礎は，19世紀に新派の社会防衛論によって与えられた。社会的危険の防止という観点だけからみると，故意や過失によって犯罪を犯した者と責任能力を欠く精神障害者などとを範疇的にとくに区別する必要もないから，責任観念を除去して，刑罰も保安処分に吸収して統合する一元主義が理論的にはすっきりする。だが，保安処分を制度化している諸国でも，責任主義刑法の立場を全面的に放棄することには批判が強く，このような一元主義ではなく，刑罰と保安処分を区別して並存させる二元主義をとっている国がほとんどである。

わが国の現行刑法は保安処分を認めていないが，刑法に保安処分を導入しようという動きは古くからあり，繰り返し刑法改正作業の重要争点として論議されてきている。1974年に公表された刑法改正草案でも，精神障害者に対する治療処分と薬物中毒者に対する禁絶処分という二つの保安処分が規定されていた。

---

[13] 保安処分については，藤本『刑事政策概論』（前出注1）192-203頁，大谷『新版刑事政策講義』（前出注2）156-65頁など参照。

だが，保安施設の医療の現状では治療が困難であり本来の目的を達成するほど充実していないこと，再犯などの危険性の予測自体がきわめて困難であり人権侵害のおそれがあること，精神障害者に対する差別を増大させることなどの反対や批判が強く，具体化されなかった。けれども，心神喪失や心神耗弱を理由に不起訴，無罪または執行猶予になった，いわゆる触法精神障害者の処遇については，保安処分の導入問題とからんで論議が続き，2003年に「心神喪失等の状態で重大な他害行為を行った者の医療及び観察等に関する法律」（心神喪失者処遇法）が制定された。心神喪失等の状態で殺人・放火・強盗などの重大な他害行為を行った者に対して，裁判官と精神科医から構成される合議体の鑑定判断で医療機関に入院・通院させ，その後の経過を保護観察所が追跡調査・観察する制度が導入されたが，この措置も保安処分に近い制度であり，保安処分と同様の批判もなされており，評価が分かれている。

　たしかに，責任主義刑法には，社会的危険の実効的な防止という観点からは，一定の限界があることは否定し難い。けれども，刑事司法制度において責任観念を除去することの"社会的危険"のほうがはるかに大きく，自由で公正な社会の法システムにおいては，保安処分一元主義は問題外であろう。また，刑罰と並んで保安処分的制度を導入すべきか否かも，その社会的必要性，濫用の危険性，対象者や適用範囲の限定，適正手続の保障など，多岐にわたる考慮要因について慎重な多面的な検討を要する難しい問題である。

3　刑罰の限界と代替的対応方式

1　「非犯罪化」と「ディヴァージョン」

　刑罰という制度は，責任主義，罪刑法定主義，適正手続などの制約のもとにおかれても，以上でみたように，基本的に苦痛・害悪を科すものであり，刑罰の犯罪抑止効果も確実明白なものではなく，その現実の執行には弊害もありコストもかかるという，きわめて問題の多い制度である。それ故，刑罰制度の具体的な設計・運用においては，これらの様々な問題に適切に対処することが重要な刑事政策的課題となるが，ここでも，法・道徳・強制の相互関係をめぐる法理学的争点を含んだ問題が多い。

　現代におけるこのような問題の代表的なものは，犯罪として処罰する行為自

体を減らそうとする「非犯罪化 (decriminalization)」と，犯罪に対して通常の刑事司法手続に従って刑罰的処理をせずに，この過程から"離脱"させて刑罰以外の措置をとる「ディヴァージョン (diversion)」をめぐる論議であろう。刑罰を現実に執行することに伴う弊害やコストの認識に加えて，刑罰の性質・目的・効果について，道徳的議論のレベルでも事実認識のレベルでも鋭い見解の対立が続いていることが，どのような行為を犯罪とするか，犯罪にどう対応するかに関する意見の対立にも反映している。

(1) 非犯罪化

非犯罪化は，とくにいわゆる道徳犯罪や被害者なき犯罪を中心に，保守的な法的モラリズムを批判するリベラルな立場から強く求められている（第5章**2**②参照）。法的モラリズムが刑法の社会倫理維持機能を強調するのに対して，リベラルな見解は，個人の価値観が多様化し流動的な現代社会においては，刑法の機能は個人の生命・身体・財産などの具体的な生活利益を保護することであるとみる立場から，道徳犯罪や被害者なき犯罪は，刑法によって一定の社会倫理を強制したりパターナリズム的な規制をしたりするものであり，非犯罪化すべきだと主張する[14]。

刑法の機能が法益保護であるとみるリベラルな刑法理論は，一般的に，本章**1**②でも指摘したように，刑法による規制の実効性や弊害などを考慮して，刑法の補充性・断片性を強調し，刑法の謙抑主義を説くことが多く，このような謙抑主義が非犯罪化の主張の有力な背景となっている。

他人に危害を加え社会的に有害な行為を抑止する法的手段としては，刑罰の他にも，民事賠償，免許停止などの行政的規制，社会福祉的な保護・治療などの処遇等々があり，さらに，世論・マスコミとかコミュニティによる社会的非難の力も無視できない。これらの手段のうち，一般的に言って，刑罰は，犯罪者というレッテルを貼り自由の剥奪などの苦痛を加え，人間の尊厳や自律性を最も大きく侵害するから，他の手段が実効的でなかったり弊害が大きかったり

---

[14] もっとも，刑法の社会倫理維持機能と法益保護機能とを二者択一的にとらえる従来の議論構図は，例えば社会倫理の具体的内容として提示されているものが必ずしも現状維持的な保守的なものに限らず，社会倫理の内容を人間の尊厳や人権概念を基軸に理解する見解も少なくないこと，環境保全や生命倫理の分野における刑法による規制について法益概念の抽象化傾向がみられることなどを考慮に入れると，単純すぎるきらいもあり，議論領域の拡大に対応して見直す必要があろう。

する場合に，最後の手段として用いられるべきであろう。このような考慮が刑法の謙抑主義を説く見解の重要な論拠となっている[15]。

　ただ，行政的規制や社会福祉的処遇，社会的非難も，刑罰に比べて適正手続などの人権保障が不十分であったり，教育・更生などの人道主義的目的が空洞化して人間の社会的操作・管理の道具に転化してしまう危険を内含したりしている。これらの刑罰以外の代替手段もまた，刑罰に優るとも劣らないほど，人間の尊厳や自律性を侵害する場合があることを見落としてはならない。

　犯罪防止によって得られる社会的利益と犯罪捜査・刑罰執行などに伴う諸々のコストとの功利主義的費用・便益分析も，第12章で正義論一般に関して詳しく説明するように，正義・公正・人権などの価値に優先するものではないけれども，適切な現実的手段の選択にあたって無視できない考慮要因である。法執行に伴うコスト，犯罪防止の優先順位など，限られた人的・物的資源の効率的配分の問題をも考慮に入れた場合，何もしないことが最も適切な代替手段でありうることにも注意する必要がある。

　例えば，道徳犯罪には，社会的非難が最も効果的であり，刑罰による対応は，実効性が乏しいだけでなく，効率的な資源配分の観点からも問題が多いとされている。また，犯罪捜査などの法執行に伴う弊害が大きく，犯罪防止という目的の実現をかえって妨げ，犯罪処罰による社会的利益を上回りかねない場合があることも無視できない。わいせつ文書販売や売春を犯罪として規制するにしても，殺人や強盗に比べて犯罪防止の優先順位において劣り，性質上犯罪の発見・立証が困難なことも多いため，取締りは"一罰百戒"や"点数かせぎ"として散発的にしか行われない。犯罪の摘発・処罰に警察などの法執行機関の恣意的裁量が入りやすく，個人のプライバシーの侵害などの不当な捜査方法が用いられるおそれもある。たまたま摘発・処罰された犯罪者も，むしろ被害者として疎外感をもつだけになりやすい。これらの法執行に伴う不公正は，法律の正当性を疑問視させ，遵法意識を弱め，犯罪防止効果そのものを著しく減少させることになろう[16]。

---

　15)　平野龍一『刑法の基礎』（東京大学出版会，1966年）115-28頁など参照。
　16)　非犯罪化傾向の一般的背景についての以上の説明は，Packer, *The Limits of the Criminal Sanction*（前出注*8*），Chs. 15, 16, 17 によるところが多い。

(2) ディヴァージョン

　刑罰を現実に執行することに伴う諸々の弊害やコストへの対応として，ディヴァージョンが，以上のような非犯罪化に優るとも劣らない刑事政策的関心を集め，現実的な対応策も進んでおり，ほとんどの国の刑事司法システムにおいて大きな役割を果たしている[17]。

　わが国でも，量的にみた場合，全犯罪のうち，通常の公判手続によって刑罰を宣告され，現実に刑罰を執行される事件は少なく，きわめて多くの事件が，典型的な刑罰的処理手続によらずに処理されている。まず，警察段階では，いわゆる「微罪処分」制度がある。被害が軽微な犯罪の場合，偶発的犯行で再犯のおそれのない者については，訓戒を加え，被害回復・謝罪などの方法をとらせ，検察官送致をしない手続をとることができ，警察限りで処理される。また，道路交通法違反については，比較的軽微な違反の場合，警察が反則金納付の告知ないし通知を行い，違反者が納付すれば，起訴しないという「交通反則通告制度」がある。検察段階でも，検察官は「犯人の性格，年齢及び境遇，犯罪の軽重及び情状並びに犯罪後の情況により訴追を必要としないときは，公訴を提起しないことができる」（刑事訴訟法248条）と，起訴便宜主義がとられており，この規定による不起訴が「起訴猶予」処分である。

　以上の典型的なディヴァージョンの他，少年法に基づいて，犯罪少年を家庭裁判所に送致し，そこでの審判によって保護観察，少年院送致などの保護処分に付す措置も，ディヴァージョンの一種である。また，百万円以下の罰金または科料を科すのが相当と認められる軽い犯罪については，被疑者に異議がなければ，通常の公判手続によらず，簡易裁判所の略式手続がとられ，交通事件のほとんどがこの手続によって処理されているが，この手続もディヴァージョンとみられることがある。さらに，有罪判決確定後も，懲役・禁錮の有罪判決を受けた者に刑の執行猶予が認められ，受刑者も，刑期満了前に仮釈放が許されることがあり，これらの制度もディヴァージョンに含められることがある。

　以上のような種々のディヴァージョン措置については，裁量の差別的行使の危険，適正手続の回避などの批判があり，全般的に，「非犯罪化」せずに，む

---

　[17]　ディヴァージョンについて詳しくは，井上正仁「犯罪の非刑罰的処理—『ディヴァージョン』の観念を手懸りにして」『岩波講座・基本法学8：紛争』（岩波書店，1983年）参照。

しろ「犯罪化」し、いったん刑事司法の守備範囲に取り込んだ上で、各段階で警察・検察・行刑当局の「寛大ではあるが寛容ではない」裁量権の行使にゆだねられている実態を問題視する見解もある[18]。にもかかわらず、現実に犯罪の事後処理過程において各種のディヴァージョンが重要不可欠な役割を果たしているのは、刑事司法機関の負担軽減という効果もあるが、基本的には、各制度がそれぞれ刑罰の限界や弊害に対処するのに必要で有益だと支持されているからであろう。

いずれにしろ、刑罰による犯罪の事前抑止と事後処理の社会的必要性が一般的に認められているにもかかわらず、犯罪に対するこのようにかなり広範な非刑罰的処理が同時に必要とされ支持されているところに、刑罰というものの根本的なディレンマがみられることは否定し難い。

2　法的サンクション方式の多様化

犯罪と刑罰をめぐる諸問題の法理学的考察においては、以上でみたような犯罪や刑罰自体に含まれている理論的・実務的問題だけでなく、現代法の用いるサンクション方式自体が多様化している状況をふまえ、このような観点からも犯罪＝刑罰図式による社会統制の意義や問題点を比較検討する必要が高まっている。

現代法システムが社会的に望ましくない行為を抑止し望ましい行為を促進するために用いる諸々のサンクション方式は、古くからの否定的サンクションと最近多用されるようになった肯定的サンクションとに大別される。肯定的サンクションについては、すでに資源配分的管理型法との関連で説明したので（第2章2⑤、第6章4②(1)参照）、ここでは、否定的サンクションのうち、刑罰の代替的・補充的機能が問題とされているものを取り上げよう。

刑罰の代替的・補充的機能をもつ否定的サンクションとしては、社会福祉的な保護・治療などの処遇制度をはじめ、民事損害賠償制度、租税制度、許認可

---

18) M. Murayama, Postwar Trends in the Administration of Japanese Criminal Justice: Lenient but Intorelant or Something Else?, in *Journal of the Japanese-Netherlands Institute*, Vol. 4 (1992), 田中成明「刑事法制における相互主体的視座の確立をめぐって——社会統制の『法化』『非＝法化』との関連で」同『転換期の日本法』（岩波書店、2000年）177-98頁参照。

などの行政的規制，さらに世論やマスコミによる社会的非難をも含め，様々のものがあり，次々と新しい手法も考案されている。刑罰との交錯領域で複雑微妙な性質をもつ社会福祉的な処遇制度は，先ほど心神喪失者処遇制度に関連してその問題状況の一斑に触れたので（258-59頁参照），以下においては，その他の主なものについて，その意義と問題点をみておこう。

(i) 民事損害賠償　民事上の損害賠償については，刑事責任と民事責任を峻別する傾向の強いわが国などの大陸法系諸国では，刑罰と同じような抑止・非難機能を否定する見解が従来支配的であった。だが，最近では，アメリカの懲罰的損害賠償や二倍・三倍賠償などの制度を，わが国でも公害規制・消費者保護などの法政策的目的を実効的に実現するために導入すべきだとする提言もあり，民事賠償制度に抑止・非難というサンクション機能をもたせるべきだという見解も有力となっている[19]。

たしかに，民事賠償制度が，現行法制のもとでは，被害者の救済や損害の塡補という事後回復的機能を主眼としていることは否定し難い。けれども，民事賠償について，法的義務違反を抑止し非難するというサンクション機能を全面的に否定しなければならない必然性は，歴史的にも論理的にもない。刑罰と損害賠償との第一次的関心の相違や歴史的分化の背景などを不当に軽視しない限り，両者をともに法的な否定的サンクションの二大典型としてとらえてゆくのが適切であろう。とくに企業などの法人に対する罰金その他の財産刑の抑止・非難効果は，マスコミ報道などによって受ける社会的非難というシンボル的効果を別とすれば，それ自体としてあまり大きくない場合が多い。このような場合には，損害賠償にも抑止・非難機能をもたせて弾力的に運用し，刑罰の限界・欠陥を補ってゆく方向に進む必要があろう[20]。

[19]　先駆的な提言として，田中英夫＝竹内昭夫『法の実現における私人の役割』（東京大学出版会，1987年）133-72頁参照。
[20]　近時，刑事責任の追及と民事被害の救済・防止との連携を様々な方法ではかろうとする動向が，公害被害や消費者被害に限らず，全般的に強まっており，民事責任・刑事責任の峻別論の見直し傾向がみられることも注目される。2007年の「犯罪被害者等の権利利益の保護を図るための刑事手続に付随する措置に関する法律」の一部改正によって，一定犯罪について，被害者等の申立てにより，それを原因とする不法行為に基づく損害賠償を被告人に命令できる手続が導入され，旧刑事訴訟法で認められていた付帯私訴制度が復活させられたことなどがその代表的事例である。

(ii)租税　　租税制度については，各種の租税が一定の選択・行動を抑止ないし促進する効果をもつことは古くから一般的に認められており，ぜいたく品に対する物品税や関税，特定産業の保護育成のための法人税の軽減などが広く行われてきている。だが，これらのうち，租税の抑止効果に着眼した利用については，歳入の確保という財政的目的が同時に追求されているのが通常であることに加えて，法的義務違反の存在という要件を欠いていることも多いため，刑罰などの法的サンクションとは伝統的に区別されてきた（193頁参照）。

しかし，最近では，例えば所得税法・法人税法などにおける加算税のように，税法上の義務違反に対するサンクションという性質の強い税もみられる。また，土地税制においては，投機的な土地の取得・譲渡の抑止とそれに対する非難というサンクション機能をも含ませた措置がとられている。これらの抑止・非難機能を含んだ租税は，不当な取引制限などによって得た利益の一部を課徴金として国庫に納付させる独占禁止法（私的独占の禁止及び公正取引の確保に関する法律）7条の2の規定とほぼ同じような性質をもっているとみてよい。また，これらの租税や課徴金は，行政法上の義務違反の抑止をめざす行政罰や，同じくそのような義務の履行を促進する執行罰とは異なるけれども，法的義務違反の強弱に決定的な相違があるわけでもない。

従って，租税や課徴金に抑止・非難機能が含められている場合，罰金などの財産刑と原理的に区別することが難しい場合も多く，この種の租税をも否定的サンクションの一種と位置づけて検討する必要があろう。

(iii)行政的サンクション　　以上のような古くからみられる二つの形態の他，現代的サンクションとして注目されるのは，行政機関，とくに地方自治体が，厳密には法的義務違反と言えない場合とか，罰金では抑止効果が期待できない場合に，行政上の規制・指導・勧告などに従わない者に対して，各種の新しいサンクションを用いて行政目的の実効的な実現をはかっていることである。

行政的サンクションの最も一般的なものは，風俗営業法や建設業法等が用いている許認可の取消や生活保護法・補助金等適正化法の規定する給付金・補助金の交付停止などの措置である。最近では，"法的"サンクションかどうかは問題があるけれども，①行政上の勧告・指示がその内容を強制的に実現する法的拘束力をもたないという限界を補うために，それに従わない者の氏名や違反内容を公表する制度，②建築基準法違反建築物や宅地開発指導要綱に従わない

乱開発に対応するために，上下水道やゴミ・し尿収集などの公共サーヴィスの供給拒否，③いわゆる談合に対するサンクションとしての公共事業への競争入札の指名停止などの経済的不利益措置がよく用いられている。これらの方式は，経済的不利益と社会的信用の失墜の両面においてサンクション効果は大きいが，法的根拠や手続の適正の確保ということをはじめ，フォーマルなサンクション方式としては問題もあり，このような措置の法的当否について裁判で争われている事例もあり，評価は分かれている。

3 代替的対応方式の問題性

　現代法システムのもとで法的社会統制・サンクション方式の多様化傾向が強まっている背景としては，刑罰中心の司法的サンクション方式の限界や弊害への対応ということの他に，従来の刑罰中心の方式だけでは，行政機関による福祉国家的な法政策的目的の実現が難しくなっていることと，企業などの法人に対するサンクション効果に決定的な限界があることによるところが大きい[21]。

　たしかに，新しい法的社会統制・サンクション方式が考案され用いられるようになった背景やそれらが現実に発動された事例をみると，そのような制度的工夫が必要であり有効でもあると思われる場合が多い。けれども，それらの方式の利用を全面的に肯定できない事例もあり，むしろ，抑止・非難というサンクション効果が大きければ大きいほど，それを受ける者の苦痛・不利益もまた大きく，その利用や発動を慎重に必要最小限に抑えるべきことは，刑罰の場合と原理的に同じであろう。

　そもそも，法的統制・サンクションは，具体的にどのような形をとるにせよ，国家などの公権力機関の各種の強制権力を直接・間接に用いて人びとの選択・活動の自由を制約するという原理的性質には何らの変わりもない。また，全般的に道徳的非難よりも経済的不利益に重点をおいたサンクション方式が増えているけれども，マスコミの発達した現代の情報化社会では，刑罰以外のサンクションでも，それを受けた者に対する社会的非難効果は，刑罰に優るとも劣らないものであろう。企業に対する経済的不利益措置が，倒産の原因となり，事

　21）　現代日本におけるサンクション方式の多様化の状況・背景・問題点については，畠山武道「サンクションの現代的形態」『岩波講座・基本法学8：紛争』（前出注*17*）参照。

実上個人に対する死刑と同じような致命的効果をもつことも少なくない。さらに，税制上の優遇措置や補助金支給などの肯定的なサンクションですら，国や地方自治体がその規定・運用について広範な裁量権限をもっている現状においては，それが人びとの選択・活動の自由に及ぼす強制的効果は決して小さくない。

　従って，自由の保障を重要な価値理念とする法システムのもとでは，刑罰だけでなく，それ以外の各種の法的統制・サンクション方式についても，人びとに何らかの苦痛や不利益を課してその自主的な選択・活動の自由を制限するものである限り，それを上回る価値理念に基づく十分な道徳的正当化が必要である。その際，刑罰の場合には，罪刑法定主義に基づいて厳しい法的規制があり，人権保障や手続的正義の確保のために慎重な配慮がなされているのに対して，とくに行政過程で用いられるサンクションの場合には，その発動の要件・手続過程や救済手段などが司法過程に比べて必ずしも十分に整備されておらず，行政機関の広範な裁量権限によるサンクション発動によって形式的正義や手続的正義すら適正に確保されない危険が大きいことにも注意する必要がある。

　このような現状においては，多様な法的統制・サンクション方式の正当化と限界をめぐる諸問題の考察にあたっては，やはり，原理的争点についても実務的対応についても，これまでの検討の蓄積が豊富な刑罰を原点にすえ，刑罰との対比で他の法的統制・サンクション方式の在り方を考察するのが適切であろう。また，多様な法的統制・サンクションの在り方の検討において，その道徳的側面だけでなく経済的側面をも視野に収めることが不可欠だとしても，権利侵害・義務違反・責任などの法的サンクションを構成している諸概念をもっぱら経済的側面からだけみることには，「法と経済学」アプローチの場合と基本的に同じ問題があり（第15章2②参照），法システム固有の自立的な存立基盤を掘りくずすおそれがあり，支持し難い。法的強制の正当化と限界に関する原理的問題はあくまでも道徳的レベルで考察されるべきであり，経済的効果は派生的な実務的レベルで考慮すれば十分であろう。このような意味でも，道徳的非難という意味を内含している刑罰を，各種の法的サンクション方式の正当化と限界をめぐる考察の原点にすえる必要がある。

　しかし同時に，法的統制・サンクション方式が多様化している現状やその背景にも十分留意し，現代法システムが，福祉国家的な法政策的目的を実現する

ために，否定的および肯定的サンクションだけでなく，多種多様な強制的権力的手段を用いて市民の社会経済生活に広範なパターナリズム的配慮・介入を行っているという全体的状況のなかで，法的強制全般の在り方の問題を考えることも重要である（第6章4②参照）。現代国家のもとでのこのような法的強制権力の全般的な強化・拡大は，ノージックやハイエクらのリバタリアニズムからの厳しい批判にもみられるように（第12章3参照），自明の既成事実として道徳的に当然に受け容れられるべきものではなく，リベラルな立場をとる場合でも，道徳的正当化が必要である。現代国家のもとでは，刑罰をはじめ各種の法的サンクションの在り方も，パターナリズム的なものをも含めて，法的強制がどのような原理によって正当化され，その役割や限界がどのように考えられているかによって大きな影響を受けている。

　犯罪と刑罰をめぐる諸問題は，以上のように，法と道徳や強制との関連だけでなく，正義論や国家論とも内的に関連しており，実務的・現実的対応策の検討においても，個人の自由意思と責任に関する近代以降の自立型法システムの規範的規約（擬制）の存在理由を問うことになるという，問題の深さと拡がりを視野に入れた原理的考察が不可欠である。

《参考文献》
□井上茂「刑罰と自由」同『法哲学研究第三巻』（有斐閣，1972年）
□大谷實『新版刑事政策講義』（弘文堂，2009年）
□小林公「刑罰・責任・言語」長尾龍一＝田中成明編『現代法哲学3：実定法の基礎理論』（東京大学出版会，1983年）
□M. P. ゴールディング（上原行雄＝小谷野勝巳訳）『法の哲学』（培風館，1985年）第4章「刑罰：予防説」，第5章「刑罰：応報主義」
□平野龍一「現代における刑法の機能」同『刑法の基礎』（東京大学出版会，1966年）
□藤本哲也『刑事政策概論（全訂第6版）』（青林書院，2008年）
□吉岡一男『刑事制度の基本理念を求めて』（成文堂，1984年）
□同『刑事学（新版）』（青林書院，1996年）
□田中成明「刑事法制における相互主体的視座の確立をめぐって―社会統制の『法化』『非＝法化』との関連で」同『転換期の日本法』（岩波書店，2000年）

第 3 編　法の基本的な概念と制度

第 9 章　裁判の制度的特質と機能

1　裁判の位置と制度的枠組

1　法システムにおける裁判の位置

　裁判は，洋の東西を問わず，神話の時代から，現在に至るまで，典型的な法制度として，法の生成・発展において中枢的な位置を占めてきている。現代では，裁判は，既存の一般的な法規範を具体的事件に適用する司法作用として，国家権力行使の一環として行われているけれども，裁判の具体的な形態は，時代や社会によってかなり異なる。裁判を，現代のような司法的裁判に限定せずに，権利義務をめぐる紛争や犯罪者の処罰について法的権威を認められた第三者が当事者などの関係者の主張を聴いた上で裁定する手続と広くとらえるならば，このような裁判は，予め一般的な法規範がなくとも可能であり必要でもある。沿革的には，まず，社会的必要に応えて裁判手続が徐々に社会的に組織化され，一般的な裁判規準にも，もともと裁判例の積み重ねによって形成されたものが多かった。

　裁判は，国家が立法権や裁判権を掌中に収め，裁判が国家の司法作用として位置づけられるようになる以前から，すでに長年にわたって"社会的"制度として営まれていた。裁判が，"国家的"制度としてその権力行使の一環として行われるようになった後でも，立法と司法の区別を必ずしも前提にせず，裁判所の立法部・行政部からの独立も一般的ではなかった。例えば，中世の西欧などでは，裁判による法発見が立法の主要方式であり，司法と行政も未分離で，裁判が政治そのものであった。わが国でも，名裁判としてよく引き合いに出される"大岡裁き"のような解決が可能であったのは，江戸町奉行の職責が，司

法だけでなく行政・警察の領域にもまたがっていたことによるところが大きい。

　現代では，ほとんどの自由主義諸国においては，裁判は規範論理的に立法の下位に立つ司法と位置づけられ，その機能も法適用作用に限定され，裁判所は，立法部・行政部から制度的に独立し，その非政治的中立性が要請されている。裁判がこのように位置づけられるようになったのは，近代国家の成立と相前後して，統一的な実定法システムが整備されはじめ，モンテスキューが『法の精神』(1748年)で説いた権力分立制をはじめ，自由主義的な統治原理が確立された以降のことである。

　モンテスキューは，当時のアンシャン・レジームのもとでの裁判の実情を念頭に，裁判権が立法権や執行権から分離していないと，権力が専断的となり裁判官も圧制者となり，「世の中できわめて恐ろしい裁判権」となるとみていた。そして，権力が権力を抑制してその濫用を防ぐためには，裁判権を立法権や執行権から分離し，裁判官を「法律の文言を語る口」にし，裁判官を「無に等しい」ものとすべきだと説いた[1]。その後，彼の説いた権力分立制論が，各国でそれぞれの政治構造に合わせて制度化されてゆき，司法的裁判の原型が形成されることとなった。

　近代的な自立型法システムは，一般的な法規範を定立しそれに準拠するという方式を基軸に作動するため，個々の具体的事例への法適用をめぐって紛争が生じた場合にそれを最終的に裁定する裁判制度が存在することが，法システム全体の円滑な作動にとって不可欠である（第3章2②参照）。「法の支配」は，法の一般性，法律の公知性・明晰性・非遡及性，適正手続や自然的正義などの手続的正義，公権力機関による法律の忠実な遵守等々を要請するが，一般的な法律を具体的事件に公平に適用する独立の裁判所の存在は，その必須の制度的保障である（第10章2②参照）。

　司法的裁判は，法システムが社会統制や活動促進などの社会的機能を実現する過程でも決定的に重要な位置を占めている。刑罰などの強制的サンクションの発動は，必ず裁判による審理・決定を経なければならないとされ，権利義務をめぐる紛争も，当事者が望むならば裁判によって最終的な決着をつける手続が存在することは，法による社会統制や活動促進が公正かつ実効的に行われる

---

　1) モンテスキュー（野田＝稲本＝上原＝田中＝三辺＝横田訳）『法の精神（上）』（岩波書店，1989年）第2部11編6章参照。

上で不可欠である。裁判は，法的紛争解決過程が，当事者間の私的な"二者関係（dyad）"から公的な第三者が介在する"三者関係（triad）"に移行し，さらに国家の強制権力の行使と結びつく最終段階に位置している。そして，裁判は，法的な規準・手続にのっとって公開の場で行われ，その判決が国家による強制的実現の保障された規範的拘束力をもつため，裁判外の公私の法的紛争解決過程にもいわばリモート・コントロール的な作用を及ぼし，裁判の特質が"法的"紛争解決全体の在り方を決定的に規定している。

司法的裁判における一定の主張や決定の正当性をめぐる議論は，共通の法的規準に基づく正当化という規範的次元で行われるため，裁判による法的紛争解決において，法の社会的機能は規範的機能と結びつく。このような裁判は，法的議論が最も純粋な形で展開される"場"であり，法独特の専門技術的な思考様式も，裁判での法的議論を中心に形成されてきた。

以上のように，いろいろな観点からみて，裁判は法システムの存立と作動の基幹的制度として，"議論・交渉フォーラム"としての法的空間の中枢に位置し，"法的なるもの"の核心的特質を最も鮮明に示している。法システムにおいて裁判がこのような中枢的位置を占めているが故に，裁判は典型的な法制度と理解されてきているのである。

2 司法的裁判の制度的枠組

わが国をも含めて，現代の自由主義諸国の裁判は，基本的にこのような近代的な司法的裁判の制度的仕組みを基礎としている。司法的裁判の制度的枠組は，規準・手続・対象の三側面における制約原理に即して統合的・立体的に理解されなければならない[2]。

---

2) 以下における司法的裁判の制度的枠組の特質の説明は，P. Weiler, Two Models of Judicial Decision-Making, in *Canadian Bar Review*, Vol. 46, No. 3 (1968) において，Martin Shapiro, *Law and Politics in the Supreme Court* (1964) など，政治学者の裁判過程論を中心に構成された「司法的政策形成者（Judicial-Policy-Maker）モデル」と対比して，L. L. Fuller, The Forms and Limits of Adjudication, in Fuller (K. I. Winston ed.), *The Principles of Social Order* (1981) など，リーガル・プロセス学派の裁判過程論を中心に構成された「紛争裁定（Adjudication of Dispute）モデル」として整理されている特徴を，わが国の裁判制度や司法権をめぐる議論状況ふまえて適宜補充修正したものである。

(1) 規　準　面

　司法的裁判の制度的枠組として一般に最も重視されてきたのは，裁判は予め定立・公示された一般的な法規範に準拠してその適用という方式をとらなければならないという，規準面の制約原理である。

　個々の判決は，その裁判の対象となっている具体的事実に対して，法源として承認されている一般的な実定法規範を適用した結果として導き出されたものであることを，合理的な推論によって正当化できない限り，法的に正当な決定として承認されない。また，個々の裁判で用いられる法規範は，当事者が裁判の対象となっている紛争に関わった時点でその存在を合理的に知ることができ，しかも，その裁判で当事者や裁判官が一定の判決を要求ないし正当化する理由として公的に援用できるものでなければならない。これらの制度的仕組みは，形式的正義の要請に基づくものとして，「法の支配」の核心的要請であり，裁判の公正の確保と合理的な運営にとって不可欠のものである。

　もっとも，既存の実定法規範への準拠といっても，適用されるべき法規範の存否・内容について当事者間に見解の対立があり，その解決が裁判に求められている場合も多い。そのような場合における裁判の重要な役割は，適用されるべき法規範の意味内容が，裁判の手続過程の展開のなかで裁判官と両当事者の三者関係における相互作用的協働活動によって具体的に明確にされ確定されて特定化されるところにみられる。もちろん，この場合でも，既存の法規範への準拠という制約原理から離れることはできず，少なくとも論理的には，その裁判の判決に先行して存在する法規範をまず探究して，民事裁判では必要に応じて継続形成し，適切な裁判規準を確定した上で，その適用という方式をとらない限り，法的に正当な判決としては承認されない。

(2) 手　続　面

　司法的裁判の特質としては，従来，以上のような規準面の制約原理だけが切り離されて取り上げられがちであった。だが，裁判が原則として公開の場で当事者主義に基づいて行われなければならないという，手続面の制約原理も，裁判の公正や正統性の確保において，法の適用という制約原理と内的に関連し合って，それに優るとも劣らない重要な役割を果たしている。

　裁判の公開は，近代的な裁判制度の確立過程において，裁判官の恣意専断を抑止し市民の自由と権利を保護するために，裁判所と裁判官の独立と並んで，

強く要請されたものである。裁判の公開は，現代の自由主義諸国では「裁判を受ける権利」の不可欠の要請内容とされており，わが国の憲法でも「裁判の対審及び判決は，公開法廷でこれを行ふ」(82条1項)と規定され，裁判公開の原則が謳われている。

裁判の公開は，裁判の公正の確保という一般的機能の他にも，当事者に対して，公的な場で自己の言い分を主張し相手方の主張を質す十分な機会を与え，たとえ不利な判決を受けても，それなりに納得して受け容れる可能性を高めるという心理的効果，また，法廷弁論などが公になり当事者の主張を支持する世論・運動を盛り上げ，政策形成過程にインパクトを及ぼすという波及効果をもっている。裁判の手続過程だけでなく，その規準や結果も公開され，市民や法律家による公共的な理性的討議・批判に対して開かれていることは，"議論・交渉フォーラム"としての法システム全体の公正な作動にとってきわめて重要な意義をもっている。

他方，当事者主義とは，裁判において何をどのように争うか，主張と立証のイニシアティヴと責任を両当事者にゆだね，裁判官は，基本的に中立的なアンパイアとしての立場から，当事者間の弁論活動を整序しつつ審理を進め，最終的にその優劣を判定するという審理方式である。当事者主義は弁論主義とも呼ばれ，裁判官が主導権をとって審理を進める職権主義と対立する方式である。沿革的には，当事者主義が英米法型，職権主義が大陸法型だと言われる。わが国の現行裁判制度は，民事裁判だけでなく刑事裁判も当事者主義を基調としているが，迅速適正な裁判を実現するために，いずれも，訴訟の進行に関しては職権主義がとられている。

当事者主義によって，自己に有利な判決を得るための主張と立証を行う公正な機会を当事者双方に原理上対等に保障することは，裁判官の公平性・中立性の確保と並んで，裁判に対する手続的正義の重要な要請内容である。

もちろん，訴訟手続を円滑に進めるためには，裁判官の適切な訴訟指揮が必要であり，裁判手続が，両当事者に裁判官が加わった"三者関係"で行われるメリットもこの点にある。だが，訴訟指揮の在り方も，裁判官の公平性を損なうようなものであってはならず，両当事者の実質的対等化や理性的な議論の促進など，後見的役割に限定されるべきであり，裁判官の職権主義の強化には一定の限界がある。当事者主義的手続のもとでの裁判官の基本的な役割は，積極

的に自己のイニシアティヴで正しい内容の判決を直接発見し当事者に宣告するという，いわばプラトン流の哲人王のごときものではなく，両当事者間の自律的弁論の活性化によって正しい内容の判決が徐々に確定されてゆくように，種々の後見的配慮をするという，いわばソクラテス的な産婆役であろう。

　裁判の機能の理解において重要なことは，裁判の機能は，裁判官の下す判決という最終的所産だけでなく，それ以前の手続過程の展開自体にもみられ，判決の形成や手続の進行には，裁判官だけでなく両当事者も関与しており，しかも，裁判の手続過程の展開が，判決とは別個に独自の内在的機能をもっていることを正しく位置づけることである。例えば，訴訟が提起された後でも，相当多数の事件が判決にまで至ることなく，訴訟上の和解や裁判外での和解の成立による訴訟の取下げによって途中で終了するが，訴訟の提起や法廷弁論がこのような仕方で紛争解決に役立つこともまた，裁判の正統な制度的役割である。

(3) 対　象　面

　以上のような規準・手続面の制約原理に比べて見落とされがちであるが，裁判の対象が対立当事者間の具体的な権利義務ないし刑罰権の存否に関する紛争の事後的個別的解決に限定されていることも，裁判の果たすべき役割の可能性と限界を規定するきわめて重要な特質である。

　裁判対象のこのような限定は，近代の司法的裁判に限らず，古くから裁判の重要な特徴とされていた。例えば，アリストテレスは，レトリックを，議会での政治的弁論，法廷での裁判的弁論，儀式やオリンピックでの演示的弁論の三種に分け，その分類基準を，未来の行為の利害得失，過去の行為の正邪，現在の行為の美醜という，各々の弁論の主題の相違に求めている[3]。すでにこの頃から，裁判の対象は，基本的に過去の現実に行われた行為の法的正当性をめぐる見解の対立に関する議論に限定されていたのである。

　裁判対象のこのような限定は，法の適用という方式や当事者主義手続とも内的に分かち難く関連し合って，裁判全体の正統性や法的議論の合理性の確保にとって不可欠な位置を占めている。当事者主義的手続が円滑に作動しそのメリットを発揮するためには，当事者として裁判に参加できる人びとの範囲が比較的少数に限定され，法律上・事実上の争点が二元的に対立する形で個別的に明

　3）アリストテレス（戸塚七郎訳）『弁論術』（岩波書店，1992年）第1巻第3章，第10章参照。

確化され，法廷弁論の主題が特定の具体的で現実的な争点に限定されている必要がある。そのためには，このような当事者と争点をナマの具体的紛争を取り巻く全体的状況のなかから識別し抽出する基準となる法的規準が予め存在していなければならない。このような法的規準について基本的な相互了解があってはじめて，両当事者と裁判官の三者関係における法的議論に共通の観点からの枠組が形成され，両当事者間の法廷弁論の争点も絞られ，かみあった理性的な議論の展開が可能となる。

　裁判の対象の限定と関連して注意すべきことは，まず第一に，不特定多数の人びとの利害に関わる一般的な政策問題や，将来生じるかもしれない架空の抽象的な紛争は，間接的に考慮に入れる必要があるとしても，これらの一般的抽象的な事柄の解決自体は，本来，裁判の直接の対象として予定されていないことである。また，一定の判決が訴訟当事者の将来の生活や人間関係などにどのような影響を及ぼすかということにも，原則として第二次的な関心しか払われない。第二に，裁判による紛争解決は，決してナマの具体的紛争全体を解決するものではないことである。現実の紛争は，法的な対立だけでなく経済的・心理的等々の多様な要因が重なり合って生じることが多く，たとえ裁判で法的争点に関する対立に決着がつけられても，紛争全体がそれによって解決するとは限らない。裁判は，対立当事者間の法律上・事実上の争点について法的観点からのみ判断する仕組みになっており，裁判による法的解決はあくまでも部分的で限定的なものであるという限界を認識することが重要である。

　訴訟が提起されても，相当多数が判決にまで至らず，裁判の内外での和解で終わったり，訴訟よりも調停が好まれたりするのは，裁判による解決がこのように過去志向的で部分的・限定的であることと密接に関連している。また，民事紛争解決において，訴訟上の和解や調停が広く用いられ，各種の裁判外紛争解決手続が設けられていること（本章**4**参照），警察の微罪処分・検察官による起訴猶予処分など，犯罪に対して通常の刑事司法手続によって刑罰を科さない「ディヴァージョン」がほとんどの国で行われていること（第8章**3**①参照）なども，以上のような裁判による法的解決の限界をふまえた対応である。

　以上のように，司法的裁判の制度的枠組は規準・手続・対象の三側面から立体的に構成されており，このようにして相対的に自立的な議論領域として制度化された裁判が，"法的なるもの"の核心を典型的に示す場として，法システ

ムの中枢に位置している。そして，このような裁判という公共的な場での法的議論が，公正な手続的状況のもとで共通の規準に準拠した理性的な議論によって物事を決めることを本領とする法実践のパラダイムとされてきている。法の機能拡大に伴って法実践の形態も多様化しつつある現代法システムのもとでも，司法的裁判のこのような制度的枠組が，法を用い動かす専門技術的な法的議論の在り方を規定しており，法的思考の特質やその合理性・正当性の解明は，以上のような司法的裁判の制度的枠組と相関的に行われなければならない。

2　裁判の正統性

1　裁判の正統性の考え方

　裁判の正統性（legitimacy, Legitimität）[4]という問題は，合法性＝正統性という近代の自立型法システムの制度的前提が一般的に動揺し，裁判の法創造機能が問題化しはじめた20世紀初頭以来，すでに様々な観点から論じられてきている。最近では，いわゆる現代型訴訟の続発をきっかけに，裁判の政策形成機能や訴訟における手続保障の在り方をめぐる論議の一環としてクローズアップされている。

　裁判の正統性の問題は，裁判による法適用の結果である判決の内容的正当性についてだけでなく，判決に至るまでの手続過程をも含めた裁判機能全体の制度的正統性についても問われており，しかも，判決の内容的正当性と裁判機能の制度的正統性は相互に規定し合う関係にあり，法・道徳・政治の領域にまたがる幾つかの争点が複雑に交錯している。個々の判決の内容的正当性については，第一次的には，実定法的規準に準拠した内容の判決であるかどうかという，合法性の観点からの実定法内在的な正当化が制度的に要請されているが，このような判決の内容的正当性については，事実認定が真実であり正しいということが，その不可欠の構成要素として前提とされていることが見落とされてはな

---

[4]　legitimacy, Legitimität の訳語としては，通常，正統性と正当性の双方が用いられている。本書では，rightness, Richtigkeit の訳語として用いる正当性と区別し，かつ，本文で説明するように，制度的正統性が内容的正当性と重なり合いつつも，両者は必ずしもつねに合致するものではないという，問題の所在を浮き彫りにするために，正統性という訳語を用いる。ただし，両者が重なり合う個々の事例においていずれの訳語が適切か判断が難しいこともある。

らない。この事実認定の正しさという要素は，形式的（手続的）真実主義をとる民事裁判においてよりも，客観的真実の究明をめざす実体的真実主義をとる刑事裁判において，判決の内容的正当性を決定的に左右する要素としてより重視される。

　また，判決の内容的正当性については，このような実定法内在的な正当化だけでなく，実定法規準の「開かれた構造」の故に，とくに裁判による法の継続形成や政策形成が問題となるハード・ケースなどにおいては，さらに何らかの実質的価値規準・合目的性・社会的相当性などの基本的に道徳的観点からの実定法外在的な正当化を求められることもあり，法の解釈・適用過程において道徳的考慮や実質的正義の要請をどの程度どのような仕方で汲み上げることが制度的に正統かという，法律学的方法論の難問がからんでくる。さらに，このような個々の判決の内容的正当性の道徳的観点からの実定法外在的な正当化の必要性やその具体的な在り方をめぐる法律学的方法論における議論は，裁判による法創造や政策形成など，現代裁判の事実上拡大された機能自体について，権力分立制や民主制などの近代的統治原理の現代的変容とも関連づけて，統治機構・政策形成過程全体のなかで，その制度的正統性を政治的観点から問い直すという問題とも内的に関連しているのである。裁判の正統性の問題は，このような判決の内容的正当性と裁判機能全体の制度的正統性の複雑な相互規定関係をふまえて考察されなければならない。

　裁判の正統性をめぐる最近の議論状況は，さらに，第4編で説明するような現代正義論の動向とも密接に関連している。正義論の関心が，一定の実質的正義原理の探求・基礎づけだけでなく，実質的正義の合理的な議論手続や実現方法にも拡がり，立憲民主制や裁判手続がこのような正義の議論手続・実現方法の「制度化」という観点から注目されるようになっている。そして，手続的正義の観念が立場を超えて共通に重視されるようになるにつれて，一定の制度的手続による決定の結果の内容的正当性だけでなく，その手続過程自体の公正が独自の価値として強調されるようになってきているのである。

　このような現代正義論の動向は，裁判における適法的正義・実質的正義・手続的正義の意義や相互関係を見直す貴重な手がかりを提供しており，裁判の正統性の概念の理解やその問題関心にもかなり重要な変化がみられる[5]。現代型訴訟をきっかけとする現代裁判の機能拡大への対応という問題は，後ほど本章

3で改めて取り上げることにして，まず，裁判の正統性の基本的な考え方を整理しておこう。

2　司法的裁判の役割と制度的枠組の統合的理解

　現行法システムのもとでの裁判の正統性をどのように考えるかは，基本的には，憲法・裁判所法・訴訟法など，裁判所の位置・権限や裁判の制度的枠組を規定する各種の実定法規準全体の解釈によって，裁判の運営や結果の指導・評価のための原理的な観点・規準・枠組を特定化するという法解釈学的な問題である。裁判の正統性の問題は，裁判においてどのような規準・手続・方法によって法的に正当な内容の判決が議論され形成されるべきかを規律する，裁判の役割・権限や制度的枠組の理解に関わる制度的・規範的な問題であり，訴訟当事者や社会一般が現実に一定の裁判活動や判決内容を納得して承認・受容するかどうかという事実問題とは次元を異にする問題である。とはいえ，裁判の役割・権限や制度的枠組は，個々の法規範の解釈の場合と基本的に同様に，既存の実定法規準によって全面的に規定し尽くされた固定的なものではなく，かなりの範囲で解釈の余地が残されており，裁判を取り巻く政治社会の現状や裁判に対する社会の人びとの現実の期待などの状況的・事実的要因によって変動する弾力的な面をももっている。裁判の正統性の考察においても，このような状況的・事実的要因をつねに制度的・規範的論議のなかにフィードバックさせることが不可欠である。

　社会の人びとは，通常，その時々の政治社会の紛争解決・政策形成過程の現状をふまえて裁判に対して一定の期待を向ける。このような期待は，端的に一定の判決内容の要求・承認としてあらわれる場合が多いが，その場合でも，一定の判決内容の要求・承認は，裁判に対する一定の制度的役割の期待を前提とし，これによって制約されているから，裁判全体の正統性の考察において第一次的意義をもつのは，このような役割期待である。そして，裁判に対する役割

　5）　このような議論動向については，田中成明「手続的正義と裁判」星野英一＝田中成明編『法哲学と実定法学の対話』（有斐閣，1889年），同『法的空間』（東京大学出版会，1993年）第7章「現代裁判の役割とその正統性—実体的正義と手続的正義」，同「手続的正義からみた民事裁判の在り方について」法曹時報55巻5号（2003年）など参照。

期待は，現行裁判の政治構造上の位置・権限およびその制度的枠組を規定している諸々の制度的要因を人びとがどのように理解し意味づけるかという形をとってあらわれる。

裁判の政治構造上の位置・権限は，現代型訴訟における裁判による法創造・政策形成の在り方や限界をめぐって議論されることが多いが，基本的には，現代立憲民主制のもとでの立法・行政との適正な機能分担・協働関係の確立という観点にまで遡って，裁判の正統な制度的役割を原理的に問うというアプローチをとる必要がある。

裁判による法創造・政策形成の在り方だけでなく，司法的裁判の在り方全体が，とりわけ権力分立制と民主制によって決定的な制度的制約を受けていることは言うまでもないところである。けれども，権力分立制や民主制を根拠に，裁判による法創造・政策形成の正統性を一般的に疑問視したり，立法・行政に対する司法の自己抑制を説いたりする見解は，裁判所をも含めた公権力機関が各々独自の制度的制約のもとで社会各層の要求・意見を汲み上げ，それらを公権力機関全体のなかで相互の抑制・均衡関係によって調整しつつ，一定の公共政策が形成・実施され，さらにそれらが社会各層の要求・意見とフィードバックされて修正されてゆくという，現代の政治過程の動態を理解しない硬直した形式論であり，支持し難いものである[6]。

権力分立制との関連では，裁判所が，個々の具体的事件に即して社会各層の正義・衡平感覚を汲み上げて，実定法的規準の継続形成を直接行ったり間接的に促進したりすることは，実定法的規準全体と原理整合的であり当該紛争の解決に必要十分な範囲内にある限り，司法固有の正統な権限である。裁判所がこのような機能を時宜に適った仕方で果たさないことには，その法適用機関としての責務すら適正に遂行できない。のみならず，後ほど本章**4**で説明するように，公私各種の法的紛争解決手続との円滑な機能分担・協働関係を確立し，法的紛争解決システム全体のなかで裁判所にその固有の機能として期待されている役割を実効的に果たすこともできなくなるであろう。

民主制との関連では，現代立憲民主制のもとで裁判に期待されている役割は，私人相互間の紛争解決，違法行為に対する救済やサンクションの発動，立法

---

[6] 詳しい説明は，田中成明『裁判をめぐる法と政治』（有斐閣，1979年）180-212頁参照。以下の説明はその結論部分の要約である。

部・行政部などの公権力機関による私人の自由や権利に対する不当な規制・侵害の抑制・救済などの伝統的機能だけに限られていない。立法・行政レベルの政策形成過程に有効な働きかけができないが故に不利益を受けがちな少数者や弱者の権利主張その他の要求・意見を，個々の具体的事件に即して的確に汲み上げ，その要求・意見が政策形成過程に実効的に反映され，公正な配慮を受ける機会を手続的に保障することによって，政策形成過程全体が立憲民主制原理にのっとって健全に作動しうる基礎的前提条件を確保・回復するという後見的役割も，現代裁判に期待されている重要な役割である。

　現代型訴訟などに典型的にみられる裁判に対する期待の高まりの背景としては，権力分立制や民主制が健全に作動していないために，立法・行政レベルの政策形成に社会各層の要求・意見が公正かつ時宜に適った仕方で反映されず，やむをえず裁判所に対してその是正が期待されている事例が圧倒的に多いという現況が直視されるべきであろう。現代裁判の正統性の考察において重要なことは，権力分立制・裁判の非政治的中立性・裁判の非民主性などの形式的理解に基づいて司法の過度の自己抑制を説くような硬直した姿勢をとることなく，裁判所がどのような状況・条件のもとでどのような種類の権利利益をどのような仕方で保護・救済することが，現行裁判の制度的枠組と矛盾することなく，現代立憲民主制のもとで司法的裁判に期待されている役割に適切に応えることになるかを個別的に点検しつつ，その果たしうる役割の可能性と限界を弾力的に見定めてゆくことである。

　本章1②で説明したような司法的裁判の制度的枠組は，法適用による個別的紛争の事後的解決という伝統的機能が公正かつ実効的に遂行されるように構成されており，裁判による法創造・政策形成には必ずしも適合したものではない。それ故，現行裁判の制度的枠組を法創造・政策形成のために弾力的に理解し運用するといっても，その程度・態様には超え難い限界があり，制度的枠組の特質やその意義・目的，さらに全体的な相互関連を統合的にとらえることが，裁判の正統性やその役割の可能性と限界の考察において決定的に重要である。

　裁判の正統性をめぐる従来の論議においては，司法的裁判の制度的枠組の三側面のうち，法適用という規準面だけを切り離して，裁判による法創造の制度的正統性や，法適用の結果たる判決の内容的正当性が問題とされることが多かった。だが，現代では，裁判によって定立される法的規準が，憲法を頂点とす

る実定法的規準全体と原理整合的で普遍化可能であり、当該具体的事件の解決に必要かつ十分な範囲内のものである限り、その規準面での正統性は理論的に承認されており、実務における論議の焦点は、対象面・手続面の制約原理との関連に移ってきているとみてよい。また、法適用の結果たる判決について、法適用過程に一定の範囲内で実定法的規準以外の実質的正義などの道徳的論拠の考慮が入り込むことが避け難く、その限りで、判決の内容的正当性が実質的正義などの何らかの道徳的論拠に照らした正当化を必要とすることがあることも一般的に承認されているとみてよいであろう。このような裁判による一定の道徳的論拠への対応の可能性と限界についてもまた、実定法的規準による直接的制約だけでなく、対象面・手続面の制約原理とも関連づけて見定めようとする方向へ議論は進んできている（詳しくは、第16章参照）。

　裁判の正統性という観点から裁判対象の限定ということが裁判実務において重要な争点として浮かび上がってきた直接のきっかけは、憲法訴訟における事件・争訟性の要件や立法事実をめぐる論議であった。だが、憲法訴訟に限らず、裁判による法創造・政策形成が問題となる訴訟においては、裁判の直接の対象である具体的個別的な法的争点と関連する政治的・社会経済的な一般的政策問題をどのような仕方で取り上げ、それに関連する情報をどのようにして収集し判断すべきか、また、どの範囲の潜在的利害関係人の要求・意見をどのようにして訴訟過程に反映させるべきかをめぐって、裁判対象の拡大の正統性とその限界が重要な問題となる。この問題についても、結局のところ、当事者主義的訴訟手続による制約が決定的であると認識されるようになり、民事裁判において当事者主義的手続過程への参加保障の独自の価値とその正統化機能を強調する手続保障論の新潮流の台頭、さらに現代正義論における手続的正義重視傾向の強まりなどと相まって、裁判の正統性の考察における手続面の重要性がクローズアップされてきているのである。

3　手続保障論の新展開

　民事裁判における手続保障の在り方をめぐって1980年代にめざましい理論展開がみられ、手続保障の機能・意義として、谷口安平の表現を借りれば、「真実発見機能」や「権利保護機能」という手段的機能よりも、手続保障を尽くすことそれ自体によって裁判が正統性を得ることができるという「正統性確保機

能」が重要視されるようになった。また，井上正三のいう「結果志向型」から「手続（過程）志向型」への移行が説かれ，訴訟の当事者主義的手続過程の展開自体が，そこから得られる判決内容とは別個独立に固有の内在的価値をもつことが承認されるようになった。そして，このような手続保障論の展開に伴って，裁判の正統性の根拠も，判決の内容的正当性だけでなく，公正な手続への参加保障をも含んだものへと，拡大ないし移行してきており，手続保障の理解においても，各当事者と裁判官との垂直関係ではなく，当事者相互間の水平関係を中心にとらえるべきことが強調されるようになってきている[7]。

　このような手続保障論の新たな展開は，裁判の制度的特質やその正統性の考察において手続過程のもつ独自の意義を広く認識させることになった。まず，現代における裁判の正統性の考察の原理的な考え方として，罪刑法定主義のもとにあり実体的真実が重視される刑事裁判については，修正が必要かもしれないが，当事者主義的手続をその制度的枠組の核心として位置づけるのが適切である。そして，裁判の正統性は，究極的には，当該紛争の対立的な利害関心を各々適切に代表しうる当事者双方に対して，自己に有利な論拠・証拠を挙げて主張・立証しつつ，法廷での法的議論に相手方と対等の立場で主体的に参加する機会が，原理上平等に保障され，裁判官の後見のもとに両当事者間の自律的な法廷弁論が活性化されること，および，その結果として得られる判決が，このような手続保障のもとで法的に正しい解決を求めて両当事者と裁判官の"三者関係"で展開される相互作用的な協働活動の所産という性質をもっていることという，裁判の動態的側面から基礎づけられると理解すべきであろう[8]。

　さらに，制度的枠組の三側面の相互関係についても，当事者主義的手続への参加保障を中心に有機的に関連し合っており，全体として，裁判の手続過程と

---

　7) このような手続保障論の理論展開については，「シンポジウム・訴訟機能と訴訟手続」民事訴訟雑誌27号（法律文化社，1981年），谷口安平「手続的正義」『岩波講座・基本法学8：紛争』（岩波書店，1983年），井上治典『民事手続論』（有斐閣，1993年）など参照。

　8) このような裁判の正統性の理解は，「裁判の特徴は，自己に有利な決定を得るために証拠と理由づけられた論拠を提示するという，決定への独特の参加形態を関係当事者に与える事実にある」とみる"参加テーゼ"を提唱したL. L. フラーの見解から示唆を得たものである。Fuller, The Forms and Limits of Adjudication（前出注2），pp. 86-124 参照。

その結果たる判決の正統性を基礎づけるという立体的な構造をもっていると理解するのが適切である。このように理解することによって，制度的枠組の三側面の要請のうちのいずれかの充足が多少不十分であっても，他の側面でそれを埋め合わせることができるならば，全体として裁判の正統性は確保されると，弾力的に考えることが可能となる。例えば，現代型訴訟においては，とくに規準面・対象面での従来の制約をある程度緩和せざるをえない場合が多い。このような場合，規準面・対象面での制度的制約をどの程度どのような態様で緩和すれば，当事者主義的手続への参加保障が空洞化され，その意義・目標が損なわれるかとか，それらの緩和に伴うデメリットやリスクを手続保障の拡充・強化によって埋め合わせることができるかどうかという観点から，裁判による正統な法創造・政策形成の在り方や限界を見定めるアプローチをとることになる。

手続保障の内容をこのように両当事者間の水平関係を基軸として理解することは，裁判での両当事者の弁論活動を，裁判外での自主的な交渉による紛争解決活動と連続的にとらえることを可能とし，法形成・権利実現過程における裁判の役割を一層多面的かつ動態的に理解しうる視座を切りひらくことになる（第7章**3**③参照）。また，以上のような手続保障の理解によって，裁判における両当事者間の相互作用的な自律的弁論活動を媒介として，裁判外での両当事者間の自主的な紛争解決と裁判官の下す公権的裁定を，二者択一的な別個の次元の活動としてではなく，一連の手続過程の展開として漸次的移行関係にあるものとみて，発展的にとらえることも可能となる。

このような裁判手続の理解においては，裁判官の基本的な役割は，積極的に自己のイニシアティヴで正しい内容の判決を直接導き出し正当化するために両当事者の協力を求めることではなく，両当事者の実質的対等化をはかり公正な弁論の機会を保障することによって，相互作用的な自律的弁論の活性化を通じて正しい内容の判決が徐々に確定されてゆくように，種々の後見的配慮をすることであろう。従って，法廷弁論における両当事者と裁判官との垂直関係は，両当事者間の水平関係に対して補助的な位置を占めるべきであり，裁判官には，両当事者間の直接的な相互作用的コミュニケーションの障碍を除去・軽減し自律的弁論を促進するという媒介的作用を果たすことが期待されているのである[9]。

4 手続の正統化機能

　民事裁判に関する手続保障論の理論展開には，本書で展開を試みている法理論・裁判理論と重なり合う面も多く，以上のように，その意義を高く評価するものであるけれども，重要な点で賛同し難いところもある。たしかに，真実や権利を素朴に客観的で所与的なものとみて，弁論主義などの当事者主義的手続をそこに至るためのたんなる手段とみることは論外であろう。だが，当事者主義的手続保障が，法的規準の具体的意味内容の特定化についても事実認定についても，内容的にできるだけ誤りを避け，より納得のゆく理由づけを伴った判決の追求を促進する最適の方法という意味で，動態的・発展的にとらえなおされた真実発見・権利保護という目的実現の手段たる性質をもつこともまた見落とされてはならない。それ故，井上治典らの"第三の波"理論[10]にみられるように，手続保障を自己目的化して，内容の正当性の問題を全面的に手続の充足の問題に転換してしまうのは行き過ぎであろう。手続保障による判決の正統化機能も，手続保障が当事者間の自律的弁論を活性化し内容的により正しい判決の追求を促進するという機能を抜きにして考えられるべきではなく，その正統化機能の作用条件や限界は，このような結果志向的機能とも有機的に関連づけて統合的に見定められるべきである[11]。

　手続と結果の相互関係をこのように理解する立場からは，"第三の波"理論にも部分的に影響を及ぼしているN.ルーマンの「手続による正統化」の観念[12]との基本的な相違を確認しておくことが重要である。

　ルーマンは，手続というものを，拘束力ある決定を生み出すことによって人間世界の複雑性の縮減に関わる一つの社会システムととらえ，このようなシステムの一環である法システムや裁判手続を正義や真理などと関連づけて論じる伝統的理論を拒否する。そして，決定の正統性は，その内容的正当性とも自発的承認や個人的責任とも切り離され，拘束力ある決定を自明のものとして制度

　9）　裁判官のこのような役割の具体的な果たし方については，田中「手続的正義からみた民事裁判の在り方について」（前出注5）36-50頁参照。
　10）　井上『民事手続論』（前出注7）参照。
　11）　"第三の波"理論の意義と問題点の批判的検討として，田中成明『現代社会と裁判：民事訴訟の位置と役割』（弘文堂，1996年）60-88頁参照。
　12）　N. Luhmann, *Legitimation durch Verfahren*, 2. Aufl. (1975)（今井弘道訳『手続を通しての正統化（新装版）』（風行社，2003年））参照。

化し，公権的決定の妥当性の帰結とみなす社会的雰囲気に基づいているとする。裁判手続の場合には，当事者は，判決内容の不確定性の故に勝訴の予期を抱き，対論を通じてその主張を徐々に特定化する役割を引き受けて手続に参加することによって，その人格の自己表現を行い不満も吸収されるため，最終的に予期に反して敗訴判決を受けても，その判決を事実として受け容れざるをえない状況におかれる。しかも，裁判手続は，一定の条件が充たされたならば一定の判決を下さなければならないとする「条件プログラム」として制度化されているため，裁判官は結果に対する一切の批判と責任を免れ，結果に対する不満は立法に向けられ，裁判手続の正統化機能は安定したものとなっている。このように，ルーマンは，手続による正統化は，無条件に現実の合意や法的見解の合致につながるものではなく，むしろ，正統化の核心は，参加者の同意の問題とは切り離された手続過程自体にあるとみている。

　このようなルーマンの社会システム論的な手続理論は，たしかに，素朴な対応説的真理論の拒否や手続過程自体の重視などにおいて，対話的合理性基準の考え方と共通するところもある。けれども，ルーマンは，J．ハーバマスとの論争などに典型的にみられるように，合理的な実践的議論の可能性を基礎づける知的前提自体が，今日ではもはや破綻してしまっているとみて，伝統的な正義・真理・正当性などの概念を放棄することによってはじめて，法的決定の妥当性やその受容の問題を適切にとらえることができると考えている。

　それに対して，対話的合理性基準の立場は，第11章4で詳しく説明するように，決定の内容的正当性について合理的な議論が可能だとする実践哲学的地平で，正しい決定を追求する議論のための手続的諸条件を，あくまでも議論を通じて形成される決定の内容的正当性とも関連づけて規定しようとするものであり，対話的合理性基準を法的に「制度化」した裁判手続においてもこのような立場は堅持され，決定の内容の問題を全面的に手続の充足の問題に転換するものではない。従って，裁判の制度的正統性を判決の内容的正当性と切り離して論じる，ルーマンの社会システム論的アプローチは，両者の相互関連を統合的に解明しようとする，対話的合理性基準の考え方と基本的に相容れない。裁判における手続と判決の相互関係を対話的合理性基準の制度化という観点から解明するためには，裁判における手続的正義の機能については，J．ロールズの手続的正義の類型区分に従って，ハード・ケースでは疑似的な純手続的正義

の正当化作用が働く余地もあるけれども，基本的に不完全な手続的正義の事例とみるのが適切であろう（325-26頁参照）。

❸　現代型訴訟と政策形成機能

❶　現代型訴訟の特徴と意義

わが国では，1970年代前半に四大公害訴訟をはじめとする公害環境訴訟をきっかけに，紛争解決や権利救済における裁判の役割に対する期待が飛躍的に高まった。このような裁判への期待の高まりを一般的な背景として，本来ならば立法・行政レベルで解決するのが適当な，政策批判がらみの紛争や要求について，現行裁判の制度的枠組では適切に対処することが難しい期待をも掲げた訴訟が裁判所に持ち込まれる事例が着実に増えてきている。この種の新しい訴訟は，一般に"現代型訴訟"と名づけられているが，政策形成訴訟，政策志向型訴訟，公共訴訟，公益訴訟などと呼ばれることもあり，いずれの呼び方もこの種の訴訟の特徴を示唆している[13]。

現代型訴訟と言っても，従来型訴訟と全く質的に異なるものではなく，現行訴訟の制度的枠組で対処できる程度の差にすぎない面もあり，その範囲や特徴について理解のずれもみられる。大体，憲法訴訟，行政訴訟，国家賠償請求訴訟，特殊損害賠償請求訴訟，差止請求訴訟などが，代表的事例とみられているので，これらの訴訟を中心に，現代型訴訟の主な特徴をみておこう。

まず第一に，現代型訴訟では，たんに損害賠償による被害の事後的個別の救済だけでなく，差止訴訟や取消訴訟などによる被害の発生の事前防止，判例による新しい権利の承認などの法創造，さらに立法・行政や世論・運動などの政策形成過程全般への事実上の間接的な波及効果など，裁判が将来にわたって広く一般的な効果を及ぼすことも期待されている。そして，この種の訴訟は，立法・行政レベルの政策に対する批判・変更要求・異議申立てなどの手段として用いられ，裁判が政策形成過程への一種の市民参加のフォーラムとして機能す

---

[13]　現代型訴訟の意義・機能などについては，新堂幸司「現代型訴訟とその役割」『岩波講座・基本法学8：紛争』（前出注7），六本佳平「『現代型訴訟』とその機能」日本法社会学会編『裁判の法社会学2：法社会学43号』（有斐閣，1991年），田中『現代社会と裁判』（前出注11）第4章「現代型訴訟と政策形成機能」など参照。

ることが期待されているケースも多い。

　第二に，訴訟当事者について，従来型訴訟が，立場の互換性のあるごく少数の当事者が二元的に対立する紛争を典型的なものとして想定しているのに対して，現代型訴訟は，いわゆる"構造的"被害に関わる紛争が多い。そのため，現代型訴訟では，企業や国・地方自治体などを相手に社会経済的弱者あるいは政治的少数者と位置づけうる人びとが提起するするケースが多く，また，被害者の範囲が拡散していて訴訟当事者の特定自体が難しいだけでなく，直接の訴訟当事者の背後に，裁判の成り行きによって影響を受ける潜在的利害関係者が多数存在するのが通例である。

　第三に，以上のような特徴の結果として，個々の訴訟の当事者が多数であったり，同種の訴訟が複数の裁判所に分散して提起されたりすることになる。審理に関しても，争点が多岐にわたり複雑かつ多中心的（polycentric）に入り組んでおり，訴訟の直接対象である具体的争点と密接に関連する一般的な政策問題を截然と切り離して審理・判断することが難しい。そのため，審理範囲がどうしても拡大し，審理の複雑化・長期化を招きやすい。また，そのような政策問題に関する判断資料の収集や当事者間の訴訟追行能力の格差是正のために，裁判官の後見的な訴訟指揮の強化に対する期待が高まる傾向がある。

　現代型訴訟については，以上のような特徴の故に，本章❶②でみたような現行裁判の制度的枠組の三側面における従来の制約を何らかの仕方で緩和しないことには，現実に裁判に期待されている役割に適切に応えることができない場合が多い。裁判の政策形成機能への期待において従来型訴訟の法的紛争解決方式の限界が先鋭化するため，制度的枠組の理解や運用を裁判に対する現代的ニーズに応えうるように見直すことを迫られているのである。

　このような現代型訴訟における裁判の政策形成機能への期待の高まりについて，従来の政策形成過程・紛争解決過程が社会経済状況や人びとの価値観の流動化・変化に敏速に応答できなくなっていることに起因する過渡的な病理的現象とみて，基本的に司法的裁判の本来の守備範囲外におくべきだとする見解もある。けれども，裁判外の公私の代替的紛争解決手続（ADR）の拡充に伴う法的紛争解決システムの多元化，社会の全般的政治化による市民の政治参加のチャネルの多様化などの現代的コンテクストのもとでは，従来司法的裁判の典型的な対象とされていた紛争はADRでも解決される傾向が強まり，それにもか

かわらず裁判に持ち込まれる紛争には，多かれ少なかれ現代型訴訟の特徴をもった事例が増える傾向は恒常的となってゆくと推測される。そして，訴訟事件全体のなかで現代型訴訟の数自体がそれほど多くなくとも，政治的社会的な注目度は高く，裁判の役割期待やその正統性評価において占めるウエイトは間違いなく高まってゆくであろう。

　もちろん，現実に裁判に期待されている多種多様な政策形成の要求に全面的に応えたり配慮したりすることが，現行訴訟手続の制度的枠組のもとでは不可能ないし不適切である場合が少なくないことも事実であり，裁判の役割について，その能力限界を超えた過大な期待を抱かせることは不適切であろう。だが，わが国の裁判所が，現行訴訟手続の制度的枠組のなかでも，このような期待に応えてより積極的に政策形成機能を果たしうる余地はまだまだあり，裁判所に持ち込まれる個々の事件に即して，現行法制の従来の通説的理解や慣行的運用の当否を政治社会の現状や社会の期待に照らして再点検し，その政策形成機能の在り方を弾力的に見定めようとする姿勢をとらない限り，裁判に対する期待の高まりが，逆に，裁判に対する不信・絶望に転化してしまいかねない。

　そもそも，通常の司法裁判所に違憲立法審査権が与えられ行政裁判がゆだねられている現行司法制度のもとで，政策形成機能が一般的に司法的裁判の守備範囲外であるとは到底言えないはずである。裁判所が政策形成機能を果たすことに消極的な姿勢がとられる一因として，裁判の紛争解決機能と政策形成機能という対比図式を二者択一的にとらえて，前者が本来の正統な機能であるのに対して後者はそうでないとみるナイーヴな議論の構図が生み出され，それが，司法の非政治性というリーガリズム・イデオロギーのもとにある法律家に違和感・抵抗感を与えていることも考えられる。だが，現代の政治過程の動態のなかでは，紛争解決過程と政策形成過程は大幅に重なり合っているのが現実であり，裁判の政策形成機能と言われているもののなかにも，紛争解決機能自体の変容ないし拡大として，それと連続的にとらえられる側面もあり，両機能の区分はあくまでも相対的・流動的と考えられるべきである。裁判の政策形成機能の正統性の問題も，裁判所が，その制度的枠組と両立する範囲内で，本来の紛争解決機能を果たしつつ，附随的に，その機能を促進するような形で果たしうる，あるいは，果たすべき政策形成機能はどのようなものかというアプローチによって論究することが可能であり必要でもある。

❷ 裁判の多様な政策形成機能

　現代型訴訟において期待されている役割は一般に政策形成機能と呼ばれているが，以上のようなかなり多様な期待をどのように理解し整理するかについては，見解のずれがみられ，どのような機能まで制度的に正統とみるかという規範的議論についても，意見が対立している。ここでは，幾つかの関連争点をめぐって展開されている錯綜した議論状況を整理するために，現代型訴訟に現実に期待されている規範的・事実的機能全体を，判決の規範的内容に対して期待が向けられる裁判の法創造（形成）機能，および，訴訟手続の展開が当事者間の紛争解決に対してもつ機能（手続過程の紛争解決機能）と裁判外の政策形成過程全般に及ぼす機能（広義の政策形成機能）の三つに分けて，それぞれの機能をめぐる議論の争点を確認した上で，それらの機能や争点を考察する視点の区別と関連に留意しつつ，各機能について制度的に正統な対応の在り方を考察するというアプローチをとることにしたい。

　（i）判決の法創造（形成）機能　　現代型訴訟における機能拡大と言われる場合，裁判実務や法律学で主として問題とされているのは，判決内容の規範的機能であり，判決によってリーディング・ケースとなる判例が形成され，それが裁判の内外で公私の法的紛争解決の一般的規準として用いられるようになるという，一般に判決の法創造（法形成）機能と呼ばれているものである。このような機能の制度的正統性については，理論的には，個々の裁判における判決形成（法適用）過程の創造性と，判例の先例的拘束力・法源性に分けて検討する必要がある[14]。前者の問題は，わが国などの成文法主義のもとでは，第5編で取り上げるように，法の解釈や欠缺補充の創造的性質として論じられている問題であるが，現代では，それを法"創造"と呼ぶかどうかはともかく，裁判が具体的紛争の適正な解決に必要かつ十分な範囲内で実定法規範を創造的に継続形成する権限をもっていることは一般的に認められているところである。後者の判例の先例的拘束力については，第2章❸⑤で説明したように，意見が分かれているけれども，少なくとも判例が事実上強い拘束力をもつことは実務慣行として確立されており，判例の法源性を認める見解が一般的になっている。

　現代では，裁判所が，その固有の紛争解決機能を適切に果たすためにも，一

---

[14]　議論状況と私見の詳細については，田中『現代社会と裁判』（前出注11）174-84頁参照。

定の範囲内で先例的拘束力をもつ判決を下し時宜に適った法の継続形成を行うことは，法適用機関としてのその正統な権限であるだけでなく，その責務であると一般的に了解されているとみてよいであろう。リーディング・ケースとなる判例によって法的紛争解決のための一般的規準を継続形成する機能は，その規準が実定法的規準全体と原理整合的で当該紛争の解決に必要かつ十分な範囲内である限り，裁判がその本来の紛争解決機能を果たし，全体としての法的紛争解決システムを公正かつ実効的に作動させるために不可欠であり，しかも，原則として裁判だけがなしうる機能である。それ故，このような一般的規準設定機能については，たんに裁判官が判決において考慮するだけでなく，法廷弁論の争点としても両当事者が十分争えるように適切な攻防の機会を保障し，正当な位置づけが与えられて然るべきであろう。

(ii)手続過程の紛争解決機能　　現代型訴訟が政策形成過程全体のなかで現実に果たしている多面的な機能を政治的・社会的事実として的確に解明するためには，以上のような判決による法創造という規範的機能の他にも，訴訟の手続過程の展開自体が判決とは別個独立に固有の価値をもち，裁判の内外での両当事者間の自主的紛争解決や裁判外の政策形成過程全般に及ぼしている多様な事実的機能をも考察の視野のなかに取り込む必要がある。

現代型訴訟の対象となるような紛争の場合，当事者間の力関係の不均衡などのために，相手方に要求を自主的に承認させたり直接交渉の場を確保したりすること自体が困難なケースが少なくない。このような場合，訴訟の提起によって，相手方を公開の法廷に引き出すことによって，交渉のきっかけや場を確保でき，当事者間の議論や交渉が，裁判官の適切な関与のもとに行われることによって，裁判の内外での自主的な紛争解決が促進され，判決にまで至らなくとも，訴訟上の和解，裁判外の和解など，判決以外による解決が得られることが期待できる意義は大きい。

このような訴訟の手続過程の展開が当事者間の紛争解決に対してもつ機能は，現代型訴訟をめぐる機能拡大の一環として，手続過程の展開が裁判外の政策形成過程に及ぼす機能と重なり合うものとして注目されるようになったものである。けれども，後者の裁判外の政策形成過程に対する機能が，いずれかと言えば政治学的・社会学的な関心から論じられはじめたのに対して，前者の当事者間の紛争解決に対する機能は，民事訴訟法理論における手続保障論の新たな展

開の一環として,とくに"第三の波"理論によって法律学・裁判実務内在的な問題として強調されるようになったものである(本章2③参照)。両機能は,現実には重なり合うけれども,理論的にはかなり性質を異にしている。このような訴訟の手続過程の展開が当事者間の紛争解決に対して判決と別個にもつ独自の機能は,現代型訴訟だけに特徴的なものではなく,従来型訴訟においても程度の差はあれ広くみられるものであり,このような機能に着眼した弁論や審理などの訴訟活動の制度的正統性についての異論はなく,正統性自体についてとくに改めて論じる必要はないであろう。

このような訴訟の手続過程の展開が当事者間の紛争解決に対してもつ機能については,現代型訴訟への対応も視野に入れて,法形成的判決の正当化をめぐる法的議論およびその基礎となるミニ立法事実の審理の在り方を中心に,審理手続過程に関する民事訴訟理論の関心が強まっているだけでなく,審理手続に関する実務改善・制度改革が,裁判所や弁護士会によって組織的に推進されてきている。さらに,司法制度改革の一環としても,計画審理の義務づけ,証拠収集手段の拡充,専門委員制度の導入などの民事訴訟法改正(2003年),取消訴訟の原告適格の拡大,義務付け訴訟・差止訴訟の法定,本案判決前の仮の救済制度の整備などの行政事件訴訟法改正(2004年)によって,現代型訴訟への対応態勢の整備が積極的に進められてきている。

(iii)裁判の広義の政策形成機能　現代型訴訟をめぐる機能拡大の制度的正統性の考察において最も難しいのは,一度も勝訴判決が下されなくとも,あるいは下級審の勝訴判決が上訴審で最終的に覆されても,訴訟の提起や公開の法廷での弁論,さらに敗訴判決の内容など,裁判の一連の手続過程の展開自体が,問題の提起・情報の公開・争点の明確化などのフォーラム効果をもち,立法・行政や世論・運動などの政策形成過程全般に及ぼす事実上の間接的インパクトについて,両当事者の訴訟活動や裁判官の訴訟運営においてどの程度どのような仕方で視野に入れ考慮することが制度的に適切かという問題である。

このような裁判の広義の政策形成機能は,以上二つの機能と現実には分かち難く重なり合っているけれども,法的にはインフォーマルな事実上の間接的効果として位置づけられ,法律学・裁判実務の「内的視点」からは,以上二つの機能とは別個の問題として扱われるべきものである。政策形成過程全般の政治学的・社会学的な「外的視点」からの分析・評価においては,このような一連

の訴訟の手続過程の展開が政策形成過程全般に及ぼしている間接的なインパクトをも含めて，むしろこのような事実的効果レベルを中心に，理解する必要があるとしても，法律学・裁判実務の「内的視点」からは，このような事実上の機能の拡大が現代型訴訟についてみられるとして，それらのうちどこまでが裁判の正統な機能であり，また，裁判においてそれらの機能のどれをどのような仕方で考慮に入れるべきかという規範的問題を改めて検討しなければならない。裁判の政策形成機能の制度的正統性をめぐる規範的議論においては，訴訟のフォーラム機能が現代の情報化社会において無視できない重要な役割を果たしている実態に関する政治学的・社会学的な分析・評価から，裁判のおかれている政治社会的状況やその存立基盤について多くの厳然たる事実を学びとらなければならない。けれども，それをどのように法律学・裁判実務のなかにに取り入れてゆくかという実践的問題は，基本的に法独自の内的視点から法解釈学的問題として検討されるべき性質のものである。

　司法的裁判の制度的枠組や各種の手続的規律は，裁判が，立法部・行政部からの影響はもちろんのこと，社会的諸勢力の影響からも独立して，両訴訟当事者の訴訟手続内での主張・立証に基づいて個別具体的な紛争を公正・衡平に解決する場として，政治過程から相対的に自立的な理性的言説空間として作動することを制度的に保障するためのものである。両当事者も裁判官も，このような裁判所の独立，裁判の公正・衡平・中立などの司法独自の規範的要請やそれを具体化した制度的枠組・手続的規律を受け容れ遵守するという，法律学・裁判実務の内的視点に立って行動することが，法曹倫理上求められている。もちろん，この外的視点と内的視点の区別と連関はなかなか微妙なものであり，裁判の手続過程は，裁判の間接的な事実的効果をある程度切り捨ててはじめて，独自の自立的な議論領域を確立できるのであり，裁判の多様な事実的インパクトをすべて考慮に入れることは，不可能であるだけでなく，裁判の制度的正統性の自立的存立基盤を解体してしまうことになりかねない。

　このような裁判の広義の政策形成機能をどの程度どのような仕方で考慮に入れることが，裁判がその本来の機能を適正に果たすために制度的に必要かつ正統とみなされるかという問題は，実際上，訴訟の提起・法廷弁論・判決の正当化の在り方など，当事者間の紛争解決に対する手続過程の展開の機能や判決による法創造機能という，最初の二つの機能の正統性をめぐる議論と重なり合っ

て問題になることが多い[15]。

　基本的な考え方としては，当事者が，裁判の間接的インパクトをも（だけではなく）視野に入れたフォーラム効果に着眼して訴訟を提起し法廷弁論を行う戦略をとること自体は，当事者間の個別紛争解決をめざした法的議論が現行訴訟手続にのっとって真剣に行われている限り，制度的にも何ら非難される活動ではないとみるべきであろう。当事者からみれば，裁判という公開の場でその要求の"法的"正当性を相手方・裁判官だけでなく広く社会一般に向けて訴えかけることも，憲法32条の「裁判を受ける権利」のなかに含まれていると解することができる。

　他方，裁判所としては，争点の整理・絞り込みや証拠調べの方法・範囲などに関して，判決による法創造の基盤となるミニ立法事実を適切な仕方で審理手続に乗せることをはじめ，適正な法形成的判決のために必要な弁論の活性化に配慮しつつ審理を進める必要があり，その限りで裁判外の間接的インパクトにも一定の考慮をすることが制度的にも正統とみられるべきであろう。けれども，裁判のフォーラム機能が及ぼしうるそれ以外の多様な間接的インパクトについては，憲法82条の「裁判の公開」の問題として一般的に配慮する必要はあるが，むしろ，それらの間接的なインパクトを考慮して審理を進めたり判決を作成したりすることは，裁判所の独立や裁判の公正・公平などを損なうおそれがあり，不適切であろう。これらの裁判の間接的インパクトという事実上の効果をどのように活かしてゆくかは，当事者や第三者にゆだねてしまってよい問題であり，裁判所としては距離をおいた対応をすべきである。

　このような裁判のインフォーマルな波及効果との関連で微妙な問題をはらんでいるのが，裁判所が，現代型訴訟の判決において，このような効果をも意識してか，結論として原告の主張を斥けつつも，「なお書き」あるいは「ちなみに」という形で一般的な法律論を展開したり，議会や政府の政策批判あるいは現行制度の欠陥是正の要望を述べたりするケースが少なくないことである[16]。このような傍論が先例として機能するケースがあるだけでなく，裁判所内外で波及効果をもつことは否定できず，判例の正統性や裁判所の権限という観点から疑問もある。いちがいに批判されるべきものではなく，それなりに評価され

---

　[15]　問題状況と私見については，田中『現代社会と裁判』（前出注[11]）190-99頁参照。以下の説明は，その結論部分を要約しつつ，若干敷衍したものである。

て然るべき面もあるけれども，このような判決スタイルが，裁判所の過度に消極主義的な姿勢を埋め合わせたり，いわんや正当化するものではないことは言うまでもない。

3 裁判の機能拡大の基本的な考え方

　以上のような考え方を基礎として，裁判機能の拡大の当否やその在り方を考察する場合，まず，裁判以外にも様々の公私の紛争解決手続があり，裁判がいつも唯一のあるいは最も合理的な紛争解決手続だとは限らないし，また，裁判所が本来的に政策形成機関として設営されているものでもないという認識から出発すべきである。その上で，政治社会全体としての公正かつ実効的な紛争解決・政策形成システムを確立し維持するために，裁判がどのような役割を引き受け，他の諸手続・機関とどのような機能分担・協働関係に立つことが，訴訟当事者や社会一般の人びとの裁判に対する役割期待に応えることになるかという，全体的視野に立って考察することが不可欠であろう。

　このような視野のもとに訴訟機能の拡大の可能性と限界を見定めるためには，裁判の「固有の機能」，つまり，裁判がそもそも裁判という名に価するために最小限果たさなければならず，裁判でなければ果たすことのできない機能と，「補充的・代償的機能」，つまり，本来裁判以外の機関・手続で果たされるべき機能であるけれども，その機能が適正に果たされていない場合に，それに代わったりそれを補ったりする形で裁判が引き受けざるをえない機能とを区別して考えるのが適切であろう。裁判の固有の機能は，裁判を取り巻く政治社会の現状如何を問わず，外的状況に左右されずに，裁判がそのアイデンティティを保持し続けるために当然果たさなければならない性質のものである。それに対して，補充的・代償的機能は，裁判がどの程度どのような仕方でその機能を果たすべきかが，裁判を取り巻く外的状況，とくに裁判外の紛争解決・政策形成過程の現状や社会の人びとの裁判に対する期待と相関的にしか決めることので

　16）　例えば，平成7年7月5日最高裁判所大法廷判決（最高裁民事判例集49巻7号1789頁）は，民法900条の非嫡出子の法定相続分の差別規定について合憲判決を下したが，多数意見のなかにも，規定の合理性を疑問視したり，立法による改正を求める補足意見を述べたりするものがあり，当時法制審議会民法部会がすでに法定相続分を平等にする改正要綱試案を提示していたこともあって，その当否が問題となった。

きない性質のものである。

　現代型訴訟との関連で訴訟機能の拡大の正統性が論じられる場合，論議の直接の対象となるのは，ほとんど補充的・代償的機能である。だが，この種の機能拡大の正統な方向や限界の見当づけにおいても，固有の機能がその目標・役割を適正に実現し続けることができるか否か，固有の機能が著しく損なわれ空洞化したり逆機能を発揮したりすることがないかどうかといった検討が，最も重要な位置を占めるべきである。裁判の固有の機能は，当事者主義的手続への参加保障のもとで正確な事実認定と適正な法適用によって当事者間の法的権利義務関係を明確に確定し特定化することである。だが，利害関係人が多数であったり利害関係が多中心的に複雑に錯綜していたりする事例，各利害関係人にその要求を反映させるのに適切な手続保障ができなかったり当事者間の弁論だけでは権利義務関係の確定に十分な資料が得られなかったりする事例，当事者間の権利義務関係の確定よりも背後の集団的な利害調整や一般的政策問題の理非が主な争点となっている事例などにおいては，裁判の制度的枠組を弾力的に運用して機能拡大の期待に応えようとすればするほど，裁判がその固有の機能を適正に果たし続けることは多かれ少なかれ困難とならざるをえない場合がほとんどである。そのような場合，裁判の制度的枠組の三側面の制約を，本章1②，2②・③などで説明したように，当事者主義的手続保障を基軸として有機的に関連づけて統合的に理解した上で，各制度的枠組の弾力的運用の可能性とそのメリット・デメリットを，裁判固有の機能の遂行可能性に及ぼす影響，さらに政治社会の現状や社会一般の期待などの状況的・事実的要因をも考慮に入れつつ，多面的に検討することによって，適正な機能拡大の方向と限界をさぐってゆかなければならない。

　現代型訴訟については，それが従来の制度的枠組の予定している訴訟類型でないが故に，証拠の収集や政策形成について裁判官のイニシアティヴによる職権主義的な介入・決定が必要だと説く見解もあり，また，訴訟当事者やその支援者たち自身がそれを要求・期待している場合もある。けれども，むしろ，この種の訴訟においてこそ，安易に裁判官の管理型訴訟運営に期待することなく，両当事者間の相互主体的自律の弁論の活性化による自治型訴訟運営を強化する可能性を追求する方向で，手続保障の正統化機能が重視されるべきである。現代型訴訟であっても，当事者主義的手続保障の正統化機能が空洞化されるよう

な仕方で裁判官のパターナリズム的訴訟指揮に依存して訴訟機能を拡大することは，もはや裁判の正統な役割とは言えないであろう。

　社会の人びとは，裁判がその固有の機能を適正に果たしているが故に公正で信頼できる機関として評価し，それを基盤として機能拡大を期待するのである。固有の機能を適正に果たせないような仕方での機能拡大の期待は，基本的に自己矛盾であり，裁判所がそのアイデンティティを犠牲にしてまでこの種の期待に応えることは，自己の存立基盤を掘りくずすことになりかねない。

　裁判の機能拡大の在り方を以上のように考える場合，わが国の裁判所がもっと積極的に果たしてもよいとみられる政策形成機能は少なくない。基本的には，まだまだ裁判機能の拡大の余地があり，そのための理論上・実務上の工夫がなされるべきである。だが，同時に，現代型訴訟との関連で直接問題となっている機能が，ほとんど補充的・代償的機能であり，裁判外の公私の紛争解決手続によって適切な権利の保護・救済ができない場合や，立法・行政レベルでの政策形成過程に社会各層の要求・意見が適切に汲み上げられていない場合などに，たいていはやむをえず最後の手段として裁判に期待されている役割であることを十分認識する必要がある。問題の本当の解決のためには，裁判外の紛争解決・政策形成過程自体の公正かつ実効的な作動を回復する必要があり，極端に言えば，裁判のこの種の機能に対する期待が少なくなればなるほど，政治社会システム全体としては健全に作動しているという逆説的な関係がみられるのである。それ故，裁判所が多種多様な期待に応えて積極的にその機能を拡大することが，必ずしもつねに裁判外の紛争解決・政策形成過程の健全な作動の回復につながるとは限らず，かえって政治社会システム全体としての機能分担・協働関係を混乱させるおそれがあることにも留意しなければならない。

　現代型訴訟をめぐる裁判機能の拡大の当否やその在り方をめぐる議論の争点は，以上のような正統性の問題だけでなく，きわめて多岐にわたっている[17]。裁判機能の拡大を期待する側でもそれに応える側でも，機能拡大のメリット・デメリットを周到に検討した上で，現代社会において裁判がその固有の機能を損なうことなしに正統に果たしうる役割の可能性と限界を，広い視野に立って柔軟に見定めてゆくことが，"議論・交渉フォーラム"の中枢的機関としての

---

　[17]　詳しくは，田中『裁判をめぐる法と政治』（前出注6），とくに序章，第3章，第4章参照。

裁判の活性化にとって不可欠の重要な課題である。

4 裁判と裁判外紛争解決手続（ADR）

1 裁判外紛争解決手続の現況

　現代社会における法的紛争の複雑多様化と法の機能拡大に伴って，裁判外代替的紛争解決手続（alternative dispute resolution, ADR）の見直しや拡充に対する関心が高まっている。現代型訴訟への対応という問題と並んで，ADRとの機能分担・協働関係の確立という問題が，現代裁判の重要課題としてクローズアップされている。

　もともと，民事紛争は，当事者間の直接的な交渉，知人・弁護士や裁判外の公私各種の機関などの第三者の関与によって解決されても何ら差しつかえない。訴訟は，これらの自主的な方法による解決がうまくゆかなかった場合にやむをえず利用される"最後の手段（ultima ratio）"である。訴訟が提起された後でも，判決にまで至ることなく，訴訟上の和解などで終わるケースも多い。また，わが国の場合，ADRとして，裁判所での調停が，従来から訴訟と並ぶ重要な役割を果たしてきている。さらに，交通事故，公害紛争，消費者被害など，新しい紛争類型が社会問題化すると，民事調停法の改正によって一般的に調停の紛争解決機能の充実をはかるとともに，公害や消費者被害に関しては，国・地方自治体に特別の苦情相談・紛争処理機関を全国的規模で整備するという対応が行われてきた。全般的に，国・地方自治体も，各企業・業界も，苦情相談・紛争処理サーヴィスに力を入れるようになってきており，公私各種のADRが拡充されつつある。

　法的紛争は，当事者間に自主的な合意が成立し「和解」によって解決されるケースと，裁判官の法的規準に準拠した「判決」によって強制的に解決されるケースとを両端として，様々な方式によって解決される。それらのうち，ADRにおいて用いられる主な方式は，「相談」「苦情処理」「あっせん」「調停」「仲裁」「裁定」である。

　わが国のADRにおいて現実に最も広く利用されているのは，あっせんや調停など，具体的な解決内容を受け容れるか否かの最終的決定権が原理上当事者に留保されている方式である。裁判所での調停をはじめ，訴訟上の和解，各種

の行政型 ADR など，この方式によっている手続が多いけれども，第三者の性質や実際の手続の進め方次第では，事実上仲裁と変わらない働きをする。仲裁は，当事者双方が裁判所の裁判を受ける権利を放棄して，たいていは紛争が生じた問題領域に精通した専門家である第三者（仲裁人）の判定に従うことを約することによって紛争を解決するものであり，その判定は，判決と同様，当事者を拘束する強制的な性質をもつ。仲裁は，裁判のように当事者の一方の申立てで開始されるのではなく，仲裁契約に基づき，当事者間の合意を基礎とする点では，調停と共通性をもっている。仲裁と調停の違いは，調停では，具体的な解決内容についても両当事者の合意が必要であり，紛争解決が最後まで当事者のコントロールのもとにあるのに対して，仲裁では，仲裁人の判定に従うことについて予め合意があれば十分であり，紛争解決が当事者の手を離れて，仲裁人によって最終的な解決内容が決められるところにある。仲裁は，欧米では長い歴史をもち広く用いられているが，わが国では，従来あまり利用されなかった。

現在では，第三者機関が関与する ADR として多種多様なものが存在しており，それらは，一般に司法型，行政型，民間型に大別されているが，各類型の代表的な手続・制度について，その特徴や意義などをみておこう[18]。

(1) 司法型 ADR

裁判所内で行われる訴訟上の和解および民事調停と家事調停を，代表的な司法型 ADR とみるのが一般的であるが，訴訟上の和解については，訴訟手続と一体的に運用されているため，ADR ではないとする見解もある。民事紛争解決システム全体のなかで裁判との役割分担・協働関係の在り方をめぐって，理論的にも実務的にも最も問題が多いのは，これらの従来から行われてきている司法型 ADR である。

訴訟上の和解は，訴訟の進行中に当事者がお互いにその主張を譲歩して合意によって訴訟を終了させる方式である。裁判官は訴訟の進行中いつでも和解を試みることができ（民事訴訟法89条），当事者間に合意が成立し和解内容が調書に記載されると，確定判決と同一の効力をもつ（同267条）。訴訟上の和解は，同じ裁判官によって訴訟手続と一体的に運用される点に特徴があり，ADR 全

---

[18] わが国における各種の裁判外紛争解決手続の現況については，山本和彦＝山田文『ADR 仲裁法』（日本評論社，2008年）とくに第5章〜第8章参照。

体のなかで特殊な位置を占めており，見方によっては，裁判機能自体の拡大ととらえることもできる。

　最近の統計によると，第一審通常訴訟事件のうち，大体，判決にまで至るケースが45％前後，訴訟上の和解で終了するケースが30％強，訴えが取り下げられるケースが20％前後という状況が続いており，訴訟上の和解は，判決と並んで，民事事件処理の車の両輪だと言われている。

　訴訟上の和解のメリットとしては，手続を簡略化でき，上訴されることもなく，その解決内容に当事者が納得して合意しているから，自発的に履行されやすく，紛争を簡易迅速かつ確実に解決できること，裁判官にとっても，判決書を作成する必要がなく，負担軽減や訴訟遅延の緩和に役立つことなどが挙げられている。また，例えば薬害被害に対して介護手当や健康管理手当などの恒久的な救済措置を和解内容に盛り込んだりして，金銭賠償を原則とする判決では不可能な解決をはかれることも重要なメリットである。

　民事調停と家事調停については，両者合わせた調停事件総数は，最近では，大体，各年度の民事事件総数のおよそ3分の2ぐらいで推移しており，わが国の民事紛争解決システム全体において重要な位置を占めている。とくに夫婦・親子などの親族間の家事紛争については，民事訴訟を提起する前に，まず家庭裁判所に調停を申し立てなければならないという調停前置主義がとられている（家事審判法18条）。また，民事調停も家事調停も，民間人の調停委員2人が裁判官とともに調停委員会を構成して非公開で調停にあたり，国民の司法参加方式による特徴的な運用が行われている。

　このような調停制度は，わが国の伝統的な紛争解決方式の典型だとみられ，以前は，義理・人情や和の精神に訴えて紛争を円満に解決することが日本人の国民性に合っていると強調され，その反面として，日本人の権利意識の定着や裁判利用を妨げていると，否定的に評価された時期もあった。現在では，簡易迅速に安い費用で個々の紛争に即した具体的に妥当な解決をはかる制度として，概して肯定的に評価されている。一般の人びとの間では"調停裁判"という表現が用いられることも多く，訴訟と調停が必ずしもきちんと区別されず，どちらも裁判所の紛争解決手続として，一体的に理解されているきらいがある。

(2) 行政型ADR

　労働委員会，建設工事紛争審査会，公害等調整委員会，都道府県公害審査会，

国民生活センター，消費生活センター，都道府県労働局紛争調整委員会など，行政庁や独立行政法人がそれぞれの行政目的を実現する一手段として設営するADRである。

司法型ADRが古くからの制度であるのに対して，行政型ADRは，第二次世界大戦後まもなく設置され，使用者委員・労働者委員・公益委員からなる委員会で労働紛争の調整や不当労働行為の審査を行う労働委員会などを除けば，公害問題や消費者問題が深刻化し，社会の「法化」が本格化しはじめた1960年代後半以降にできた比較的新しいものが多い。

なかでも地方自治体の消費者センターは，概して少額被害が多い消費者紛争の解決によく利用されており，窓口担当者が，持ち込まれた相談や苦情について相手方から事情を聴取したり，当事者間の話し合いを斡旋したり，様々な方法を臨機応変に用いて，インフォーマルな仕方で短期間に簡易迅速に適切な解決や救済をはかっていると評価されている。ただ，少額紛争が多いこともあるが，このような行政的ルートで適切な解決や救済が得られない場合に，弁護士に相談したり裁判所に訴えたりする司法的ルートが利用されるケースが非常に少ないという問題がある。

(3) **民間型ADR**

社団法人日本海運集会所による海事仲裁，社団法人国際商事仲裁協会（現在は日本商事仲裁協会）による国際商事仲裁などの仲裁手続が比較的早くから行われているが，特殊な領域についてである。民間型ADRが一般的な民事紛争解決手続として注目されるようになったのは，1978年に日本弁護士連合会も設立発起人に加わり財団法人交通事故紛争処理センターが設置された頃からである。このセンターの運営費は自動車損害賠償責任保険の運用益によっており，全国8ヵ所の高裁所在地で，交通事故の損害賠償に関する法律相談や和解の斡旋を嘱託弁護士が行っているが，斡旋が不調に終わった場合，被害者は弁護士と法律学者からなる審査会の裁定を求めることができ，その裁定には，被害者は拘束されないが，保険会社は拘束されるという仕組みで運用されている。

その後，弁護士会あるいは個々の弁護士が，民間型ADRの運営に何らかの形で関与することが一般的となり，1990年以降，各弁護士会が，少額紛争を中心に民事紛争全般を対象とするあっせん仲裁センターを単独で設置運営しはじめ，2010年9月現在，全国29ヵ所31センターが存在する。また，1998年には，

日弁連と日本弁理士会が共同で日本知的財産仲裁センターを設置した。

　民間型 ADR には，特定の業種の事業者やその団体が設置運営するものが多いが，とくに1994年の製造物責任法（PL 法）の制定とともに，会社や業界に対して被害を迅速公正に救済するための裁判外の紛争処理体制の充実強化が要求されるようになり，家電製品 PL センター，自動車製造物責任相談センターなど，PL センターと呼ばれる業界型 ADR が設置されるようになった。また，PL 以外の消費者紛争に関する ADR として，例えば金融商品に関する紛争については，全国銀行協会，生命保険協会，日本証券業協会など，金融庁所管の業界団体・自主的機関がそれぞれ苦情解決支援制度を設置しているが，弁護士会あっせん仲裁センターと連携して運用されているものが多い。

　2004年に裁判外紛争解決手続利用促進法（ADR 基本法）が制定され，民間紛争解決事業について，弁護士の関与や暴力団員等の排除など，その事業の適正を確保するための一定の要件に適合したものを法務大臣が認証し，時効の中断などの特例を定める制度がスタートした。各種の業界団体・NPO 法人などが認証を受けて多種多様な民間紛争解決業務を展開するようになったが，司法書士会・土地家屋調査士会・社会保険労務士会などの隣接法律専門職団体も，それぞれ独自に ADR 機関を設けて認証を受け紛争解決業務を行うようになったことが注目される。

2　ADR の評価と位置づけ
(1)　評価の変遷

　ADR については，1970年代末から西欧諸国において，「法化」の過剰への対応として「非=法化」「非=司法化」傾向が強まっていることの一環として，積極的に評価されるようになり，ADR が世界的な潮流となっている観がある。わが国における ADR の評価も，このような世界的な潮流とも連動しつつかなり大きく変わってきている（わが国における「法化」「非=法化」論議の一般的な状況は，第3章1②・3②参照）。

　わが国の場合，1960年代までは，インフォーマルな話し合いによって円満に解決する ADR のほうが裁判によって黒白をつける裁判よりも日本人の国民性に合致しているという，戦前からの「反=法化」的な法文化が残存していたこともあって，西欧型訴訟=判決手続のみを合理的な法的紛争解決方式とみる近

代主義的リーガリズムが支配的であった。そのため，共同体内部のインフォーマルな調停だけでなく，裁判所での調停ですら，およそADRは，権利意識の近代化や裁判の利用・改革を妨げ有害であるとみる，いわば「全面的否定論」が有力であった[19]。

　だが，その後，社会の「法化」が進み，裁判は以前よりは積極的に利用されるようになったけれども，裁判所での調停も，基本的に以前と同じように利用され続けている。のみならず，新しいタイプの法的紛争の増加や法的紛争の多様化・複雑化に直面して，調停などの既存の制度の改革に加えて，各種の行政型 ADR の創設によって対処しようとする「非=司法化」的「法化」政策が進められるようになる。このような展開のなかで，司法型 ADR の「反=法化」的と批判された実務や機能の改善も進み，それに伴って，時間と費用がかかりアクセスも難しいなどの，裁判制度の不備や実務の現実的欠陥を補うために，簡易迅速な紛争解決・権利救済手続として ADR がやむをえず利用され必要だとする「現実的消極的容認論」が次第に拡がってきた。さらに，70年代以降，世界的な「非=法化」「非=司法化」の潮流とも連動して，裁判制度がいくら理想的に機能するようになっても，原理上一定の制度的制約があり，公私各種の ADR はそれぞれ訴訟=判決手続にはないメリットをもっており，裁判を補完したり代替したりする独自の存在理由があるとみる「理論的積極的肯定論」も有力化する。そして，ADR に対するこのような評価の変遷とも並行して，かつて西欧近代法をモデルにした近代主義的リーガリズムが，特殊日本的なものとして否定的に評価していた ADR の特徴を，逆に，肯定的に評価して，西欧社会のポスト・モダン的な行き詰まり状況を打開する有力な手がかりとみたり，あるいは，西欧にも多かれ少なかれ共通にみられる普遍的な特徴とみたりするアプローチも台頭してきている。

　現在でも，公私いずれの ADR についても，その設営目的・制度設計自体はともかく，その実務に関しては，依然として様々な問題が残っていることは否定し難い。けれども，このような事情は，裁判制度自体についても基本的に同様であり，理論的には，ADR による解決が，訴訟=判決手続による解決よりもその合理性や正義の質において当然に劣っているとみることはもはや適切で

---

[19] 代表的な見解として，川島武宜『日本人の法意識』（岩波書店，1967年）など参照。

はない。また，裁判にはない ADR のメリットとして，手軽に利用できること，手続がインフォーマルで融通がきくこと，簡易迅速な解決が可能なこと，弾力的で柔軟な救済・解決策をとりうることなどが，従来から一般的に説かれてきている。最近では，これらに加えて，紛争の特殊性に適合した専門的技術的判断を取り入れやすいことなど，現代型紛争の衡平な解決をも視野に入れたメリットも強調されている。

　紛争解決において無視し難いこれらのメリットの故に，公私様々の ADR が，従来から利用され続けているだけでなく，次々と新たな ADR が開設されており，法的紛争解決システム全体が多様化・多元化してきている。このような現況をふまえ，それぞれの ADR の設営目的や機能状況を的確に評価して，法的紛争解決システム全体のなかに位置づけ，裁判と ADR の役割分担・協働関係を再構築する必要が一段と高まってきているのである。

(2)　ADR の位置づけの考え方

　民事紛争解決システム全体のなかに ADR を位置づけるにあたっての基本的な出発点は，現行の訴訟手続が，現実的諸条件のもとで合理的に可能な範囲内で最善のものに改革され，その理想通り作動したとしても，司法的裁判である限り，原理上それに内在する一定の制度的制約を免れないということの認識であろう。司法的裁判は，本章1②で説明したように，その審理の進め方や判決内容について，規準・対象・手続の三側面から制度的に制約されており，一定の厳格性・画一性・形式性を伴い，また，その利用にある程度の時間と費用がかかることは避け難い。判決による解決は，法的規準に準拠した"全か無か"方式による裁定であるため，多かれ少なかれリスクを伴うし，また，法的観点からの部分的で過去志向的解決であるため，当事者に特有の個別的ニーズ，将来の関係などをも考慮に入れて，具体的紛争をより全体的に将来志向的な観点から解決することには超え難い限界がある。

　法的紛争解決システム全体の円滑な作動の確保という観点からみた場合，現実的な問題として，裁判所の人的・物的能力を考えると，裁判官・職員の増員や事件受理・審理手続の迅速化・簡略化などによってその紛争解決機能を拡充しても，法的紛争がすべて裁判所に持ち込まれるならば，裁判所は機能麻痺に陥るであろう。裁判所がその機能を円滑に果たすためにも，裁判所に持ち込まれる事件が，事前に各種の紛争解決手続によってスクリーンにかけられ，適正

規模に限られることが望ましい。また，裁判所に持ち込まれた事件についても，訴訟遅延に対応するために，訴訟上の和解などを積極的に活用する必要が説かれている。

　他方，権利を侵害されたり紛争に巻き込まれたりした者の側からみても，法的紛争解決のために利用可能な手続が増えれば，各手続のメリットとデメリットを比較検討して，それぞれの手続のメリットが最大限発揮されるような仕方で，個々の法的紛争の解決に最も適した手続を自己のイニシアティヴで選択し利用できるようになる。このことは，私的自治の原則の尊重にも適っているし，法システム全体に対する私人の相互主体的姿勢の強化にもつながる。一般の人びとにとっても，ADRの拡充による法的紛争解決システム全体の多元化自体は，基本的に歓迎されるべきことである。

　わが国の公私各種のADRを全体としてみた場合，各ADRによって現実に果たしている役割や利用される頻度などに大きな差があり，また，なかには公正性・中立性の確保に関して批判のあるものも含まれていることは否定し難い。けれども，それぞれ訴訟＝判決手続にはない独自の存在理由をもっており，裁判の制度的制約や現実的欠陥を補完したり代替したりする役割を果たし，法的紛争解決システム全体の容量を増やし，利用者の法的ニーズに応えているとみてよいであろう。しかし，各ADRのメリットは，ほとんどそのデメリットと表裏一体の関係にあり，その無批判的な利用と拡充は，とくに行政型や民間型の場合，司法制度の存立基盤を危うくするリスクをつねに伴っていることが見落とされてはならない。

　公私各種のADRは，基本的には，要件＝効果図式という，自立型法の司法的裁判固有の紛争解決方式を，それぞれの手続の存在理由に応じて，合意型調整図式や目的＝手段図式の手法あるいは自治型法や管理型法の思想と論理の導入によって，「非＝司法化」するものと位置づけることができる（第3章**3**②参照）。現代法システムの基本的な動向としては，このようないわば「非＝司法化」による「法化」戦略──「自治型法化」と「管理型法化」──によって，社会の法的ニーズの多様化・複雑化に応えてゆく傾向が強まり，公私様々のADRが今後とも拡充されてゆくことになろう。しかし，ADRの拡充や利用を推進する声のなかには，伝統的あるいはポスト・モダン的な「反＝法化」的傾向のものも含まれており，自立型法の司法的裁判固有の紛争解決方式自体の

存在理由を原理的に否定しかねない論調もみられ，ADR の拡充や利用を必ずしも手放しで推奨できないのが実情である。

基本的な方向としては，各種の ADR が，司法的裁判からの「非＝司法化」をめざしつつも，なお"法的"紛争解決システム内部の手続として作動し続けるためには，自立型法の紛争解決方式の存在理由を少なくとも原理的に承認し，その基本的枠組を承継しつつ，その制度的限界や現実的欠陥を補うという形で機能するものでなければならない。具体的には，規準・対象面での枠組については，まず，法的規準の優先的ないし排外的拘束力は相対化され，条理・衡平とか社会的常識，コスト計算，当事者の個別的ニーズなどにも配慮して，解決規準が多元化されることになろう。また，具体的紛争の経済的・心理的・道徳的等々の側面をも視野に入れて，対象をナマの紛争全体へと拡大し，さらに，合意型調整図式や目的＝手段図式の手法をも適宜用いて，全体として交渉・議論にふくらみをもたせて合意形成をはかるという方向がめざされることになろう。さらに，手続面については，非公開でインフォーマルな手続を取るのが ADR の一般的特徴であるが，相互説得や合意形成過程において当事者主導方式と第三者主導方式のいずれを基軸とすべきかについては，それぞれの制度設計の理想と手続実施者の意識や利用者の期待の間にずれや緊張がみられることが多く，意見も対立している。

3　裁判と ADR の関係

民事紛争解決全般において従来から重要な役割を果たしてきた司法型 ADR に加えて，各種の行政型 ADR や民間型 ADR がそれぞれ特定の領域で一定の役割を果たすようになってきている。このような法的紛争解決システムの多様化・多元化が進むなかで，法的紛争解決システム全体のなかに裁判をどのように位置づけ，ADR との関連で裁判の役割をどのようにとらえるかについても，再検討を迫られている。

裁判と ADR の関係について，例えば，ADR の拡充を早くから推奨していた小島武司は，「正義の総合システム」構想（図 9-1 参照）を提示し，静的な側面において，裁判（判決）が中心に位置し，その周囲に同心円の形で多層的にインフォーマルな諸ルートが開かれており，動的な側面において，裁判と周辺の自主解決とが，裁判が自主的解決の合意内容に影響を与える「波及作用」

図9-1　小島の正義の総合システム　　図9-2　井上の紛争解決方式モデル

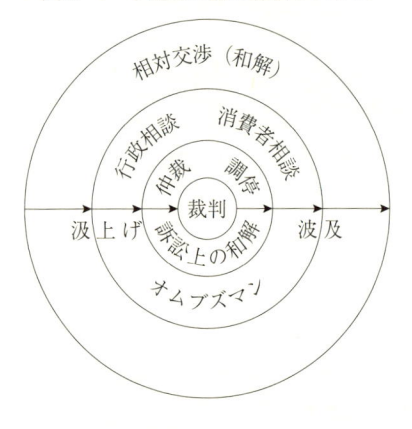

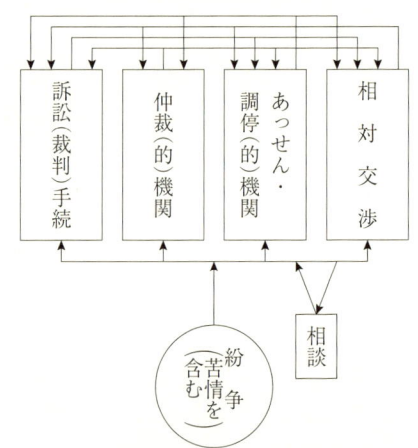

出典：小島武司「紛争処理制度の全体構造」　　出典：井上治典＝三井誠『裁判と市民生活』（日
『講座民事訴訟1』（弘文堂，1984年）　　　　本放送出版協会，1988年）16頁
360頁

と，逆に自主的解決の合意内容が判決内容に組み入れられてゆく「汲上げ作用」によって，互いに交流し合うという全体像を描いている[20]。

　他方，"第三の波"理論の提唱者井上治典は，現実の紛争は複数の紛争解決方式の積み重ねとそれらの相乗効果によって解決されており，訴訟外方式から訴訟への移行だけでなく，訴訟から訴訟外方式への移行をも認める「相互乗入れ」が理想的な多重構造であり，訴訟も，多元的な紛争解決機構のなかのワン・ノブ・ゼムにすぎず，紛争解決の最終局面とは限らず，解決過程のひとこま（中間項）で足り，解決への一里塚としての役割を果たせば十分だと主張し，小島のような富士山モデルに対して，八ヶ岳モデルを提唱する（図9-2参照）[21]。

　ADR利用者の視点としては，井上のような見方のほうが現実的かもしれないが，法的制度としてADRを設計・運用する視点からは，裁判の公権的かつ

---

20)　小島武司「紛争処理制度の全体構造」『講座民事訴訟1』（弘文堂，1984年），同「正義の総合システム再考」法曹時報41巻7号（1989年）など参照。

21)　井上治典「紛争処理機関の多様化のなかでの訴訟の選択」同『民事手続論』（前出注7），井上治典＝三井誠『裁判と市民生活』（日本放送出版協会，1988年）1「紛争とその処理手続き」〔井上治典執筆〕など参照。

最終的な法的規準設定機能を中核にすえた，小島のような法的紛争解決システムの全体像のなかで各ADRの在り方や裁判との関係を考察するというアプローチをとるのが適切であろう[22]。

最後に，裁判とADRの関係をこのように理解するとして，当事者間の自主的な解決をも含めて，多元的な法的紛争解決システム全体が適切な機能分担・協働関係に立ちつつ円滑に作動し，権利救済や紛争解決が公正かつ実効的に行われるために必要な前提条件として，とくに重要な二つの条件を挙げておきたい。

その一つは，裁判所が，その判決および手続過程に期待されている役割を適正に果たし，法的紛争解決システム全体のいわば司令塔として，裁判外の紛争解決過程の規準・手続の両面にわたって，法による正義（法の支配）の実現に不公正が生じないように配慮することが不可欠の前提条件であろう。とりわけ判決によって時宜に適った仕方で判例を形成したり変更したりして，裁判所内外に法的紛争解決規準を提示し，各種ADRへのいわばリモート・コントロール機能を行き渡らせることは，裁判固有の機能である。裁判がこのような機能を十全に発揮してはじめて，ADRをも含めて，法的紛争解決システム全体が公正かつ実効的に作動するのである。

訴訟＝判決手続の制度的制約からして，とくに新しい類型の紛争については，判例が，訴訟上の和解，調停，行政型および民間型ADRの解決規準と多少ずれて，法的解決規準が多重構造を示すことは，ある程度やむをえない。だが，一定類型の紛争に対する裁判所の判決自体がなかったり，あってもその内容が分かれていたりする場合だけでなく，判例と各種ADRの解決規準のずれが大きくなった場合にも，裁判所が，それらの裁判所内外の解決規準を，社会一般の正義・衡平感覚の動向や実定法規準全体との原理整合性などに照らして吟味し，適切な法的解決規準を形成し提示するとともに，ADRの紛争解決も，その判例を指針としつつ個別事情を考慮して適宜調整するという仕方で行われるようになることが，多元的紛争解決システム全体が円滑に作動するために不可欠である。

このような時宜に適った判例の形成と提示による法的規準定立という，裁判

---

22) 両モデルの意義の詳しい比較検討は，田中『現代社会と裁判』（前出注11）51-60頁参照。

の公共的機能を重視する観点からは，訴訟手続と一体的に運用される訴訟上の和解について，裁判における交渉の契機や和解の役割を決して過小評価するものではないけれども，判決と和解の原理的区別を相対化する方向には批判的たらざるをえない。判決よりも和解が裁判の原則的形態とする見解[23]，判決と和解を融合的にとらえる見解[24]，裁判の現代的機能が，法的紛争解決や法的規準定立という機能よりも交渉の整序・促進機能にあるとみる見解[25]などは，"議論・交渉フォーラム"としての法的空間における司法の裁判に固有の基幹的な機能の意義をあいまいにするものであり，理論的に支持し難い。また，基本的に同様の理由から，現代型訴訟への対応において訴訟上の和解が果たしてきた役割をいちがいに否定するわけではなく，これまで個々の和解に関与された裁判官や両当事者の賢慮には敬意を表するものではあるけれども，判決による法創造よりも訴訟上の和解を重視する方向が支配的になることには賛同し難い[26]。

　もう一つは，当事者間の自主的な話合いや公私各種のADRによって公正で納得のゆく解決が得られない場合には，合理的なコストで最後の砦としての訴訟を利用できる態勢が整備され，すべての人びとに裁判へのアクセスが実効的に保障されていることも，同じように不可欠の前提条件であろう。裁判へのアクセスが実効的に保障されていてはじめて，一般の人びとは，利用可能な各種のADRのメリットとデメリットを比較検討して，個々の紛争の適正な解決に最も役立ちそうな手続を自由に選択して利用するという主体的な姿勢を強めてゆくことができる。しかも，訴訟利用に障害がないにもかかわらず，一定のADRによる解決を選択したということ自体が，得られた解決内容の正当性を担保するという面があることも見落とせない。

　いずれにしろ，ADRの拡充・活性化は，裁判による法的紛争解決が適正迅

---

[23] 代表的な見解として，草野芳郎『和解技術論：和解の基本原理（第2版）』（信山社，2003年）参照。
[24] 井上治典「弁論の条件—和解兼弁論の位置と評価」同『民事手続論』（前出注7）など参照。
[25] 和田仁孝『民事紛争処理論』（信山社，1994年）とくに173-76頁参照。
[26] 訴訟上の和解の位置づけに関する私見について，詳しくは，田中『現代社会と裁判』（前出注11）75-84頁，136-48頁，同「司法の機能拡大と裁判官の役割」司法研修所論集108号（2002年）83-87頁など参照。

速に行われ，裁判へのアクセスがすべての人びとに実効的に保障されていてはじめて，「法の支配」のもとにある司法制度の健全な作動に資することができるのである。裁判所が制度上期待されている役割を十分に果たせない状況をそのままにして，ADR の拡充によってその欠陥を補おうとする司法政策は，このような裁判と ADR の関係を見誤るものであり，裁判機能自体の強化が，ADR を活性化させ，それぞれのメリットを発揮させるためにも不可欠であることが銘記されるべきであろう[27]。

《参考文献》
- 井上治典『民事手続論』（有斐閣，1993年）
- 小島武司「紛争処理制度の全体構造」『講座民事訴訟1』（弘文堂，1984年）
- 佐藤幸治『現代国家と司法権』（有斐閣，1988年）
- 中村治朗『裁判の客観性をめぐって』（有斐閣，1970年）
- 和田仁孝『民事紛争処理論』（信山社，1994年）
- 『岩波講座・基本法学8：紛争』（岩波書店，1983年）
- 『岩波講座・現代の法5：現代社会と司法システム』（岩波書店，1997年）
- 「シンポジウム・訴訟機能と訴訟手続」民事訴訟雑誌27号（法律文化社，1981年）
- 田中成明『裁判をめぐる法と政治』（有斐閣，1979年）
- 同『現代日本法の構図（増補版）』（悠々社，1992年）
- 同『法的空間：強制と合意の狭間で』（東京大学出版会，1993年）とくに第7章「現代裁判の役割とその正統性」
- 同『現代社会と裁判：民事訴訟の位置と役割』（弘文堂，1996年）
- 同『転換期の日本法』（岩波書店，2000年）第Ⅱ部「司法改革の背景と展望」

---

[27] 具体的な改革提言については，田中成明『転換期の日本法』（岩波書店，2000年），とくに第8章「現代司法の位置と課題」，第9章「司法制度をめぐる『法化』と『非=法化』」など参照。

第4編 法の目的と正義論

第10章　法 と 正 義
第11章　実践的議論と対話的合理性
第12章　現代正義論の展開

本編は，正義をはじめ法の実現すべき目的について考察するとともに，本書全体の方法論的基礎に関わる「対話的合理性」という，実践知＝賢慮の知的地平の復権をめざす考え方を提示する。第10章「法と正義」では，多様な正義観念の内容・意義をそれらの実定法との関係に焦点を合わせて整理した上で，「法の支配（合法性）」原理を，実定法の存立と作動の最低条件と最適条件を示す法内在的正義として位置づける立場から，その意義と要請内容，裁判による正義の実現の可能性と限界，「消極的アプローチ」との関連などについて説明する。第11章「実践的議論と対話的合理性」では，価値相対主義を批判的に考察した上で，正義論だけでなく，法律学的方法論，さらには法理学的考察にも共通する実践的議論の基礎理論として，背景的コンセンサスに依拠しつつ公正な手続に従った議論を通じて形成される理性的合意を中核的な合理性・正当性の識別基準とする「対話的合理性」という考え方について説明する。第12章「現代正義論の展開」では，J．ロールズ以降の現代正義論の動向について，効用と権利，自由と平等，国家と市場，個人と共同体など，立憲民主制下の法システムの在り方に関わる争点を中心に議論状況を概観し，基本的にリベラリズムに与する立場から現代正義論の主要課題の考え方の方向を示す。

第 4 編　法の目的と正義論

第10章　法 と 正 義

1　法の目的と正義の諸相

1　法の目的と多様な正義観念

　法システムによって追求・実現されるべき具体的な目的は，個々の法制度・法領域ごとに異なり，社会的共同生活に不可欠な最小限の規制に関わるものから，経済的文化的な生活の質の向上に積極的に関わるものまで，多種多様である。このような法の特殊な目的は，特定の政策目標の実現をめざす管理型法令の場合には，例えば環境基本法や男女雇用機会均等法などのように，法令の第1条に明記されることが多く，比較的分かりやすい。だが，民法や刑法などの社会生活全体を規律する基本的な自立型法の場合，必ずしもそうではなく，刑罰制度のように，応報刑論，一般予防論，特別予防論など，その目的について見解が根本的に対立していることもある。

　いずれにしろ，各法領域におけるこれらの特殊な目的の追求・実現は，法システム全体の内容や運用の包括的な評価・指導原理となる一般的な目的によって規制され方向づけられるべきものである。このような法システム全体の一般的な目的が，しばしば正義と総括され，法の価値・理念・理想などの名のもとに論じられてきたものである。本章では，このような法システム全体の一般的目的について，とくに正義観念に焦点を合わせ，基本的な概念的整理をした上で，いわゆる法的正義の現代的形態を，法内在的正義としての「法の支配」を中心に理解する立場から，その意義と基本構造について説明する。

　このような正義を中心とする法全体の一般的目的については，いろいろな見解が説かれてきており，現在でも，厳しい見解の対立がみられる。その錯綜し

た議論状況を理解する上で何よりもまず重要なことは，正義観念自体の多義性に注意することである。

　古代ギリシア以来，法と正義は不可分の関係にあり，法の基本的課題は正義の実現であるとされてきている。だが，一口に正義と言っても，具体的に何が正義かについては実に様々な見解が説かれてきており，法と正義の関係についても，実定法の遵守がすなわち正義であるとされることもあれば，何らかの実質的価値理念が正義として主張され，それに照らして実定法が批判されたり正当化されたりすることもある。

　このように，正義という観念自体があいまいで多義的であることから，人びとが法の内容や実現について正義・不正義を論じる場合，議論領域や視点の異同についての相互了解が不十分なために，議論がかみあわなかったり，無用の混乱・対立が生じたりしていることも少なくない。また，正義という観念が人びとに情緒的に強く訴える魅力的な言葉であるだけに，その多義性を巧みに利用するレトリックが使われたり，あるいは逆に，その多義性を無視して正義の名のもとに単純な善玉・悪玉的発想が説かれたりしている。さらに，自分の行っていることが正義に適っていると確信するが故に，一層激しく争い，そのために実力を行使し血を流し合うことすらあえて辞さないという傾向も強い。これらの状況をみると，正義観念の多義性ということは，正義の問題に取り組むにあたってまず最初に確認されるべきことであろう。

　以上のような正義観念自体の多様性と並んで，法と正義の関連の考察においては，さらに，とくに次の二点に留意することが重要である。

　その一つは，法の目的は正義だけではないということである。法の目的はしばしば正義と総括されてきており，正義の問題が法の目的の考察の中心に位置することは間違いない。けれども，法の目的を法によって追求・実現されるべき正しきもの一般と理解するならば，正義観念の理解の仕方にもよるが，よほど正義観念を広義に解しない限り，法の目的は正義だけに限定されず，正義以外にも一般的な目的があると考えられていることが多い。

　例えば，G. ラートブルフ『法哲学』などは，法の目的について，正義・合目的性・法的安定性という三つの理念の相互矛盾に焦点を合わせて体系的に論じている[1]。彼のいう正義は，後ほど説明する形式的正義に限定されており，この正義は法の概念を方向づけるが，法の内容を導き出すことはできないとさ

れる。法の内容に関わるのは合目的性であるが、彼の場合、法の究極的価値・目的は各人の世界観・国家観・政党的立場に応じて異ならざるをえないという価値相対主義的立場をとっている。そして、法的安定性は、秩序・平和と同一視され、実定法の効力の根拠として最も重視され、合目的性については相対主義的謙抑が妥当するのに対して、法的安定性と（形式的）正義は普遍妥当的なものであり、法・国家観の対立や政党の争いを超えた理念だとされる。

　もっとも、ラートブルフは、ナチスの政権獲得以前に示した以上のような見解をその後微妙に修正しており、第二次世界大戦後は、「法律を超える法（übergesetzliches Recht）」という一種自然法的な定式を提唱し、人間の尊厳や人権を否認する法律の効力を認めない見解を説いており、価値相対主義を放棄したかどうかが問題とされている。また、法的安定性についても、権力による意思の貫徹という、実力主義的色彩の濃いものから、法自体の安定性という、市民的自由や予測可能性の確保と結びつくものへと、重点を移している[2]。

　以上のようなラートブルフの見解については、いろいろと議論されているけれども、ここでは、さしあたり、法の目的が正義に尽きるものでないことが理解されれば、それで十分である。

　もう一つは、法の目的は、一般的にはそう考えられがちであるが、法外在的な実質的目的に限らないということである。法の目的が論じられる場合、通常、法によって追求・実現されるべき道徳的・政治的・経済的等々の法外在的な何らかの実質的目的が念頭におかれている。けれども、法と正義の関係を正しく理解するためには、その他にも、法システムが法として存立し作動するための条件に関わる法内在的な目的や、実質的な内容・結果とは一応別個独立に法が充足すべき手続的条件に関わる目的もあることが見落とされてはならない。

　このことをとりわけ強調したのは、「合法性（legality）」という一連の手続的要請を法システム自体の存立と作動に関わる内在的な構成・運用原理として提

---

　1)　G. Radbruch, *Rechtsphilosophie*, 3. Aufl. (1932), 6. Aufl. (1963), Kap. 7~10（田中耕太郎訳『ラートブルフ著作集第1巻：法哲学』（東京大学出版会、1961年）第7章〜第10章など参照。

　2)　G. Radbruch, *Vorschule der Rechtsphilosophie*, 2. Aufl. (1959), S. 30-31, 113-14（野田良之＝阿南成一訳「法哲学入門」尾高＝野田＝阿南＝村上＝小林訳『ラートブルフ著作集第4巻：実定法と自然法』（東京大学出版会、1961年）63-65頁、216-19頁）など参照。

1　法の目的と正義の諸相　　315

示したL. L. フラーである。彼は，法システムをもっぱら法外在的な社会的目的の実現のための手段にすぎないとみるプラグマティズム的な法道具主義が支配的であることを憂い，一般的に目的=手段関係の考察において，社会的目的を実現する制度や手続自体に内在する制約を重視すべきことを力説した。法システムについても，合法性を「法を可能ならしめる道徳」「法内在的道徳」として，この種の内在的制約と位置づけ，この合法性が法によって実現できる実質的目的の種類を限定していることに注意を喚起している[3]。

　フラーは，合法性の基本的要請として，(i)法の一般性，(ii)公布，(iii)遡及法の濫用の禁止，(iv)法律の明晰性，(v)法律の無矛盾性，(vi)法律の服従可能性，(vii)法の相対的恒常性，(viii)公権力の行動と法律との合致という八つを挙げているが，英米において「法の支配」の要請内容と了解されているものと大体同じと理解されている。このような合法性は，立法者や裁判官に目的・理想を示すだけでなく，法システムの存立に不可欠な条件をも示しており，これら八つの要請のどれか一つでも全面的に損なわれると，もはや，「法」システムと呼ぶことはできず，市民の服従義務も基礎づけることができないとされる。そして，合法性の要請は基本的に手続的なものであり，法外在的な実質的目的に対しても，たいていは中立的であるが，人間を責任を負う行為主体とみる点では中立的ではなく，このような人間の尊厳を損なう実質的目的を法システムによって追求することは許されないと考えている（144-45頁, 256-57頁参照）。

　ラートブルフの先ほどの見解をこのようなフラーの理論枠組で説明すると，合目的性が法外在的で実質的なものととらえられているのに対して，正義（形式的正義）と法的安定性は法内在的なものとみられていると理解してよかろう。

　本章では，以上のような事柄に留意しつつ，主に正義観念に焦点を合わせて，多様な正義観念とその相互関係を整理し，正義の実現において法システムに期待されている基本的な役割について説明しておこう。

　3）L. L. Fuller, *The Morality of Law*, 1st ed. (1964), rev. ed. (1969)（稲垣良典訳『法と道徳』（有斐閣，1968年））参照。フラーの「合法性」に関する見解を類似の見解と対比しつつ，その意義を論じたものとして，田中成明「『合法性』に関する法理学的考察—ロン・L. フラーの見解を手がかりに」『現代の法哲学：井上茂教授還暦記念論文集』（有斐閣，1981年）参照。

2 主な正義観念と法との関係

　法と正義は不可分の関係にあり、法の基本的目的は正義の実現とされてきているが、多義的な正義観念に対応して、法と正義の関係をめぐる議論についても、いろいろな角度からの整理が可能であり必要でもある。ここでは、実定法の内容や実現について正義・不正義が論じられる場合の議論のレベルを、まず、適法的正義、形式的正義、実質的正義の三段階に区分して各々の意義を概観し、次いで、衡平（equity）と手続的正義という、とくに法による正義の実現に関して重要な位置を占めている二つの観念について説明しておこう。

(1) 適法的正義（法的安定性）

　実定法の内容自体の正・不正を問うことなく、もっぱらその規定するところが忠実に遵守され適用されているか否かだけを問題とする。アリストテレスは、当時の法と道徳が未分離であったポリスの通念的な正義観念を分析して、このような遵法的正義を一般的正義として位置づけていたけれども、法と道徳が分離され、法と正義が対立的にとらえられるようになった近世以降は、遵法的正義の観念は次第に用いられなくなっている。現代では、このような遵法的正義は、法的安定性・秩序・平和と同一視され、ラートブルフのように、正義と対立する別個独立の法的価値として位置づけられることも多く、最近では、むしろ、これが一般的である。

　法的安定性の具体的な意味内容には、先ほど、ラートブルフの見解について触れたように、(i)法による安定性、つまり秩序・平和の確立・維持という、権力による意思の貫徹可能性を意味する実力説的色彩の濃いものから、(ii)法自体の安定性、つまり実定法の内容が明確に認識できかつ忠実に実現されているという、市民的自由や予測可能性と結びつくもの、さらに、(iii)実定法がみだりに改廃されてはならないという、変更に対する保守的な安定を求めるものまで、かなり多様なものが含まれていることに注意する必要がある[4]。

　適法的正義ないし法的安定性は、よく空気や水のようなものであり、なくなってはじめてその有難味が分かるものだと言われるように、政治社会の堅固な存立と円滑な作動にとって不可欠な基底的価値である。だが、適法的正義や法

　4）　法的安定性の意味内容の多様性や他の法的価値との関連について、ラートブルフとフラーの見解を手がかりに検討したものとして、田中成明「法的安定性の諸相」同『法への視座転換をめざして』（有斐閣、2006年）参照。

的安定性を一方的に強調することは、"法と秩序 (law and order)" イデオロギーなどに典型的にみられるように、価値観が多元的に対立し流動状況にある場合には、法の運用を硬直化させ、実質的正義の新しい要求に眼を閉ざすことになりやすい。にもかかわらず、このような状況においてこそ、適法的正義や法的安定性が、法のレーゾン・デートルとして独特の重みをもって強調されなければならないこともまた否定し難い。ラートブルフが法的安定性を重視したことも、ワイマール期の政情不安定という時代的背景のなかで理解されなければならない。

(2) 形式的正義

「等しきものは等しく、等しからざるものは等しからざるように取り扱え」という、古くからの定式によって表現される純形式的要請である。いかなる人びとないし事例を等しいものとして同一のカテゴリーに属させるべきか、その各々に対して具体的にどのような取り扱いをすべきかを決定する実質的規準については何も語らず、何らかのこの種の実質的規準を前提としてはじめて現実に機能する。このように、形式的正義は、それ自体は不完全であり、決定的な指針を与えることはできないが、それにもかかわらず、あるいはそれ故に、実質的正義に関するすべての具体的原理に共通する要素として、正義観念の中枢的・恒久的・普遍的要素とみられている。

ラートブルフのように、価値相対主義的立場をとることとも関連するが、正義観念を形式的正義だけに限定する見解もある。だが、むしろ、H. L. A. ハート、J. ロールズらのように、形式的正義は、正義の概念 (concept) を画定し、実質的正義に関する様々な構想・解釈 (conception) をめぐる議論の共通基盤となっているとみるのが適切であろう[5]。

形式的正義は、D. ロイドが的確に整理しているように、次のような要請を内含している。「第一に、一定の場合に人びとがどのように取り扱われるべきかを規定する準則が存在すべきであるということ、第二に、そのような準則は一般的な性質のものでなければならないということ、つまり、準則の適用範囲

---

[5] H. L. A. Hart, *The Concept of Law* (1961), pp. 155-59（矢崎光圀監訳『法の概念』（みすず書房、1976年）173-78頁）、J. Rawls, *A Theory of Justice* (1971), pp. 5-6（川本隆史＝福間聡＝神島裕子訳『正義論（改訂版）』（紀伊国屋書店、2010年）8-9頁）など参照。

内にあると認められている者はすべてその準則によって規律されるべきであると規定しなければならないということ，第三に，正義は，これらの準則が公平に適用されるべきことを要求する，つまり，これらの準則の運用にあたる機関は，その準則の適用範囲内にあるすべての人びとに対して，差別することなく，えこひいきしないで，その準則を適用しなければならないということ」[6]。

　形式的正義は，しばしば内容空虚な定式とみられ，批判されるけれども，ロイドが指摘するように，一定の準則の存在，その準則の一般性と公平な適用という，三つの相互に連関した普遍主義的要請を内含している。それ故，形式的正義は，実質的正義の具体的原理・判断として正当に主張しうる内容に一定の限界を画するだけでなく，形式的正義のこのような要請自体が，実定法の内容と実現に対しても独自の規制作用をもっており，公権力行使における恣意専断を抑止し，社会生活における一定の予測可能性を確保することに役立っているのである。

　形式的正義の以上のような規制作用は，実際上，何らかの実定法的規準あるいは実質的正義の要求と結びついてはじめて発揮されることが多い。だが，その場合でも，このような純形式的な観点からだけでも，法の正義・不正義を別個独立に問題にできるということが見落とされてはならない。もっとも，法の場合，形式的正義の侵害は，法の内容自体の一般性については，よほど恣意的差別的な内容でない限りそれだけでは問題となりにくく，個別的事例への法の公平な適用についてのほうが，それだけが独立して問題になりやすく，侵犯の有無も判定しやすいであろう。

(3) 実質的正義

　実定法の一定の内容や判決などの具体的な法的決定の正当性を評価・判定する実質的な価値規準のことであり，具体的正義とも呼ばれる。法について一般に正義・不正義が論じられる場合，このレベルでの議論であることが最も多い。

　実質的正義は，プラトンがその対話篇『国家』で描いた哲人王の統治する理想国家論のように，個人の有徳な生き方・政治社会の包括的な理想像と同一視されたり，ラートブルフのように，世界観・国家観一般の問題として法の合目的性に吸収されてしまったりすることもある。だが，最近では，第12章でみる

---

[6] D. Lloyd, *The Idea of Law* (1964), p. 121（川島武宜＝六本佳平訳『現代法学入門：法の観念』（日本評論社，1968年）128頁）。

ように，異論もあるけれども，H. L. A. ハートや J. ロールズらのように[7]，この種の包括的な理想像や世界観・国家観の一部分として，あるいはそれとは別個独立に，政治的法的な権利・義務や社会的経済的な利益・負担の適正な割り当てを規制する特殊な価値原理と，限定的に理解する見解が一般的である。それ故，このような実質的正義に照らした実定法批判は，法に対する道徳的批判の一特殊形態にすぎず，実定法は，正義に適っていても，なお慈悲に欠けるとか非人道的だとか，他の道徳的観点からの批判を免れないということを認識しておく必要がある。

　(i)配分的正義と交換的（矯正的）正義　　実質的正義の役割については，それが問題となる社会関係の区分に対応して，社会成員間の利益と負担の割り当てに関する配分関係における正義と，並列個人間の利得と損失の調整（侵害に対する賠償・救済や制裁をも含めて）に関する交換関係における正義とに分けて論じられるのが一般的である。このような配分的正義と交換的（矯正的）正義との区分は，基本的には，アリストテレス『ニコマコス倫理学』第5巻における特殊的正義の二区分，すなわち，ポリスの市民間での名誉や財産などの配分に関わり，各人の価値に応じて異なりうる比例的（幾何学的）平等が要求される配分的正義と，市民間の相互交渉における不均衡の回復に関わり，関係者の価値を考慮に入れない算術的平等が要求される調整的（矯正的）正義との区分を承継発展させたものと理解されていることが多い。だが，彼自身は，交換的正義を，大工の建てる家と靴工の作る靴との交換など，異なった作品の間に比例に従った等しさ（比例的等価値化）を要求するものとして，少し違った意味で用いており，このような一般的理解には疑問がないわけではない[8]。

　近代法の公法・私法区分論のもとでは，配分的正義が公法の正義，交換的・矯正的正義が私法の正義とされ，交換的・矯正的正義は，社会成員全体に関わる一定の配分的正義を前提としつつも，配分的正義の問題とは切り離された次元で，特定個人間の利得と損失の個別的調整に関わるものと位置づけられてい

---

7) Hart, *The Concept of Law*（前出注5），pp. 153-63（『法の概念』172-82頁），Rawls, *A Theory of Justice*（前出注5），pp. 3-11（『正義論』6-16頁）など参照。

8) アリストテレスの正義論については，アリストテレス（高田三郎訳）『ニコマコス倫理学（上）』（岩波書店，1971年）第5巻，岩田靖夫『アリストテレスの倫理思想』（岩波書店，1985年）第7章「正義」，小沼進一『アリストテレスの正義論』（勁草書房，2000年）など参照。

た。そして，配分的正義が法外在的で立法者の正義であるのに対して，交換的・矯正的正義は法内在的で裁判官の正義とみられていた。だが，近代法から現代法への展開に伴って，法の倫理化・社会化が説かれ，公法と私法の融合傾向が進むにつれて，私法の領域への配分的正義の影響が強まっており，交換的・矯正的正義の独自の存在理由も問い直されている。

現代法のもとでも，基本的には，交換的・矯正的正義は，契約法と不法行為法という，私法の根幹的制度の基本的形態を基礎づけ，いわば法内在的正義として，法的正義の不可欠の構成部分をなしているとみるべきであろう。交換的・矯正的正義や契約法・不法行為法を，配分的正義の一部分ないしその実現手段に還元してしまうのは不適切であり，法システムの自立的な存立と作動の中枢的原理・制度として，独自の存在理由を認め続けるべきである。

だが，契約法と不法行為法の伝統的区分が相対化し交錯している領域もあること，また，配分的正義に関する見解の対立が，交換的・矯正的正義の位置づけや内容規定に影響を及ぼしていることは否定し難い[9]。とくに不法行為法については，私的保険・各種社会保険・公的社会保障制度をも含めた事故法の一環としてその在り方が再検討されており，無過失責任主義やノー・フォールト（no fault）原理などの基礎づけをめぐって，矯正的正義と応報的正義の関係が切り離され，矯正的正義の理解自体も，配分的正義や効率性の考慮とも両立するものへと再定式化する試みがなされている。また，例えば St. D. シュガーマンのように，人身事故への制度的対応構想について，①各人が私的保険契約などの市場的手段で事故リスクに対処するリバタリアニズム・モデル，②過失責任主義をとる伝統的な不法行為法と責任保険による保守主義モデル，③労働者補償制度など，事故に対する組織の制度的責任と被害者補償を重視するリベラリズム・モデル，④事故被害者を病人・身障者・失業者などと区別せず，事故の原因・責任を問わず，被害者の補償とリハビリに焦点を合わせる集合主義モデル，⑤補償面では集合主義モデルと大差ないが，富・収入やリスクにさらされる危険の不平等の是正，すべての人びとに対する健康保険制度や最低所得の保障がめざされる社会主義モデルを提示し，配分的正義論の対立構図のなかに不法行為法を位置づけ，その再編・廃棄を提唱する論者もいる[10]。

---

9) 小林公『合理的選択と契約』（弘文堂，1991年）第2章，第4章，内田貴「現代契約法の思想的基礎」私法54号（1992年）など参照。

(ii)功績原理と必要原理　　実質的正義のうち，配分的正義の一般的な定式は，"各人に☐に応じて"というものである。この☐の具体的規準として様々のものが提唱されてきているが，古くから説かれてきている代表的なものは，各人の素質・能力・技量とか徳・卓越性など，個人のもつ資質・特性をさす「メリット（merit）」や，各人の貢献・努力・業績など，個人が行ったことの「功績（desert）」である。このメリットと功績は，現実には区別が難しく，一定の賞罰によって報いるに値する個人の何らかの特性や行為を「正当な功績（due desert）」としてまとめて，「功績原理」として扱われることが多い。

　各人の貢献・努力・業績など，個人が行ったことに応じて一定の賞罰によって報いることは，個人を責任ある選択・行為の主体として扱い，自律的人格の自己決定を尊重するものとして，とくに刑罰賦課や所得分配などの領域では無視し難い魅力をもっている。だが，各人の選択や行為が，遺伝・家庭環境などの自然的社会的偶然による影響から完全には免れておらず，また，その意図した結果の実現が，社会的な仕組み全体のなかで構造的に左右され，一定の結果を必ずしも全面的に個人の責任に帰すことができないところに，倫理的評価規準として問題がある。そのため，最近では，正義原理から功績観念を排除しようとする見解（J. ロールズ，F. A. ハイエクなど）も有力である。

　19世紀後半以降の社会的正義観念の台頭と結びつき，現代福祉国家のもとで広く受け容れられている定式は，"各人にその必要（needs）に応じて"という「必要原理」である。必要原理は，元来は社会主義的なものとみられていたが，現在では，各人の責任に帰すことのできない理由による不平等をできるだけ是正するために，すべての人びとにミニマムの基本的な社会的・経済的必要の充足の保障を要請する限りでは，具体的なミニマム基準設定やその保障方式については見解の重要な対立もあるが，立場の相違を超えてほぼ共通に支持されているとみてよいであろう。福祉国家の役割や社会権的人権の保障は，基本的にこの必要原理によって正当化されてきた。

　現代正義論の主な関心は，配分的正義であり，主として社会的正義をめぐって激しい議論の応酬がみられ，自由，平等，効率（効用）という三つの価値の各々の概念解釈と相互関係の確定が中心争点となっている。だが，最近では，

---

10) St. D. Sugerman, A Restatement of Torts, in *Stanford Law Review*, Vol. 44, No. 5 (1992), pp. 1169-72 参照。

配分的正義，とりわけ社会的正義に焦点を合わせた論調自体に対する批判・反省も強まっており，複雑な様相を呈している。このような現代正義論の問題状況については，後ほど改めて第12章で詳しく取り上げる。

(iii) 絶対主義と相対主義　実質的正義については，何らかの実質的原理の究極的正当性を客観的に基礎づけることができるか否かをめぐる価値絶対主義と相対主義の対立が，重要争点とみられてきた。ラートブルフのように，正義を基本的に形式的正義のレベルだけで論じ，実質的正義の具体的内容については，法の合目的性ととくに区別することなく論じるのは，この点に関する彼の価値相対主義的立場と密接に関連している。だが，最近では，第11章**3**②・③で詳しく説明するように，このような問題設定の前提とされていた形式論理学的・実証主義的な知的地平の見直しが進むなかで，従来の絶対主義対相対主義という対立図式の妥当性自体が再検討を迫られている。けれども，価値絶対主義と相対主義の対立についてどのような立場をとるにせよ，現代における実質的正義の考察においては，人びとが現に少なくとも幾つかの原理的に相異なる価値観・世界観を信奉しているという経験的事実（多元性の事実）にいかに対処するかという問題を避けて通ることはできないであろう。

(4) 衡　平

以上のような正義観念の三区分の他に，とくに法による正義の実現との関連では，衡平（equity）という観念が重要な位置を占めている。

衡平は，個別的正義とも呼ばれ，アリストテレスも，正義の一種として，法が一般的であるが故に個別的事例で不都合な結果が生じる場合に，法を補正するものと位置づけていた。衡平は，実定法の一般的な準則をそのまま個別的事例に適用すると，実質的正義の観点からみて著しく不合理な結果が生じる場合に，その法的準則の適用を制限ないし抑制する働きをする。法的安定性の犠牲において具体的妥当性を確保するものと言われることが多い。

このような働きをする衡平は，実質的正義に関する社会各層の多様な要求を個別的事例に即して裁判などの法実現過程に取り込みつつ，実定法的規準を創造的に継続形成してゆくための中枢的チャネルとされている（本章**2**③参照）。衡平は，適法的正義（法的安定性）とは対立するけれども，形式的正義とは必ずしも対立せず，司法的裁判のもとでは，衡平を考慮して従来の判例を変更する場合でも，一般的準則の公平な適用という形式的正義の要請からはずれるこ

とは許されず，実定法内在的な原理と整合的で同一類型の事例に普遍的に適用できる一般的な理由づけを伴っていなければならない（526頁参照）。

(5) 手続的正義

実質的正義が決定の結果の内容的正当性に関する要請であるのに対して，手続的正義は，決定に至るまでの手続過程に関するものであり，その決定の利害関係者の各要求に公正な手続にのっとって公平な配慮を払うことを要請する。従来，手続的正義は，「目的は手段を正当化する」とか「結果よければすべてよし」などと言われ，ともすれば実質的正義の実現の手段にすぎないとみられがちであった。だが，最近では，手続的正義の遵守自体が，その結果如何を問わず，別個独立の固有の価値をもつことが一般的に認められるようになっている。

手続的正義は，もともと，決定における恣意専断を排除することによって一定の不正義を除去するという消極的機能を中心にとらえられていた。そして，その要請内容は，基本的に英米法における「自然的正義（natural justice）」の格率（「相手側からも聴くべし」「何人も自分自身の事件について裁判官となるなかれ」など）や「適正手続（due process）」の観念を基礎に形成されてきた。最近では，(i)当事者の対等化と公正な機会の保障（手続的公正），(ii)第三者の公平性・中立性，(iii)理由づけられた議論と決定（手続的合理性）という三側面に関する手続的要請を中心に理解されている。だが，これら三側面のいずれにウエイトをおくか，各手続的条件を具体的にどのように規定するかについては，議論領域や論者によってかなり見解が分かれている[11]。

手続的正義は，一般的準則の公平な適用を要請する形式的正義と重なっており，混同されることもあるが，それに尽きるものではない。以上のような三側面に関する手続的要請は，関係者の人格に対する正当な関心と尊重に関わる一種の人権的価値によって基礎づけられている部分もある。黙秘権の尊重など，一定の手続的要請が，その結果如何を問わず，真実発見の妨げとなる場合ですら遵守されるべきだとされるのも，このような実質的価値を手続的正義自体が内含しているからに他ならない。

---

[11] 手続的正義の機能と価値，基本原理とその構造などについては，田中成明「手続的正義に関する一考察—最近の英米の議論を手がかりに」『法の理論6』（成文堂，1985年）参照。

手続的正義は，もともとすぐれて法的な観念であり，その典型的なモデルも当事者主義的裁判手続に求められることが多い。だが，最近では，実質的正義論の混迷状況とも密接に関連して，広く実践的議論一般の合理性基準の一環として手続的正義の観念に重要な位置が与えられるようになってきており，ロールズの「公正としての正義」論のように，実質的正義原理の正当化や社会的諸制度への適用において手続的正義が決定的な役割を果たしている理論もある（第12章❷参照）。さらに，実質的正義をめぐる最近の議論でも，一定のルールや手続に準拠した活動が行われている限り，その個々の結果について正・不正はもはや問題にしないという手続的正義の考え方が，立場の相違を超えて共通に重視されていることも注目される。

　手続的正義に関しては，手続的条件の充足と結果の内容的正当性の関係が重要な争点となっている。N. ルーマンの「手続による正統化」という観念などのように，結果の内容の問題を全面的に手続の充足の問題に転換する見解もあるが，本書のとる対話的合理性基準の立場は，結果の内容的正当性について合理的な議論が可能であり，議論参加者は内容的に正しい結果を追求していると理解して，合理的な議論のための手続的諸条件を，議論を通じて形成される合意の内容的正当性とも関連づけて規定しようとするものであり，ルーマンの社会システム論的アプローチと基本的に相容れない（第9章❷④参照）。

　対話的合理性基準の一環としての手続的正義があくまでも結果の内容の実質的正当性との関連を堅持するものだとしても，手続的条件の充足と結果の内容的正当性の相互関係は，かなり複雑であり，一義的に規定することは難しい。ここでは，手続的正義の観念を幾つかの類型に分けて考えるアプローチをとり，J. ロールズの純手続的正義・完全な手続的正義・不完全な手続的正義（および疑似的な純手続的正義）という区分[12]を手がかりに，手続的正義における手続と結果の相互関係についてみておこう。

　ロールズによれば，「純手続的正義」は，賭博のように，正しい結果についての独立の識別基準が存在しない場合に得られるものであり，「その代わりに，手続が適切に遵守されている限り，その結果がどのようなものであれ，同様に正しいあるいは公正であるとする，そのような正しいあるいは公正な手続が存

---

*12) Rawls, *A Theory of Justice*（前出注5），pp. 84-89, 201, 361-62（『正義論』115-21頁，272-73頁，477-78頁）参照。

在しており」，そのような手続が現実に実行されさえすれば，手続の公正が結果の公正をも正当化するとされる。それに対して，「完全な手続的正義」は，ケーキの均等な分配のように，「どのような結果が正義に適っているかを決定する独立の基準が存在し，かつ，そこに確実に導くことを保障する手続が存在すること」を本質とする。「不完全な手続的正義」は，刑事裁判のように，「正しい結果に関する独立の識別基準は存在しているけれども，確実にそこに導く実行可能な手続が存在しないこと」をその特徴とする。さらに，「疑似的な純手続的正義」とは，一定の許された範囲内にある限り，同様に正義に適っているとされ，一定の範囲内で正義基準が不確定な事例のことである。

　手続的正義について論じられる場合，これらの類型のうちどれが妥当するかは，基本的に各議論領域の性質・存在理由などによって規定されることになろう。法的手続過程について手続的正義が論じられる場合，裁判手続は，民事も刑事も，基本的に不完全な手続的正義の事例と考えられるが，いわゆるハード・ケースなどにおいては，不完全な手続的正義の追求を基本的な前提としつつも，その枠内で補充的に純手続的正義の契機が多かれ少なかれ入り込み，擬似的な純手続的正義の正当化作用が認められる場合もある。裁判手続以外の法的手続過程についても，基本的に同じように考えてよかろう。

2　法的正義と「法の支配」

1　法内在的正義としての法的正義

　法と関連する主な正義観念の意義と相互関係を一通り概観したところで，次に，それらの正義観念といわゆる法的正義 (legal justice) がどのような関係に立っているかに焦点を合わせて，法による正義の実現の特質，その可能性と限界について考えてみよう[13]。

　法的正義の観念は，古くから存在すると言われているが，その意味するところはかなり多義的である。よく知られているのは，法律の規定に適った行為が正しいとするアリストテレスの見解である。だが，このような基本的に適法的正

---

　[13]　法的正義の観念について概括的に論じたものとして，稲垣良典『法的正義の理論』（成文堂，1972年），Lloyd, *The Idea of Law*（前出注 6），Ch. 6 Law and Justice（『現代法学入門』第 6 章「法と正義」）など参照。

義と同一視する見解は，法と道徳が未分離であったポリスを前提とするものであり，法と道徳の分離が進み，実定法と正義が対立的にとらえられがちとなった近世以降，その意味内容もかなり変わり，この観念自体があまり用いられなくなった。

　最近の正義論議において法的正義という観念が用いられる場合，その具体的意味はかなり拡散しているが，基本的に実定法内在的な正義と位置づけられ，次の二つの意味がその中核的内容として理解されていることが多いとみてよいであろう。

　その一つは，本章1①で紹介したL. L. フラーの「合法性（legality）」概念のように，法システムが「法」として存立し作動するために不可欠の最低条件ないし最適条件を規定する，実定法内在的な構成・運用原理をさし，「法の支配」の要請とほぼ同一視されているものである。もう一つは，裁判によって実定法的規準に準拠して直接実現できる，あるいは実現すべき正義をさし，政治的正義との対比で「司法的正義（judicial justice）」と呼ばれたり，「法による正義（justice according to law）」と呼ばれたりしているものである。このような司法的正義は，もちろん，「法の支配」としての法的正義の確保・実現をめざすべきものとして，それによって方向づけられ制約されており，両者は内的に関連しており，法の支配の要請の一環として位置づけられている。本書でも，「法の支配」の核心的要請内容を，フラーの合法性の八原理を基軸に理解し，このような意味では法の支配をフラーの合法性概念とほぼ互換的に用い，「司法的正義」については，このような法の支配の要請を個別的事例において具体的に確保・実現することに関わるものと理解することにしたい。

　フラーが合法性の八原理として挙げている要請内容を，正義観念の区分と関連づけて整理するならば，法の一般性と公権力機関によるその公平な適用，自然的正義や適正手続など，一般的に形式的正義と手続的正義の要請とされているものと重なる内容が多く，法律の公知性・非遡及性・明晰性・無矛盾性・相対的恒常性など，それ以外の諸原理も，これら二つの正義観念の確保・実現の前提条件と位置づけられるものであり，全体として形式的・手続的性質の強いものである。フラーは，このような基本的に形式的・手続的な要請を，実定法の形成・運用に携わる人びとに対して，法実践の目的・理想であるとともに制約でもある法内在的道徳として提示する。彼が，これらの要請を法内在的とす

るのは，法システムがそれらの要請を少なくとも最低限充たしていない限り，実定法の形成・運用における恣意専断を実効的に抑止できず，私人相互の自主的活動に予測可能で安定した指針と枠組も提供できず，法による社会統制や活動促進という基本的な社会的機能すら適切に果たすことができないとみているからである。

「法の支配」としての法的正義を以上のように理解するならば，法の支配は，たんなる適法的正義と同一視されるべきではなく，実定法の内容・運用自体が，形式的正義や手続的正義の観点からみても正しいことを要請する。法による安定・秩序・平和の確立と維持という，しばしば適法的正義と同一視される法システムの最小限の目的も，形式的正義や手続的正義の要請が充たされていてはじめて実現可能となるのであり，形式的正義や手続的正義の意義は適法的正義とは区別して理解されなければならない。

法の運用について形式や手続にこだわることに対しては，とかく批判が強く，現に問題が多いことも事実である。けれども，概念法学批判の口火を切ったR. v. イェーリングでさえ，「形式は恣意の仮借なき敵，自由の双生児」と語っていたり[14]，英米では「手続は法の核心なり」と言われていたりするように，形式や手続が，政治的社会的権力の恣意や横暴に対して一般の人びと，とりわけ少数者の自由や利益を守る最後の砦という機能をもっていることの意義は過小評価されてはならない。

「法の支配」としての法的正義は，大陸の法実証主義的な「合法性（Legalität）」概念に対する批判としてよく言われるように，決して法的手段によるいかなる社会的目的の追求をも正当化する価値中立的・形式主義的な法の機能様式ではなく，専断的権力の抑制や市民的自由の保障などの一定の自由主義的な実質的価値への志向を内含している。法システムがその"法的"性質を失うことなしに追求できる社会的目的には，一定の内在的制約が厳存する。フラーが言うように，ナチスのいわゆる秘密命令などは，自然法などの法外在的な実質的価値に訴えなくとも，すでにこのような法内在的正義の侵犯として，その法的性質自体が否認されるべきものである（144-45頁参照）。また，刑法における責任主義の堅持（256-57頁参照），矯正的正義の相対的独自性の尊重（320-21頁参

---

[14] R. v. Jhering, *Der Geist des römischen Rechts*, 3. Aufl. 2. Teil（1874），S. 471, 加藤新平『法哲学概論』（有斐閣，1976年）456-57頁参照。

照）なども，基本的に同じような位置づけが与えられるべきであろう。そして，第3章❷・❸①で説明したように，自立型法の基本的な特質と構造の核心的部分は，このような「法の支配」という法内在的正義の要請の制度化に他ならず，自立型法やリーガリズムの位置づけも，以上のような法的正義の理解に基づくものである。

けれども，法システムの機能がこれだけ拡大・多様化した現代社会では，多種多様な法的ニーズにもはや自立型法だけでは適切に応答できず，管理型法や自治型法を補助装置として活用せざるをえなくなっていることからも分かるように，あらゆる法領域において「法の支配」としての法的正義の諸要請の厳格な遵守を一様に要求したり，いわんや，その実現を自己目的化したりすることは，悪しきリーガリズムであり，支持し難い。例えばF. A. ハイエクのように，法を自立型法だけに限定し，法による社会的正義の実現を一切認めず，法による社会的目的の追求を過度に制約することは，不適切であり非現実的であろう[15]。「法の支配」としての法的正義は，法システムの存立と作動にとって重要不可欠ではあるが，第一次的にはミニマム基準として機能する消極的な要請であり，法システムが追求・実現すべき諸々の目的のうちの一つにすぎない。法的正義の諸要請が最低限充たされている以上，その最適基準的な積極的要請内容を，さらにどの程度どのような仕方で実現すべきかは，法によって追求・実現される諸々の社会的目的の価値との比較衡量にゆだねてよい問題とみるべきであろう。

❷ 法の支配

「法の支配」は，伝統的な法的価値の中核をなすものであり，法による正義の実現の中心的目的とされてきた。だが，現代では，「法の支配」をめぐる議論は，その具体的な要請内容が各国の法体制ごとにかなり多様な形で制度化され，個々の制度の法律学的解釈論も専門技術的に精緻なものになってきている一方，他方では，"法と秩序"イデオロギーと同一視されたり，立憲主義・民主制・人権保障などと一体的に理解されたりして，政治的スローガン化している面もある。このような議論領域の拡がりに伴って，「法の支配」の理解が多

---

[15] F. A. Hayek, *Law, Legislation and Liberty*, Vol. I (1973)（矢島鈞次＝水吉俊彦訳『ハイエク全集8：法と立法と自由 I 』（春秋社，1987年））など参照。

様化し，以上で説明したような実定法内在的な正義としてのその本来の意味内容が見失われているきらいもないではない。とくに国内社会と国際社会では問題関心や論調がかなりずれているところもあるので，ここでは主として国内法システムに関する議論に焦点を合わせて整理することにしたい。

わが国における「法の支配」をめぐる最近の論議では，「法の支配」は，最も狭い意味では，英米における伝統的な「人の支配ではなく，法の支配を」という「法の支配（Rule of Law）」原理と同じものと理解されており，このような共通の理解を背景に，様々な「法の支配」論が展開されている。そして，日本国憲法の基礎にあるのはこのような英米法的な「法の支配」であり，このことは，憲法の最高法規性の明確化，不可侵の人権の保障，適正手続の保障，司法権の拡大強化，違憲審査制の確立などのその特徴に照らして明らかであるという理解が，戦後憲法学の通説的見解である[16]。

しかし，「法の支配」という原理は，「法治主義」と同じ意味で理解されることもあり，この場合には，ドイツの「法治国家（Rechtsstaat）」思想をも含めて，国家権力の行使はすべて法律の制限のもとで法律を根拠に行わなければならないことを要請するものとして，少し緩やかに理解される傾向にある[17]。

英米型の「法の支配」とドイツ型の「法治国家」は，どちらも，権力分立制や立憲主義などと不可分の関係にある自由主義的統治原理であるという点では共通性をもっている。だが，英米における法の支配のもとでは行政事件も通常の司法裁判所の裁判権に服し，司法権の優越（judicial supremacy）が制度的に保障されているのに対して，第二次世界大戦前のドイツの法治国家体制のもとでは，行政優位の法運用がなされ，通常の司法裁判所とは別系列の行政裁判所が設置されていただけでなく，国民の自由権の保障についても，法律の根拠さ

---

[16] 伊藤正己「『法の支配』と日本国憲法」清宮四郎＝佐藤功編『憲法講座第1巻：総論・天皇・戦争の放棄』（有斐閣，1963年）124-40頁，芦部信喜『憲法学Ⅰ：憲法総論』（有斐閣，1992年）105-12頁など参照。

[17] 法治主義については，儒教的な律令体制のもとで社会秩序の維持や統治の道具としての行政・刑事・警察等の法規の厳しい運用を説いた，中国の韓非子らの法家の法治主義も含めて理解されることもある。だが，西欧の議論では，このような律令法制のもとでの法治主義は，たんなる"法による支配（rule *by* law）"であって，西欧の伝統的な"法の支配（rule *of* law）"とは明確に区別すべきだとされており，このような理解が適切である。

えあれば制限できるという形式主義的な運用（法実証主義的な「合法性」理解）が行われる余地があった。戦後のドイツでは，このような反省もふまえ，国民の基本権の尊重を重視して，法律の内容にも一定の制約があるとする実質的法治国家論が説かれ，以前の形式的法治国家論と区別されるようになっており，英米型の法の支配と接近してきているところもみられる。わが国でも，法治国家と法の支配を含めて法治主義として理解する論者は，戦後ドイツにおける法治国家論のこのような変化をもその論拠として挙げている。

　たしかに，現代では，法の支配と法治国家を統合して法治主義として理解することも理論的には可能であり，現にそのような理解がかなり広く行われている。けれども，両者が前提としていた法の見方やその制度的保障の仕方には，とくにわが国における法システム・司法制度の在り方をめぐる問題状況の解明にとっては無視できない相違もあり，法の支配と法治国家を原理的に区別し，日本国憲法がめざしているのは基本的に英米型の法の支配であると理解するのが適切であろう[18]。

　かなり図式的な整理ではあるが，「法の支配」論議からみた場合，わが国の法システム・司法制度は，律令法制的な法治主義からドイツ型の法治国家を経て英米型の法の支配へと，その基本的な構成・運用原理を変えてきた。けれども，制度上の原理が変わっても，その現実の運用には以前の考え方が影響を及ぼし続け，なかなか制度的理想通りの運用ができない状況におかれているところに，現代日本の法システム・司法制度の根本的な問題がみられるのである。

　「法の支配」の概念や要請内容をめぐる最近の議論においては，フラーの「合法性」概念などを中核に法の形成・実現に関する形式的・手続的要請に限定して理解する形式的アプローチと，一定の基本権・民主制・立憲主義などの制度的要請を取り込んで理解する実質的アプローチとを対比する構図が一般的である。だが，それぞれの具体的な要請内容，両者を区別する基準，両者の相互関係については理解のずれもみられる[19]。このような対比構図については，

---

[18]　日本国憲法体制における法の支配のこのような理解については，佐藤幸治「自由の法秩序」，土井真一「法の支配と司法権」佐藤幸治＝初宿正典＝大石眞編『憲法五十年の展望Ⅱ：統合と均衡』（有斐閣，1998年）参照。

[19]　形式的アプローチと実質的アプローチという対立構図の概要については，B. Z. Tamanaha, *On the Rule of Law* (2004), Chs. 7, 8, 井上達夫『法という企て』（東京大学出版会，2003年）第2章「法の支配―死と再生」など参照。

(i)形式的アプローチにおいても,「法の支配」が個人の自由の保障・人間の尊厳の尊重などの一定の実質的価値に奉仕することが当然視されていることが正しく理解できないきらいがあること,(ii)両者が内容的に二者択一的に対立するものではなく,実質的アプローチも,形式的アプローチの「法の支配」の理解自体を否定することなく,それだけでは内容的に不十分だとして,「法の支配」のなかに一定の基本的人権などの実質的価値あるいは民主制・立憲主義などの制度的要請をも取り込んで,内容をより濃くしようとする立場であるという相互関係について誤解を招きかねないこと,(iii)「法の支配」が,形式対実質という区分には解消し難い独自の手続的ないしプロセス的な価値・制度を重要な要請内容としていることを的確にとらえることができないことなどから,必ずしも適切ではないと考えられる。

「法の支配」の概念や要請内容について,法が法であるために最低限備えるべき内在的価値である形式的正義と手続的正義の要請を中核としていることにはほとんど異論はない。多義的・論争的になるのは,このような形式的・手続的要請を基軸に,議論領域ごとに,「法の支配」がめざしている価値理念と,「法の支配」を実効的に確保・実現するための具体的な制度の構成・運用原理との双方向に実質化して論議する段階で,「法の支配」の概念や要請内容にそれらの価値理念や制度構成・運用原理をどこまで取り込むかについて,見解が分かれることに起因しているとみられる。それ故,「法の支配」の概念をそれらの価値理念や制度構成・運用原理を含めて統合的に理解した上で,議論領域ごとにそれぞれの主題と相関的に多義的な概念解釈・構想の意義・問題点を比較検討することによって,適切な要請内容を特定化するというアプローチをとるのが適切であろう。

「法の支配」の奉仕する価値理念としては,専断的権力の抑制ということが伝統的に重視されてきているけれども,形式的アプローチの代表的論者とされるL. L. フラーやJ. ラズらも強調するように[20],「法の支配」の基底的価値は,市民の相互行動の正統な期待の安定化による予測可能性の確保を通じて,

---

[20]) L. L. フラーについては,本書144-45頁,315-16頁,327-28頁など,J. ラズについては, J. Raz, The Rule of Law and its Virtue, in Raz, *The Authority of Law* (1979), pp.210-29, 田中成明「『法の支配』の価値をどうみるべきか」判例タイムズ431号(1981年)など参照。

個人の自由を保障したり人間の尊厳を尊重したりすることであり、専断的権力の抑制はこのような価値の実現を実効的に保障するための、重要不可欠ではあるが、手段であるということが見落とされてはならない。また、正しい法や善き政治との関連づけによる実質化については、「法の支配」の正しい法や善き政治への志向性を全面的に否定するのは適切ではないけれども、「法の支配」の意義は、正しい法や善き政治の追求・実現やその手段というよりも、その追求・実現手段に一定の制度的制約を課し、甚だしく不正な法や悪い政治を排除するという消極的な規制原理というところにあるとみるべきであろう。具体的には、自由公正な市民社会の円滑な作動を確保するために、権力の恣意専断を抑止し、不当な自由の制限や理不尽な格差を排除することが「法の支配」の核心的要請であり、「法の支配」をめぐる論議を拡散させすぎないためにも、「法の支配」のめざす価値理念については、後ほど本章2④で説明する「消極的アプローチ」をとるのが適切であろう。

　他方、「法の支配」が要請する制度構成・運用原理の具体的内容は、立憲主義の要請とほぼ同義に理解されることが多く、それぞれの国家の憲法体制によって異ならざるをえないものである。司法制度の在り方に関する要請が中心となるが、具体的に裁判を受ける権利や違憲審査制などを「法の支配」の要請としてどのように位置づけるか、また、基本的人権の保障、権力分立制、司法権の概念と範囲などとの相互関係をどのように理解するかを含め、「法の支配」の多義性・論争性への対応は、立憲主義法体制の理解の仕方の問題であり、基本的に憲法解釈論の問題とみてよいであろう[21]。

３　司法的正義

　司法的正義とは、裁判によって実定法的規準に準拠して直接実現できる、あるいは実現すべき法内在的正義であり、以上のような「法の支配」としての法的正義の諸要請を個別的事例において具体的に確保・実現することを基本的役割とする。"justice according to law" という英語は、「法による正義」とだけでなく、「法による裁判」とも訳されるように、語源的にも正義と裁判は密接

---

[21]　わが国における「法の支配」をめぐる最近の論議の一端に関する私見については、田中成明「『法の支配』論議からみた司法制度改革」『国民主権と法の支配：佐藤幸治先生古稀記念論文集（上巻）』（成文堂、2008年）参照。

不可分のものと理解されてきており，「法による裁判」は，「法の支配」の根幹的要請であり，司法的裁判は，法による正義の実現において中枢的な位置を占めてきている。「法の支配」の要請内容は，裁判の在り方に関わるものが多く，とくに法内在的正義としての形式的正義や手続的正義の諸要請は，司法的裁判の制度的枠組や手続過程の中心的特徴として具体的に制度化されている。司法的正義が裁判制度・手続のなかにどのように制度化されているかという側面については，司法的裁判の制度的枠組や正統性に関する第9章❶・❷における説明のなかですでに触れたところであり，ここでは，そこでの説明をふまえて，正義の実現という側面から若干の補足をするにとどめたい。

司法的正義については，以上のような制度的側面と並んで，個別具体的事件における衡平の実現という，裁判による法の継続形成の動態に関わる側面が，正義の実現における裁判独特の重要な役割として含まれている。司法的正義のこのような動態的側面は，法の解釈適用に関わる法律学的方法論や裁判の政策形成・法形成機能などに関する問題と重なり合っているので，詳しいことはそれぞれ関連箇所で触れることにして（第9章❸および第5編参照），ここでは，衡平に関する本章❶ 2 (4)の説明を補足しつつ，裁判による実質的正義の実現の特質，とくにその可能性と限界の問題だけを取り上げる。

現行の司法的裁判制度のもとでは，「法による裁判」の根幹的要請として，実定法的基準に準拠した裁判が要請されているから，実質的正義に関する一定の要求が常識的あるいは政策的にみていくら正しくとも，それが憲法を頂点とする実定法的規準と原理的に両立しない場合には，裁判による法実現過程のなかに直接取り込むことは制度的に許されない。それ故，司法的正義が実質的正義の多種多様な要求と対立関係に立つことも多く，このことは，相対的にしろ，法システム・裁判手続が自立的な議論領域として制度化されていることの宿命と言わざるをえない。

けれども，実定法的規準自体が，とくに法原理などを媒介として社会一般の正義・衡平感覚に「開かれた構造」をもっていることから，裁判において個々の法的紛争を適正に解決するためにこのような正義・衡平感覚を汲み上げる必要がある場合には，司法的正義は，実定法的規準と原理整合的な実質的正義の諸要求にも，その限りで開かれていることになる。そして，一定の場合には，新たな立法措置を待たなくとも，一般条項・憲法条項などの法原理の活用とか

判例による法創造というチャネルによって，衡平の実現のために実質的正義の要求を裁判過程を通じて判決のなかに直接取り入れることもできるのである。個々の事例に即してこのような形で実質的正義の要求を汲み上げ，社会的変化に対応して実定法的規準を創造的に継続形成してゆくことは，裁判官・弁護士などの法律家の重要な責務である（詳しくは，第15章❷，第16章❸参照）。

具体的にどのような事例で実質的正義のどの要求をいかなる仕方で取り入れるのが適切かは，個別事例ごとに賢慮を働かせ法的議論を尽くして決められるべきであり，基本的に法の解釈適用の問題である。その際，原理的な考え方として重要なことは，裁判の基本的役割が具体的紛争の事後的個別的解決であることに対応して，司法的正義も，積極的に何らかの実質的正義の要求の実現に直接寄与するよりも，具体的に不正義な行為やそれから生じた被害の個別的な回復・制裁という，比較的地味な役割を第一とすべきだということである。矯正的ないし交換的正義が裁判官の正義であり，配分的正義は立法者の正義であると古くから言われてきているが（本章1②(3)参照），このような役割分担は，現代でも基本的に妥当すると考えてよいであろう。

裁判が基本的に個々の行為に対して責任を問う仕組みであるため，いわゆる構造的被害や組織的犯罪などに関する不正義の回復には一定の超え難い限界がある。また，公権力機関の専断的な権限行使による権利侵害の救済，公的領域での権利・義務の割り当てにおける恣意的差別の撤廃など，消極的禁止的な内容の要求は，何が具体的に不正義であるかについて合意も概して形成されやすく，司法的正義による救済になじむものが多い。それに対して，公権力機関の積極的な配慮・介入による社会経済的レベルでの実質的平等の実現とか，私的領域での権利義務関係の事実上の不平等の是正などの場合には，何が具体的に正義に適っているかについての見解も分かれていることが多く，裁判がこれらの実質的正義の要求の実現に直接関与することは制度的に難しい。このような場合における裁判の役割は，誰の眼にも明白で著しく不正義な事例などは別であるが，原則として，それらの要求が立法・行政レベルでの政策形成過程に実効的に反映され公正な配慮を受けることができるように，政策形成過程全体についての手続的正義の確保に尽力することに限られるべきであろう。

もっとも，以上のような司法的正義の役割の基本的な考え方については，現代法システムが社会的正義の実現に広範に関与するようになり，いわゆる現代

型政策形成訴訟に顕著にみられるように，具体的被害の個別的救済をめざす矯正的正義の問題を，より一般的な配分的正義の問題と切り離して審理・決定することが困難な事例が増えてきている状況のなかで再検討を迫られていることは，すでに説明したところである（第9章❸参照）。

❹ 正義問題への「消極的アプローチ」

以上のように，司法的正義は，個別的事例における衡平の実現を中心的役割としており，基本的に不正義の個別的回復とそれに対する事後的制裁という矯正的正義に関わり，政治的正義などとは違って，実質的正義の積極的実現の先導的役割を果たすのに適したものではない。このような司法的裁判の自己抑制的な見解に対しては，現代法システム全体の守備範囲が拡大しているなかで，不適切だという批判もあり，現代型政策形成訴訟をはじめ，裁判の機能拡大に対する期待にどのように応えるかということが，現代裁判の重要な検討課題となっている（第9章❸参照）。けれども，司法的正義の守備範囲のこのような限定は，法システムの存立と作動の前提条件に関してだけでなく，正義をはじめ価値問題に関する人間の判断能力と感覚に関しても，一定の賢明な洞察に基づくものであり，現代法システムのもとでも，その意義を過小評価してはならない。

現代イギリスの政治哲学者 J. R. ルーカスは，人びとが正義を積極的な徳として考えている限り，平板で決まり文句のようにしか感じないが，具体的に不正義や不公正に直面した場合には激怒するという「正義と不正義の非対称性」に着眼して，「どのような場合に我々は不正義とか不公正に抗議するかを考えることによって何が正義かを発見する」という「消極的アプローチ（negative approach）」を提唱する[22]。彼は，このアプローチがアリストテレスにまで遡ると言うが，たしかに，アリストテレスの正義論は，「ある"状態"の何たるかは，しばしばその反対の"状態"から知られる」とした上で，"不正な人びと"の多義的な意味の分析からはじめられている。しかも，「法の存在するのは不正義の存在する人びとの間においてである」と，法の存在理由が不正義と深く結びついていることも示唆している[23]。

---

[22] J. R. Lucas, *On Justice* (1980), pp. 4-5 参照。

ルーカス以外にも，正義問題に関してこのような「消極的アプローチ」と類似した考え方を説いている者はかなりいる。例えば，F. A. ハイエクは，法的準則が不正義な行為を禁止する消極的なものであるだけでなく，正義の識別基準もまた消極的なものであるとして，「我々は，誤謬や不正義を絶えず排除することによってしか，真理や正義に近づくことができず，最終的な真理や正義に我々が到達したことを確認することはできない」とする。そして，正義の積極的な識別基準がなくとも，何が不正義かを示す消極的な基準はあるという事実は，完全に新しい法システムを構築するには不十分だとしても，現にある法をより正義に適ったものに発展させる適切な指針とはなり，重要な意義をもっていることを指摘している[24]。

　L. L. フラーも，人間の行動に関して何が悪かを判断するためには，何が完全に善かを知っていなければならないという一般的な考え方は，人間の経験に反し誤りであるとして，「我々は，何が完全な正義かを最終的に宣言することにコミットせずに，何が明白に不正義かを知ることができる」ことを強調する。そして，このような考え方に対応して，道徳を，人間の能力を最大限に実現することを求め，そうした者を賞讃する「熱望（aspiration）の道徳」と，それが遵守されないと秩序ある社会が成立しないような根本的準則を定め，その違反に対してサンクションを課す「義務の道徳」とに区別し，法を基本的に後者に関わるものと位置づけている[25]。

　さらに，「幸福を最大化せよ」という功利主義的原理が「善意の独裁」を生み出すことを警戒して，「悲痛を最小化せよ」という消極的功利主義を公共政策の原理として提唱する K. R. ポパーの見解[26]，ヨーロッパ中心の進歩史観，自由・平等や幸福といった積極的理念が，強者が弱者を収奪し拘束するという逆説・矛盾を含むことを批判し，「各人が責任を問われる必要のないことから

---

[23] アリストテレス（高田訳）『ニコマコス倫理学（上）』（前出注 8）170頁，192頁参照。

[24] F. A. Hayek, *Law, Legislation and Liberty*, Vol. 2 (1976), Ch. 8（篠塚慎吾訳『ハイエク全集 9：法と立法と自由 II』（春秋社，1987年）第 8 章）参照。

[25] Fuller, *The Morality of Law*（前出注 3），Ch. 1（『法と道徳』第 1 章）参照。

[26] K. R. Popper, *The Open Society and Its Enemies*, Vol. 1, 1st ed. (1945), 4th ed. (1962), p. 235（武田弘道訳『自由社会の哲学とその論敵（別冊注の部）』（世界思想社，1973年）53頁）参照。

受ける苦痛を可能なかぎり減らさなければならない」という消極的価値理念を提唱する市井三郎の見解[27]，「健全な思弁」の一方法として「否定を通しての思弁」という手続を示唆し，「正義の実質的内容を考えるに当たって，まず疑いもなく不正として感得されることがらに注意を向けるということ」をその一例として挙げている加藤新平の見解[28]なども，消極的アプローチの一種とみてよいであろう。

　ハイエクやフラーが，以上のような考え方に基づいて，法システム全体の守備範囲をも限定しすぎていることには賛同しかねるけれども，司法的正義に関する限り，個別的事例ごとに常識・社会通念などの社会的コンセンサスに反映された正義・衡平感覚（正確には不正義感覚・不衡平感覚）を汲み上げ，実質的正義の観点からもできるだけ正しい解決をめざすことが，裁判による法的正義の実現の重要な役割であり，消極的アプローチのもつ意義は決して小さくない。

　価値観の多様化・流動化が経験的事実として存在し，実質的正義原理などの究極的価値の積極的な理論的基礎づけの可能性をめぐって見解の対立が続くなかで，法的思考における価値判断も主観的・相対的なものにすぎないと考えられがちである。けれども，裁判において第一次的に求められている価値判断は，何が不正義かに関する消極的な判断であり，消極的アプローチが示唆しているように，何が不正義として非難され回避されるべきかについては，何が正義かについて意見が対立している人びとの間でも，具体的判断が重なり合い，その限りでコンセンサスがみられることが一般に考えられている以上に多い。そして，裁判の手続過程が，このような社会的コンセンサスに反映された正義・衡平感覚を適切に汲み上げつつ展開されるならば，実質的正義の実現に直接的ではなくとも間接的に貢献できる範囲は，裁判の機能の考え方次第では，意外に広いのである。

　消極的アプローチは，一見，実質的正義の実現における裁判の消極主義的な自己抑制的姿勢を正当化するようにみえる。けれども，実は，そうではなく，このような形での守備範囲の限定が，かえって必要な場合には一定の問題領域において積極主義的な姿勢をとることの強力なバネとなりうることも見落とされてはならない。この問題について詳しいことは，第9章**3**や第16章**3**にお

---

27) 市井三郎『歴史の進歩とはなにか』（岩波書店，1971年）143頁参照。
28) 加藤『法哲学概論』（前出注*14*）100頁参照。

ける現代型訴訟への対応やそこでの法的判断の在り方と関連づけて具体的に検討しているところを参照していただきたい。

《参考文献》
- 稲垣良典『法的正義の理論』(成文堂, 1972年)
- 加藤新平『法哲学概論』(有斐閣, 1976年) 第5章「法の目的」
- M.P.ゴールディング (上原行雄=小谷野勝巳訳)『法の哲学』(培風館, 1985年) 第6章「紛争解決と正義」
- F.A.ハイエク (矢島鈞次=水吉俊彦訳)『ハイエク全集8：法と立法と自由Ⅰ』(春秋社, 1987年)
- 同 (篠塚慎吾訳)『ハイエク全集9：法と立法と自由Ⅱ』(春秋社, 1987年)
- H.L.A.ハート (矢崎光圀監訳)『法の概念』(みすず書房, 1976年) 第8章「正義と道徳」
- L.L.フラー (稲垣良典訳)『法と道徳』(有斐閣, 1968年)
- G.ラートブルフ (田中耕太郎訳)『ラートブルフ著作集第1巻：法哲学』(東京大学出版会, 1961年) 第7章「法の目的」, 第9章「法理念の相互矛盾」
- 同 (尾高=野田=阿南=村上=小林訳)『ラートブルフ著作集第4巻：実定法と自然法』(東京大学出版会, 1961年)
- D.ロイド (川島武宜=六本佳平訳)『現代法学入門：法の観念』(日本評論社, 1968年) 第6章「法と正義」
- 日本法哲学会編『現代日本社会における法の支配：法哲学年報2005』(有斐閣, 2006年)

第 4 編　法の目的と正義論

第11章　実践的議論と対話的合理性

1　正義論とメタ倫理学

1　規範的正義論と倫理学

　正義論は，法哲学の最も古くからの問題領域であるが，法哲学だけでなく，倫理学・政治哲学・社会哲学なども含め，実践哲学に共通のテーマであり，その議論の動向は，これらの学問分野，さらに哲学一般の方法論の動向によって大きな影響を受けてきた。とりわけ近代以降，学問分野全般にわたって実証主義的精神が支配的になるにつれて，伝統的な規範的正義論は衰退し，久しく沈滞していたが，ようやく20世紀後半になって，実践哲学の復権をめざす諸潮流の展開を一般的背景に，規範的正義論が再燃し，実質的正義をめぐる活発な議論が広範な政治的社会的関心に支えられた学問的営為として展開されるようになった。

　このような正義論の動向，とくに最近の議論状況は，倫理学方法論の展開から直接的な影響を受けている。現代の倫理学は，一般的に，何らかの実質的な道徳原理・判断の主張や正当化そのものに関わる「規範的倫理学」と，正（right）・善（good）・価値・当為などの倫理的概念の意味ないし定義の規定，それらの概念の用法の解明，道徳原理・判断の正当化や妥当性の証明の理論的可能性等々の方法論的諸問題に関わる「メタ倫理学（分析的倫理学・批判的倫理学）」との二部門に区別されている。

　ソクラテス，プラトン，アリストテレス以来の伝統的倫理学は，メタ倫理学的論議をも展開してきてはいるが，規範倫理学的問題に取り組むことをその中心的課題としてきた。だが，20世紀初頭以来の分析哲学の発展とともに，倫理

学の関心は，規範的倫理学からメタ倫理学に急速に傾斜し，メタ倫理学だけを唯一の哲学的課題とみる傾向が強まった。

正義論についても，20世紀前半には価値相対主義が支配的となり，第二次世界大戦直後の再生自然法論の一時的再燃の時期を除いて，1970年代頃までは，実質的正義をめぐる議論を合理的に行ったり，普遍妥当性を要求しうる何らかの実質的正義原理を学問の名において基礎づけたりすることがそもそも学問的に可能かどうかという，メタ倫理学レベルの方法論的問題に関心が集中していた。だが，70年代頃から，このような正義論・倫理学の状況を克服しようとする気運が次第に高まり，規範的な正義論・倫理学の復権がみられるようになり，最近では，ポスト・メタ倫理学ということも言われている。けれども，従来の実証主義的な認識論的議論図式の影響もまだ根強く残っている。従来のメタ倫理学的論議に関する基礎的知識は，現在でも，正義論だけでなく，倫理学・実践哲学一般の学問的可能性についての方法論的自覚を深めるのに役立つところもあるから，一通り概観しておこう。

2　メタ倫理学の主要類型

メタ倫理学には幾つかの対立する立場があるが，通常，次の三つの類型に分類される。まず，倫理的価値判断について，事実判断と同じような仕方で真偽を語りうるか否かという基準によって，それを肯定する認知主義（cognitivism）と，否定する非認知主義（non-cognitivism）ないし情緒主義（emotivism）とが区分される。さらに，前者は，倫理的概念を非倫理的な自然の概念によって定義できるとする自然主義（naturalism）と，若干の倫理的概念は非倫理的な概念によって定義不可能な独特のものとする直覚主義（intuitionism）とに区分される。また，事実から価値を導き出すことができるか否かという争点については，これを肯定する一元主義に立つのが自然主義であり，直覚主義と非認知主義とはこれを否定する二元主義に立っている[1]。

---

[1]　メタ倫理学のこのような類型分類については，W. K. Frankena, *Ethics*, 2nd ed. (1973), Ch. 6（杖下隆英訳『倫理学（改訂版）』（培風館，1975年）第6章），碧海純一『新版法哲学概論（全訂第2版）』（弘文堂，1989年）第7章「正義論の基礎―メタ倫理学の諸問題」，塩野谷祐一『価値理念の構造：効用対権利』（東洋経済新報社，1984年）第1編第2章など参照。以下の説明もこれらの文献に依っているところが多い。

(1) 自然主義

　自然主義は，定義主義（definism）とも呼ばれ，善・正などの倫理的概念を人間の欲求・選好・態度・感情・傾向等々の人間の行為・性質という非倫理的概念によって定義することができ，従って，倫理的価値判断を，その意味を損なうことなく，一種の事実判断に還元することが可能とみる立場をとる。それ故，倫理的価値判断の真偽を，事実判断と同様に，観察や帰納などの経験的探求によって判定することが可能となり，倫理学は一種の経験科学となる。自然主義としては，通常，J. ベンサム，J. S. ミルらの功利主義，H. スペンサーの社会進化論，J. デューイらのプラグマティズムの倫理学などが挙げられるが，マルクス主義や自然法論が挙げられることもある。

　自然主義については，G. E. ムーア『倫理学原理』（1903年）などで指摘された「自然主義的ファラシー（naturalistic fallacy）」をめぐる議論がある。これは，元来，直覚主義からの自然主義批判であり，自然主義が，善という定義不可能な性質を自然的なものによって定義すること，一般的に言えば，倫理的判断と事実判断を同一視し，倫理的判断を事実判断から導き出し正当化することは誤りだ，と批判する。だが，この批判は，善が定義不可能で非自然的なものという，その前提にある根本的命題について論点先取の誤りを犯しており，この点はまだ未解決の問題であるから，自然主義を論駁するには不十分とみるのが一般的である[2]。

(2) 直覚主義

　直覚主義は，プラトン以来の古い歴史的伝統をもつ立場であり，とくにメタ倫理学の発展に寄与したムーアが，自然主義批判と結びつけて主張したこともあって，20世紀前半には大きな影響力をもった。直覚主義は，自然主義と同様，倫理的概念が何らかの客観的属性を指示するものであり，真理値をもつことを認めるが，その属性が自然的属性とは異質のものであり，倫理的概念を自然的概念によって定義することは不可能だ，と主張する。そして，すべての倫理的概念は，善・正などの若干の基本的概念に還元され，これらの基本的概念は，

---

　[2]　詳しくは，G. E. Moore, *Principia Ethica* (1903)（深谷昭三訳『倫理学原理（新版）』（三和書房，1977年）），W. S. Sellars & J. Hospers (eds.), *Readings in Ethical Theory* (1952), pp. 61-133（現代倫理研究会訳『現代英米の倫理学第1』（福村出版，1967年）65-198頁）参照。

黄色や快適という概念と同様，単純で分析不可能なものであり，それらに関する判断は，数学的公理と同じように自明であり，直覚によってのみ認知可能だとされる。

　直覚主義に対しては，直観的判断が対立する場合，いずれが正しいかを決める基準が与えられない限り，たんに直観に訴えるだけでは，言明の正当性は保障されないという批判がある。このような批判もふまえて，直覚主義は，その後，H. A. プリチャードやW. D. ロスによって義務論的直覚主義へ発展させられ，さらに，A. C. ユーイングによって，倫理的な直覚を整合的体系に組み入れてゆくという方法に倫理的判断の真偽の基準を求める整合説（coherence theory）へと修正を加えられてきている。

(3) 情緒主義

　情緒主義は，非認知主義とも呼ばれ，倫理的概念が何らかの客観的な属性を指示することを否定し，倫理的価値判断が，事実を記述するのではなく，話し手の感情や態度などを表現する非認知的機能をもっているとみる。この立場では，倫理的知識なるものは存在せず，倫理的価値判断について客観的な真偽を語ることもできないことになり，規範的倫理学の学問的可能性は否定される。情緒主義は，バークリーやヒューム以来，英米倫理学の有力な流れをなしてきていたが，とくに1930年代以降，論理実証主義の興隆とともに，メタ倫理学において重要な位置を占めることになった。

　情緒主義は，倫理的判断そのものの性質を積極的にどのように規定するかをめぐって，幾つかの見解が対立している。代表的なものは，A. J. エイヤーとC. L. スティーブンソンの見解である。エイヤーは，初期の論理実証主義の「意味の検証可能性理論」を倫理学にもそのまま適用し，「たんに倫理的判断を表現するにすぎない文章は何も語らない。それは，純粋に感情の表現であり，それ故，真偽のカテゴリーのもとには組み入れられない。それは，苦痛の叫びや命令の言葉が検証不可能であるのと同じ理由で，検証不可能である――なぜならそれは本物の命題を表現していないから」と，倫理的判断を認識論的にナンセンスなものとみる極端な情緒主義を主張した[3]。それに対して，スティーブンソンは，穏健な立場をとり，倫理的命題は，聴き手に自分と同じ態度

---

3) A. J. Ayer, *Language, Truth and Logic*, 1st ed. (1936), rev. ed. (1946), pp. 108-09 (吉田夏彦訳『言語・真理・論理』（岩波書店, 1955年）132頁) 参照。

を惹き起そうとする情緒的意味を主としてもっているが、経験的に確証できる認知的意味をも含んでいると説き、倫理的不一致を、事実に関する見解の不一致と価値態度の不一致とに分け、合理的な議論によって倫理的不一致を解消したり減少させたりする方法をきめ細かに論じている[4]。そして、倫理的命題の認識論的意味だけでなくその機能にも着眼するこのようなアプローチが、後ほどみるように、道徳的推論・議論に固有の論理の探究という方向にメタ倫理学的議論の関心を移行させる一つのきっかけとなった。

　メタ倫理学の以上の三つの基本的立場は、各々、独自のメリット・デメリットをもっており、相互に論争を繰り返しつつ、各自の立場の補強・修正を試みてきているが、そこでの基本的争点の多くは未解決のままであると言ってよかろう。さらに、メタ倫理学自体についても、その批判的分析が特定の規範的倫理学と結びつくものでなく一切の規範的倫理学から独立しているという「方法論的中立性」の標榜にもかかわらず、功利主義的見解を暗黙の前提とした分析図式をとるものが多い。その問題設定やアプローチも、分析哲学、とくに論理実証主義から強い影響を受けてきており、その視野が限られていたことは否定し難い。基本的に論理実証主義の意味の検証可能性基準を受け容れて、個々の倫理的価値判断の真偽を孤立的に問い、倫理的価値判断の正当化について形式論理学の枠内でその意味を探究するという観点から論じるところに、このような視野の限界が特徴的にみられる。

❷　価値相対主義

■1　基本的主張内容とその方法論的基礎

　価値相対主義が、倫理学の分野を超えて、法哲学・政治哲学や社会諸科学の分野でも支配的になり、実質的正義論の学問的可能性に対して批判的・懐疑的な風潮が強まったことは、以上のような倫理学のメタ倫理学的論議への傾斜と基本的に軌を一にしている。倫理学においては、価値相対主義は、道徳的相対主義とも呼ばれ、メタ倫理学的立場としては非認知主義ないし情緒主義の主張内容の一環と理解されるのが一般的である。だが、法哲学・政治哲学や社会諸

---

[4]　C. L. Stevenson, *Ethics and Language*, 1st ed. (1944), 6th ed. (1953)（島田四郎訳『倫理と言語（増訂版）』（内田老鶴圃、1984年））参照。

科学の分野では，たんに相対主義とも呼ばれ，価値や真理の絶対性・客観性・普遍性を否認する立場として，もう少し広い意味で主張されることもあり，価値相対主義の主張内容はかなり多様である。とくに法哲学の分野では，H. ケルゼンやG. ラートブルフなど，わが国にも大きな影響を及ぼした20世紀の代表的な法哲学者が魅力的な筆致で価値相対主義を説いたこともあって，価値相対主義への態度決定が，実質的正義論の展開の前提問題として重要な争点をなしてきた。

　価値相対主義の名のもとにかなり多面的で複雑な主張がなされてきた。一般的な相対主義の一環として，懐疑主義，不可知論，パラダイム相対主義，準拠枠相対主義など，認識論的相対主義とも関連しているだけでなく，道徳的相対主義に限定しても，価値主観主義，多元主義，反＝普遍主義，非＝基礎づけ主義などの主張内容と重なるところがあり，その主張内容を統一的に理解することは必ずしも容易ではない。価値相対主義の主張内容の整理の仕方として，例えば，W. K. フランケナは，相対主義を，(i)人びとや社会が異なれば，たんに倫理的判断が異なるだけでなく，基本的な倫理的信念も異なり相容れないことすらあると主張する記述的相対主義，(ii)基本的な倫理的判断の一方を他方に対して正当化する客観的に妥当で合理的な方法は全くないから，二つの相容れない基本的判断は等しく妥当でありうると主張するメタ倫理的相対主義，(iii)ある個人・社会にとって正ないし善であるものも他の個人・社会にとってはそうではないという倫理的原理を提唱する規範的相対主義の三形態に区別している[5]。ここでも，基本的にフランケナのこの分類に従って，価値相対主義は，メタ倫理的相対主義を共通の中核的な主張内容として，各論者がそれぞれの関心から付加的な主張をしていると理解して，それらの主張内容を，各論点ごとに上述の関連する諸見解との異同にも留意しつつ検討することにしたい。

　わが国で価値相対主義が論じられる場合，代表的な主張者としては，通常，M. ウェーバー，H. ケルゼン，G. ラートブルフらの大陸の新カント学派の系

---

[5] Frankena, *Ethics*（前出注*1*），pp. 109-10（『倫理学』184-86頁）参照。なお，フランケナの分類に依れば，価値相対主義思潮を醸成した歴史的・社会学的相対主義（加藤新平『法哲学概論』（有斐閣，1976年）512-15頁参照）は，基本的に記述的相対主義の一種と位置づけることができ，また，価値多元主義や多文化主義は，記述的相対主義および規範的相対主義と重なり合う主張をしているとみることができるであろう。

列に属する論者と，H. ライヘンバッハ，B. ラッセル，A. J. エイヤーらの英米の情緒主義の系列に属する論者とが挙げられる[6]。ここでも，これら両系列，とくにラートブルフやケルゼンなどの法哲学者に焦点を合わせて，価値相対主義の主張内容と問題点を整理しておこう。

両系列の主張内容やその論調にはかなりの相違もみられるが，まず，それらに共通する主張は，価値判断が評価主体との関係で相対的であるという意味で，価値も主観的なものであり，何らかの究極的価値やそれに対応する原理的規範の客観的妥当性を理論的に基礎づけたり正当化したりすることは不可能であり，いずれの価値・規範を究極的として承認するか，究極的な価値・規範相互の優劣をどのように判定するかは，各人の良心の決断や感情の選択にゆだねざるをえないという，メタ倫理学レベルの消極的なものである。先ほど引用したエイヤーの情緒主義的見解（344頁参照）は，このことをきわめてラディカルに主張したものである。新カント学派の代表的論者も，「あることが正しいとか不正であるという判断は，ある究極的目的に関する価値判断であり，これらの価値判断は，我々のこころの情緒的要素，我々の感情や願望に基づくが故に，その性質上，主観的な性格のものである。これらの判断は，実在に関する言明とは違って，事実によって検証できない。究極的な価値判断はたいていの場合選好行為である」（ケルゼン）[7]，「究極の当為命題は立証不可能であり公理のようなもので，認識することはできず，ただ確信することができるのみである。従って，究極の当為命題についての相反した主張，相反した価値観・世界観が対立相剋している場合，もはやそれらの間に学問的に一義的な解決をつけることは不可能である」（ラートブルフ）[8]，「判断する主体がこのような究極的価値規準を承認すべきか否かは，彼の個人的な事柄であり，彼の意欲と良心の問題であって，経験的知識の問題ではない」（ウェーバー）[9]などと，このことを端的に

---

6) 価値相対主義の代表的論者やその主張内容など，価値相対主義についての理解は，基本的に加藤『法哲学概論』（前出注5）474-566頁，および，A. Brecht, *Political Theory*（1959）に依っているところが多い。

7) H. Kelsen, *What Is Justice?*（1957), p. 295.

8) G. Radbruch, *Rechtsphilosophie*, 6. Aufl.（1963), S. 100（田中耕太郎訳『ラートブルフ著作集第1巻：法哲学』（東京大学出版会，1961年）116頁）。

9) M. Weber, *Gesammelte Aufsätze zur Wissenschaftslehre*, 3. Aufl.（1968) S. 151（富永祐治＝立野保男訳『社会科学方法論』（岩波書店，1936年）17頁）。

述べている。

　注目すべきことは，ウェーバーやラートブルフの場合には，このような消極的な主張に終始しているのではなく，価値問題について学問が積極的に寄与できる側面をも同時に強調していることである。ラートブルフは，価値問題について学問がなしうる三つの作業として，(ⅰ)一定の目標の実現に必要な手段や，その手段と不可避的に結合している副次的効果の考察，さらに，それらをふまえた目標の意義の明確化，(ⅱ)一定の法的価値判断の究極的な世界観的前提の解明，(ⅲ)考えうる諸々の法的価値判断の体系や世界観・法律観のトピクの構成・分類ということを挙げている[10]。ウェーバーも，ほぼ同趣旨のことをもっと一般的な形で述べ，このような価値解明的考察は，社会哲学の課題であり，経験的考察とは論理構造を異にするが，学問が思弁の領域に踏み込むことなしに行いうる最後のものであると指摘している[11]。それに対して，情緒主義の場合には，このような考察は，感覚的経験による意味の検証可能性基準を厳格に考えるならば，認識論的にナンセンスな作業となる部分が多いせいか，あまり問題とされず，両系列の方法論的基礎や関心方向の微妙な相違の反映がみられる。

　以上のような価値相対主義のメタ倫理学レベルの主張の方法論的基礎は，情緒主義と新カント学派では若干違うところもあるが，基本的には，実証主義と方法二元主義である。

　実証主義は，情緒主義が，既述のように，価値判断の真偽を事実判断と同じように客観的に検証することはできないと主張する場合に，とくに明確にみられる。その前提にあるのは，真偽を問いうる理論的知識の範囲を，論理学や数学という形式科学と，感覚的経験による検証が可能な経験科学だけに限定する論理実証主義の立場である。新カント学派は，このようなラディカルな実証主義的立場をとらず，自然科学と社会科学の方法論的同質性という，いわゆる統一科学を主張する論理実証主義とは違って，価値関係的な態度をとる文化科学・社会科学の独自性を主張している。先ほどのラートブルフやウェーバーに

---

　[10]　Radbruch, *Rechtsphilosophie*（前出注 *8*），S. 100-01（『法哲学』116-18頁）参照。

　[11]　Weber, *Gesammelte Aufsätze zur Wissenschaftslehre*（前出注 *9*），S. 149-51（『社会科学方法論』14-17頁）参照。

よる価値問題への学問的寄与の可能性の強調も，この点と関連するものである。けれども，新カント学派は，しばしば"実証主義の補完理論"と批判されるように，基本的には実証主義的立場を抜け出ていないとみられており，A. ブレヒトなども，新カント学派の論者も含めて，価値相対主義は「科学的方法の裏面」であり，価値問題について実証主義的な科学的方法をとることの論理必然的な帰結とみている[12]。

他方，方法二元主義は，新カント学派的相対主義の場合に決定的な論拠とされている。すなわち，事実判断から価値判断を論理的に導き出すことはできず，価値判断はより上位の価値判断に基づいて演繹的に基礎づけられうるだけだから，究極的な価値判断は証明不可能であり，各人の決断にゆだねざるをえない，と主張される。情緒主義も，既述のように，価値判断は話し手の感情や態度などを表明するにすぎないとして，事実判断から価値判断を導き出すことを自然主義的ファラシーとして斥けるから，やはり方法二元主義に立っている。

実証主義と方法二元主義は，内的に関連しており，両者とも，論理学的には，合理的な推論方式として演繹と帰納しか認めず，これらの論理的規則に合致しない推論をすべて主観的・非合理的・恣意的とみる形式論理学的立場と結びついている。

2 主張内容の批判的検討

価値相対主義は，以上のような方法論的基礎に基づくメタ倫理学的主張を中核として，理論・実践の両レベルにおいてかなり多岐にわたる主張をしている。論者によっては，記述的相対主義や規範的相対主義のレベルの主張とみるべき見解を一体的に展開しており，それぞれの主張内容や基礎づけには，あいまいなところや短絡的なものも少なくない。後ほどみるように，価値相対主義の方法論的基礎自体にも問題が多いが，その方法論を一応前提としても，その主張内容には以下のような幾つかの内在的な問題点が存在することを確認しておくことは，価値相対主義の現代的意義の評価の参考となるであろう。

(1) 価値・規範の究極性・多元性・等価性について

価値相対主義は，究極的価値やそれに対応する原理的規範が多元的に並存し

---

[12] Brecht, *Political Theory*（前出注6），とくに pp. 117-18 参照。

ており，しかも，それらが等価値である，と主張ないし想定していることが多い。だが，まず，この「究極的」価値という概念自体が具体的にどのように理解されているのか，それほど明確でなく，意見も分かれている。加藤新平の整理によれば[13]，J. デューイのように，このような概念は，目的は手段を神聖にするという観念に導くから，プラグマティズムの科学的評価作用にとって有害だとする見解すらあり，L. L. フラーも同趣旨のことを述べている。この概念を認める論者の間でも，各人が主観的に究極的と考えるものがそのまま究極的価値になるとして，この概念を極度に主観化する者もあれば，逆に，加藤のように，(i)倫理的諸問題に対処する統一的な指導規準を提供しうるほど包括的か否か，(ii)他の価値規準との間に共通性・共約性がないか否か，(iii)人間社会において普遍化することを要求しうるか否か等々の要件によって，できるだけ客観的に限定しようとする論者もあり，この概念のあいまいさが価値相対主義をめぐる議論の混乱の重要な一因となっている。

　価値問題についての規範的議論を合理的に行いうる領域を拡げるためには，究極的価値や原理的規範の概念をできるだけ客観的に限定するとともに，相互に関連する価値・規範については，原理と準則の段階的区分や目的＝手段関係などによってある程度序列化・体系化して，ラートブルフやウェーバーが示唆するような価値論理的考察（348頁参照）の可能な範囲を拡げることが望ましい。だが，究極的なものを絶対確実なものと同一視して，価値判断について，すべてそのような価値・規範に基づく正当化が必要かつ可能とする，基礎づけ主義的な考え方は，後ほど説明するように，もはや支持し難いであろう。

　次に，究極的価値ないし原理的規範が多元的に並存しているという「多元性」については，それが望ましいとみるかどうかはともかく，現代社会の経験的事実としてかなり一般的に認められているところである。もっとも，この点については，基本的な価値判断の相違と通常みられている場合でも，実際には，事実問題の理解の相違の反映にすぎないとみるべき事例が意外に多いという事実などを指摘して，記述的相対主義の常識的な見方に注意を喚起している文化人類学者や社会心理学者もいる。このような指摘に留意する必要があるけれども，ここで重要なことは，原理的に対立する価値観・世界観など，究極的価値

---

13) 　加藤『法哲学概論』（前出注5）494-507頁参照。

が多元的に並存しているという経験的事実（多元性の事実）を承認したからといって，必ずしも価値相対主義を承認することにはならないということである。

フランケナが，上述の分類に即して指摘しているように，これは記述的相対主義とメタ倫理的相対主義を混同するものであり，ここで問題としているメタ倫理的相対主義を証明するためには，人びとが十分に啓発され，全く同一の事実的信念を共有したとしても，なお人びとの基本的な価値判断が異なり相容れないであろうということを示さなければならない。だが，これを示すことはきわめて困難であり，メタ倫理的価値相対主義は，十分に証明されているとは言えないのである[14]。価値相対主義と価値多元主義とは，その主張内容が重なり合っている場合もあって，混同されたり同一視されたりすることもあるが，基本的には別個の主張として，それぞれの概念内容と異同・連関が検討されるべきである。

さらに，原理的に対立する複数の究極的価値が「等価値」であるという主張となると，それを文字通りに受けとるならば，論理の飛躍がみられる。原理的に対立する究極的価値相互の優劣を理論的に基礎づけることができないということだけから，それらが等価値であるという主張を導き出すことは，論理的には不可能である。この主張は，厳密には，等価値の可能性があるとか，等価値として扱われるべしという意味で理解されるべきであろう。

この究極的価値の多元性と等価性という主張は，価値相対主義が，実践レベルにおいて，対立する他者の意見を相互に尊重し合う寛容原理を媒介として，国家形態・政治制度としての民主制を価値相対主義の基礎ないし帰結として擁護する場合に，その重要な論拠とされている。もちろん，価値相対主義者のすべてが，このような価値相対主義と民主制の関連を説いたわけではないが，ケルゼンやラートブルフら，わが国にも大きな影響を及ぼした法哲学者が，価値相対主義が民主制の世界観的ないし思想的前提であると随所で強調したこともあって[15]，日本国憲法や戦後民主主義も価値相対主義を前提としていると言われることが多い。

たしかに，民主制と価値相対主義の間には，心理的ないし政治的に結びつきやすいところがあることは否定し難い。けれども，多元性や等価性について指

---

14) Frankena, *Ethics*（前出注 *1*），pp. 109-10（『倫理学』185-86頁）参照。

摘した問題点をも考え併せると，やはりこの主張には論理的に短絡的なところがある。ケルゼンやラートブルフなど，この結びつきを確信をもって主張したとされている論者の見解にも，その時々で論調が異なっていたり，慎重な留保・条件がつけてあったりして，相互関係はかなり複雑である。また，ケルゼンが民主制を主として独裁制との対比で理解しているのに対して，ラートブルフは民主制と国民主権を同視したりしており，両者の民主制の理解にかなりずれがみられる。民主制については，その具体的な概念・理念・要請・制度などの理解がかなり分かれており，価値相対主義的な理解は，あくまでもその一つにすぎず，価値相対主義によらなくとも，民主制の様々な理解に応じていろいろな基礎づけの仕方がありうるし，価値相対主義による基礎づけがそれほど説得力のある堅固なものかどうかについては異論も多い[16]。さらに，ケルゼンやラートブルフらのように，理性や真理の概念を実証主義的・形式論理学的に理解して，政治や法の領域を，理性や真理の領分ではなく，意思や権威の領分としてとらえ，民主制の規範的特質をもはや理性や真理の及ばない領域の問題として論じることに対しても根本的な疑問がある。

　幾つかの原理的に相異なる世界観・価値観が，日常生活から国際関係に至るまで，様々なレベルで多元的に対立し合っているということは，現代社会の厳然たる事実として認めなければならないであろう。いずれの世界観・価値観をとるかは，基本的に個々人の倫理的自律にゆだねられるべきであり，政治権力によっても，学問の名においても，特定の世界観・価値観が押しつけられるべ

---

[15] わが国でもよく知られているケルゼンやラートブルフの見解は以下のようなものである。「絶対的真理や絶対的価値が人間には認識できないと考える者は，自分自身の見解だけでなく，他者の反対の見解も少なくとも可能なものとして認めなければならない。それ故，相対主義は民主的思想の前提である世界観である。」(H. Kelsen, *Allgemeine Staatslehre* (1925), S. 370 (清宮四郎訳『一般国家学』(岩波書店，1936年) 619頁), Kelsen, *Vom Wesen und Wert der Demokratie*, 2. Aufl. (1929), S. 101 (西島芳二訳『デモクラシーの本質と価値』(岩波書店，1966年) 131頁)),「相対主義は民主制の思想的前提である。……民主制は，諸々の政治的見解の正当性を判定する明白な基準を知らず，諸党派の上にある一つの立場の可能性を承認しない……。相対主義は，どの政治的見解も立証できず，反駁もできないとする理論でもって，……我々の政治的闘争の通弊である独善を阻止するのに適している……。」(Radbruch, *Rechtsphilosophie* (前出注8), S. 84 (『法哲学』100-01頁)) など参照。

[16] 加藤『法哲学概論』(前出注5) 517-33頁，原秀男『価値相対主義法哲学の研究』(勁草書房，1968年) 第3章，第4章など参照。

きではなかろう。また，単純な善玉・悪玉的発想が相変らず人びとの間で受け容れられやすく，特定の信条を唯一絶対のものと確信する人びとほど，相互に不寛容となり，激しく争い，血を流し合うことすら辞さないというのが実情である。これらの現代的状況をみると，価値相対主義が，世界観・価値観の多元性を承認し，個人の自律性を尊重し，寛容を説く立場として，それなりの魅力と説得力をもっていることは否定し難い。

(2) 価値相対主義の方法論的基礎の見直し

　価値相対主義の主張内容には，以上で指摘したような幾つかの内在的な問題点があり，世界観・価値観の多元性，個人の自律性，寛容原理，民主制などが，価値相対主義によらなければ適切に擁護できないかどうかは疑問である。さらに，より根本的な問題は，実践的議論の理論の再構築など，その後の実践哲学の復権をめざす諸潮流の動向に照らしてみると，価値相対主義が考えていた以上に，価値問題についての規範的議論を合理的・学問的に行いうる知的地平を切りひらこうとする試みが意欲的に展開されるなかで，正義論への価値相対主義的アプローチの方法論的妥当性自体が根本的に問い直されるようになってきていることである。

　そもそも，一口に価値と言っても，道徳的ないし倫理的な価値に限定しても，かなり多様であり，正（right）と善（good）の観念の伝統的な区別をはじめ，様々な区分が行われてきている。例えば，行動規律規範に関わる義務論的な価値と，共通の実現・追求目標としての目的論的な価値では，議論の在り方についてもそれぞれ異なる実践的慣行が形成され，各議論領域で受け継がれてきている共通論拠の一般的了解も異なっている。にもかかわらず，価値相対主義は，このようなそれぞれの価値の性質やそれらの議論領域との相関性に十分な配慮なしに，価値判断の問題全般を一般的抽象的に論じるにとどまっている。

　とくに正義をめぐる議論については，価値観・世界観の多元的対立という事実にもかかわらず，いわゆる形式的正義が，正義の概念（concept）として，実質的正義に関する様々な構想・解釈（conception）をめぐる議論の共通基盤となっており，実質的正義原理をめぐる議論の主題やその正当化の論拠・理由についても，相当範囲の人びとの間で広く共通の了解が成立しているとも考えられる。私的な善き生き方についての価値判断が個人によって相対的・主観的だからといって，社会的な制度・行動の評価や公共的・集団的意思決定における

正義をめぐる価値判断も当然に相対的・主観的だということにはならない。逆に，それ故にこそ，あるいは，それにもかかわらず，何らかの間主観性な公共的な評価や判断が可能ないし必要だという一般的な了解が，古来連綿と論じられてきた正義問題を独自の議論領域として成り立たせている前提条件であるとも考えられるのである。従って，正義をめぐる議論における価値判断の在り方は，実証主義的・形式論理学的な知的地平で一般的抽象的に論じられるべきものではなく，古くから正義問題を具体的に論じる実践のなかで形成され継承されてきた知的地平において，その議論領域の存立条件・構成原理などと相関的に規定されるべきものである。

　全般的に，価値相対主義的アプローチが前提とする実証主義的・形式論理学的な知的地平自体に対する反省・批判が強まっており，相対主義・絶対主義という区別や主観・客観二項図式の前提となる，真理・合理性・基礎づけ・正当化などに関する従来の認識論的な基準・考え方そのものの妥当性が問い直されている。理性や真理の概念を実践哲学的地平でとらえ直すことによって，政治や法の領域における公共的・集団的決定に関わる価値判断をめぐる議論についても，実践理性の公共的使用によって意思や権威を合理的に基礎づけ規制できる知的地平を現代的諸条件のもとで再構築しようとする動きが強まっている。そして，このような新たな知的地平においては，価値相対主義が合理的決着をつけることを断念した究極的価値や原理的規範の基礎づけとかそれら相互の優劣関係などについても，例えば，一定のそのような価値・原理を擁護する理論的構想が全体として内的整合性や普遍化可能性を備えているか否か，広範囲にわたる人びとのコンセンサスを背景に十分な公共的理由づけを伴っているか否か，人間の存在構造や政治社会の一般的事実の確かな理解に基づいているか否か等々の共通基準に照らして，より適切な結論に向けてさらに立ち入って合理的に議論できる可能性を拡げようとする試みが展開されているのである。このような拡大された知的地平での実践的議論を学問的に無駄な営為と決めつけることが，科学的思考やイデオロギー批判の当然の帰結とみなす態度こそ，独断以外の何物でもなかろう。価値相対主義の問題関心や主張内容についても，実践的議論の理論の再構築をめざす実践哲学の諸潮流によって切りひらかれつつある新たな知的地平のもとで批判的に再吟味し，その現代的意義を見定める必要がある。

3 実践的議論の合理性基準を求めて

1 実証主義的・形式論理学的な知的地平を超えて

　価値相対主義的アプローチを超えて何らかの実質的正義論を展開しようと試みる場合，まず問題となるのは，正義をはじめ価値問題をめぐる実践的議論について，一定の道徳的原理・判断を正当化するためにはどのような基準に準拠しなければならないのか，また，どのような手続にのっとって行うことが合理的であると了解されてきているのかなど，実践的議論の合理性・正当性基準の解明という方法論的問題である。

　正義などの価値に関する何らかの道徳的原理・判断の当否・優劣が議論される場合，意見が分かれていればいるほど，たんに何かを検証したり論証したりする推論ではなく，熟慮し，批判し，正当化し，賛否の理由づけを与えるということにウエイトをおいて議論が進められる。そこでは，価値判断と事実判断とが複雑に交錯しており，議論は，ある推論や理由が，一定の議論領域や一定の歴史的コンテクストのもとで，より強いか弱いか，より適切か不適切かという，程度の比較を含んだ形で進められ，たんに形式論理学的に正しいか間違っているかという二値的な形だけで進められるのではない。

　それ故，人びとが一定の価値規準や価値判断の正当化や批判のために現実に用いている推論・議論の技法に，その性質・機能を歪めることなく正当な理論的位置づけを与えることは，経験に基づく帰納か異論の余地なき原理からの演繹のいずれかによらない推論・議論をすべて非合理的・恣意的・主観的とみたり，事実判断と価値判断の峻別を説いたりする知的地平にとどまっている限り，もともと不可能である。従来のメタ倫理学や価値相対主義を規定していたアプローチの不毛と貧困に対するこのような批判・不満が次第に高まり，実証主義・方法二元主義・形式論理学を超えた新たな知的地平で道徳的その他の実践的議論に固有の論理や合理性基準を探究し，合理的な実践的議論の可能性を拡大するための基準を解明しようとする試みが多彩に展開されてきているのである。その代表的なものを紹介しながら，実践的議論の理論の基本的な動向を確認しておこう。

2 日常言語学派

　分析哲学の内部において，1950年代はじめから，日常言語の複雑な用法と多様な論理の分析を重視するオックスフォード学派の人びとによって，従来のメタ倫理学の意味探究的アプローチに代えて，道徳的判断を支持したり否定したりする理由の研究への方向転換が行われ，道徳的判断・推論に固有の論理や合理性基準を解明しようとする試みが展開されはじめた。

　幾つかの流れがあるが，その一つは，R. M. ヘアが『道徳の言語』，『自由と理性』で提唱した「普遍的指図主義（universal prescriptism）」である[17]。ヘアは，自然主義やスティーブンソンの情緒主義などを批判して，道徳的判断が一定の理由を与えることによって行為を規制したり行為選択を導いたりする「指図性」をもち，しかも，その理由が，一種の事実判断であり，類似のすべての事例に等しく適用可能なものでなければならないという「普遍化可能性」をもつことに着眼して，道徳的判断の正当化要件と合理的議論可能性を解明し，道徳的推論に独特の論理を提示した。『道徳の言語』では，このような事実判断から，別に前提されている道徳的原理と結びついて，三段論法によって具体的な道徳的判断が導き出されるとされ，道徳的推論は演繹的なものとみられていた。だが，『自由と理性』においては，道徳的推論は前提から結論を導くといった類の直線的推論ではないとされ，道徳的推論の構成要素として，論理と事実の他に，人びとの利害・関心・欲求などの性向，自分を他者の行為状況に移し置いて立場の互換性をはかる想像力も必要であると説かれ，道徳的推論の正当化を実質的側面にまで拡げて論じ，メタ倫理学と規範的倫理学，カント倫理学と功利主義の架橋がめざされるようになる。

　もう一つの注目すべき流れは，「理由探究的アプローチ（good reasons approach）」と呼ばれているグループであり，ヘアの見解もこのようなアプローチの一種とみることもできる。その代表者の一人である St. トゥールミンは，『倫理における理由の位置』[18]において，倫理における適切な理由（good reasons）の問題が実践的に最も重要であるとする立場から，倫理的議論の妥当性

---

　[17]　R. M. Hare, *The Language of Morals* (1952)（小泉仰＝大久保正健訳『道徳の言語』（勁草書房，1982年）; Hare, *Freedom and Reason* (1963)（山内友三郎訳『自由と理性』（理想社，1982年））参照。

　[18]　St. Toulmin, *An Examination of the Place of Reason in Ethics* (1950).

の基準を，欲求・利害の調和ある満足をはかるという倫理の機能と関連づけて解明する。そして，結論的には，整合的に遵守された場合に，回避可能な苦痛の量を最小にする道徳的原理が正当であり，このような原理と合致しているか否かが，個々の道徳的判断の理由が適切か否かの基準であるとしており，メタ倫理学的論究を試みつつも，消極的なルール功利主義に近い理論を展開している。

その後の実践的議論の基礎理論の展開に大きな影響を及ぼしているのは，トゥールミンが『議論の技法』[19]で提示した議論の一般構造の非形式論理学的な解明である。彼によれば，倫理的議論は，演繹的推論や帰納的推論をも部分的に用いるが，その本質は固有の評価的推論であり，一定の主張の基礎づけや正当化を対象とするこの論理のモデルとしては，法律学が適当だとされる。

トゥールミンの議論図式においては，議論はある主張に対して反論があってはじめて開始され，その場合，「主張ないし結論C（claim or conclusion）」は，その根拠となる事実を述べる言明「データD（data）」[20]を示さなければならない。しかし，これに対して，いかにしてそのデータDから主張Cに到達するのかが問われた場合には，DからCへの移行が適切で正当であることを示すために，データと主張を架橋する「保証W（warrants）」として，一般的な仮言的言明を提示しなければならない。さらに，この保証に対する反論があれば，Wの背後にあって，その正当性ないし権威を支える言明として，今度は，事実に関する定言的言明である「裏付けB（backing）」を示さなければならないが，この裏付けは，議論領域ごとに異なり多様である。このような基本構造に，DからCへの移行を正当化する強さの程度を限定する"多分（presumably）"という「限定句Q（qualifier）」，留保（「〜でない限りは」）の条件を示す「抗弁R（rebutal）」が付け加わり，図11-1のような全体の議論構造が示されている。

---

19) St. Toulmin, *The Uses of Argument*（1958）（戸田山和久＝福澤一吉訳『議論の技法』（東京図書，2011年））。

20) トゥールミンの議論図式に言及される場合，「データD」については，St. Toulmin, R. Rieke & A. Janik, *An Introduction to Reasoning*（1979）などの説明に従って，「根拠G（grounds）」という用語が用いられることが多い。「根拠」は，当該の議論では疑問視したり確証したりする必要のないものとして受け容れられている共通の根拠であり，実験に基づく観察結果，一般的に知られている事柄，統計的データ，個人の証言，すでに確証された主張，その他これらに匹敵する事実的データであると説明されている。

図11-1　トゥールミンの議論図式

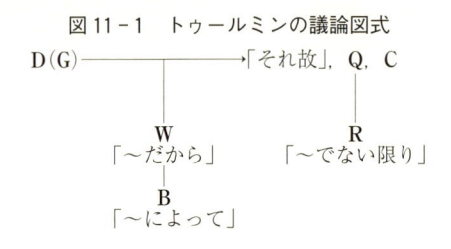

```
D(G) ─────────→ 「それ故」, Q, C
        W              R
     「～だから」    「～でない限り」
        B
     「～によって」
```

このような議論図式に基づいて，トゥールミンは，アリストテレス以来の伝統的三段論法が，このWとBを区別せず，その複雑な構造を覆い隠していること，一般的に，形式論理学が，実際の議論が議論領域に応じて異なることを適切にとらえることができず，裏付けBの領域依存性を無視していることを批判する。

トゥールミンとほぼ同じように，K. バイヤーも，『道徳的観点』[21]において，行為の最も善い方向は最適の理由によって支持されたものであるとして，この最適の理由の条件を，理由づけにあたって行われる熟慮（consideration）に即して解明している。この熟慮は，諸々の事実の検討によって，ある事実がいかなる理由に基づいて道徳的判断を導くかを示す段階と，集められた諸々の理由のウエイトづけによって最適の理由を選択する段階の二段階に区分される。そして，この第二段階で，普遍化可能性をはじめ，幾つかの形式的・実質的条件からなる「道徳的観点」が導入され，一定の理由がこの道徳的観点から容認されるならば，その理由に支えられた道徳的判断もまた正当化されることになる，と説かれている。

さらに，日常言語学派に属する流れとしては，J. L. オースティンらの言語行為論（speech act theory）が，道徳的推論・議論に固有の論理の解明に貴重な理論的基礎を提供していることが重要である。オースティンは，発話行為の機能を，真偽の基準が適用される記述的な事実確認的（constative）発話と，それとは全く違った適切・不適切という基準が適用される行為遂行的（performative）発話に分け，言語の用法を言語行為者とその具体的な発話状況との関連において解明するための基本的な方向を示した[22]。さらに，J. R. サールは，『言語行為』[23]などにおいて，オースティンの提案を継承発展させ，言

---

[21] K. Baier, *The Moral Point of View* (1958).
[22] J. L. Austin, *How to Do Things with Words* (1962)（坂本百大訳『言語と行為』（大修館書店，1978年））参照。
[23] J. R. Searle, *Speech Acts : An Essay in the Philosophy of Language* (1969)（坂本百大＝土屋俊訳『言語行為：言語哲学への試論』（勁草書房，1986年））。

語行為論の体系的理論化を試みた。とくに約束という言語行為の構成的規則によって事実から当為を導き出すことが可能であるとする見解は、ヒューム以来の二元主義への新たな地平からの挑戦として注目され、法理学的分析にも大きな影響を及ぼしている。現代の実践的議論の理論は、基本的に、彼らをはじめとする日常言語学派が推し進めた「言語論的転回 (linguistic turn)」を経た知的地平で展開されているとみてよいであろう。

3 新レトリック論と実践的討議理論

以上のような英米の分析哲学内部の日常言語学派の新たな理論展開とも呼応しつつ、大陸においても、実践哲学の復権のための方法論的基礎づけが幾つかの立場から意欲的に試みられてきている。

ベルギーの Ch. ペレルマンの提唱した「新レトリック論」が、このような試みの先駆的な潮流である[24]。彼は、もともと、形式的正義を超えて具体的正義について何らかの実質的な価値判断を下すことをすべて主観的・非合理的・恣意的とみる論理実証主義的立場をとっていた。だが、50年代に入ると、このような結論に導いた論理実証主義的分析に不満を抱くようになり、近世以降の論理学・哲学において不当に軽視されてきた古代レトリックの再評価によって、道徳・政治・法などの実践的領域における意見・選択・要求・決定などの正当化や批判のために現実に用いられている推論技術について、その独特の非形式的論理を解明し、行為を導く実践理性の使用のための合理的な議論方法の理論の構築をめざすようになる。彼は、このような合理的な議論のモデルを、数学ではなく、法廷弁論などの法律学的議論に求めるべきだと説き、主としてアリストテレス『レトリカ』『トピカ』などを現代的に解釈し直して、「普遍的聴衆」の説得をめざして一定の歴史的コンテクストのなかで行われる議論の前提・技法の研究を精力的に推し進め、法的議論の研究にも貴重な示唆を与えた。

ドイツでは、フランクフルト学派の K.-O. アーペル[25] や J. ハーバマスらが、

---

[24] Ch. Perelman, *Justice* (1967); Perelman, *L'Empire Rhétorique: Rhétorique et Argumentation* (1977) (三輪正訳『説得の論理学：新しいレトリック』(理想社、1980年)); Perelman, *Logique Juridique: Nouvelle Rhétorique* (1976) (江口三角訳『法律家の論理：新しいレトリック』(木鐸社、1986年)); Perelman, *The New Rhetoric and the Humanities* (1979); Perelman, *Justice, Law, and Argument* (1980) など参照。

「コミュニケーション共同体」の観念を基礎とする実践的討議の理論を展開するようになる。なかでも，ハーバマスは，「真理論」[26]において，伝統的真理論である「対応説」を斥けて，独自の「合意説」を提唱して以来，『コミュニケーション的行為の理論』[27]では，新たに提示した「コミュニケーション的合理性」の概念のもとに真理の合意説を組み込んだ理論展開を試み，以上で素描した理由探究的アプローチ，言語行為論，新レトリック論などの成果をも摂取しながら，「討議 (Diskurs)」の概念を基軸に実践的議論の一般理論の構築に精力的に取り組んできている。

ハーバマスの合意説では，真理の概念は，意味論・構文論次元から語用論次元へ移され，すべての人びとの潜在的合意ということが，事実確認的言明の真理性だけでなく，規範的言明の正当性についても，その基本的識別基準であるとされる。実践的議論の論理学も，相互了解をめざすコミュニケーション的行為によって基礎づけられた理性的合意を達成する過程・手続・論拠に関わる語用論的論理学でなければならないとされる。彼の提示する実践的討議の理論の基本的特徴は，コミュニケーションがより適切な論拠への強制以外の一切の強制に妨げられず，すべての話し手に対称的な平等の機会が保障されている「理想的発話状況」のもとで，明晰性・真理性・正当性・誠実性の普遍的要求を主題化する討議を通じて，妥当性要求が相互承認され，理性的な合意が達成されることをもって，実践的議論の合理性基準の核心とみているところにある。

その後，ハーバマスは，道徳的討議に焦点を合わせた実践的討議の理論を，道徳原理としての普遍化原理（「規範が妥当するのは，問題となっている規範をすべての人々が遵守したときに，すべての個人ひとりひとりの利害関心の充足にとって生じると予測される結果や副次的影響を，全員が強制なしに受け容れうる場合である」（U））および討議倫理学全体の討議原理（「すべての当事者が，実践的討議への参加者として，同意を与えた（与えるであろう）規範のみが妥当性を要求できる」（D））

---

[25] K.-O. Apel, *Transformation der Philosophie*, Bd. 2 : *Das Apriori der Kommunikationsgemeinschaft* (1973) など参照。

[26] J. Habermas, Wahrheitstheorien (1972), in *Vorstudien und Ergänzungen zur Theorie des kommunikativen Handelns* (1984).

[27] J. Habermas, *Theorie des kommunikativen Handeln*s, Bd. 1 (1981), S. 13-71 (河上倫逸＝M・フーブリヒト＝平井俊彦訳『コミュニケイション的行為の理論（上）』（未来社，1985年）21-77頁）参照。

を基軸に定式化し,「討議倫理学(Diskursethik)」として認知主義的に基礎づけることに取り組んできている。そして,80年代後半から,リベラル・コミュニタリアン論争の論点(第12章5②参照)をも視野に入れて理論展開を行うようになるにつれて,実践的討議の範囲を拡げ,討議の主題に応じた類型区分を導入し,従来の討議倫理学よりも射程を拡げた「討議理論(diskursive Theorie)」を展開するようになる[28]。この討議理論では,正義問題などを論じる道徳的討議に限らず,善き生あるいは善き共同体・共通善の自己了解に関わる倫理的-実存的討議と倫理的-政治的討議,さらに合目的性に関わるプラグマティックな討議まで,討議の一般的原理の規律のもとにおくとともに,新たに公正な妥協のための交渉にも間接的に討議の一般的原理の規律が及ぶとされる。

『事実性と妥当性』においては,このような討議理論を法と政治の領域に適用して独自の民主的法治国家論が展開される。そこでは,一般的討議原理(D)を討議領域に応じて特定化する原理として,議論実践の内的構造に関する普遍化原理である道徳的原理(U)と並んで,一般的討議原理を平等なコミュニケーション的権利と参加権を基軸に法の形式によって制度化する民主制原理を新たに導入し,理性的で公正な集合的意見形成・意思決定のための実践的議論の「制度化」問題を論じている。そして,議会と公共圏における政治的討議および裁判所における法の適用と継続形成に関わる法的討議を,このような民主制原理によって制度化された議論領域として位置づけ,これらの両議論領域が,相互に交錯しつつ,それぞれ,正義論などの道徳的討議・論拠だけでなく,プラグマティックな討議・論拠,倫理的-政治的討議・論拠,交渉による妥協にも開かれ,一定の内的関連の確立された討議と交渉のネットワークとして構造化されていることを解明し,熟議民主制論や法的議論の理論の有力な理論的基礎を提供している。

以上のように,実証主義的・形式論理学的な知的地平を超えて,道徳的その他の実践的議論の独特の構造と合理性基準を探究する試みが多彩に展開され,

---

[28] このようなハーバマスの討議倫理学から討議理論への展開については,J. Haberemas, *Moralbewußtsein und kommunikatives Handeln* (1983)(三島憲一＝中野敏男＝木前利秋訳『道徳意識とコミュニケーション行為』(岩波書店, 1991年));Habermas, *Erläuterungen zur Diskursethik* (1991)(清水多吉＝朝倉輝一訳『討議倫理』(法政大学出版会, 2005年));Habermas, *Faktizität und Geltung* (1992)(河上倫逸＝耳野健二訳『事実性と妥当性(上)(下)』(未来社, 2002-03年))参照。

学としての実践哲学の復権の共通基盤となる知的地平が再構築されつつある。各種の実践的議論に共通の基準・手続を提供しうる一般的基礎理論が，従来の実証主義的・形式論理学的な論証に匹敵するほど堅固で確実なものとして確立された段階には達していないかもしれないけれども，その基本的な方向と理論枠組については，次第に共通の了解が形成されつつある段階には至っているとみてよいであろう。

　このような状況に鑑み，実践哲学の復権をめざす各潮流の方法論的基礎や理論的・実践的問題関心の相違・対立を云々するよりも，以上で素描した幾つかの潮流にほぼ共通してみられる特徴的な考え方——正当化の理由の提示とその優劣・強弱をめぐる議論，対話や説得，共通論拠ないし公共的理由に基づく合意形成，語用論レベルや手続過程などの重視——を析出して，これまでの議論の到達地点を確認し，今後の議論の進展の共通基盤を形成することのほうが，現時点では重要であろう。それ故，ここでは，以上のような共通の特徴を私なりに整理統合し，実践的議論の合理性・正当性の考え方として「対話的合理性」基準という試論的な見解を提示したい。

4　実践的議論の対話的合理性基準

1　実践知としての実践的議論

(1) はじめに

　「対話的合理性」基準の基本的特徴は，各議論領域の主題・論拠・情報などを構成・規律する共通観点の相互了承を背景的コンセンサスとして，公正な手続に従った討議・批判・説得などの対話的議論を通じて形成される理性的な合意を核心的な合理性・正当性の識別基準とすることである。このような考え方は，本章3で素描した実践哲学の復権をめざす諸潮流，とくに古典的レトリック・トピクの再評価によって説得の論理学を再構築しようとするペレルマンの「新レトリック論」，トゥールミンの「議論領域」の観念やバイヤーの「道徳的観点」の観念などを中心に展開されてきた日常言語学派の非形式論理学的な「理由探究的アプローチ」，ハーバマスの「コミュニケーション的合理性」概念を基軸とする「討議理論」，さらに第12章2で取り上げるJ.ロールズの「反省的均衡 (reflective equilibrium)」「原初状態 (original position)」「重なり合

うコンセンサス (overlapping consensus)」「公共的理性・理由 (public reason)」などの観念を基軸とする正義原理・構想の正当化手続などから示唆を得ながら，それらの見解にほぼ共通の特徴と相互に対立する論点について対比検討し，私なりに統合的な考え方として再構成しようと試みたものである。

　対話的合理性基準は，合意・議論・手続という三つの基本概念を基軸に構成されているが，これらの基本概念の意義・相互関係や基準の全体構造のなかでの位置づけなどについては，認識論，真理論，正義論の根本問題ともからんで幾つかの解釈が可能であり，以上に挙げた諸見解の間にもかなり重要な相違や対立がみられる。ロールズのいう「重なり合うコンセンサス」の観念を受け容れて，根本的な態度決定を回避してもよい（あるいはすべき）争点もあるが，対話的合理性基準が大枠として一定の立場ないし方向にコミットした考え方であることは否定し難いところであり，その基本的な理論的位置づけについてごく大雑把な説明をしておこう。

(2) 非＝基礎づけ主義と非形式論理学

　まず，実践的問題に関する規範的言明の正当化の在り方については，認識論一般の場合にほぼ対応して，アルキメデス的地点からの究極的基礎づけを求める「基礎づけ主義 (foundationalism)」とそのような基礎づけを断念ないし否定する「非＝基礎づけ主義 (non-foundationalism)」とが基本的に対立している。前者は，ピラミッド型の知の見方をし，確実な基礎的言明からの直線的な推論による正当化を要求するのに対して，後者は，イカダ型ないし「ノイラートの船」型の知の見方をし，諸々の言明は相互に支え合って全体として整合的なものとして正当化できれば十分だとする。

　このような規範的言明の正当化をめぐる見解の対立が，真理の概念ないし基準に関する「対応説 (correspondence theory)」「整合説 (coherence theory)」「合意説 (consensus theory)」とどのような対応関係にあるかについては，そもそも規範的言明の「正当性」と「真理」の関連をどのように理解するかに関して，全く別個の概念とみるか，それとも，規範的「正当性」と「真理」一般の概念や識別基準が基本的に共通ないし重なり合うとみるかという根本的な問題もからんで，見解が分かれているところである。本書では，規範的言明の正当性は，「真理」一般の概念や識別基準と基本的に共通であると理解し，相互の対応関係については，ごく大雑把に，対応説は基礎づけ主義，整合説は非＝

基礎づけ主義と，それぞれ結びつきやすく，合意説は，その要件の具体的規定次第でいずれとも結びつきうると理解している。もっとも，正当化や真理の概念ないし基準をめぐるこのような基本的立場の対立ないし分類にもかかわらず，それぞれの立場の敷衍的な説明をみると，実際には交錯したり相補的なところもあったりし，いずれも他の立場を全面的に無視することはできず，いずれかの立場を中心にしつつも，他の立場の見解をも部分的に織り込まざるをえない理論状況にあるように思われる[29]。

　規範的言明の正当性に関する対話的合理性基準は，このような認識論・真理論上の位置づけについては，基本的に整合説と合意説を統合した非＝基礎づけ主義的立場をとるものである。

　次に，論理学的には，対話的合理性基準という考え方は，形式論理学上の合理性基準だけが普遍的とみる立場を否定し，議論・推論の合理性基準が「議論領域」に応じて異なりうることを認め，各議論領域に固有の論理を究明しようとする「非形式論理学（infomal or nonformal logic）の立場をとる。道徳的その他の実践的議論領域においては，発語内行為による行為指図の機能を遂行する規範的言明が中心的位置を占め，このような規範的言明については，形式論理学的基準の他に，その推論・議論の指針となる自立的・実質的な合理性基準が，各議論領域の存立目的，そこで論じられる問題の性質，推論・議論の機能などと相関的に正当化要件として前提とされている。そして，実践的議論は，適切な理由（good reason）（具体的には様々の考えうる理由のなかでより適切な（better）あるいは最適の（best）理由）の提示とそれをめぐる熟慮・批判・討議という形態で行われ，何がこの適切な理由かは，各議論領域に固有の「共通観点」によって異なる。この共通観点は，議論参加者間に討議・対話などの相互作用的コミュニケーションを可能とする共通の論拠や基準・手続として一般的に受容・承認されている諸条件から構成されており，このような観点を相互に了解し誠実に受け容れて内的視点に立つ人びとの間でのみ，合理的な議論の遂行が可能となる。

---

29)　このような動向については，J. ロールズの見解の検討を中心とするものであるが，塩野谷『価値理念の構造』（前出注 *1*）第 1 編第 4 章，安彦一恵「道徳的言明の正当化」関西倫理学会編『現代倫理の課題』（晃洋書房，1990年）など参照。

(3) 合理性概念の拡大と実践知の復権

　以上のような考え方は、実践的議論の合理性概念を、従来の実証主義的・形式論理学的なハードな基準だけに限らずに、合理的な議論の可能な知的地平を拡大して、いわばソフトな新たな基準としてとらえ直し、非＝基礎づけ主義的・非形式論理学的に再構成しようとするものである。このような考え方は、合理性概念を、狭義の合理性（rationality, Rationalität）から広義の合理性ないし理性性（reasonableness, Vernünftigkeit）へと拡大するもの、あるいは両者の重層構造としてとらえるものであると定式化できるが、このような合理性概念の拡大に対しては、狭義の合理性を広義の合理性に従属させ、しかも、広義の合理性基準が各議論領域ごとに異なりうることについて批判がある。たしかに、このような重層的な合理性基準の考え方については、広義の合理性基準が狭義のそれに比べて厳密性を欠き不確実性を伴うこと、合理的な議論が行われても必ずしもつねに意見の合致をもたらすとは限らないこと、性質を異にする複数の合理性基準が競合しうること、狭義の合理性が一般的に軽視されかねないことなど、従来の実証主義的・形式論理学的な思考に馴染んできた人びとにはすぐには受け容れ難い問題があることは事実である。だが、現実に各種の実践的問題について決定や行動選択のために規範的言明を用いて行われる議論においては、各議論領域の共通観点を相互に承認・受容した上で、それを背景的コンセンサスとして共通の前提とし、理性的に基礎づけられ広義の合理性を備えた結論・決定を求めて対話的議論が現に営まれてきており、そこでは、狭義の合理性基準に合致していないこととか、意見の不一致が存在することが、ただちにその議論や結論が非合理的で恣意的であることの徴証とはみられていないのである。このような連綿と続いてきている議論実践を、それぞれの時代の知的・社会的諸条件のもとで正しく継承発展させてゆくことが、実践的議論の理論の再構築の課題である。そして、そのためには、各議論領域において共通に受け容れられるべきだとされている論拠や理想的とされている議論・推論の様式・技法、あるいは逆に排除されるべき論拠や恣意的な議論・推論とみられてきているものなどについて、実践的慣行・関係者の共通の確信・一般的な了解の解釈学的解明によって、広義の合理性に関する諸条件を相互に整合的に関連づけて構造化し、合理的な議論と正しい結論に関する統合的な基準を再構成することが、実践哲学一般の方法論的基礎として必要なのである。

このような実践的議論の合理性概念の拡大は，実践哲学の復権をめざす諸潮流の共通の関心事でもあり，思想史的には，アリストテレスらの古典的な知の形態・学問の見方に従って，知的地平を狭義の合理性概念に依拠する「理論知（episteme）」に限定せずに，広義の合理性ないし理性性に依拠する「実践知＝賢慮（phronesis）」の知的復権をめざすものとしてとらえられている[30]。実践的議論が依拠する広義の合理性基準が，狭義のそれに比べて厳密性を欠き不確実性を伴うことは，アリストテレスも指摘しているように，実践哲学の学問的性質上，ある程度は避け難いことである。アリストテレスによれば，倫理学・政治学などの実践哲学は，「他の仕方でもありうる（必然的でない）」人間の行為に関わり，「人間にとっての善と悪に関する，ロゴスを伴った，実践的で真であるヘクシス（後天的に獲得された行為能力）」である実践知＝賢慮に対応するものであり，「他の仕方ではありえない（必然的な）」対象に関わり，演繹と帰納による論証が可能である理論知に対応するものではない。すべての学問に一様の厳密性を求める必要はなく，それぞれの研究対象の素材に応じた明確さで十分としなければならない。実践哲学の場合，その対象である善き行為は多くの差異と浮動性を含んでいるから，厳密な論証を求めるのは誤りであり，大体において真理であるような前提から出発して，それよりも善いものがない結論に到達すれば，それでよしとしなければならないのである[31]。正義論をはじめ，道徳・政治・法に関する学問は，基本的にこのような実践知＝賢慮に関わる学問領域として位置づけられるべきである。

---

30) R. J. Bernstein, *Beyond Objectivism and Relativism : Science, Hermeneutics, and Praxis* (1983)（丸山＝木岡＝品川＝水谷訳『科学・解釈学・実践Ⅰ・Ⅱ：客観主義と相対主義を超えて』（岩波書店，1990年））,藤原保信『政治理論のパラダイム転換：世界観と政治』（岩波書店，1985年）176-200頁）など参照。なお，このようなコンテクストにおいて，理論知と実践知の対比とほぼ同じような意味で，理論理性と実践理性が対比されることが多く，本書もそうしている箇所があるが，一般的に理論知と理論理性はほぼ同義と理解されているけれども，実践知と実践理性は，例えばアリストテレス的な実践知は，カント的区分によれば，実践理性だけでなく，判断力をも含んだものと解されているなど，必ずしも同義と理解されていないことがあり，注意を要する。

31) アリストテレス（高田三郎訳）『ニコマコス倫理学（上）』（岩波書店，1971年）18頁，217-26頁など参照。

2 合意・議論・手続——対話的合理性基準の基本概念
(1) 共通観点の相互了承と理性的合意の形成

　対話的合理性基準においては，議論領域ごとの共通観点の相互了承を背景的コンセンサスとして，共通観点に照らして議論参加者が受け容れて然るべき理性的な合意の形成がめざされ，何らかの合意の観念が実践的議論の前提と目標の両面において重要な位置を占めている。現代の知的・社会的諸条件のもとでは，これらの合意の存在や形成を楽観視できず，合意の観念を理論上重視することが現実には排除の機能をもちうるという批判をはじめ，合意の観念の重視には種々の問題があることは認めざるをえない。にもかかわらず，実践的問題に関する規範的言明の正当化の基準について，合意の契機を全面的に否定することは，議論などの言語使用実践の社会的存在理由からみても不適切であり，何らかの仕方で合意の契機を織り込むことが原理的に不可欠と考えられる。

　だが，このように合意の観念を重視する合理性基準が，現実社会における見解の不一致や利害の対立・紛争の存在の承認，論拠の多様性や差異性の尊重など，多元性の事実と両立するものであるためには，合意の概念の多義性，その重層的・動態的存在形態，相互規定関係などを正しく理解することが肝要である[32]。議論領域ごとの共有観点の相互了承という意味での背景的コンセンサスは，見解の不一致や多様な対立する論拠の存在の相互了解をも含む緩やかなもので十分であり，また，常識（共通感覚）・社会通念，条理，慣習・慣行，契約・法規など，事実・規範・制度にまたがる複合的な存在形態をとり，擬制的契機を含むものもあるが，基本的に現実に存在するものである。それに対して，相互に受け容れて然るべき適切な理由によって動機づけられた理性的な合意という，議論の到達目標とされる合意の観念は，基本的に規制的理念であるが，現実に形成される合意は，議論領域の主題や存在理由などと相関的に，合意の対象・主題や範囲・形態，理由づけの了承の有無・形態などに関して，それぞれ現実対応的な条件が付加されていて，理念的合意は近似値的にしか到達でき

---

32) 合意の概念の多義性，その重層的・動態的存在形態，相互規定関係などについては，本書の他の関連箇所（第1章**3**③(1)，第16章**3**③(2)など）で敷衍したり修正したりした他にも，説明の仕方を改めるべき箇所もあるけれども，基本的な考え方については，主として法的議論領域を念頭においたものであるが，田中成明『法的空間：強制と合意の狭間で』（東京大学出版会，1993年）第2章4「合意の存在形態とその性質」参照。

ない目標である場合が少なくなく，合意の性質や存在形態が背景的コンセンサスの場合と原理的に異なっていることに留意する必要がある。

さらに，到達目標としての理性的合意については，実践的議論一般に基本的に共通する要件として，後ほど説明するような一定の議論手続に従って現実に議論が行われることによって得られたものであることを原則とするという手続的要件を充たしていなければならない。それに加えて，正義・道徳・法などの公平な行動調整の在り方に関わる議論については，その具体的要請内容や適用条件は議論領域ごとにそれぞれの存在理由や社会的機能などに照らして異なって特定化されることになるが，そのような合意によって基礎づけられるべき結論・決定の内容に関わる一種の論理的要件として，「原理整合性」と「普遍化可能性」という二つの要件が充たされなければならない。原理整合性の要件は，結論・決定の内容となる一定の原理や個々の判断およびそれらを支える論拠について，それらの原理・判断・論拠が，相互に関連し合う一連の判断の基礎にある共通原理を背景に全体として整合的でなければならないことを要請する。普遍化可能性の要件は，それらの原理・判断・論拠が，重要な関連のある属性において同一類型の事例に普遍的に適用可能な一般的なものでなければならないことを要請する。

このように，合意の概念を実践的議論の前提と目標の両面において重要不可欠のものとして位置づけるにしても，議論を通じて形成される理性的な合意についてはもちろんのこと，ある一定の時点で広く共通に受け容れられている背景的コンセンサスについても，決して最終的に確定した安定的なものではありえず，ロールズの「反省的均衡」の観念（第12章2④(2)参照）が指摘するように，議論参加者の共通の確信，熟慮された判断，それらを規律する原理・構想が，対話的な反省・熟議の積み重ねによる相互調整を経て，全体として整合的に適合しているとして公共的に正当化された状態の一環と理解されるべきであろう。従って，議論を通じて形成される理性的な合意も，議論の共通の前提としての背景的コンセンサスも，人間社会の基礎的条件，それに関する一般理論，人びとの通念的・直観的な正義・衡平感覚などが変われば，異議申立てや異論の提示によって疑問に付されたことなどをきっかけに，それに応じて新たなコンテクストのもとで整合化と普遍化をめざす議論によって修正可能なものとして，可謬主義的にとらえられなければならない。もっとも，合意の概念をこのよう

に動態的なものとして可謬主義的に理解する場合,実践的議論の合理性・正当性の識別基準としては,合意自体よりも,議論手続の現実の遂行という手続的要件や普遍化可能性・原理整合性という結論・決定自体の論理的要件のほうが決定的な位置を占めるようになり,合意概念の正当化作用の独自の意義が微妙になるという問題が生じることに留意する必要もある[33]。

(2) 理想的な議論状況

対話的合理性基準においては,討議・対話などの実践的議論による相互説得を通じての理性的な合意の形成ということが,結論の合理性・正当性基準として核心的な位置を占めており,議論が公正な手続にのっとって理想的な状況のもとで行われなければ,そこで形成された合意には合理性・正当性の識別基準たる資格が認められない。従って,対話的合理性基準にとっては,理想的な議論状況の存立条件や内的構成をどのように規定するかが中心的な問題となる。

このような理想的な議論手続の条件や構成は,人間存在や社会関係の対話的構造の解釈学的再構成によって解明され,議論という実践に関する「抗=事実的な想定」として,現実の議論に対して規制的・批判的な作用をもつ。このような手続過程を規律する基本的原理・ルールの具体的内容は,各種の議論実践に共通してみられる一般的慣行や参加者たちの相互了解の解釈学的再構成によって確定されるが,そのような原理・ルールの直接的な正当化については,ハーバマスらのように,「遂行的矛盾(performativer Widerspruch)」の観念によって語用論的に基礎づけることで適切かつ十分である。しかし,その根底には,やはり人間存在や社会関係の在り方についての一定の存在論的立場があるということになろう。

理想的な議論手続の条件や構成は,手続的なものが中心ではあるけれども,人間存在と社会関係の在り方に関する一定の道徳的価値内実を内含ないし前提しており,決して道徳的に中立的なものではなく,議論参加者の態度および相互関係に対する一定の道徳的要請を指図する。そして,議論主体・状況に関す

---

33) 例えば,J. ハーバマスの「真理の合意説」から「討議倫理学」を経て「討議理論」への理論展開においても,正当化の基軸が,合意形成から討議実践へ,さらに手続過程へと移行し,合意の概念もそれに応じて多義的となり,それぞれの特質・位置づけが微妙に変化し,全体として分かりにくくなっている観がある。詳細は,前出注*26*・*27*・*28*で挙げた文献参照。

るその核心的要請には，自律的人格の相互承認による公正な尊重と配慮というリベラルな正義論の基本原理が織り込まれており，相互主体的視座の最も基底的な哲学的基礎はここにみられるのである。

　何よりもまず，議論参加者が各々独自の人生目標・利害関心をもち自律的決定能力・責任能力のある人格として相互に承認し尊重・配慮し合うこと，討議・対話において相互に互換的・対称的関係に立ち，より適切な理由への強制以外のいかなる強制も排除された状況のもとで議論に自由かつ平等に参加する機会が各議論主体に与えられていることが，そもそも相互主体的コミュニケーションを可能とする最も基底的な前提条件であろう。

　以上のような条件と並んで，議論の対象ないし主題の画定に関わる条件として，一定の主張や反論の正当化理由となりうる共通論拠の範囲や優劣関係などについての相互了解の在存ということが重要な位置を占めている。一定の原理や判断などの正当化をめぐる議論がかみあうためには，その適切な正当化理由となりうるものについて議論参加者の間で一般的に承認されている共通の前提がなければならない。このような前提なしには，そもそも合理的な議論をはじめること自体が不可能であり，合理的な正当化が可能か否かは，このような共通の前提の存否にかかっている。各議論領域においては，その固有の共通観点に応じて，正当化の必要のない原理・価値や適切な正当化理由となりえない論拠などが前提されて議論の対象・主題が限定されており，また，どのような原理・価値・論拠が正当化理由として何らかの関連をもつか否かとか，関連をもつ理由相互間の優劣・強弱などを規定する共通の基準が存在しており，議論参加者の間にこれらの共通論拠についての一定の相互了解が背景的コンセンサスとして成立していなければならない。

　実践的議論は，これらの前提条件が充たされた状況のもとで，議論参加者の間で一般的に受け容れられている原理・判断などに関する各主体の信念・意見について，主張・基礎づけなどに関する平等な責任分担ルールにのっとって試行錯誤的な討議・対話による吟味を加えつつ，すべての関係者が共通観点に照らして適切な理由に基づいていると了解し相互に受け容れて然るべきという意味で，合理的に動機づけられ基礎づけられた理性的な合意の形成をめざして遂行される。このような議論においては，各議論主体は，自由に意見を形成し表現する能力をもち，相互作用的な説得によって納得がゆけば自分の意見を変

更・修正する用意がなければならない。また，説得は，相手方を手段的に操作しようとして議論の副次的な影響力に頼ったりすることなく，議論に内在的な説得力によるものでなければならない。

実践的議論は，トゥールミン，ハーバマスらのように，理由づけの適否・優劣をめぐる討議を中核としているが，一定の論拠や理由からの推論という側面を含むとともに，各種の論拠・技法による説得術であるレトリックも，以上の諸条件に適合する限り，活用しつつ行われ，複線的ないし重層的な構造で遂行されることになる。このような実践的議論の構造の解明に関しては，合理的選択理論・交渉理論などとの関係をどのように整理するか，また，ダイアローグ的な議論が現実に遂行されなければならないのか，個々人のモノローグ的な自省的思考実験などの仮想的議論も許容されるのか等々，重要な争点をめぐって見解の対立がある。これらの争点については，基本的には各議論領域ごとの実践的慣行をふまえて，それぞれ適切な考え方の共通了解を形成する必要があろう。

(3) 語用論次元と手続過程の重視

対話的合理性という考え方は，記号論的にみれば，実践的議論における規範的言明の正当化について，一定の一般的価値・原理的規範やそれらの体系との合致という，非状況的な意味論（semantics）・構文論（syntactics）次元よりも，一定の状況のもとでの議論参加者間の相互作用的コミュニケーションによる合意の形成という，状況的な語用論（pragmatics）次元を重視するものである。とくに，究極的価値や原理的規範自体の基礎づけや，一般的な価値・規範の個別的事例への適用など，実践哲学の最も困難な営為において，語用論次元が決定的な重要性をもっており，この次元で一般的価値や原理的規範の正しい意味内容が創造ないし継続形成されていることを直視して，状況的な語用論次元をも視野に収めた合理性基準を解明しようとするものである。

従って，各議論領域における規範的言明の合理的な正当化が可能であるためには，議論の共通の前提となる一般的価値や原理的規範の実質的内容についてだけでなく，それらの価値・規範自体の意味内容を個々の状況のなかで特定化したりそれに基づいて正当化を行ったりする議論が，既述のような理想的状況で遂行されることを保障する手続的条件についても，議論参加者間に背景的な相互了承がなければならない。狭義の合理性が，もっぱら非状況的な構文論・

意味論次元に関するものであるのに対して，広義の合理性ないし理性性は，むしろ主として状況的な語用論次元に関するものであるとみてよいであろう。

このように，実践的議論の合理性・正当性の識別基準においては，理想的な議論状況を保障する公正な手続的条件の規定とその充足によって，議論の手続過程自体の合理性を確保することが重視され，一般的に「公正な手続」や「手続的正義」という観念に重要な位置が与えられる。このような手続過程の重視は，合理性概念を対話的合理性として語用論次元に重点をおいてとらえることの必然的な帰結である。手続的正義と対話的合理性とは表裏一体の関係にあり，いずれも他方による裏付けを欠いては，それぞれがめざす正義や合理性の実現に現実に到達することは不可能であろう。

だが，実践的議論の合理性・正当性基準全体のなかで，手続的条件の充足と実質的規準との合致という二側面の相互関係をどのようにとらえるか，また，この問題とも関連するが，手続の公正を確保するための諸条件を具体的にどのように構成するかなどについては，かなり根本的な見解の対立がみられる。これらの問題については，ここでは，対話的合理性基準の考え方は，内容の正当性の問題を全面的に手続の充足の問題に転換するものではなく，自律的な議論主体の相互作用的コミュニケーション活動によって，手続の問題と内容の問題を動態的に統合しようとする立場であることを述べるにとどめる。詳細は，手続的正義や裁判における手続保障の問題の一環としてすでに説明したところであり，それらの箇所を参照していただきたい（第9章**2**4，第10章1 2 (5)参照）。

以上のような手続に従った議論によって具体的にどのような内容の規範的言明が正当化されるかは，基本的には，議論参加者自身がこのような手続にのっとって現実に議論を遂行した結果，どのような合意が形成されるかにゆだねられている。対話的合理性基準は，一定の実質的な規範的内容を直接的に導き出したり正当化したりすることを本領とするものではなく，合理的な議論のための公正な手続の背景的条件の構成・規制原理を示すことを主な役割とする考え方である。

3 実践的議論の「制度化」

実践的議論の理論は，正義論を含め，主として道徳的ないし倫理的な判断に焦点を合わせて論議されてきたが，規範的言明の正当化に関わる実践的議論は，

人びとの行動調整，公共的な意思・政策決定，社会制度の設計・運用など，様々な領域で行われる。正義論も，道徳的・倫理的問題として議論されるだけでなく，政治的・法的な問題としても議論されており，政治や法の領域でも，善悪正邪に関わる規範的言明の正当化をめぐる実践的議論が重要な位置を占めている。

　実践的議論の理論は，価値相対主義のように，政治や法の領域における規範的な議論や決定を，理性や真理によって決着のつかない，意思や権威の領分とみるのではなく，実践哲学的にとらえ直された理性と真理の概念を，意思と権威の行使にも可及的に及ぼすことをめざしている。従って，政治や法の領域における議論や決定もまた実践理性の公共的使用に関わる領域として，基本的に実践的議論の合理性・正当性基準が適用されるべきだという立場をとる。

　実践的議論の理論は，正義その他の道徳的争点がからむ一定の実践的問題について限られた期間内に何らかの公共的・集合的決定が社会的に必要な場合には，対話的合理性基準を構成する諸要件を基本的に法的形式によって「制度化」して，公正な手続的状況のもとで合理的な公共的・集合的意思決定が行われるために，その議論の領域や過程を枠づけ方向づけることによって，実践的議論一般の「不確定性」に対処する。一定の実践的問題について何らかの公共的・集合的決定が社会的に必要とされている場合，完全に自由な哲学的議論にゆだねておいたのでは，対話的合理性基準を構成する原理・ルールなどがすべて充たされても，必ずしも一定の具体的な結論が確実に得られるとは限らない。また，そのような公共的・集合的決定の議論過程を，価値観・利害関心を異にし各種の能力格差をもつ関係者たちの自由にゆだねてしまうと，参加者の自由と平等や公正な手続など，対話的合理性基準の中心的要請に適った理想的な議論状況が十分に確保・実現できず，合理的な議論を行うこと自体が難しくなる可能性が生じる。さらに，議論領域の主題・対象に関する共通了解が不十分で争点を適切に絞り込めなかったり，議論参加者が受け容れるべき共通論拠が不明確で相互了解が欠如していたりして，合理的な議論自体が成り立たなかったり，議論によって意見の相違を相互調整して何らかの結論に到達できない可能性も大きい。

　これらの実践的議論一般の「不確定性」に対処するために，対話的合理性基準は，一定の実践的問題の公共的・集合的な決定のための議論についても，そ

れぞれの議論領域の特質に適合した合理的な議論の遂行のための理想的な手続的前提条件とともに，各議論領域の参加者が受け容れるべき権威的な共通論拠を制度的に規定して，手続・実体の両面から議論と決定を枠づけ方向づけ，それぞれの議論の領域と過程を構造化することによって相対的に自立的なフォーラムとして「制度化」する。

現代社会では，政治的議論と法的議論の領域が，立憲民主制的な「制度化」を共通の背景的条件とする実践的議論の典型的なフォーラムである。そして，政治的議論の場合は，主として議会における一般的な政策目標の確定と法形成に関わるフォーラム，法的議論の場合は，主として裁判における法の適用と継続形成によって具体的な紛争解決に関わるフォーラムとして制度化されている。両者は，相互に重なり合い規制し合っており，それぞれ議会と裁判を中核とし，それらを取り巻く一定のインフォーマルな公共的空間を共通の背景として取り込んで，相対的に自立的な議論領域を形成している。

政治や法の領域における実践的議論の「制度化」原理は，基本的に，民主制，立憲主義，権力分立制，法の支配，基本的人権，多数決原理などの統治原理の諸要請を，対話的合理性基準を構成する諸要件に対応させて，主として語用論的側面から再構成したものとみてよいであろう。これらの政治や法の領域における実践的議論の「制度化」原理は，議論の手続的側面に関わるものが中心となっているため，すべて手続主義的に理解すべきだという見解もあるけれども，表現の自由や政治的参加に関する人権などに代表されるように，自律的人格の相互承認に基づく一定の実質的価値に関する要請も規範的内実として含んでいると理解するのが適切である。従って，正義論との関連でも，対話的合理性基準の「制度化」の規範的内実として，政治・法・経済などの社会の基本構造に関する一定の実質的正義原理を提示し，正当化できるとみるべきであろう。

実践的議論の理論は，このようにして政治的議論や法的議論の領域を「制度化」することによって，熟議民主制（deliberative democracy）や法的議論の理論とも重なり合うことになり，これらの政治的・法的理論の有力な方法論的基礎を提供するものとみられている[34]。

実践的議論の理論は，公共的・集合的決定をめぐる議論について，対話的合理性基準を各議論領域の特性に合わせて「制度化」し特定化することによって，議論を経て得られる決定の規範的「正統性（Legitimität, legitimacy）」を制度的

に保障し，このような制度的正統性も，実践的議論一般の合理性基準と基本的に共通の特質を内含していると理解する。けれども，制度的正統性については，制度化に伴って，権威的論拠が中心的位置を占めていたり手続的正義の正当化作用のウエイトか高まったりするため，それぞれの議論領域ごとに道徳的「正当性（Richitigkeit, rightness）」との重なりとずれをどのように理解するかという難問が生じる。

政治的議論や法的議論と道徳的議論の相互関係だけに限っても，政治的議論や法的議論が，それぞれ道徳的議論（論拠）と内的に関連しつつも，共通的政策目標の確定・実現や実定法の適用・継続形成など，道徳的以外の議論（論拠）を基軸とすることから，それらの相互関係がどのように構造化され，制度的正統性と道徳的正当性の内的関連がどのように規定されていると理解するかについては，そもそも政治・法・道徳の相互関係をどのように理解するかという背景的争点ともからんで，見解が分かれている。法的決定の「正統性」と政治的正統性や道徳的正当性との関連についても，実践的議論の理論は，価値相対主義や法実証主義などのように，法的・政治的な制度的正統性と道徳的正当性の概念を完全に切り離すことには反対するが，具体的に相互関係をどのように理解するかについては，必ずしも見解は一致していない。これらの問題についての私の考え方は，いわゆる悪法問題への対応という側面から第4章3で説明したところであるが，法的議論における道徳的論拠や政治的論拠の位置づけについては，裁判による法の継続形成が問題となるハード・ケースにおける法的議論・判断の正当化の在り方という側面から第15章2③と第16章2・3で改めて取り上げることにしたい。

---

34) 例えば，実践的議論と熟議民主制の関連については，Habermas, *Faktität und Geltung*（前出注*28*), Ch. VII Deliberative Politik（『事実性と妥当性（下）』第7章「協議的政治」)，平井亮輔「対話の正義—対話的正義論とデモクラシーの可能性」同編『正義：現代社会の公共哲学を求めて』（嵯峨野書院，2004年）など，実践的議論と法的議論の関連については，R. Alexy, *Theorie der juristischen Argumentaiton* (1978), U. Neumann, *Juristische Argumetationslehre* (1986)（亀本＝山本＝服部＝平井訳『法的議論の理論』（法律文化社，1997年））など参照。

《参考文献》

- 碧海純一『新版法哲学概論（全訂第2版）』（弘文堂，1989年）第7章「正義論の基礎」
- 安彦一恵「道徳の正当化—道徳的論証に関する諸説の展開」思想684号（1981年）
- 同「道徳的言明の正当化」関西倫理学会編『現代倫理の課題』（晃洋書房，1990年）
- 井上達夫『共生の作法：会話としての正義』（創文社，1986年）第1章「正義論は可能か」，第5章「会話としての正義」
- 加藤新平『法哲学概論』（有斐閣，1976年）第2章「法哲学の学問的性格」，第5章「法の目的」
- 塩野谷祐一『価値理念の構造：効用対権利』（東洋経済新報社，1984年）第1編「価値研究の方法論」
- St. トゥールミン（戸田山和久＝福澤一吉訳）『議論の技法』（東京図書，2011年）
- 中岡成文「討議倫理学ノート」日本倫理学会編『倫理学とは何か』（慶応通信社，1988年）
- J. ハーバマス（河上倫逸＝耳野健二訳）『事実性と妥当性（上）（下）』未来社，2002-03年）
- R. J. バーンスタイン（丸山＝木岡＝品川＝水谷訳）『科学・解釈学・実践Ⅰ・Ⅱ：客観主義と相対主義を超えて』（岩波書店，1990年）
- 日暮雅夫『討議と承認の社会理論：ハーバーマスとホネット』（勁草書房，2008年）
- 平井亮輔「正義・対話・デモクラシー（1）（2・完）」法学論叢130巻2号，4号（1991-92年）
- 同「正義とコミュニケーション」田中成明編『現代理論法学入門』（法律文化社，1993年）
- 同「対話の正義—対話的正義論とデモクラシーの可能性」同編『正義：現代社会の公共哲学を求めて』（嵯峨野書院，2004年）
- 藤原保信『政治理論のパラダイム転換：世界観と政治』（岩波書店，1985年）
- W. K. フランケナ（杖下隆英訳）『倫理学（改訂版）』（培風館，1975年）
- G. ラートブルフ（田中耕太郎訳）『ラートブルフ著作集第1巻：法哲学』（東京大学出版会，1961年）
- 田中成明『法的空間：強制と合意の狭間で』（東京大学出版会，1993年）

第 4 編　法の目的と正義論

第12章　現代正義論の展開

1　現代正義論の問題状況と背景

1　J. ロールズ『正義論』以降

　実質的正義をめぐる規範的議論は，価値相対主義的禁欲とイデオロギー的嫌疑のもとで久しく沈滞を強いられていたが，J. ロールズ『正義論』（1971年）を突破口として，広範な政治的社会的関心にも支えられた学問的営為として復権され，社会的正義の問題を中心に活発な議論が展開されるようになった。

　ロールズの「公正としての正義」論は，ロック，ルソー，カントらの社会契約説の構造的特徴を一般化して現代的に再構成することによって，英米の規範的倫理学において支配的地位を占めてきた功利主義にとって代わるべき体系的な実質的正義論を提示することをめざしている。彼の正義論は，功利主義対権利基底的理論という，現代正義論の基本的な対立構図を作り上げただけでなく，自由と平等の相互関係，効用・効率などの社会的目標と個人の基本的な権利の尊重の調整，社会的経済的弱者の福祉の向上への配慮等々，社会的正義をめぐる現代的課題についてもバランスのとれた考え方を示し，その後の議論の展開を方向づけることになった。また，メタ倫理学レベルでも，第11章で素描したような理論展開をふまえて，規範的正義論の正当化に関する洗練された理論構成手続を提示し，その後の政治的リベラリズムの公共的正当化理論への軌道修正（"転回"問題）とともに，現代正義論の方法論論議の焦点となっている。その公共的正当化理論は，熟議民主制（deliberative democracy）の理論的基礎としても注目されている。

　ロールズの正義論は，社会的正義や福祉国家に関する"戦後コンセンサス"

を背景に，反功利主義的な平等主義的正義論の展開の共通基盤となり，多様なリベラル正義論が展開されるようになった。けれども，社会的正義の内容や実現方法をめぐる実際の議論においては，個人の幸福追求の尊重，福利の増進，効率性への配慮や費用効果衡量を無視できないこともあって，功利主義の影響力は依然として衰えていない。また，まさにロールズの正義論が提示された頃から，"戦後コンセンサス"自体が動揺しはじめ，1970年代末になると，個人の自由や経済的効率を重視して「小さな政府」論を説く新自由主義・保守主義が台頭し，社会的正義・福祉国家を批判して市場原理主義への転換を主張するリバタリアニズムの影響が強まり，ロールズらのリベラルな平等主義的正義論も批判されるようになる。80年代に入ると，功利主義やリバタリアニズムをも含めて，個人主義的リベラリズム全体に対する原理的批判が強まり，共同体主義，さらにフェミニズムや多文化主義などが，個人と共同体の関係，正義と善の観念の関係，国家の中立性，公私の区別と関連，基本的人権などの市民権の理解，正義原理やその正当化の普遍主義的性質等々に関するリベラリズムの見解に対して，根本的な批判を展開するようになる。

　このような正義論の対立構図や中心争点の変化に伴って，ロールズの正義論に対する評価だけでなく，彼自身の論調にも変化がみられる。彼の主たる関心は，80年代以降，功利主義にとって代わる正義論の展開よりも価値多元的社会における政治的リベラリズムの自立的基礎づけ，社会的正義よりも政治的正義，平等主義的格差原理よりも基本的諸自由の優先の基礎づけに移った観がある。正義原理の正当化についても，当初の社会契約説的構成手続から，立憲民主制的な政治文化のもとでの公共的理性（理由）による公共的正当化として，自由平等な市民の社会的協働のための公正な条件として「重なり合うコンセンサス」に支えられておれば十分とする「政治的構成主義」へと，"脱哲学化"傾向を強めている。

　このような展開にもかかわらず，ロールズの正義論が，いろいろと問題をはらんでいるものの，現代立憲民主制のもとでのリベラルな正義原理としてバランスのとれた魅力あるものだということは，多くの人びとが認めるところであり，英米だけでなく，わが国やドイツなどでも広く注目を集めている。現代において正義問題を論じるにあたって，賛同するにせよ，反対するにせよ，彼の見解との対決を避けて通ることはできないと言ってよかろう。のみならず，彼

の正義論は，正義論だけにとどまらず，道徳哲学・社会哲学や社会諸科学の多くの分野にわたって従来のパラダイムの転換を迫る深甚なインパクトを及ぼしている。

本章では，主としてロールズの正義論との関連を意識しつつ展開されている代表的な見解を取り上げて，効用・効率と個人の権利の関係，自由と平等の調整，正義実現における国家と市場の役割，正と善の相互関係，個人と共同体の関係，公私区分論，普遍主義と個別主義など，主要な論点をめぐる議論を比較検討することによって，立憲民主制下の法システムの在り方に関わる現代正義論の問題状況を概観し，その基本的な対立構図と中心的課題を確認しつつ，それらについての適切な考え方の方向をさぐってみたい。

まず，現代における規範的正義論の復権の背景を理解するために，功利主義の基本的な主張内容とその問題性を確認しておこう。

2 功利主義

(1) 古典的功利主義

"最大多数の最大幸福"という定式でよく知られている古典的功利主義は，J. ベンサム，J. S. ミル，H. シジウィックらを代表的主張者とし，主としてイギリスで生まれ育った理論である[1]。ベンサムの鋭い批判を受けて自然権論・社会契約説が退潮して以来，議会制民主主義，自由競争市場，刑罰制度だけでなく，福祉国家，社会経済政策など，政治・経済・法の主要制度の正当化原理ないし評価規準として支配的な位置を占めてきている。

古典的功利主義は，人びとの幸福・快楽や不幸・苦痛あるいは欲求・願望の充足という効用（utility）のみが内在的な価値・善であるとし，行為・制度・政策の道徳的評価においては，それらが関係者全員の効用に及ぼす結果を集計して，その効用の総和の最大化をもたらす行為・制度・政策が正しいとする見解である。効用一元主義，総和最大化主義，帰結主義を共通の特徴としている。

このような功利主義は，善（good）と正（right）の相互関係についての倫理学上の伝統的な争点に関しては，善をまず人びとの効用の最大化として，何が

---

[1] これらの功利主義の概要に関する邦語文献として，内井惣七『自由の法則 利害の論理』（ミネルヴァ書房，1988年）第2部「功利主義の系譜」，奥野満里子『シジウィックと現代功利主義』（勁草書房，1999年）など参照。

正しいかとは独立に規定した後に，一定の行為・制度・政策が人びとの効用に及ぼす結果によって，善を最大化するものを正しいと規定する「目的論的理論（teleological theory）」の典型である。それ自体が正しい一定の原理・ルールを，その人間の禍福への結果を考慮せずに，忠実に遵守することが道徳的に義務づけられているとする，カントらに代表される「義務論的理論（deontological theory）」と原理的に対立する。また，メタ倫理学に関しては，シジウィックらのように，直覚主義に属する者もあるが，善・正などの基本的概念を欲求・願望やその充足などの心理的事実に関する自然的概念によって定義可能とする自然主義に属するとみられている者が多い。

　功利主義は，その明快単純な統一的原理，自由主義的性質，現実主義的性質，経験主義的手法などの故に，広範な支持を得て大きな影響力を及ぼしてきた。だが，同時に，その難点として，(i)効用概念については，幸福や快楽の具体的内容の理解や一元的尺度による測定の適否・可能性に関する見解の対立，人びとが現に抱いている欲求・願望の所与的前提視など，(ii)効用の集計方法や総和最大化主義については，個々人の効用の数量化・序列化による測定やその個人間比較・通約の可能性への疑問，個々人の多様性や独自性の無視，個人ないし少数者を社会全体ないし多数者の利益のために犠牲にすることの正当化，社会を全体主義的な効率的管理システムへ転化させるのではないかという危惧など，(iii)帰結主義については，人びとの幸福・快楽や欲求・願望の内容および行為・制度・政策の帰結についての完全な情報を得ることの困難等々，様々の側面から無視し難い批判を浴びせられてきた。

(2) 現代功利主義の諸形態と賛否論

　現代功利主義は，これらの難点の指摘や批判に応えて，効用というその中心概念について，快楽・苦痛の経験や感覚から欲求・願望の充足という側面に移行させ，伝統的な快楽主義に代わって選好功利主義が有力になってきていることをはじめ，効用の集計方法も，このような効用概念の再定式化と並行して，数量経済分析の手法などを用いて精細化され，理論的に洗練されてきている。また，上述の難点の打開や批判への対応をめぐって，基本的立場に関して見解が分かれ，幾つかの重要な対立がみられるようになっているが，主な区別として次のようなものがある[2]。

　(i)何が正しいかは，個別的状況での行為の帰結の善悪によって判断されるべ

しとする行為功利主義ないし直接的功利主義と，功利計算は一般的ルールについてのみ行われるべきであり，個々の行為は，功利的考慮なしに，このルールに従うべしとするルール功利主義ないし間接的功利主義（254-55頁参照）。

(ⅱ)社会成員全員の効用の総和の最大化をめざす全体的功利主義と，一人当たり平均の効用の最大化をめざす平均的功利主義。

(ⅲ)幸福の最大化をめざすべしとする積極的功利主義に対して，むしろ，苦痛の最小化をめざすべしとする消極的功利主義（337頁参照）。

このような功利主義内部の理論的分化によって，伝統的な見解の修正や限定などが行われ，現代功利主義の形態は多様化してきている。けれども，正義論において功利主義が論じられる場合に中心におかれているのは，人びとの多種多様な欲求・選好をすべて効用という一元的な共通の尺度で測定・集計し，その総和の最大化をもたらす行為・制度・政策が正しいとする，その基本的見解であるとみてよいであろう。

正義論からみた功利主義の特徴は，社会全体としての効用の総和の最大化にプラスになるのであれば，個人間の効用のトレード・オフを認め，また，総和が同じであれば，それが個人間にどのように分配されるか，分配の平等や公正を問題にしないところにみられる。このような総和最大化主義的性質の故に，功利主義は，厳密には分配的正義原理ではないとみられることもあり，一般に個人的自由や社会的正義よりも経済的効率を優先する立場と理解されている。

功利主義の側からは，このような一般的理解に対して，個人の自由な選好の尊重という効用原理の個人主義的価値前提，"誰も一人として数え，一人以上として数えてはならない"（ベンサム）という効用集計原則，限界効用逓減の法則などのために，その致命的欠陥と非難されるような自由の侵害や不平等な結果は現実にはほとんど生じず，功利主義も個人の自律性を尊重し，平等主義的であり，基本的にリベラルであると反論している。

正義問題などの公共的決定における功利主義の魅力であると同時に問題点でもあるのは，幸福の追求や福利の増進などに関する個人の自由な選好・判断を，基本的にそのまま公共的決定が正しいかどうかの評価の前提ないし基準とすることである。だが，功利主義的評価の基礎となる個人の効用の定義は，個人の

---

2) 功利主義におけるこれらの対立の概要については，J. J. C. Smart & B. Williams, *Utilitarianism: For and Against* (1973) など参照。

効用の可測性や効用の個人間比較・通約可能性などの難問への対応ともからんで，一元的に数量化あるいは序列化しやすい画一的尺度とならざるをえない。個々人の多種多様な欲求・選好がそのまま効用測定・集計の基礎とされるわけではなく，一定の変形・修正を受け，限定的に効用測定・集計に組み込まれるにすぎない。その際，「合理的」「情報に基づいた（informed）」選好などの限定をつけて，偏見に基づくものなど一定の選好が排除されるのが一般的であるが，このような選好の取捨選択が，個人の自律的な選択・決定の尊重と相容れるのか，また，このような限定的な効用の定義を功利主義内在的に基礎づけることができるのか，さらに，逆に，いわゆる「適応的選好」現象の問題など，各人の選好形成の環境・条件などを無視して，そのまま効用集計の基礎とすることが適切かどうかなど，様々な批判がある。より原理的な論点として，効用概念の定義自体が価値中立的なものなのかという疑問，また，個人の効用最大化行動の合理性を前提に公共的決定の在り方を考えることにも，社会全体の効用の総和最大化主義がこの個人主義的前提と整合的かという指摘もある。

　個人の効用の可測性や効用の個人間比較・通約の可能性については，功利主義内部でも見解が分かれている。個人の効用の測定・集計の尺度を種々工夫して，効用の基数的な数量化あるいは序数的な順序づけを行うことによって，この理論的可能性を肯定する見解が，功利主義内部の主流的立場とみてよいが，それらの個人効用の測定や個人間比較・通約は，決して科学的方法による経験的判断ではなく，一定の価値判断を前提とした評価にすぎないという批判も強い。

　個々人の選好の内容や強度とか一定の行為・制度・政策の帰結について完全な情報をもつことは，現実には不可能であることから，個人の効用の可測性と効用の個人間比較・通約の理論的可能性を肯定する功利主義者は，完全な知識と共感的同一化によって公平な効用計算を行う全知全能の「理想的観察者」を理論的に想定し，この困難に対処しようとすることが多い。だが，このような理論的想定を公共的決定方式として現実化しようとすれば，やはり個人を全体主義的な効率的管理の客体にしてしまうことになりかねないであろう。功利主義は，個人の自律的な選択を尊重すると言うけれども，個人やその選択そのものに道徳的価値を認めるのではなく，その効用産出ないし享受能力のみに関心をもつにすぎないのではないかと批判される所以である。しかも，個人間の効

用のトレード・オフを認めるから，個人の多様性と独自性を無視しており，そもそも，個人の合理的な生活設計との類比で社会全体の正しい秩序の在り方を考えること自体に根本的な問題があると批判されることにもなる。

　他方，功利主義内部には，個人の効用の可測性あるいは効用の個人間比較・通約の可能性を否定する見解も有力である。とくに効用の個人間比較・通約の可能性を否定する論者の間で，個人効用の合理的集計方法として広く支持されているのが，「パレート最適（他の社会成員の効用を悪化させることなしには，何人の効用も改善できない状態）」基準である。このパレート最適基準あるいはカルドア＝ヒックス基準（補償原理）によって補完されたパレート基準が，一般に効率性（efficiency）基準として，厚生経済学だけでなく，「公共選択」理論や「法と経済学」アプローチによる政治・法制度の分析・評価にも広く用いられており，自由競争市場や多数決民主制を正当化するホモ・エコノミクス・モデルや選好集積型民主制モデルの基礎ともされており，功利主義の影響力の強さと拡がりを示すものとみられている。

　パレート基準的な効率性も，基本的に功利主義的な価値基準とみられている。だが，効用一元主義であり個人効用の最大化主義を前提とする点では功利主義的であるけれども，古典的功利主義の総和最大化主義と必ずしも同じものではなく，かなり修正ないし緩和された最大化主義的基準であり，古典的功利主義とは区別されるべきである。また，このようなパレート最適基準は，個人効用の序数的情報を用いるだけで，効用の個人間比較・通約の難問を回避できるメリットがあり，また，個人の自律的な選択・決定を尊重する全員一致原理であることから，関係者全員の合意を得やすく民主的であると評価されることもある。だが，価値中立的な経験科学的方法であるかどうかは疑問であり，その現状維持的で保守的な性質は否定し難い。

(3) R. M. ヘアの選好功利主義

　功利主義は，以上のような種々の難点が指摘されてきているにもかかわらず，反功利主義的な権利基底的正義論が優勢となった1970年代以降も，相変わらず根強い影響力をもち続けている。現代功利主義のなかで権利基底的正義論に対抗する有力な形態として注目されているのが，R. M. ヘアの選好功利主義である。ヘアは，すでにみたように，50年代からメタ倫理学レベルで「普遍的指図主義」を提唱していたが（第11章**3**②参照），『道徳的思考』[3]において，道徳

的思考を「直観的思考」とその矛盾を解決する「批判的思考」という二つのレベルに分ける二層理論を導入する。そして，普遍的指図主義と批判的思考とを組み合わせ，事実と論理に照らして補正された人びとの選好を全体として最大限に充足することをよしとする選好功利主義を展開し，規範倫理学レベルで，行為功利主義とルール功利主義の対立を統合するとともに，権利基底的正義論への反論を試みている。

ヘアによれば，直観的思考とは，個別的な道徳的問題について，眼前の事実に適用可能な道徳的原理を直観的に把握して，それに基づき判断を下す際に用いる思考であり，日常的に用いられる。多くの場合，このレベルで結論を出せるが，そこで用いられる道徳的原理は一応の (prima facie) 拘束力しかもたず，原理に対して批判や疑問が生じたり，複数の原理の指図内容が衝突したりする場合には，直観的思考を熟慮に基づいて批判ないし正当化する批判的思考によって，直観的レベルの道徳的原理を特殊具体的状況に適合する精緻な原理へと修正・洗練し，原理間の衝突を解決する必要がある。そして，このような批判的思考は，超人間的な慈愛と知力をもつ「大天使 (archangel)」という理想的観察者モデル型思考として理想化され，関係者すべての選好を，想像力を働かせて順次各々の立場に身を置くことによって把握し，当該状況のもとでどの人の役割を担おうとも受け容れることができる「受容効用 (acceptance-utility)」のある行為を指図する道徳的原理を探求すべきであるとされる。

ヘアは，このような選好功利主義に基づいて，後ほどみるロールズ，ノージックらの正義論が正義や権利を効用に優先させていることに対して，正義も権利もしばしば相互に衝突するから直観的レベルに属する概念にすぎないと批判する。そして，実質的正義原理も人びとの現実の選好という社会的事実に依存すべきであり，正義原理が人びとの選好によって左右されることは，功利主義の弱みではなく，むしろつねに現実に立脚するその強みである，と反論する。

ヘア自身が，このような選好功利主義を生命倫理や環境計画などの現実的問題に積極的に適用し発言しているだけでなく[4]，P. シンガーも，ヘアとほぼ同じような選好功利主義に基づいて生命倫理的諸問題について伝統的立場に挑

---

3) R. M. Hare, *Moral Thinking: Its Levels, Method and Point* (1981)（内井惣七＝山内友三郎監訳『道徳的に考えること：レベル・方法・要点』（勁草書房，1994年））．

発的な批判を展開し[5]、注目を集めているなど、功利主義の影響力には根強いものがある。

2 J. ロールズの「公正としての正義」論

1 反功利主義的な立憲民主制擁護論

　J．ロールズは、功利主義に対する以上のような諸批判を統合的に取り入れて、それに全面的にとって代わるべき実質的正義論を「公正としての正義」論として展開する[6]。彼の功利主義批判は、その理論構成や主張内容の随所にみられるが、とりわけ、社会の基本構造における権利・義務の割り当てや利益・負担の分配の決定において、その時々の人びとの欲求や利害関心に左右されず、

---

　4)　R. M. Hare, *Essays on Political Morality*（1989）, Hare, *Essays on Bioethics*（1993）など参照。

　5)　P. Singer, *Practical Ethics*, 2nd ed.（1993）（山内友三郎＝塚崎智監訳『実践の倫理（新版）』（昭和堂，1999年））; Singer, *Rethinking Life & Death*（1994）（樫則章訳『生と死の倫理』（昭和堂，1998年）），伊勢田哲治＝樫則章編『生命倫理学と功利主義』（ナカニシヤ出版，2006年）など参照。

　6)　ロールズの正義論に関する代表的文献は、J. Rawls, *A Theory of Justice*, 1st ed.（1971）, rev. ed.（1999）（川本隆史＝福間聡＝神島裕子訳『正義論（改訂版）』（紀伊国屋書店，2010年））; Rawls, *Political Liberalism*（1993）; Rawls（E. Kelly ed.）, *Justice as Fairness: A Restatement*（2001）（田中成明＝亀本洋＝平井亮輔訳『公正としての正義：再説』（岩波書店，2004年））; Rawls, *The Law of Peoples*（1999）（中山竜一訳『万民の法』（岩波書店，2006年））などである。ロールズの正義論は、本文で説明するように、『正義論』から『政治的リベラリズム』へと、かなり重要な修正がみられ、この"転回"をどのように理解するかが、現代正義論の重要争点となっている。80年代のハーバード大学における講義教材をもとに編集された『再説』は、このような見解の修正個所に焦点を合わせ、彼の晩年における「公正としての正義」の理解を整合的かつ系統的に説明しようとしたものであり、本文の説明も基本的に本書に依っているところが多い。
　ロールズの正義論に関する主な邦語文献として、Ch. クカサス＝Ph. ペティット（山田八千子＝嶋津格訳）『ロールズ：「正義論」とその批判者たち』（勁草書房，1996年））、川本隆史『ロールズ：正義の原理』（講談社，1997年）、渡辺幹雄『ロールズ正義論の行方：その全体系の批判的考察（増補新装版）』（春秋社，2000年）、同『ロールズ正義論再説：その問題と変遷の各論的考察』（春秋社，2001年）、大日方信春『ロールズの憲法哲学』（有信堂高文社，2001年）、伊藤恭彦『多元的世界の政治哲学：ジョン・ロールズと政治哲学の現代的復権』（有斐閣，2002年）など参照。

出自・才能などの社会的自然的偶然が及ぼす影響をできる限り少なくすること，個人の多様性と独自性に真剣な配慮を払い，個人の自由・権利の要求を，全体としての社会的経済的利益の増進のために犠牲にすることを許さないようにすることをめざしているところに最も鮮明にみられる。

　ロールズの正義論が「公正としての正義」と特徴づけられているのは，彼の提唱する正義原理の実質的内容が，自由平等な市民相互間の社会的協働のための公正な基盤の確立をめざしているとともに，「原初状態（original position）」と彼が名づける仮説的状況において公正な手続的条件のもとで当事者たちの全員一致の合意によって導き出されるという正当化手続をとっており，内容と手続の両面において公正の確保に照準が合わされていることによる。

　ロールズは，このような反功利主義的な「公正としての正義」の実質的内容として，「正義の二原理」——基本的諸自由の平等な保障を要請する第一原理および機会の公正な平等と格差原理からなる第二原理——を立憲民主制の道徳的基礎として提唱し，『正義論』では，このような正義の二原理を包括的な道徳的教説としてのリベラリズムの一部分として，「原初状態」という社会契約説的な普遍主義的構成手続によって正当化していた。だが，80年代以降，彼は，価値多元的状況における「秩序だった（well-ordered）社会」の安定性の問題を重視するようになり，『政治的リベラリズム』では，「公正としての正義」を，包括的リベラリズムの一部分としてではなく，正義の「政治的」構想として，その規律領域を限定的に理解し，政治的領域に内在的な価値と理由によって「自立的」見解として正当化されるべきとする「政治的構成主義」の立場をとるようになる。このような「公正としての正義」の道徳理論的位置づけと正当化手続の修正に伴って，正義の二原理の定式化と内容が若干修正され，原初状態からの正義の二原理の擁護論の組み立ても変更されたけれども，正義の二原理の実質的内容の反功利主義的特質自体は基本的に変わっていない。

2　正義の二原理

(1) 背景的正義の規律原理

　「公正としての正義」の主題は，当初から「社会の基本構造」——基本的な政治構造と重要な経済的社会的制度——における基本的な権利・義務の配分と社会的協働の利益の分配の仕方を規律することに限定されていた。「正義の二

原理」は，このような社会の基本構造が，「基本善（財）」（市民が正義感覚と善の構想への道徳的能力を発達させ行使し善の構想を追求するために必要な社会的条件と汎用的手段），具体的には，基本的な諸権利・自由，移動の自由と職業選択の自由，権威と責任ある職務と地位に伴う諸権力・特権，所得と富，自尊（self-respect）の社会的基礎を，各市民の人生の見通しに不公正な影響を及ぼさないように規律することによって，「背景的正義」の確保をめざしている。

　正義の二原理の当初の定式化と内容は，後ほどみるH. L. A. ハートらの批判を受けて，若干修正され，『政治的リベラリズム』では，以下のようなものとなっている。

　• 第一原理［平等な基本的諸自由］　各人は，平等な基本的諸自由の十分適切な枠組を要求する同一の不可侵の権利をもっており，その枠組は，全員にとって同一の諸自由の枠組と両立するものである。また，この枠組において，平等な政治的諸自由，そしてこのような諸自由のみが，その公正な価値を保障されるべきである。

　• 第二原理　社会的経済的不平等は，次の二つの条件を充たさなければならない。第一に，そのような不平等が，機会の公正な平等という条件のもとで全員に開かれた職務と地位に伴うものであること［機会の公正な平等］。第二に，そのような不平等が，社会のなかで最も不利な状況にある構成員にとって最大の利益となるということ［格差原理（difference principle）］。

　正義の二原理の適用については，第一原理が第二原理に優先し，第二原理のうち，機会の公正な平等は格差原理に優先し，いずれも，優先する原理が完全に充足されてはじめて劣後する原理が適用されるという「優先ルール」の遵守が要請されている。

　このような正義の二原理は，自由と平等の調整というリベラリズムの課題について，政治的諸自由の公正な価値の保障と機会の公正な平等によって，これらの自由と平等がたんに「形式的」でないものとするとともに，社会的経済的不平等を格差原理によって規律している点で，平等主義的な形態であるとされる。また，立憲民主政体との関連では，第一原理が憲法の必須事項に関わるのに対して，第二原理は，形式的な機会均等や社会的ミニマムの保障という憲法の必須事項以上のことを要求するから，憲法の必須事項に属さないと区別され，後ほど正義原理の諸制度へ適用に関してみるように（本章2③参照），正義に適

った立憲民主政体の確立において第一原理と第二原理の役割は異なるとされている。

　平等主義的リベラリズムの典型的形態としての以上のような正義の二原理の重要な特徴は，「自由の優先ルール」を伴った「平等な基本的諸自由」を保障する第一原理と，社会のなかで最も不利な状況にある構成員にとって最大の利益となる社会的経済的不平等のみを正当化する「格差原理」である。

(2) 平等な基本的諸自由の優先

　第一原理は，投票権・公職に就く権利などの政治的諸自由，言論・集会・結社の自由，思想・良心の自由，個人的財産を保持する権利を伴う人格の自由，法の支配に含まれる恣意的な逮捕・押収からの自由等々，いわゆる自由権的な市民的・政治的人権とみなされている基本的な権利・自由を，市民に平等に保障することを要求する。このような第一原理は，適正な社会的ミニマムが達成された後は，自由は自由のためにのみ制限されうるのであって，全体としての社会的経済的利益の増進のために犠牲にされてはならないとする「自由の優先ルール」と相まって，一定の基本的自由権と社会的経済的利益とのトレード・オフを禁止する。

　現代リベラリズムの平等主義的傾向が強まるにつれて，社会的経済的利益の増進の要求が限りなく亢進してゆく観もあったなか，一定の基本的自由権を社会的経済的利益一般から区別して，基本的自由権の平等な保障を社会的経済的平等の実現に優先させることが，各市民がその正義感覚と善の構想への能力を発達させ行使してその善き生き方を追求するために不可欠な基底的位置を占めることを理論的に基礎づけようとしたことの意義は大きい。ロールズは，このような自由の優先ルールによって，社会全体の利益の増進のために，個人，とくに少数者の基本的な価値や自由をも犠牲にすることを正当化するという，功利主義の致命的欠陥を克服することができ，個人の多様性と独自性に真剣な配慮を払うことが可能になる，と主張する。社会全体の福祉の増進ですら無視できない個人の不可侵の基本権を基礎づけようとする彼の反功利主義的立場が最も鮮明にあらわれており，「権利基底的（right-based）」正義論を独自の潮流として定着させる基礎を提供することになった。

　第一原理の当初の定式化においては，「最も広範な基本的諸自由の全体系への平等な権利」という表現が用いられていたが，自由の範囲・量の最大化と平

等の関係如何，基本的諸自由相互のウエイトづけによる調整基準の不明確などの難点をH. L. A. ハートによって指摘され，平等な基本的諸自由の「十分適切な枠組」と，量的な拡大・最大化と誤解を招く表現を改めている。それに合わせて，基本的諸自由と人格の道徳的能力との内的関連性を明確にするために，人格の観念に合理的（rational）能力だけでなく理性的な（reasonable）道徳的能力をも組み入れて拡充し，基本善の概念自体も前述のように修正し（387頁参照），原初状態からの自由の優先ルールの正当化の仕方も後ほど説明するように修正している[7]。

　ロールズのように，一定の基本的自由権に不可侵の優先的地位を承認するという基本的立場自体は，憲法学の人権論などでは広く認められているところであり，正義論において人格の道徳的能力と関連づけてそれを基礎づけていることは基本的に適切と評価されるが，より詳しい理論構成となると，疑問や批判も少なくない。まず，憲法学などの法律学的議論の重大な関心事である基本的諸自由の相互調整と制約の在り方について，ロールズは，ハートの批判を受けて，基本的諸自由の「制限」と「規制」を区別し，基本的諸自由間の相互調整に関して，各自由の「中心的適用範囲」が確保されている限り，全体的枠組への統合のために規制されても，優先ルールに反する制限や否認にはならないことを，言論の自由などの具体的事例に即して説明しているが，抽象的すぎて，法律学的議論の期待に応えうるものとは言い難い。また，ロールズは，多くの立憲民主政体のもとで基本的自由権と位置づけられている自由・権利のなかから，一定のものだけに限定して第一原理の保障対象とするだけでなく，諸々の基本的「自由自体」とそれを実効的に享受できる「公正な価値」を区別して，政治的諸自由の公正な価値だけを第一原理の保障対象に含めている。だが，このような区別の理由が十分に説明されていないのではないか，他のリベラルな正義論に比べて政治的諸自由を重要視しすぎるのではないかという指摘がある。さらに，より根本的に，ごくわずかの政治的自由の制約によって政治が安定し，飛躍的な経済成長が達成され市民の社会経済生活のレベルも大幅に引き上げら

---

　[7]　H. L. A. Hart, Rawls on Liberty and Its Priority, in Hart, *Essays in Jurisprudence and Philosophy* (1983)（小林公＝森村進訳『権利・功利・自由』（木鐸社，1987年）第7章「ロールズにおける自由とその優先性」），Rawls, *Political Liberalism*（前出注6），VIII The Basic Liberties and Their Priority 参照。

れるケースなどを想定すると，基本的自由権と社会的経済的利益とのトレード・オフの禁止が厳格すぎるのではないかという批判もある。

(3) 格差原理

ロールズの提唱した正義の二原理のうち，当初最も注目を集めたのは，格差原理である。この原理は，人びとの出自・才能などの社会的自然的偶然によって社会的経済的利益の分配の決定が左右されるのは道徳的観点からみて恣意的であるとして，個々人の才能・能力・技能の分配ないし分布を社会的共同資産とみなし，社会のすべての人びとの利益のために利用すべしという考えに基づいている。具体的には，社会のなかの最も不利な状況にある人びとの利益の最大化のために必要な場合には，その限りで社会的経済的不平等は正当化されるという，平等問題への従来の視座の転換を迫るユニークなアプローチを提唱する。ロールズによれば，この格差原理によって，フランス革命のスローガンのうち，自由や平等に比べて等閑視されてきた"友愛"に正当な位置を与えることができ，また，効率（パレート最適基準）と矛盾することなく，社会的経済的利益の分配が正義に適っているか否かを評価することが可能になるとされる。

この格差原理のような平等問題への対処方法は，一般に"逆差別方式"とか"割り当て方式"と呼ばれているものであり，アメリカでは，50年代末以降，教育や職業の分野における黒人・女性などに対する積極的差別是正措置（affirmative action）として実施され，平等主義的社会改革の一大争点となっていた。格差原理は，このような政策を哲学的に正当化したものとして言及されることが多いが，ロールズ自身は，この点について何も語っていない。古典的自由主義の形式的平等原理があまりにも多くのものを社会的自然的偶然にゆだねすぎていたことに重大な制約を加えようとするものではあるが，必ずしも"機会の平等"から"結果の平等"へという平等論の現代的転換を支持するものではなく，むしろこのような方向に一定の限界を画そうとする面もある。

社会的経済的弱者の福祉の向上をめざす魅力的な原理であり，正義論だけでなく経済学の領域にも深甚なインパクトを与えたけれども，一種の功利主義的最大化原理とみられたり，必要原理を一般化した社会主義的原理と評されたり，理解はかなり分かれている。功利主義批判との関連では，後ほどみるように（397頁参照），とくに一定の社会的ミニマムの保障という制限付きの平均的効用原理よりも格差原理が正当化される理由を原初状態の当初の構成からだけで

は十分に説明できないのではないかという批判への応答にロールズはかなり苦慮しており，正義の二原理全体への論拠に加えて，格差原理だけの正当化の理論構成の補強をはかっている。

　格差原理の位置づけや内容についての主な批判として，まず，その適用範囲が厳格な自由の優先ルールなどによって制約され，所得や富を指標として社会の最も不利な状況にある人びとを集団として識別しその利益の最大化をはかることに限定されていることについて，現存の様々な社会的文化的不平等の是正にあまり役に立たないのではないか，各種の格差の差異性にきめ細かに配慮した応答的な是正政策の指針としては不十分・不適切ではないかということが指摘されている。また，個人の才能開発・生活向上や社会全体の生産性向上のためのインセンティヴとしての賃金格差などは，格差原理とどのような関係にあるのか，格差原理以外にも社会的経済的不平等の正当化理由として認められるべきものがあるのではないかという批判もある。さらに，とくにリバタリアニズムの側から，個人の生まれつきの才能を社会的共同資産とみなして社会全体のために活用すべきだとする見解（才能プーリング論）に対して，彼の功利主義批判と矛盾するだけでなく，彼が基本善とする自尊の社会的基礎を掘りくずすことになるのではないかという批判を受けている。この点について，ロールズは，個人の才能そのものではなく，その多様な分配・分布が社会的共同資産であるということを強調して批判をかわしている。

3　正義原理の社会的諸制度への適用——背景的正義と手続的正義

　ロールズの正義の二原理の意義・射程の評価において重要なことは，正義原理の役割が，社会の基本構造における背景的正義の保持に必要な指針の提供だけに限定され，その枠内で活動する個人や団体に直接適用されるルールとの制度的分業が説かれ，正義原理の社会的諸制度への適用をめぐる諸問題は，彼独自の手続的正義の観念の区分（325-26頁参照）と関連づけて説明されていることである。このような正義論の役割限定は，当初から強調されていたが，「公正としての正義」が「政治的」構想であると主張されるようになって一層重要視されるようになった。

　このような制度的分業による正義の主題の限定は，個人や団体に直接適用されるルールだけでは背景的正義の腐食の防止が困難であること，社会の基本構

造における不平等が，自然的社会的偶然による影響を最も大きく受け，市民の人生の見通しにも重大な不平等を許容することなどによるとされている。このような主題の限定は，正義原理に関する優先ルールと相まって，正義問題への対処を段階的に区分し，制度レベルでの自由と平等の調和的実現をめざすものである。これらの理論的工夫は，功利主義の既述のような難点（380頁参照）への対処であるとともに，後ほどみるR.ノージックらのリバタリアニズムの純手続主義的正義論への批判（412-13頁参照）をも含んでいる。

　ロールズは，正義原理の社会的諸制度への適用について，原初状態での正義原理の選択，憲法制定会議，立法段階，個別事例におけるルールの適用ないし遵守という四段階順序の枠組で説明する。まず，正義の二原理自体の規制対象を，第一原理が，政府の憲法上の権能や市民の基本的権利を体系的に設計する憲法制定会議のための規準であるのに対して，第二原理は，社会経済政策に関する規準であり，諸々の法律や政策の正義を評価する立法段階ではじめて作用すると，憲法の必須事項か否かに対応させて段階的に区分する。そして，立憲民主制的な政治過程は，理想的には「完全な手続的正義」を追求しつつも，現実には「不完全な手続的正義」でしかありえず，第一原理が憲法によって保障されている以上，その範囲内にある諸々の憲法体制および社会的経済的な取り決めや政策の多くは，同様に正義に適っているとみる「擬似的な純手続的正義」の観念によらざるをえないとする。

　他方，分配における正義については，基本構造における背景的正義が維持されている限り，「純手続的正義」の観念を用いることができ，個々の分配相互間でいずれがより正義に適っているかは，もはや問題にならないとされる。古典的功利主義が，現存の欲求・選好の充足の最大化という規準を原理上すべての分配の評価規準とみて，分配的正義を「不完全な手続的正義」の一例とするのに対して，ロールズの場合には，正義原理は，人びとの欲求・選好に左右されずに，むしろ，その追求に一定の制約を課す制度的形態を提示し，社会的経済的な背景的制度を評価するものである。そして，適切な背景的制度を伴い適正に規制された競争的市場経済は，正義の二原理を実現する一つの理想的なメカニズムであり，市場が適度に競争的で開放的である限り，「純手続的正義」の観念に従ってやってゆくことができ，この背景的制度のもとで各自の目的を増進することは，個人や団体の自由にゆだねられており，格差原理も，個々の

分配の絶え間のない矯正と私的交渉への不規則な干渉を要求するものではないとされる。

このようなロールズの「公正としての正義」論は、次にみるR.ドゥオーキンのリベラルな平等論と並んで、福祉国家を正当化する代表的正義論として挙げられることが多い。だが、ロールズ自身は、正義の二原理に適った政治経済体制について、資本主義的福祉国家を、生産用資産所有の大きな不平等を許容するため、経済だけでなく間接的に政治をも少数の者の支配にゆだね、政治的諸自由の公正な価値を損ないかねないとして拒否している。そして、福祉国家的な再分配政策ではなく、富と資本の所有を分散させ、各市民が適正な社会的経済的平等を足場に自分のことは自分で取り仕切りつつ互恵性原理に基づき協働し、経済や政治を少数の者にゆだねてしまわない仕組みである「財産所有型民主制（property-owning democracy）」を、指令経済ではないリベラルな社会主義と並べて、彼の正義論に適った政治経済体制の候補として挙げている。

以上のように、ロールズの「公正としての正義」論は、実質的正義の二原理と手続的正義の観念の区分を巧みに組み合わせ、個人の基本的諸自由の保障を損なうことなしに、社会的経済的弱者の福祉にも配慮し、自由と平等の調和的均衡点を提示することによって、西欧の自由主義的立憲民主制を現代的諸条件のもとで理論的に正当化し擁護しようとする試みとして評価され、現代正義論の復権のさきがけとなった。自由主義的立憲民主制原理については、その存立基盤の変容に伴って構造的転換を迫られている側面と、政治社会の構成・運用原理として人類にとって普遍的価値をもつ遺産として承継発展させるべき側面との識別が、様々なレベルと領域で進められており、ロールズの正義論は、このような現代的課題に取り組むための恰好の手がかりを提供しており、賛否両論、活発な議論を惹き起している。自由と平等の調和的実現をめざしているだけに、妥協的性格は免れ難く、後ほど順次取り上げて検討するように、より平等主義的な立場からも、より自由を優先する立場からも、各々、無視し難い原理的批判を浴びせられることになる。

4 「公正としての正義」論の正当化
(1) 普遍主義的正当化の断念？

ロールズの「公正としての正義」論については、以上のような実質的正義論

が広範な政治的社会的関心を集めたのに比べて，その正義論の正当化という方法論的側面には，原初状態からの正義の二原理の正当化という，社会契約説の現代的形態ということ以外は一般的にあまり注目されていないきらいがある。だが，第11章3・4でみたような実践的議論の理論の現代的展開との関連からみても，彼の正義論の正当化理論は，全体としてみると，整合説と合意説を統合した非＝基礎づけ主義を基調とする最近の理論動向（第11章4①(2)参照）の一典型とみることができ，その実質的正義原理自体への賛否とは独立に，独自の方法論的寄与として評価されて然るべきである。価値多元的社会における正義論をはじめとする公共的な実践的議論の在り方について，論議を招いている"転回"問題をも含めて，一つの注目すべき方向を示し，重要な問題提起をしている。

　ロールズは正義論の正当化に関して幾つかの観念を用いており，しかも，正義論の正当化に関する彼自身の基本的見解に，80年代の前後で重要な変化がみられる。ロールズが『正義論』など前期から一貫して用いているのは，「原初状態（original position）」と「反省的均衡（reflective equilibrium）」という二つの観念である。そして，正義の「政治的」構想の「政治的構成主義」による正当化を論じはじめた『政治的リベラリズム』『公正としての正義：再説』などの後期から，「公共的正当化」，「重なり合うコンセンサス（overlapping consensus)」，「公共的理性・理由（public reason）」の三つの観念が導入される。それに伴って，反省的均衡の観念が，新たに導入された観念と関連づけて精細化され，原初状態から正義の二原理を導出するという構成手続も，正当化の全体的構造のなかに位置づけ直されることになる。このような変化をどのように評価し，これらの正当化に関する観念を相互にどのように関連づけ，彼の正義論の正当化理論全体をどのように統合的に理解するかについては，彼自身の説明にもあいまいなところがあり，論者によって意見が異なっている[8]。

　ロールズの"転回"問題については，彼が，80年代以降，普遍主義的正当化

---

[8] ロールズの正当化に関する見解の全体的な理解に関する代表的な文献として，T. M. Scanlon, Rawls on Justification, in S. Freeman (ed.), *The Cambridge Companion to RAWLS* (2003), S. Freeman, *Rawls* (2007), とくに pp. 29-42, 284-415, 福間聡『ロールズのカント的構成主義』（勁草書房，2007年）などがある。本文の説明は，これらの文献からも示唆を得ているが，理解を異にするところがある。

を断念したとみるかどうかが重要争点であるが、普遍主義＝基礎づけ主義と理解するならば、初期のロールズの原初状態を基軸とする正当化の説明には、基礎づけ主義的と誤解されるような表現もあるけれども、もともと非＝基礎づけ主義的な反省的均衡の観念がその基礎にすえられており、全体として非＝基礎づけ主義的正当化理論をとっていたとみられることが見落とされてはならない。また、普遍主義はかなり多義的であり、普遍主義＝基礎づけ主義という理解自体が必ずしも適切でなく、普遍主義における普遍化志向を、普遍化可能性など、非＝基礎づけ主義と両立するように再定式化して継承することが可能であり必要でもあり、ロールズも、原初状態という観念を道徳的観点の一種として放棄していない限り、普遍化志向という意味では依然として普遍主義的正当化を断念してはいないと理解できる。ここでは、ロールズの見解をこのように理解する立場から、彼の正当化理論を整理しておきたい。

(2) 原初状態からの正義の二原理の導出

『正義論』では、「原初状態」において自由平等な契約当事者たちが全員一致の合意によって正義原理を導出・正当化するという社会契約説的理論構成が前面に出ていた。原初状態という中核的観念については、社会契約説への常套的批判を避けるために、決して現実の歴史的状況ではなく、公正な状況のもとで正義原理への合意に到達するための手続的制約を課す諸条件を統合して構成された純然たる仮説的状況、一つの社会的観点であることが当初から強調されていた。原初状態の観念は、「その状況の公正が、そこで合意される原理の公正に移し変えられる」という純手続的正義の正当化作用によって、そこで合意される原理がいかなるものであれ、すべて正義に適っているものとなるように、一つの公正な手続を提示することにあるとされる。

『正義論』では、「原初状態」の観念が「反省的均衡」を探求する正当化手続と具体的にどのような関連にあるのか、必ずしも明確でなかった。「反省的均衡」の観念が公共的正当化と関連づけて精細化された後期には、原初状態は、後ほど説明する広義の一般的な反省的均衡における我々の熟慮された確信をモデル化し、「自由平等な人格」という基本観念と「秩序だった社会」を実効的に規制する正義原理の間に適切な関係を確立するための「理に適った構成手続」と位置づけられている。原初状態は、公共的および自己向けに説明するための思考実験、表象（代表）装置として、自由平等な人格としての市民の代表

者たちが，公正な社会的協働システムの条項に全員一致で同意したり，そのような政治的正義原理を提案・拒否したりする理由として受け容れうるものをモデル化するという意義を与えられている。

「自由平等な人格」は，正義原理を理解・適用しそれに基づいて行動する実効的な正義感覚への能力と，善の見方（究極目的）を形成・修正し合理的に追求する能力という，二つの道徳的能力をもち，原初状態はこのような人格に対して公正でなければならないとされる。また，対観念である「秩序だった社会」は，正義についての一つの公共的構想によって実効的に規制された社会と特徴づけられ，このような正義の公共的構想が，政治的な制度・権利に関する市民たちの要求の調整において相互に承認された視点を提供するとされる。

原初状態の構成に組み込まれている理由・情報の制約のうち，重要なものは次の二つである。その一つは，当事者たちは，人間社会についての一般的事実しか知りえず，自己の階級的地位や社会的資格，自己の才能・体力などの自然的な資産・能力，自分の人生計画の詳細等々，一定種類の個別的事実は知らないという「無知のヴェール」の背後で正義原理に合意しなければならないという，情報に関する制約である。もう一つは，当事者たちは，合理的にかつ相互に他人の利益には無関心に，自分の利益の最大化をめざし，嫉妬・気どり・うらみなどによって動かされないという，動機づけに関する想定である。これらの制約が，当事者たちが，自然的社会的偶然に左右されずに，公正な状況のもとで正義原理への合意に到達するための基本的な手続的制約を構成している。

原初状態において当事者たちが具体的にどのような正義原理に合意するかについて，ロールズは，当初は，合理的選択・意思決定の問題だとして，ゲーム理論によって説明していた。すなわち，当事者たちは，その選択の結果が各人の人生計画の遂行に必要不可欠な基本的諸自由と適切な社会的ミニマムをも失うという耐え難いものとなるリスクを避けるために，不確実な状況下での合理的選択の保守的戦略であるマキシミン・ルール（幾つかの選択可能な方法がある場合，その生じうる最悪の結果が他のそれよりもまさっているものを選ぶべし）に従って，自由の優先ルールや格差原理を含んだ正義の二原理を選択するであろう，と。

だが，原初状態に組み込まれた情報や動機づけに関する制約・想定が適切かどうか，マキシミン・ルールが何故合理的なのか，確率の問題を考慮しないで

合理的な選択ができるのか，一定の制限付きの平均的効用原理よりも理に適っていることの正当化が不十分ではないかなど，当初から様々な批判が浴びせられていた。これらの批判のうち，とくに基本的諸自由の優先の正当化に関するH. L. A. ハートの批判（388-89頁参照），マキシミン・ルールよりも平均効用最大化原理のほうが合理的だとするJ. C. ハーサニーの批判[9]に応えて，ロールズは，後に，合理的選択・意思決定の問題とみる見解を撤回し，すでに触れたように，基本善の概念内容と第一原理の定式化を修正するとともに，正義の二原理全体を平均的効用原理と比較する正当化と，さらに格差原理だけを一定の社会的ミニマムの保障という制限付きの平均的効用原理と比較する正当化という，二つの基本的比較に分けて擁護論を説明し直している。そして，第一の基本的比較では，幾つかの条件を検討しても依然として基本的にマキシミン・ルールによるのが適切だという見解を堅持しているが，第二の基本的比較では，マキシミン・ルールによらずに，秩序だった社会が達成しうる公知性（publicity），協働活動に公正な条件で参加する徳性に関わる互恵性（reciprocity）の観念，正義の政治的構想の安定性などの論拠を強調して，従来の正当化の補強をはかっている。

(3) 「反省的均衡」の観念

原初状態から正義の二原理を準演繹的推論によって導出するという手続が，「公正としての正義」論に内在的な正当化手続であるのに対して，「反省的均衡」を探求するという手続は，このような内的構成手続自体をさらに正当化する基礎となるだけでなく，「公正としての正義」論全体を正義の「政治的」構想として正当化するという，より基底的な位置を占めている。ロールズによれば，「正当化は，構想全体及びその構想がどのように反省的均衡における我々の熟慮された諸判断と内的に適合しそれらを組織化しているかにかかっており，多くの考慮の相互支持，あらゆるものを一つの整合的な見解へと相互適合させるという問題である」とされ，原初状態の構成と正義の二原理の内容も，このような反省的均衡を探求する手続によって正当化されるという関係にある。

反省的均衡とは，我々の熟慮された確信・判断とそれを規律する原理・構想

---

[9] J. C. Harsanyi, Can the Maximin Principle Serve as the Basis for Morality? A Critique of John Rawls's Theory, in *American Political Science Review*, Vol. 69, No. 2 (1975) など参照。

とが整合的に適合するように相互調整を繰り返し，場合によっては当初の確信・判断を修正・撤回したりして，十分な反省をした後に，どのような原理・構想が我々の確信・判断に合致し，かつ，そのような原理・構想が導き出される諸前提が分かるようになる状態のことである。反省的均衡は必ずしも安定したものではなく，そこで明らかにされた規律原理・構想に基づく熟慮によって，我々の現在の確信・判断が変更され，さらにこの確信・判断に適合する新たな規律原理・構想の探求がまたはじめられるということが繰り返される可能性がいつもある。このような意味において暫定的なものであり，可謬主義的である。

　反省的均衡の観念について，ロールズは，公共的正当化の観念を導入した段階から，誰か一人が一定の正義構想を受け容れて自省し，一般的な確信，第一諸原理，個別的判断を整合的にさせる「狭い」反省的均衡と，諸々の他の選択可能な正義構想やその擁護論も注意深く熟考した後で得られる「広い」反省的均衡を区別した上で，同一の正義構想がすべての人びとの熟慮された判断によって支持され，そのことが公共的に知られている「一般的な広い」「完全な」反省的均衡が，公共的正当化と対をなしている，と関連づけ位置づけている。そして，政治的構成主義とは，政治的正義についての我々の熟慮に基づく諸判断をこのような一般的な広義の反省的均衡において相互に適合させる方法であり，政治的正義の諸原理は，民主的な文化に潜在し自由平等な市民によって共有されている諸々の政治的な観念・確信から一定の構成手続（すなわち原初状態）によって自立的に構成されたものとして正当化されるのである。

　ロールズは，このような反省的均衡の観念を「非=基礎づけ主義的」正当化と特徴づけ，正義論などの道徳的正当化理論の基底にすえている。だが，その理論的性質の説明には，見解が対立する包括的な哲学的教説に立ち入ることを回避する一環として，当初のソクラテス的な自己吟味の方法だという見解を撤回するなど，一貫しないところがある。その方法論的意義の理解については，第11章4①で触れた整合説の一種，W. V. O. クワインの全体論（holism）の道徳理論への適用，解釈学的方法の一種など，見解が分かれている。また，このような正当化手続の循環論法的性質，人びとの日常的な判断やコンセンサスに依拠することによる不確実性などに向けられた批判も根強い。

(4)　公共的正当化──公共的理性と重なり合うコンセンサス

　ロールズは，『政治的リベラリズム』などの後期になると，様々の相対立す

る包括的な宗教的・哲学的・道徳的教説が並存する「穏当な多元性の事実」という人間社会の現実並びに道理に適った人びとの間でも意見の不一致を避け難いものとする「判断の重荷」という人間の判断力の限界を直視して，「公正としての正義」を，包括的教説としてのリベラリズムの一部分ではなく，「政治的」教説としてのリベラリズムと位置づけ，立憲民主制の公共的文化のなかに見出される基本的な直観的観念や原理を組織化し，一般的に受け容れられる整合的な考え方として自立的に正当化されるべきだと考えるようになる。政治哲学の課題は，「常識・共通感覚（common sense）のなかにすでに潜在していると考えられる共有の観念や原理を明確にすること」であり，正義について最も理に適った構想も，宗教・哲学・道徳・政治などの真理を含めた「真理全体」に基づかせることはできず，争いのある哲学的・道徳的・宗教的な問題をできるだけ避け，「真理の一部」，具体的には，我々の現在の一般に基礎づけられ共有されている確信を基礎とする以外にないという実際的な立場を強調するようになる。

　同時に，このような「政治的」構想としての「公正としての正義」の正当化について，「意見を異にしているが，自由かつ平等であり，十分な推論能力をもっていると想定されるすべての当事者たちが，共有し自由に支持すると当然に期待してもよい前提である」ところの「公共的理性・理由」というコンセンサスに訴えて納得させる「公共的正当化」の観念を強調するようになる。このような公共的理性・理由の内容は，互恵性の基準を充たす一群の正義のリベラルな政治的構想によって与えられ，それには，基本構造に対する正義の実質的諸原理だけでなく，公共的探求の指針，すなわち，判断・推論・証拠という基本的概念を適切に用いることだけでなく，常識的知識の基準と手続，並びに，異論がない限り科学の方法や結論に従うことなど，公共的な探求が十分な情報に基づき道理に適った仕方で行われることを保障する指針も含まれている。そして，彼によれば，このような公共的理性による理由づけは，政治的討議において自由な合意をめざすとき，他の人びとも受け容れることのできる論拠を使用し，そのような理由に訴えるべしという「市民としての義務（civility）」であり，市民たちが強制権力をお互いに対して正統に行使できるのは，それを道理に適った合理的な市民が共通の人間理性に照らして支持できるときに限られるという「リベラルな正統性原理」に基づくものであり，自由平等な人びとが

相互尊重に基づき協働すべしという「互恵性」の観念の要請であるとする。

　ロールズは，このような公共的理性による公共的正当化という観念とほぼ並行して，「秩序だった社会」の安定性の問題を「穏当な多元性の事実」に照らして現実主義的に考えるべきだとして，「重なり合うコンセンサス」の観念を導入する。そして，リベラルな政治的正義原理の正当化は，様々の相対立する包括的な宗教的・哲学的・道徳的教説にコミットした市民が，それぞれ異なった前提や根拠から出発して，一定の正義原理を自由平等な市民間の社会的協働の公正な条件を規定するものとして共通に支持し合い，このような部分的に重なり合う合意によって支えられておれば，それで十分だと主張するようになる。彼は，正義原理のこのような正当化方式を，哲学的には意図的に表面的で皮相なところにとどまるものではあるが，決して正義原理を打算的な「暫定協定（modus vivendi）」とみたり，個々人の包括的な教説や善に対する無関心の表明であったりするものではなく，寛容原理の哲学自体への適用であり，それに代わる唯一の方式は国家権力の抑圧的行使しかないとみている。そして，正義原理の正当化問題をこのように"脱哲学化"することによって，宗教戦争後の寛容原理の漸次的確立過程と同様，この重なり合うコンセンサスも，時が経るにつれて，次第に支持が拡がり強められ，安定したものになってゆくと説明する。

　以上のようなロールズの後期における公共的正当化の見解については，公共的理性・理由に訴える公共的正当化という観念が政治的議論の対話的・討議的性質を組み込んでいると評価され，J. コーエンらを中心に熟議民主制の有力な理論的基礎として広く受け容れられている[10]。けれども，正義論の道徳的正当化，政治的正統性，秩序だった社会の安定性の相互関係が必ずしも明確でないこと，公共的理性と重なり合うコンセンサスが具体的にどのような関係にあるのかがあいまいであること，公共的正当化は，政治的リベラリズム（諸々のリベラルな政治的構想）自体か，それともそのうちの最有力な構想である「公正としての正義」の正当化のいずれに関わるのか，そもそも政治的リベラリズ

---

10)　Rawls, *The Law of Peoples*（前出注 *6*），pp. 138-40（『万民の法』202-04頁），J. Cohen, Deliberation and Democratic Legitimacy, in A. Hamlin & P. Pettit (eds.), *The Good Polity*（1989）; Cohen, For a Democratic Society, in S. Freeman (ed), *The Cambridge Companion to RAWLS*（前出注 *8*）など参照．

ムあるいは「公正としての正義」を包括的リベラリズムから分離して自立的に正当化するという方法自体が可能ないし適切なのかなど，疑問や批判も多い。

3　R. ドゥオーキンの権利基底的平等主義

1　権利基底的（right-based）理論

J. ロールズ以降の現代正義論の展開において法理学的にとくに注目されるのは，個人の一定の基本的な権利を"政治的切札"（R. ドゥオーキン）ないし"横からの制約"（R. ノージック）ととらえ，他の諸々の社会的目標の追求・実現に優先する究極的価値として基礎づけようとする，反功利主義的な権利基底的理論[11]が台頭し，個人の基本権や人権の観念が中心的位置を占めるようになったことである。

このような権利基底的理論は，国家に対して社会成員の効用の総和の最大化を要求する「集合的な最大化原理」である功利主義とは対照的に，各個人の一定の基本的権利の優先的承認を国家に対して要求する「配分的な個別化原理」であり，自然権論の流れを汲むものである。そこでは，基本権ないし人権は，すべての人間がただ人間であるということだけによって，無条件に等しく保持するのが当然とされている不可譲の権利とされ，法的その他の制度的規範に先立って，それらとは独立に存在するという意味で，一種の道徳的権利として位置づけられている。道徳理論としては，功利主義などの目的論的立場を拒否し，立法などの国家的活動が，一定の基本的な権利を，その結果如何を問わず，それ自体として遵守すべきことを要請する義務論的立場をとる。

自然権論が19世紀はじめに退潮して以来，実定法以前に何らかの権利が存在することを否定し，実定法の規定する法的権利のみを権利とする法実証主義的権利論が支配的となる。基本権や人権についても，とくに法律学的議論においては，憲法によって保障された実定法的権利という側面のみが重視され，前国

---

11) J. ロールズの正義論を代表的事例として権利基底的（right-based）理論を最初に定式化したのは, R. Dworkin, 6 Justice and Rights, in Dworkin, *Taking Rights Seriously* (1977)（木下毅＝小林公＝野坂泰司訳『権利論（増補版）』（木鐸社，2003年）第5章「正義と権利」）である。なお，ロールズ自身は，自己の正義論が「権利基底的」と特徴づけられることに必ずしも賛同していない。

家的ないし超憲法的な権利として基礎づけることにはほとんど関心が払われなかった。このことを考えるならば、権利基底的正義論が、憲法などの法律学的議論だけでなく、道徳哲学・政治哲学の分野でも広く注目を集めるようになったのは画期的なことであろう。

だが、同じ権利基底的正義論の陣営内でも、その基本権や人権の基礎づけや具体的内容となると、かなり多様で、根本的な対立すらみられる。とりわけ興味深いことは、多くの自由主義諸国において自由権的人権と社会権的人権とが人権保障の二本柱になっている状況のもとで、何が個人の基本的な権利かについて、ドゥオーキンのように、「平等への権利」を基底にすえる平等主義的方向と、ノージックのように、「自由への権利」を基底にすえるリバタリアニズム的方向とへの両極分解がみられることである。また、原理的に反功利主義的立場をとりつつも、効用や効率への配慮を各々の権利論・正義論のなかにどのように位置づけるかについては、各人各様であり、功利主義対権利基底的理論という対立構図の具体的様相はかなり複雑である。

2　リベラルな平等概念――「平等な配慮と尊重を求める権利」

最初に権利基底的理論を名乗ったドゥオーキンは、ロールズと同様、反功利主義的リベラリズムの立場をとっている。だが、ロールズが当初「平等な自由（equal liberty）」を第一原理にすえていたのに対して、ドゥオーキンは「リベラルな平等（liberal equality）」を根本概念としていることなどに象徴的にみられるように、ドゥオーキンのほうが平等主義的傾向が強い。また、ドゥオーキンのリベラルな平等主義的正義論・人権論は、市民的不服従、積極的差別是正措置、ポルノ規制、出版の自由、生命医療倫理、環境保全等々、憲法裁判事例を中心に具体的な法的政治的問題に対する積極的な発言のなかで展開されており、彼の裁判理論・法解釈理論（第14章❷③参照）の基礎でもあり、憲法学などの法律学的議論にも大きな影響を及ぼしている[12]。

ドゥオーキンは、政治的決定において目標・義務・権利のいずれが究極的な正当化理由とされるかに応じて、政治理論を功利主義や全体主義などの「目標基底的」、カントなどの「義務基底的」、ロールズや彼自身の「権利基底的」という三つに分ける。そして、個人が各々自己の自主的な決定や行動を擁護する権原（entitlement）を一種の自然権としてもつことが、権利基底的理論の基本

観念だとする。権利基底的理論では、個人の権利は、社会の集合的目標に対する"政治的切札"であり、緊急の政策（内乱・自然災害など）や他の権利によって制約されることはあっても、定義上、社会全体の利益がごくわずか増えるといった理由だけでは権利を否定することを正当化できないという、社会的目標一般に優先する最低限の閾値的ウエイトをもっている。そして、目標基底的理論とは違って、軍備増強や経済的効率など、社会全体の総体的利益のために個人間の利益や負担をトレード・オフすることを認めず、権利の対象である特定の機会・資源・自由などの財をすべての権利保持者各々に等しく一貫して配分することを要請する。

　ドゥオーキンがその権利基底的理論の根底にすえているのは、「平等な配慮と尊重を求める権利（the right to equal concern and respect）」という、立法に先立って存在する抽象的な道徳的権利であり、このような平等権が各人各様の善き生き方に平等に配慮し尊重することを旨とするリベラリズムの核心とされる[13]。この抽象的な平等権は、すべての人びとを善き生き方について一定の考えを賢明に形成しそれに基づいて行動する自律的な道徳的人格として尊重し、一定の生活様式を個人に強制しないことだけでなく、すべての人びとを苦痛や失望を同じように感じうる人間として扱い、各人が人間らしい自律的な生活を営みうる諸々の前提が実現されるように配慮することをも、国家に対して要請する。彼は、このような平等権を、法の支配や立憲民主制のもとにある法システムを最もよく正当化する内在的な政治道徳と位置づけている。

　ドゥオーキンの正義論が一般に福祉国家的リベラリズムの典型とみられてい

---

12) R. ドゥオーキン正義論・人権論に関する主要文献として、Dworkin, *Taking Rights Seriously*（前出注*11*）（『権利論（増補版）』、小林公訳『権利論Ⅱ』（木鐸社、2001年））; Dworkin, *A Matter of Principle* (1985); Dworkin, *Freedom's Law : The Moral Reading of the American Constitution* (1996)（石山文彦訳『自由の法：米国憲法の道徳的解釈』（木鐸社、1999年））; Dworkin, *Sovereign Virtue : The Theory and Practice of Equality* (2000)（小林＝大江＝高橋(秀)＝高橋(文)訳『平等とは何か』（木鐸社、2002年））などがある。

13) ドゥオーキンのリベラリズムと「平等な配慮と尊重を求める権利」に関する以下の説明は、主として Dworkin, *Taking Rights Seriously*（前出注*11*）, 6 Justice and Rights, 12 What Rights Do We Have ?（『権利論（増補版）』第5章「正義と権利」、『権利論Ⅱ』第11章「どのような権利を我々は有しているか」）; Dworkin, *A Matter of Principle*（前出注*12*）, Part 3 Liberalism and Justice に依っている。

るのは，このように，国家に対する最も根本的な権利として，個人の善き生き方への中立性だけでなく，平等実現のための一種のパターナリズムが要請されているからである。そして，「平等な配慮と尊重を求める権利」に基づく国家による市民の取り扱いの平等とは，彼によれば，「一律に平等に扱うこと（equal treatment）」ではなく，「対等者として扱うこと（treatment as an equal）」を意味し，市民間に格差をつけることが各市民を対等な存在者として扱うことになるのであれば，その格差は正当化されるという。例えば，ロースクールの入学に関して黒人などの少数者を優遇する逆差別による積極的差別是正措置が合衆国憲法修正14条の平等保護条項違反ではないかという問題について，修正14条も少数者を「対等者として扱うこと」を要請していると解釈するドゥオーキンは，この種の措置が経験的に少数者の有利になるかどうかに関する判断を慎重に差し控えつつも，後ほどみるような一種の功利主義的考慮をも組み込んで，デフニス事件，バッキー事件など，このような入試方式を合憲とする連邦最高裁判所判決を支持し，彼の抽象的な平等権からみても正当化できると主張する[14]。

　ドゥオーキンの正義論に関して注目すべきことは，「リベラルな共同体」という構想を導入して，政治道徳と個人倫理を統合的に基礎づけ，後ほどみる共同体主義の批判に対してロールズとは異なる対応をしていることである。ドゥオーキンによれば，その構成員たる市民の個人的な生き方に平等に配慮することはリベラルな共同体の責務であり，個人の善き生の成否も共同体が正義の責任を適切に果たすかどうかによって左右される——正義は倫理の制約条件ではなく，変動関数——という関係にあるから，政治道徳と個人倫理を切り離すことはできず，正義論もまた両者を統合的にとらえる包括的リベラリズムによって基礎づけられるべきである。そして，ロールズの政治的リベラリズムのような「非連続戦略」に対して，平等な配慮を求める権利，とくにその具体的解釈である「資源の平等」構想を，善き生とは，正義が要請する環境をも含め，自己の環境に適切に応答して生きることであり，善き生の価値はその巧みな遂行

---

[14]　このようなドゥオーキンの積極的差別是正措置に関する見解については，Dworkin, *Taking Rights Seriously*（前出注11），9 Reverse Discrimination（『権利論（増補版）』第8章「逆差別」）; Dworkin, *Sovereign Virtue*（前出注12），Chs. 11, 12（『平等とは何か』第11章，第12章）参照。

それ自体の内在的価値にあるとする「挑戦モデル」によって基礎づける「連続戦略」を提唱した。その後,『至高の徳:平等の理論と実践』では,包括的リベラリズムにとって根本的なものは,「挑戦モデル」ではなく,人間の生き方の成功の平等な客観的重要性を認めるものの,その成功に特別の最終的な責任を負うのは本人自身であるとする「倫理的個人主義」であると,若干説明を変えているが,基本的には「連続戦略」を堅持している[15]。

3 基本的自由権の平等主義的位置づけ

ドゥオーキンは,平等な配慮と尊重を求める抽象的権利を実現する制度について,代表民主制と市場メカニズムが平等主義的理由からも不可欠であるけれども,それらが平等な配慮と尊重を求める権利を侵害し反平等主義的な結果をもたらさないように,自由権・市民権と福祉権によって制約・矯正する必要があるとし,全体として立憲民主制と混合経済体制が最も現実的な制度だとみている。ロールズと比べた場合,基本的にほぼ同じ制度を支持しているとみられているが,必ずしもそうとは言えず(393頁参照),また,ドゥオーキンのほうが平等主義的傾向が強く,功利主義的考慮に与えているウエイトも高い。

リベラリズムは,一般に,自由と平等の対立の調整を基本的な政治的課題とすると言われているが,ドゥオーキンは,以上のようなリベラルな平等概念がリベラリズムの構成的政治道徳だとして,自由と平等の対立自体を原理的に否定し,自由は平等の一側面として統合的に理解されるべきだとする。そして,ロールズが,制度レベルでの自由と平等の調整において良心の自由や表現の自由などの一定の基本的自由権に優先的地位を認めているのに対して,ドゥオーキンの場合には,個人は表現の自由などの諸々の個別的自由への権利はもつが,自由自体への権利はもたず,個々の自由権は抽象的な平等権を守るのに必要な限りで認められるとされ,しかも,その判断には一種の功利主義的考慮が組み込まれている。

ドゥオーキンは,代表民主制的多数決原理を,各人の選好に平等な尊重を払いつつ,彼らの選好の満足の総和の最大化をめざすものとして一般的に正当化

---

15) このようなドゥオーキンのリベラリズムの基礎づけ戦略の変化については,巻美矢紀「憲法の動態と静態(二)── R・ドゥオーキン法理論の『連続戦略』をてがかりとして」国家学会雑誌117巻7=8号(2004年)64-110頁参照。

する限りで,功利主義と同じ立場をとる。けれども,現実には多数決によって少数者の平等な配慮と尊重を求める権利が侵害されるおそれがあり,それを防がなければならないと考える。そのために,彼は,自分の生き方に関する「個人的」選好と他人の生き方に関する「外的」選好とを区別し,政治的決定において外的選好を功利主義的計算に入れることは"重複計算"になり,各人の選好が平等に扱われないことになるから,一定の自由権・市民権を予め不可侵なものと規定することによって,外的選好を排除する必要があるとする。その反面,純粋に個人的な選好の総和が,表現の自由などの基本的自由権の一定の制限を要求する場合には,制限しないほうが個人の平等権を侵害することになるとされる。例えば,ポルノ規制について,道徳的に悪だからという法的モラリズムに基づく理由は外的選好だが,自分が何か具体的被害を受けるからという理由は個人的選好であり,このような個人的選好の総和が規制反対の選好より大であれば,規制が正当化されるとする。

　このような考え方については,個人的選好と外的選好の区別が現実には難しいという,ドゥオーキン自身も認めている難点の他,外的選好の算入が何故重複計算になるのかとか,このように限定された功利主義的計算によって正当化しうる自由の制限は,基本権の反功利主義的"切札"作用を空洞化しかねないほど広範に及ぶのではないかなど,疑問も多い。

4 「資源の平等」構想

　平等な配慮と尊重を求める抽象的権利が財の分配に関して要請する正義原理について,ドゥオーキンは,すべての人びとの主観的な選好や快楽などの充足が大体均等になるように求める「福祉の平等」構想を退け,各人各様の善き生き方の追求に利用可能な財・機会などの資源をできるだけ均等に分配する「資源の平等(equality of resources)」構想を提唱する[16]。ドゥオーキンは,このような「資源の平等」こそ,人間の生き方の成功に対しては本人自身が責任を負うとする「倫理的個人主義」と連続する正義論の在り方であり,"機会の平等"でも"結果の平等"でもなく,個人的責任を強調する「旧右派」と集団的

---

[16] ドゥオーキンの平等論は,Dworkin, *Sovereign Virtue*(前出注12)(『平等とは何か』)において体系的に展開されているが,既発表論文を本書に収めるにあたって見解が修正されている箇所もある。以下の説明は基本的に本書に依っている。

責任を強調する「旧左派」の論争を統合できる「第三の道」であるとする。

「資源の平等」とは，各人のもつ資源が他者に及ぼす機会費用を平等化する分配が正義に適っているとする考え方である。ドゥオーキンは，市場の初期的分配について，無人島に漂流した人びとが公正な条件のもとで「競売」を繰り返して行い，すべての人びとが各人に配分された資源の組み合わせを相互に羨まない状態が達成されると，「羨望テスト」が充足されるという比喩で説明している。各人は，その後は，このように平等に分配された資源を用いてそれぞれの善き生を営むことになるが，自己の財に労働によって変更を加えたり他者と取引交換したりする結果，各人の能力差や運・不運によってやがて貧富の差が生じるようになる。このような市場過程で生じる不平等について，ドゥオーキンは，個人の「人格」（選好・企図）とその「環境」（身体的・精神的能力）を区別し，健康・知力・体力などの人格的環境を，非人格的な環境（土地・天然資源などの物的資源）とともに，資源に含ませ，個人の選好・企図に起因する不平等は自己責任であり，是正すべきではないのに対して，生来の能力や災害など「環境」から生じる不平等は，公正の観点から国家の再分配によって是正する必要がある，と主張する。そして，その是正方法として，平均的に人びとが障碍などの能力の欠如に備えてどの程度の塡補額でどのような額の保険を掛けるかを仮想したときにその保険料に相当するものを所得税とし，所得がその平均的塡補額に達しない者には徴収された税金によって補償するという，「仮想保険市場」を模倣する所得税制度を提唱している。

ドゥオーキンのこのような考え方は，各人の責任に帰すことのできない自然的社会的偶然が資源配分に及ぼす影響をできるだけ少なくしようとする点では，ロールズの格差原理と基本的に同じである。だが，ドゥオーキンは，格差原理では正義が社会の最も不利な状況にある人びとという「集団的地位」ないし「階層」と結びつけられていることに反対し，正義は原理上個人の権利問題であり，各人に対して個別化して規定されるべきだと考えており，個人が一定の生活水準の確保を国家に対して要求する福祉権をもち，国家もこのような権利を実現する義務を負っているとする。ロールズの格差原理によって福祉権を基礎づけようとする試みもあるが，彼自身は基本権と位置づけていなかったのに対して，ドゥオーキンは社会権的人権をも明確に承認しており，基本権の範囲はロールズよりも広い。この点では，ドゥオーキンのほうが自由権と社会権を

人権保障の二本柱としている現代人権論により適合的な理論的基礎を提供していると言えよう。

4 リバタリアニズム

1 福祉国家批判から市場原理主義へ

1970年代末から80年代にかけて，個人の自由を非妥協的に擁護するリバタリアニズム（libertarianism）と呼ばれる思潮が台頭し，古典的自由主義の正統な継承者と称して，"戦後コンセンサス"，すなわち，多数決民主制下の福祉国家およびそれを正当化してきた社会的正義の観念，社会民主主義，平等主義的リベラリズムを厳しく批判しはじめる[17]。

リバタリアニズムは，完全自由主義，自由至上主義，自由尊重主義などと訳されるが，その共通の基本的特徴は，個人の自由，私有財産権，自由競争市場を最大限尊重する個人主義的立場を基礎に，強制的な権力行使に関わる政治や国家をできることなら無くし，それが無理ならば，最小化し，法によって厳しく規制しようとすることである。そして，正義論に関しては，正義の範囲を私人間の水平関係における交換的・矯正的正義に限定し，国家と私人との垂直関係における配分的正義，とりわけ再分配的な社会的正義を厳しく批判する一方，他方では，一般的ルールや手続の遵守自体に，そこから生じる結果とは独立に，固有の価値を認める手続的正義の観念を重視し，平等の観念をこのようなルール・手続のもとでの形式的平等に限定する。平等や福祉の問題については，社会的経済的不平等は原則として正当化を必要とするという，いわゆる"平等の

---

[17] リバタリアニズムの法理論・正義論の概要については，N. P. Barry, *On Classical Liberalism and Libertarianism* (1986)（足立幸男監訳『自由の正当性：古典的自由主義とリバタリアニズム』（木鐸社，1990年））; Barry, *Libertarianism in Philosophy and Politics* (1991), D. Boaz, *Libertarianism : A Primer* (1997)（副島隆彦訳『リバタリアニズム入門』（洋泉社，1998年）），デイヴィッド・アスキュー「リバタリアニズム研究序説（1）（2・完）―最小国家論と無政府資本主義の論争をめぐって」法学論叢135巻6号，137巻2号（1994-95年），森村進『自由はどこまで可能か：リバタリアニズム入門』（講談社，2001年），森村進編『リバタリアニズム読本』（勁草書房，2005年）など参照。リバタリアニズムに対する私見については，田中成明「リバタリアニズムの正義論の魅力と限界―ハイエク，ノージック，ブキャナン」法学論叢138巻4=5=6号（1996年）参照。

推定"にはほぼ一致して反対し，困窮者の救済は，慈善・慈愛の問題として個々人の自発的活動にゆだねておけばよいとして，正義の問題，いわんや個人の権利の問題とすることには批判的である。

リバタリアニズムの福祉国家批判は，社会的正義に対する以上のような原理的批判とともに，社会的正義の実現や福祉の供給に関わる国家機構・政治過程に対する制度的不信にも基づいている。国家自体に批判的な主な理由としては，国家の強制的権力自体がつねに個人の自由を侵害する潜在的可能性をもっていること，国家の活動は市場よりも非効率的であること，国家による福祉提供が予期通りの効果をあげないのみか，"依存文化"など望ましくない弊害を生み出す副次的効果があることなどが挙げられている。

リバタリアニズムは，以上のような基本的立場を共有しているが，そのような立場の正当化理論や具体的な正義論・国家論などはかなり多様であり，幾つかの陣営に分かれている。いろいろな分類がなされているが，最も一般的なものは，国家論による区別であり，通常，(i)国家を完全に否定してその全面的解体を説く「無政府資本主義（anarcho-capitalism）」（M. N. ロスバード，D. フリードマンなど），(ii)国家の正統な役割を国防・警察・司法に限定する夜警国家的な「最小国家論」（R. ノージック，A. ランドなど），(iii)一定の条件のもとでセイフティ・ネットとしての福祉の供給なども国家の正統な役割とみる「小さな政府・制限政府論」（F. A. ハイエク，J. M. ブキャナン，M. フリードマンなど）の三つに分類されている[18]。正当化理論に関しては，ノージックのロック的自然

---

18) 各グループの代表的論者について，邦訳のある主要文献を挙げておく。M. N. Rothbard, *The Ethics of Liberty* (1998)（森村進＝森村たまき＝鳥澤円訳『自由の倫理学：リバタリアニズムの理論体系』（勁草書房，2003年），D. Friedman, *The Machinery of Freedom : Guide to Radical Capitalism*, 2nd ed. (1989)（森村＝関＝高津＝橋本訳『自由のためのメカニズム：アナルコ・キャピタリズムへの道案内』（勁草書房，2003年），R. Nozick, *Anarchy, State, and Utopia* (1974)（嶋津格訳『アナーキー・国家・ユートピア：国家の正当性とその限界』（木鐸社，1992年）），A. Rand, *The Virtue of Selfishness : A New Concept of Egoism* (1964)（藤森かよこ訳『利己主義という気概』（ビジネス社，2008年）），F. A. Hayek, *The Road to Serfdom* (1944)（西山千明訳『隷従への道』（春秋社，1992年））；Hayek, *The Constitution of Liberty* (1960)（気賀健三＝古賀勝次郎訳『ハイエク全集5～7：自由の条件Ⅰ～Ⅲ』（春秋社，1986-87年））；Hayek, *Law, Legistlation and Liberty*, Vol. 1~3 (1973-79)（矢島＝水吉＝篠塚＝渡部訳『ハイエク全集8～10：法と立法と自由Ⅰ～Ⅲ』春秋社，1987-89年）），J. M. Buchanan (with G. Tullock), *The Calculus of Consent* (1962)（宇田川璋仁監訳『公共選択の理

権論，ブキャナンのホッブズ的社会契約説，M.フリードマンの功利主義など，様々である。

　リバタリアニズムは，イギリス，アメリカ，日本など，主要な自由主義諸国において1970年代末から80年代はじめにかけて相次いで成立した新自由主義的な保守政権のイデオロギー的基礎を提供したとみられている。現代の民主制国家の政治経済の病理的構造を痛烈に批判し，"戦後コンセンサス"に軌道修正を迫るインパクトを与え，現実政治にも大きな影響力をもった。けれども，理論的には，その極端で一面的な立場や主張には反発も多く，その影響力は経済・財政・政治などの具体的状況次第で左右されてきている。その原理的な問題提起には独特の魅力もあり，ロスバードやD.フリードマンらの無政府資本主義者の国家解体プログラムなどは，社会的SFなどと揶揄されることもあるが，裁判外代替的紛争解決手続（第9章4参照）や刑事司法における「非犯罪化」「ディヴァージョン」「刑務所民営化」（第8章3①参照）などの「非＝法化」政策，国連などの国際組織や各種民間組織のネット・ワークの整備による主権国家との競争ないし協働の促進などの問題の考察に貴重な示唆と展望を与えている。

　ここでは，R.ドゥオーキンと並ぶ代表的な権利基底的立場の唱道者とみられているR.ノージックと，法的な制度・ルールを重視する立場として注目されているF.A.ハイエクとJ.M.ブキャナンの見解をみてみよう。

2 R.ノージックの最小国家論

　リバタリアニズムは，全般的にニュー・ライトと位置づけられているが，ノージックは，ニュー・レフトとみられており，かなり特異な位置を占めている。また，彼がその主著『アナーキー・国家・ユートピア』で展開している理論は，

論：合意の経済論理』（東洋経済新報社，1979年））；Buchanan, *The Limits of Liberty : Between Anarchy and Leviathan* (1975)（加藤寛監訳『自由の限界：人間と制度の経済学』（秀潤社，1977年））；Buchanan (with G. Brennan), *The Reason of Rules* (1985)（深沢実監訳『立憲的政治経済学の方法論：ルールの根拠』（文眞堂，1989年）），M. Friedman, *Capitalism and Freedom* (1962)（熊谷尚夫＝西山千明＝白井孝昌訳『資本主義と自由』（マグロウヒル好学社，1975年）），M. & R. Friedman, *Free to Choose* (1980)（西山千明訳『選択の自由』（日本経済新聞社，1980年））など。以下，これらの文献からの引用注は省略する。

ドゥオーキンと並んで権利基底的理論の双璧とみられているが，ロールズやドゥオーキンらの平等主義的な社会的正義論とは全く対照的に，福祉国家や社会的正義を全面的に否定する。

ノージックは，権利を何らかの最大化されるべき目的とか達成されるべき結果状態ではなく，諸々の目的志向的活動に対する「横からの制約（side-constraints）」ととらえ，他の社会的目的とのトレード・オフはもちろんのこと，権利侵害を社会全体として最小化するために個人の権利を制約すること（権利功利主義）をも禁止するという，きわめて強い権利基底的立場をとる。彼は，このような強い義務論的な道徳的制約によって個人の権利が保護されてはじめて，各人が自分の人生を何らかの全般的計画に従って形成し意味あるものにすることが可能になると考えている。そして，その道徳的基礎を，個々人は目的でありたんなる手段ではないから，個人の同意なしに他人の目的達成のために犠牲にしたり利用したりすることは許されないというカント的原理に求めている。

個人の権利の具体的内容については，ノージックは，ロック的な自然権論を承継して，各人は，生命・身体，自由，財産を侵害されず，侵害に対して処罰し賠償を求めたり自分や他人を守ったりする絶対的な基本権をもっている，と主張する。それに対応して，国家の正統な機能は，暴力・詐欺・窃盗・契約破棄に対して人びとを守るという夜警国家的作用に限定されるべきであり，このような「最小国家（minimal state）」以上の機能をもつ，社会主義国家や福祉国家などの「拡大国家（extensive state）」は，これらの個人権を侵害するものであり，何らの道徳的正統性ももたない，と断言する。

ノージックは，「国家は，市民に他者を扶助させる目的とか，人びとの活動を彼ら自身の善や保護のために禁止する目的のために，その強制装置を使用してはならない」と，国家による市民のための一切のパターナリズム的配慮を認めない。そして，所得再分配のための累進課税は強制労働と変わらない，と厳しく批判するのをはじめ，社会的経済的弱者救済のための財産権や自由の制約は，個人を他者のための資源として扱うことになり，個人の別個独立性を無視するものとして拒否し，弱者救済は個々人の自発的な行為にゆだねておけばよいとする。

国家の実現すべき正義は，交換的・矯正的正義に限定され，配分的正義は，

拡大国家を正当化するものとみられ，否定される。とりわけ功利主義的および平等主義的な配分的正義に対しては，配分の最終結果を何らかの範型にはめようとする「結果状態（end-state）原理」であり，国家による一定の範型の押しつけは，個人の自由を侵害し，専制的な再分配を正当化するものだと，厳しい批判を浴びせている。ロールズの社会的正義原理もこの種の原理として槍玉に挙げており，財の生産・獲得と配分とを切り離して論じる，彼らの社会的正義論の主題設定自体に問題があるとする他，とくに格差原理について，個々人の才能を「社会的共同資産」とみることが，才能に恵まれた者を他者の福祉の手段とし，彼の強調する個人の独自性の尊重と矛盾するのではないか，という批判を浴びせている。

　ノージック自身は，自由な社会では，個々人が様々の異なった資源をコントロールし，配分は多数の個人の自発的な行動と交換によるべきだとする立場をとり，個々人が特定の財を獲得した「歴史」を重視し，財の獲得・承継・修復に関する手続的ルールに従うことによって得られる「権原（entitlement）」を正しい配分の規準とする「歴史的権原理論」を提唱している。このような正義論においては，拡大国家は必要とされず，現実には，市場メカニズムの作動に対して全面的な道徳的正当化を与える市場原理主義に他ならない。

　このような現代の拡大国家の道徳的正統性をラディカルに問い直す思考実験的な理論は，現実政治にはほとんど影響力をもたなかったものの，当時の支配的な社会的正義論の潮流に挑戦する対抗理論として一時華々しい注目を集めたが，問題も多い。

　まず，ノージックの理論自体に対して，権利の道徳的基礎を各人がその人生を意味あるものにする能力に求める彼の立場からすれば，社会的経済的資源に関する一定の生存権的社会権も不可欠となるのではないかとか，他者の権利を侵害するおそれのある行為も，差別的な不利益が補償されれば禁止してもよいとする，彼のいう「賠償原理」を拡大すれば，福祉国家も正当化できるのではないか，といった内在的な疑問が提起されている。

　ノージックが批判する論者からは，例えば，ロールズは，その格差原理は決して個々の配分の結果が一定の範型に合致することを要求するものではないと反論し，逆に，背景的正義に関する構造的原理を欠き，すべてを個々人の合意にゆだねてしまうノージックの純手続的正義論では，不正義の除去にも公正な

社会への構造変革にも全く役立たない,と批判する[19]。また,平等主義的権利論を展開するドゥオーキンは,国家と一切無関係に基本権を独断的に規定し,所有権を他の権利よりも重視していることや,"全か無か"というレトリックで自由に対する一切の干渉を専制的として排除していることを批判する[20]。

さらに,H. L. A. ハートに代表されるように,ノージックが功利主義に批判的であるにもかかわらず,一定の条件が充たされている限り,社会の富が少数者に集中しようが,多数者の間でより平等に配分されようが,問題にしない点では,功利主義と同一の欠陥をもつことを批判する者も多い[21]。

3 F. A. ハイエクの自生的秩序論と社会的正義批判

リバタリアニズムのなかで,無政府資本主義や最小国家論が現実政治にほとんど影響力をもたないのに対して,小さな政府論・制限政府論は,その理論が現実主義的なこともあって,政治・経済・法などの領域において世界的に根強い持続的な影響を及ぼしている。

なかでも,ハイエクは,すでに古典的自由主義を擁護して中央集権的計画経済を論難した『隷従への道』(1944年)以来,社会主義や福祉国家に対して時流に抗した厳しい批判的姿勢をとり,法の支配と自由競争市場のもとで自生的に生成し作動する自由な社会の熱烈な擁護者として知られていた。『自由の条件』(1960年)では,福祉国家のもとでの累進課税や社会福祉政策による所得再分配に批判の矛先を向け,とくに官僚の支配する行政国家が,恣意的強制によって個人の自由を侵害し,法の支配の衰退をもたらしていることに警鐘を鳴らしたが,刊行当時は,まだ戦後コンセンサスが支配的であり,『隷従への道』ほどの注目を集めることはなかった。

だが,福祉国家体制の限界・弊害が関心を集めはじめた70年代に入って,『法・立法・自由(全3巻)』(1973-79年)では,矛先を社会的正義の観念に向

---

19) Rawls, *Political Liberalism*(前出注6), pp. 281-85 参照。

20) B. Magee (ed.), *Mens of Ideas* (1978), 13 Philosophy and Politics: Dialogue with Ronald Dworkin(磯野友彦監訳『哲学の現在:世界の思想家十五人との対話』(河出書房新社,1983年)13「哲学と政治—ロナルド・ドゥオーキン」)参照。

21) H. L. A. Hart, Between Utility and Rights, in Hart, *Essays in Jurisprudence and Philosophy* (1983)(小林公=森村進訳『権利・功利・自由』(木鐸社,1987年)第6章「効用と権利の間」))参照。

け，社会主義の影響のもとで福祉国家の各種の弊害を生み出している元凶として槍玉に挙げて，再び脚光を浴びることになった。ハイエクは，「取引（bargaining）民主主義」に堕した議会制民主主義のもとで，社会的正義の観念が，多数派がその勢力維持のために様々の利益集団の要求に応えて利益配分を"政治的必要"——社会的正義の"必要原理"に対するあてこすり——に応じて行う場合の隠れ蓑として用いられていることを厳しく批判し，「政府ないし政治の失敗」はすべて社会的正義のせいだと言わんばかりに酷評する。

　ハイエクのこのような社会的正義批判は，彼独特の社会観に基づいている。彼は，社会制度をすべて熟慮に基づく設計の産物とみる，デカルト，ルソーらにはじまる「設計主義的（constructivist）」合理主義を批判して，自己の社会観を，社会秩序が主として環境の変化に自己の内的状態を不断に適合させて自己維持をはかる淘汰的進化過程によって自生的に生成してきたとみる，ヒュームやアダム・スミスらにはじまる「進化論的（evolutionary）」合理主義の立場を継承するものと位置づける。そして，このような「自生的秩序」の典型が，市場や私法など，各人の多様な目的がそのなかで実現されるように手段や手続についてのみ合意が存在する抽象的秩序であり，軍隊・企業や公法など，特定の共通の目的の実現をめざす「組織」とは区別されるべきだとする。彼の設計主義批判は，それがすべての社会秩序を組織としてとらえるため，自生的秩序が圧迫され，個人の自由が侵害されていることに向けられているが，社会的正義批判も，このような設計主義批判の一環である。

　ハイエクによれば，H. ケルゼンらの法実証主義は，この設計主義の法理論版であり，正義に適った行動に関する一般的抽象的ルールである私法と，特定の目的を実現する手段として政府に向けられる命令である公法とを混同し，議会の制定するものがすべて法だとする立法万能イデオロギーを生み出した。この立法万能イデオロギーが議会制民主主義の既述のような弊害をもたらしているのであるが，ハイエクは，社会的正義の実現をめざす社会的立法が，特定の集団に政府が便宜を与える手段として法を用いることを一般化し，私法の公法への転換を推進したという事情がその背景にあったとみている。

　社会的正義の観念は，歴史的には，貧困者救済のための最低限の生活保障に照準を合わせて，社会主義運動やカトリック教会で用いられはじめた。だが，次第に個人のメリット・功績・必要など，各人が値するものに関する一定の規

準に応じた所得再分配を要請するようになり，現在では，既得権益の保護をも含めて，特定集団の利益のために政府の活動を求める要求が，ほとんど社会的正義の名のもとに行われていると，ハイエクは厳しい眼でみている。

　ハイエクは，正義は個人の行動の一般的ルールへの違反について抽象的かつ消極的に語りうるだけだと考えており，市場のような自生的秩序における財の分配の結果について，功利主義や社会主義のように，社会的正義を云々し，何らかの範型を規定する規準によってその正・不正を評価することは，無意味で不可能だとする。そして，政府が強制権力を行使してそのような社会的正義を実現しようとすれば，市場メカニズムが麻痺するだけでなく，個人の責任ある自由な活動が圧殺され，全体主義体制に近づくことになると，『隷従への道』以来のおなじみの批判を浴びせている。また，個人の権利を「一定の私的領域の保護」と，伝統的な私権中心に考える立場から，一定の自由権的基本権はその延長線上で擁護するが，人権観念自体の基礎づけには関心を示さず，政府に対して特定の便益を請求する社会的・経済的人権は明確に否定しており，基本的人権のカタログを社会権的人権にまで拡充することには批判的である。

　ハイエクの社会的正義批判は，彼独自の市場擁護論とも表裏一体の関係にある。彼は，価格をシグナルとする競争過程である市場を，腕と運の組み合わせによって結果の決まる一種のゲームとみており，人びとの予見能力や環境についての知識が限られているなかで，個人が自分のもっている知識を自分の利益のために使用できる自由を重視する独特の知識観に基づいて市場を擁護する。彼が社会的正義実現のための政府による市場過程への介入を全面的に否定するのは，それが人間の知識の限界を超えた企てであることに加えて，価格のシグナル機能を損ない，個人のこのような自由を侵害するからである。それ故，彼は，セイフティ・ネットとしての社会的ミニマムの保障を，賃金や生活必需品価格の法的規制によって行うことには反対するが，市場外での政府のサーヴィスとかいわゆる負の所得税などによって行うことには反対しない。

　ハイエクは，ノージックのように，夜警国家的な最小国家だけを唯一正当化可能なものとはみておらず，政府が福祉や所得再分配などに関与することも，法の支配と両立する限り認めている。だが，その場合でも，政府の役割をできるだけ限定しようとしており，教育，郵便，電信電話，社会保障，通貨発行などの政府独占には反対し，また，中央政府が現在行っているサーヴィスの大部

分は地方政府に委任したほうがよいと主張する。

　全般的に,「政府ないし政治の失敗」に厳しい眼を向けているわりには,ノージックと同様,「市場の失敗」にはほとんど眼をつぶっている。これは,「自由とは,我々の運命を我々のコントロールできない諸々の力にある程度までゆだねてしまうことだ」という達観に基づくのかもしれない。だが,個人の自由という価値には,市場原理にゆだねるべきではない側面もあり,また,企業組織中心の現存の市場メカニズム(「組織化された市場」)は,個人の自由の尊重と必ずしも両立しないことも多く,彼らほど市場原理を楽観的(あるいは諦観的)に信奉することができるか,やはり問題であろう。

　興味深いことは,ハイエクが,ロールズの正義原理について,社会的正義の観念を用いているにもかかわらず,自分の見解と実質的な相違はないとみていることである。たしかに,ロールズは,ハイエクの批判する社会契約説的な設計主義の流れを汲んでいることとか,背景的正義のレベルであれ,所得や富の分配に関して平等主義的な格差原理を提唱していることなど,重要な相違もある。けれども,人間の知識の限界や個人の多様性に配慮して正義原理の役割を限定していること,公共的な一般的ルール・制度・手続などの独自の内在的価値を高く評価していること,個人の基本的自由権と社会的経済的利益とのトレード・オフを厳しく禁止していること,分配的正義について,功績の観念や特定目的をその規準とすることを拒否し,手続的正義の観念を用いて分配の結果を道徳的に中立的に理解していることなど,両者の一般的アプローチが意外に類似していることは注目されてよかろう。

4　J. M. ブキャナンの立憲契約説的公共選択理論

　ブキャナンは,『自由の限界:アナーキーとリヴァイアサン』(1975年)などで,自由な個人が「相互の寛容と尊敬」という最小限の制約のもとで自発的に相互作用し合う「秩序だったアナーキー」を理想として提示し,リバタリアニズムの代表的論者とみられている。ミクロ経済学の個人的効用最大化行動モデルを政治過程にも拡大適用する「公共選択(public choice)」派政治経済学の提唱者としても知られているが,「公共選択」理論自体は,「法と経済学」アプローチ(第14章2②参照)の政治学版とみることができ,その意義や問題点もかなり共通している。ここでは,ルールのレベルにおける全員一致の合意によって

現状（status quo）の評価とその改革の基準を提示しようとする立憲主義的な社会契約説的構想に焦点を合わせ，ノージック，ハイエクと対比しつつ，その基本的見解をみておこう。

　ブキャナンは，ノージックと同様に，個人だけが価値の唯一の源泉だとするカント的立場をとるけれども，個人の権利を財・資源の帰属という静態的な観点からみるノージックの見解を批判して，財産権をはじめ個人の権利を全員一致の合意に基づかせ，権利の動態的な調整を認める立憲契約モデルを提唱する。ノージックがロック的自然権論を継承するのに対して，ブキャナンは，ホッブズ的アナーキーが「自然分配」という概念上の均衡状態に達すると，武装解除に関する契約を締結し，略奪や防衛に用いる資源を直接生産に向けたほうが，すべての人びとの相互の利益になるから，立憲契約が締結され，それによってはじめて財産権が確立されるという，社会契約説の伝統を継承する。

　正義論に関しては，ブキャナンは，ルールが正義の基礎であり，ルールの遵守自体に固有の価値があるとする手続的正義の観念を重視し，社会的正義についての外生的規準の存在を個人の自由を犯すものとして否定する限りでは，基本的にハイエクと同じ立場をとっている。だが，立憲契約による合意の前提ないし条件として，財の生産能力の著しい格差，分配の不平等の現状を強制権力によって維持し続ける限界などを考慮して，厳密にみれば相互利益にならない財の移転を認める一種の再分配的ルールがその条項に含まれる概念的可能性を認める点で，ハイエクともノージックとも異なる。このような立憲契約説的合意による再分配問題への対応は，リバタリアニズムからみれば自己否定的な再分配政策・制度をも正当化する可能性があることが注目される。

　ブキャナンは，ハイエクと同様，現実の国家活動・政治過程の病理現象を批判的に分析し，国家や政治の役割をできるだけ小さくするとともに，法の支配と立憲主義によって厳しくコントロールすることをめざして，政治改革戦略を提唱している。両者の見解は，相互に影響し合っているが，進化論的アプローチと社会契約的アプローチの間には，かなり重要な対照がみられる。交換パラダイムを政治過程に拡大適用し，強制的な政治・国家をできる限り自発的合意に基づかせようとするブキャナンの公共選択理論のほうが，リバタリアニズムの特徴の一つとされる「政治の経済への縮減」傾向の問題性がより鮮明にみられる。

ブキャナンは，政治も，市場と同様，相互利益のための複雑な交換過程であり，政治におけるゼロ・サム・ゲーム的紛争は，合意による協調的なポジティブ・サム・ゲームに変えることができるという，楽観的な見方をしている。そして，ある一定の利益の実現を政治か市場のいずれによるかは，不完全な制度間の選択であり，コスト計算に基づく合意によって純手続的に決められるべきだとする。彼は，このような政治観を可能とする前提条件として，公共選択における全員一致テストの適用を制度的ルール自体の選択に限定し，このようなルールへの事前のコミットメントに拘束される立憲主義が受け容れられなければならないことを強調する。立憲主義の主な論拠としては，ルールの一般性・半永久性による不確定性が，相互の合意の潜在的可能性を高めるという，戦略的な理由（不確定性のヴェール）とともに，公共選択において，短期的視野から消費的な効用最大化行動が積み重なって，誰もが望まない非効率的な結果が生じないようにする制度的工夫として不可欠だという，ルール功利主義的理由を挙げている。短期的利益と長期的利益を誰がどのような基準に基づいて識別するかという疑問もあるが，経済主義的な政治の見方の限界を経済主義的論法で示そうとする，立憲民主制の政治経済学的擁護論の試みとして興味深い。

　ブキャナンの見解がリバタリアニズムのなかで特異な位置を占めているのは，立憲契約によって，法的強制に関わる「守護国家」——ノージックの最小国家にほぼ対応——だけでなく，かなり広範に公共財の供給に関わる「生産国家」をも，正統な国家として形成されることを認めていることである。彼は，公共財の供給と費用負担に関する決定作成ルールも，立憲契約で同時に合意されないと，個人の権利は「政治的略奪」にさらされ，財産権の取り決め自体が無意味になることを強調する。そして，生産国家の活動が，多数決民主制・官僚制のもとでは，投票者，政治家，官僚らがそれぞれ短期的効用最大化行動をとるため，多数者による少数者の「搾取」，政府予算の膨張，国家の肥大化などの病理的現象が必然的に生じることを，"反ないし半"マルクス主義とでも評すべき論法で説得的に分析する。

　しかし，ブキャナンは，このような現在の制度的欠陥を，他の多くのリバタリアニズムのように，政治ないし政府の失敗とみて，市場原理主義を説くことはしない。彼の本領は，このような制度的欠陥は，市場の失敗，政府の失敗のいずれによるものでもなく，立憲段階での個人の権利に関する合意が不完全だ

ったことによるものとみて,「現存の構造を, 継続中のあるいは絶えず交渉されている契約の結果であるかのごとく評価する」立憲的再交渉の必要を説くところにある。

ブキャナンは, 現在における立憲的再交渉の中心問題が個人の私有財産と平等主義的分配との調整であると理解し, 政府からのレント・シーキング (rent seeking) 活動を減らすための財政原則の改正を中心に, 個人財産権擁護に偏っているけれども, 考え方自体としては示唆に富む戦略を提唱している。彼は, 個々人が, 現実の社会の背後につねに存在するアナーキー的均衡における自然分配への移行を想定して, 再交渉によって獲得できると期待する立場, つまり個々人の再交渉期待の枠内での権利のセットを基準として, 権利分配の現状を評価し, 権利の動態的調整を試みる可能性を承認する。彼によれば, 権利分配の現状と社会の大多数の成員の再交渉期待のセットとの距離が拡大した場合, 民主的な政治過程のもとでは, 政府が, 現存の権利構造を強制し続けることは困難であり, 長期的には不可能だから, その距離を容認できる限界まで戻すように, 立憲契約を再交渉することが唯一の可能な方法である。それ故, 将来における徹底的な改革による不利益を予期して, より大きな安全と交換に, 社会成員の誰かの現在の権利の名目上の価値を減らす同意が受け容れられ, 一種の再分配的要素を含んだ立憲契約が締結し直されることになる。

このような立憲的再交渉による憲法革命の提唱が, 現状改善に何らかの規範的指針を提示しうるかどうか疑問は残る。だが, 不利な再分配ルールへの同意の動機の現実主義的な政治力学的説明としてはそれなりに理解できる。

ブキャナンは, リバタリアニズムの共通の関心事である福祉国家解体問題についても, 退職後の年金による社会保障問題を具体例に取り上げて, 基本的な考え方を示している[22]。彼によれば, この場合でも, 現存の構造の変更が望ましいか否かの決定は, 全員一致テストによるべきであり, その変更によって利益を得る人びとが現存の構造のもとで請求権をもっている人びとに補償してもなお余剰金が残るならば解体されるべきであり, このような解体という断固たる行動をとらず福祉国家構造を続けるコストのほうがはるかに大きい。そして, 廃止後の仕組みについては, 市民は, 私的保険によるか政府の保険による

---

[22] J. M. Buchanan, Dismantling the Welfare State, in Buchanan, *Liberty, Market and State* (1986), pp. 178-85 参照。

かを選択でき，もし市民が望むならば，効率的な年金機構と並んで再分配的機構を創設してはならない理由は全くない。

　以上のようなブキャナンのかなり楽観的な制度改革提案の実行可能性には疑問もあるが，福祉政策・制度の在り方を究極的には市民相互の合意に基づかせようとする戦略自体は魅力的である。だが，政治改革のための合意形成をもっぱら経済的なコスト・ベネフィット計算に基づかせ，しかも，個々人のその時々の顕示選好に示される選択に無条件的にゆだねることは，基本的に選好集積型民主制として政治過程をとらえるものであり，対話的合理性基準を制度化した熟議民主制として政治過程を理解する立場からは，討議・合意の対象・主題やその手続過程などに偏りがあり，全面的には支持し難い。

5　リベラリズム批判の諸潮流

1　社会主義

　社会主義的正義論は，平等主義の典型であるが，リバタリアニズムや功利主義だけでなく，ロールズらのリベラリズム正義論に対しても，原理上批判的な姿勢をとっているものが多い。だが，社会主義のリベラリズム正義論批判には，その代表的形態であるマルクス主義の正義論以来，根本的にアンビヴァレントなところがある。

　マルクス主義の正義論には，階級的虚偽意識を暴露し批判するという関心から，正義という観念を現存の資本主義的経済関係・階級的支配体制の合理化イデオロギーにすぎないとみるイデオロギー批判的側面と，「各人からその能力に応じて，各人にその必要に応じて」（マルクス『ゴータ綱領批判』）という理想的な分配が実現される階級なき共産主義社会をめざすユートピア的な側面とが並存していると言われる。マルクス自身は，正義や権利を，利益の対立の存在を前提としてその調整をめざす本質的にブルジョア的観念だと批判し，生産力が高まり富が豊かになり対立もなくなり分配的正義を云々する必要のない共同体の実現をめざしていた。「各人からその能力に応じて，各人にその必要に応じて」という定式も，本来は分配的正義の観念が不要となる社会状況の記述として提示されたものである。その後のマルクス主義的正義論は，この定式を平等主義的な分配的正義原理と位置づけて，この「必要原理」の可及的実現とそ

れに基づくブルジョア的正義原理批判を基軸に展開されてきた。そして,「各人の自由な発展が万人の自由な発展の条件である」(マルクス＝エンゲルス『共産党宣言』)共同体の実現という意味では,自由の実現を究極的目的としているが,手段的には不平等の是正と平等の実現を重視してきており,典型的な平等主義的正義論とみられている。

　社会主義的正義論によれば,ブルジョア的正義論は,法的・政治的権利の平等や機会均等などの形式的平等を主張するだけで,社会的経済的資源へのアクセスにおける実質的不平等を覆い隠し正当化している,と批判される。そして,実質的平等の実現のためには,分配の問題を生産の問題から切り離して論じるのではなく,生産関係自体の変革をめざさなければならないとされ,資本主義的市場メカニズム,とりわけ私有財産制が,資本家による労働者の搾取,労働過程やその生産物,さらには人間からの人間疎外という不正義を生み出しているから,階級闘争・革命によってこのようなメカニズムを打破することが不可欠とされる。その実現手段としては,私有財産制の廃止,生産手段の公有化,中央集権的計画経済が提唱され,理想的な社会が実現された暁には,階級支配の道具としての国家や法は死滅するが,過渡期には,プロレタリアート独裁が必要であるとされた。

　現実にこのような共産主義国家が成立したのは,ロシア・東欧などの資本主義・民主制の発達の遅れていた諸国であった。これらの共産主義国家では,当初はある程度の目標は実現されたものの,次第に生産力は停滞し,官僚機構の肥大化・閉鎖性・非効率をもたらし,一党独裁体制のもとで個人の自由や権利は抑圧され,1970年代以降,経済的危機が深刻化し民主化要求が高まり,80年代末から90年代はじめにかけて,相次いで崩壊してしまった。

　他方,西欧諸国の社会民主主義は,議会制民主主義のもとで資本主義経済の修正による福祉国家の実現をめざし,第一次世界大戦後,イギリスやドイツなどで政権の座についたこともある。だが,次第に政府の肥大化・財政膨張をもたらし,70年代末から行き詰まりはじめ,新自由主義的保守政権の成立やリバタリアニズムの台頭のなかで守勢に立たされることになった。

　このような状況のなかで,イギリスのD.ミラーらのフェビアン協会グループが,リバタリアニズムの批判的検討をふまえ,ロールズらの社会的正義論や共同体主義からも学びつつ,従来の「国家社会主義」の市場否定論に代わって,

むしろ，市場を経済的効率だけでなく個人の自由や民主制の促進にも必要不可欠な制度としてとらえなおす「市場社会主義」を提唱し，新展開を試みている[23]。

市場社会主義においては，搾取や疎外などの不正義を生み出すのは，市場メカニズム自体ではなく，資本の私的所有とみられ，労働者協同組合などによって資本所有を社会化し，労働環境を民主化すれば，市場メカニズムは，個人がそれぞれの個性を伸展しつつ自発的交換に携わることによって，自由・正義・効率という価値を協調的に調整・実現することができるとされる。ただ，市場メカニズムだけで搾取や疎外を完全に除去することはできないから，国家が著しい不正義の矯正などにアド・ホックに介入する必要があり，その方法としては，第二次的な再分配よりも第一次的な所得の平等化によって分配的正義を実現するのが適切だとされる。そして，このような国家の経済的役割は民主的政府によって果たされなければならないとされ，市民が伝統を共有し相互扶助の責務を課すアイデンティティの絆で結ばれ，共通の関心事についての合意をめざす対話の形式ということが，民主的な政治の在り方として提示されている。

市場社会主義に限らず，最近の社会主義的正義論[24]は，基本的にリベラリズム批判の姿勢をとり続けている。けれども，そのリベラリズム批判は，リバタリアニズムや功利主義に対してはともかく，ロールズ，ドゥオーキンらの平等主義的リベラリズムには必ずしもあてはまらず，むしろ，両者の基本的志向や制度構想に大差がなくなってきている。また，次にみる共同体主義とも，その主張内容に重なり合うところもあり，代表的な共同体主義者にも現に社会主義者あるいはそこからの転向者も少なくない。さらに，リベラリズム自体が共同体主義の批判に応えて軌道修正してきていることもあり，全般的に，正義論でも現実政治でも，リベラリズムと社会主義の融合傾向が進みつつある。

---

23) 以下における市場社会主義の説明は，D. Miller, *Market, State and Community : Theoretical Foundation of Market Socialism* (1989) に依っている。

24) 市場社会主義の問題関心とも重なり合うが，分析哲学や社会的選択理論を駆使してマルクス主義の再構成を試みているG. A. コーエン，J. E. レーマーらの分析的マルクス主義の正義論が注目されている。G. A. Cohen, *Self-Ownership, Freedom, and Equality* (1995)（松井暁＝中村宗之訳『自己所有権・自由・平等』（青木書店，2005年）），J. E. Roemer, *Theories of Distributive Justice* (1996)（木谷忍＝川本隆史訳『分配的正義の理論：経済学と倫理学の対話』（木鐸社，2001年））など参照。

2 リベラル・コミュニタリアン論争
(1) 個人主義的リベラリズム批判

1980年代に入ると，効用対権利，自由対平等，国家対市場など，従来の基本的にリベラリズム内部の対立を超えて，リベラリズムの前提や限界を原理的に問い直す動きが強まり，M. J. サンデル『リベラリズムと正義の限界』によるJ. ロールズ『正義論』批判を皮切りに，リベラリズム対共同体主義（communitarianism）という対立構図で活発な論議が展開されるようになる。

共同体主義は，個人の孤立化，社会の断片化，倫理的アノミー化，政治的アパシー化などの現代社会の病理が，自己と社会についてリベラリズムの個人主義的な見方が拡がっていることによるものと診断する。そして，リベラリズムの正義論が，公的領域・私的領域の峻別に対応して，正義と善を区別し，善に関する個人の自己決定・選択を尊重する一方，他方では，正義の善に対する優先を説き，特定の善の見方に対する国家の中立性を要請することを批判し，正義の構想や実現において，共同体とその歴史・伝統・文化に基底的な位置を与え，共通善の実現や人びとの徳（virtue）の完成を重視すべきことを強調する。

正義論の分野では，M. J. サンデルの他，A. マッキンタイア，Ch. テイラー，M. ウォルツァーらがその代表的論者とみられている[25]。彼らは，個人に先行して存在する共同体が，個人の善き生の構想やアイデンティティ形成において決定的な役割を果たすことを強調し，共同体の起源をそれに先行して存在する諸個人の自発的な行為にあるとみるリベラリズムの個人主義的立場が，共

---

[25] M. J. Sandel, *Liberalism and the Limits of Justice*, 1st ed. (1982), 2nd ed. (1998)（菊池理夫訳『自由主義と正義の限界（第2版）』（三嶺書房，1999年））; Sandel, *Democracy's Discontent: America in Search of a Public Philosophy* (1996)（金原恭子＝小林正弥監訳『民主政の不満：公共哲学を求めるアメリカ（上）』，小林正弥監訳『同（下）』（勁草書房，2010-11年））; Sandel, *Public Philosophy: Essays on Morality in Politics* (2005)（鬼澤忍訳『公共哲学：政治における道徳を考える』（筑摩書房，2011年）），A. MacIntyre, *After Virtue: A Study in Moral Theory* (1981)（篠崎榮訳『美徳なき時代』（みすず書房，1993年）），Ch. Taylor, *Philosophy and the Human Sciences: Philosophical Papers* 2 (1985); Taylor, *Sources of the Self: The Making of the Modern Identity* (1989)（下川潔＝桜井徹＝田中智彦訳『自我の源泉：近代的アイデンティティの形成』（名古屋大学出版会，2010年）），M. Walzer, *Spheres of Jusice: A Defence of Pluralism and Equality* (1983)（山内晃訳『正義の領分：多元性と平等の擁護』（而立書房，1999年））などが，共同体主義の代表的著作と目されている。以下の説明も主としてこれらの文献に依っている。

同体のこのような構成的価値を十分に認識していないことを厳しく批判する点では共通している。だが，彼らの哲学的な拠りどころは，アリストテレス，ヘーゲル，マルクス，解釈学など，多様であり，また，現代社会の病理を打開するために彼らが提唱する具体的な正義論や政治像も，必ずしも同じ方向をめざしているとみることはできず，本書で取り上げる論者の間でも微妙に違っている。一般に「リベラル・コミュニタリアン論争」[26]ととらえられているが，共同体主義とリベラリズムの関係はかなり複雑である。共同体主義者がすべて反リベラルというわけでもなく，また，共同体主義者と呼ばれることを拒否したり違和感があると明言したりする者もおり，共同体主義という体系的な理論というよりも，リベラリズムに対する幾つかの批判的な論点の集まりとみるほうが適切かもしれない。

リベラル・コミュニタリアン論争については，共同体主義者によるリベラリズムの理解が偏っていたり，批判の論点がずれていたりして，議論が必ずしもかみ合っていないものもある。けれども，共同体主義が，リベラリズムの哲学的基礎や正義論としての限界などについて重要な問題提起をし，この論争をきっかけに，リベラリズムの軌道修正がみられただけでなく，この論争と重なり合いながら，フェミニズムや多文化主義などのリベラリズム批判の有力な潮流が台頭していることもあり，この論争の意義を確認しておくことは重要である。ここでは，自己と共同体の関係，正義と共通善の関係，政治像，正義論の正当化に関する普遍主義と個別主義の対立をめぐる基本的な争点ついて概観しておこう。

(2) **自己と共同体**

共同体主義は一致して，リベラリズムが前提とする近代的な個人主義的自己を，「負荷なき自己」（サンデル），「原子論的自己」（テイラー），「情緒主義的自己」（マッキンタイア）などと批判し，個人は，一定の共同体のなかで他者と対話しつつ，自己解釈するとともに共通善の実現に参加することによってはじめて，アイデンティティを確立しうる「物語的 (narrative) 存在」であることを強調する。例えば，サンデルは，自己が選択する目的・善の見方に先行して存在する純粋な選択主体としての「負荷なき自己」には，善き生の見方について

---

[26] S. Mulhall & A. Swift, *Liberals and Communitarians*, 2nd ed. (1992)（谷澤世嗣＝飯島昇藏訳『リベラル・コミュニタリアン論争』（勁草書房，2007年））など参照。

の稔りある反省・認識・選択は不可能であり，そのような自己に対応する共同体も，個人の私的利益の実現手段にすぎない「道具的共同体」か，個人の隣人愛などの感情を充たしたいという欲求充足の動機に基づく「情緒的共同体」にすぎず，個人のアイデンティティを構成する基盤としてはきわめて脆弱だと批判する。そして，個人が属する共同体の共通善やそこで果たす役割などによってアイデンティティを構成された「位置ある自己」という観念を提示し，善き生の見方は，一定の共同体の歴史と伝統のなかで形成された共通善に他ならず，共同体は個人のアイデンティティの構成基盤となる「構成的共同体」として理解されるべきことを強調する。

　たしかに，個人の善き生に関する自己決定・選択やアイデンティティ形成は，社会的真空状態のなかで行われるわけではなく，一定の社会的役割へのコミットメントや他者との相互依存関係のなかで行われ，個々人の属する各種の共同体において共通の善や目的として受け継がれてきているものから大きな影響を受けることは間違いない。そして，リベラリズムが，全般的に，個人の善き生の選択やアイデンティティ形成において，政治共同体としての国家や家族・地域・職場などの中間的共同体による拘束からの自由を強調するため，これらの共同体において共有されている善や目的が果たす役割に必ずしも適切な位置づけをしてきていないきらいがあることは否定できない。けれども，現代の価値多元的社会においては，個人は，政治的共同体としての国家についてはともかく，中間的共同体に関しては，唯一の共同体に埋没してその全生涯を送るわけではなく，幾つか複数の共同体に同時に重層的に属したり，所属する共同体を次々と変えたりしながら，生涯を送るのが通常である。そして，個人は，政治的共同体としての国家をも含めて，各共同体の共通の善や目的を批判的に吟味・再構成し，場合によってはそれらのあるものは拒絶しながら，各人の統合的な善の構想を作り上げ，独自のアイデンティティを形成するのである。個人がそれぞれの善の構想を作り上げるのに一定の共同体的な基盤や他者とのつながりが不可欠であるとしても，いずれかの共同体の共通の善や目的との一体化を個人のアイデンティティ形成と同一視することは，個人のアイデンティティの内容やその形成過程の理解として偏っているだけでなく，個人の自律的な統合的人格形成の尊重というリベラリズムの根本理念と相容れない。

(3) 共通善の政治

　共同体主義は、以上のような共通善の見方の帰結として、正義の善に対する優先というリベラリズムの基本テーゼを否定するとともに、国家は特定の善の構想を個人に強制することはもちろん、促進したり抑止したりすることもすべきではないというリベラリズムの中立性の要請をも批判する。そして、むしろ、共同体の歴史・伝統・文化を維持し、共通善を実現することこそが、政治共同体としての国家の正統な根幹的役割であると説く。もっとも、現代の共同体主義は、国家の強制権力による共通善の直接的実現を正統化する全体主義・国家主義には与せず、政治的空間を国家の権力行使に直接関わる領域だけに限定することなく、国民国家の共同体的基盤を重視して、非国家的な自発的な諸団体の活動を政治的空間に取り込んで、リベラリズムの公私峻別論に対して、公私融合をめざし、政治的共同体の拡充・再興に力点をおいているものがほとんどである。このような共同体主義的な政治観は、いわゆる市民社会論の現代的展開の一潮流として重要な理論的貢献をしているが[27]、すべてが市民社会論に親和的であるわけではなく、一般的傾向としては、公民的共和主義の現代的形態と位置づけうる理論展開をしているものが多いとみてよいであろう。

　例えば、サンデルは、リベラリズムの「権利の政治」と共同体主義の「共通善の政治」とを対比して、権利の政治が、個人の権利や権限の増大を道徳的政治的な進歩とみなし、リバタリアニズムは私的経済を、平等主義は福祉国家を擁護するのに対して、共通善の政治は、企業経済と官僚国家の双方における権力集中と、公共生活を支える中間的共同体の侵食を懸念する立場と位置づける。そして、個人の活発な公共生活への参加を可能とし、公民としての徳を陶冶できるのは、このような中間的共同体においてであり、不寛容や全体主義的衝動を阻止するためにも、手続主義的・義務論的リベラリズムではなく、トクヴィル型公民民主主義の流れを受け継ぎ、公民的共和主義を再活性化することが緊急の課題であると説く。

　共通善を具体的にどのように理解するかについて見解は分かれているが、共通善を特定の共同体の伝統として一定の実体的内容をもった歴史的所与と受け

---

　[27]　例えば、M. Walzer (ed.), *Toward a Global Civil Society* (1995) (石田＝越智＝向山＝佐々木＝高橋訳『グローバルな市民社会に向かって』(日本経済評論社、2001年)) など参照。

止め，それとのアイデンティティを重視する保守的な歴史主義的傾向もみられる。けれども，共通善を，一定の共同体的な絆のなかで他者との協働的な熟議などの実践を通じて解明・修正され，絶えず刷新され続けるなかで間主観性を獲得し実現されてゆくものととらえ，このような協働的実践への各市民の積極的参加という側面を強調し，協働的な熟議と参加による公民としての徳の陶冶を重視する傾向のほうが強いとみてよいであろう。このような後者の傾向は，公民的共和主義の現代的形態とみられるだけでなく，熟議民主制や参加デモクラシーなどの現代民主制の規範的理論ともつながっている。

リベラリズムと共同体主義は，公私の領域区分や両領域の優先順位など，それぞれの政治像の背景的理論では原理的に対立している。けれども，具体的な政治像のレベルでは必ずしも決定的に対立するわけではなく，協働的な熟議や参加の重視など，重なり合うところも少なくなく，相互に学び合いつつ軌道修正したり，融合したりしつつ，自由民主主義体制のより適切な規範的理論の展開に寄与している。また，共同体主義のリベラリズム批判によって，自己形成だけでなく，正義の実現においても，共同体的な関係ないし基盤が不可欠の重要な役割を果たしていることに関心が向けられるようになったことは，国家か市場かという従来の二項対立構図を，各種の共同体をも取り込んで多元化し，公私協働方式を多様化させることになった意義も大きい。

(4) 普遍主義批判

共同体主義は，リベラリズムが正義原理の正当化に関して普遍主義的な基礎づけ主義に立つことに対しても，その抽象性・形式性や不可能性を批判し，正義や善の見方が特定の文化・伝統に拘束されていることを強調し，個別主義的ないしコンテクスト主義的な非=基礎づけ主義を提唱する[28]。しかし，共同体主義のリベラリズムの正当化理論批判については，リベラリズムがすべて基礎づけ主義をとっているのか，共同体主義の正当化理論がすべて普遍主義的志向を放棄してしまっているのかといった疑問もあり，共同体主義の正当化理論の

---

[28] リベラルな普遍主義対共同体主義的な個別主義の論争に対する様々な対応方向については，D. Rasmussen, *Universalism vs. Communitarianism* (1990)（菊池理夫=山口晃=有賀誠訳『普遍主義対共同体主義』（日本経済評論社，1998年）），井上達夫『普遍の再生』（岩波書店，2003年）第7章「普遍の再生―歴史的文脈主義から内発的普遍主義へ」など参照。

なかで注目されているものには，むしろ，普遍主義の再定式化の試みとみられるものもあり，普遍主義イコール基礎づけ主義，個別主義イコール非＝基礎づけ主義という対比図式自体の適切性を見直す必要がある。

共同体主義は，その正義論の個別主義的正当化方法として，一定の文化・伝統に属する人びとの間で共有されている正義原理・共通善を解釈・対話によって解明するというアプローチをとることが多い。例えば，ウォルツァー『正義の領分』は，分配的正義について，画一的原理による財全体の分配を要請する単一的平等論が，人の人に対する専制的支配を生み出したことを批判し，あらゆる時代と文化に妥当する唯一の分配原理は存在せず，分配の対象となるそれぞれの財の意味と価値は，社会的に構成され歴史的に変化するものであり，社会的財はそれぞれ固有の論理をもった分配領域を構成しており，各領域にふさわしい特殊な分配原理が複数存在するという「複合的平等論」を提唱する。具体的には，医療資源その他の生活必需品は「必要」に応じて，富は市場での「業績」に応じて，刑罰や栄誉は「功績」に応じて，初等教育は万人に平等に，しかし，高等教育は「才能」に応じて配分することによって，平等理念の核心である「人の人に対する支配からの自由」も実現されると説く。

しかし，このような個別主義的アプローチには，一種の歴史的・文化的相対主義に後退し，正義論の社会批判・社会改革的機能を失わせ，国内的には，現状肯定的な保守主義を正当化し，国際的には，後ほどみる多文化主義の主張とも相まって，自文化中心主義・文化帝国主義批判の理論的基礎を提供することになるのではないかという問題がある。

このような難点への共同体主義内部における対応として注目される一つの方向は，ウォルツァーが『解釈としての社会批判』[29]などにおいて，何らかの「発見」ないし「発明」された普遍主義的原理に照らして外側から現状を弾劾するのではなく，共有された伝統の「解釈」に基づく個別的な異議申立てなどによる内在的な社会批判が可能であり，我々の道徳的経験に適合した方法でもあることを，多くの実例を挙げて説いていることである。彼は，ロールズの前期の正義論など，普遍主義的アプローチを厳しく批判するけれども，同時に，

---

[29] M. Walzer, *Interpretation and Social Criticism* (1987)（大川正彦＝川本隆史訳『解釈としての社会批判』(風行社，1996年)）。なお，後出注39で挙げるウォルツァーの著作も参照。

個別主義的道徳が独走して,「差異の政治」が民主制を崩壊させかねないことにも警戒的である。「ミニマルな道徳」という,一種の普遍主義的道徳があらゆる個別主義的道徳に共通に含まれていてそれらを制約しているという見解は,多元的社会の正義論における普遍主義的契機と個別主義的契機の統合の試みとして示唆に富んでいる[30]。

いま一つ方向は,マッキンタイアが,『誰の正義? いかなる合理性?』[31]のなかで,アリストテレス的伝統とアウグスティヌス的伝統を統合したトマス主義的伝統,ヒュームなどのスコットランド的伝統と並んで,近代西欧のリベラリズムも一つの伝統であるととらえ,これらの伝統が「認識論的危機」に陥ったときに,対抗している異なる伝統が出合い,その間の真剣な対話によって,一方の伝統が適切に対処できなかった新しい概念と理論を他方の伝統が提供したときに動態的に生まれる合理性を,伝統間で対抗する正義観念の優劣の基準として提示していることである。このようなマッキンタイアの伝統間の創造的対話による正義観念の動態的発展という考え方は,彼が具体的に提示している方向への賛否とは別に,わが国のような非西欧社会におけるリベラリズムの継承発展の在り方を考察するにあたって貴重な示唆を与えうる思想史的構図のように思われる。

以上のような共同体主義の批判や提言に応えて,リベラリズムの側でも,ロールズやドゥオーキンらの平等主義的リベラリズムは,原理的に受け容れ難いものについては反論しつつも,適切なものや両立するものについては,正義と善の関係の再検討による精緻化,一定の公共的な徳の再評価,国家の中立性や寛容原理の要請の再定式化,正義論の普遍主義的正当化理論の見直しなど,軌道修正をはかってきている[32]。だが,ロールズの政治的リベラリズムが,人間・社会の存在論的基礎づけという形而上学的論争の「回避の方法」をとるのに対して,ドゥオーキンは,「リベラルな共同体」構想を提示するだけでなく,

---

[30] 解釈学的アプローチによる正義論などの社会批判の可能性については,G. Warnke, *Jusitce and Interpretation* (1992)(有賀誠訳『正義と解釈』(昭和堂,2002年)),三島憲一「解釈と批判—批判概念の再構築へ」『岩波講座・現代思想1:思想としての20世紀』(岩波書店,1993年)など参照。

[31] A. MacIntyre, *Whose Justice? Which Rationality?* (1988).

[32] このような議論動向については,玉木秀敏「リベラリズムの再構築」平井亮輔編『正義:現代社会の公共哲学を求めて』(嵯峨野書院,2004年)参照。

ロールズのような「非連続戦略」を拒否し，正義をはじめ政治道徳と善き生とは統合的に基礎づけられるべきであるとして，包括的リベラリズムを倫理的価値についての「挑戦モデル」あるいは「倫理的個人主義」によって基礎づける「連続戦略」をとっており，重要な相違もみられる（本章2④(3)・3②参照）。

3 フェミニズム
(1) フェミニズムとリベラリズム

　以上のようなリベラル・コミュニタリアン論争と重なり合いつつ，リベラリズムに対する原理的な批判を展開している潮流として注目されているのが，フェミニズムと多文化主義である。これら二つの潮流がこのように位置づけられるのは，個人のアイデンティティ形成において女性・家族あるいは少数民族・人種・エスニック集団に属しているという個別的属性を重視し，女性や少数者集団の自由・平等・権利の実現や人間的解放に関するリベラリズムの普遍主義的アプローチを批判し，女性や少数者集団の差異性に配慮した政治を要求する点で，共同体主義のリベラリズム批判と共通するからである[33]。もっとも，フェミニズムも多文化主義も，必ずしも共同体主義的なものだけに限られず，かなり多様な思潮である。リベラリズムとの関係も，論者によって異なり，リベラル・フェミニズムがフェミニズム内部で現在でも有力であり，共同体主義に対しても，その主張の一部に批判的な論者もいる。

　現代のフェミニズムは，法理論の分野でも，「批判的法学（critical legal studies）」と連動して，「フェミニズム法学（feminism jurisprudence）」として一大勢力となっており，自由・平等・人権などの正義論の中心的争点に関してリベラル・リーガリズムに対する原理的な批判を展開し，社会批判・社会改革の方向づけに重要な影響を及ぼしている[34]。フェミニズムの正義論・法理論は，男

---

[33] このような共同体主義とフェミニズム・多文化主義の関連の概要については，W. Kymlicka, *Contemporary Political Philosophy*, 2nd ed.（2002），Chs. 6~9（千葉眞＝岡崎晴輝訳者代表『新版現代政治理論』（日本経済評論社，2005年）第6章～第9章），酒匂一郎「『差異の政治』とリベラリズム」『法の理論16』（成文堂，1997年）など参照。

[34] フェミニズム法理論の諸潮流とそれらの見解の概要については，中山竜一『二十世紀の法思想』（岩波書店，2000年）195-205頁「フェミニズムと法理論」，紙谷雅子「ジェンダーとフェミニスト法理論」『岩波講座・現代の法11：ジェンダーと法』（岩波書店，1997年）など参照。

性支配を打破し女性解放をめざすという目標ではほぼ一致しているが，その支配の原因の説明や解放の具体的戦略に関してはかなり多様であり，内部的な見解の対立もみられる。

　フェミニズムの起源は，一般に，J. S. ミル『女性の隷従』(1869年)，F. エンゲルス『家族・国家・私有財産の起源』(1884年) などの著作に代表される，19世紀中頃の女性解放論まで遡る。このような第一次フェミニズムは，エンゲルスのように，マルクス主義的傾向のものもあるけれども，全般的に，フランス人権宣言などにおいて人・市民の自由・平等・人権が謳われているにもかかわらず，現実には女性がこれらの近代自由主義的な自由・平等・人権を男性と同じようには享受できず，"人"，"市民"として女性が軽視・忘却され排除されている現状を批判し，近代自由主義の理念を女性にも平等に適用して男女同権を実現することをめざす傾向が支配的であり，婦人参政権運動を中心に展開されてきた。

　1960年代以降の第二次フェミニズムになると，男女の性別役割分業の撤廃や女性の自己決定権の確立が強調されるようになり，社会経済生活における女性に対する恣意的差別の撤廃だけでなく，女性の地位向上のための各種の積極的差別是正措置をも要求し，平等主義的リベラリズムの社会的浸透を背景に，平等主義的社会改革の推進に大きな影響力をもつようになった。

(2) ラディカル・フェミニズム

　1970年代に入ると，フェミニズム運動は一段とラディカル化し，男性優位・男性中心の社会文化構造とそれを支える政治的支配構造の変革なしには女性の真の解放はできない，と主張するようになる。ラディカル・フェミニズムは，リベラリズムの「ジェンダー中立的」差別是正アプローチでは，性別役割分業などを前提に現存の社会経済構造の役割・地位に組織的に組み込まれているアクセスの不平等までは是正できず，男性社会への同化競争に女性を駆り立てるだけで，女性のジェンダー・アイデンティティの歪みの是正まで踏み込めないと批判する。そして，このようなフェミニズムは，リベラリズム一般に対して，現存の構造的不正義の是正に適切に対応できないのみか，このような現状を隠蔽し正当化している，と厳しく批判し，リベラリズムに対する一大対抗勢力となっている。このようなラディカルなリベラリズム批判の哲学的基礎は，共同体主義だけでなく，マルクス主義やポスト・モダンの諸思潮など，きわめて多

様であり，個々の論点や戦略についての内部的な意見の対立も激しい。

　C. A. マッキノンらのラディカル・フェミニズム[35]は，「個人的なものは政治的である (the personal is the political)」というスローガンを掲げ，リベラリズムの公私区分論が，女性の男性への従属を隠蔽するだけでなく，正当化していると批判し，家庭こそ男女平等闘争の重要拠点であることを強調する。リベラリズムの公私区分論では，家族などの親密圏は私的領域の中核をなすものとして，政治活動だけでなく市民社会をも含む公的領域の外におかれ，リベラリズムの正義原理は，成人男性中心の公的領域にのみ適用され，私的領域である家族関係はその適用外とされている。そのため，家庭内における性別分業の再生産・家父長的支配があらゆる領域での性差別の原因となっているにもかかわらず，リベラリズムの正義論は，私的領域における男女間の不平等・支配への公権的介入を否定し，性差別の構造的是正の妨げとなっている，と批判する。

　たしかに，リベラリズムの正義論が，伝統的な公私区分論をその前提として受け容れ，私的領域における正義の実現や不正義の是正を主として私人の自律的活動にゆだね，私的領域への公権の介入に消極的であり，ラディカル・フェミニズムの批判するような傾向を伴いがちであることは否定し難い。けれども，古典的自由主義はともかく，現代リベラリズムは，個人の権利の侵害については，とくに基本的人権の侵害などの場合には，それが私的領域におけるものであっても，法的な保護・救済の視野に入れる傾向を強めてきている。ラディカル・フェミニズムのリベラルな公私区分論批判には短絡的なところもあり，リベラルな公私区分論が論理必然的に家庭内の女性の権利擁護や地位向上の妨げとなっているわけではない。他方，家庭に限らず，一般的に私的領域における男女差別の防止・是正のためにそもそも公権的介入をすべきか否か，また，どのような仕方でどの程度の介入をすべきかについては，ラディカル・フェミニズム内部でも複雑な見解の対立がみられる。例えばマッキノンらは，ポルノグラフィーが男性の女性支配の文化を構造化する装置であるとして，その法的規制強化論を展開するが，必ずしも支配的な意見とはなっておらず，強い内部的批判もある[36]。とくに家庭内への法的規制・介入の強化は，家庭外の社会生活の場合とは違って，家族あるいは女性個人のプライバシー保護との調整など，

---

　[35] C. A. Mackinnon, *Feminism Unmodified: Discourses on Life and Law* (1987); Mackinnon, *Toward a Feminist Theory of the State* (1989) など参照。

複雑微妙な問題があり，家庭内における女性の自律や平等を法的にどのようにして確保・実現するかは，多岐にわたる争点の慎重な検討が必要である。

　法的対応一般の限界という原理的な難問もあるけれども，リベラリズムの公私区分論に対するラディカル・フェミニズムの批判をきっかけに，女性の人権や家族制度などに関してリベラル・リーガリズムが自明視していた法的原理・理論構成の見直しが進められてきている意義は大きい。

(3) 「正義の倫理」対「ケア（care）の倫理」

　現代フェミニズムのリベラリズム批判として注目されている今一つの論点は，C. ギリガンらのカルチャラル・フェミニズムが提示した「正義の倫理」対「ケアの倫理」という対比図式である[37]。一般に，フェミニズムにおいては，男性の公的生活には理性的で公平・冷静な思考が要求されるのに対して，女性の家庭内生活には直観的・情緒的・個別主義的な性向が要求されるといった道徳的思考・感性の相違が，男女差別の正当化に用いられてきたことが厳しく批判されている。そのなかで，ギリガンは，子供の道徳的発達の心理学的研究を通じて，男性と女性とでは異なる発達傾向を示すことを明らかにし，逆に，基本的に男女の道徳的思考・感性の相違を認め，具体的な人間関係や個別的状況への配慮と責任を重視する「ケアの倫理」を，個人の自律性・普遍的原理・一般的ルール・権利・公正を重視する「正義の倫理」とは異なる「もうひとつの声」として，同等の価値をもつことを認めるべきだと提唱する。そして，J. ロールズらが依拠するL. コールバーグらの発達心理学が，子供の道徳的発達を段階づけるにあたって，女性特有の「ケアの倫理」を自律的判断能力の未発達な段階として低く評価していることを，男性中心的な性差別的発達理論であると批判した。

　このような「正義の倫理」と「ケアの倫理」という対比図式について，ラデ

---

[36] 議論状況については，高橋和之「ポルノグラフィーと性支配」（『岩波講座・現代の法11：ジェンダーと法』（前出注34）など参照。

[37] C. Gilligan, *In a Different Voice : Phychological Theory and Women's Developmemt*（1982）（岩男寿美子監訳『もうひとつの声』（川島書店，1986年））参照。「ケアの倫理」のその後の展開および「正義の倫理」との関係の議論状況については，Kymlicka, *Contemporary Political Philosophy*, 2nd ed.（前出注33），pp. 398-420（『新版現代政治理論』571-600頁），品川哲彦『正義と境を接するもの：責任という原理とケアの倫理』（ナカニシヤ出版，2007年）第二部「ケアの倫理」など参照。

ィカル・フェミニズムなどは，男女間の伝統的な性別分業を固定化し女性の社会的地位の向上を妨げるものとみて，批判的である。また，このような対比的な倫理が実際に存在するとしても，それぞれ男性と女性に特有の倫理なのか，それとも，男性・女性ともに両者の道徳的思考・感性を併せもっているのではないか，あるいは，公的領域では正義の倫理，私的領域ではケアの倫理と，適用領域が異なるのか，それとも，公私いずれの領域でも両者の倫理が競合するのかなど，疑問も少なくない。両者の倫理の評価についても，ギリガン自身の考えが，相互に両立不可能な選択肢とみているのか，緊張関係をはらみつつも相互補完的なものとみているのか，どちらも不完全で両者は統合されるべきだとみているのか，揺れ動いていると評されている。

「正義の倫理」と「ケアの倫理」の具体的内容や相互関係をどのように理解するかについては，意見の分かれるところではあるが，基本的に，「ケアの倫理」は，たんに「正義の倫理」の補完原理ではなく，リベラリズムをはじめ最近の支配的な正義論がその適用範囲と考えていた領域を超えて適用される異質な倫理観とみるべきであろう。しかし，古代ギリシア以来の正義論の伝統においては，人間の善き性情である"徳"を"主観的"正義として重視する潮流もあり，「ケアの倫理」もこのような意味では正義論の一類型とみることもできる。いずれにしろ，それぞれ男性と女性に特有の倫理とみるかどうかというフェミニズム的コンテクストにこだわらずに，倫理観・正義観の類型的相違として一般化してみると，このような対立的な道徳的思考・感性を基本的特質とする二つの倫理観・正義観を対比させることによって，リベラリズムの普遍主義的正義論の偏りや限界に眼を向けさせたことの意義は大きい。

「正義の倫理」は，基本的に，自律的な生を営みうる能力・条件を備えた人びとの相互関係の規律を念頭において作り上げられているため，とりわけ家族関係・医療・社会福祉など，自律的な生を営む能力・条件が十分でなく他者による配慮を必要とする人びとの処遇がからむ状況・関係には必ずしも適切に対処できず，逆機能が生じることさえある。そして，このような限界や弊害は，リベラリズムの正義論が，全般的に，個別的な状況や関係性への配慮を重視する「ケアの倫理」の特徴とされる道徳的思考・感性に必ずしも正当な位置づけを与えてこなかったことに起因しているところが大きいとみてよいであろう。「ケアの倫理」は，リベラル・リーガリズムによる「法化」戦略の限界・弊害

を批判し、それにとって代わる「非=法化」戦略を唱道する潮流の一つの有力な理論的基礎となっており、リベラル・リーガリズムの側でも、各種の差異性に敏感で応答的な普遍主義的アプローチなどを再構築することによって、その視野拡大や軌道修正を試み、現代的状況への対応に努めているところである。

4 多文化主義（multiculturalism）
(1) リベラリズムの同化主義政策批判

　多文化主義は、リベラル・コミュニタリアン論争と重なり合いつつ、フェミニズムとともに、リベラリズム批判の有力な潮流として台頭してきた。その基本的な特徴は、国内に複数のエスニック的・宗教的・文化的集団が存在するとき、いずれか特定の集団の文化を中心的なものとして促進することなく、それぞれの集団に固有の文化の差異を尊重して対等に扱うべきだという主張である[38]。少数者集団やその構成員のアイデンティティ形成におけるそれぞれの差異性の他者による承認という契機を重視して、リベラリズムの普遍主義的な同化主義的社会統合政策が少数者集団を差別し抑圧していると批判し、差異に配慮した応答的な政策・制度を要求する点で、共同体主義、フェミニズムと共通している。だが、多文化主義も、フェミニズムの場合と同様、必ずしも共同体主義的なものだけでなく、かなり多様な思潮であり、リベラリズムとの関係も論者によって異なる[39]。

　このような多文化主義的な主張は、1970年代以降のアメリカにおけるアフリカ系アメリカ人らの運動、旧ソ連・東欧における共産主義体制崩壊後の民族主義紛争の噴出、第三世界における民族・部族対立の激化、アジアの多民族国家の内部紛争などにおいて注目を集めるようになり、グローバル化の進展に伴って、世界各地で国民国家の単一文化主義的政策に修正を迫っている。多文化主義が公共政策としてはじめて導入されたのは、ケベック州に法・言語・教育などの制度・政策について幅広い自治権を認めているカナダであり、その後、オ

---

[38] このような主張をする多文化主義は、文化多元主義（cultural pluralism）と区別されることなく同義的に用いられることもある。だが、多文化主義が、それぞれの集団に固有の文化を対等なものとして相互に尊重すべきだとする規範的主張であるのに対して、文化多元主義は、それぞれの社会には異なる文化が併存しているという事実レベルの主張であると、両者を区別するのが適切であろう。

ーストラリア，スウェーデンなどでも，同じような政策がとられるようになり，アメリカやイギリスなどにも一定の影響を及ぼしている。だが，多文化主義に対しては，いずれの国でも，国民的アイデンティティを損ない社会的統合を弱めるという根強い批判が存在し，しばしば激しい政治的・文化的論争が巻き起こっている。

多文化主義的な主張をする少数者集団は，多民族国家における少数民族・先住民，移民集団，民族宗教的集団，外国人居住者，アフリカ系アメリカ人等々，多種多様である。各集団の要求内容も，それぞれの民族的・宗教的・文化的背景によってかなり異なる。多数派社会に同化されることなく，独自の集団として存続し，その差異を相互に承認し合うことを重視し，分離と抗争を強調する傾向から，それぞれの集団の文化の独自性を承認しつつも，統合や連帯に配慮し合って，国民国家の枠内で共生の可能性を探る傾向まで，相当幅がある。

多文化主義とリベラリズムの争点は多岐にわたるが，正義論・法理論における中心的争点は，個人の基本権の画一的保障を中心とする従来の「シティズンシップ（citizenship）」概念を，集団的アイデンティティをも包み込む新たな地平でどのように再定式化するかという問題[40]にからむ一連の問題群であろう。

---

39) 多文化主義の主張は多岐にわたっているが，本書で取り上げている法理論・正義論との関連では，Ch. テイラー，M. ウォルツァー，W. キムリッカ，J. ラズらの政治・法哲学者が代表的な論者として知られており，本書の多文化主義の理解も基本的に彼らの以下の文献に依っている。Ch. Taylor, The Politics of Recognition, in A. Gutmann (ed.), *Multiculturalism* (1994)（佐々木毅＝辻康夫＝向山恭一訳「承認をめぐる政治」同訳『マルチカルチュラリズム』（岩波書店，1996年））, M. Walzer, *Thick and Thin: Moral Argument at Home and Abroad* (1994)（芦川晋＝大川正彦訳『道徳の厚みと広がり』（風行社，2004年））; Walzer, *On Toleration* (1997)（大川正彦訳『寛容について』（みすず書房，2003年））, W. Kymlicka, *Liberalism, Community, and Culture* (1989); Kymlicka, *Multicultural Citizenship: A Liberal Theory of Minority Rights* (1995)（角田猛之＝石山文彦＝山崎康仕監訳『多文化時代の市民権：マイノリティの権利と自由主義』（晃洋書房，1998年））; Kymlicka, *Contemporary Political Philosophy*, 2nd ed.（前出注33）（『新版現代政治理論』）, J. Raz, Multiculturalism: A Liberal Perspective, in Raz, *Ethics in the Public Domain* (1994)。

40) このような「シティズンシップ（citizenship）」の理解を新たな地平で見直そうとする動向の概要については，Kymlicka, *Contemporary Political Philosophy*（前出注33）Ch. 7 Citizenship Theory（『新版現代政治理論』第7章「シティズンシップ理論」）, D. Heater, *What Is Citizenship?* (1999)（田中俊郎＝関根政美訳『市民権とは何か』（岩波書店，2002年））など参照。

ここでは、これらの問題群のうち、基本権の平等保障と特定の集団的目標への配慮との調整、いわゆる集団的権利の位置づけをめぐる議論について、テイラーとキムリッカが、ケベック問題への関与経験をふまえて展開している多文化主義的見解を手がかりに概観しておこう。

(2) 「差異の政治」をめぐって

テイラーの多文化主義的な「承認の政治」論[41]は、彼のアイデンティティ形成論によって基礎づけられており、我々のアイデンティティは、他者との継続的な対話と闘争のなかで形成され、他者による不承認や歪められた承認は、害を与え、抑圧の一形態となるから、とりわけ少数派ないし従属的集団にとっては、公的領域における平等な承認を求める政治が重要となる。テイラーによれば、市民の平等な尊厳を求める政治には、差異を顧慮しない仕方で人びとを扱い差別を禁止する、リベラルな普遍主義的・平等主義的形態と、支配的・多数派社会への同化を批判し、差異を異なる処遇の基礎とすることを要求する、ラディカルな多文化主義的「差異の政治」[42]という形態が対立しており、後者は、前者を「普遍的なものを装った個別主義」であり、少数者集団のアイデンティティを抑圧し、差別的であると批判する。

このようなリベラルな政治と「差異の政治」の対立について、テイラーは、ロールズ、ドゥオーキンらのように、国家は個人の善の内容を問わずすべて平等に扱わなければならないとして、個人の基本権と差別禁止の条項を例外なしに画一的に適用することを、集団的目標につねに優先させるべきだとする「手続的」リベラリズムでは、「差異の政治」による批判を免れないとみている。けれども、諸々の基本権を、差別なしに画一的に適用される一定の不可侵の基本的自由に関する条項と、文化的存続などの公共政策的理由によって制約可能な条項に区別して、存続を求める複数の文化的共同体が存在する多文化社会では、何が善き生活を構成するかの判断に基づいて、後者の基本権と一定の集団的目標とを比較考慮して、集団的目標を優先することも許容する「非手続的」リベラリズムならば、差異を同質化せず、差異に好意的であり、緊張と困難は

---

41) 以下のテイラーの見解は、Taylor, The Politics of Recognition（前出注*39*）（「承認をめぐる政治」）に依っている。

42) 代表的な論者として、I. M. Young, *Justice and the Politics of Difference* (1990) など参照。

伴うけれども,「差異の政治」の批判に対応可能とみている。

手続的リベラリズムと非手続的リベラリズムを,テイラーらの言うように,二者択一的に区別できるかどうかは疑問であるが,基本権をほぼ同じような趣旨で二種類に区別することは憲法学などで一般的に行われいているところである。また,社会経済政策や文化教育政策において,各種の少数者集団に対する積極的差別是正措置について,その正当化理由・意義・目標に関して微妙なずれもみられるけれども,リベラリズムと多文化主義の政策の重なり合いは拡がっている。このような動向からみても,リベラリズムと多文化主義を全面的に対立するものととらえずに,テイラーのように,両者の現実的な協働の方向をさぐるのが適切であろう。

(3) 集団別権利（group-differentiated rights）をめぐって

テイラーは,一定の集団やその構成員がそれぞれの伝統的文化の価値を"権利"として要求することについては慎重な姿勢をとっているが,このような姿勢は,近代的自由主義の伝統的人権論においては,少数派"集団"の権利は,人権の範疇に入らず,人権は,どの集団に属しているかを問わず,すべての個人に保障されるべきものと理解されてきたことと関連する。それに対して,キムリッカは,少数派集団の権利を,集団への帰属を問わず,諸個人に与えられる普遍的権利と,少数派集団文化のための一定の集団別権利あるいは特別の地位との二種類に区別することによって,集団別権利が,集団的権利（collective rights）と呼ばれて,個人の権利と衝突すると,リベラリズムによって理解され批判されている現在の理論状況の打開を試みている[43]。

キムリッカの整理によれば,集団別権利には,連邦制などによって少数派集団へ権限を委譲する「自治権」,特定のエスニック的・宗教的集団と結びついた文化活動へ財政的支援や法的保障を求める「多数エスニック集団権（poly-ethnic rights）」,国家の中央機関への議席などを保障する「特別代表権」の三類型がある。これらの集団別権利は,集団全体に与えられることもあれば,集団の個々の構成員に与えられるることもあり,また,集団によって行使されることもあれば,個人によって行使されることもあり,このような権利を一律に集団的権利として,個人権と対比させることは,誤解を招きやすく不適切であ

---

[43] 以下で概観するキムリッカの見解の詳細は,Kymlicka, *Multicultural Citizenship*（前出注39）(『多文化時代の市民権』）参照。

る。さらに，少数派集団の権利要求については，集団の連帯ないし文化の統合の名のもとに，ある集団がその個々の構成員の自由を制約する権利（対内的制約）と，ある少数派集団が依存している資源や制度が多数派の決定によって侵害されないように，その集団が主流社会の行使する政治的・経済的権限を制約する権利（対外的防御）の二つの意味を区別し，キムリッカ自身は，後者を重視し，前者には懐疑的である。だが，多文化主義者のなかには，前者こそ少数派集団の存続にとって死活的とみる意見もあり，リベラリズムと多文化主義の対立が最も先鋭化する争点である。

(4) 文化帝国主義批判をめぐって

多文化主義をめぐる議論は，主として国内政治を舞台に展開されているが，多文化主義的な主張は，国際社会でも，近代西欧のリベラリズムの普遍主義的な基礎づけや適用に対する共同体主義の批判とも相まって，人権・自由・平等・民主制・立憲主義・法の支配などの観念に対して，非西欧諸国がその適用を拒否ないし批判する場合によく用いられる。たしかに，これらの観念が，近代西欧でリベラリズムと結びついて生まれ，さらにキリスト教の伝統の強い影響を受けていることは否定し難い事実であり，これらの観念を非西欧諸国に適用するにあたって，それぞれの国の文化的・宗教的などの背景の相違に十分配慮する必要があることは言うまでもない。けれども，非西欧諸国において，これらの観念によらなくとも人びとの人間としての尊厳が十分に尊重され福利が公正にゆきわたっているならばともかく，そうではない諸国で西欧の「文化帝国主義」が批判される場合，少なくとも政治的コンテクストでは，自国における個人の自由の侵犯や政治的異議申立ての抑圧などの不正義の現状（status quo）を黙認・正当化するためであることが圧倒的に多いと言ってよかろう。

グローバル化が急速に進みつつある今日，これらのリベラルな観念について，近代西欧的起源やキリスト教的背景を強調して，文明の衝突や文化の異質性をクローズアップするよりも，むしろ，これらの観念を"脱西欧化"，"脱宗教化"し，異なる文明・文化の接触・対話の共通基盤として普遍化してゆく理論的・実践的活動を様々なレベルで展開するほうがはるかに有意義であろう。地球環境問題をはじめ，世界的規模で対処を迫られている諸問題について，その対応策をめぐって交渉・議論を公正かつ理性的に進めてゆくためには，各国の文化・伝統・歴史の原理的差異に配慮しつつも，そのような相違を超えてそれ

らを横断する共通の基底的な価値・原理・制度についての相互了承という背景的コンセンサスを形成し強化することが不可欠の前提条件であろう。

❻　わが国の問題状況をふまえた補足的なまとめ

　以上，リベラリズム正義論の多様な展開とそれに対する主な批判を，英米における議論動向を中心にみてきたが，このような現代正義論は，世界的視野でみると，1970年代以降のアメリカの普遍主義的リベラリズムの国内外での影響力のかげりと並行して展開されてきたものであり，"ミネルヴァの梟"という観がないでもない。1990年前後における旧ソ連・東欧の同じく普遍主義的な共産主義体制の崩壊のインパクトとも重なり合って，普遍主義に対する懐疑的な論調が世界的に拡がっている。民族・エスニック集団問題を中心に，全般的に普遍性・統合性に代わって個別性・差異性を重視する傾向が強まる一方，他方では，グローバル化の進展に伴い，国民国家の相対化傾向が推し進められ，正義論の議論状況自体も変容しつつある。

　わが国における70年代以降の正義論も，英米の正義論の動向の影響も受けつつ展開されてきたが，わが国独自の争点・議論もあり，以上のような議論構図と重なり合いつつも，かなり複雑な問題状況にある。

　わが国でも，70年代に入ると，次々と新しい権利・人権が主張されるようになったが，わが国の政治経済や法運用はもともと功利主義的な傾向が強く，権利・人権主張の積極化も，現実的な利益の確保に敏感な生活保守主義的な反応という面もあり，各人各様の善き生き方を自律的に選択・追求することを相互に承認し配慮し合うという普遍主義的な権利感覚が成熟したとはいちがいに言えないところがある。一般の人びとの権利・人権感覚においては自由権と社会権の原理的対立はあまり意識されず，日常的な生活利益を公権力機関の力を借りてでも確保しようとする独特の生存権感覚がかなり広範にみられる。けれども，新しい権利・人権の多くは，もともと，生命・身体・自由・安全など，人間的な生存にとって必要不可欠な価値・利益であるにもかかわらず，従来は，国家社会全体の利益や公共的政策目標の実現のために我慢すべきだとされていたものが，権利感覚の覚醒や公私観の転換などに伴って，もはや受忍する必要がないと意識されるようになり，権利・人権として主張されるようになったも

のであり，反功利主義的な権利基底的正義論と原理的に相通じる面もみられる。

自由と平等の調整については，日本社会は構造的にタテ社会と言われるにもかかわらず，価値志向においては西欧よりも全般的に平等主義的であり，個人の自由の尊重よりも平等な処遇や格差の縮小に対する関心のほうが強く，個々人の独自性・多様性よりも社会成員の同質性・同調性が重視されてきている。他者との共感的同一化が可能とみる功利主義やパターナリズムが受け容れられやすい一因であろう。だが，このような平等主義的志向が，西欧のリベラリズムと同様に，あるいはそれ以上に，平等の実現や差別の撤廃に寄与したかどうかは疑問である。画一的平等主義が，集団主義や官僚主義的リーガリズムなどと結びついて，各種の少数者集団の差異性への適切な配慮を欠いたり，個々人の基本的ニーズに応じたきめ細かな対応や個人の創意工夫による刷新を抑止したり，個人の公私の責任感覚を鈍らせたりして，各種の改革を遅らせたり歪めたりする働きをしている面もある。

他方，リベラリズム批判の諸潮流は，わが国でも，80年代以降，戦後の近代主義的論調のもとで日本の文化・社会の伝統的特質とみられ否定的に評価されていた価値・原理・制度などを，肯定的に評価したり，また，わが国に特殊なものではなく，西欧でも多かれ少なかれ共通にみられるものと理解したり，さらに，近代西欧の行き詰まりを打開しようとするポスト・モダニズムのさきがけとして推奨したりする内外の動向とも重なり合って，微妙な影響を及ぼしてきている。たしかに，リベラリズム批判の諸潮流の問題提起には，個人の自律的な生の選択・追求を可能とし意味あるものとする社会的・経済的・文化的諸条件へのきめ細かな公的配慮が一層必要であること，国家と個人の間に介在する家族・地域社会・組織・団体などの中間的共同体のアンビヴァレントではあるが，重要不可欠な役割を正しく位置づけることなど，それぞれ関連箇所で指摘したように，基本的にリベラリズムの立場からみても無視し難く，応答的な対応が必要なものが少なくない。

このようなリベラリズム批判の観点からの日本の伝統的文化・社会の見直しというコンテクストにおいて，例えば，いわゆる日本型取引慣行・経営方式，義理規範・人情観念，母性原理などが，共同体主義の関係重視，「ケアの倫理」と似通っているとみて，肯定的に評価する立場から，「正義の倫理」に基づき一般的ルール・権利義務観念・フォーマルな手続などを重視するリベラル・リ

ーガリズムが日本社会に浸透しないのではないかとみる見解も主張されている。たしかに，従来特殊日本的とみられていたものが，いちがいに否定されるべきものではなく，それなりの合理性をもち，西欧にも共通ないし類似の現象が存在することは正しく認識されるべきであろう。だが，これらの特殊日本的とみられてきたものが，グローバル化が急速に進展している今日，いつまでも従来通り通用し続けるとは考えられないし，もともと，社会統合の絆や信頼・協調の共通基盤として働く場合もあれば，不透明・不公正な支配や格差を隠蔽ないし温存する働きをする場合もあり，後者の場合，リベラル・リーガリズムに基づく「法化」政策による矯正が必要とならざるをえないであろう。

　正義論をめぐる内外の議論状況をみても，現在のところ，個々の争点についてはともかく，社会の基本構造全体の統合的な構成・運用原理として，リベラリズムに全面的にとって代わりうる正義論が提示されているとは思われない。リベラリズム批判の諸潮流の主張内容には，それぞれ関連箇所で指摘したように，時宜に適ったものが少なくないが，統合的で整合的であるべき一国の基本的な制度の設計・運用や重要な公共政策の策定・実施の一環として考慮に値するものは，むしろ，リベラリズムを背景的枠組としてはじめて適切に対応可能な個別的な批判や異議申立てととらえてもよいものがほとんどであるとみてよいのではなかろうか。もちろん，リベラリズムの側でも，これらの批判や異議申立てに敏感で応答的な理論と制度を再構築する必要があるけれども，すべての人びとがそれぞれ自律的な善き生を選択・追求する人格として相互に尊重し配慮し合いつつ共生・協働できる，自由で公正な社会の統合的な構成・運用原理を構想するというその基本的視座自体は何ら修正の必要はなく，堅持し続けるべきであろう。そして，個々の具体的な正義問題への対応については，原理原則論にも現実対応策にも偏ることなく，複雑な現実的諸条件を直視しつつ賢慮を働かせ対話的議論を積み重ねリベラルな理想と価値を着実に実現してゆくという漸進主義（incrementalism）戦略をとるのが適切であろう。わが国における正義論の在り方についても，基本的に同じことが言える[44]。

　本章における以上のような現代正義論の概観もまた，このような基本的視座から，リベラリズム正義論の多彩な展開とそれに対する主な批判的潮流につい

---

[44] 田中成明『転換期の日本法』（岩波書店，2000年）とくに48-53頁など参照。

て，その主要争点と対立構図の整理を私なりに試みたものである。私の問題関心から論点や批判的潮流の取り上げ方に偏りがあったり，難問を指摘しただけで，それに対する最終的な判断を留保せざるをえなかった箇所があったりして，必ずしも十分なものでなく，残された課題も少なくない。けれども，立憲民主制下の法システムの在り方に関わる現代正義論の主要な課題と基本的な方向は一通り確認でき，現代社会が直面している個々の具体的な正義問題に理論的・実践的に取り組む人びとが，その時々の現実的諸条件のもとで合意形成や政策形成にむけて公共的な議論に参加する場合に，考慮に入れるべき原理的指針と議論の基本的枠組はおおむね提示でき，正義論についての法理学的考察の役割は一応果たすことができたのではないかと思う。

《参考文献》

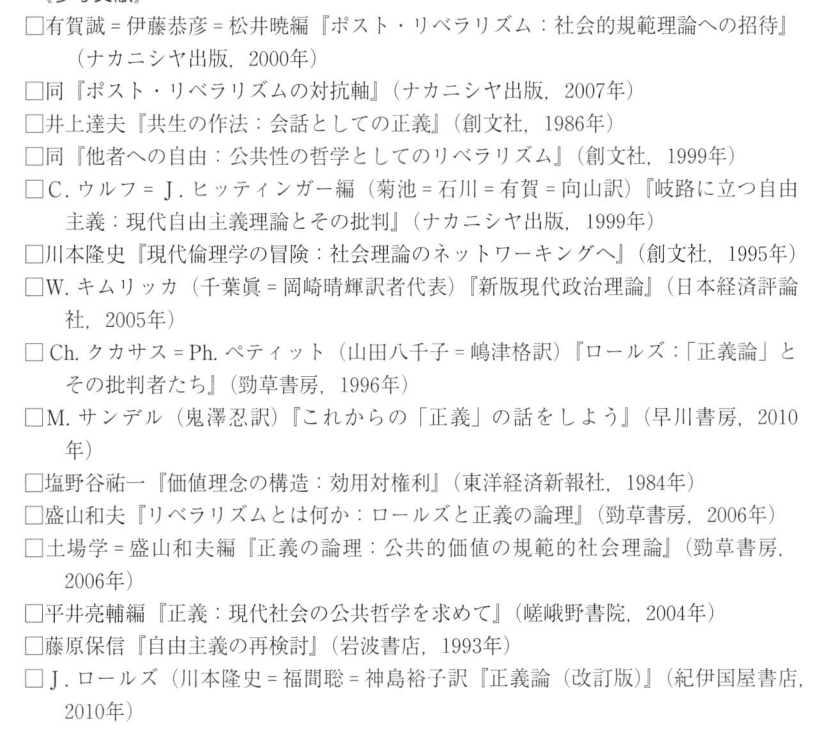

- 有賀誠＝伊藤恭彦＝松井暁編『ポスト・リベラリズム：社会的規範理論への招待』（ナカニシヤ出版，2000年）
- 同『ポスト・リベラリズムの対抗軸』（ナカニシヤ出版，2007年）
- 井上達夫『共生の作法：会話としての正義』（創文社，1986年）
- 同『他者への自由：公共性の哲学としてのリベラリズム』（創文社，1999年）
- C．ウルフ＝J．ヒッティンガー編（菊池＝石川＝有賀＝向山訳）『岐路に立つ自由主義：現代自由主義理論とその批判』（ナカニシヤ出版，1999年）
- 川本隆史『現代倫理学の冒険：社会理論のネットワーキングへ』（創文社，1995年）
- W．キムリッカ（千葉眞＝岡崎晴輝訳者代表）『新版現代政治理論』（日本経済評論社，2005年）
- Ch．クカサス＝Ph．ペティット（山田八千子＝嶋津格訳）『ロールズ：「正義論」とその批判者たち』（勁草書房，1996年）
- M．サンデル（鬼澤忍訳）『これからの「正義」の話をしよう』（早川書房，2010年）
- 塩野谷祐一『価値理念の構造：効用対権利』（東洋経済新報社，1984年）
- 盛山和夫『リベラリズムとは何か：ロールズと正義の論理』（勁草書房，2006年）
- 土場学＝盛山和夫編『正義の論理：公共的価値の規範的社会理論』（勁草書房，2006年）
- 平井亮輔編『正義：現代社会の公共哲学を求めて』（嵯峨野書院，2004年）
- 藤原保信『自由主義の再検討』（岩波書店，1993年）
- J．ロールズ（川本隆史＝福間聡＝神島裕子訳）『正義論（改訂版）』（紀伊国屋書店，2010年）

第5編 法的思考と法律学

第13章　裁判過程と法の適用
第14章　戦後の法解釈理論の展開
第15章　法的思考・法的議論・法律学
第16章　法的正当化の基本構造

本編は，法律学的方法論の主要問題を考察するが，第13章「裁判過程と法の適用」では，その一般的な前提として，近代から現代にかけての裁判過程や法の解釈・適用の見方の変遷を素描した上で，法的三段論法，事実認定，法解釈をめぐる法理学的議論の状況と主要争点を概観する。第14章「戦後の法解釈理論の展開」では，同じく本編全体の考察の一般的前提として，戦後日本の法解釈論争を批判的に検討した上で，その後の内外の主要な法解釈理論の展開について，それらの概要と意義・問題点を考察する。第15章「法的思考・法的議論・法律学」では，法的思考の在り方について，司法的裁判と相関的な制度的特質と伝統的な法的賢慮としての知的特質を確認した上で，対話的合理性基準の法的「制度化」としての法的議論の基本構造，法律学の教義学的特質などの学問的性質を考察する。第16章「法的正当化の基本構造」では，法的正当化の過程をミクロ・マクロの二段階に構造化し非=基礎づけ主義的に理解する理論枠組を提示し，原理整合性，普遍化可能性，通念的正義・衡平感覚との適合性という法解釈の目標に関する三要件との関連を説明した上で，法的正当化の全体構造における利益衡量論・目的=手段思考・社会的コンセンサスなどの役割と位置づけについて考察する。

第 5 編　法的思考と法律学

第13章　裁判過程と法の適用

1　裁判過程の見方の変遷

1　近代的裁判観の形成と展開

　法的思考や法律学は，古代ローマ以来の長い伝統を誇っており，その議論や推論の進め方について独特の様式と技法を築き上げてきている。このような法的思考・法律学は，裁判における法的紛争の適正な解決という実践的課題に直接・間接に関与するため，その具体的な在り方や方法論は，各時代・各社会における裁判制度の仕組みと裁判過程の性質・機能の見方によって規定されているところが多い。本章では，第 5 編の説明の一般的前提として，法的思考が用いられる典型的な場である裁判過程に焦点を合わせ，法の解釈と適用をめぐる法理学的議論の基本的な構図と主要な争点を概観しておこう。

　裁判過程や法の解釈・適用の在り方をどのようにみるかは，時代によって，また，国家体制や法システムの特質に応じて，かなり異なっている。それ故，法の解釈と適用をめぐる法理学的議論の現代的諸問題を取り上げるに先立って，まず，裁判が，現代のように，司法的裁判として行われるようになった近代国家成立以降，裁判過程や法の解釈・適用の見方がどのような事情からどのように変遷してきたかを振り返り，法律学的方法論の伝統的遺産と現代的問題状況の背景を確認することからはじめたい。

　近代の司法的裁判の制度的枠組の形成期には，モンテスキューが『法の精神』で描いた裁判観（270頁参照）などに代表されるように，当時の裁判官に対する根強い不信と一般的抽象的な法律への絶対的信頼という時代精神を背景として，立法と司法を峻別し，裁判による法創造を厳禁することが，民主制や権

力分立制などの自由主義的統治原理の当然の帰結とみなされた。このような裁判の見方がめざすところは，裁判官の恣意的な権力行使を抑制し，市民的自由と法的安定性を確保することにあった。

　このような裁判の見方は，19世紀初頭にいちはやくナポレオン法典などの近代的統一法典が制定されたフランスでは，法律の条文を絶対視し，一切の法的問題が法律によって完全に規律されていると確信する「註釈学派」によって受け継がれた。註釈学派は，裁判官が解釈の名のもとに立法者の意図を改変して立法権を侵害することがないように，裁判官の任務を，法律の条文に具体的事件を厳格に形式論理的に包摂することだけに限定し，法律解釈の目標は論理的に矛盾のない「立法者意思」の探究である，と主張した[1]。

　近代的統一法典の制定が遅れていた同時代のドイツでは，歴史的方法と体系的方法の統合を説いたF. C. v. サヴィニーの歴史法学派にはじまるパンデクテン法学が，次第に諸々の法概念をピラミッドのように体系的論理的に構成することを重視する方向（「構成的法律学」）に転化してゆき，後にR. v. イェーリングから「概念法学」と批判されるようになった。概念法学は，註釈学派とは歴史的社会的存立条件や学風をかなり異にしており，概念法学自体は必ずしも非創造的なものではなかったが，裁判の見方については，裁判官の任務を，法的概念・命題からの形式論理的演繹による法的事案の裁定に限定し，裁判官の法創造的活動を厳禁する点では，註釈学派と共通の特徴をもっていた。その"自動包摂機械"と揶揄された裁判の見方は，概念的論理的に整備・構築された法体系の自己完結性と無欠缺性というドグマを前提としていた。このドグマは，統一法典編纂後は，国家制定法体系について受け継がれ，註釈学派とほぼ同じように，国家制定法を絶対視する法実証主義的な裁判過程の見方が成立することとなった[2]。

　他方，英米法系諸国における近代的裁判制度は，「先例拘束性の原理」という独自の伝統を漸次に発展させ確立することによって形成された。この原理は，もともと，W. ブラックストンなどを代表的主張者とする「法宣言的」裁判観

　1）　註釈学派については，野田良之「註釈学派と自由法」尾高朝雄＝峯村光郎＝加藤新平編『法哲学講座第三巻：法思想の歴史的展開（II）』（有斐閣，1956年）など参照。

　2）　概念法学については，赤松秀岳『一九世紀ドイツ私法学の実像』（成文堂，1995年），青井秀夫『法理学概説』（有斐閣，2007年）第9章「概念法学」など参照。

を背景にしていた。このような裁判の見方は，法を固定的・自己完結的なルールの体系として判決以前にすでに存在するものとみて，裁判官の任務を，法を創造したり変更したりすることではなく，法をたんに発見し宣明することにすぎないとした。このような法宣言的裁判観は，同時代の大陸における支配的な裁判の見方とも一脈通じるものであり，イギリスでもアメリカでも，19世紀全般にわたって主流的位置を占めていた。とくに社会経済状況が相対的に安定する19世紀後半に入り，法的安定性への要請が高まり，先例拘束性の原理が絶対視されるようになると，大陸の概念法学的な裁判過程の見方と類似した傾向が著しくなった。そして，判例において確立された一般的な法的ルールからの形式論理的演繹に固執したり，法的概念の機械的な組み合わせだけによって法的事案を裁定したりする姿勢が裁判実務を支配するようになる。このような裁判過程の見方が後に「機械的法学」として批判されることになるが[3]，近代的裁判観の展開の構図は，大陸の場合と基本的に同じである。

　大陸および英米の近代的な司法的裁判のもとで裁判実務を支配した以上のような裁判の見方は，実際の裁判実務において完全には貫徹し難いものであった。とはいえ，近代法体制の形成・発展期における裁判制度の合理化に一定の歴史的役割を果たしただけでなく，その背後にある法政策的要請には今日においてもなお継承されるべき重要な洞察が含まれていることも忘れられてはならない。

2　自由法運動と利益法学

　19世紀末以降の社会経済構造の変容に伴って，近代法体制が動揺しはじめると，以上のような近代的な裁判の見方が，現実の裁判過程の性質や機能を正しくとらえていないだけでなく，このような裁判の見方に固執することが，裁判の社会的使命の適切な遂行を妨げているという認識が次第に拡がってゆく。そして，裁判実務の改革をめざす法律学的方法論革新運動が展開されるようになり，その影響は現代にまで及んでいる。

　まず，フランスやドイツを中心に，19世紀末から20世紀初頭にかけて，R. サレイユ，F. ジェニィ，E. エールリッヒ，H. カントロヴィッツらを代表的な提唱者とする「自由法運動」がおこり，世界的規模で影響を及ぼし，裁判過

---

[3]　R. Pound, Mechanical Jurisprudence, in *Columbia Law Review*, Vol. 8, No. 8 (1908) など参照。

程の見方や法律学的方法論に一大転換をもたらすことになった[4]。自由法運動のめざすところは，裁判官が一定の範囲内で法創造的活動を行うことを正面から承認することによって，時代の新たな法的要請に具体的事案に即して個別的に応え，裁判によって既存の国家制定法体系を社会経済的条件の変化に適応させることであった。

具体的には「法の欠缺」を原理的に承認することによって，裁判官を国家制定法への厳格な拘束から解放すべきことを主張するとともに，裁判の具体的妥当性を確保するために，裁判官がいわゆる「自由な法解釈ないし法発見」によって独自の法創造的任務を果たすべきことを強調した。裁判官は，法の欠缺がある場合には，国家制定法以外の法源によって裁判すべきであるだけでなく，およそ裁判にあたっては，国家制定法至上主義と概念論理偏重の態度から脱却して，当該事案の具体的事実関係に適応した衡平な裁判をめざすべきであり，法的概念・論理をそのような観点から目的論的に解釈すべきであると主張した。また，裁判官がその法創造的任務を適切に果たすために，「自由法」や「生ける法」，つまり現実の社会生活を規律している慣習法や条理を科学的に探究する必要が説かれ，法社会学の生誕を促すことにもなった。

ドイツにおいてほぼ同じ頃，Ph. ヘックらによって主張された「利益法学」は，概念法学批判においては自由法運動と共同戦線を張り，それと多くの法理論的特質・社会認識を共有していた。だが，自由法運動の主張する自由な法解釈ないし法発見が行き過ぎ，法の運用を裁判官の主観的感情にゆだねてしまう「感情法学」に堕するのを避けるために，「法律への忠誠」を強調したことにおいて，自由法運動に解消しきれない独自性をもっていた。利益法学は，制定法を利益衝突の解決規準ととらえ，個々の法的事案を制定法に示された規準に従った利益衡量に基づいて裁定することが裁判の使命であるとみた。そして，法律解釈においては，立法者意思説（主観説）を支持し，法の欠缺補充においても，裁判官の完全な自由裁量を斥け，裁判官の利益衡量が立法者の価値判断

---

[4] 以下の説明は，ドイツの自由法運動の見解に依っているが，E. Ehrlich, *Freie Rechtsfindung und freie Rechtswissenschaft* (1903), H. Kantrowicz (G. Flavius), *Der Kampf um die Rechtswissenschaft* (1906)（田村五郎訳『概念法学への挑戦』（有信堂，1958年）三「法学のための戦い」），磯村哲『社会法学の展開と構造』（日本評論社，1975年）第三編「エールリッヒ法社会学の体系的構造」など参照。

に拘束されるべきことを強調した[5]。

　自由法運動や利益法学の主張は，次第に立法や裁判実務へも浸透してゆき，裁判の法創造的機能を制度的に承認した立法や裁判が行われるようになる。とくに，これらの運動の主張の要約とみなされているスイス民法典第1条（88頁参照）は，現代でも，大陸法系諸国の民事裁判の指導原理として一般的に承認されている。

3　社会学的法学とリアリズム法学

　英米法系諸国，とくにアメリカでも，大陸における以上のような新しい潮流の台頭とほぼ並行して，その影響も受けつつ，裁判改革運動が展開されるようになる。

　まず，19世紀末から，O. W. ホームズが，「法の生命は論理ではなく，経験であった」，「裁判所が実際にするであろうことの予測，まさにそれだけが，私が法と呼ぶものである」，「一般的命題が具体的事件を決定するのではない」といった鋭いアフォリズムでもって，法的ルールからの形式論理的な三段論法推論によって法的安定性が確保されるとする伝統的な考え方は幻想にすぎないと，従来の機械的法学に対する批判の火ぶたを切った。そして，裁判過程は裁判官の法創造的選択活動に他ならないとして，法的原理・ルール・概念以外の政策的・無意識的要因が重視されるべきことを強調する新たな裁判過程の見方を提唱し，このような裁判の見方をみずから連邦最高裁判所判事として実践した[6]。

　ホームズの法の見方の経験主義的・プラグマティズム的傾向は，L. D. ブランダイスやB. N. カードーゾらに受け継がれ，R. パウンドによって「社会学的法学」として体系化された。

　パウンドは，裁判過程が，法による社会統制において重要な地位を占め，対立する諸利益の妥協調整によって正義に適った妥当な判決を獲得する法創造的

---

　5) Ph. Heck, *Das Problem der Rechtsgewinnung* (1912), Heck, Gesetzesauslegung und Interessenjurisprudenz (1914) ; Heck, *Begriffsbildung und Interessenjurisprudenz* (1932)（以上，津田利治訳『利益法学』（慶應義塾大学法学研究会，1985年））, 磯村哲「利益法学をめぐって」法政研究40巻2=3=4号（1974年），青井『法理学概説』（前出注2）第11章「利益法学」など参照。

　6) O. W. Holmes, *The Common Law* (1881) ; Holmes, *Collected Legal Papers* (1920) など参照。

活動であり，司法的立法もまた社会的効用の原理によって支配されるべきことを強調した。彼は，裁判過程を固定した法的ルールの機械的適用と考える機械的法学の立場を厳しく批判した反面，社会の発展に応じて法が弾力的に変化するにあたって，法的安定性の要請や倫理的・理想的要因が占める役割を重要視し，両者の調整に努め，リアリズム法学の極端な主張には批判的であった[7]。

カードーゾは，長年の実務体験に基づいて，裁判官が立法者に準ずる法創造的任務をもっていることを明らかにした上で，その裁判方法を，哲学的方法・歴史的方法・伝統的方法およびこれら三つの選択規準たる社会学的方法に分類し，裁判過程の経験的研究の先鞭をつけた[8]。

他方，1930年代に入って活発になった「リアリズム法学運動」は，ホームズのいわゆる「法予測説」を受け継いで，その一面的な解釈から出発したとみてよいであろう。この運動において指導的な役割を演じたK. N. ルウェリン，J. フランクらの主張にはかなりの相違がみられるが，その共通の特徴は，法というものは決して一般的抽象的な法的ルールのなかにではなく，現実に法を作り出す具体的な判決のなかにあるという考え方に立って，実際の裁判・判決形成過程の心理学的・社会学的分析を行い，伝統的な裁判過程の見方や法的安定性の考え方に仮借なき批判を浴びせたことである。

比較的穏健なルウェリンは，法的ルール・概念が裁判過程において決定的な規制作用をもつとする伝統的な見方には懐疑的だったが，法的ルール・概念自体を社会生活の要求に適応させ，裁判官の行動を現実に規制している規則の探究によって，むしろ実質的な法的安定性を獲得することが重要であると説いた[9]。それに対して，急進派フランクは，このような「ルール懐疑主義（rule-skepticism）」にとどまる考え方にも批判的であり，法的安定性を神話として痛罵して，判決の内容を実際に決定するものは，法的推論よりも，むしろ裁判官の勘であると主張した。さらに，裁判における事実認定も，裁判官の法的判断

---

7) R. Pound, The Scope and Purpose of Sociological Jurisprudence (1)～(3) *Harvard Law Review*, Vol. 24, No. 8, Vol. 25, No. 2, No. 6 (1911-12); Pound, *Jurisprudence*, Vol. 1, Ch. 6 Sociological Jurisprudence, §§22-29 (1959) など参照。

8) B. N. Cardozo, *The Nature of the Judicial Process* (1921)（守屋善輝訳『司法過程の性質』（中央大学出版部，1966年））など参照。

9) K. N. Llewellyn, *The Common Law Tradition : Deciding Appeals* (1960); Llewellyn, *Jurisprudence : Realism in Theory and Practice* (1962) など参照。

によって加工されたものであって，決して実際通りの事件の再現ではないとみる「事実懐疑主義（fact-skepticism）」にまで突き進み，法的ルール・概念からの形式論理的三段論法は，判決を事後的に合理化するために用いられるにすぎないと説いた[10]。

　裁判過程の非合理的側面を誇張しすぎたきらいのあるリアリストたちの裁判の見方は，裁判実務や法律学では必ずしも全面的には受け容れられなかった。けれども，裁判の法創造的特質を広く認識させ，裁判過程における法的ルール・概念や論理以外の諸要因への関心を高め，伝統的な機械的法学の裁判の見方の克服にあずかって力があった。

　以上で素描したように，近代から現代にかけての裁判過程や法の解釈・適用の見方には，かなり大きな変遷がみられ，しかも，基本的な争点については，依然として様々な見解が鋭く対立し，論議が続いている。概念法学や機械的法学と批判された裁判の見方が，裁判過程の現実の性質や機能の理解としては，そのままでは維持できないことは一般的に認められているが，その基本的な主張内容やその背後にある政策的要請には，今日でもなお無視できない普遍的意義をもっているものもある。また，自由法運動やリアリズム法学が，従来の裁判の見方の弊害や欠陥を鋭く指摘し，その克服に貴重な寄与をしたことは広く認められているけれども，裁判過程における法的ルール・概念や論理以外の要因の影響を誇張しすぎたきらいがあり，裁判実務や法律学でも全面的には受け容れられていない。法の解釈と適用をめぐる法理学的議論における現代的諸問題の検討においても，依然として以上のような見解の変遷と対立からなお多くのことを学ばなければならない状況にあると言ってよいであろう。

2　法の適用と法的三段論法

1　裁判過程と法的三段論法

　裁判における法の適用過程は，個別具体的な事実関係を確定する事実認定と，個々の事実関係に適用すべき一般的法規範を選択してその規範的意味内容を解

---

[10]　J. Frank, *Law and the Modern Mind* (1930)（棚瀬孝雄＝棚瀬一代訳『法と現代精神』（弘文堂，1974年））; Frank, *Courts on Trial* (1949)（古賀正義訳『裁かれる裁判所（上）（下）』（弘文堂，1970年））など参照。

明し特定化する法の解釈という二つの作業に分けられる。そして，この過程は，伝統的に，適用されるべき法規範を大前提，具体的事実を小前提とし，法規範に事実をあてはめて判決が結論として導き出されるという，法的三段論法方式によって理解されてきた。

例えば，わが国の現行法システムのもとで，「被告人甲を懲役七年に処する」という判決が下される場合，単純化すれば，「人を殺した者は死刑又は無期若しくは五年以上の懲役に処する」(刑法199条)という法規範が大前提であり，甲が実際に人を殺したこと，違法性や責任の阻却事由がないことなど，いろいろな証拠によって確定された事実が小前提である。そして，この二つの前提から，「Aという事実があればXという法律効果が生じる」，「しかるに当該事件はAである」，「故にXという法律効果が生じる」という法的三段論法に従って，このような判決が結論として導き出され正当化されるということになる。

しかし，裁判における法適用過程をこのように法的三段論法方式によって理解することに対しては，いろいろな角度から批判が浴びせられてきている。

本章1でも紹介したように，リアリズム法学や自由法運動以来，既存の法的ルール・概念からの推論ではなく，裁判官の勘・パーソナリティ・政治的信条，社会経済的事情の考慮といった要因のほうが，判決内容に決定的な影響を及ぼしていることがかなり誇張して主張されてきた。そして，三段論法は，現実に判決が形成ないし獲得される心理的・社会的過程に合致していないのみならず，判決の実質的理由を明らかにせず，裁判官の恣意的判断を隠蔽する機能すら果たしているといった類の批判が，様々な形で加えられてきた。これらの批判の影響もあって，判決の正当化を事後的な「合理化 (rationalization)」にすぎないとみたり，法的決定の正当化における三段論法方式の意義を軽視ないし無視したりする傾向が，わが国の戦後の法解釈論争 (第14章1参照) にもかなり強くみられた。

法的三段論法方式に対するこれらの批判は，全面的に間違っているわけではないが，現代では裁判過程の規範的構造の解明の共通の了解事項となっている，判決の「正当化 (justification) の過程」と「発見 (discovery) の過程」[11]を正しく区別せずに混同しているところに問題がある。これらの批判が，人間の行動をすべて因果法則的に心理学的・社会学的等の経験科学的説明に還元しようとする科学主義にとらわれたものである限りにおいて，判決の正当化過程の三段

論法方式による説明に対する批判としては賛同し難い。

　実際の裁判実務においては，一定の判決の法的正当性を正当化する規範的過程は，その決定に到達する心理的過程と相互に関連し規定し合っているけれども，裁判過程の規範的構造の解明においては，両過程は理論的に別個のものとして区別されなければならない。たしかに，いわゆる判決理由として示されているものが必ずしもその判決に至る現実の動機をつねに説明しているわけではなく，正当化の過程が発見の過程に対応していないこともありうる。にもかかわらず，正当化の過程に関する規準・手続が発見の過程に対して指針・評価規準として規制的作用を及ぼす側面を，独自の規範的次元としてとらえることが，人間活動の「正当化（justification）」という社会的実践を，実践的議論の合理性・正当性基準の「制度化」された知的地平で理解し評価するために必要不可欠の背景的規約として制度的に要請されているのである。

　判決形成に事実上影響を及ぼしている要因としては，制定法や判例だけでなく，学説（とくに通説），世論の動向，社会の支配的な価値観，裁判官の個人的な政治的信条やパーソナリティ等々，様々なものが指摘されている。これらの要因が判決形成にどのような影響を及ぼしているかの解明が，一定内容の判決作成の動機など裁判過程の心理学的・社会学的・政治学的等々の記述的説明として科学的価値をもっており，また，一定範囲内で判決の予測に役立つという実用的価値をもっていることは，言うまでもない。例えば，アメリカや日本の最高裁判所の裁判官をリベラル派と保守派に分けて，一定の判決における見解の対立をこのような政治的立場の区別と関連づけて説明することがよく行われるが，このような説明が，外的視点からの判決行動の心理学的・政治学的説明としてはそれなりに意義があることは否定し難い。けれども，制度的に重要なことは，個々の裁判官は，自分がリベラルあるいは保守的な信条をもっている

---

11)　判決の「正当化の過程」と「発見の過程」の区別については，R. A. Wasserstrom, *The Judicial Decision: Toward a Theory of Legal Justification* (1961), pp. 22-38, N. MacCormick, *Legal Reasoning and Legal Theory* (1978), pp. 13-18（亀本＝角田＝井上＝石前＝濱訳『判決理由の法理論』（成文堂，2009年）15-20頁）など参照。なお，科学理論においても，ニュートンが，リンゴが木から落ちるのをみて万有引力の法則を発見した過程とその法則を論理と事実に基づいて正当化した過程との区別などを例に挙げてよく説明されるように，科学理論（仮説）の「発見の過程」と「正当化の過程」の区別が一般的に認められているところである。

からという理由で一定の判決を下しているわけではなく，社会も，判決に対してそのような説明を要求しているのではないということである。

判決形成の事実上の動機がそのまま判決の正当化の適切な理由として制度的に承認されるのではないのであり，裁判官が判決の正当化において公的に準拠しうる理由は，裁判制度の構成原理・制度的枠組によって限定されているのである。裁判官に対しては，証拠に基づいて事実を正確に認定し，その事実に関連する法規範を適正に適用した結果，一定の内容の判決が導き出されたという過程を合理的に説明（正当化）することが制度的に要請されており，裁判という制度はこのような規範的要請が関係者によって一般的に受容され実践的慣行となっていることを基礎に成り立っているのである。判決の法的正当性については，このような正当化の過程が独自の合理的な営為として参加者によって相互に了解されている知的空間において，その規範的構造が内的視点から理解され評価されなければならないのである[12]。

2 法的三段論法の限界と意義

他方，法的三段論法方式に対する批判を，判決の発見の過程の説明に関するものとしてみるならば，リアリズム法学などのように，裁判過程の非合理的側面を誇張する極端な見解はさておき，現実の判決作成過程が，三段論法方式に従って画然と区別された論理的順序に即して行われるものでないということは否定し難い事実である。むしろ，たいていの場合，事実の認定，適用すべき法規範の選択，その意味内容の解釈など，判決作成における一切の活動は，相互に連関した一連の作業としてフィード・バックを繰り返しながら，徐々に確定され，最終的な判決に至るものだと言われており，このような説明が，判決形成過程の実態に適合しているものとして，かなり広く支持されている。

裁判過程を法的三段論法方式で理解する一般的な見解に対応して，裁判における審理についても，事実を確定する過程と，確定した事実に法規範を適用する過程とが論理的に分けられ，前者が事実問題，後者が法律問題と呼ばれている。だが，このような法律問題と事実問題の論理的区別も，現実の判決形成過程においては難しいことがあり，後ほど説明するように，裁判における事実認

---

[12] 田中成明『法的思考とはどのようなものか』（有斐閣，1989年）103-10頁参照。

定は，その事実に対する法的評価と不可分であり，どこまでが事実認識でどこからが法的評価かを明確に区別することが不可能な事例も多い。また，同一の歴史的事実について複数の法的構成が可能な事例も少なくなく，このような事例では，複雑なフィード・バックを繰り返しながら，事実認定と法律解釈を確定する必要がある。

　しかし，以上のような角度からの法的三段論法に対する批判は，仮にそれらが事実であるとしても，基本的に判決の作成ないし発見の心理的過程に関するものであり，判決の正当化の規範的構造に対する批判としては的はずれである。

　判決の正当化にとって無視し難い重要な批判は，法的三段論法などの実践的三段論法の推論方式としての妥当性自体に対する論理学的難問はさておき，法的三段論法の正当化の成否が，その大前提と小前提の正当性にかかっており，これらの前提が誤りであれば，いくら形式論理的に正しい推論がなされても，それだけで結論の法的正当性を正当化できないという批判である。たしかに，判決の正当化——形成ないし発見についても同様だろうが——において決定的に重要な過程は，形式論理的な真偽を二値的に評価できる演繹的推論の適用が可能となる以前の段階にみられる。すなわち，正確な事実認定に基づいて事実の的確な法的分析・構成が行われ，適用されるべき法規範の選択とその意味内容の解釈が適正に行われ，小前提と大前提とがきちんと確定され正当化されているかどうかが，決定的に重要である。ところが，これらの前提の作成および正当化の過程は，それぞれの争点に関する多様な証拠・論拠について多面的な熟慮・議論を重ねて，微妙な程度の比較を含む問題についても納得のゆく適切な理由づけを伴った判断が求められる複雑な思考過程であり，その全体の構造や正当性基準を形式論理学的にとらえ尽くすことはできないのである。

　このような法的三段論法の限界をふまえ，現代では，判決の法的正当化については，法的三段論法を基本的枠組として維持しつつも，その大前提・小前提の正当化過程とその論拠まで取り込んで，判決の形成と正当化の過程全体を，St. トゥールミンの非形式論理学的な議論図式（357-58頁参照）などの実践的議論の理論を基礎に解明しようとする，法的議論の理論[13]が有力となっている。本書もまた基本的にこのような法的議論の理論に与するものであるが，法的議論の理論に基づく法的思考の知的地平とその構造の解明をめぐる諸問題については，第15章と第16章で改めて取り上げる。

法的三段論法方式による裁判過程の理解には，以上のような問題点と限界があるにもかかわらず，現代でも，法の支配が確立されたほとんどの司法的裁判制度のもとで，法的三段論法が判決を理由づける正当化方式として一般的に受け容れられている。わが国でも，判決文には認定された具体的事実および適用された法規範ないしそれを前提とした理由を記載することが要求されている（刑事訴訟法335条，民事訴訟法253条）。そして，裁判の審理手続は，要件事実の存否・内容に関する主張・立証を中核とする法廷弁論を基軸に構成され，法律学的議論は，大前提となる法規範の意味内容の明確化や継続形成による特定化に関わる法解釈論を中心に行われてきた。さらに，審級制がとられている裁判制度においては，上訴の可否・手続や上訴審における審理方法などが，法律問題か事実問題かによって区別されているので，両者を理論的に区別する前提として法的三段論法方式は重要な実務的意義をもっている。

❸　事実認定

▮1 事実認定の特質

　裁判における法の適用過程は，一般に，事実認定と法の解釈という二つの作業に分けられる。そして，法律学が，主として法規範の意味内容を要件＝効果図式で議論・適用できる形に明確化・継続形成し特定化するという，広義の法解釈に関わるのに対して，裁判実務では，要件＝効果図式にのっとった要件事実の存否・内容に関する主張・立証活動に基づいて，正確に事実を認定し，的確な法的分析・構成を行うことに主たる関心とエネルギーが注がれているのが通例である。法律学では，ハード・ケース（難件）と言えば，現代型政策形成訴訟などに典型的にみられるように（第9章❸参照），法の継続形成という広義の法解釈をめぐる争いがある事件が念頭におかれがちであるが，現実の裁判事件では，裁判官・両当事者がハード・ケースとして実感しているのは事実認定をめぐる争いのある事件のほうが圧倒的に多いと言われている。

　13）　このような法的議論の理論の意義と概要については，U. Neumann, *Juristische Argumentationslehre* (1986)（亀本＝山本＝服部＝平井訳『法的議論の理論』（法律文化社，1997年）），亀本洋「法的議論における実践理性の役割と限界」「法的議論と論理学」同『法的思考』（有斐閣，2006年）など参照。

裁判における事実認定[14]は，歴史学のように，ナマの具体的な歴史的事実を客観的に認識し再現する作業ではなく，一定の証拠手続に基づいた両当事者の主張・立証活動によって，多数の関連する歴史的事実のなかから当該事件の法的解決にとって重要な意味のある事実を選び出し，法的に分析・構成して，法規範の規定する法律要件に該当する事実を確定する作業である。このような事実認定は，法的評価と不可分であり，いわゆる不確定概念や規範的概念あるいは一般条項の適用対象たる事実の認定の場合に限らず，裁判で争われるような事実認定については，どこまでが事実認識でどこからがその法的評価かを明確に区別することが難しい事例が多いのが現実である。

　しかも，事実認定においては，同一の歴史的事実について，複数の法的構成が可能であり，適用法規の選択やその解釈とフィード・バックを繰り返しながら，徐々にそのいずれか一つに確定されてゆくことになる事例が少なくない。例えば，被告人が人を死亡させた事件の場合，彼が実際に人を死亡させたという事実はもちろんのこと，その他にも，故意に死亡させたのかそれとも過失によるものなのか，どのような状況においていかなる方法で死亡させたのかなど，諸々の法的に意味のある事実を多数の複雑な歴史的事実から取捨選択して確定しなければならない。なぜなら，故意に殺したのならば殺人罪（刑法199条），被害者に頼まれて殺したのならば同意殺人罪（同202条），暴行又は傷害の故意しかなく，結果として死亡させたのならば，傷害致死罪（同205条），過失によるものであれば過失致死罪（同210条）というように，人を死亡させた同じ行為であっても，具体的事情によって適用される法規が異なるからである。また，殺人行為が正当防衛とみなされる状況で行われたのであれば違法性が阻却され（同36条），精神病や酩酊状態などの心神喪失に陥った状況で行われたのであれば責任が阻却され（同39条），いずれも犯罪が成立しないことになるからである。

　このような比較的単純な事例からも明らかなように，事実認定は，ほとんどの場合，諸々の関連法規とにらみ合わせながら，法の解釈と相関的に行われ，法適用過程において，法的三段論法の小前提の確定と大前提の確定は，相互調整的に並行して行われている。法適用過程におけるこのような事実関係と関連法規との複雑な相互調整的確定過程が，法適用におけるいわゆる"包摂（Sub-

---

[14] 事実認定については，伊藤滋夫『事実認定の基礎』（有斐閣，1996年），石井一正『刑事事実認定入門』（判例タイムズ社，2005年）など参照。

sumption)"判断の核心的作業であり,ドイツの法律学者K.エンギッシュの「大前提と生活事態の不断の相互作用,視線の往復」[15]という有名な定式化以来,法律学的方法論の重要な関心領域となっている。だが,このような複雑な作業を含む包摂自体の論理的性質をどのように理解するか,法的三段論法方式のなかに包摂をどのように位置づけ,事実認定や法解釈との関連をどのように理解するかについては,見解が分かれている[16]。

2 事実認定と証拠

事実認定は,証拠に基づいて行われなければならないが,裁判で用いられる多種多様な証拠は,幾つかの観点から分類されている。これらの証拠の分類のうち,主なものをみておこう。

最も重要な分類は,直接証拠と間接証拠の区別である。民事裁判では,直接証拠とは,法律効果の発生に直接必要な事実である主要事実の存否を直接証明する証拠であり,間接証拠とは,間接に主要事実の証明に役立つ証拠のことであり,情況証拠ともいう。刑事裁判では,直接証拠とは,構成要件該当の事実や犯罪阻却原因となる事実など,証拠による厳格な証明が必要な要証事実を直接立証する証拠であり,間接証拠とは,間接事実を証明することによって間接に立証する証拠のことである。

よく用いられるもう一つの分類は,証拠調べの方法の違いによる分類であり,人証,書証,物証という分類が一般的である。民事裁判では,証人・鑑定人・当事者本人などの人証は尋問により,文書などの書証は提出させて閲覧により,検証物などの物証は直接にその事物の状況を検査することによって取り調べることになっている。刑事裁判では,証人・鑑定人などの人証は尋問,証拠書類などの書証は朗読,証拠物などの物証は展示して取り調べることになっている。

---

15) K. Engisch, *Logische Studien zur Gesetzesanwendung*, 3. Aufl. (1963), S. 14-15 参照。エンギッシュのこのような定式化を「解釈学的循環」の一種と理解して継承発展させ,「法律学的ヘルメノイティク」という法律学的方法論が展開されるようになることについては,青井秀夫「現代西ドイツ法律学的方法論の一断面―『法律学的ヘルメノイティク』の紹介と検討（正）（続）」法学39巻1号,3=4号,（1975-76年）参照。

16) 磯村哲「法解釈方法論の諸問題」同編著『現代法学講義』（有斐閣,1978年）87-89頁,青井『法理学講義』（前出注2）第4部「具体的ケースへの制定法の適用」など参照。なお,本書第15章1[2]も参照。

証拠調べや証拠能力などの法的規制については，実体的真実主義をとる刑事裁判と形式的（手続的）真実主義をとる民事裁判とではかなり異なっている。実体的真実主義では，当事者の主張・立証にまかせずに，裁判所の職権で証拠を収集してでも，客観的な真実を究明しようとするのに対して，形式的真実主義では，当事者間で争いのない事実は，真実でなくとも，そのまま真実として扱い，争いのある事実についても，当事者間の立証の優劣で真実であるかどうかを判断すればよい，と一般に言われてきている。しかし，刑事裁判でも，人権保障や手続的正義の要請の観点から真実の究明にも限界があり，手続の当事者主義化の強化によって実体的真実主義も制約を受けているし，また，民事裁判でも，要証事実については当事者間の立証の優劣以上の証明が要求されるとする見解もあり，証拠に関する実務と理論の実状は，このような図式的説明ほど簡単ではない。

　証拠能力については，民事裁判では原則として制限がないのに対して，刑事裁判では種々の制約がある。まず，任意性のない自白（憲法38条2項，刑事訴訟法319条1項），伝聞証拠など反対尋問を経ない供述（憲法37条2項，刑事訴訟法320条，ただし刑事訴訟法321条ないし328条の例外が認められている）には，証拠能力は認められない。また，憲法35条の令状主義に反して違法に押収された物も，証拠として用いることは許されない。なお，証拠能力のある証拠に基づき法定の証拠調べ手続によって証明する「厳格な証明」と，証拠能力又は証拠調べ手続のいずれかあるいは双方に関して法定の要件を充たさなくともよい「自由な証明」という区分もある。

　しかし，民事裁判でも刑事裁判でも，各証拠の価値をどう判定し評価するかという証明力については，いずれも，原則として自由心証主義がとられ，裁判官の自由な判断にゆだねられており，裁判官は経験則に従って合理的に判断することが要求されているだけである（民事訴訟法247条，刑事訴訟法318条）。経験則には，日常社会生活における常識的な知識・法則から，きわめて専門的な科学的知見・法則まで，様々なものがあり，専門的な経験則は，専門家による鑑定でそれを確かめる必要がある。ただ，重大な例外として，刑事裁判では，自白の証明力について，自白のみに基づいて有罪判決を下すことができないという法的制約がある（憲法38条3項，刑事訴訟法319条2項・3項）。

　また，証明の程度は，裁判官の心証の程度を基準として，確信，証拠の優越，

疎明の三段階に区別される。民事訴訟の要証事実や刑事訴訟の犯罪事実については，通常人が疑いを差し挟まない程度に真実らしいという高度の蓋然性の心証を得て裁判官が確信することが要求されるとされているが，民事訴訟については異論もある[17]。自由な証明の対象となる事実のうち，手続的ないし派生的な事項については，肯定証拠が否定証拠を上回る程度の証明である証拠の優越で十分とされたり，一応確からしいと推測させる疎明で足りるとされたりすることもある。

③ 証明責任

両当事者が証拠を提出して立証活動を行ったにもかかわらず，証拠だけからは裁判官が事実の存否を判定しかねる場合，つまり真偽不明（non liquet）の場合には，その事実を存否いずれかにみなして当事者のどちらかに不利な判決をせざるをえない。この当事者の負う不利益ないし危険のことを「証明責任（挙証責任・立証責任）」と言う。

刑事裁判では，人権保障や「疑わしきは被告人の利益に」の原則に基づき，法律で明記されているごく少数の例外（同時傷害の特別共犯例（刑法207条），名誉毀損の真実性の証明（同230条の 2），公害犯罪における因果関係（人の健康に係る公害犯罪の処罰に関する法律 5 条）など）を除き，犯罪事実の証明責任はすべて検察官が負担し，犯罪の証明ができなければ無罪となる（刑事訴訟法336条）。

民事裁判については，証明責任の分配をめぐって見解が対立しているが，一般的には，一定の法律効果を主張する当事者が実体法上その発生に通常必要な要件事実について証明責任を負い，その効果の発生の障害あるいは消滅の事由となる事実については，相手方が証明責任を負うとされている。例えば，500万円の貸金返還請求訴訟の場合，金銭の貸借契約の合意があったという事実，500万円を手渡したという事実の証明責任は原告にあり，それに対して，被告が，返済によってその請求権が消滅したとか，契約締結の際に錯誤があって無効である（民法95条）と主張するならば，これらの事実については被告が証明責任を負うことになる。

このような原則に対して，特別規定によって，一般規定では一方当事者にあ

---

[17] 伊藤眞「証明度をめぐる諸問題—手続的正義と実体の真実の調和を求めて」判例タイムズ1098号（2002年）参照。

る証明責任が，相手方当事者に反対の事実の証明責任が負担させられ，「証明責任の転換」が行われることがある。例えば，民法709条によれば，不法行為による損害賠償を請求する場合，原告が加害者である被告の過失を証明しなければならないが，民法718条1項によって，動物が他人に危害を加えた場合には，逆に加害者である被告が自己に過失がなかったことを証明しなければ，損害賠償責任を免れないとされている。また，事実の推定に関する規定がある場合にも，相手方が推定の反対事実について証明責任を負うことになるので，同じように証明責任が転換される。「妻が婚姻中に懐胎した子は，夫の子と推定する」(民法772条1項)という規定などがその例である。ただ，このような「推定」は，当事者がそうでないことを反証すれば，覆すことができるので，反証が許されない事実の「擬制」(「住所が知れない場合には，居所を住所とみなす」(同23条1項)など)とは異なる。

4 法の解釈

1 法の解釈と継続形成

　法の解釈とは，実定法規範の意味内容を一定の問題事例と相関的に解明し特定化する作業のことである。実定法の存在形式・法源には，第2章3で説明したように，制定法だけでなく，慣習法，判例法などもあり，慣習法の存在やその内容を確認したり，個々の判決から将来の裁判の先例となる一般的規準を抽出したりする場合にも，それらの意味内容を特定化するために，解釈が必要である。しかし，わが国などのような成文法主義のもとでは，実定法は制定法を中心に体系的論理的に整序されており，制定法の条文の文字・文章や相互の体系的関連などを手がかりに，実定法の意味内容を個別具体的事例ないし一定類型の事例の適正な解決に必要かつ十分な程度に，原則として要件＝効果図式によって，どのような要件事実があれば，どのような法律効果が生じるかを具体的に確定し特定化することが，法解釈の最も重要な作業であり，法解釈をめぐる諸々の問題は，制定法の解釈を中心に論議されてきている。

　このような法の解釈は，法の適用ととくに区別されることなく，裁判における判決作成活動全体をさす意味で理解される場合もあるが，通常は，判決における法的三段論法の大前提を作成する活動にあたるものと理解されている。法

解釈は，既存の制定法の条文を手がかりに行われるが，厳密にみると，法解釈における制定法の条文への準拠の仕方には，伝統的に用いられてきている各技法によってかなりの相違があり，それに応じて，法解釈も広狭様々の意味で用いられている。

制定法は一定類型の事例を念頭において一般的抽象的に規定されるから，立法後の社会経済的条件や社会の価値観の変化に対しても，法教義学的な解釈技法によって相当長期間対応できるのが通常である。従って，制定法の解釈という形式をとっている場合でも，法解釈やそれに基づく判決によって，制定法の意味内容も徐々に変化し継続形成されてゆくのであり，その限りで，制定法の解釈・適用という形式のもとに，程度の差こそあれ，一定の範囲で法創造・法形成活動が行われているのである。また，社会経済的条件や社会の価値観の変化にとくに弾力的かつ敏速に対応する必要がある場合とか，個々の事件の複雑な事実関係に即応した具体的妥当性を確保することがとくに重視される場合などには，いわゆる「一般条項」（公共の福祉，公序良俗，信義誠実，権利濫用，正当事由など）という立法技術を用いて，制定法では抽象的概括的に法的対応の規準を規定するにとどめ，その具体化を裁判過程にゆだね，このような法創造活動が明示的に予想され期待されていることもある。

けれども，立法後，時を経るにつれて，制定法と社会生活のギャップは概して大きくなり，立法当時には予測できなかった新たな法的問題が生じることも避け難い。その結果，既存の制定法の条文を直接的な手がかりとするだけでは，何らの法的解決も得られない事例や，現実の社会生活に適合した解決が得られない事案がどうしても生じる。このような場合にどのように対処すべきかについては，伝統的に「法の欠缺」の補充問題として論じられてきた。

本章1でみたように，かつての概念法学などは，法の欠缺の存在を認めず，既存の制定法体系あるいは法律学的体系のなかに一切の事案の法的解決を可能とする規準が存在すると考えていたが，このような考え方は，自由法学や利益法学によって厳しく批判され，次第に支持されなくなった。現代では，法の欠缺が事実として存在することを率直に承認し，法の欠缺を理由として裁判を拒否することが許されない民事裁判においては，裁判官は，制定法の条文を間接的な手がかりとしたり，制定法以外の各種の補充的法源を探究したり，さらに，社会通念，社会一般の正義・衡平感覚，支配的な価値観などの実定法以外の規

準にも配慮しつつ、具体的な裁判規準を形成し、それに基づいて判決を作成すべきだと考える見解が支配的となっている。

問題は、一定の事案について法の欠缺があるかないかをどのようにして認定するかである。法の欠缺を制定法の欠缺という意味に理解するならば、一定の事案に適用すべき制定法規が全く存在しない場合と、既存の制定法規の適用によっては現実の社会生活に適合した解決が得られない場合とに区別されることが多い。だが、この区別自体が相対的流動的であり、一定の具体的事案を既存の制定法の解釈によって処理すべきか、それとも、法の欠缺として処理すべきかという判断自体が困難であり、社会経済的条件や社会の支配的価値観の変化に応じてこの判断が異なってきている場合も少なくない。

さらに、裁判による一定の法の継続形成が、法の欠缺補充なのか、それとも、「制定法の訂正（Gesetzesberichtigung）」（「法律に反した（contra legem）法創造」）かという判断についても、ほぼ同じことが言える。このような制定法の訂正については、法適用機関としての裁判所の制度的に正統な権限として許されるのかどうかという問題もある。各法領域の性質によっても事情が異なるところもあるけれども、社会経済的条件や政治体制自体の激変期など、きわめて例外的な場合を除いて、原則として許されないと考えるべきであろう[18]。

このような法の欠缺の補充、さらに制定法の訂正も含めて、いずれも、実定法の規範的意味内容を特定化し判決の大前提を作成する活動であることから、法の解釈と呼ばれることが多い。しかし、法理論的には、制定法の条文を直接的な手がかりとし、その時々の言語慣用からみてその可能な語義の枠内にある狭義の法解釈と区別して、このような広義の法解釈は、一般に「法の継続形成（Rechtsfortbildung）」と呼ばれている。だが、現実の法適用過程においては、

---

[18] わが国におけるこのような制定法の訂正の具体例としては、1954年に制定された利息制限法1条1項・2項が、一定利率を超える利息契約について、その超過部分を無効にするとともに、超過部分が任意に支払われた場合には、その返還を請求できないと規定していたことの解釈をめぐって、最高裁判所が、1968（昭和43）年11月13日大法廷判決において元本完済後の制限超過支払い分の返還請求を認めた事例（最高裁民事判例集22巻12号2526頁）が挙げられることが多い。この判決は、利息制限法1条2項を「空文化」するものと評されたが、裁判所は利息制限法の他の規定の解釈においても同様の効果をもつ判決を下すことが多く、2006年に判例の流れをふまえた利息制限法改正が行われ、1条2項も削除された。なお、広中俊雄『民法解釈方法に関する十二講』（有斐閣、1997年）第三「反制定法的解釈について」参照。

両者は密接不可分の関係にあり，区別の基準も流動的相対的であることから，厳密には欠缺補充あるいは制定法の訂正とみなすべき活動も，歴史的には，法の解釈のうちに含めて理解されてきている。しかも，理論的には法の欠缺補充や制定法の訂正にあたるとみられる判決は，実際の裁判実務では，信義誠実（民法1条2項），権利濫用（同1条3項），公序良俗（同90条）などの一般条項の適用という形式で行われることもあるので，これらの作業を厳密に区別することは難しい。

　このような裁判による法の継続形成に着眼して，裁判による法創造・法形成とか司法的立法ということが問題とされてきているが，その意味するところはかなり多義的である。わが国などの成文法主義のもとでは，一般に法創造活動と言われる場合，裁判における法適用では，制定法に準拠しつつも，つねに個別事例ごとに具体的裁判規準が形成され，それに伴って，制定法の内容も一定の問題事例と相関的に特定化され，徐々に変化・発展してゆくという側面が問題とされていることもあれば，個々の判決によって将来の裁判の先例となる一般的法規範が形成されるという側面が問題とされていることもある。後者は，判例の法源性を認めるかどうかという法源論の問題であり，すでに第2章**3**⑤で説明したところであり，第5編で取り上げる法の解釈や継続形成の問題と直接関連するのは前者である。

　法の欠缺補充による継続形成のみを法創造と呼び，狭義の法解釈と区別することも理論的には可能ではある。だが，その場合でも，以上で説明したように，両者の区別の基準自体が相対的流動的であることとともに，狭義の法解釈も，裁判事例では，"法"創造と呼ぶかどうかはともかく，多かれ少なかれ創造的活動を含んでいる場合が多いことに注意する必要があろう。

2　法解釈の技法

　法の解釈においては，実定法の規範的意味内容を，制定法の条文を手がかりに具体的に確定したり継続形成したりして，一定の問題事例と相関的に特定化するために，独特の教義学的解釈技法が用いられてきている。このような法解釈技法は，聖書の教義学的解釈技法と類似しており，ドイツなどでは，法解釈を体系的組織的に行う法律学は，伝統的に法教義学（Rechtsdogmatik）と呼ばれてきている。事実，諸々の伝統的な法解釈技法の多くは，中世の註釈学派が

同時代のスコラ神学の聖書解釈技法を借用してローマ法大全（Corpus Iuris Civilis）を解釈した方法が，近世初頭以来のローマ法継受を経て，近代の法律学へ承継されたものである。

　伝統的な解釈技法のなかには，厳密には法欠缺の補充技法とみなすべきものも含まれているが，それらも，歴史的には，狭義の法解釈技法と明確に区別されることなく，一体となって発達してきた。それらの技法の種類や分類について完全に一致した見解はないが，ここでは，一応，主な方法を，狭義の法解釈技法――文理解釈・体系的解釈・歴史的解釈・目的論的解釈――と，法欠缺の補充技法――類推・反対解釈・勿論解釈――とに分けて，それぞれについてごく簡単に説明しておこう[19]。

　(i)文理解釈　　法規の文字・文章の意味をその言葉の使用法や文法の規則に従って確定することによってなされる解釈。すべての法解釈の出発点であり，一般的に最も説得力のある論拠とみられている。法規の文字・用語は，言語慣用に従って，普通の常識的な意味に解するのが原則であるが，特殊な専門用語，立法技術的な法令用語については，それらの使用上の約束や慣例に従って解釈しなければならない。

　特殊な法的専門用語の例としては，例えば，民事法には「善意」か「悪意」かによって法律効果が異なる規定があるが（民法192条・704条など），善意とはある事情を知らないこと，悪意とは知っていることを意味し，通常の善意・悪意の意味が道徳的な評価を含んでいるのとは異なる。また，立法技術上一定の約束で使われる法令用語の例としては，「推定」と「看做す（みなす）」，「適用」と「準用」などの区別があるが，前者については事実認定との関連で説明したところであり（463頁参照），後者についてはすぐ後で類推との関連で説明する。

　(ii)体系的解釈　　ある法規と他の関係諸法規との関連，当該法令・法領域あるいは法体系全体のなかでその法規が占める地位など，解釈の対象たる法規の体系的連関を考慮しながら行われる解釈。論理解釈ともいう。法規相互の体系

---

　19)　伝統的な解釈の諸技法の分類やそれぞれの技法の説明は，ドイツや日本の一般的な見解（K. Engisch, *Einführung in das juristische Denken*, 5. Aufl. (1971), Kap. V～VII，青井『法理学概説』（前出注2）第21章～第25章，林修三『法令解釈の常識』（日本評論社，1959年），山田晟『法学（新版）』（東京大学出版会，1964年）第9章「法の解釈及び適用」など参照）を参考に，見解の分かれているところについては私なりの判断を加え，整理したものである。

的連関は,究極的には目的論的判断によって確定されなければならないことが多いから,体系的解釈は,大部分,同時に,目的論的解釈であるとも言える。

体系的解釈は,法規の文理解釈を前提として,その可能な語義の枠内で行われる。刑法175条の公然猥褻物陳列罪について,映画を映写することも「陳列」と解釈する例のように,常識的意味よりも広げて解釈する拡張解釈と,逆に,不動産の取引について登記をしないと「第三者」に対抗できないと規定している民法177条について,「登記の欠缺を主張することについて正当な利益を有する第三者」に限定して解釈する例のように,常識的意味よりも限定して狭く解釈する縮小解釈(制限解釈)とが主なものである。

(iii)歴史的解釈　法規の成立過程,とくに,法案・その理由書・立案者の見解・政府委員の説明・議事録など,いわゆる立法資料を参考にして,法規の歴史的意味内容を解明することによってなされる解釈。沿革解釈ともいう。歴史的解釈は,法解釈の基礎作業として不可欠であり,有力な論拠となることが多く,無視し難い重要な参考資料ではあるが,一般的には,立法者意思説が主張するように,これが唯一の正しい解釈方法だとするのは,後ほど説明するように適切ではない。

(iv)目的論的解釈　当該法令の趣旨や目的・基本思想あるいはその法令の適用対象である問題領域の要請などを考慮しつつ,それらに適合するように法規の意味内容を目的合理的に確定する解釈。目的論的判断の指導原理や具体的な解釈手法については,様々な見解が説かれているが,法解釈の実践的技術的性質の認識が深まるにつれて,一般的に,目的論的解釈が他の諸々の解釈技法よりも重視され,他の技法の選択や組み合わせを規定する中心的役割が与えられるようになっている[20]。

わが国において目的論的解釈の具体的手法を提示した方法論としては,現実の社会生活の観察・分析に基づいてその具体的事実関係に適合した解釈を行うべしと主張する「社会学的方法」[21],法規の適用対象である紛争における利益・価値の対立状況を分析し,どのような利益が保護されどのような価値が実現されるかを重視すべきだとする「利益衡量論」(第14章1③参照)などが代表的なものである。

(v)類推　ある事案を直接に規定した法規がない場合に,それと類似の性質・関係をもった事案について規定した法規を間接的に適用すること。例えば,

債務不履行に基づく損害賠償の範囲を「通常生ずべき損害」に限定した民法416条の規定を，このような規定を欠いている不法行為に基づく損賠賠償（民法709条）の場合にも適用されるものとすることなどがこれにあたる。また，先ほど触れたように，立法技術上，規定の重複煩雑を避けるために，「準用」という語を用いて類推すべきことが明示されている場合（民法361条・741条，刑法251条・255条など）がある。その場合には，準用されるべき法規をそのままあてはめるのではなく，再事案の重要な関連のある事実の性質・関係の差異性に応じて必要な変更を加えて適用しなければならない。

類推を拡張解釈などと同様に，体系的解釈の一種とする見解もあるが，狭義の解釈が法規の文理的意味の範囲内で行われるのに対して，類推は，法の欠缺の存在を前提として，法規を間接推論によって適用する補充作業であるから，両者は法理論的には区別すべきである。もっとも，実際問題として，両者の区別が困難な場合があることも否定できない。類推がどのような場合にいかなる根拠によって許されるかは，各法分野の性質に即して個別的に検討されなければならないが，抽象的に言えば，両事案に同一の法律効果を認めることの当否についての目的論的判断と相関的に，両事案の重要な関連のある事実の性質・関係の類似性・差異性を識別して決めることになろう。

なお，英米の判例法主義のもとでは，法の適用は一般的に類推推論によって行われていると言われてきているが，成文法主義のもとでも，法の欠缺補充だけでなく，法の適用はすべて基本的にこのような類推推論だとみる見解もあ

---

20) 2004年の行政事件訴訟法一部改正において原告適格の解釈指針として新たに規定された9条2項「裁判所は，処分又は裁決の相手方以外の者について前項に規定する法律上の利益の有無を判断するに当たつては，当該処分又は裁決の根拠となる法令の規定の文言のみによることなく，当該法令の趣旨及び目的並びに当該処分において考慮されるべき利益の内容及び性質を考慮するものとする。この場合において，当該法令の趣旨及び目的を考慮するに当たつては，当該法令と目的を共通にする関係法令があるときはその趣旨及び目的をも参酌するものとし，当該利益の内容及び性質を考慮するに当たつては，当該処分又は裁決がその根拠となる法令に違反してされた場合に害されることとなる利益の内容及び性質並びにこれが害される態様及び程度をも勘案するものとする。」は，このような目的論的解釈の中心的役割を明文で定式化した珍しい立法例として注目される。

21) 戦後の法解釈論争の口火を切った来栖三郎が「法の解釈と法律家」私法11号（1954年）などで提唱し，その著『契約法』（有斐閣，1974年）でその方法を実践した例などが代表的なものである。

る[22]）。

(vi)反対解釈・勿論解釈　A・B二つの事案のうち，Aについてだけ規定がある場合に，BについてはAと反対の法律効果を認めるものが反対解釈であり，BについてもAと同様の法律効果を認めるものが勿論解釈である。例えば，「私権の享有は，出生に始まる」という民法3条1項の規定から，他に明文の規定がある特別の場合（民法721条「胎児は，損害賠償の請求権については，既に生まれたものとみなす」，同886条「胎児は，相続については，既に生まれたものとみなす」など）を除き，胎児は私権を享有できないと解することなどが反対解釈である。それに対して，法律行為の効力の発生や消滅を将来発生するかどうか不確実な事実にかからせる「条件」に関する規定（民法128条・129条）を，将来発生することが確実な事実にかからせる「期限」（民法135条・136条・137条など）についても当然に適用すべきだと解する例などが勿論解釈である。

反対解釈と勿論解釈についても，体系的解釈の一種とみる見解もあるが，反対解釈は類推と同一の基礎に立つ逆の推論であり，勿論解釈は類推の一亜種だから，厳密には，法の欠缺を補充する作業とみるべきであり，そもそも解釈と呼ぶこと自体が適切ではない。反対解釈と類推とでは結論が正反対になるが，具体的事案についていずれによるべきかは，類推について述べたのと同様の目的論的判断によることになるであろう。勿論解釈は，類推の許容性がはっきりしている場合にとられる方法である。

3　法解釈の目標と規準

法解釈の方法論論議においては，伝統的に，法解釈の目標・課題・機能，指導原理，規準，正当化の基礎，その活動の性質，手法などが論じられてきている。そこでは，以上で紹介した各種の法解釈技法の優先順位，法解釈——とくに目的論的解釈と法の欠缺補充——において考慮されるべき諸々の要因やそれらのウエイトについて様々な見解が提唱され，いろいろな論争が展開されてきている。

法解釈の目標について，ドイツの法律学的方法論においては，「立法者意思説（主観説）」と「法律意思説（客観説）」との論争が古くからある[23]）。立法者

---

[22]）例えばA. Kaufmann, *Analogie und "Natur der Sache": Zugleich ein Beitrag zur Lehre vom Typus* (1965) など参照。

意思説は，法律は立法者の意思の表現に他ならないから，法律制定当時の立法者の歴史的・主観的意図を探究し再現することが法解釈の目標だと主張する。それに対して，法律意思説は，法律はその制定と同時に立法者から離れて，独立の客観的存在となるから，立法者の意図に関わりなく，法律に内在する合理的意味内容を解明することが法解釈の目標だと主張する。また，これと似かよった論争が，アメリカにおける憲法や制定法の解釈に関する理論にもみられ，法解釈の目標でありその正当化の基礎となるのは，憲法・制定法を作った立法者の意図だとする「意図主義（intentionalism）」と，憲法・制定法のテキストの文言だとする「テキスト主義（textualism）」との伝統的な対立が，立法者意思説と法律意思説の対立構図と必ずしも同一ではないけれども，重なり合っているところが多い[24]。これらの論争は，一方では法解釈と文芸作品の解釈との異同，他方では民主的立法との関連での司法活動の正統性の根拠・限界に関する様々な見解の対立ともからみあいながら展開されてきている。

　法解釈の目標をめぐるこれらの見解の対立の意義は，それらが主張された時代や国家の政治体制・法制度や支配的な法思想との関連のなかで理解されなければならないが，立法者意思説にしろ法律意思説にしろ，その具体的な主張内容は，各論者によって微妙に異なり，また，時代の変遷とともに，相互批判の応酬が繰り返されるなかで，かなり変わってきているところもある。現在では，これらの見解を必ずしも相互に排他的なものとはとらえずに，いずれの見解に基本的に与するにせよ，他の見解の主張も何らかの仕方で取り入れて，事実上統合的ないし折衷的立場をとらざるをえないと考える見解が一般的だとみてよいであろう。また，諸々の解釈技法についても，いずれかの技法を唯一の正しいものとして自己目的化することなく，それぞれに独自の存在理由を認め，個々の具体的な法解釈ごとに，これらの技法を適切に選択し組み合わせて，その都度全体として整合的な最も説得力ある正当化をめざすべきだとする見解が有力である。

---

23) その概要については，K. Engisch, *Einführung in das juristische Denken*（前出注*19*），Kap. V, 青井『法理学概説』（前出注*2*）第22章「解釈の目標 主観説と客観説」など参照。

24) その概要については，F. B. Cross, *The Theory and Practice of Statutory Interepretation*（2009）など参照。

ここでは，法解釈の目標と規準ないし考慮要因に関する問題について基本的な考え方だけを示し，個々の関連諸問題については，以下の各章でそれぞれ個別的に敷衍して説明することにしたい。
　制定法のテキストの文言の文理的・体系的な意味の解明が，すべての法解釈の出発点であり，通常は，このようなテキストの意味が最も説得力ある論拠であると言ってよい。しかし，テキストの意味は，その解釈が問題となる歴史的コンテクストやそこで支配的な価値観などによって決定的な影響を受け，時代とともに変わってゆくものである。
　しかも，問題は，このような文理的・体系的解釈の結果，複数の解釈の可能性が残る場合が多いことである。その場合には，まず，様々の立法資料によって，立法者が法律制定当時に意図していた歴史的意味内容を探究して，それを規準に法律の条文の意味内容をより具体的に確定する作業が不可欠であろう。このような立法者の意図も，テキストの文言と並んで有力な論拠であり，法律制定後日が浅く，社会経済的条件や社会の価値観の変化があまりみられない間は，このようにして確定されたものがそのまま法律の条文の規範的意味内容として妥当するのが原則であろう。
　だが，現代のように，立法過程が複雑で多数の人びとが関与するのが通例である状況のもとでは，法律の条文の意味について関与者の見解が一致していなかったり，不確かで探究できなかったり，矛盾・対立を含んでいたりする場合もある。のみならず，個々の法律の条文の意味は，つねにその時々の実定法体系全体との関連で理解されなければならないから，関連する他の法律の制定・改廃に応じて，ある法律の条文の意味が，その制定者の意図に反した方向に修正・変更されてゆくこともありうる。
　それ故，法解釈においては，具体的に法解釈が行われるそれぞれの歴史的コンテクストにおいて，その法律が適用される個別具体的事例の適正な解決に必要かつ十分であるとともに，それを含む同一類型の事例に相当期間にわたって普遍的に適用可能な合理的意味内容を解明することを目標とすべきであろう。その場合，原則として，法律の条文の文理的・体系的意味の枠内にとどまるべきである。また，立法者の意図からどの程度離れているかは，その法解釈の正当性の説得力にも重要な影響を及ぼすから，とくに立法者の意図が法律の趣旨や目的として明確に規定されている場合などには，十分配慮を払う必要がある。

しかし，立法後の社会経済的条件や社会の価値観の変化が大きく，文理的・体系的意味や立法者の意図に従った解釈では，社会一般の正義・衡平感覚に著しく反した不合理な結果が生じる場合などには，それらをある程度無視せざるをえないことも，例外的にはありうるだろう。このような場合，文理的・体系的意味や立法者の意図から離れれば離れるほど，概してその法解釈の正当性の権威的論拠による説得力は失われることになるから，それを上回る説得力をもつ強力な実質的論拠によって総合的に適切な正当化ができなければならない。

　全体として，法解釈の目標としては，個別具体的事例や一定類型の事例の解決という，問題事例に定位した歴史的コンテクストのなかで，(i)憲法をはじめ関連法規・判例など実定法規準全体と原理整合的であること，(ii)その法規の適用対象となりうる同一類型の事例に普遍的に適用可能であること，(iii)その時々の社会一般の通念的正義・衡平感覚とも適合すること（とくに著しく反しないこと）という三つの要件を充たすように，実定法規範の意味内容を解明し特定化することがめざされるべきである。従って，法の解釈の規準ないし考慮要因としては，問題事例という歴史的コンテクストとの相関性，憲法や関連法規・判例など実定法規準全体との原理整合性，同一の類型的事例への普遍的な適用可能性，社会一般の通念的正義・衡平感覚との適合性が重要な位置を占めることになる。そして，このような法解釈は，文理的・体系的解釈や立法者の意図の探究，適用対象の社会学的分析など，分析的・記述的な認知活動を基礎としているけれども，それに尽きるものではなく，一定の歴史的コンテクストのもとで法的に可能な選択肢のうちでこれらの規準・考慮要因に照らして最も適正な解釈を，賢慮に基づいて総合的に判断し正当化する実践活動である。

　以上のような法解釈の規準ないし考慮要因としての三要件の位置づけ，それらに適合する法的判断の在り方をめぐる諸問題については，第16章**3**①で改めて取り上げる。

《参考文献》
□青井秀夫『法理学概説』（有斐閣，2007年）
□碧海純一＝伊藤正己＝村上淳一編『法学史』（東京大学出版会，1976年）
□磯村哲「法解釈方法論の諸問題」同編著『現代法学講義』（有斐閣，1978年）
□亀本洋『法的思考』（有斐閣，2006年）
□笹倉秀夫『法解釈講義』（東京大学出版会，2009年）

□林修三『法令解釈の常識』(日本評論社, 1959年)
□広中俊雄『民法解釈方法に関する十二講』(有斐閣, 1997年)
□田中成明『法的思考とはどのようなものか』(有斐閣, 1989年)

第 5 編　法的思考と法律学

第14章　戦後の法解釈理論の展開

1　戦後日本の法解釈論争

1　論争初期の問題設定

(1)　論争の主要争点と基調

　わが国の戦後の法解釈論争は，1950年代前半に，憲法9条をめぐる政府見解の変化への法律学・裁判所の対応が広く注目を集めていた政治的社会的状況のなかで，従来の法律学に対する不信・反省を背景として，来栖三郎や川島武宜らの法律学者の問題提起を直接のきっかけとして開始された。論争初期の主要争点とそれをめぐる論争の基調は，次のようなものであった[1]。

　(i)"法の教義学から科学へ"という合言葉のもとに，法解釈や法律学の科学化ということがあたかも自明の要請のごとく受けとめられ，様々な科学化の方向が提示された。また，法教義学の典型が概念法学に求められ，法教義学批判＝概念法学克服が論争の共通の出発点とされた。

　(ii)法解釈が価値判断を含む実践であるという共通の認識が早くから形成され，その価値判断が客観的か主観的かという争点に関心が集中し，法解釈の正しさの問題がただちに価値判断の客観性の問題と結びついて論議されがちであった。また，ほとんどの場合，この客観性は科学性と同一視され，しかも，客観性についても科学性についても，外部の論理学・科学方法論上の一般的基準をそのまま持ち込む外的視点からの議論が支配的であった。

　(iii)法解釈の具体的手法が提唱される場合，このような外部の科学性・客観性

---

　1)　詳しくは，田中成明『法的思考とはどのようなもの』(有斐閣，1989年) 70-93頁参照。

の一般的基準が自明の前提とされがちであり，法実践独特の伝統的な論法・技法の合理性を見直すという関心はきわめて乏しかった。そして，法的価値判断の"法的"性質は，せいぜい，制定法の拘束力，法規・理論構成による形式的な理由づけの問題として論じられるぐらいであった。

　以上のような法律学者による一般的抽象的レベルの方法論論議にみられた基調が，実際に法律学研究や裁判実務にも浸透していたかどうかは，疑問である。けれども，ほぼ70年代末まで，少なくとも法律学者の方法論論議はこのような論調によって規定されていたと言ってよかろう。

(2) 来栖三郎の問題提起

　論争の口火を切った来栖三郎は，甚だ自虐的であった[2]。「何と法律家は威武高なことであろう。常に自分の解釈が客観的に正しい唯一の解釈だとして，客観性の名において主張するなんて。しかし，また，見方によっては，何と法律家は気の弱いことであろう。万事法規に頼り，人間生活が法規によって残りくまなく律せられるように考えなくては心が落着かないなんて。そして何とまた法律家は虚偽で無責任なことであろう。何とかして主観を客観のかげにかくそうとするなんて」と。

　来栖は，概念法学を「何んでも既存のカテゴリーのなかに押し込み一切の事象の解決を現存法規から引き出そうとする方法」と理解し，このような方法が，権威を借りて自分の主観を客観の名において主張しようとする権威主義を生み出したり，裁判官の恣意の排除ないし法的安定性の機能と安易に結びつけられたりしていることなど，概念法学の残滓を厳しく非難する。そして，裁判の法創造機能を承認することに対応して，法解釈についても，一定の範囲内で複数の解釈の可能性を認め，そのうちの一つを正しい解釈として選択することは，個人の主観的価値判断によって影響されること，従って，法の解釈の争いは，形式的理由ではなく実質的理由に基づくものであり，政治上の問題に関係するときは，解釈の結果に対して政治的責任を負うべきだ，と主張する。

　法解釈を制約する「わく」については，高次の法律規範による拘束，他の法律規範との均整，法的価値判断の体系的整合性，現存の社会関係を前提とする

---

　2)　来栖三郎の見解は，来栖三郎「法の解釈と法律家」私法11号（1954年），川島＝来栖＝加藤＝潮見「〈座談会〉法解釈の『科学性』」法律時報26巻4号（1954年）における来栖の発言に依っている。

こと，推論の論理性の制約を挙げている。だが，これらの「わく」自体が解釈者の価値判断によって左右されることの強調に力点がおかれ，基本的には，法規による制約よりも現実の社会関係への適合の要請を重視する。そして，正しい法解釈の方法としては，「法規範を実定法の規定からの論理的演繹によってでなく，現実の社会関係の観察・分析によってその中から汲みとるべきである」とする「社会学的方法」を提唱した。

さらに，来栖は，市民が法の担い手たることを強調する立場から，各市民の行う法解釈について，各人の価値判断にかかっているとして，すぐに水かけ論にせずに，それぞれの解釈の社会的政治的効果を探求して実質的理由に基づいて争うことによって，裁判官の法解釈を自分の解釈に従わせるように努力すべきだとする。それに対して，「裁判官は社会における法の解釈の争いの判定者として裁断を下す」が，「裁判官の法の解釈は社会的勢力関係の現存状態の安定を目安として行われ，従って極端はきらわれ，中庸ということが尊重され，結局，社会に支配的な見解，つまり学者によっては社会的潮流などと呼んでいるものに従う」と，裁判官と市民の法解釈の在り方を分けて考えていた。

(3) 法解釈の主観性・客観性

以上のような来栖の法解釈論のうち，「わく」の理論や社会学的方法は，法源理論との関連など，重要な原理的争点を含んでいたにもかかわらず，その後の論争の展開のなかでは，基本的に受け容れられたせいか，あまり議論の進展はみられなかった。それに対して，法解釈の正しさが究極的に個人の価値判断に基づいているとする見解は，賛否両論，活発な論議を惹き起し，論争の中心争点となった。

この論争は，法解釈における価値判断と記述的および論理分析的な認識の相互規制関係，法的価値判断の「制度化」の特質などの十分な解明を欠いたまま，主として解釈者個人の価値判断の主観性・客観性や正しさをめぐって，一般的抽象的にメタ倫理学あるいは規範的倫理学レベルで展開されることになった。

碧海純一は，1960年に，その後広く用いられるようになった客観説と主観説という区分で論争を総括した[3]。碧海は，客観性と科学性を同義に解し，「歴史の発展とか進歩の方向」の科学的認識によって価値判断の正しさの客観的な

---

3) 碧海純一「戦後日本における法解釈論の検討」『法解釈の理論：恒藤恭先生古稀祝賀記念論文集』（有斐閣，1960年）参照。

識別が原理的に可能だとする渡辺洋三らのマルクス主義的立場[4]を客観説の典型ととらえ，客観説は「自然主義的ファラシー」を含んでいるから支持し難いとする。そして，碧海自身は，社会学的方法その他いかなる方法によっても法解釈における価値判断から主観的要素を排除することは原理上不可能とみる主観説に与し，法解釈における「存在する事態の理論的認識」と「存在すべき事態の実践的選択」をできるだけ明確に示し，「法解釈に伴う価値判断の客観化の諸条件」を論究することが重要な課題だと説いた。

　碧海は，その後，K. R. ポパーにならって，客観性を「間主観的論議（批判）可能性」とみる立場に移行し，科学的認識の客観性の担保を「科学という社会的活動の公共的性格」に求めるポパーの見解から示唆を得つつ，法解釈学における論理的および経験的な客観性の条件と限界をかなり立ち入って論究した。けれども，「論理と経験による批判」を基調とする方法二元主義・価値相対主義という基本的立場は変わらず，外的視点から法解釈・法律学の実践の客観化＝科学化の可能性を論究するアプローチの枠内での変化にすぎなかった[5]。

　他方，客観説と主観説という同じ区分を用いる見解でも，星野英一の場合は，碧海とは異なった知的地平に立っている[6]。星野も，碧海とほぼ同じ論法で，歴史の発展や進歩の方向を客観的価値基準とする客観説に反対し，さらに，近代社会・近代法の在り方を価値判断基準とする広中俊雄らの近代主義的見解[7]も，論理構造が同じだと批判する。だが，主観説に対しても，論理の飛躍があり挙証責任が果たされていないこと，価値の客観性は自然科学のそれとまったく同じものではないこと，理性的な対話をはじめからあきらめさせるという結果を導きやすいことなどを理由として疑問を投げかける。そして，星野自身は，人間の尊厳，平等，精神的自由など，人類の共通財として何人も否定することのできない価値そのものの客観的妥当性を認める新自然法論的客観説に立ち，価値論を軽視する論争の支配的論調には批判的な姿勢をとっている。

　4）　渡辺洋三『法社会学と法解釈学』（岩波書店，1959年）第一編「法の解釈と法律学」など参照。
　5）　碧海純一「現代法解釈学における客観性の問題」『岩波講座・現代法15：現代法学の方法』（岩波書店，1966年）など参照。
　6）　星野英一「民法解釈論序説」同『民法論集第一巻』（有斐閣，1970年）参照。
　7）　広中俊雄「現代の法解釈学に関する一つのおぼえがき」同『民法論集』（東京大学出版会，1971年）参照。

2 川島武宜の法律学論——法の教義学と科学の間で
(1) 法律学の科学的基礎づけをめざして

川島武宜は，戦後いちはやく，法律や裁判の正当性の説得の技術である「教義学的法律学」から厳格に区別して，法規範そのものの内容・構造・関連の歴史科学的方法による認識・分析によって正しい立法・解釈の科学的基礎づけを提供する「科学的実用法学」を分化・発展させるべきことを提唱し[8]，その後も，"法の教義学から科学へ"という展開においてつねに先導的役割を果たしてきた。だが，川島がその間に提示した法律学の科学化の具体的構想にはかなりの変化・振幅がみられ，それに対応して，法教義学の性質や機能の理解・評価にも少なからぬ変化がみられる[9]。

戦後の法律学的方法論において古典的位置を占めている『科学としての法律学（初版）』[10]では，法を社会統制技術ととらえ，立法や裁判を動機づけかつその内容を決定する「法的価値判断」と，その価値を実現するための思考・伝達の手段たる「ことば的技術」という二つの要素が詳しく分析される。そして，法律学への不信を表明しつつも，法的価値判断の対象たる社会関係の社会学的分析，その基礎たる価値体系の構造やそれに基づく価値判断の相互関係の解明，法の技術的概念や法律構成の目的適合的な分化・明確化・構成などによって，法律学自体に科学的基礎づけを提供する方向がめざされていた。だが，実用法学の具体的な法律解釈論には，経験科学的真理としての性質をもつものと，価値体系の選択という実践行動の性質をもつものとがあり，科学としての法律学の名において主張されうるものには一定の限界があるとされた。

川島のこの時期の構想は，社会工学的な社会学的法律学とM. ウェーバー流の価値相対主義的社会科学方法論の接合をめざしていたとみることができ，来栖三郎の法解釈論と重なり合うところも多い。けれども，来栖が，法解釈という実践自体に深くコミットした内的視点をとっていたのに対して，川島は，その強烈な科学志向の故に，法解釈という実践自体には距離をおいた内的視点をとっており，基本的視点にはかなりのずれがみられる。

---

[8] 川島武宜『民法解釈学の諸問題』（弘文堂，1949年）「はしがき」参照。

[9] 川島武宜の法律学論の変遷については，太田＝甲斐＝田中＝唄＝平井「〈座談会〉川島法学の軌跡」ジュリスト1013号（1992年）参照。

[10] 川島武宜『科学としての法律学（初版）』（弘文堂，1955年）。

(2) 予見的法律学と判例研究

　川島のこのような科学化の構想は，『科学としての法律学（新版）』に収められた「市民的実用法学の方法と課題」「判例研究の方法」では，大きく変化する[11]。そこでは，法律解釈自体に一定限度で科学の裏付けを与えるという，初版当時の方向とは違って，従来の解釈学的法律学とは別に，裁判の先例を素材として将来の裁判の予見を行う非解釈学的な科学的実用法学が，裁判現象についての経験科学的研究として構想される。リアリズム法学の裁判過程の見方の影響を強く受けて，判決中の抽象的な解釈的法律論は裁判の正当性の説得技術にすぎず，実務家にまかせておけばよいとして，学問的に軽視され，裁判実務と法律学の分業が強調されるようになる。そして，経験科学としての法律学は，そのような実務家の実践活動を対象化して認識することによってはじめて真理性をもちうると，裁判実務に対する外的視点の徹底化をめざす法律学論が提示された。

　このような予見的法律学における判例研究の具体的方法については，判例規範ないし判例仮説の構成は，法律解釈とは性質を異にし，判決の対象となった紛争事実とその判決の結論の両者から，帰納的論理によって定型的事実と定型的結論を相関的に抽象化し構成する作業であるとされる。そして，このような作業は，裁判官の価値判断行動を視野のなかに入れつつ，経験科学の視点から客観的な事実認識の平面で行われ，このようにして構成された判例仮説は，つねに将来の裁判によって検定され修正される可能性を含むとみられていた。さらに，このような判例研究の経験科学化の構想が，裁判の予見や裁判への働きかけという実用性・実践的目的と不可分のものとして提唱されていることも注目される。

　川島のこのような現実主義的な判例研究方法論は，当時の判例研究ブームを背景に，その後の判例研究に大きな影響を与えたと言われる。だが，リアリズム法学の影響の強い裁判過程や判例の理解には批判も多く，また，判例仮説の構成が，価値判断の介入なしに社会学的作業だけで可能かどうかは，根本的に疑問である。さらに，川島は，判例研究についても，基本的には予見性に科学性をみる立場をとっているが，裁判の予見の意義や限界に関する見解には微妙

---

　[11] 川島武宜「市民的実用法学の方法と課題」「判例研究の方法」同『科学としての法律学（新版）』（弘文堂，1964年）参照。

な変化がみられる。とくに,「予見による働きかけ」とか「制御による予見」ということを強調するならば,裁判のコントロール機能については,判例研究と法律解釈の間に原理的な違いはなくなってしまうであろう。

(3) 教義学的法律学の再評価

川島自身も,60年代末になると,判例だけでなく法律も裁判予見の手がかりであり,法律解釈が裁判をコントロールすることによって予見できるようにする機能をもつことを認め,伝統的な教義学的法律学自体を裁判のコントロール機能から再評価するようになる。そして,教義学的法律学と科学の関係も,次のようにとらえ直されるようになる[12]。

教義学的法律学は,現実問題についての価値判断とそれに基づく実践的決定,価値判断を伝達する記号的技術の工夫,価値判断とその伝達の記号的形態の正当性の説得のための論証を目標とする。このような法律学は,観察によって得られる主体間情報による検証によって正否・真偽の決着がつけられる科学とは異質であり,厳密な論理的思考と法ドグマ・社会現象に関する多くの知識から成る高度に有用な実践的技術の学問である。法律学が,医学や工学と同じように,実践的技術として有用な実用科学であるためには,形而上学的に観念の世界で自己完結的に伝統的な記号操作を行うだけでは不十分であり,種々の関連現象についての経験科学的研究によるフィード・バックを必要とする。

川島のこのような法律学論は,基本的に,法律解釈という実践活動自体に一定限度で科学の裏付けを与えることによって,技術学としての法律学の実用性を高めるという,『科学としての法律学(初版)』当時の構想に戻ったものとみてよいであろう。この時期以降,川島は,法律学が,(i)ナマの社会現象として争いを観察・分析する認知的・社会学的作業,(ii)それに対する法律家的な評価・政策決定的作業,(iii)それに基づいて法的価値判断を法ドグマに構成する記号的な教義学的作業という三種の作業からなるとみるようになる。そして,注目すべきことは,利益衡量作業を社会学的作業の一環として位置づけ,その重要性を承認すると同時に,利益衡量論者の「法的構成」不要論ないし軽視論を厳しく批判していることである。

---

12) 以下の説明は,主として川島武宜「『法律学』の現代的問題点」『川島武宜著作集第五巻』(岩波書店,1982年),同「法律学と法社会学」『川島武宜著作集第六巻』(岩波書店,1982年)に依っている。

川島は，このような軌道修正とほぼ並行して，70年代以降，法的過程の分析において社会統制・制御（social control）とともに（よりも）紛争解決（conflict resolution）や争い処理（dispute settlement）を重視するようになる。この前後から，現代型訴訟などの権利闘争が活発化し，川島自身も，弁護士として裁判実務に携わるようになる。これらを背景に，80年代はじめには，法律学論についても，当事者が裁判官に対して自分の主張の正当性を説得するために権利をめぐって「法律家的な（juristisch）」議論の争いをするという視点から法ドグマの検討・批判・創造を行うことが法律学の課題であると，裁判実務と法律学の協力・一体化が強調されるようになる[13]。

　このような裁判実務にコミットした内的視点からの「争い処理の技術学としての法律学」構想については，川島の以前の科学志向の強烈な視点や方向と断絶しており，従来の法律学論や裁判過程の見方と矛盾するのではないかという批判がある。また，基本的構想の示唆にとどまっており，以前の方法論と同列に論じうるところまで具体化されていない観もある。けれども，その時代感覚には鋭いものがあり，以前の方向に欠けていた視点を補完するものとして，川島の法律学論構想全体のなかに整合的に位置づけることも不可能ではないであろう。

3 利益衡（考）量論
(1) 利益衡量論の主張内容

　60年代中頃のほぼ同時期に，加藤一郎が「法規によってではなく，利益衡量による実質的妥当性に基づいて結論を求め，それを法規等によって理論構成する」という利益衡量論，星野英一が「解釈の決め手になるのは，今日においてどのような価値をどのように実現し，どのような利益をどのように保護すべきかという判断である」とする利益考量論を，民法解釈の方法として提示した[14]。この利益衡量論の是非が，その後の論争の重要争点としてクローズア

---

13)　川島「法律学の外観と真実」「争いと法律」『川島武宜著作集第六巻』（前出注12）参照。

14)　加藤一郎の見解は，加藤一郎「法解釈学における論理と利益衡量」同『民法における論理と利益衡量』（有斐閣，1974年），星野英一の見解は，主として星野「民法解釈論序説」「同・補論」同『民法論集第一巻』（前出注6），同「民法の解釈をめぐる論争についての中間的覚書」同『民法論集第七巻』（有斐閣，1987年）などに依っている。

ップされるようになる。

　加藤と星野の提示した解釈手法や基本的立場には，かなり相違もある。例えば，解釈手順について，加藤が，具体的な紛争解決への法の適用を念頭において，法規を除外した利益衡量による結論→法規等による理論構成→利益衡量による結論の修正・変更という手順を示すのに対して，星野は，具体的事件への適用以前の法の解釈を念頭において，まず条文の文理解釈・論理解釈や立法者意思の探究によって結論を出し，その結論の妥当性を利益考量と価値判断によって検討し，必要ならば結論を修正・変更するという手順を示す。また，利益衡量・価値判断の規準について，両者とも，何らかの実質的な原理的規準からただちに民法などの法解釈における具体的価値判断を引き出すことは不可能ないし不適切としつつも，加藤は，対立する価値・利益のバランスをはかり社会的最大値の実現をめざす功利主義的立場をとり，利益衡量一点張りであるのに対して，星野は，新自然法論的立場をとり，利益考量だけでは結論は決まらず，最終的には価値判断が決め手であることを強調する。

　これらの相違にもかかわらず，(i)裁判官がその積極的な法創造的活動によって判決の具体的妥当性を確保することに期待し，その能力を基本的に信頼していること，(ii)利益の比較衡量・価値判断による妥当な結論の獲得およびその実質的な理由づけと，法規・理論構成による結論の形式的な理由づけとを区別し，前者を重視していること，(iii)利益衡量・価値判断において，法律家の権威を否定し，素人の常識を尊重し，素人を実質的に納得させることを強調していること，(iv)妥当な結論を得るために，社会関係・利益状態の差異による類型化の必要を説いていることなどにおいて，両者には基本的な共通点がみられる。

　このような利益衡量論の見解にも，川島武宜の場合と同様，自由法学やリアリズム法学の強い影響がみられる。だが，全体として，川島のように，法律学の科学化という外的視点よりも，むしろ基本的に，来栖三郎から法解釈という実践にコミットした内的視点を受け継ぎ，川島が主として批判的分析の対象とした法解釈の結論の正当化や説得自体の具体的手法の改革という方向に，概念法学批判を展開したものと位置づけることができるであろう。

(2) 利益衡量論批判

　このような利益衡量論は，民法学に限らず全法分野にわたって，裁判実務や法律学研究に広範に影響を及ぼしているが，法適用・法解釈において一定範囲

内での利益衡量が不可避であることを承認しつつも，利益衡量論に対して厳しい批判を浴びせる論者も少なくない。その批判は多岐にわたっているが[15]，最も根本的なものは，判決形成における法規の事前的拘束力を軽視し，具体的な利益衡量・価値判断に対する客観的ないし原則的な規準を明確に提示しないこと，その結果として，法律学による理論構成などの判断規準創造機能を軽視し，裁判官に白紙委任を与えその恣意を抑止できないという批判であろう。このような批判に対して，加藤も星野も，論議を深める反論をしており，この応酬のなかで新たな争点も浮かび上がり，それをめぐる論議の進展もみられた。主な問題点は，次のように整理できるであろう。

第一に，法規の拘束力や理論構成の軽視の問題，裁判官の役割と法律学の裁判コントロール・批判機能の問題については，事実認識レベルでも政策論レベルでも，利益衡量論者とその批判者の間に根本的な見解の相違がみられ，加藤と星野の見解にも少なからぬずれがみられる。利益衡量論が，既存の法規・理論構成では適切に対処できない限界的・例外的事例を扱う現代型政策形成訴訟を主に念頭においたものだとしても，その前提にある信頼される積極的な裁判官像は，現行の司法的裁判の制度的枠組や役割の理解・評価としては，問題が残るであろう。この種の現代型訴訟においてこそ，法律学が法ドグマの創造的構成によって裁判に働きかけることが期待されており，裁判実務と法律学の分業・協力の在り方としても異論があろう。さらに，そもそも，法解釈における利益衡量・価値判断に対する"法的"制約が論じられる場合，利益衡量論者だけでなくその批判者も，法規の拘束力，法規・理論構成による理由づけの妥当性や説得力など，実質的規準レベルでの論議にとどまっており，法解釈が行われる"場（状況）"である裁判過程を規制する手続的制約にほとんど眼が向けられていないことも問題であろう。

第二に，以上の点とも関連するが，法解釈における具体的な利益衡量・価値判断自体の対象や規準の立ち入った論究が少なく，素人の常識の重視や類型化

---

[15] 総括的な批判として，後ほど取り上げる平井宜雄の批判（本章２ ４ (2)参照）の他に，水本浩「民法学における利益衡量論の成立とその成果（1）〜（4・完）」民商法雑誌62巻6号，63巻2号，4号，64巻2号（1970-71年），甲斐道太郎『新版法の解釈と実践』（法律文化社，1980年），浦部法穂「利益衡量論」公法研究40号（1978年）など参照。

の必要を説くことによって一定の制約は加えられているが，その合理性や適切性の確保について個々の法律家のバランス感覚に依存しすぎている観が強い。最終的に個々の法律家の賢慮にゆだねざるをえないとしても，例えば，異質のあるいは次元を異にする利益・価値相互間の比較衡量をどのような仕方で行うべきか，また，個別具体的なものから一般的抽象的なものまで，様々なレベルでとらえられる利益・価値を，どの範囲までどのような方法で比較衡量の対象とすべきか，さらに，これらの比較衡量が裁判の場で行われる場合と，行政過程や裁判外の紛争解決過程で行われる場合とでは，どのような相違があるのか等々，法解釈における利益衡量・価値判断が法的に「制度化」された独特のものであることに関わる諸問題についての論究が十分とは言えず，今後の課題として残されているところが多い。

❷ 法解釈理論の現代的展開

❶ 戦後の論争の基調への批判的潮流の台頭

わが国の戦後における以上のような法解釈論争は，"国産論争"[16]と意義づけられることもあるが，国産論争であったことにいささか安住しすぎて，次第に欧米の法律学的方法論の動向や展開とのずれが生じ，わが国の従来の論争の議論枠組や関心方向に対する批判・不満が高まりはじめた。そして，70年代中頃になると，公害環境訴訟などの現代型政策形成訴訟の続発をはじめ，裁判実務の新たな問題状況への適切な対応という問題関心を背景に，欧米の法律学的方法論の新たな潮流からも学びつつ，戦後の論争の支配的基調に対して批判的な理論展開が試みられるようになった。

これらの新たな動向のうち，以上で素描したような戦後の法解釈論争の議論構図や関心方向に軌道修正を迫ったものとしてとくに注目されるのは，(i)法的議論の理論，(ii)「法と経済学（法の経済的分析）」アプローチ，(iii) R. ドゥオーキンの司法的決定・法解釈理論という，三つの潮流であろう。

ヨーロッパ中心に展開されている法的議論の理論は，Th. フィーヴェクのトピク的法律学，Ch. ペレルマンの新レトリック的法律学，法的議論を一般的実

---

[16] 碧海「現代法解釈学における客観性の問題」（前出注5）21頁で用いられている言葉であるが，論争のこのような意義は多くの論者によって強調されてきている。

践的議論の「制度化」された特殊事例とみるR. アレクシー，N. マコーミックらの理論など，かなり多彩である。しかし，実証主義的な帰納・検証（反証）と形式論理学的演繹以外にも，合理的な議論の遂行と決定の正当化の可能性を認める実践哲学的立場から，法的議論独自の合理性を解明しようとする基本的な方向は共通している。そして，裁判・法解釈などの法独特の実践の意味を一定の距離をおいた内的視点から解明・再構成することを重視し，伝統的な法律学の技法を概して肯定的に評価する傾向がほぼ共通にみられる。

　それに対して，アメリカ中心に展開されている「法と経済学」アプローチは，近代経済学のミクロ経済分析の手法を法制度の分析・評価に適用しようとするものである。従来の社会科学・経験科学志向に代わって，政策科学志向の台頭の象徴であり，法を道具主義的にとらえ，法的思考の自立的性質を承認することに否定的であり，外的視点からの法律学的方法論の典型である。

　現代英米の代表的法理学者R. ドゥオーキンは，60年代中頃から，H. L. A. ハートの法実証主義的な司法的裁量論を批判して，ハード・ケースにおいても「唯一の正解」が存在し，裁判官は「政策論拠」ではなく「原理論拠」によって判決を正当化すべきであると主張し，反功利主義的な権利基底的立場から独自の司法的決定論を展開していた。そして，80年代中頃になると，解釈学（ヘルメノイティク）的立場を鮮明にして，「統合としての法（law as integrity）」という独創的な法構想のもとに，以前の見解を適宜修正して取り込みつつ，構成的解釈理論を提唱するようになる。彼の司法的決定・法解釈理論には，微妙に変化してきている側面もあるが，裁判官の内的視点を全面化するものと評されるほど，裁判官の現実の議論実践を現象学的に解明するアプローチを一貫してとってきており，外的視点を徹底化する「法と経済学」アプローチに対しては，法システム・裁判過程の記述的説明としても，その在り方の規範的提言としても，厳しい批判的姿勢をとっている。

　これら三つの潮流は，相互に対立するところもあるが，戦後の法解釈論争の議論枠組や関心方向を規定していた知的地平とは異なった理論的基礎から，新たな法律学的方法論を提唱するものであり，わが国でも，これらの欧米の新しい潮流をも取り入れて，多彩な法律学的方法論が展開されるようになる。それぞれ，法律学的方法論議に大きなインパクトを及ぼしているが，とりわけ注目を集め論議の的となっているのは，平井宜雄の「法政策学」構想の展開と，

「議論」に基づく法律学による戦後の法解釈論争への総括的批判であり，平井と利益考量論の提唱者星野英一の論争は，第二次法解釈論争とも位置づけられ，わが国の法律学的方法論議は新たな段階を迎えることになった。

以上の内外の潮流のうち，本書が基本的に与している法的議論の理論については，第15章❷で改めて取り上げることにして，ここでは，「法と経済学」アプローチ，ドゥオーキンの司法的決定・法解釈理論，平井の「法政策学」と「議論」に基づく法律学について，その主張内容と意義・問題点を概観しておこう。

❷ 「法と経済学」アプローチ
(1) ミクロ経済学モデルの法律学への適用

「法と経済学」アプローチとは，近代経済学のミクロ経済分析の手法，とくに市場メカニズムによる効率的な資源配分を合理性基準とする費用・便益分析（cost-benefit-analysis）を，私法制度を中心にあらゆる法制度の分析・評価に適用しようとするアプローチである。70年代以降，アメリカで，R. A. ポズナーらのシカゴ学派とG. カラブレイジらのイェール学派を中心に隆盛し，現在では，わが国をも含めて世界的に影響を及ぼし，広く注目を集めている。シカゴ学派が，効率性一点張りの自由競争市場万能主義であるのに対して，イェール学派は，正義・衡平による効率性の制約にも配慮し，市場の効率的な作動の確保のための国家の介入を認め，政治経済的立場はかなり異なっている。また，このアプローチは，ミクロ経済学モデルによって法制度やその変更の効果を説明・記述する実証的分野と，どのような制度設計・法的決定が望ましいかについて政策提言をする規範的分野に分類されるが，規範的提言は実証的分析を基礎に行われるのが通例であるから，両分野は重なり合っている。法律学的方法論と直接関連するのは，規範的アプローチであり，外的視点からの法律学的方法論の一典型である。

法と経済学アプローチは，基本的にはミクロ経済学の個人的効用最大化モデルを政治過程の適用する「公共選択（public choice）」理論の法学版とみることができるが，最近では，ゲーム理論，統計・計量経済学，行動経済学などの手法や成果を取り入れて，一段と精緻な理論展開が多彩に試みられている。ここでは，ミクロ経済学の概念や方法の法律学への適用という側面に焦点を合わせ

て，その基本的な主張内容をみておこう[17]。

(2) **基本的な概念と方法**

　法と経済学の規範的アプローチでは，効率性が法的制度・決定の分析・評価のキー概念として用いられるが，この効率性は，一般に「パレート最適基準」によって判定されるものとされている。だが，パレート基準は，法的制度・決定の評価にあまり有効でないことから，法と経済学アプローチでは，潜在的パレート基準あるいは補償原理と呼ばれる「カルドア＝ヒックス基準」（ある状態から他の状態への移行によって，利益を受ける者が損害をこうむる者に補償を行って元の状態よりも悪くならないようにしても，なお利益を受ける者に残存利益がある場合，この移行は望ましいとする）が用いられることがある。このカルドア＝ヒックス基準の現実の判定の指標として，ポズナーが，財・サーヴィスに対して人が支払ってもよいとする貨幣価値を測り，最も高く評価する者にそれが帰属するように制度設計・評価をすべしとする「富の最大化」理論を提唱しており，この富の最大化理論を法的制度・決定の評価基準として用いる可能性とその当否が，法と経済学アプローチに対する評価の一大争点となった[18]。

　法と経済学アプローチは，R. H. コースが市場の失敗の一例である「外部不経済」の「内部化」に関して提示した「コースの定理」[19]を出発点とする。この定理によれば，環境汚染などの外部不経済問題に課税・補助金方式で対応せずとも，取引費用が無視できる場合には，当事者間の自主的な取引交渉によ

---

17) 法と経済学アプローチの基礎理論とその各法分野への適用の概要の理解に有益な邦語文献（邦訳も含む）として，小林秀之＝神田秀樹『「法と経済学」入門』（弘文堂，1986年），A. M. ポリンスキー（原田博夫＝中島厳訳）『入門法と経済』（CBS 出版，1986年），R. D. クーター，Th. S. ユーレン（太田勝造訳）『法と経済学』（商事法務研究会，1990年），宍戸善一＝常木淳『法と経済学』（有斐閣，2004年），S. シャベル（田中亘＝飯田高訳）『法と経済学』（日本経済新聞出版社，2010年）など参照。

18) R. A. Posner, *The Economics of Justice*, 1st ed. (1981), 2nd ed. (1983) （馬場孝一＝国武輝久監訳『正義の経済学』（木鐸社，1991年）），川浜昇「『法と経済学』と法解釈の関係について―批判的検討（1）（2）」民商法雑誌108巻6号（1993年）824-49頁，109巻1号（1993年）2-14頁，常木淳『法理学と経済学：規範的「法と経済学」の再定位』（勁草書房，2008年）第1章「リチャード・ポズナーの規範的『法と経済学』」参照。

19) R. H. Coase, The Problem of Social Cost, in *Journal of Law and Economics*, Vol. 3. (1960) （新澤秀則訳「社会的費用の問題」松浦好治編訳『「法と経済学」の原点』（木鐸社，1994年））。

って，損害防止費用などの外部費用をいずれに負担させようとも，パレート最適の資源配分が実現でき，法的権利をどのように割り当てるかは効率性に影響しないとされる。そして，取引費用がかかる場合には，法的権利の割り当てが効率性に影響を及ぼすが，この割り当てについては，カラブレイジが，コースの定理を応用して，最も安い費用で損害や危険を回避できる者に負担させるのが，費用を最小化し効率的であるという「最安価損害回避者の原理」など，費用負担・権利割り当てに関する一連のガイドラインを提示しており，これらのガイドラインが妥当する完全競争市場にできるだけ近づけるように現実の市場を規制し取引を誘導するルールを作るべきだとされる。

このような法的権利の割り当てと並ぶ重要な問題である，法的権利の保護の問題については，カラブレイジとA. D. メラメドが，(i)所有権ルール，(ii)賠償責任ルール，(iii)不可譲性ルールの三方式に分けて効率性の観点から分析している[20]。ある権利が所有権ルールによって保護されている場合には，それを侵害しようとする第三者は予め権利保持者の合意を得なければならず，合意されない限り，権利保持者は第三者の権利侵害を全面的に禁止できる。賠償責任ルールによって保護されている場合には，第三者はその権利を自由に侵害してもかまわないが，事後的に損害を賠償しなければならない。しかし，賠償額は裁判所によって決められるから，権利保持者の要求する代価と同額である必要はない。従って，取引に費用がかかるケースでは，所有権ルールのほうが賠償責任ルールよりも取引に多大の費用がかかり，パレート劣位の現状が保持される可能性があり，効率性の観点からは不適切になる。それに対して，賠償責任ルールの場合は，一種の強制的な権利移転によってパレート優位の状況への移行が可能であり，効率性の観点から適切かどうかは，賠償額の算定次第である。また，ある権利を不可譲性ルールによって保護することは，何らかの他の社会的に善きことの促進・保護のために効率性を問題にしないという決定に他ならず，人身の自由，投票権など，一定の権利の移転は，たとえ権利保持者が望んでも，禁止される。

---

[20] G. Calabresi & A. D. Melamed, Property Rules, Liability Rules and Inalienability: One View of Cathedral, in *Harvard Law Reviw*, Vol. 85, No. 6 (1972)（松浦以津子訳「所有権法ルール，損害賠償法ルール，不可譲権限ルール」松浦好治編訳『不法行為法の新世界』（木鐸社，1994年））参照。

法と経済学アプローチにおいては，このように，「法は市場を模倣すべし」という市場模倣理論が基調になっているが，市場における個人の合理的自律的行動という「過程」，そこから生じる効率性いう「結果」のいずれを模倣すべきかなどについては，見解が分かれている。

　法と経済学アプローチは，以上のような基準と分析方法を，不法行為法だけでなく，私法の主要領域，さらに訴訟法，刑法，憲法などの領域にまで及ぼし，従来の法的議論では見落とされがちであった効率性問題に鋭く切り込み，その意義や当否をめぐる論議が活発に展開されている。

(3) その意義とわが国の論議への影響

　法と経済学アプローチが，法的紛争の自主的な防止・解決へのインセンティヴと関連づけて効率性問題を分析し，法的な制度設計・決定における重要なトポス（論拠）を提示していることの意義は，正しく評価されて然るべきである。だが，その出発点とされている定理や原理は，法的規律の対象となる各種の価値・利益をすべて費用という一元的尺度に換算でき，しかも，それらに関して完全な情報が存在している場合に適用可能なものである。だが，生命や身体に対する危害がからむ問題に限らず，法的規律の対象となる価値・利益には，このような一元化に馴染まないものが少なくない。また，このような費用便益計算に必要な情報と法的に考慮に入れられるべき情報とのギャップが存在し，一般的に完全情報の収集は困難である。これらの難点を考慮すると，効率性基準が法的な制度設計・決定において重要な考慮要因だということを一般的に承認するとしても，これらの定理や原理が適用可能となる前提条件に疑問があるだけでなく，効率性基準がどの程度のウエイトをもった考慮要因となりうるかは，各法分野によって相当異ならざるをえないであろう。

　このような効率性測定基準の適用可能性に関する問題の他にも，法的観点からは，費用を誰に負担させるのが公正で正義に適っているかという分配問題を視野に入れていないか，考慮しても副次的な位置づけしか与えていないという，決定的な限界がある。また，何が効率的かという結果が事前の権利の分配状況によって左右されることも問題であろう。効率性のみが法的制度・決定の評価規準であり，正義も効率性に還元できるとする極端な立場が支持し難いだけでなく，分配の公正・正義も経済的効率と並ぶ重要な評価規準とする見解においても，全般的に効率性にウエイトをおいて両者間のトレード・オフを認める傾

向が強いことにも問題がある。

　たしかに，立法過程では，比較的自由にトレード・オフの問題を議論し，いくら正義に適った目的であっても，その法的実現に莫大な費用がかかる場合などには，効率性が正義の実現を制約することを認めざるをえないこともあるかもしれない。だが，一定の基本的人権など，立法段階での効率とのトレード・オフをも禁止する正義価値があることも見落とされてはならない。裁判過程になると，実定法上の権利義務・責任の規定をはじめ，このようなトレード・オフに対する義務論的な法的制約は一段と強くなる。

　法と経済学アプローチは，思考・決定方式としては，効率性基準の適用という目的＝手段図式と自主的取引交渉の尊重という合意型調整図式の両性質をもっているとみられる。法的思考へのその導入については，目的＝手段図式の手法の導入の在り方に関して後ほど指摘する問題点（第16章2②(2)参照）が基本的にそのまま妥当し，法と経済学アプローチがマクロ正当化レベルにおける目的＝手段思考の一種として，法的思考全体のなかで要件＝効果図式の制約のもとで一定の役割を果たすことがあっても，法的思考全体を法と経済学アプローチによってとって代えることは適切ではないであろう[21]。

　このような観点からみて法と経済学アプローチのわが国への影響について注目すべきことは，その影響を受けた法律学者のなかには，正義・衡平による制約だけでなく，法的思考の自立性をも否定し，効率性を唯一の基準とする外的視点の徹底化を主張する者もいるのに対して，むしろ，経済学者のなかに，公害問題などの法的解決において経済学的費用・便益分析に対する一定の権利基底的な制約を認める見解を説く者がみられることである。

　例えば，浜田宏一は，その先駆的な著書『損害賠償の経済分析』[22]において，（旧）受忍限度論が，被害者の不利益と加害者の利益との比較衡量の余地を認め，個人間の効用比較を認める功利主義の伝統に立っているのに対して，環境権論は，「被害と発生者側の利益との衡量を原則として認めない立場」であり，

---

[21] 法と経済学アプローチと法的思考・法解釈の関係については，川浜昇「『法と経済学』と法解釈の関係について（1）〜（4・完）」民商法雑誌108巻6号，109巻1号，2号，3号（1993年），常木『法律学と経済学』（前出注18）第3章「法学研究における経済学の位置」参照。

[22] 浜田宏一『損害賠償の経済分析』（東京大学出版会，1977年）107-15頁参照。

「ロールズの公正に対する議論と一脈通ずるもの」と理解する。そして，とくにロールズの「格差原理」によって，「公害の被害者が死に瀕している際に，……さらに一般に，公害の被害者，ないし潜在的な被害者が社会でもっとも不利な立場と同視できるような状態の下では，公害の被害と産業的利益とのトレード・オフを拒否する環境権」を正当化できるとみている。

浜田は，さらに公共性論について，「公共性が大きいということは，その行為によって不利益をこうむる人々を補償しても，依然としてその経済活動を続けることが有利であること」を意味するから，損害賠償に関して，公共性があるから少額でもかまわぬというのは，経済学的にも誤りだと言う。そして，差止請求に関しては，「被害者の被害が金銭をもって償い得ないような重大な問題である場合に，これを差止める必要，いわば被害者の人権のための緊急避難の意味において被害者の利益を保護し，さらに将来世代の被害を未然に防ぐ意味で差止め請求を将来についても認めることが意味がある。……しかしそのような深刻な被害でない場合，金銭によって償える程度の被害をもたらすにもかかわらず公共性の大きな活動については，十分な補償を支払わせて，それを続けさせることが，経済的に言えば能率的な解決である可能性が高い」とする[23]。

浜田の以上のような法と経済学アプローチに対する姿勢をさらに推し進め，反功利主義的な権利基底的立場から法と経済学アプローチと根本的に対立する法解釈理論を展開しているのがR. ドゥオーキンである。

3 R. ドゥオーキンの司法的決定・法解釈理論
(1) 司法的裁量論批判——「権利テーゼ」と「正解テーゼ」

R. ドゥオーキンの司法的決定・法解釈理論は，基本的にすでにみたような彼独自の法と道徳の融合論（第4章 1 3 (2)参照）や権利基底的平等主義正義論（第12章 3 参照）と一体的に展開されており，しかも，彼の法理学的理論展開

---

[23] 落合仁司＝浜田宏一「法の論理 経済の論理」長尾龍一＝田中成明編『現代法哲学 3：実定法の基礎理論』（東京大学出版会，1983年）334-37頁参照。なお，浜田らとほぼ同じような立場から，名古屋新幹線騒音訴訟控訴審判決の利益衡量を，経済学における費用・便益分析の法学版とみて，批判的に検討しているものとして，岩田規久男「新幹線訴訟控訴審判決における利益衡量の経済学的検討」ジュリスト840号（1985年）参照。

において中心的な位置を占めている[24]。

　ドゥオーキンの独特の司法的決定理論は、もともと、H. L. A. ハートの法実証主義的な司法的裁量論に対する批判からはじまった。ハートは、法システムをルール・システムととらえ、法的ルールは、その適用について何らの疑問も生じない典型的なケースを指示する「確実性の核心部」と同時に、それが適用されるか否かが明確でなく不確実な「疑問の周縁部」を不可避的に含んでいるという意味で「開かれた構造」をもっており、この周縁部については、競合する諸々の利益の比較衡量は裁判官の裁量にゆだねざるをえず、「立法的」と呼ばれる創造的活動が要求されている、と主張する[25]。

　このようなハートの見解に対して、ドゥオーキンは、法システムには、ルールの他に、原理や政策と呼ばれる一群の規準が含まれており、これらの規準は、ルールのように、"全か無か (all-or-nothing)" という形で必然的に適用されるものではないが、議論を一定の方向に進めるための理由を抽象的・概括的に指示しており、裁判官は、それらが重要な関連をもっている限り、考慮に入れなければならないという意味で、独特の法的拘束力をもっている、と主張する。それ故、ハートのように、原理などの規準を「法の外にある (extralegal)」ものとして、裁判官がこれらの規準に拘束されないという意味で裁量を行使すると考えるのは、ハード・ケースでは裁判官の事後立法によって法的権利義務が創造されることになり、立憲民主制下の裁判官の役割や法的権利に関する社会一般の理解に反する、と批判する。

　ドゥオーキンは、このような法実証主義の司法的裁量論批判を、その後少し

　24）　ドゥオーキンの司法的決定・法解釈理論は、主としてR. Dworkin, *Taking Rights Seriously* (1977) （木下毅＝小林公＝野坂泰司『権利論（増補版）』（木鐸社、2003年）、小林公訳『権利論II』（木鐸社、2001年））; Dworkin, *A Matter of Principle* (1985); Dworkin, *Law's Empire* (1986) （小林公訳『法の帝国』（未来社、1995年））などで展開されている。その理論の概要や変化などについては、深田三徳『現代法理論論争：R. ドゥオーキン対法実証主義』（ミネルヴァ書房、2004年）第2章「R. ドゥオーキンの法学と権利論」、第3章「R. ドゥオーキンの解釈的法理論」、田中成明「ハード・ケースにおける裁判官の判断をめぐって」司法研修所論集110号（2003年）89-98頁参照。以下の説明もこれらの文献に依っている。

　25）　H. L. A. Hart, *The Concept of Law* (1961), VII Formalism and Rule-Scepticism （矢崎光圀監訳『法の概念』（みすず書房、1976年））第7章「形式主義とルール懐疑主義」）参照。

ずつ論点をずらしたり見解を修正したりしながら、独自の積極的な司法決定理論を展開するようになるが、その中心的な観念が「権利テーゼ」と「正解テーゼ」である。

ドゥオーキンは、当初、原理と政策を区別することなく、ルール以外の法的拘束力のある規準として挙げていたが、綱領論文とも目される「ハード・ケース」(1975年) 以降、政治的決定の正当化理由として、個人の権利を規定する「原理」と社会的目標を規定する「政策」を区別し、ハード・ケースにおける裁判官の法的決定は、社会全体の集合的目標の促進や保護という「政策論拠 (arguments of policy)」ではなく、個人の権利の尊重や確保という「原理論拠 (arguments of principle)」によらなければならないとする見解を提唱するようになった。このような見解の基礎にあるのが、彼独特の反功利主義的な権利基底的理論に基づく「権利テーゼ」である。権利テーゼにおいては、権利は、個別化された政治的目的として、社会の集合的目標に対する個人の"政治的切札"であり、たとえその権利が一定の政策によって生み出されたものであっても、ひとたび制定法などによって制度化されると、原理の問題に転化され、もはや政策論拠によって左右されるべきでなく、政策論拠によって権利の実現が左右されその閾値的ウエイトが損なわれることは、権利の定義に反するとされる。彼の権利理論では、諸々の権利は、「平等な配慮と尊重を求める権利」を基礎として、背景的権利と制度的権利、抽象的権利と具体的権利に区分されるが、ハード・ケースは、具体的権利を承認したり否認したりすることによって裁定され、その場合に裁判官が依拠する具体的権利は、法的制度の自立性の故に、背景的権利よりも制度的権利、他の何らかの形態の制度的権利よりも法的権利でなければならないとされる。

「正解テーゼ」は、このような権利テーゼと不即不離の関係にあるが、ハード・ケースにおいても、法的問題についてはつねに「唯一の正しい解答 (uniquely correct answer)」が存在し、裁判官は、そのような正しい解答を発見する義務を負っており、実際にそれを追求しているのであり、従ってまた、訴訟当事者も、そのような決定を請求する権利があるとする見解である。正解テーゼは、その趣旨が分かりにくいところもあって、彼の司法決定理論に共鳴する論者の間でも批判が強く、議論の多い見解である。このテーゼは、ハード・ケースでは唯一の正しい解答はなく、複数の解答のなかから一つを選択し

ているという「正解なしテーゼ」に対して，内的視点からハード・ケースに臨むべき裁判官の姿勢の現象学的解明として不適切である，と批判する趣旨のものと理解されるべきである。また，正解についての判断が裁判官によって異なる可能性は，当初から認めており，後には，ハード・ケースではすべての人に満足がいくように一つの解答が正解と証明できる趣旨ではなく，ある解答を正解と考える理由があるかどうかという問題とは区別されるべきだと説明している。さらに，正解テーゼが，「ある法命題が真として主張されうるのは，その法命題が，反対法命題と比べて，確定した法を最も適切に正当化する法の理論とより首尾一貫している場合である」という，法命題の真理条件に関する独特の整合説的な理論に基づいていることにも注意する必要がある。

(2) 「統合性としての法」と構成的解釈理論

ドゥオーキンは，その後，『法の帝国』において，「統合性としての法」という独自の法構想を提唱し，以上のような見解を適宜修正して発展させ，解釈学（ヘルメノイティク）の方法に依拠した「構成的解釈理論」を提示する。

彼は，代表的な法構想を，規約・慣行主義（conventionalism），法的プラグマティズム，統合としての法という，三つの見解に大別し，それぞれの司法的決定・法解釈理論を以下のように説明する。規約・慣行主義は，一般に法実証主義と呼ばれる，先ほど紹介したハートらの見解であり，制定法や判例などの法的規約・慣行の存在が事実として確認される限り，裁判官はそれに拘束されるが，そのような実定法が確認できない場合には，裁判官は法の外にある（extralegal）規準に従って裁量を行使して法的権利義務を決定すればよいとする立場である。法的プラグマティズムは，ほぼリアリズム法学のルール懐疑主義にあたり，そもそも裁判官は制定法や判例などの既存の実定法に従う一般的義務を負わず，そのような過去の決定に拘束されることなく，いつも正義・効率などの観点からどのような法が社会全体の将来にとって最善かという判断に基づいて自由に判断すればよいとする立場である。

ドゥオーキンは，これら二つの立場が，一方は法を「過去志向的な事実の報告」，他方は「将来志向的な道具的綱領」とみているという根本的な違いにもかかわらず，いずれも，ハード・ケースにおいて裁判官に立法者と同じような権限を認め，法的権利義務の確定を裁判官の裁量にゆだねていることを批判する。そして，彼自身は，何人かで一章ずつ書き継いで一つの小説を仕上げると

いう連作小説の比喩を用いて，対象のなかに目的を読み込むことによってそれが属するジャンルの最善の例にしようという，「目的と対象の相互作用」を特徴とする「構成的解釈」の立場から，二つの立場の過去志向的契機と将来志向的契機を結びつけるものとして，「統合性としての法」という法構想を提唱する。ドゥオーキンのいう「統合性」とは，「等しい事例は等しく取り扱え」という標語で表現されてきているものであり，政府に対して一つの声で語ること，原理に基づき首尾一貫した仕方で市民に対して行動することを要請するが，彼は，このような統合性の原理を，正義（財・機会その他の資源の正しい分配），公正（政治的決定に対する影響力の正しい分配），手続的デュー・プロセス（ルールや規制の手続の正しさ）などに関する原理とは別個独立の政治的理想と位置づけている。

「統合性としての法」においては，法とは，構成的解釈によって憲法・制定法・判例・司法的慣行などの法実践をできるだけ最善のものになるように物語的に叙述することであり，「法命題が真とされるのは，共同体の法実践に対して最善の構成的解釈を提供するような正義，公正，手続的デュー・プロセスの諸原理のなかに当の命題が内在するか，あるいはそれらの原理から導き出される場合である」とされる。そして，司法的原理としての統合性は，裁判官の議論に対して，現行法があたかも一人の者が首尾一貫した原理に基づいて語ったものであるかのごとく解釈すること，ハード・ケースにおいても，過去に決定された制定法や判例との整合性をできる限り追求し，それらの決定の背後にある諸原理に基づいて法実践全体を最も適切に正当化できる解釈によって法的権利義務関係を確定すべきことを要請する。

この構成的解釈の具体的なプロセスは，(i)まず，解釈対象となる法テキストが確定される，前解釈段階，(ii)次いで，特定された法テキストの主要な要素に適合（fit）し，それらを正当化しうる解釈論が構築される，解釈段階，(iii)最後に，正義，公正，適正手続という政治的原理に照らして，構築された理論が適切（sound）かどうかが検討される，ポスト解釈段階を経て遂行される，と説明される。そして，一応整合性テストにパスした幾つかの選択肢のなかから，通念的道徳という意味での政治道徳に適合するかどうかを検討し，さらに，最も適切な解釈を絞り込むにあたって，最終的に，正義に関する自分自身の信念という意味での政治道徳に適合する解釈論を選択することになるとされる。ただ，司法における統合は，可能な限りの整合性の追求を要請するが，完全な整

合性を求めるものではなく，立法の優越性や先例拘束原理，個別的な法領域の優位などの制度的制約に服し，微妙な比較衡量を含む複雑な要請であるとされる。ドゥオーキンは，全知全能の架空のヘラクレス的裁判官像を持ち出して，コモン・ロー，制定法，憲法，それぞれの分野の具体的事例に即してこのプロセスを説明している。以前の見解の修正として注目されるのは，制定法や憲法の解釈については，一定の政策実現のために制定された法律や条項も存在することをふまえ，原理論拠の優位を原則的に維持しつつも，政策論拠とのバランスの重要性にも言及していることである。

(3) その意義とわが国の論議への影響

以上のようなドゥオーキンの司法的決定・法解釈理論は，「権利テーゼ」や「正解テーゼ」など，彼独自の理論も含んでおり，それらに対する賛否をめぐって議論が応酬されている。だが，彼の理論は，アメリカの司法過程・法的推論に関する理論の流れのなかでは，"リーガル・プロセス（legal process）"学派の流れを汲むものとして，ネオ・リーガル・プロセス学派に属する理論と位置づけられ[26]，また，法理学的には，基本的にL. L. フラーの法内在的道徳としての「合法性（legality）」の観念（144-45頁，315-16頁，327-28頁参照）を継承して司法的決定・法解釈に関して洗練して発展させたものとみられている。「法と経済学」アプローチやリアリズム法学の流れを汲む「批判的法学」などに比べると，法学の主流的学派の伝統的遺産を独自の仕方で継承しつつ展開されている理論とみてよいであろう。

わが国では，このようなドゥオーキンの理論は，法理学や憲法学の分野を中

---

26) リーガル・プロセス学派は，H. M. ハートとA. M. サックスを中心に，L. L. フラー，A. ビックル，H. ウェクスラーらを代表的論者とし，アメリカ法学界において1950年代中頃から60年代に大きな影響をもった法学派である。リアリズム法学の過激な見解を拒否しつつ，法の政策化や裁判の法創造的機能を肯定する姿勢を受け継いで，法をルール・原理・政策からなる目的志向的な制度的システムととらえ，各制度の役割・機能に適した問題解決ということを重視し，法的決定の手続過程に中心的な位置を与え，司法的決定が原理に基づき（principled）理由づけられた（reasoned）推論によるべきことを強調した。ドゥオーキンの司法的決定・法解釈理論も，このような基本的特徴を彼独自の理論的基礎・枠組に取り込んで継承発展させたものとみることができる。リーガル・プロセス学派の特徴やその影響などについては，W. N. Eskridge, Jr. & Ph. P. Frickey, An Historical and Critical Introduction to *THE LEGAL PROCESS*, in H. M. Hart, Jr. & A. M. Sacks, *The Legal Process* (1994) 参照。

心に法学界に影響を及ぼしているが、比較的早くから実務家が関心をもったことが注目され、とくに元最高裁判所判事中村治朗は、現存裁判制度の有意義性を前提としてその運営に参画する内的視点の立場から強い示唆を受ける点が少なくないと評価した[27]。また、『法の帝国』をいち早く丹念に検討した民法学者内田貴も、リアリズム法学の強い影響下に展開されてきたわが国の戦後の法解釈論争の展開に軌道修正を迫るその意義について的確に言及し、中村のような評価に呼応して、ドゥオーキンの理論を「実務法律家を勇気付ける理論」と評価するとともに、自らドゥオーキンの法解釈論の強い影響がうかがえる手法で民法解釈論の体系的展開を実践している[28]。

　私自身も、「権利テーゼ」、「正解テーゼ」の基礎にあるドゥオーキンの正義論や法命題の真理性基準の考え方には必ずしも全面的に賛同するものではないが、ハード・ケースにおける裁判官の法的判断という実践の説明と正当化に関する内的視点からの理論としては、基本的に的確なものと評価している。ただ、法解釈理論としては、司法的決定理論から出発していることもあって、裁判官による判決の正当化という裁判過程の最終段階だけに眼を向け、しかも、裁判官のコミットした内的視点を全体化しているきらいがあり、訴訟の手続過程における法的議論の対話的展開の結果として、そのような最終的決定に至るという、手続過程的な側面の解明が欠けている点に問題があると考えている。全知全能の架空のヘラクレス的裁判官像を想定するモノローグ的アプローチであり、判決が両当事者と裁判官との協働的相互作用の結果として形成されるという、ダイアローグ的性質をもつことを視野の外においているところに偏りがある。このような対話的議論を経て一定の決定に至るプロセス全体を視野に入れる法解釈理論としては、対話的合理性基準を基礎とする法的議論の理論の基本的枠組のなかにドゥオーキンの解釈学的洞察を取り込んでゆくアプローチが適切と考えるものである。

　27）　香城敏麿「憲法解釈と裁量」ジュリスト638号（1977年）、中村治朗「『裁判』について考える」同『裁判の世界を生きて』（判例時報社、1989年）など参照。
　28）　内田貴「探訪『法の帝国』— Ronald Dworkin, LAW'S EMPIRE と法解釈学（１）（２・完）」法学協会雑誌105号３号、４号（1988年）など参照。

4 平井宜雄の「法政策学」と「議論」に基づく法律学
(1) 法政策学と訴訟類型論

平井宜雄は，70年代中頃に，「法と経済学」アプローチのうち，イェール学派のG.カラブレイジの強い影響のもとに，経済学的・政策科学的意思決定理論を法的観点から再構成して，法的意思決定・法制度設計の一般的な理論と技法の体系的展開をめざす「法政策学」構想を打ち出した[29]。その際，平井は，正義を志向する「法的」思考・決定様式が，効率性を志向する経済学的・政策科学的思考・決定様式と異なることを強調し，効率志向的な一般的意思決定モデルを正義感覚・法的価値によって制約し調整するための理論と技法の構築が，「法」政策学の中心的課題であるとみていた。

法政策学と法解釈学の関係については，法政策学は，法解釈学の考え方やその特有の枠・メカニズムを共有するけれども，制度設計を目的とし事前志向的であることから，過去の紛争解決を目的とし事後志向的である法解釈学とは基本的に差異があるとされていた。だが，法政策学は，基本的に裁判よりも立法に照準を合わせた理論と位置づけられていたけれども，法政策決定の特質や評価基準の一般的な説明においては，むしろ，正義という評価基準に基づいて具体的個人に権利義務の形で財または負財を配分する裁判に焦点を合わせて，正義と効率性のアンビヴァレントな関係，市場的決定および全体的・権威的決定のそれぞれの特質・評価基準などを分析・整理し，裁判の存在理由・機能を理解するための基本概念と理論枠組の体系的な提示が試みられている。

平井は，その後，社会学理論や組織理論の成果をも取り入れて，法的思考・決定の存在条件や特質の解明を深め，法政策学自体の理論的基礎の拡充を進めるとともに，80年代に入ると，法＝正義思考様式と目的＝手段思考様式が根本的に異なる思考様式であることへの問題関心を深めてゆく。すなわち，規範的な法＝正義思考様式が科学の因果法則的思考様式と相容れず対立するのに対して，目的＝手段思考様式はこのような科学的思考様式と共通していることから，「矛盾している二つの思考様式の統合は論理的に不可能」であり，「『実定法学』で

---

[29] 平井の法政策学構想は，平井宜雄「法政策学序説（1）～（9・完），再論」ジュリスト613-22号，668号（1976-78年）で示されて以来，同『法政策学』（有斐閣，1987年），同『法政策学（第2版）』（有斐閣，1995年）などによって修正発展させられてきている。

ある以上，『目的=手段』的合理性を貫徹できない分野の存在を認めなければなら」ず，目的=手段思考様式が「『法』的意思決定の中核部分となり得ない」ということを強調するようになる。そして，このような法=正義思考様式と目的=手段思考様式の対比的理解に基づいて，その相互移入的関係と矛盾・相剋関係を，裁判制度の特質と現代的課題と関連づけつつ，法的価値判断をめぐる問題の所在について解明することによって，法解釈論争の膠着状態の打開をめざすようになる[30]。

　平井は，法解釈における価値判断の問題を，従来の論争のように，価値判断一般の問題に解消するのは誤りであり，現実の訴訟類型と関連づけてもっと具体的なレベルで論じるべきだとする。まず，「原告・被告間の個別的・一回的紛争の解決を主として志向している」伝統的な紛争志向型訴訟と，「国・公共団体の政策・制度の当否・あり方を争点とすることを目的とする・あるいはせざるをえない」政策志向型訴訟という二つの類型を対置し，裁判官の価値判断が依拠する思考様式は，前者では法=正義思考様式，後者では目的=手段思考様式であると対応させる。そして，法解釈論争の中心的な問題は，法解釈の価値判断規準がもともと紛争志向型訴訟の局面に即して定立されるべきであるにもかかわらず，政策志向型訴訟のように，法=正義思考様式にとどまっていることができず，目的=手段思考様式へと傾斜せざるをえない局面において生じるとみる。すなわち，目的=手段思考様式においては「一定の基準を定立し，それに適合的な価値判断により具体的紛争当事者の財=権利義務を判断」することになるが，このような思考様式は，「紛争当事者相互の比較こそが，言いかえれば，紛争当事者をより高次の価値に奉仕するものとして扱うのではなく，それ自体目的として扱う」ことを要請する法=正義思考様式の最も核心的な部分に反しており，このディレンマにいかに対処するかが問題だとされる。

　このような問題把握に基づいて，平井は，政策志向型訴訟がますます重要になりつつある状況において，両思考様式の矛盾・相剋が究極的には解決できないとしても，それをできるだけ小さくする工夫が試みられるべきだとする。そして，法政策学を，目的=手段思考様式に立つ法解釈論の妥当領域の拡大のた

---

[30]　平井宜雄「実用法学・解釈法学・立法学・法政策学」法律時報53巻14号（1981年），同「『法の解釈』論覚書」加藤一郎編『民法学の歴史と課題』（東京大学出版会，1982年）参照。

めに必要な「正しい」制度設計の一般理論と技法と位置づけ，その具体的事例として「政策志向型」不法行為理論[31]などを展開している。

法＝正義思考様式と目的＝手段思考様式の特徴づけや紛争志向型訴訟と政策志向型訴訟の相互関係の理解など，平井の理論枠組には，後ほど第16章1①で改めて取り上げるように，検討の余地がある。けれども，法的価値判断の在り方を裁判の制度的特質と関連づけて論じるべきだとして，わが国の戦後の法解釈論争に軌道修正を迫った問題関心と視角自体は，きわめて時宜に適ったものであった。だが，この時期の平井は，伝統的な法律学や法律学的思考の重要性と有用性を確信すると明言し，法政策学と法解釈学は基本的に相補関係にあるとみていたが，法律学や法律学的思考の外的視点からの分析にとどまっていた。そのため，法政策学と法解釈学の基本的思考様式の矛盾・相剋という側面が強調され，両者の思考様式や視点を相互移入関係という側面からみた場合どのような構造的関連にあるのかという，相補関係の在り方の解明は不十分であった。また，訴訟の制度的制約の理解についても，法的価値判断の内容の問題を手続の問題におきかえることによって判断を断念・中止するという側面への関心が強かったせいか，法的価値判断をめぐる法律学的議論自体の論理構造や合理性基準の解明という側面にはまだ立ち入っていなかった。

(2) 「議論」に基づく法律学

80年代末に至り，平井は，法律学と法律学的思考について，「議論による正当化」自体に照準を合わせた内的視点からのアプローチによって，戦後法解釈論の総括的批判と視座転換を試みるようになる。そして，St. トゥールミンの非形式論理学的な議論図式（357-58頁参照）を基礎にして，「事実と論理とにもとづく説得と合意の獲得による問題解決」としての法律論の構造と特質が分析され，発見のプロセスと正当化のプロセスの区別，演繹論理的推論であるミクロ正当化とその前提となる一般的言明の議論による正当化であるマクロ正当化の区別，ミクロ正当化の相対的独自性と重要性などを強調する独自の法律学論が展開される[32]。

平井によれば，法的議論は，論拠を挙げた主張・反論・再反論の相互主観的テストによって行われるが，「議論の倫理」として，事実と論理に基づいた反

---

31) 平井宜雄『現代不法行為理論の一展望』（一粒社，1980年）参照。

論を要求する合理性，主張を支える判断基準と理由づけの同一性と無矛盾性を要求する整合性，議論を行う場・機会・能力の平等を要求する適格性という三つのルールが挙げられる。そして，良い法律論の要件として，K. R. ポパーの反証可能性理論から示唆を得て「反論可能性テーゼ」が提示されるが，このテーゼでは，事実と論理に基づく根拠を示した反論が重視され，ミクロ正当化の意義も，当初は，このような反論の手がかりを最も容易にかつ高い程度で与えうることに求められていた。だが，その後，反論の主な型として，(i)論理的な誤りの指摘，(ii)問題ないし主張の基礎となる事実の存否に関する反論，(iii)目的=手段思考様式に立脚する言明による反論，(iv)法的思考様式に基づく反論を挙げ，これらのうち，「正義に反する」「公平を欠く」「均衡を失する」「経験則違背」等々の言明を伴う(iv)の型が法律論の中核になるという見解が示される。このような見解については，かなり性質の異なる型の反論のそれぞれの構造的な位置づけが分かりにくく，(iii)(iv)の型の反論が事実と論理に基づく反論とどのように関連するのか，(iii)と(iv)の型の反論の相互関係・優先関係をどうとらえるのか，マクロ正当化のプロセスと発見のプロセスがどのような関係に立つのか等々，従来の法解釈論争の核心的争点とも関連する疑問が依然として残っている。

　さらに，平井は，議論による正当化について，「進化論的法価値論」を提唱し，「『客観的に妥当な（あるいは『正しい』）価値判断を発見する方法が，問題解決の試みと離れてアプリオリに存在すると考えてはならない」のであり，「或る法解釈論の『正しさ』は，『議論』による『正当化』を経て『事後的』にのみ，しかも『生き残った』かぎりにおいてのみ，語り得るのである」と主張する。そして，問題解決の試みとしてつねに複数の解釈論が成立する可能性を認め，それらは，反論可能性テーゼによって優劣なしと考えられる場合には，同等の価値をもつと解されるべきだとする（「棲み分け理論的」法価値論）。

　平井の議論に基づく法律学は，もっぱら正当化のプロセスに視野が限定され

---

32)　平井宜雄『法律学基礎論覚書』（有斐閣，1989年），同『続・法律学基礎論覚書』（有斐閣，1991年），ジュリスト編集部編『法解釈論と法学教育：平井宜雄「法律学基礎論覚書」をめぐって』（有斐閣，1990年）など参照。これらの文献を含め，平井の法律学基礎論に関する一連の著作は，平井宜雄『平井宜雄著作集Ⅰ：法律学基礎論の研究』（有斐閣，2010年）に収められている。

ており，平井は，発見のプロセスに「正しい方法」があると考えるのは有害であり，発見のプロセスを理論化する作業は，有益ではあるが，一つの提案にすぎないとする。そして，発見のプロセスでは，利益衡量，価値判断だけでなく，理論・勘・ひらめき・直観・バランス感覚・洞察・迷信・偏見等々，あらゆる知識の源泉が等しい価値をもって存在しており，これらを基礎に，自由な創造と飛躍によって発見すればよいとする。もっとも，発見の過程は何でもありだと，無視・軽視する趣旨ではなく，彼の提唱する「法政策学」は発見のプロセスに関するものだと位置づけており，法律学的方法論が従来扱ってきた問題領域を，議論に基づく法律学と法政策学に分けて二本立てで対応する方針をとっているとみられる。

　平井のこのような見解については，まず，戦後の法解釈論の基調を，学者中心主義（法律学者の解釈論を法律家一般に拡大する発想），心理主義（発見のプロセスと正当化のプロセスの未分化），未分化主義（マクロ正当化とミクロ正当化の未分化），社会学主義（法解釈を社会学的事実との関連において基礎づけようとする傾向），直結主義（研究の方法・関心をただちに法学教育にも取り入れる発想）という五つのテーゼでかなり強引な総括的批判を加えていることの当否が問題となろう。また，反証可能性テーゼと進化論的法価値論を核とする非=基礎づけ主義的な問題思考についても，法解釈における価値をめぐる議論を事実と論理に基づくものだけに限定することが適切か否か，そもそも可能かどうか，「実質的価値不問主義」「議論（手続）絶対主義」（星野英一）ではないかなど，疑問や批判が少なくない。さらに，従来の法律学を，発見のプロセスに関する法政策学と正当化のプロセスに関する法解釈論に分ける二本建構想自体の妥当性も問題になろう[33]。

　わが国の法解釈論争は，平井の「議論」に基づく法律学の提唱を背景とする戦後法解釈学の総括的批判によって新たな段階を迎えた。わが国の法解釈理論は，今後，一方では社会学・経済学・政治学等々の外的視点からの批判，他方では裁判・法解釈自体にコミットした内的視点からの反発・居直りの間で，裁

---

[33] 平井の法律学論に対するこれらの疑問については，本書第16章 1 で改めて取り上げるが，ジュリスト編集部編『法解釈論と法学教育』（前出注32），田中成明「法的思考についての覚書——R.アレクシーと平井宜雄の理論展開を機縁に」山下正男編『法的思考の研究』（京都大学人文科学研究所，1993年）など参照。

判・法解釈の実践的意味の解釈学的解明をふまえつつ，一定の距離をおいた内的視点から，法解釈・法律学の在り方を見定めようとする方向に進んでゆくことになろう。多くの問題が決着をみないまま残されているが，平井の以上のような戦後法解釈論争の軌道修正の提言と戦後法律学の総括的批判は，これらの問題をめぐる議論の更なる展開の有力な手がかりを提供するものであり，それらの問題のうち，主なものについては，第15章，第16章の関連箇所で順次取り上げることにしたい。

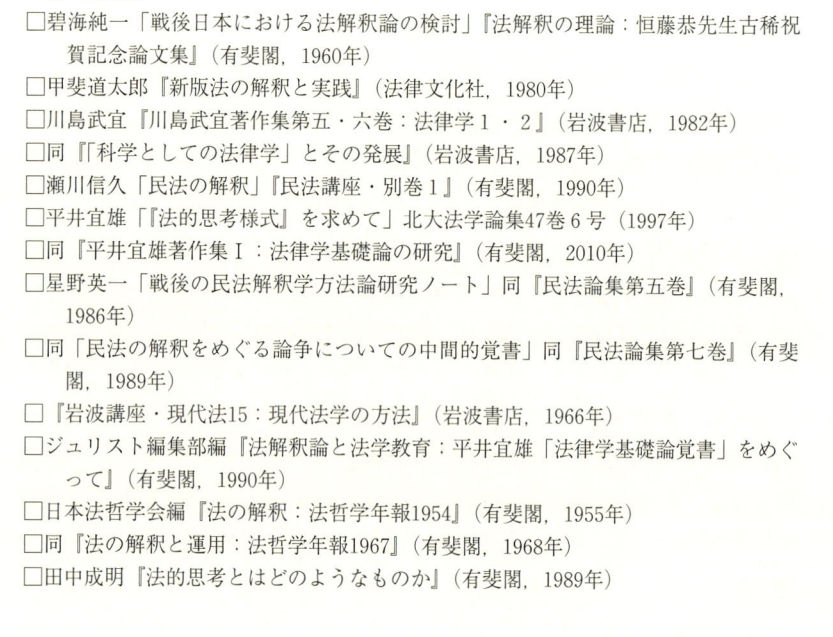

《参考文献》
□碧海純一「戦後日本における法解釈論の検討」『法解釈の理論：恒藤恭先生古稀祝賀記念論文集』（有斐閣，1960年）
□甲斐道太郎『新版法の解釈と実践』（法律文化社，1980年）
□川島武宜『川島武宜著作集第五・六巻：法律学1・2』（岩波書店，1982年）
□同『「科学としての法律学」とその発展』（岩波書店，1987年）
□瀬川信久「民法の解釈」『民法講座・別巻1』（有斐閣，1990年）
□平井宜雄「『法的思考様式』を求めて」北大法学論集47巻6号（1997年）
□同『平井宜雄著作集Ⅰ：法律学基礎論の研究』（有斐閣，2010年）
□星野英一「戦後の民法解釈学方法論研究ノート」同『民法論集第五巻』（有斐閣，1986年）
□同「民法の解釈をめぐる論争についての中間的覚書」同『民法論集第七巻』（有斐閣，1989年）
□『岩波講座・現代法15：現代法学の方法』（岩波書店，1966年）
□ジュリスト編集部編『法解釈論と法学教育：平井宜雄「法律学基礎論覚書」をめぐって』（有斐閣，1990年）
□日本法哲学会編『法の解釈：法哲学年報1954』（有斐閣，1955年）
□同『法の解釈と運用：法哲学年報1967』（有斐閣，1968年）
□田中成明『法的思考とはどのようなものか』（有斐閣，1989年）

第 5 編　法的思考と法律学

第15章　法的思考・法的議論・法律学

1　法的思考の基本的特質

❶　法的思考の特質と司法的裁判
(1)　法的思考の原型
　法的思考とは，伝統的に法の解釈・適用，最近では，英米で法的推論（legal reasoning），ドイツなどで法的議論（juristische Argumentation）と呼ばれている法実践のことである。この古代ローマ以来の伝統をもつ法的思考は，法律家の裁判実務と密接不可分の関連のもとに形成され発展してきたものであるが，その核心的特徴は，一定の主張や決定などの規範的言明の法的正当性の正当化に関わるところにみられる。
　法律学的方法論の課題は，このような法的思考の論理構造や正当性・合理性基準を解明することであるが，現代法システムのもとでは，法的空間の拡大に伴い，法を用い動かす実践の形態が多様化しており，法的思考の原型ないしパラダイムをどこに求めるのが適切かということが改めて問題となりうる。
　法的思考の原型ないしパラダイムについては，一定の限定つきではあるが，現代でも，伝統的にそうであったように，裁判官・弁護士などの法律家が判決の正当化や法廷弁論に用いる専門技術的な議論に求めるのが適切であろう。もちろん，現代法システムのもとでは，法的思考は，このような法律家の裁判実務においてだけでなく，一般の人びとが裁判外の法的交渉・紛争解決において用いる論法，行政官が行政過程で用いる論法などにおいても，法的「制度化」や専門技術化の程度に相違はあれ，広く用いられている。だが，非法律家の裁判外での法的思考も，その法的当否が最終的に判定される場としての裁判実務

を念頭において行われることが多く、その限りで、裁判実務から決定的な制約を受けているから、それぞれ、主体や場の特性に応じて、純粋型からの変形としてとらえ、法的思考の基本的特質は、それが典型的な形であらわれる法律家の裁判実務に焦点を合わせて解明するのが適切であろう。

　法的思考独特の専門技術的な議論様式・技法の多くは、古代ギリシア以来、レトリックの知的伝統のなかで、法廷弁論と結びついて作り上げられてきたものであるが、近代国家において法の支配や権力分立制などの自由主義的統治原理が確立された以降の法システムのもとでは、司法的裁判が紛争解決機能を公正かつ合理的に果たすことを確保し促進するように構造化されている。それ故、法的思考の特質については、その議論様式・技法などの知的特質に関しては、古代ギリシア以来の実践知＝賢慮（phronesis, prudentia）の伝統的な知的地平を現代の知的状況のもとでどのように継承発展させるかという観点から解明するとともに、その構造的特質に関しては、基本的に司法的裁判の制度的枠組と相関的なものとして解明されるべきである。本章においては、まず、法的思考の構造的特質を確認した上で、その知的地平の解明に取り組むという順序で、説明を進めたい。

(2)　司法的裁判の制度的枠組と相関的な特質

　近代の司法的裁判は、予め定立された一般的な実定法規範を具体的事件に個別的に適用するという方式をとる。そして、その制度的枠組の特徴としては、実定法規範への準拠という規準面の制約原理だけでなく、裁判が原則として公開の場で当事者主義に基づいて行われ、その直接の対象が具体的な権利義務ないし刑罰権の存否に関する紛争の解決に限定されているという、手続・対象面の制約原理も、規準面の制約原理と内的に関連し合って、それに優るとも劣らない重要な役割を果たしている（第9章1②参照）。

　法的思考の核心的特質は、このような司法的裁判の制度的枠組と相関的なものであり、まず第一に、既存の一般的な実定法規範に準拠して一定の法的決定を要求し正当化するところにみられる。個々の判決は、実定法規範からの合理的な推論によって導き出され正当化されたものでない限り、法的に正当な決定として承認されない。裁判においては、適用されるべき法規範の存否・内容について当事者間に意見の対立がある場合も少なくないが、裁判の本領は、法規範の意味内容が両当事者と裁判官の相互作用的協働活動によって具体的に明確

にされ特定化されるところにある。そして，このような場合でも，少なくとも論理的には，当該裁判の判決に先行して存在する法規範をまず探究してある程度一般的な規範命題を裁決規範として確定し，それを当該の具体的事例に個別的に適用するという方式をとることが要請されている。

このような実定法規範への準拠という方式と密接に結びついた重要な特質が，法的思考の"教義学的"性質である。法的思考においては，実定法規範自体はよほどのことがない限り疑問にさらされることなく，権威的前提として受け容れられるべきものとされている。この教義学的性質については，実定法をこのように批判の外におき，教義（ドグマ）化しそれに拘束されるという側面が強調されがちであるが，次々と生じる新たな法的問題を適正に解決するために，各種の解釈技法・法律学的構成技術を用いて，実定法の規範的意味内容を社会の変化に応じて創造的に継続形成してゆくという側面も，教義学的性質に不可欠のものであることが見落とされてはならない（詳しくは，本章3②参照）。

実定法規範への準拠という方式は，教義学的思考のこのような創造的活動と結びついてはじめて，法における安定性・予測可能性と柔軟性・個別的正義（衡平）とのバランスをうまくはかることができるのである。

第二に，裁判が過去に定立された実定法規範に拘束され，裁判の対象もすでに現実に生じた具体的紛争の事後的個別的解決に限定されていることと相関的なものとして，法的思考の過去志向性・個別性という特質が重要である。

法的思考は，第一次的に，過去に生じた具体的紛争を事後的個別的に解決することに向けられており，将来にわたって紛争当事者間の利害関係をどのように調整すべきかとか，一定の決定が紛争当事者以外の相当多数の人びとの利害にどのような一般的な影響を及ぼすかというような事柄は，たとえ考慮に入れられたとしても，あくまでも第二次的な関心事にとどまるべきだとされる。これらの将来志向的・一般的な事柄の決定自体は，裁判による紛争の法的解決が本来めざしているものではないし，また，これらの事柄の考慮が法的決定の主たる正当化理由となることも認められていない。

現代法システムのもとでも，このような過去志向性・個別性が，司法的裁判・法的思考の重要な特質であり，法的判断の在り方に独特の枠組・指針を与えていることには基本的に変わりはない。けれども，司法的裁判の役割を，事実審だけでなく法律審をも含めて全体としてみた場合，一般的規準の具体的事

例への個別的適用という方式によって，一般性と個別性とのバランスをはかりながら，実定法規範の内容をケース・バイ・ケースに継続形成し特定化することもその正統な機能と一般的に承認されていることを考えると，法的思考についても，過去志向性・個別性だけを過度に強調して，将来志向性・一般性の契機を全面的に排除することは一面的すぎるように思われる。法的思考の本領は，R. ドゥオーキンの「統合としての法」構想に基づく構成的解釈理論などで説かれているように（第14章**2**③(2)参照），過去に制定・形成された実定法規範全体との整合性や過去の具体的事実への適用の適切性という制度的制約のもとで，このような制約と両立する限りで実定法規範の内容の将来への展望・展開にも配慮しつつ，今ここでの適正な法的解決をめざすところにみられるのである。

　第三に，法的思考においては，事実認定についても，法的権利義務・責任関係や有罪・無罪の規範的確定についても，"全か無か（all-or-nothing）"という二分法的思考がとられる。とくに裁判では，"疑わしきは被告人に有利に"とか事実上・法律上の推定などの証明責任の原則によって，事実関係はあったかなかったかのいずれかに決められ，法的権利義務・責任関係や有罪・無罪についても黒白がはっきりと決められる仕組みになっている。

　第四に，法的思考においては，以上のように黒白が一刀両断に決められる結論だけでなく，そこに至るまでの思考過程も重要であり，そこでの議論や判断については，原理に基づいた整合的な理由づけとか，他の類似の類型的事例にも適用可能な一般的な理由づけなど，一定の論理的要件を充たしていることが必要であるとするのが裁判実務や法律学の伝統的な了解事項である。その具体的な内容については必ずしも見解の一致はなく，むしろ法律学的方法論の中心的争点の一つであるけれども，原理性，整合性，類型性，一般性などに関するこれらの論理的要件は，形式的正義や手続的正義など，「法の支配」という法内在的正義の要請が，司法的裁判の制度的枠組のなかに具体化されていることに対応するものとみられてきている。

2 法的思考と要件=効果図式

　以上のような特質をもった法的思考の全体的構造は，法の適用過程を，法的三段論法，つまり，大前提である法規範に，小前提である認定された事実をあてはめて，判決が結論として導き出されるという，演繹推論とみる一般的見解

を念頭において,「包摂」図式と特徴づけられることが多い[1]。しかし,第13章❷で詳しく説明したように,法の適用過程全体を演繹的な三段論法とみることについては,種々の難点があり,また,包摂図式という用語も,包摂判断イコール演繹推論と理解する見解から切り離すならば,必ずしも間違いではないけれども,包摂判断を演繹推論とみる見解が一般的であるという状況のもとでは,法的思考過程全体を単純化し,誤解を招くおそれがある。それ故,法的思考の全体的構造を,法的三段論法が適用される以前の段階をも視野に入れて理解するためには,法規範の規定する一定の要件に事実をあてはめて,このような要件事実の存在が認定される限り,その事実に一定の法律効果を与えるという規範的構造に着眼して,「要件=効果図式」ととらえるほうが,法的思考全体の複雑な知的活動の特徴づけとして適切であろう。

　このような「要件=効果図式」を特質とする法的思考がどのような意義と機能をもっているかを,「合意型調整図式」「目的=手段図式」という,政治・行政・経済などの領域で広く用いられている思考・決定モデルと対比してみておこう（108-09頁参照）。

　合意型調整図式は,法規範などの何らかの規範的判断枠組に義務論的に拘束されることなく,関係者のその場ごとのアド・ホックな取引交渉によって,相互に合意可能な妥協案をさぐり利害調整をはかる手法である。とくに経済や政治の領域で一般的に用いられ,法的紛争解決でも和解・調停などの裁判外紛争解決手続ではこの手法が取り入れられている。他方,目的=手段図式は,一定の目的を実現するのに最も効率的な手段を選択するという,広義の功利主義的考慮に基づいて決定を正当化する方式である。行政や企業経営などの領域で重視されており,公共政策学などの分野ではこのような思考・決定モデルが中心的な位置を占めている。

　近代的な「法の支配」原理は,政治・行政・経済など社会の様々な領域における活動が準拠すべき基本的枠組を予め法的規準によって一般的に規定し,こ

　1）　私自身も,かつては,V. オゥベールやT. エコッフの見解から示唆を得て,法的思考の特質を「包摂モデル」として理解していたが（田中成明「法的思考と正義・裁判—V. オゥベールの分析図式について」法学論叢102巻3=4号（1978年）,同『法的思考とはどのようなものか』（有斐閣,1989年）など）,本文で述べたような理由から,「要件=効果図式」としてとらえることに見解を改めた。

れらの領域で法的問題が生じた場合には、それぞれの領域で第一次的に用いられる手法によって決着がつかない限り、最終的には司法的裁判の場で、このような法的規準に準拠して個別具体的問題に対して事後的な救済・制裁などの問題解決をすることを要請する。それに対応して、法的思考の要件=効果図式の存在理由も、裁判による"法的"問題解決が最終的に合意型調整図式や目的=手段図式によって正当化されることを原理的に排除ないし制約することによって、法的決定における恣意専断とアド・ホックな裁量行使を抑止するところにみられる。

このような法的思考の要件=効果図式は、もともと、近代の自立型法システムのもとでの司法的裁判に適合的な思考・決定方式として形成されたものである。現代法システムのもとでは、法の機能が拡大・多様化し、裁判外の法的領域が拡がっていることに伴って、裁判外の法的活動や行政過程などでの問題解決においては、合意型調整図式や目的=手段図式に依拠するウエイトが高まっていることに留意する必要がある。けれども、現代法システムのもとでも、最終的な公権的裁定の場である裁判では、やはり要件=効果図式が法的思考・決定の全体的構造の中枢に位置すべきである。訴訟上の和解をも含めた裁判による法的解決においては、合意型調整図式や目的=手段図式の手法が補助的に用いられることがあっても、これらの手法が法的思考・決定の中心的な方式となり、要件=効果図式にとって代わることは、一定の権威的規準に準拠して物事の理非を論じ決定することを本領とする司法的裁判や法的思考の独自の存在理由を自己否定するものであり、適切ではない。

現代社会における法システム・裁判の機能拡大に伴って、法的思考の伝統的特質が具体的にどのような変容を迫られ、法的議論・決定の正当化の全体的構造のなかで要件=効果図式と合意型調整図式や目的=手段図式がどのような組み合わせで用いられるようになっているかについては、第16章の関連箇所で改めて取り上げることにしたい。

3 リーガル・マインドと法的思考

法的思考については、リーガル・プロフェッションとしての法律家に必要とされる専門技術的な法的思考様式・技法をどのようにして身につけるかという、法学教育・法曹養成の在り方との関連で、"リーガル・マインド (legal mind)"

という用語がよく用いられる。このリーガル・マインドについては，"法律学を学ぶにあたっては，法律の条文や判例・学説などの細かなことをあれこれ覚え込むよりも，法的に筋道を立てて考える力，つまり，法的な思考能力，リーガル・マインドを身につけることが重要である"という趣旨のことがよく言われる。そして，このようなリーガル・マインドが，法律家として必須の資質であり，法的思考のスキルだけでなく，このようなマインドを身につけさせることが，法学教育・法曹養成の目的だとされてきている。しかし，リーガル・マインドを身につけることの重要性が強調されるわりには，その具体的な内容や教育方法についてあまり明確な説明はなされてきていないのが実状である[2]。

リーガル・マインドに関する法学者や法律家の説明において，その特徴としてほぼ共通に挙げられているのは次のようなものである。

(i)紛争や意見の対立に直面した場合，錯綜した事情・状況を整理して，そのなかから法的に何が問題となるのか，問題を発見する能力（問題発見能力）

(ii)法的に関連のある重要な事実・争点とそうでないものと区別し，法的に分析する能力（法的分析能力）

(iii)関係者の言い分を公平に聴き，適正な手続をふんで，妥当な解決案を考え出す能力（適正手続感覚・問題解決能力）

(iv)適切な理由に基づく合理的な推論・議論によって，きちんとした法的理論構成を行う能力（法的推論・議論・理論構成能力）

(v)正義・衡平・人権・自由・平等などの法的な価値を尊重する感覚（正義・衡平感覚）

(vi)全体的状況をふまえて各論拠を比較衡量し，バランスのとれた的確な判断をする能力（バランス感覚）

(vii)思考や判断の理由・過程・結論などを，関係者や社会一般に向けて説明し説得する能力（社会的説明・説得能力）

---

2) リーガル・マインドが一般にどのように理解されているかについては，例えば「特集・リーガル・マインドとは何か」法学教室175号（1995年）など参照。もっとも，リーガル・マインドを教育方法の観点からとらえ，アメリカのロースクールで行われているケース・メソッド（case method）やプロブレム・メソッド（problem method）と関連づけて，具体的な判例・問題を素材として，教師と学生のソクラテス的問答方法による討議によって訓練され修得されるものと，限定的に理解する見解もある。だが，わが国では，本文で説明するように，もう少し一般的に理解されていることが多い。

これらの特徴をもつリーガル・マインドは，法律家がプロフェッションとして法による正義の実現という公共的職務に携わるために備えるべき理想的な能力と資質として，伝統的に"徳（virtue）"と呼ばれてきている全人格的な品性である。法律家は，法律の条文や判例・学説に関する専門技術的な知識（knowledge）だけではなく，そのような知識を個々の具体的状況のなかで法的正義の実現のために臨機応変に活用する実践的智慧（practical wisdom）をも身につけていてはじめて，リーガル・マインドを備えたプロフェッションたりうるのである。

　このようなリーガル・マインドは，合理的な思考能力，正義・衡平感覚，バランス感覚，議論・説得能力などを含んだ総合的な判断力であり，基本的には，古代ギリシア以来のレトリック（弁論術・修辞学）と緊密に結びついて発展してきた，"法の賢慮（iuris prudentia）"という実践知の伝統を継承するものである。形式論理学や経験科学だけが合理的な思考・知識であるとみる，近代の実証主義的な理論知至上主義の立場からは，このような実践知としてのリーガル・マインドの本領を十全にとらえることができないことは，本章❷で改めて説明するが，以上のような特徴をみただけでも明らかであろう（第11章4[1](3)参照）。

　法的思考は，広義では，以上のようなリーガル・マインドと同じようなものと理解されていることも多いが，狭義では，第13章，第14章で説明したような法の解釈・適用に関する，もっと専門技術的な思考様式・技法をさしている。狭義の法的思考は，以上のような特徴をもつリーガル・マインドのいわば骨格を形成するものであり，狭義の法的思考も，それが法による正義の実現のために適切に用いられるためには，以上のようなリーガル・マインドによって裏打ちされていなければならない。リーガル・マインドは，実践知というものの性質上，それを身につけるためには，相当期間の教育・訓練・経験が不可欠であり，専門技術的な思考様式・技法を修得した上で，それを活用する実務経験を積み重ねるなかで，法的知識が智慧と結びついて血となり肉となり，徐々にリーガル・マインドが育まれてゆくという関係にある。

2　法的思考と実践的議論

1　法的思考の知的地平と科学・論理学
(1)　法的思考の伝統的な知的地平とその批判

　本章1でみたように，法的思考の構造的特質は，近代国家成立以降の自立型法システムのもとでの司法的裁判の制度的枠組と相関的に規定されているけれども，その独特の専門技術的な議論様式・技法などの知的特質は，古代ギリシア以来，レトリックと結びついて形成された実践知＝賢慮の伝統的な知的地平において継承され発展してきたものである。法的思考の原型とも言うべき法廷弁論は，アリストテレスによって，過去の行為の正邪を主題とする裁判的弁論として，未来の行為の利害得失を主題とする，議会での政治的弁論，現在の行為の美醜を主題とする，儀式やオリンピックでの演示的弁論と並んで，レトリックの三大類型の一つに位置づけられていた（274頁参照）。また，法解釈を体系的組織的に行う法律学は，ドイツではJurisprudenzと呼ばれ，その知的営為が，古代ローマの"法の賢慮（iuris prudentia）"を受け継いでいることを象徴的に示している。事実，法解釈・法律学の諸々の伝統的技法（第13章4②参照）は，中世のスコラ神学がレトリック・トピックの手法を聖書解釈技法として発展させたものを，中世の法律学の註釈学派がローマ法を当時の社会状況に適合するように再構成するために借用し，その手法が近世以降の法律学にも継承されてきたものである。

　ところが，近代以降の法律学においては，理論知と実践知という，アリストテレス以来の古典哲学の知の形態の区分（366頁参照）に従うならば，デカルトやベーコンの影響のもとに，実践知を論理化・科学化し，理論知の要請に服させようとする傾向が支配的になった[3]。そこでは，異論の余地なき原理からの演繹か経験に基づく帰納によらない推論をすべて非合理的・主観的・恣意的とみる形式論理学的・実証主義的な知の見方が当然の前提とされ，法的思考の合理性や法律学の学問性の識別基準は，ほとんどつねにその時々の支配的な外部の既成の論理学や科学概念に求められた。そして，それらの基準に照らせば，

---

3) M. Kriele, *Recht und praktische Vernunft* (1979), S. 17-21 参照。

法的思考の合理性には限界があり，法律学の学問性も，自然科学に比べて劣っているとみられるのが通例であった。

このような形式論理学的・実証主義的アプローチのもとでは，とりわけ法的思考の教義学的性質がもっぱら批判的克服の対象とされ，法的思考が合理的であるためには，法的思考を形式論理化ないし経験科学化することによって価値判断の混入を排除し，法的思考の非合理的な教義学的性質を払拭しなければならないとされた。このようなアプローチには，法的思考の全面的な論理化・科学化をめざすものから，できるだけ論理化・科学化することでよしとするものまで，様々な程度のものがあるが，それらの共通の特徴は，主観的な価値判断と客観的な論理・科学とを対置し，法的思考から価値判断が排除され論理化・科学化される程度に比例して，法的思考の合理性も高まるとみなし，論理化・科学化による価値判断排除の限界がその合理性の限界でもあるという考え方である。

このようなアプローチの代表的なものは，演繹的公理論的方法による論理的体系化および経験科学的方法とその研究成果の積極的導入という二つの手法である。これら二つの手法は，両立する面もあるが，前者が教義学的契機の強化につながるのに対して，後者はその廃棄につながり，対立し合う面もある。

(2) 法的思考と形式論理学

形式論理学的手法の典型は，19世紀ドイツのパンデクテン法学の「法律学的論理（juristische Logik）」である。一時は概念法学批判とともに過去のものとして葬り去られてしまっていた観もあったが，最近では，法適用過程へのコンピューターの応用が試みられるなかで，基本的に同じ手法が再び脚光を浴びている。

この形式論理学的手法が，予測可能性の確保や恣意専断の排除に一定範囲で寄与し，形式的正義の要請に応えうることは，原則として承認されなければならない。また，認定された事実を法規範にあてはめて判決を正当化する過程を，形式的に三段論法的な演繹的推論と理解することが，少なくとも実務家の間では依然として一般的な見方であろう[4]。帰納的推論が中心とみられている事実認定過程においても，演繹的推論が一般に考えられている以上に重要な働きをしていることにも注意する必要がある[5]。

法的思考の論理構造を基本的に形式論理的演繹推論としてとらえることは，

部分的には可能かもしれない。けれども，大前提自体の選択，自然言語で表現された法的概念・命題の解釈や適用，事実関係の法的分析・構成などに関して，このような理解の限界がみられ，法的思考の全面的な演繹的体系化は不可能であろう。法的思考の核心は，形式論理的な真偽を二値的に評価できる演繹的推論の適用が可能となる以前の段階，つまり「大前提と生活事態との間の不断の相互作用，視線の往復」（K. エンギッシュ）などと特徴づけられている，事実の法的分析・構成と法規範の意味内容の確定・形成が相互規定的に行われる過程にみられる（459-60頁参照）。そこでは，法律家は，微妙な程度問題について，その専門的叡知に裏付けられた独特のバランス感覚を働かせつつ，熟慮・議論を重ねて，納得のゆく理由づけを伴った一定の判断を形成する。このような法的思考過程全体を，その核心的特徴を歪めることなしに形式論理学的な分析のなかに取り込むことは不可能であろう[6]。

法適用過程へのコンピューターの応用についても，そのプログラム設計自体は，このような人間的叡知によらなければならない。この前提作成の判断過程に間違いがあれば，いくら形式論理的に正しい推論がなされても，それだけで結論の法的正当性が確保されるものではないのである。

(3) 法的思考と経験科学

経験科学的方法とその研究成果の導入という手法は，以上のような形式論理学的手法よりもはるかに大きな影響を及ぼしてきており，O. W. ホームズの「法の生命は論理ではなく，経験であった」[7]という言葉などに象徴的に表現されているように，法的思考の形式論理学的理解にも批判的である。

例えば，DNA 鑑定など，法医学的鑑定技術の向上によって，より正確な事

4） 法的三段論法の論理学的性質をめぐる議論状況については，U. Neumann, *Juristishe Argumentationslehre* (1986), S. 16-33（亀本＝山本＝服部＝平井訳『法的議論の理論』（法律文化社，1997年）18-37頁），高橋文彦「『法論理』再考―三段論法から対話的なデフォルト論理へ」法学研究82巻1号（2009年））参照。

5） 小林公「事実認定の論理に関する一考察」日本法哲学会編『正義：法哲学年報1974』（有斐閣，1975年）参照。

6） 法的思考の演繹的体系化の効用とその限界の批判的検討の一例として，Th. Viehweg, *Topik und Jurisprudenz*, 1. Aufl. (1953), 5. Aufl. (1974), Kap. 7 Topik und Axiomatik（植松秀雄訳『トピクと法律学』（木鐸社，1980年）第7章「トピクと公理論」）参照。

7） O. W. Holmes, *The Common Law* (1881), p. 1.

実認定が可能となり、裁判に対する信頼を根底から揺がせる誤判の防止に寄与している。また、判決の経済的社会的効果を各種の政策科学的技法を用いて測定することによって、法適用における利益衡量・政策的考慮・価値判断を科学的データに基づいてより合理的に行うことが可能となる。これらの例をみる限り、法的思考の科学化をできるだけ推し進めることが、当然、その合理性を高めることにもなるように思われる。

　だが、科学的データはそれだけで事実認定や法適用の決め手になるとは限らない。例えば、公害裁判における因果関係をめぐる論議などに典型的にみられるように、病理学的・疫学的等々の科学的データだけでは、"法的"因果関係の存否を"全か無か"方式で確定することはできず、法独自の価値判断を加えなければならない。この法的判断の仕方は、同じ事実に関する法的責任でも、刑事と民事では異なることもあり、その判断の決め手は、結局のところ社会通念にみられる社会的相当性判断や正義・衡平感覚など、科学的分析だけではとらえきれないものに求めざるをえない。のみならず、麻酔分析によって得られた自白など、違法収集証拠を事実認定に用いることが法的に許されない場合のように、科学的方法がいくら真実発見に役立つとしても、適正手続の保障や人権の尊重などの法的価値によって、その利用が制約されていることもある。

　これらの例をみただけでも、法的思考の全面的な科学化は不可能であるだけでなく不適切でもあり、法的思考の科学化の意義を過大評価したり、いわんや自己目的としたりすることが本末転倒であることは明らかであろう。法的思考の科学化の仕方自体が、法的正義の実現というその固有の実践的課題によって決定的な制約を受けていることの認識が肝要である。

　以上のように、法的思考が、実定法規範に準拠しつつ法的紛争を適正に解決するという伝統的な実践的課題を果たし続けようとする限り、形式論理化や経験科学化による価値判断排除という方向で、その合理性を高めようとすることには、限界があるだけでなく、不適切な場合もある。法的思考がその実践的課題を適切に果たすめには、むしろ、法的思考過程のなかに価値問題をめぐる議論が入り込むことも避け難いことをそのあるがままに認識して、法的思考独特の合理性の自立的・実質的な識別基準を、形式論理学的・実証主義的地平を超えたところに求めるというアプローチをとらなければならないのである。

　もちろん、このようなアプローチは、以上のような形式論理化・経験科学化

の試みと全面的に対立するものではない。形式論理学的・実証主義的な狭義の合理性（rationality）も，法的思考の広義の合理性・理性性（reasonableness）の識別基準として重要な――たいていは不可欠な――位置を占めている。けれども，法的思考は，形式論理学的・実証主義的合理性の基準を充たしていても，なお理に適っていない（unreasonable）可能性があり，法的思考独特の合理性の自立的・実質的基準は，形式論理学的・実証主義的真理性を超えた実践知＝賢慮の知的地平ではじめて十全に解明できるのである。

2 実践哲学の復権と法律学的方法論

わが国の戦後の法律学的方法論においては，第14章1でみたように，経験科学的方法をモデルに法律学を科学化しようとする傾向が久しく支配的であった。だが，西欧ではすでに1950年代頃から，法的思考の論理構造や合理性基準の解明の方法論的基礎をその時々に支配的な外部の論理学や科学方法論に求め続けてきた従来の姿勢を改め，古代ローマ以来の長い伝統を誇る法実践内部で築き上げられ受け継がれてきた法的思考独自の論理構造や合理性基準に関する共通了解を，それにふさわしい知的地平でとらえなおそうとする気運が高まりつつあった。

いちはやくこのような方向への視座転換を提唱したのは，長年裁判実務に携わった後に学界入りしたドイツの法哲学者 Th. フィーヴェクであった[8]。彼は，その主著『トピクと法律学』などにおいて，「法の賢慮（iuris prudentia）」に独特の複雑な思考様式が，もともと古代・中世にレトリック・トピクと密接に結びついて形成されてきたことをふまえて，具体的問題の今ここでの正しい解決を不断に探求するという法的思考の基本的課題への取り組みは，演繹的公理論的な「体系思考」ではなく，「問題思考」の術であるトピクによって行われるべきであり，その議論の構造や合理性基準は，「状況的」思考様式たるレトリック的地平ではじめて十全に解明しうることを力説した。彼のこのような提言

---

8) フィーヴェクの見解については，Viehweg, *Topik und Jurisprudenz*（前出注6）（『トピクと法律学』）; Viehweg, Ideologie und Rechtsdogmatik, in W. Maihofer (Hrsg.), *Ideologie und Recht* (1969); Viehweg, Some Considerations Concerning Legal Reasoning, in G. Hughes (ed.), *Law, Reason, and Justice* (1969), 岩倉正博「法教義学と法探究学――フィーヴェクの法学観研究ノート」民商法雑誌82巻2号（1980年）など参照。

は，法的思考を「教義学的思考」と「探究学的（zetetisch）思考」の相互転換的な動態的統合としてとらえる見解とともに，賛否両論，論議を惹き起し，法律学におけるレトリック的・トピク的地平や教義学的契機の再評価を重要争点として浮かび上がらせ，法的賢慮の知的地平の復権を促すことになった。

　注目すべきことは，このような法律学内部の動向が，近代的な知的地平の限界を実践理性としての賢慮の見直しによって超克しようとする実践哲学復権運動と連動していることである。このようなつながりを端的に示しているのは，1950年代末以降，実践哲学の復権をめざす有力な潮流を築き上げた哲学者たちが，実践的推論・議論に独特の論理構造やその合理性基準を解明するモデルとして，自然科学・数学に代わって，裁判手続，法廷弁論，法の解釈・適用などの法的な制度・実践に着眼すべきことを強調していることである。

　例えば，「新レトリック」論の提唱者であるベルギーの哲学者 Ch. ペレルマンは，「哲学者が法律学から学びうること」[9] という論文のなかで，デカルトなどの古典的合理主義の完全な意志ないし全能の理性を想定する絶対的モデルと対比しながら，法廷弁論などの法律学モデルが，不完全な人間的な意志と理性の弁証的議論を実効的に組織化し，意見の対立のなかで力の行使を排除しつつ適切な理由（good reasons）によって正当化された理に適った（reasonable）決定に導く手続として，歴史的状況に制約されつつも決して恣意的なものではないことを強調した。そして，哲学も，合理的な決定と行動を導く実践理性については，科学に代わって，法律学と共通の特徴から学ぶべき時期が到来していると示唆している[10]。

　その他にも，「理由探究的アプローチ（good reasons approach）」の基礎を築いた日常言語学派の哲学者 St. トゥールミンも，『議論の技法』において，主張の正当化や議論の評価に関する理論である「実践的論理学（working logic）」

　9） Ch. Perelman, What the Philosopher May Learn from the Study of Law, in *Natural Law Forum*, Vol. 11 (1966)（その後，Perelman, *Justice* (1967)；Perelman, *Justice, Law, and Argument : Essays on Moral and Legal Reasoning* (1980) に収録）。

　10） ペレルマンの新レトリック論とレトリック的法律学については，Ch. Perelman, *L'Empire Rhétorique* (1977)（三輪正訳『説得の論理学：新しいレトリック』（理想社，1980年））；Perelman, *Logique Juridique : Nouvelle Rhétorique*, 1re éd. (1976), 2e éd. (1979)（江口三角訳『法律家の論理：新しいレトリック』（木鐸社，1986年））など参照。なお，本書第11章❸③も参照。

は，数学よりもむしろ法律学をモデルとすべきであり，「論理学は一般化された法律学だ」と説いている。彼によれば，「訴訟はまさに特別な種類の合理的論争に他ならず，そのために議論の手続とルールが諸制度のなかに組み込まれ強化されている」のであり，議論の合理的過程を法律学との類比によって解明するにあたっての主題は，「たんに法（jus）についてではなく，より一般的に理性（ratio）についての賢慮（prudentia）となるであろう」とみている[11]。また，ドイツの哲学者H.-G. ガダマーの解釈学（Hermeneutik）は，ドイツの法律学的方法論[12]だけでなく，現代英米の代表的法理学者R. ドゥオーキンが『法の帝国』[13]で提示した構成的法解釈理論（第14章2③(2)参照）にも影響を及ぼしているが，このガダマーも，主著『真理と方法』[14]において，その哲学的解釈学の一つの範型を法の解釈・適用という実践に求めている。

　1970年代になると，J. ハーバマスの「討議倫理学」をはじめ，実践的議論独自の論理構造や合理性基準の解明をめざす一般理論が，トゥールミンらの理由探究的アプローチや新レトリック論の成果をも取り込みつつ，多彩に展開されるようになる。そして，これらの一般理論の成果をふまえ，法的議論の理論[15]をはじめ，法律学的方法論を実践哲学的地平で再構築しようとする傾向が有力となる。

　例えば，ドイツの法哲学者R. アレクシーは，『法的議論の理論』[16]において，法的議論を一般的実践的議論の一特殊事例としてとらえ，両者の相互依存関係や異同などの分析によって法的議論の合理性の識別基準を論究し，「実践理性の一特殊分野としての法律学」の可能性とその方法を明らかにしようと試みた。彼は，その後も，実践理性の手続主義的理解に基づいて，法律学的方法論だけでなく，法システム論・基本権理論をも視野に入れ，議論と手続を基軸にすえ

　11）St. Toulmin, *The Uses of Argument*（1958），pp. 7-9（戸田山和久＝福澤一吉訳『議論の技法』（東京図書，2011年）10-14頁）参照。なお，本書第11章3②も参照。

　12）青井秀夫「現代西ドイツ法律学的方法論の一断面―『法律学的ヘルメノイティク』の紹介と検討（正）（続）」法学39巻1号，3=4号（1975-76年）参照。

　13）R. Dworkin, *Law's Empire*（1986）（小林公訳『法の帝国』（未来社，1995年））。

　14）H.-G. Gadammer, *Wahrheit und Methode*（1960）.

　15）その概要については，Neumann, *Juristishe Argumentationslehre*（前出注4）（『法的議論の理論』）など参照。

　16）R. Alexy, *Theorie der juristischen Argumentation*, 1. Aufl.（1978），2. Aufl.（1991）.

た法理論を展開している[17]。スコットランドの法理学者N. マコーミックも，『法的推論と法理論』[18]において，法や法的推論に関する理論は「実践理性とその諸限界に関する何らかの一般理論を基礎にしていなければならない」という立場に立って，「法的推論は道徳的推論の高度に制度化され形式化された一特殊類型である」ととらえ，ウルトラ合理主義と完全な非合理主義の両極端を避けつつ，法的推論の諸様式を統合的に吟味し位置づけようと試みた。マコーミックは，独自の制度論的法理論を展開しており[19]，その方法論的基礎はアレクシーとかなり異なっているけれども，ともに実践理性の復権をめざす共通の知的地平で法理論の展開を試みている点では共通している。

わが国では，比較的早い時期に，裁判官であった中村治朗が『裁判の客観性をめぐって』[20]のなかで，フィーヴェク，ペレルマン，トゥールミンらの見解を肯定的に受けとめて，戦後の法解釈論争の議論枠組とは異なった論調の所論を展開している。だが，法律学的方法論においてこのような方向への軌道修正が提唱されはじめたのは，実践哲学の復権やレトリックの再評価が思想界の関心を集めるようになった1970年代末になってからである。法的議論独自の合理性を実践理性の復権をめざす実践哲学的立場から解明しようとする諸潮流は，R. ドゥオーキンの司法的決定・法解釈理論などとともに，わが国の法律学的方法論にも次第に影響を及ぼしつつあり，現代型訴訟の続発や民事訴訟理論の新たな展開などとも連動して，法的議論や裁判手続など，"法的なるもの"の知的な深さと拡がりをそれにふさわしい知的地平で正しく理解しようとする気運も高まってきている。

だが，古典的な実践知＝賢慮を見直すことによって実践哲学を再生させようとする諸潮流は，ドイツの法学者M. クリーレの表現[21]を借りれば，「何が行

---

[17] R. Alexy, *Theorie der Grundrechte* (1985); Alexy, *Recht, Vernunft, Diskurs* (1995) など参照。

[18] N. MacCormick, *Legal Reasoning and Legal Theory*, 1st ed. (1978), 2nd ed. (1994)（亀本＝角田＝井上＝石前＝濱真訳『判決理由の法理論』（成文堂，2009年））。

[19] N. MacCormick, *Rhetoric and the Rule of Law: A Theory of Legal Reasoning* (2005); MacCormick, *Institutions of Law: An Essay in Legal Theory* (2007); MacCormick, *Practical Reason in Law and Morality* (2008) など参照。

[20] 中村治朗『裁判の客観性をめぐって』（有斐閣，1970年）。

[21] Kriele, *Recht und praktische Vernunft*（前出注3），S. 19 参照。

われ何が妥当させられるのが理性的であるかという実践的な問いについても，合理的な議論による相互了解の獲得が可能である」とする出発点や「実践的判断を合理的に基礎づけることが可能である」とみる基本思想においては共通しているけれども，その依拠する方法論的基礎や理論的・実践的な関心方向には，かなり根本的な対立もみられる。また，学としての実践哲学の可能性や非形式論理学の論理学としての可能性を原理的に否定する形式論理学的・実証主義的立場も依然として主張されている。

　以上のような実践哲学および法律学的方法論の最近の展開と現況の素描からも明らかなように，実践哲学の復権をめざす諸潮流は，法律学的方法論に堅固な一般的基礎を提供しうる段階にはまだ到達していない。むしろ，逆に，実践哲学のほうが，「制度化された議論可能性」をその合理性の中核とする法律学に着眼し，一般的実践的議論と法的議論の相互関係・異同などを解明することによって，法律学からが学びうる事柄も少なくない。このような状況に鑑み，現段階では，実践哲学の復権をめざす各潮流の方法論的基礎や理論的・実践的な問題関心の相違・対立を云々するよりも，「対話的合理性」基準として第11章4で素描したように，幾つかの潮流にほぼ共通してみられる特徴的な考え方を析出し，そのような考え方を一応の背景的理論枠組として一般的実践的議論と法的議論の相互関係・異同を解明するというアプローチをとるほうが，実践哲学と法律学の双方にとって有益であると思われる。

　それ故，ここでは，実践哲学の復権の可能性と限界の解明という関心をも視野に収めつつ，法システム・裁判手続などの法制度や法的議論・決定などの法実践の知的地平を，対話的合理性基準の法的観点からの「制度化」として位置づける立場から，法的思考の基本構造とその合理性基準の解明を試みたい。

3　法的議論と実践的議論の関係

(1)　実践的議論の「法的」制度化

　実践的議論一般に関する「対話的合理性」基準は，第11章4で説明したように，法的空間における現実の実践的議論やそれらの領域を画定する法的原理・制度に対して，その理想的形態と規制原理を提示する。すなわち，現実の法的議論ができるだけ対話的合理性基準の要請する理想的諸条件に適合した状況で遂行されるように，法的議論領域を構成し規律する共通の実質的規準と手

続的条件を「制度化」し，法的議論を相対的に自立的なものとして構造化する。ここでは，法的議論を一般的実践的議論の一特殊事例ととらえ，法的議論独特の合理性・正当性もまた，対話的合理性基準を一般的基礎として，その法的「制度化」という観点から解明されるべきだという立場から，第11章4における実践的議論一般に関する対話的合理性基準とその「制度化」についての一般的な説明をふまえ，法的議論の基本構造とその合理性・正当性の基本的な考え方について敷衍的な説明しておこう[22]。

　法的議論を一般的実践的議論の一特殊事例ととらえ，対話的合理性基準を一般的基礎として法的議論独特の合理性・正当性を解明する場合，法的議論の特殊性はその独特の「制度化」の仕方に求められる。このような法的制度化の特質は，基本的には，(i)法的議論・決定の正当性の実質的識別基準として実定法規範が存在しており，実定法規範の正当性自体は，原則として疑問・批判にさらされることなく，法的議論・決定の権威的前提とされ，法的正当性はこの実定法規範の枠内で追求されるべきものとされている，(ii)合理的な法的議論・決定のフォーラムとして裁判制度が設営されており，法的な意見の不一致・対立は，両当事者間の法廷弁論を経て，最終的には裁判官の権威的な拘束力ある判決によって解決されるべきものとされているという，実質的規準と手続的条件の二側面にみられる。このような法的制度化に基づく法的議論・決定に対する要請を，「法の支配」原理の一環としての「自立性原理」と呼ぶことにする。

　問題は，このような法的制度化の存在理由や具体的特質をどのようにとらえるかである。とりわけ，実定法や裁判官の"権威"という，実践的議論一般から法的議論を識別する重要な相違とみられている特質をどのように理解するかが重要である。これらの権威を，たんなる権力や強制と同一視する場合はもち

---

[22] 法的議論と実践的議論一般の相互関係に関する以下の説明は，基本的に Alexy, *Theorie der juristischen Argumentation*（前出注16），MacCormick, *Legal Reasoning and Legal Theory*（前出注18）（『判決理由の法理論』）の理論枠組に依りつつ，本書第11章4で提示したような対話的合理性基準とその「制度化」に関する私見に合わせて適宜補充修正したものである。全体的な構想については，本書で用語など見解を修正しているところもあるが，田中『法的思考とはどのようなものか』（前出注1）第4章「法的思考の基本構造」，Ⅲ「法律学と実践哲学—法的思考の哲学的背景」，田中成明『法的空間』（東京大学出版会，1993年）第6章「法的空間の知的地平—法的議論と裁判手続の理解をめぐって」参照。

ろんのこと，理性と意志，真理と権威を対比的にとらえ，立法者や裁判官の権力的意思を重視する決断主義的・権威主義的な見方，法律学や裁判を権力的意志の強制的実現の手段とみる権力主義的な見方，あるいは形式論理的な没価値的演繹推論に尽きるとみる形式主義的な見方などがとられる場合にも，実践的議論からの法的議論・決定の自立性が強調され，実践的議論一般と法的議論に共通の実践理性の作用や正当性・合理性基準を論じる知的地平自体が閉ざされてしまうことになる。それ故，実定法や裁判官の権威について，実践理性との関係をどのように理解し，対話的合理性基準とどのように整合的に位置づけるかが重要な争点となる。

　法的議論を実践的議論の一特殊事例として，対話的合理性基準の法的制度化という知的地平に位置づける立場は，法への相互主体的視座の確立という本書の中心的な問題関心（第1章❷参照）に理論的基礎を提供するものであり，法システムを，恣意専断や裸の力の行使の排除された公正な状況のもとで，法的規準・手続に準拠しつつ，社会的コンセンサスへの依拠と理性的合意の形成を背景的正当化原理として展開される"議論・交渉フォーラム"としてとらえる構想（第1章❸②・③参照）の重要不可欠な構成部分をなしている。

(2) 法的議論の相対的自立性

　法的議論が一般的実践的議論の一特殊事例だということは，法的議論がそれ固有の「法的観点」に即して制度化されていることによる一定の制約に服するけれども，基本的には，その規範的言明の正当化や合理性基準について，対話的合理性基準を共通の一般的基礎としているということである。従って，法的議論は，実践的議論一般の対話的合理性基準と法的議論固有の自立性原理の双方に対して，いわば"二重の忠誠"を誓う立場にある。法的議論の一般的実践的議論に対する依存性と自立性，連続面と断絶面は，法律論と政策論や常識論との微妙な関係が示しているように，かなり込み入っているが，基本的には，法的議論と一般的実践的議論とは，一方が他方に対して完全に従属的ないし付加的な関係に立つものとしてではなく，全体として相補的な統合的ないし共生的関係に立つものとして理解されるべきである。このような相互関係は，わが国の法解釈論では，法規・理論構成による形式的理由づけと利益衡量・価値判断による実質的理由づけという二元的モデルで説明されることが多いが，必ずしも適切ではなく，第16章で改めて取り上げるように，法的正当化の全体的構

造の中核に要件=効果図式を位置づける二段階構造論（第16章1②(1)参照）によってとらえるのが適切である。

　自立性原理は，基本的に実践的議論一般の場合と同様，規範的正当性をめぐる現実の法的議論・決定が，強制・権力や恣意専断によって左右され一方的な結論を押しつけられることなく，できるだけ対話的合理性基準に適合した理想的な形態で遂行される状況を確保・実現することをめざしている。それに加えて，自立性原理によって法的議論が自立的な議論領域として制度化されているのは，一般的な実践的議論の「不確定性」に対処するという，法固有の社会的存在理由にも基づいている。

　規範的正当性をめぐる議論について一定期間内に何らかの決定が社会的に必要な場合に，完全に自由な道徳的・政治的などの実践的議論にゆだねておいたのでは，何よりもまず，対話的合理性基準の諸要請がすべて充たされても，必ずしも一定の具体的な結論が確実に導き出されるとは限らない。また，議論の共通の出発点・対象・手順などの欠如ないし不明確のために，争点がしぼれず議論もかみあわず，合理的な議論自体が成り立たなかったり，意見の不一致を議論によって調整して何らかの結論に到達できなかったりすることもある。権利侵害に対する損害賠償による救済や犯罪に対する刑罰によるサンクションなど，社会的に重要な一定問題に関する議論・決定について，実定法規範と裁判制度によって決着をつけるという形態で構造化し，道徳的・政治的などの議論から相対的に自立した議論領域として制度化されているのは，このような実践的議論一般の不確定性という限界に対処するためである。

　従って，法的議論は，自立性原理に基づき，実定法規範に拘束され裁判の制度的枠組のなかで遂行される限りにおいて，一般的実践的議論と同一のものでも，それに還元可能なものでもなく，両議論の合理性基準が対立緊張関係に立つこともある。だが，基本的には，自立性原理も，一般的実践的議論の対話的合理性基準を排除するものではなく，むしろ，それを一般的な基礎として，実践的問題の合理的で公正な解決の一つの仕組みを法的観点からより具体的に制度化したものと理解されるべきである。

　実定法や裁判官の権威も，その内容や決定について，一切の理性的な批判や吟味を排除して，もっぱら国家権力をバックに強制的実現を確保するためのものとみるべきではない。権威は，たしかに，意思や権力に支えられ，かつ，意

思や権力を正統化する。けれども，権威と意思や権力とのこのような関係は，権威が理性に基づいていてはじめて可能となり，人びとによって正統なものとして受け容れられるのであり，権威と理性を単純に対置するのは誤りである。実定法の個々の規定は，その内容的正当性を否定する十分な理由が社会一般の正義・衡平感覚にも照らした法的議論によって示された場合には，修正・変更可能なものである。また，判決も，裁判官がその権威に基づいて一方的に下す裁定ではなく，当事者間の相互主体的な法廷弁論を基礎にし，適切な理由によって正当化されていなければならない。

さらに，より重要なことは，法的議論領域の道徳・政治などからの自立性も部分的・相対的なものにすぎず，実践的議論一般の不確定性を縮減できても，完全に排除することはできず，個別的事例への実定法規範の適用にあたってしばしば一般的実践的議論による補完を必要とすることである。実定法規範は自然言語を用いて一般的に規定され法原理も含んでいるため，いわゆる「開かれた構造」をもっており，その具体的な意味内容は，個々の事例ごとに，賢慮を働かせ，社会一般の正義・衡平感覚を反映した社会的コンセンサスに照らして特定化し，必要に応じて創造的に継続形成されなければならない。

(3) 裁判の制度的枠組の意義

現行の司法的裁判の制度的枠組は，自立性原理の要請が裁判過程のなかで遵守されることを制度的に保障するとともに，実定法規範の創造的な継続形成などにおいて対話的合理性基準が自立性原理の枠内でそれを補完する場合に，理想的な法的議論状況を確保することをめざしている。その場合，裁判における法的議論の合理性の制度的保障は，とりわけその手続面・対象面の制約原理に求められることになる。個別的事例に適用されるべき具体的な法的規準について当事者間に意見の対立がみられる裁判においては，両当事者が各々その意見の法的正当性を実定法規範全体および社会一般の正義・衡平感覚に照らしつつ主張・立証し合う法廷弁論を基軸として，今ここでの法的正義の実現をめざして両当事者と裁判官の間で当事者主義的訴訟手続が展開される。そして，そのなかで，徐々に法的規準の具体的意味内容が明確にされ特定化されるのであり，判決は，このような相互作用的協働活動の所産である。判決の正統性は，その実質的内容が，実定法的規準全体と原理整合的で普遍化可能な一般的理由づけを与えられ，社会一般の正義・衡平感覚によって支えられているか否かという

ことだけでなく，裁判の手続過程が，両当事者の対等かつ主体的な参加のもとに公正な状況で理性的な議論を保障しつつ展開されたか否かにもかかっているのである。

このように，裁判の正統性の根拠をその手続過程への当事者の参加保障にまで拡大して考えることは，対話的合理性基準がこのような仕方で制度化されているとみることに他ならず，法的議論と実践的議論一般の合理性基準の構造的共通性の一つの重要な表現がここにみられるのである。

このような対話的合理性が現実の裁判のなかでどの程度実現されるかは，とりわけ両当事者間の対等で相互主体的な弁論の活性化にかかっているところが多く，そのためには，理想的な議論状況の一般的存立条件が，法的観点に照らして適切に制度化される必要がある。このような条件には，議論主体に関するものだけでなく，議論の対象・主題に関するものも含まれており，裁判対象が法的権利義務に関する個別的紛争の事後的解決に限定されていることは，法的議論における正当化理由の適否・優劣・強弱などの識別基準全体のなかで，法的議論の教義学的性質を生み出す実定法規準の存在に優るとも劣らない重要な位置を占めている。

(4) 自立性原理と対話的合理性基準

自立性原理は，「法の支配」原理の一環として，たんに実定法規範への準拠を要請するだけでなく，裁判による法的正義の実現の内容・方法にも諸々の制約を加えている（第10章❷③参照）。とくに法的議論・決定の正当化の中核をなす要件＝効果図式においては，個別的事例に少なくとも論理的に先行し，当該事例と同一類型の一群の事実関係にも適用可能な一般的な法的規準をまず探究ないし定立し，それを当該事例に適用するという方式をとることを要請する。既存の法規・判例などの法的規準をそのまま適用する場合だけでなく，衡平を配慮して従来の法的規準を修正・変更する場合にも，一般的準則の公平な適用という形式的正義の要請からはずれることは許されず，実定法規範に内在する一定の原理と整合的であり同一類型の事例に普遍的に適用可能な一般的な理由づけを伴っていなければならない。いくら具体的妥当性の実現に必要であっても，妥協的な利害調整や政策目標実現という合目的性などのアド・ホックな便宜的理由づけだけでは，法的思考における議論の正当化には不十分であり，このような整合的で一般的な理由づけが不可欠である。従って，法的議論・決

定において，このような自立性原理の要請の最低限の遵守すらなされなかったり，その要請が全面的ないし意図的に侵犯されたりしている場合には，そのような議論や決定の"法的"資格そのものが認められなくなる。

　法的議論は，自立性原理にのっとって裁判の制度的枠組のなかで遂行されなければならず，その限りにおいて，自立性原理と対話的合理性基準が対立緊張関係に立つこともある。だが，基本的には，自立性原理も裁判制度も，対話的合理性基準を一般的基礎として，それを法的観点から具体的に制度化したものに他ならない。たしかに，法的議論が，一定の制度的制約のもとではあるが，対話的合理性基準に対してこのような意味において「開かれている」ことについては，とくに対話的合理性基準の循環論法的性質や不確実性・あいまいさをめぐって，理論的にも実践的にも未解決な問題が多いことは否定し難い[23]。だが，第16章3で詳しく説明するように，そのようなものであるにもかかわらず，否，そのようなものだからこそ，法システムが安定性と柔軟性のバランスを損なうことなく存立し作動してゆくために，対話的合理性基準が，法的議論の背景的構成原理として不可欠なのである。

　対話的合理性基準は，法的思考においては，自立性原理の硬直化を防ぐという補充的な形で働き，社会経済的条件や人びとの価値観・利害関心の変化に応じて実定法的規準を創造的に継続形成してゆくにあたって，法律家集団や法共同体員一般のコンセンサスに依拠して理性的合意の形成をめざすという議論様式をとって，法ドグマの確立・基礎づけ・展開を行うことを制度的に正統なものとして承認し要請する。従って，一般的に言えば，自立性原理が，法的思考を，法的議論領域の自立性を強化し，安定化的で閉鎖的な体系思考の方向に向かわせるという機能をもつのに対して，対話的合理性基準は，法的議論の自立性を弱めるが，柔軟で開放的な問題思考の方向に向かわせるという機能をもつことになる。法的思考の具体的局面において対話的合理性基準と自立性原理が対立することもしばしばありうるが，全体としてみれば，両者は相補関係にあり，個々の法的判断の正当化の全体的構造のなかでその間のバランスをうまくはかることによってはじめて，法的思考はその実践的課題を適切に遂行することができるのである。

---

[23]　田中『法的空間』（前出注22）66-89頁参照。

だが，自立性原理にしろ，対話的合理性基準にしろ，いずれも，J. ロールズの表現を借りれば（325-26頁参照），基本的に擬似的な純手続的正義という正当化機能をもつ観念であり，その具体的な遵守について，一定範囲内に限定はされるけれども，その枠内で，最低限から最も理想的なものまで，かなり幅のある要請を提示する。また，各要請を具体的にどの程度どのように組み合わせて遵守するのが最適かということも，個別事例ごとに様々な要因を総合的に考慮してはじめて決めることができる。それ故，個々の法的議論・決定において，これらの要請との適合性について，理性的に思考する人びとの間でも一定の枠内での意見の対立・不一致が生じることは避け難い。重要なことは，法的正当化をめぐる議論がこのような共通の基準・原理の許容範囲内で合理的に遂行されるための背景的枠組について相互了解が成立していることである。

　法的思考が，このように，共通の背景的枠組に基づいて，価値判断を含んだ議論を合理的に遂行し，法的に正当な結果を得ることをめざす場合，とりわけ裁判の手続過程の展開が法的思考の合理性・正当性の確保・実現において占める独自の位置に注目する必要がある。法的議論・決定の合理性の一つの重要な特徴は，対話的議論による相互説得を通じての理性的合意の形成の手続過程が制度化されているところにみられる。自立性原理は，既存の法的規準との適合性を重視し，社会的変化に伴う実質的正義の新たな諸要求にともすれば閉鎖的で現状維持的となりがちであるが，このような手続過程的合理性は，それに対するいわば自動調整装置として，対話的合理性基準が，法律家集団や法共同体員一般の正義・衡平感覚を反映したコンセンサスに依拠しつつ，法的規準を創造的に継続形成してゆこうとする場合，とりわけ重要な役割を果たすことになる。自立性原理自体の具体的な要請内容についても，たんに規準適合的合理性だけでなく，このような手続過程的合理性をも取り入れて，動態的に再構成する必要がある。その再構成の方向については，第16章で改めて説明する。

❸　法律学とその教義学的特質

■ 法律学の活動内容とその学問的性質
(1)　法律学の主な活動と基本任務

法律学の具体的なスタイルは，それぞれの時代や国家の法体制・裁判制度・

法学教育などの相違に応じて,かなり異なっている。わが国の法律学は,もともと,ドイツの法律学(法教義学)の圧倒的な影響のもとに発展してきたが,ドイツなどの成文法主義のもとでは,制定法の解釈や法律学的構成を体系的かつ教義学的に行うことに重点がおかれてきた。それに対して,英米のような判例法主義のもとでは,過去の判例の整理や将来の判決の予測に重点がおかれていたが,制定法の増加に伴なって,その解釈の重要性も高まっている。成文法主義のもとでの判例についても同じことが言え,判例研究なしに法律学は成り立たなくなっている。

わが国の最近の法律学では,それぞれの法分野や法律学者によってウエイトのおき方や具体的な方法論などは異なっているけれども,大体,法解釈,法律学的構成(法的構成),判例研究という三つの活動が中心になっている。

(i)法解釈は,法の継続形成も含めて,制定法の条文を手がかりに実定法の規範的意味内容を体系的に解明し特定化する活動である。法解釈の技法・方法などについては,第13章4で一通り説明したので,ここでは繰り返さない。

(ii)法律学的構成は,このような法解釈とも重なり合うが,法的概念・原理・制度の意味内容・相互関連・構造的位置を解明したり,それらの統一的体系化を行ったりして,人びとの価値観や社会経済的条件などの変化に対応して実定法規範の創造的な継続形成を行う活動である。

法律学的構成の具体的な意味については,論者によってかなり理解がずれているが,とくに法的構成と呼ばれている場合には,複雑な法的問題の処理を適切に行うために,諸々の法的な概念や命題の相互関係を明らかにしながら,それらを論理的に組み合わせて整理統合する「論理構成(理論構成)」として,法的推論の論理的側面全般とほぼ同義に広く理解されていることが多い。しかし,伝統的には,人・物・権利・義務・故意・過失などの基本概念の意味内容を明確化する「概念構成」と,所有権・契約・不法行為などの法制度あるいは各法分野,さらに法秩序全体について,そこにおける諸々の概念や命題を一つあるいは複数の統一的な法原理から矛盾なく構成し,統合的に把握し展開する「体系構成」を中心に理解するのが一般的である[24]。

(iii)判例研究は,判決のなかから先例となる一般的規準を抽出し,制定法との

---

24) 北川善太郎『日本法学の歴史と理論』(日本評論社,1968年)262-88頁参照。

関連などの実定法体系における位置を明らかにして，将来の判決の予測だけでなく，判例の批判検討によって，より適正な裁判規準の形成に働きかける活動である。すでに判例の法源性（第2章3⑤参照）や判決の法形成機能（第9章3②参照）について説明した際に触れたように，制定法の規範的意味内容が判例によって具体的に明確にされたり，判例によって制定法には規定のない新しい制度が形成されたりしてきており，ほとんどの法分野において判例なしに法を語ることは不可能な状況にある。判例研究は，わが国のような成文法主義のもとでも，法律学の重要不可欠な活動内容となっている。

　以上のような法律学の多面的な活動を正しく言い表すには，従来一般的であった「法解釈学」という名称は必ずしも適切ではなく，最近よく用いられている「実定法学」という名称のほうが適切であろう[25]。また，法律学は，一般的に法学と呼ばれることが多いが，法学研究の多様な分野が独立分化した現代では，法学は，基礎法学をも含めて法に関する学問の総称として用い，ここでいう実用的な法律学とは区別したほうがよいであろう。さらに法律学や法学を社会科学の一分野と分類するにあたっても，法律学の学問的性質の特殊性に留意する必要があり，一定の科学観を前提に法律学の学問性を云々することには慎重でなければならない。

　法律学は，古代ローマ以来，実定法を権威的前提として受け容れ，その規範的意味内容をその時々の法的問題の適正な解決に必要かつ十分な程度に具体的に明確化したり継続形成したりして特定化するという教義学的方法によって，裁判などの法実務に関与するという規範的活動を中心に発展してきた。このような法律学の裁判実務と密接に関連した実用的任務と教義学的方法は，現代でも受け継がれており，法律学の特殊な学問的性質を作り上げている。だが，現代では，法律学は，ある程度類型的な典型的問題事例を念頭において，実定法の内容を体系的に解明して一般的な規準を提示することに力点をおき，個々の裁判実務とは一定の距離をおいて間接的に関与するという研究姿勢をとっていることが多い。概して言えば，法律学は，実定法の条文を主な論拠として法的三段論法の大前提たる法規範を作成し正当化するという，法的正当化過程全体のなかの一段階にのみ関わり，その法的「制度化」の在り方も，法的正当化過

---

[25]　星野英一「民法学の方法に関する覚書―『実定法学』について」同『民法論集　第五巻』（有斐閣，1986年）参照。

程全体に直接具体的に関わる裁判実務とはかなり異なっている。

　さらに，現代の法律学は，裁判外での自主的な交渉・紛争解決活動，国や地方自治体の行政活動，企業法務における戦略的な法利用活動，一般的な予防法学活動等々，公私様々の法的活動との関連でも，実定法の具体的内容を特定化したり法的問題解決に関与したりする機会が増えており，これらの裁判外での法実務をも視野に入れた規範的活動が求められている。

　法律学の場合，以上のような規範的目的の他に，教育的・学問的目的など，裁判実務にはみられない目的をもっている。従って，法律学においては，諸々の法的概念・原理・制度やそれらの相互関係の比較史的解明および論理的・言語的分析，いわゆる立法者意思の歴史的・文献学的探究，判例の流れの整理や判決の予測など，記述的および分析的な認知活動の占めるウエイトが，裁判実務の場合よりもはるかに高まることになろう。

　法律学のこのような多次元的活動のうち，規範的次元の活動をその固有の任務から切り離して，むしろ，規範的活動を法律学の解明・分析の対象とし，法律学の任務を記述的および（ないし）分析的な認知活動だけに限定することによって，法律学を学問的に純化することは，理論的には不可能ではない[26]。また，法律学に裁判実務から相対的に独立した独自の位置づけを与え，裁判実務とは異なった理論的活動としてその学問的性質や在り方を考察することも，十分に可能である。とりわけ裁判外での法的交渉・紛争解決過程や行政過程のウエイトが高まってきている現代法システムのもとでは，そのような考察が必要かつ有益であることも否定し難い。

　けれども，このような仕方で法律学を科学化し，"学（scientia）" と "術（ars）" を分離することは，法律学が "賢慮（prudentia）" の知的地平で追求してきた，法的正義の実現への関与という伝統的な実践的使命の断念という代償を伴い，法律学の学問的性質そのものの転換をもたらすことになろう。法実践全体における裁判実務のパラダイム的位置およびそれと法律学の中枢的な規範的目的との内的連関をみる限り，法律学をこのように科学化して，裁判実務に代わる法的思考の原型ないしパラダイムとして位置づけることは，法的思考独

　26）　例えば，川島武宜の「科学としての法律学」構想も，このような方向をめざしていた時期がある。このような構想についての論評は，本書第14章➊②，田中『法的思考とはどのようなものか』（前出注 1）167-79頁参照。

特の知的地平と構造をとらえ損なうおそれがあり，適切ではなかろう。
(2) 法律学の学問的性質と存在理由

　法律学は，古代ローマ以来の長い伝統を誇る学問でありながら，以上のような特殊な実用的任務と教義学的性質のために，その学問的価値や存在理由について，いろいろな角度から批判にさらされ，不信の眼でみられることも少なくなかった。法律学はしょせん実定法に拘束されたドグマの学であり，科学的思考とは相容れないとか，その時々の政治権力に追随する"権力の侍女"にすぎないとか，その独特の専門技術的な論法が秘儀的あるいは職人的な性質をもっており，一般の人びとに分かりにくく現実生活から遊離しているといった非難が古くからあり，現代でも，ことあるたびに繰り返されている。

　これらの批判や非難は，たしかに，法律学に内在する性質や機能についての一面の真理を鋭くついており，その限りで，法律学に携わる者も謙虚に耳を傾ける必要がある。だが，俗受けしやすい反面，法律学本来の在り方を正しく理解しておらず，その存在理由を見誤らせるおそれもある。

　法律学の教義学的性質については，とかく実定法に拘束されるという権威的・保守的側面のみが強調され批判されることが多いけれども，次々と生じる新たな法的問題をつねに適正に解決できるように，法ドグマを社会の変化に応じて多様に継続形成してきたという，その創造的側面の社会的役割が正しく理解され評価される必要があろう。一般に"概念法学"として否定的に評価されているドイツ近代のパンデクテン法学の歴史的意義の理解などにおいては，とりわけこのことが強調されるべきである。法律学独特の教義学的技法は，予測可能性・安定性と具体的妥当性・柔軟性のバランスをはかりながら多種多様な社会的紛争を予防・解決する一つの方法として，決して万能ではないが，政治社会が公正かつ円滑に作動するために不可欠なものである。法律学のこのような教義学的性質については，後ほど改めて詳しく論じることにする。

　自然科学や数学・論理学をすべての学問の理想的モデルとして，教義学的な法律学の非科学性を批判し，諸々の経験科学の方法やその成果を積極的に導入しようとするアプローチが，手を変え品を変え提唱されてきている。また，諸々の法的概念・命題を公理論的方法によって演繹的体系化しようとする試みも，法律学や法実務へのコンピューターの利用可能性が追求されるなかで，再び脚光を浴びている。たしかに，これらの科学的・論理的方法の導入によって

法律学や法実務がその任務をより合理的かつ実効的に果たすことができるようになる場合が多いことは事実である。だが，それだけで十分かどうかは問題であり，また，科学化・論理化自体が自己目的でないことも明白である（本章2①参照）。

そもそも，法律学の学問的性質や存在理由をこのような実証主義的・形式論理学的な知的地平でのみ問題とすること自体が不適切である。学問は，それぞれの任務や対象に応じた固有の方法を作り上げてきており，アリストテレスらの古典哲学以来の学問区分（366頁参照）によれば，自然学・数学など，帰納と演繹という厳密な論証による理論学と並んで，政治学・倫理学など，人間の行為を対象としているために，大体において真であるような前提から出発して，それよりも善いものがない結論に到達すれば，それで十分だとせざるをえない実践学が存在している。そして，この実践学においては，厳密な論証ではなく，個別と普遍を同時に把握して複雑な現実的状況のなかで何が可能であるかについて的確な判断をする能力である実践知＝賢慮が重視され，一般的に受け容れられている意見を前提に説得によって合意の形成をめざすレトリック（弁論術・修辞学）に高い位置が与えられてきたのである[27]。

法律学は，その語源である"iuris prudentia（法の賢慮）"が象徴的に示しているように，このような実践学に属する学問である。その本来の任務は，科学的真理の探求という認識的機能ではなく，法的問題の適正な解決によって社会の様々の利害・意見の対立や紛争を調整するという実践的機能にある。法律学は，このような実践的任務を果たすために独特の議論様式・技法を作り上げてきたのであり，それをどのような問題の解決についてもいつも最良の方法だと万能視すべきではないが，社会的に有用な一つの合理的方法として正しく評価し，受け継いでゆくべきであろう。

2 法律学の教義学的性質
(1) 法教義学的性質の理解をめぐって

法律学独特の学問的性質の評価において，最も論議の的となり意見が分かれ

---

[27] このような理論学と実践学の区別という知的伝統をふまえ，実践知＝賢慮の復権を説く見解として，藤原保信『政治理論のパラダイム転換：世界観と政治』（岩波書店，1985年）176-200頁参照。本書第11章4①も参照。

ているのは，これまでたびたび触れたが，実定法的規準への準拠という方式と内的に不可分の"教義学的"性質であろう。

　法的思考の教義学的性質は，法的思考が自立的な議論領域として「制度化」されていることに必然的に伴うものであり，法的思考の自立性の確保にとって不可欠な属性である。法的思考は，複雑な事実関係の法的分析・構成によって，その法的解決に関連する重要な事実や争点だけを全体的コンテクストから切り離して抽出し，相対的なものであれ，法的議論領域の自立性を確立することからはじまる。事実関係の法的分析・構成は，実定法的規準の意味内容の具体的確定と相互作用的に行われるが，この実定法的規準が法的思考の自立性の確保において中心的な位置を占めている。

　法的思考においては，原則として実定法的規準の正当性自体が疑問・批判にさらされることはなく，法ドグマとして，そこでの推論・議論の権威的前提とされ，このように実定法的規準に"拘束される"というところに，法的思考の教義学的性質が端的にみられる。法的思考の教義学的性質の理解においては，法ドグマの確立とそれによる拘束という契機が前面に出がちであるが，次々と生じる個々の法的紛争をいつも適正に解決できるように，法ドグマを社会の変化に応じて多様に創造的に展開してゆくという契機もまた，その教義学的性質に不可欠のものであることが見落とされてはならない。法的思考は，法教義学的思考のこの二つの契機によって，安定性と柔軟性のバランスをはかりつつ一般的な裁判規準に準拠して具体的紛争を個別的に解決するという固有の実践的要請に応えてきたのである。

　法教義学的思考が，このように，実定法的規準を疑問・批判の外におき，教義（ドグマ）化すると同時に，この規準を様々の解釈・継続形成の技法を用いて多様に展開してゆくという二つの契機をその基本的な特質としていることについては，現代では，ほぼ見解の合致がみられると言ってよかろう。

　だが，ドイツにおける論議の展開をみると，法ドグマの権威的基礎やその範囲などの性質についても，法ドグマの基礎づけや展開の方法論についても，かなり鋭い見解の対立があり，法教義学像の混乱ないし変貌が，その現代的意義の評価の分裂をもたらしていることが分かる。このような法教義学像の混乱ないし変貌は，法教義学的思考の特質と機能の理解や評価とも密接に関連しているので，その概要を素描しておこう[28]。

ドグマとは，一般的に，真実であるとか正しいと予め思われたり決定されたりしており，そのために権威的拘束力をもつ意見・信条を意味する。法的思考の場合には，このような性質をもった法ドグマにあたる典型的なものは，通常，制定法のなかの法命題であるとみられてきている。だが，裁判による法形成の正統性が一般的に承認されるようになるにつれて，制定法に明記されていないけれども実定法内在的とみなされている法原理，法律家の間で一般的に拘束的なものとして受け継がれてきている法理論（学説）・法格言・解釈技法，さらに，法共同体員の間で支配的な正義・衡平感覚を反映した社会通念も，法廷での議論や判決の正当化の正統な論拠として重要な位置を占めるようになってきている。それに伴って，公権力によって予め決定された規準だけでなく，法律家集団や法共同体員一般のコンセンサスによって正しいとされている規準も，法ドグマとみる論者も増えている。なかには，何らかのコンセンサスへの依拠ないしその形成ということに法教義学的思考の真髄をみようとする見解すらある。同時に，法ドグマも，神学的ドグマのように，客観的真理として絶対的な拘束力をもつものとしてではなく，法的紛争の正義に適った解決のための合理的な提言として暫定的な一応の（prima facie）拘束力をもつにすぎないものとしてとらえなおされるようになってきている[29]。

　このような法ドグマの範囲の拡大やその権威的基礎の重点の移行は，法教義

　28）　法教義学的思考の理解については，とくに必要な場合を除き，いちいち注をつけることは省略するが，以下の文献に依るところが多い。Th. Viehweg, Über den Zusammenhang zwischen Rechtsphilosophie, Rechtstheorie und Rechtsdogmatik, in *Estudios jurídico-sociales: Homenaje al Profesor Luis Legaz y Lacambra*, Bd. I (1960), S. 203-10；Viehweg, Ideologie und Rechtsdogmatik（前出注 *8*）；Viehweg, Some Considerations Concerning Legal Reasoning（前出注 *8*），F. Wieacker, Zur praktischen Leistung der Rechtsdogmatik, in R. Bubner & K. Cramer & R. Wiehl (Hrsg.), *Hermeneutik und Dialektik* (II) (1970), S. 311-36, J. Esser, *Vorverständnis und Methodenwahl in der Rechtsfindung*, 2. Aufl. (1972)；Esser, Dogmatik zwischen Theorie und Praxis, in F. Baur & J. Esser & F. Kübler & E. Steindorff (Hrsg.) *Funktionswandel der Privatrechtsinstitutionen: Festschrift für L. Raiser zum 70. Geburtstag* (1973), U. Meyer-Cording, *Kann der Jurist heute noch Dogmatiker sein?* (1973), Alexy, *Theorie der juristischen Argumentation*（前出注*16*），S. 307-34, 柳澤弘士「実用法学と理論法学」日本大学法学研究所紀要17号（1975年），植松秀雄「法律学の教義学性」『法理学の諸問題：加藤新平教授退官記念論文集』（有斐閣，1976年），岩倉「法教義学と法探究学」（前出注*8*）。

学的方法をどのように規定するかということとも密接にからんでいる。従来、法教義学的方法と言えば、日本でもドイツでも、概念法学にみられた演繹的公理論的方法と同一視されることが多かった。だが、法ドグマの基礎づけや展開を、合理的な裁判規準の形成ないし提供という実践的要請に応えうる仕方で行うことは、必ずしも演繹的公理論的方法によらなくとも、様々な手法によって可能である。現に、自由法学、利益法学、トピクの法律学など、一般に問題思考と呼ばれている方法も法教義学的方法の一手法とみる見解もある[30]。それ故、法的思考一般を即教義学的思考と、極端に緩やかにとらえる立場はともかく、法教義学的思考に期待されている共通の実践的課題に即してみる限り、法教義学的方法を、演繹的公理論的方法による体系思考と同一視する必然性はなく、様々な形態の問題思考とも両立可能なものととらえることもできるのである[31]。

　以上のような法教義学像の混乱ないし変貌は、基本的には、法教義学的思考の原型を、その学問性にウエイトをおいて、ドイツ近代私法学の方法論に求めるか、それとも、その実用性にウエイトをおいて、適正な紛争解決のための合理的な裁判規準の形成ないし提供という、古代ローマ以来の固有の実践的課題に求めるかの違いによるところが大きい。そして、このいずれに傾いているかによって、極端に言うと、一方が"非教義学的な法教義学などは自己矛盾だ"と批判すれば、他方は"旧式の悪しき法教義学から新しい善き法教義学へ"と応酬するという状況がみられるのである。

　たしかに、法教義学的思考は演繹的公理論的方法による体系思考と結びつきやすい内在的性質をもっているけれども、それだけが法教義学的方法だとする必然性はないであろう。また、法ドグマの性質を神学上のそれと同一視する必

---

[29]　F. ヴィーアッカー, J. エッサーらがその代表的論者であるが、このような法ドグマの理解は、法的思考の実践哲学的地平の復権をめざす潮流と緊密に結びついていることが注目される。

[30]　Wieacker, Zur praktischen Leistung der Rechtsdogmatik（前出注28）, S. 322-26 参照。

[31]　のみならず、体系思考と問題思考を対立的にとらえる従来の図式自体についても、再検討の必要があるとする見解も有力化している。岩倉「法教義学と法探究学」（前出注8）165-67頁、植松秀雄「問題思考」『現代の法哲学：井上茂教授還暦記念論文集』（有斐閣, 1981年）など参照。

要もない。それ故,ここでは,法的規準のドグマ化とその多様な展開という両契機によって,合理的な裁判規準の形成ないし提供という固有の実践的課題に応えようとする思考を,広く法教義学的思考と理解する立場に立って,法教義学的思考の特質と機能を説明しておこう。

(2) 法教義学的思考の特質

法教義学的思考は,各問題領域をできるだけ包括的にカヴァーしうる,確実で安定した全体論的な法的規準(ドグマ)の確立と展開をその基本的課題としており,このような社会的実践的機能において,法教義学的思考は,イデオロギー的思考であることをその固有の特質としている[32]。イデオロギーについては,認識対象を隠蔽したり対象記述を歪曲したりするものとして,もっぱら否定的ないし軽蔑的な意味で理解され,イデオロギー批判やイデオロギー暴露のみが問題とされがちであったが,このようなアプローチは一面的で適切ではない。イデオロギーについては,人びとの行動や制度の存立・作動に包括的で安定した指針と拠りどころを提供する全体論的な観念・信条・態度として,その社会的実践的機能に焦点を合わせて理解し,法実践をはじめ諸々の社会的実践がその根底にあるイデオロギーによってどのように規定されているか,その意義や長所・短所を多面的に解明するというアプローチをとるべきであろう[33]。

法教義学的思考を既述のように広く理解する場合,以上のようなイデオロギー的機能をもつと同時に,法ドグマの確立や展開において,法律家集団や法共同体員一般のコンセンサスが引き合いに出されたり,各種の問題思考が用いられたりするにつれて,フィーヴェクのいう探究学的思考が法ドグマにも及ぶことに注意する必要がある[34]。この探究学的思考は,歴史学・社会学などの特

---

[32] Viehweg, Ideologie und Rechtsdogmatik(前出注8)などがこのことを認めるのに対して,Wieacker, Zur praktischen Leistung der Rechtsdogmatik(前出注28), S. 321-22 は否定するが,これは両者のイデオロギー概念の相違によるものである。

[33] イデオロギー概念をこのように理解する観点から法的思考の特質と存立条件を考察したものとして,田中『法的空間』(前出注22)第5章「法的思考とイデオロギー――法的空間の構成原理」参照。

[34] フィーヴェクの探究学的思考については,Viehweg, Ideologie und Rechtsdogmatik(前出注8);Viehweg, Some Considerations Concerning Legal Reasoning(前出注8),植松「法律学の教義学性」(前出注28),岩倉「法教義学と法探究学」(前出注8)参照。以下の法探究学的思考の説明も基本的にこれらの文献に依っている。

殊な専門研究と一般的哲学的な基礎研究とに区分されるが，いずれも，自由な認知的ないし評価的機能を第一としているが，法ドグマなどとの関係では批判的機能をもつことになる。法探究学的思考においては，法ドグマも暫定的なものとみなされ，その前提・内容が吟味・批判され，必要に応じて修正・撤回されることになるから，ドグマ批判という意味での一種のイデオロギー批判が法的思考のなかに内在化されることになる。

　法的思考のなかで，このようなドグマ化と非ドグマ化，教義学的思考と探究学的思考との相互移行が円滑に行われてはじめて，教義学的思考が独断主義（Dogmatismus）に陥ることを防ぐことができる。だが，法的思考においては，探究学的思考は，憲法上の根本的価値前提など，各実定法システムの根本ドグマにまで及ぶものではなく，中間的・派生的ドグマの吟味・批判にとどまっており，その場合でも，法律家集団や法共同体員一般のコンセンサス——これもまた一種のドグマに他ならない——を超え出ることはできないという制約のもとにあり，このような意味において，基本的に教義学的思考に従属している。いずれにしろ，法教義学的思考が法的思考の在り方を全体的に規定していることに変わりはない。

　現代では，法教義学的思考が，適正な紛争解決のための合理的な裁判規準の形成ないし提供という規範的活動を適切に遂行するためには，歴史学的・社会学的等々の科学的分析や評価的・政策決定的な哲学的考察などの探究学的思考によって準備され基礎づけられることが不可欠となっている。けれども，法教義学的思考が経験科学的・哲学的な探究学的思考によって準備され基礎づけられるウエイトがいかに高まったとしても，その社会的存在理由が法独特の規範的活動による一定の社会的実践的機能の遂行にあることに変わりはない。

　法教義学的思考に対する評価は，純粋な科学的認識や一般的抽象的な価値判断のレベルにおいてではなく，あくまでも法独特の実践的課題に対応した社会的実践的機能に焦点を合わせて行われるべきである。何らかの既成の科学概念やメタ倫理学的ないし規範倫理学的基準に照らして，法教義学的思考の非科学性を非難したり学的営為としての可能性や価値判断内容の正しさに疑問・批判を向けたりしても，それらがそれ自体として法教義学的思考にとって致命的なものとなることはないのである。

(3) 法教義学的思考の機能

　法教義学的思考の機能は，対話的合理性基準の法的「制度化」の一函数としてとらえられるべきであり，本章2③で説明した自立性原理と対話的合理性基準の動態的な相補作用を促進し円滑化することに，その肯定的な機能が見出されるであろう。このような法教義学的思考の社会的実践的機能を，R.アレクシーの分類と説明[35]に依りながらみておこう。

　アレクシーは，法教義学的思考の肯定的に評価しうる機能を，やや体系思考に偏っているきらいはあるが，(i)安定化機能，(ii)進歩機能，(iii)免除機能，(iv)技術的機能，(v)制御機能，(vi)索出的機能に分類する。

　安定化機能は，法ドグマによって実践的問題の一定の解決方式が相当期間にわたって固定化され，再現可能なものとなり，また，新たな解決方式を正当化する十分な理由がない限り，一度受け容れられたドグマは変更されないということによって果たされる。進歩機能は，この安定化機能と緊密に関連しており，法的思考の「制度化」によって，法的議論を時間的・事物的・人的平面で拡げることができ，また，法ドグマが高度に分化され吟味可能なものとなり，これらの結果として，法教義学的思考の一種の進歩が可能となることである。免除機能とは，すでに吟味され受け容れられてきている法ドグマを少なくとも暫定的にはそのまま受け継ぐことができ，特別のきっかけがない限り，新たに吟味する必要がなく，すべての場合に一切の価値問題を新たに議論することから免れることである。技術的機能とは，法的概念・命題・制度の構成によって，法的諸規準をそれらの相互依存関係に即して統一的体系的に記述できるようになり，その迅速な全体的概観が可能となることであり，法教義学的思考は，このような情報提供によって，法的素材の教授・学習可能性や伝承能力を高める。制御機能とは，法ドグマ相互の論理的両立可能性や，多様な法ドグマが基礎づける諸々の判断の一般的実践的な正当化可能性が体系的に吟味できるようになり，それによって，個々の事例を，孤立的にではなく，過去および将来の多数の事例を考慮に入れて裁判することが可能となることである。索出的機能とは，法教義学的思考がそのたびごとに新たにはじめる者には思いつかない多数の解決モデル・区別・視点を内含していることによって，たとえそれによって決定

---

[35] Alexy, *Theorie der juristischen Argumentation*（前出注16），S. 326-34 参照。

し尽くされていない場合でも，それがなければ不可能であったり視野の外におかれたままであったりする設問や解答を分からせ，法教義学的体系が新たな観察や関連づけの稔り豊かな出発点となることである。

　法教義学的思考のこれらの機能は，いずれも，自立性原理と対話的合理性基準の既述のような動態的な相補作用（本章❷③参照）の促進と円滑化に関わるものである。図式的に言うならば，安定化機能や免除機能は，とくに法的議論の自立性の確立に関わり，進歩機能や索出的機能は，とくに法的規準の創造的な継続形成に関わる。そして，これらの機能は，制御機能による点検と技術的機能による整備を経て，適正な紛争解決のための合理的な裁判規準の形成ないし提供という実践的課題の遂行に役立っているのである。法教義学的思考は，これらの機能を通じてその実践的課題を適切に遂行し社会的必要に応えている限りにおいて，法的思考の合理性の確保・実現にとって不可欠な契機をなしているのである。

　法教義学的思考の学問性についても，以上の六つの機能のうち，とくに進歩機能・技術的機能・索出的機能に着眼するならば，これらの機能を根拠に学問性を要求することは十分に可能であり，その非科学性に対する批判も，それほど説得力はない。のみならず，K. R. ポパーの反証主義的科学論や Th. S. クーンのパラダイム論的科学論など，最近の科学哲学は，相互に批判し合いつつも，科学理論とドグマを相対化する傾向では共通しており，このような科学論からは，以上のような機能をもった法教義学的思考を科学一般の核心的営為と酷似しているとみることもでき，科学とドグマの学を対比する図式自体が問い直されているのである[36]。

　法教義学的思考の機能に対しては，とかく否定的な評価が強いので，その肯定的な機能をやや楽観的に強調しすぎたかもしれない。たしかに，法教義学的思考の以上のような機能は，法的思考の合理性の確保・実現において不可欠の

---

36)　K. R. Popper, *The Logic of Scientific Discovery* (1959)（大内義一＝森博訳『科学的発見の論理（上）（下）』（恒星社厚生閣，1971-72年）），平井宜雄『法律学基礎論覚書』（有斐閣，1989年）27-30頁，Th. S. Kuhn, *The Structure of Scientific Revolutions*, 1st ed. (1962), 2nd ed. (1970)（中山茂訳『科学革命の構造』（みすず書房，1971年）），村上陽一郎『科学のダイナミックス』（サイエンス社，1980年），松浦好治「法的推論—模範例による法思考」長尾龍一＝田中成明編『現代法哲学1：法理論』（東京大学出版会，1983年）167-95頁など参照。

重要な位置を占めるものではあるが，いずれの機能も決して過大評価されるべきではない。また，自由法学やリアリズム法学などによって誇張されたきらいもあるが，いわゆる見せかけの基礎づけや法ドグマの過度の硬直化などの弊害を伴っていることも否定できない。

　法教義学的思考は，一般的実践的議論を基礎とし，その補完を必要としており，一般的実践的議論との絶えざるフィード・バック関係が確保されている限りにおいてのみ合理的でありうる。法教義学的思考は，法的思考全体の在り方を基本的に規定している反面，対話的合理性基準による基礎づけと補完から切り離されて孤立化するならば，法的思考の合理性の確保・実現に寄与することができなくなり，かえって，諸々の弊害をもたらすことになる。法教義学的思考の現代的意義の評価においては，このような限界もまた見落とされてはならない。

《参考文献》
- 岩倉正博「法教義学と法探究学―フィーヴェクの法学観研究ノート」民商法雑誌82巻2号（1980年）
- 植松秀雄「法律学の教義学性」『法理学の諸問題：加藤新平教授退官記念論文集』）有斐閣，1976年）
- 同「法律学の『哲学的』契機」日本法哲学会編『法哲学と実定法学：法哲学年報1976』（有斐閣，1977年）
- 亀本洋『法的思考』（有斐閣，2006年）
- 川島武宜『川島武宜著作集第五巻：法律学1』（岩波書店，1982年）
- 同『『科学としての法律学』とその発展』（岩波書店，1987年）
- 北川善太郎『日本法学の歴史と理論』（日本評論社，1968年）
- 中村治朗『裁判の客観性をめぐって』（有斐閣，1970年）
- U. ノイマン（亀本＝山本＝服部＝平井訳）『法的議論の理論』（法律文化社，1997年）
- 長谷川晃『解釈と法的思考：リーガル・マインドの哲学のために』（日本評論社，1996年）
- Th. フィーヴェク（植松秀雄訳）『トピクと法律学：法学的基礎研究への一試論』（木鐸社，1980年）
- Ch. ペレルマン（江口三角訳）『法律家の論理：新しいレトリック』（木鐸社，1986年）
- 星野英一『民法論集第五巻』（有斐閣，1986年）
- N. マコーミック（亀本＝角田＝井上＝石前＝濱訳）『判決理由の法理論』（成文堂，2009年）

□田中成明『法的思考とはどのようなものか』(有斐閣，1989年)
□同『法的空間：強制と合意の狭間で』(東京大学出版会，1993年) 第5章「法的思考とイデオロギー」, 第6章「法的空間の知的地平」

第 5 編　法的思考と法律学

第16章　法的正当化の基本構造

1　問題への視座転換

1　法的思考と裁判の制度的枠組
(1)　戦後法解釈論争からの軌道修正

　法的思考は，一定の主張や決定の法的正当性の正当化過程においてどこかで何らかの価値判断を必要とする実践である。このような法的価値判断について，戦後の法解釈論争では，解釈者個人の価値判断の客観性・主観性や正しさが一般的抽象的に論じられ，法独特の仕方で「制度化」されているという特質には必ずしも十分な照明があてられてこなかった（第14章 1 □参照）。だが，たびたび指摘したように，制度化された実践的議論としての法的議論における価値判断の在り方について，その客観性・主観性を一般的抽象的に論じたり，いわゆる究極的基礎づけを求めたりすることは，そもそも問題設定自体が不適切だったのである。

　もちろん，法的思考における価値判断の制度的制約について，制定法の「わく」，法規・法的構成による形式的な理由づけなど，実定法規範による制約に関する論議は行われていた。けれども，結論を左右するような法的価値判断が必要となるのは，個々の制定法規だけからは一定の具体的な結論を導き出したり正当化したりできない事例が多いこともあって，法的価値判断の在り方については，実定法規範による一般的な制約は当然の前提として，その制約と切り離されたところで論議されてきた。だが，法的価値判断の「制度化」された特質を全体的かつ動態的に解明するためには，法的思考の典型的な「場（状況）」である裁判の制度的枠組の制約原理と関連づけ，実定法規範による規準面の制

約だけでなく，裁判過程の公正かつ合理的な展開のための対象面・手続面の制約まで視野に収め，実定法規範の意味内容が基本的に対話的合理性基準にのっとった法的議論によって創造的に継続形成される側面に焦点を合わせるべきである。法的価値判断の在り方が問題となるのも，たいていは，このような裁判による法形成が行われる現代型政策形成訴訟など，いわゆるハード・ケースにおける法解釈との関連においてである。

　法的価値判断をめぐる問題を，このように，裁判の制度的特質やその現代的課題と関連づけて考察することによって，戦後法解釈論争の課題設定自体の誤りを修正し，法解釈論へのアプローチの視座転換をはかるべきことをわが国で最初に提唱したのは，平井宜雄である（第14章❷④(1)参照）。平井は，法的思考の在り方を裁判の制度的枠組と相関的なものととらえ，法＝正義思考様式と目的＝手段思考様式を，紛争志向型訴訟と政策志向型訴訟という二つの訴訟類型と対応させて，法的価値判断をめぐる現代的問題状況を解明することによって，わが国の法解釈論争の膠着状態を打開することをめざした。

　本書における法律学的方法論の考察では，第11章❹，第15章❷などで説明したように，法的思考の構造とその合理性・正当性を対話的合理性基準の法的「制度化」という観点から解明するアプローチを基本としているが，法的価値判断の在り方を裁判の制度的枠組と相関的に解明しようとする点では，平井のアプローチと同じ方向をめざすものであり，法的思考の構造的特質の解明のための基本的な理論枠組についても重なり合うところが多い。それ故，以下では，主として平井の見解と対比しつつ，本書の見解を敷衍し，法的価値判断の在り方の問題を中心に，法的議論の構造とその正当化の考え方について説明することから考察をはじめたい。

(2)　**法的思考と訴訟類型との関連**

　平井が的確に指摘しているように，現代における法的価値判断の在り方をめぐる中心争点は，政策志向型訴訟と伝統的な法＝正義思考様式とのディレンマにいかに対処するかである。このような問題状況は，本書の理論枠組で説明し直すならば，以下のように整理できる。まず，すでにたびたび指摘したように，法的思考における価値判断の在り方は，政策形成訴訟において法の創造的な継続形成が必要な場合においても，伝統的な紛争解決機能に照準を合わせた司法的裁判の制度的枠組によって規定されているということが，考察のそもそもの

前提として確認されなければならない（第9章❷・❸③，第15章❶①・②参照）。裁判の政策形成機能が問題となる現代型訴訟において，適切な法の継続形成のために必要な法的価値判断を行うにあたっては，対象面と規準面の伝統的な制度的制約原理をある程度緩和せざるをえない場合が多い。けれども，裁判による法形成のために，これらの対象面・規準面の制約原理を一定限度を超えて緩和すると，訴訟当事者間の対等で主体的な弁論の活性化の前提となる背景的条件が崩壊し，当事者主義的手続過程への参加保障が空洞化し，裁判における対話的合理性の確保・実現が妨げられ，裁判の正統性の確保が難しくなる。それ故，司法的裁判の制度的制約原理の緩和には超え難い限界があり，裁判において訴訟当事者や裁判官が行う法的価値判断の対象と規準もまたこれらの制度的制約のもとにある。

　裁判における法的思考は，このような現代裁判の機能の拡大と審理過程の変容に伴って，伝統的な要件＝効果図式による正当化だけではその結論の十全な正当化を行うことができなくなっており，目的＝手段図式の手法なども取り入れて要件＝効果モデルの限界を補い，法的思考の視野拡大と再構成をはからざるをえない状況にある。だが，これらの目的＝手段図式などの手法の導入の仕方もまた，司法的裁判の制度的枠組によって規定されているのである。

　以上のように，法的思考における価値判断の在り方を，裁判の制度的枠組と相関的に解明するという基本的なアプローチは同じであるけれども，法的思考や裁判制度の具体的特質の理解には，見解を異にするところがある。

　平井の法＝正義思考様式の特徴づけは，紛争当事者間の比較による個別的正義の実現を重視し，裁判の対象面に重点をおいたものとみることができるが，要件＝効果図式による一般的規準の個別的事例への適用という，裁判の規準面と相関的な特質が含まれていないところに問題があるように思われる。たしかに，このような要件＝効果図式を基軸とする法的思考の理解には，戯画化された概念法学的思考や要件事実論的裁判実務に対する批判とからむ弊害が不可避的に伴っており，裁判や法的思考のこの側面だけを切り離して強調することは，個別的事例の衡平な解決に定位された問題思考の導入に抑止的に作用するおそれがあることに注意する必要がある。けれども，「法の支配」のもとでの法システムの作動方式の基本的な理解としては，このようなデメリットを視野に収めつつ，司法的裁判と法的思考の本領は，賢慮を働かせて一般性と個別性の

バランスを要件=効果図式を基軸としてはかるメカニズム・能力にあるとみるべきであろう。

　平井の法=正義思考様式という法的思考の特質の理解は，司法的裁判の主たる機能が，過去に定立された実定法的規準に準拠して具体的紛争を事後的個別的に解決することに照準を合わせていることと相関的なものである。法的思考様式の特質をこのように裁判の制度的枠組と相関的にとらえるというアプローチ自体は適切だけれども，平井のような二つの訴訟類型の対比的理解は，事実審の機能についてはともかく，法律審の機能をも視野に入れ，しかも，裁判による法の継続形成の制度的正統性をも一定範囲で認める立場からは，一面的すぎるように思われる。もちろん，平井のいう紛争志向型訴訟の制度的枠組が政策志向型訴訟の可能性と限界を規定しており，司法的裁判・法的思考における将来志向性・一般性の考慮には様々の制度的制約があることは言うまでもない。だが，裁判による法の継続形成機能をも視野に入れた場合，例えば，R. ドゥオーキンが，「統合としての法」構想に基づく構成的法解釈の特質を，過去志向的契機と将来志向的契機とを現時点で結びつけ，過去の制定法・判例との整合性をできる限り追求する一方，他方では将来への展望・展開にも配慮しつつ，現時点での法的権利義務を原理に基づいて確定することと，定式化しているように（第14章❷③(2)参照），法的思考における将来志向性にも，過去志向性に決定的に制約された第二次的な考慮要因にとどまるとしても，一定範囲で正統な位置づけが与えられるべきであろう。

　裁判の役割や正統性について，平井が対比的にとらえる二つの訴訟類型を以上のように重層的に関連づけて理解するならば，平井の指摘する法=正義思考様式と目的=手段思考様式の矛盾相剋の理解やそれへの対応についても，平井とは別の考え方もできることになる。その具体的な内容は，本章❷以下で説明することにして，その前に，平井の法的議論の構造に関する見解について，その意義と問題点を検討しておこう。

❷　法的議論の構造とその正当化の考え方

　平井が以上のような視座転換を提唱した当初は，法的価値判断をめぐる議論自体の合理性をいかにして確保・実現するかという問題は，まだ十分には取り上げられていなかった。その後，「議論」に基づく法律学という構想の展開の

なかではじめて，発見のプロセスと正当化のプロセスの区別，ミクロ正当化とマクロ正当化の段階的区別，反論可能性テーゼ，進化論的法価値論など，より具体的な理論枠組が提示された（第14章2④(2)参照）。

(1) 正当化の過程と発見の過程の相互関係

まず，法的思考における発見のプロセスと正当化のプロセスの区別が，法的思考の論理構造やその合理性基準の解明にとって基本的に必要な前提であることについては，すでに第13章2①で説明したところである。このような区別を重視する点では平井と同意見である。だが，平井のように，発見のプロセスと正当化のプロセスを区別することから，法政策学が発見のプロセスに関わり，議論に基づく法律学は正当化のプロセスにのみ関わると，法律学的方法論が従来扱ってきた問題領域に二本立てで対応するという分業態勢をとることについては，法学教育・法曹養成の観点からだけでなく，法的議論の合理性・正当性の確保という観点からみても，適切かどうか疑問である。法的思考における正当化（とくにマクロ正当化）の過程と発見の過程の相互関係は，現実にはかなり複雑に重なり合ったフィード・バック関係にあり，法律学的方法論や法学教育においても，正当化の過程を構造化し規制している合理性・正当性基準が，発見の過程にも一定の枠組や指針を提供しているということをも視野に入れた考察と教育が不可欠だと思われる。

この点について，平井の見解には，正当化の過程と発見の過程の区別の重要性を強調する反面として，その相互関係の解明への問題関心が弱いように思われる。だが，リーガル・マインドと法的思考の関係についての既述のような理解（第15章1③参照）をも考え併せると，例えば，何について何を言うかをトポイ（論拠）を手がかりに発見する"構想（inventio）"の過程を重視するトピク的・レトリック的法律学，先行判断（Vorurteil）に規定された規範と事態の相互循環的理解としての"法獲得""法実現"に照準を合わせる法律学的ヘルメノイティク，"正当化形成のプロセス"に重点をおいた法的正当化の解明をめざす長谷川晃のアプローチなどからも学びつつ，法的正当化の在り方の考察視野の拡大と補正が必要ではないかと思われる[1]。

(2) 法的正当化の二段階構造

次に，平井は，マクロ正当化とミクロ正当化を分化させ，ミクロ正当化に独立の地位を与えるべきだという見解を，法的決定の正当化過程を一定の法準則

から決定を演繹する段階とその演繹の前提である法準則を正当化する段階に分けるR. A. ワッサストロームの「二段階正当化手続」理論, R. アレクシーの内的正当化と外的正当化の区別, N. マコーミックの演繹的正当化と第二段正当化の区別など, 法的正当化過程を二段階に分けて構造化する理論を基本的に継承するものとして提示している[2]。彼らのいう「演繹」を論理学上の厳密な意味での演繹と理解すべきでないという平井の註釈とともに, 私もまたこのような「二段階構造論」自体には基本的に賛同するものである。だが, 彼らの具体的な説明をみると, 法的議論の構造化の基本的な理論枠組についてほぼ共通の見解がとられているものの, ミクロ正当化の在り方についての具体的な考え方は, そのマクロ正当化との関連についての理解も含めて, かなりの相違がみられる。

　平井のマクロ正当化とミクロ正当化の区別が, 伝統的な法的三段論法, St. トゥールミンの議論モデルとどのような対応関係にあるかの理解については, 議論モデルの重層的・動態的なプロセスの一段階だけを切り取る静態的な理解というきらいもないではないが, 瀬川信久の図16-1のような整理[3]が比較的分かりやすいであろう。ミクロ正当化が事実の法律要件へのあてはめ, マクロ正当化がその大前提となる法律要件そのものの特定化に関わり, 図16-1のよ

---

　1)　Th. Viehweg, *Topik und Jurisprudenz*, 1. Aufl.（1953), 5. Aufl.（1974)（植松秀雄訳『トピクと法律学』（木鐸社, 1980年)), Ch. Perelman, *Logique Juridique: Novelle Rhétorique*（1976)（江口三角訳『法律家の論理：新しいレトリック』（木鐸社, 1986年)), 青井秀夫「現代西ドイツ法律学的方法論の一断面（正）（続)」法学39巻1号, 3=4号（1975-76年), 長谷川晃「法的正当化の構成と客観性についての一試論（I）（1)～（3・完)」北大法学論集35巻6号, 36巻5=6号, 37巻6号（1986-87年), 同『解釈と法思考』（日本評論社, 1996年）など参照。

　2)　R. A. Wasserstrom, *The Judicial Decision: Toward a Theory of Legal Justification*（1961), Ch. 7 The Two-Level Procedure of Justification, R. Alexy, *Theorie der juristischen Argumentation*（1978), S. 273-85, N. MacCormick, *Legal Reasoning and Legal Theory*（1978), Chs. II, III, V（亀本＝角田＝井上＝石前＝濱訳『判決理由の法理論』（成文堂, 2009年）2章, 3章, 5章), 平井宜雄『法律学基礎論覚書』（有斐閣, 1989年）22-23頁参照。

　3)　ジュリスト編集部編『法解釈論と法学教育：平井宜雄「法律学基礎論覚書」をめぐって』（有斐閣, 1990年）43頁。なお, U. Neumann, *Juristische Argumentationslehre*（1986), S. 16-33（亀本＝山本＝服部＝平井訳『法的議論の理論』（法律文化社, 1997年）18-37頁), 高橋文彦「『法論理』再考—三段論法からデフォルト論理へ」法学研究82巻1号（2009年）も参照。

うに，相互に重なり合っている部分があると理解できる。平井は，正当化過程をこのように二段階に構造化して理解する見解に基づいて，利益衡量論をも含め，わが国の戦後法解釈論においては，発見のプロセスと正当化のプロセスだけでなく，

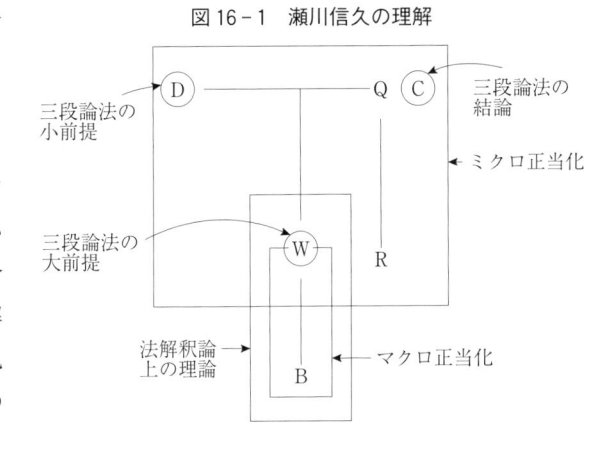

図16－1　瀬川信久の理解

- D：三段論法の小前提
- Q
- C：三段論法の結論
- ミクロ正当化
- W：三段論法の大前提
- R
- 法解釈論上の理論
- B
- マクロ正当化

マクロ正当化とミクロ正当化も未分化であったことが，その非合理主義の原因であり，法学教育や法曹養成に悪影響を及ぼしてきたと批判するが，私もまた平井のこのような評価には基本的に賛同するものである。

　現代法システムのもとでも，要件=効果図式が構造的に司法的裁判・法的思考の中枢に位置しており，法的正当化の最終段階ないし基幹的部分であるミクロ正当化は，要件=効果図式で行われるべきであり，目的=手段図式などは，ミクロ正当化の大前提となる法律要件を具体的に確定し特定化するマクロ正当化段階で部分的に導入・活用されるにとどまると考えるべきであろう。このように，要件=効果図式によるミクロ正当化を法的正当化の全体的構造の最終段階ないし基幹的部分に位置づけ，法的思考で用いられる他の諸々の議論様式・技法とは相対的に独立した過程として扱うことは，司法的裁判の審理手続・判決書の方式などの裁判実務と適合しているだけでなく，「法の支配」原理に基づく法的思考に対する内在的要請であり，実践的議論一般の対話的合理性基準の法的「制度化」の具体的要請でもあるとみるべきであろう。

　だが，マクロ正当化とミクロ正当化の区別の意義を法律論の「反論可能性」と関連づける平井の見解については，整合説的な全体論（holism）を前提にした St. トゥールミンの議論図式と K. R. ポパーの反証可能性から示唆を得た反論可能性テーゼが理論的に両立するかどうかという原理的な疑問がある。また，「相互主観性テスト」において「事実と論理に基づく」根拠を示した反論を重視する見解については，平井自身が否定しており，彼の法律論の理解がマクロ

正当化をも視野に入れたものとなっていることから，読み込みすぎというきらいもあるけれども，裁判の場で価値判断を直接に議論することを停止して，要件事実があるかないかの事実レベルでの争いに解消しようとする仕組みと一般にみられている要件事実論的裁判実務に親近的であると理解する見方もある。たしかに，要件事実論的裁判実務には，法廷弁論をできる限りミクロ正当化に縮減しようとするため，マクロ正当化に適切な位置づけを与えておらず，"汝事実を語れ，しからば我は法を与えん"という法格言と結びついた弊害がみられることは否定できない。けれども，現代型政策形成訴訟にも対応可能な審理手続が整備され，このような弊害が是正されるならば，要件事実論的裁判実務は法的議論・決定の合理性を確保・実現する重要不可欠な制度的工夫として正しく評価されるべきであり，平井の見解が要件事実論的実務と親和性があること自体は，何らその価値を損なうものではなかろう。

　問題は，マクロ正当化をも含めて，法的正当化における価値判断の在り方を考察する場合，平井のいう法律論における反論，一般的に法的問題解決における議論を，事実と論理に基づく論拠だけに限定できるかどうか，また，限定するのが適切かどうか，さらに，そのような論拠にどれだけのウエイトをおくべきかである。というのは，事実と論理に基づく論拠の過大評価が，要件事実論的裁判実務と短絡的に結びつけられる場合，裁判における法的議論の主題を不当に縮減するという，上述の弊害をもたらすおそれがとりわけ大きいからである。平井のように，法律論の良否の判定基準をできるだけミクロ正当化レベルに求めても，このレベルに還元し切ることはできず，事実と論理が必ずしも決め手とはならないマクロ正当化レベルにも拡げざるをえないであろう。だが，このマクロ正当化レベルでの判定基準については，マクロ正当化段階と発見のプロセスの相互関係，また，法解釈論と法政策学の関係についての平井の見解が分かりにくいこととも相まって，判定基準は漠然としており，法的価値判断の核心部分の分節化・構造化が十分ではないように思われる。

(3) 法的正当化の非＝基礎づけ主義的理解

　法的価値判断の在り方について，平井は「進化論的法価値論」の帰結として，反論可能性テーゼから導かれる「良い」法律論の判断基準のなかに，反論可能性の存否，大小，論理的推論による反論可能性の大きな言明の導出程度の高低という三要件に，「議論」という「生存競争」に「生き残った」ことを要件と

して付加している。「要件・効果が特定化され,具体的な問題が解決できればできるほど『良い』法律論である」という,ミクロ正当化や要件事実論的裁判実務と結びついた基準にふくらみをもたせようとする意図など,興味深いところもあるが,法的議論における四つの基準それぞれの構造的位置や相互関係が必ずしも明確でない。

議論による問題解決に焦点を合わせる非=基礎づけ主義的な問題思考という基本的立場に関する限り,本書も同じ立場をとっている。だが,事実と論理を偏重する反論可能性テーゼには,その一定の意義を認めつつも,根本的な疑問を抱いている。また,価値に関する実質的内容・論拠の正当性の問題を議論による正当化から論理的に切り離しうるとする見解については,その特徴づけの当否はともかく,「実質的価値不問主義」「議論(手続)絶対主義」と星野英一が批判するような傾向[4]がみられることは否定し難い。とはいえ,星野のように,価値のヒエラルヒアを探求し,価値判断の究極的正当化まで遡るべきとする伝統的な基礎づけ主義[5]は,少なくとも法的議論に関しては支持し難い。

本書では,マクロ正当化をめぐる議論は,たんに事実や論理に基づく議論だけではなく,法的議論特有の制度的・権威的論拠によって決定的に枠づけられ方向づけられているけれども,それ以外の一定の実質的論拠も含めて,全体としてミクロ正当化の大前提となる法律要件の特定化に関わる議論であると理解している。そして,平井とは違って,非形式論理学の立場からは,法的議論における正当化について,論理的にも,価値に関する実質的内容・論拠の正当性の問題を論じることが必要であり可能でもあると考える。マクロ正当化レベルの法的議論においては,法的価値判断の実質的内容をめぐる議論についても,法的に「制度化」されているところに重要な特徴があり,それぞれ一定の問題領域ごとに,法律の条文をはじめ,関連する条文全体から抽出されたりその背後にあると言われる法原理・価値なども含めた権威的法源,伝統的な各種の解釈技法,法教義学的な理論構成などによって,一定の枠づけと方向づけがされているのである。このような法的な枠づけと方向づけによって,それぞれの問題領域ごとに,価値をめぐる実質的論拠に基づく議論についても,そもそも何

---

4) 星野英一「『議論』と法学教育(4・完)」ジュリスト943号(1989年)56-57頁参照。

5) 星野英一「『議論』と法学教育(3)」ジュリスト942号(1989年)60-61頁参照。

についてどの程度の確度の正当化が必要なのかをはじめ，正当化が原則として不用な価値，議論の正当化に用いうる価値，つまり関連性（relevancy）をもつ価値，それらの価値のなかでのウエイトづけ，つまり優劣関係などについて，法律家の間である程度の共通の了解が成立していると考えられる。そして，このような背景的コンセンサスが形成されていることによって，それを共通論拠として合理的な議論を遂行でき，一定の結論の実質的内容の正当性についても，考えうる他の結論との比較において最も適切（あるいはより適切）か否かをこれらの共通論拠に照らして合理的に論じることができるのである。このような背景的コンセンサスの内容を解釈学的に解明し，それを構成している諸々の共通論拠の相互関係を構造化することは，十分に可能であり，法律学の重要な活動内容であろう。

　このようなマクロ正当化は，ミクロ正当化と重なり合いつつ，双方の理論構成を相互にフィード・バックさせつつ，一定の法的効果への推論に必要かつ十分な大前提命題たる法律要件の特定化をめざして相互規定的に遂行され，いわば法的な反省的均衡状態が確証されるまで続けられることになる。このようにして，マクロ正当化についても，各問題領域と相関的に，法的にこれ以上正当化の必要なしという了解が成立するレベルまで議論をつめれば，法的正当化としてはそれで十分であり，いわゆる究極的基礎づけまで遡るアプローチをとる必要は全くないのである。

　もちろん，個々の法的議論においてどこまで正当化が必要かということ自体について意見が分かれる事例も少なくないが，各問題領域ごとにそれぞれの時点で，「そこまで根拠を問わなくとも……」とか「それ以上は議論のための議論にすぎないのではないか……」ということについて，少なくとも法律家の間で相当広範なコンセンサスがみられるのが通常であろう。このような考え方の実際の帰結は，平井の進化論的法価値論とあまり違わないかもしれない。だが，法的議論の基準・手続だけでなく，議論の論拠となる実質的価値自体についても，それらの関連性・ウエイトなど正当性に関わる判断を一定の範囲内で合理的に論じうる可能性を認めることが重要である。対話的合理性基準の立場からは，たんに議論に勝ち残ったから良い法律論だと考えるのではなく，議論の応酬によって最も適切ないしより適切な論拠によって理由づけられていると関係者が共通して受け容れているが故に，議論にも勝ち残っている，と考えたい。

2　法的正当化における利益衡量と目的=手段思考

1　「法的」利益衡量の在り方とその位置づけ

　本章1では，平井宜雄の見解と対比しつつ，法的正当化の全体構造について，正当化のプロセスを発見のプロセスから区別すると同時に，発見のプロセスの一部は，法的正当化の構造やその合理性基準に枠づけられ方向づけられ，「正当化形成プロセス」とでも呼ぶべき仕方でマクロ正当化のプロセスと重なり合っていること，また，法的議論の構造を，要件=効果図式によって事実を法律要件にあてはめるミクロ正当化と，その大前提となる法律要件自体の特定化に関わるマクロ正当化という，部分的に重なり合う二段階構造をもつことを確認した。そして，法的正当化の全体構造をこのように理解する立場からは，平井とは見解を異にすることになるが，「利益衡量論」の手法や平井の提唱する「法政策学」をはじめとする政策学的思考の手法も，発見のプロセスにのみ関わるものではなく，マクロ正当化における実質的論拠の選択・ウエイトづけなどの確定にも関わるものと位置づけて，その意義や問題点をとらえ直すことが適切だと考えられる。以下においては，このような観点から，利益衡量論と目的=手段図式による思考を法的議論の全体構造のなかにどのように位置づけ，法的議論の核心をなす要件=効果図式とどのように関連づけるのが適切かについて，考察してみたい。

　法的価値判断の在り方をめぐる従来の論議では，利益衡量は，法的価値判断に先行する準備作業と位置づけられることが多いけれども，現実の法的価値判断においては，利益衡量と価値判断をこのように段階的に明確に区別することはできない。むしろ，実定法規範をはじめとする何らかの評価規準——具体的には複数の評価規準が対立しているにしても——がともかく前提とされてはじめて，利益の選択・分類・衡量などの作業が可能となるのであり，価値判断規準の具体的内容の確定は，このような利益衡量作業と相互に交錯しながら漸次的に行われるものである。

　また，利益衡量論をめぐる従来の論議では，もっぱら価値判断・利益衡量の規準という問題に関心が集中され，価値判断・利益衡量の対象（考察範囲）という問題は等閑視されてきた。だが，事実の認定と法的規準の具体的意味内容

の確定が相互作用的に行われるのと同様,現実の法的価値判断・利益衡量においても,その対象と規準は相互作用的に確定される。一定の価値・利益を法的価値判断の対象としてその考察範囲のなかに取り入れることは,たいていの場合,そのような価値・利益の評価に関わる規準を法的価値判断の規準としても考慮することと表裏の関係にある。裁判の制度的枠組の理解において,その規準面だけでなく,対象面の特質をも重視し,規準・対象・手続の三側面の制度的制約を有機的に関連づけ統合的にとらえる必要性を強調したのと同様に,法的価値判断・利益衡量の在り方の考察においても,その対象(考察範囲)の画定に対して裁判の対象面だけでなく規準面・手続面から課せられている制度的制約にも正しく配慮する必要がある。

　法的思考における価値判断・利益衡量の不可避性や重要性を説く論者は,その評価規準についても何らかの見解を提示していることが多いが,どのような種類・レベルの価値・利益がどのような仕方で法的価値判断の対象として考察範囲のなかに取り入れられるべきかという問題については,ほとんど言及していない。例えば,加藤一郎や星野英一らの代表的な利益衡量論者は,紛争当事者の具体的個別的利益だけでなく,その背後の利害関係者の一般的抽象的利益,さらに,これら双方の利益と重なり合っていることが多いが,やや性質を異にするものとして,判決・法解釈の結果をも,その利益衡量の考察範囲に取り入れることを主張している。ところが,これらの利益のうち,どの範囲のものを具体的にどのレベルでどのような仕方で比較衡量するのかという問題については,暗黙のうちに共通の了解があるのかもしれないが,原理的な指針の提示すらほとんどみられず,裁判官や法律学者各人の衡平感覚・バランス感覚・状況感覚などにすべてをゆだねてしまっている観がある。

　たしかに,浦部法穂が憲法解釈の場合について指摘するように,「『利益衡量』ということばの存在理由は,どのレベルの利益をひろうかの自由が判断者に与えられているところにあるとさえいうことができる」[6]のかもしれない。だが,裁判での法解釈における利益衡量の在り方は,政治・行政などにおけるそれと同じではなく,裁判の制度的枠組によって規定された独特のものであり,この利益衡量の対象の画定という問題にもっと関心が向けられて然るべきであ

---

6) 浦部法穂「利益衡量論」公法研究40号(1978年)96頁。

る。訴訟当事者間の対等で主体的な弁論を基軸とする当事者主義的手続過程の公正かつ合理的な展開ということを，裁判の正統性の確保・実現において重視する立場からは，この利益衡量の対象・考察範囲の問題は，法廷弁論における法的議論の共通の前提の確定に関わるものとして，その価値判断規準の問題に優るとも劣らない重要な位置を占めているのである。

　法的思考における価値判断・利益衡量において，どの範囲・どのレベルの価値・利益まで考察対象とし，どのような仕方で比較衡量すべきかは，実定法規範によって個別的に指針が提示されている場合を除けば，全般的に，裁判の制度的枠組，とくにその対象面と手続面の制約原理によって規定されている。

　裁判の対象は，法的権利義務に関して特定の当事者間で現実に生じた個別具体的紛争の事後的解決に限定されている。それに対応して，裁判の審理手続も，比較的少数の当事者が二元的に対立する状態を前提として，特定の当事者間の法的紛争の解決に必要な過去の具体的個別的事実，いわゆる司法事実の収集とそのような事実に基づく議論・判断（ミクロ正当化）が公正かつ実効的に行われるように構成されている。ところが，政策形成訴訟など，裁判による法の継続形成が問題となるような訴訟においては，マクロ正当化の当否が重要争点となり，司法事実だけでなく，一連の類似の紛争の背景・原因たる一般的事実，一定の政策形成の結果として将来生じる一般的事実など，いわゆる立法事実[7]をも収集し，そのような事実に基づいて議論・判断することが不可欠となる。このような法の継続形成の必要性やその具体的な内容などを議論・判断するための事実を，どの範囲まで拡げてどのような仕方で収集し審理するかについては，訴訟手続をいくら弾力的に運用するにしても，当事者主義的手続過程への主体的な参加保障による法的議論の合理性と裁判の正統性の確保・実現との兼ね合いで一定の限界がある。

　政策形成訴訟のように，裁判による法の継続形成が重要争点となる訴訟においても，紛争当事者間の個別具体的な法的関係をめぐる紛争を両当事者の主張・立証活動に基づいて適正に解決するという裁判の固有の機能が損なわれて

7）　立法事実という用語は主として憲法裁判をめぐる議論で用いられてきているが，法の継続形成が問題となる現代型政策形成訴訟との関連では，端的に「法創造事実」という用語が用いられたり（原竹裕『裁判による法創造と事実審理』（弘文堂，2000年）など参照），ミニ立法事実・基盤事実などの用語が用いられたりしている。

はならない。両当事者それぞれの個別具体的利益に公正に配慮し，平井宜雄の指摘するように「紛争当事者をより高次の価値に奉仕するものとして扱うのではなく，それ自体目的として扱うこと」が，訴訟当事者に対して裁判がなしうる正義の核心であろう。従って，訴訟当事者の個別具体的利益よりも，その背後の集団や社会の一般的抽象的利益のほうが重視されるような仕方で，利益衡量の範囲・レベルを拡大することは，訴訟当事者の個別具体的利益を目的＝手段図式によってとらえることになりやすく，とくに両レベルの利益の保護・実現が対立関係に立つ場合には，慎重な配慮が必要である。また，考慮に入れ比較衡量される利益が一般的抽象的なものになればなるほど，当該紛争に即して議論のかみあう弁論を行うことが概して困難となり，訴訟当事者や裁判官が裁判手続の枠内で十分な情報収集に基づいて適正な議論・評価をすることも難しくなる。さらに，その議論・評価において，立法部・行政部などの政策的判断に拘束される度合いも原則として高まることになる。

　このように，裁判における利益衡量の考察範囲に取り入れられる利益には，司法的裁判の特質や権力分立制など，様々の側面から一定の超え難い制度的限界が画されている。これらの制度的制約をふまえた上で，原理的な考え方としては，次の二つの指針に従うのが適切であろう。第一に，裁判の直接の対象たる両訴訟当事者の具体的個別的利益の比較衡量を的確に行い，ひいては適切な法的価値判断を行うために必要な場合には，訴訟当事者と法的に同じ立場・利害関係に立つ人びとの法的利益，当該判決によって法的・事実的に影響を受ける相当多数の人びとの集団的利益，公益性・公共性など，社会全体の集合的目標を概括的に示す社会的利益等々を，適宜"間接的に"考慮に入れ審理対象とすべきである。第二に，これらの一般的抽象的利益をどの範囲までどのような仕方で考慮・審理の対象とするかは，当該紛争と重要な関連のある利益を画定する共通の議論枠組が損なわれ，訴訟当事者間の対等かつ主体的な弁論の活性化のための手続保障が空洞化されることなく，その機能目標を実現し続けることができるか否かという観点から決められるべきであろう。

　このような指針に従って考察対象を拡げることが必要な場合には，原則として両当事者について同じレベルの利益まで考察範囲を拡げ，同じレベルで比較衡量すること，また，公益性・公共性などの社会的利益については，その内容をできるだけ具体的個別的に明確にすることが，両当事者が共通の基盤に立っ

て対等の立場で議論のかみあった弁論を展開するために不可欠である。このような配慮なしに審理対象を拡大するならば、当事者主義的手続保障は空洞化し、裁判の正統性の確保も難しくなる。とりわけ公益性・公共性などの社会的利益が比較衡量の対象となる場合には、共通の利害関係に立つ人びとの数が少ない少数者や弱者の利益は、個別的具体的なレベルに限定されがちとなるので、不利な利益衡量が行われやすい。しかも、比較衡量の規準として、例えば加藤一郎のように、対立する諸価値・諸利益の衡量によってその和が社会的最大値となることをめざすという功利主義的規準を用いるとすると[8]、利益衡量の結論ははじめから決まり切っていることになる。このような場合、「比較衡量ということばは、単に結論を正当化するためだけに語られ、その結論にとって都合のよい利益がひろいあげられているだけ」[9]というような批判を受けることになる。

2　法的正当化における目的=手段思考
(1)　法的価値判断・利益衡量の規準

　法的価値判断・利益衡量の在り方については、以上のようなその対象（考察範囲）の画定と相関的に、実定法規範だけからは一定の具体的な法的決定の正当化に必要かつ十分な規準を導き出すことができない場合、実定法規範以外のどのような規準（実質的論拠）を法的正当化理由として用いることが制度的に正統で適切と了解されているかという問題が重要争点となる。

　この問題について、利益衡量論は、利益衡量・価値判断による実質的な理由づけと、法規・理論構成による形式的な理由づけとを区別し、主として前者に焦点を合わせて議論を展開している。本書の理論枠組では、形式的な理由づけが権威的・制度的論拠、実質的な理由づけが実質的論拠に、それぞれほぼ対応すると理解できる。理由づけを基本的にこのように区別することはともかく、両者の相互関係についての従来の説明には、部分的に重なり合うミクロ正当化とマクロ正当化を段階的に区別する本書の理論枠組と必ずしも整合的でないところがあり、修正の必要がある。また、法規・理論構成による理由づけを、もっぱら形式的なものとして、事後的・第二次的なものととらえていること、法

---

　8)　加藤一郎『民法における論理と利益衡量』（有斐閣、1974年）68-69頁。
　9)　浦部「利益衡量論」（前出注6）101頁。

規・理論構成が利益衡量・価値判断にも実質的内容の枠づけと方向づけ機能をもつことに正当な位置づけを与えていないことにも問題がある。

　従来の議論がいわゆるハード・ケースを念頭においているとしても，例えば，「既存の法規を意識的に除外して，全く白紙の状態で，この事件をどう処理し解決すべきかをまず考えてみたい」，「法規による理論構成は，結論を生み出すためではなく，それを理由づけるためである」[10]とか，「法規は，結論に至る三段論法において，論理的な大前提となってつながればよい，結論を導く実質的な基準は別なところ，つまり利益衡量，価値判断におくべきだ」[11]，「ドイツ法学式の理論構成は，法規の文理解釈ないし論理解釈にすなおに対応しない限り，できるだけ排除するほうがよい」[12]など，リアリズム法学の影響が顕著な見解は，法規や理論構成を偏重することに対する一種の解毒剤としてはともかく，法的利益衡量・価値判断の指針の積極的な提言としては支持し難い。

　法原理をも含めた実定法規範全体についてみた場合，実定法規範は，それに拘束された法教義学的理論構成と相まって，各法分野・問題領域ごとに，利益衡量・価値判断に対しても，一定の実質的な規準を提示し，具体的規準の内容の特定化をめぐる議論の共通の準拠枠組を提供している。このような実質的な規準と枠組を前提としてはじめて，多種多様な利益を法的に意味のある仕方で選択・分類したり，それらの評価規準をめぐって合理的な法的議論を展開したりすることが可能となるのである。ナマの利益対立状態の分析とか裸の価値判断と呼ばれているものをそのまま法的議論のなかに取り込むことが許されるかどうかだけでなく，認識論的に，そういった白紙の状態での分析や判断がそもそも意味あるものとして可能かどうかについても，根本的な疑問を抱かざるをえない。むしろ，この点については，加藤一郎自身は附随的に述べていることであるが，「法律家の血となり肉となっている部分は除外することができないし，それが入ってくることはむしろ歓迎すべきことでもある」，「すぐれた法律家になればなるほど，法的判断方法のうちで血となり肉となっている部分が多くなるから，この二つの過程も，切りはなしてではなく，一体として行なわれることになるはずである」[13]というところに，実践知としての法的賢慮の本領

---

[10] 加藤『民法における論理と利益衡量』（前出注8）25頁，31頁。
[11] 星野英一他「〈座談会〉民法学の課題（1）」法律時報39巻3号（1967年）56頁。
[12] 星野英一「民法解釈論序説」同『民法論集第一巻』（有斐閣，1970年）12頁。

がみられるのである。

　法的価値判断の合理性の確保・実現の第一次的な拠りどころもこのような実践知としての法的賢慮に求めるのが適切であり，加藤のいう「法律家の血となり肉となっている部分」を共通の準拠枠組としているからこそ，個々の法規や理論構成を除外したり，素人と同じ実質的判断の次元で議論したりしても，法的に意味のある利益衡量・価値判断が可能となるのである。このような法律家の専門技術的叡知となっている部分の習得や伝承は，法教義学的思考なしには不可能であり，このような意味でも，利益衡量論は法教義学的理論構成の意義を低く評価しすぎている。

　加藤も星野も，利益衡量・価値判断一般の実質的ないし原理的規準として，それぞれ功利主義と新自然法論に依拠した規準を一応提示しつつも，法解釈における具体的な利益衡量・価値判断をそれらの規準から引き出すことは不可能ないし不適切であることを強調している。それだけに，法的思考における合理的な利益衡量・価値判断を可能としている以上のような制度的制約や背景的実践知を軽視ないし無視するならば，裁判における個別的正義の実現をあまりにも裁判官の衡平感覚・状況感覚・バランス感覚にゆだねすぎることになりかねない。

　法的思考における価値判断・利益衡量は，立法や行政におけるものと同じではありえず，裁判の制度的枠組に制約され，ミクロ正当化の大前提となる法律要件自体の具体的内容の特定化に必要かつ十分な対象と規準に関するものに限定されるべきであり，法的議論の最終的結論である判決内容自体の決定について，裁判官によるアド・ホックな裁量行使を認め，いわゆる白紙委任を与えるようなものであってはならない。利益衡量論が批判されるべきなのは，価値判断・利益衡量の規準の提示だけでなく，以上で説明したような制度的制約と背景的実践知の認識，さらにその手法の正当化過程全体における位置の理解にも問題があったことであろう。

(2) **目的=手段思考の意義と位置づけ**

　利益衡量論は，その利益衡量・価値判断の規準をある程度一般的・類型的に提示し，しかも，判決・法解釈の結果の考慮を重視するようになるにつれて，

---

13) 　加藤『民法における論理と利益衡量』（前出注 *8*）25頁，31頁。

目的=手段図式による思考の一種という特徴が鮮明になる[14]。とりわけ，判決・法解釈のもたらす実質的な結果や効果などを考慮に入れる「結果志向的手法」は，「実益論」などとも呼ばれ，利益衡量という手法と不可分のものとして説かれている。だが，このような結果志向的手法は，目的=手段図式による決定にとっても不可欠のものとみられており，利益衡量論は，結果志向的手法を重視する度合いに応じて，目的=手段図式による思考という特徴を強めることになる。

結果志向的手法は，利益衡量論においてだけでなく，一般的に，法道具主義的な立場からの当然の帰結として，広く用いられている。だが，すでに第15章1[2]で説明したように，法的思考のもともとの存在理由が，個々の議論・決定における目的=手段図式による思考を原理的に排除ないし制約することであり，目的=手段思考の手法を無批判的に導入することは，法的思考の自立性を解体してしまいかねない。しかも，一定の判決・法解釈から生じる結果・効果としては，法的なものから事実的なものまで，直接的なものから間接的なものまで，具体的個別的なものから一般的抽象的なものまで，多種多様なものが考えられる。従って，どのような結果をどの範囲で考慮に入れるかについては，利益衡量の対象に関して指摘したのと基本的に同じ性質の問題が生じるが，結果志向的手法を強調する論者は，この問題についてほとんど言及していない。

裁判による法の継続形成を適正に行い，判決への合理的な推論に必要かつ十分な理由となる大前提命題を適切に特定化するためには，一般的抽象的レベルの結果にも一定範囲で配慮することが不可欠であろう。だが，事実的あるいは間接的な結果・効果をそもそも法的思考において考慮に入れることが許されるのか，また，法的なものと事実的なもの，直接的なものと間接的なものとをどうして区別するのか等々，現代裁判の機能拡大に伴って，再検討を迫られてい

---

[14] 利益衡量論について，かつては妥協的調整図式の一手法としても理解していたが（田中成明『法的思考とはどのようなものか』（有斐閣，1989年）209-11頁など参照），妥協的調整図式という呼び方を合意型調整図式と変更したこととも関連して，利益衡量論をすべて合意型調整図式と理解することには無理があると考えるようになったので，妥協的調整図式と関連づけて論評していた以前の見解は撤回する。なお，合意型調整図式自体は，訴訟上の和解も含めADRでは中心的な位置を占め，そこでは利益衡量の手法も重要な役割を果たすが，判決の正当化をめざす法的議論・判断では原理上排除されるべき思考方式と理解している。

る問題が多い（第9章3②・③参照）。基本的には，この場合にも，利益衡量の考察範囲について提示した考え方がほぼそのまま妥当するとみてよい。それに加えて，目的=手段思考の一種という側面からの検討も必要である。

　法的思考においてどのような目的（実質的論拠）を正当化理由として引き合いに出すことが制度的に正統として許されるかという問題は，基本的に，どの範囲・どのレベルの利益・政策を法的思考の考察対象のなかに取り入れることができるかという，本章2①で取り上げた問題と基本的に同じように考えてよいであろう。ここでは，そこで触れなかった点について，若干補充しておきたい。

　法システムの機能が著しく拡大・多様化している現代社会では，憲法を頂点とする実定法的規準全体，とくにその根本ドグマと両立する限り，かなり広範囲にわたる利益・政策の実現や促進という目的を，個々の法的議論・決定の正当化理由として引き合いに出すことができる。従って，多種多様な政治的経済的等々の利益・政策の実現・促進という目的が，法的思考のなかに正当化理由として取り入れられることになる。その際に注意すべきことは，加藤一郎の表現を借りるならば，ひとたび法律によって政策の実現方法が固定されると，「法の相対的独自性によって政策に拘束・制約」が加えられ，「法は政策の手段でありながら，部分的には政策に反逆することも起こりうる」[15]ということである。政治上・行政上の政策は，たとえその実現に直接関連する法律の解釈においても，必ずしもそのまま法的正当化理由として受け容れられるとは限らないのである。加藤のこのような見解は，まさに「法の支配」原理の法的思考に対する要請であり，その趣旨は，司法的決定の正当化は「政策論拠」ではなく「原理論拠」に基づかなければならないとするR.ドゥオーキンの初期の見解（第14章2③(1)参照）とも通じるものであり，法的思考における目的=手段思考の位置づけの考察の基本的前提として的確な指摘である。

　目的=手段図式による思考・決定は，一般に，一定の目的の設定と，それを最も効率的に実現する手段の選択という，二段階に区別して行われると考えられているけれども，目的と手段の相互関係は，もっと複雑である。何らかの社会的目的を，その実現手段と切り離して設定・検討すること自体がほとんど不

---

15) 加藤一郎「施政・立法・法解釈とポリシー」法と政策1号（1981年）14頁。

可能であり、目的が手段を決定するだけではなく、手段もまた目的を規定しているのである。とりわけ法的な制度や手続の場合には、この法的手段が、それによって適切ないし正当に追求しうる目的に一定の制約を加えているという側面のほうが、法システムのそもそもの社会的存在理由からみて決定的に重要なのである[16]。法的議論・決定における目的と手段の複合体のこのような双方向的な相互規定的選択は、科学的な因果法則的思考も利用するけれども、効率性などの一元的な尺度によってはとらえ尽くすことのできない複雑な評価的判断を要求するものであり、効率性という尺度のみから目的=手段図式の意義をとらえることは、法的思考におけるその役割を歪めてしまうおそれがある。

以上のように、法的正当化理由として引き合いに出しうる目的についても、一定の目的の効率的な実現のための最適手段の選択という思考様式の導入についても、種々の制約があり、いずれにしろ、目的=手段思考の手法は、法的思考においては一定の範囲内で補充的な役割を演じるにとどまるべきである。法的正当化の全体構造における位置づけとしては、各種の制度的論拠の制約のもとで、マクロ正当化の一手法として、要件=効果図式によるミクロ正当化の大前提命題となる法律要件の特定化に関わるという限定的な位置づけが適切である。一定の法的決定が何らかの政策目標の実現の手段として最適であるという理由だけで、要件=効果図式によるミクロ正当化のプロセスを経ることなく、最終的な法的決定を直接的に正当化することは、制度的に正統な法的正当化方式としては認められるべきではない。そして、一定の目的=手段思考による正当化が、マクロ正当化において何らかの関連性をもつかどうか、どの程度のウエイトを占めるかなどは、一般的には、個々の法的問題領域を規律する制度的・権威的論拠および目的=手段図式で引き合いに出される実質的政策目標の具体的内容と相関的に決まるものである。

一般的に、いわゆる政策学的思考については、公共政策学の進展に伴って、その手法も、目的=手段図式だけでなく、合意型調整図式の手法も組み込んで、

---

16) 目的=手段図式に対するこのような指摘をはじめ、法道具主義的な目的=手段図式の理解に批判的な示唆に富む見解として、L. L. Fuller, Means and Ends, in Fuller (K. I. Winston ed.), *The Principles of Social Order* (1981), pp. 47-64 参照。なお、田中成明「ロン・L・フラーの社会秩序理論」同『法への視座転換をめざして』（有斐閣、2006年）318-22頁も参照。

多様に洗練されてきており[17]，目的=手段思考イコール政策学的思考という単純な理解ではとらえきれない状況となっている。けれども，政策学的思考でもって法的思考にとって代えることは，「法の支配」原理が前提としている自立的な法システムや裁判制度の社会的存在理由の一般的な了解を歪めないことには不可能であり，各種の政科学的思考の法的思考における位置づけについては，基本的に，法的思考における目的=手段思考の位置づけに関する以上のような説明が妥当するであろう。

　平井宜雄の構想する「法政策学」は，平井自身は，法的決定の発見のプロセスに関わるものと位置づけ，正当化のプロセスに関する法律学から区別しているけれども，以上で説明したような目的=手段思考の法的正当化過程の全体構造における位置づけからみれば，マクロ正当化の一手法としても活用できるという位置づけを与えても差し支えないのではないかと考えられる[18]。もちろん，その法政策学の成果がどの程度有効に法的議論のなかに取り入れられ，実質的論拠としてどの程度の役割を果たしうるかは，各法分野によって異なり，例えば，不法行為法の領域などは，法的規律の形式や規律対象の特質などからみて法政策学的思考が必要とされ有効である程度が高い分野であろう[19]。また，法と経済学アプローチも，目的=手段思考の一種という観点からみれば，法的正当化においては，その提唱者たちにとっては不本意かもしれないが，平井の法政策学以上に限定的な位置づけしか与えることはできないであろう。

---

　17)　その概観には，足立幸男『公共政策学とは何か』（ミネルヴァ書房，2009年）など参照。
　18)　平井の法政策学に限らず，一般的に，法政策学と法律学の相互関係を，このように，判決の正当化プロセスにおいても部分的に重なり合うものとして理解することによって，かつての判決やその評釈ではいわゆる政策論・立法論として斥けられていた解釈学説が，その後，関連法令自体の改正がなくとも，社会経済的条件や人びとの価値観などの変化に伴って，新しい判決やその評釈において法律論・解釈論として受け容れられている現象などを説明しやすくなるであろう。
　19)　平井宜雄が不法行為法の分野の問題状況をふまえて法政策学構想を打ち出したことも，このようなことと無関係ではなかろう。平井宜雄『現代不法行為理論の一展望』（一粒社，1980年）など参照。

3　法的正当化と対話的合理性

1　法的正当化の全体構造と法解釈の規準との関連

　法的正当化における価値判断・利益衡量や目的=手段思考の意義と位置づけについて，その制度的制約の側面に焦点を合わせて本章1，2で説明したことは，基本的に，自立性原理と対話的合理性基準の統合的ないし共生的な相補関係，とくにハード・ケースにおける対話的合理性基準による自立性原理の補完の在り方という問題（第15章2 3参照）の一環として位置づけられる。以上のような考察結果は，さらに，法解釈の目標に関する規準ないし考慮要因として第13章4 3で説明した見解とも関連づけて，法的正当化の全体構造のなかに組み込んで，その意義が解明されなければならない。

　法解釈は，法的議論における要件=効果図式によるミクロ正当化の大前提命題となる法律要件の特定化に関わる作業であるが，その目標に関する規準ないし考慮要因（平井宜雄の用語では良い法律論の要件にあたるであろう）として，第13章4 3では，個別具体的事例や一定類型の問題事例の解決という，問題事例に定位した歴史的コンテクストのなかで，(i)憲法をはじめ関連法規・判例など実定法規準全体と原理整合的であること，(ii)その法規の適用対象となりうる同一類型の事例に普遍的に適用可能であること，(iii)その時々の社会一般の通念的な正義・衡平感覚とも適合すること（とくに著しく反しないこと）という三つの要件を挙げた。これらの要請を法的正当化全体の構造的特質との関連で位置づけるならば，(i)原理整合性と(ii)普遍化可能性の要件は，対話的合理性基準の一般的な要件を「法の支配」原理に照らして特定化した法独自の要件であり，前者は裁判の制度的枠組の規準面，後者は対象面とそれぞれ相関的な要件と位置づけることができる。そして，(iii)通念的正義・衡平感覚との適合性という要件は，基本的には，法的議論が対話的合理性基準を一般的基礎としているという特質に基づく要請である。

　法解釈の目標は，ミクロ正当化の大前提となる法律要件を，特定の結論を三段論法的推論によって導き出すのに必要かつ十分な一般的命題の形式で特定化することである。法律の条文だけからこのような法律要件を比較的簡単に特定化できる事例では，法解釈をめぐる見解の対立もあまり生じず，マクロ正当化

レベルの議論がクローズアップされることも少ない。ところが，ハード・ケースなどにおいて，法律要件の適正な特定化をめぐって見解が対立する場合には，ミクロ正当化だけで済ますことができず，マクロ正当化をめぐる議論が必要となる。そこでは，法律の条文をはじめ，関連する条文・法規全体やその背後の法原理・価値などの権威的法源に主として準拠しつつ，伝統的な各種の解釈技法，法教義学的な理論構成などを用いて，これらの権威的・制度的論拠と両立しうる，価値・利益・政策など各種の実質的論拠をも適宜引き合いに出して，法規範の意味内容を三つの要件を充たすように適正に特定化することをめざして議論されなければならない。そして，(i)原理整合性と(ii)普遍化可能性の要件を一応充たす法解釈論が複数存在する可能性がある事例とか，(i)(ii)の要件を一応充たすが，(iii)通念的正義・衡平感覚との適合性という要件に著しく反し，社会的に受け容れ難い結論が導き出されるような事例では，権威的・制度的論拠以外の関連する各種の実質的論拠について，そのいずれを取り込み，どのようなウエイトを与え，多様な論拠をどのように組み合わせて全体として統合的な理論構成をし，最も適正な一般的法命題を特定化するにあたって，(iii)の要件をめぐる議論が結論を左右する重要な位置を占めるようになる。

　このようなマクロ正当化をめぐる法的議論は，図式的な説明になるが，ミクロ正当化の大前提命題となる法律要件の特定化をめざして，憲法をはじめ関連法令・判決などの実定法規範，当該事例および類似の類型的問題事例，通念的正義・衡平感覚，これらそれぞれに関する議論参加者の直観的および熟慮に基づく判断を，相互にフィード・バックさせながら試行錯誤的に調整を繰り返しつつ，実定法規範の可能な解釈の比較衡量，当該事例の事実認定，類似の類型的問題事例の範囲の選択，直観的判断の修正や洗練などを行い，J.ロールズらのいう反省的均衡を求める正当化手続（397-98頁参照）によって，最終的に法解釈の目標に関する三要件を充たす一定の具体的な結論に到達するというプロセスをたどることになろう。

　従来の法解釈論争において裁判官や法律学者の価値判断の在り方として論じられてきたのは，主としてこのような一般にハード・ケースと呼ばれている問題状況における法解釈の在り方をめぐってである。だが，ハード・ケースにおける問題状況について，ミクロ正当化とマクロ正当化の相互関係のなかで各種の権威的・制度的論拠と実質的論拠が果たす役割についての以上のような整理

が適切であるとするならば，わが国の戦後の法解釈論争において，法解釈における価値判断が客観的か主観的かを抽象的一般的にメタ倫理学レベルで議論したり，客観性と科学性を同義に解したり，価値判断のいわゆる究極的基礎づけを求め，何らかの規範倫理学レベルでの実質的価値規準がそのまま法的価値判断の究極的規準としても妥当するとみなしたりしてきたことは（第14章**1**①参照），問題設定自体が間違っていたと言わざるをえない。

　裁判において，裁判官や訴訟当事者に対して，実定法的規準全体，当該個別事例や類似の同一類型の問題事例，社会一般の通念的正義・衡平感覚とも関係なしに，端的に各人の個人的な価値判断に基づいて一定の法的議論・決定を正当化することが許されるのならば，主観的な裸の価値判断をめぐる水掛論以上のことを法廷弁論に期待することはできず，結局のところ，裁判官の法的権威に基づく決定にすべてがゆだねられてしまうことになるであろう。「制度化」された議論としての法的議論においては，たんに各人の個人的な価値判断の適否・優劣が争われているのではなく，上述のような(i)原理整合性と(ii)普遍化可能性の要件を一応充たす複数の法解釈論が存在する場合に，そのいずれがより適切か，あるいはいずれも不適切で，それらとは別の法解釈論を考案しなければならないのかというようなことについて，(iii)社会一般の通念的正義・衡平感覚に照らして，各人が一定の問題事例に則して対話的議論をふまえ熟慮に基づいて下す価値判断が，関係者にとって納得のゆく適切な法的正当化理由として受け容れられるべきものか否かが争われているのである。

　もちろん，このような法的価値判断が以上で説明したような三つの要件によって制度的に制約されたものであっても，各人はどこかで自分自身の何らかの判断規準に依拠しなければならない。だが，このことは，各人が端的に自分自身の個人的価値規準を用いることと同じではなく，また，社会一般の人びとが一定の見解を抱いているという事実から価値規準を導き出すこととも異なった実践である。法的価値判断の在り方についての以上のような考え方は，方法論的には，客観的事実認識と主観的価値判断という，近代実証主義の二元主義的な主観=客観対比図式を超えた実践哲学的な知的地平において，法的思考における実践知=賢慮に基づく総合的な価値判断の合理性基準を求める立場（第11章**4**，第15章**2**②参照）を前提としているのである。

2 法的判断と賢慮の伝統

　法的議論において適正な判断を形成し、それをマクロ・ミクロ両レベルで全体的に正当化する能力として必要とされてきたものが、いわゆるリーガル・マインドである。このリーガル・マインドは、すでにみたように（第15章1③参照）、伝統的に賢慮（phronesis, prudentia）と呼ばれてきている実践知の一種であり、その核心をなしているのが判断力である。賢慮の特徴は、個別と普遍を同時に把握して、一定の普遍的な価値・原理を見すえながら、複雑な現実的状況のなかで何が可能かを的確に判断する能力であり、アリストテレス『ニコマコス倫理学』『トピカ』などにおけるフロネーシス（phronesis）論、カント『判断力批判』などにおける判断力論を手がかりに、このような賢慮としての判断力を再評価し、政治的判断力として現代的に再構成しようとする試みが、実践哲学復権の代表的潮流として有力化しているところである[20]。これらのアリストテレスやカントの見解では、裁判における法的判断が、このような賢慮としての判断力が決定的に重要な役割を果たす実践であることが説かれており、レトリック的・トピク的法律学や法的議論の理論など、本書における法的議論の知的地平やその正当化の構造の解明の主要な手がかりとしている法理論も、このような実践哲学復権の潮流の一翼を担うものとして位置づけることができる（第15章2②参照）。

　法的議論を対話的合理性基準の法的「制度化」としてとらえ、法的正当化全体のプロセスをミクロとマクロの二段階に構造化するという本書の理論枠組は、このような法的議論における賢慮の働きを、個人の直観的なモノローグ的判断にとどめず、議論領域ごとの適切な論拠の析出・分節化や公正な議論手続の再構成などによって、関係者の公共的なダイアローグ的判断として理に適った仕方で構造化しようとする試みである。

　法的議論における権威的・制度的論拠を共通の前提とする要件＝効果図式によるミクロ正当化は、法的議論が対話的合理性基準の法的「制度化」によって

　20）アリストテレス（高田三郎訳）『ニコマコス倫理学（上）（下）』（岩波書店、1971-73年）、同（池田康男訳）『トピカ』（京都大学学術出版会、2007年）、I. カント（牧野英二訳）『カント全集 8・9：判断力批判（上）（下）』（岩波書店、1999-2000年）、R. Beiner, *Political Judgement* (1983)（浜田義文監訳『政治的判断力』（法政大学出版局、1988年））など参照。その概要については、田中成明「法的思考について―実践知＝賢慮と法的議論・判断」司法研修所論集116号（2006年）29-34頁参照。

自立的な議論領域として構成されているという特質を最も鮮明に構造化したものであり，裁判の制度的枠組と相関的な法独特の判断方式である。それに対して，マクロ正当化は，このような権威的・制度的論拠を共通の前提とするミクロ正当化だけで法的議論に決着をつけることができない場合に，クローズアップされる実践であり，要件＝効果図式への収斂をめざしつつも，権威的・制度的論拠以外の各種の実質的論拠をも取り込んで，原理整合性，普遍化可能性，通念的正義・衡平感覚との適合性という三要件を充たす一般的な大前提命題を特定化することをめざして遂行される。

　このようなミクロ正当化とマクロ正当化における法的判断力の構造化の異同・関連の理解には，カントの「規定的」判断力と「反省的」判断力を区別する見解が参考になる。カント『判断力』によれば，判断力一般は，普遍を特殊のもとに含まれているものとして考える能力であるが，このような判断力は，規則・原理・法則などが与えられていて，そのもとに包摂する「規定的」判断力と，特殊だけが与えられていて，判断力がその特殊に対する普遍を見出さなければならない「反省的」判断力とに区別される。そして，反省的判断力においては，普遍と特殊の関連づけは，規則認識としての学問である包摂とは違って，帰納と類推という，基本的に蓋然的な結論しかもたらさない方法によらざるをえないとされる。しかし，同時に，この反省的判断力についても，すべての人びとの同意を正当に要求できる判断であることが可能であるとされ，そのための要件として，共通感覚（sensus communis），コモン・センス（公共的感覚）に関係づけなければならないこと，自分の立場を他者の立場に置き移すことによって可能となる普遍的な立場に立って，広い視野から反省すること，所与の特殊なものにとらわれ続けない自由な構想力が重要であること，没関心的で不偏不党でなければならないことなどを挙げ，示唆に富んだ見解が展開されている[21]。

　カント自身は，裁判官が具体的事例を裁くには，規定的判断力だけでなく，反省的判断力も必要だと考えていた。ドイツの法律学的方法論においても，いわゆる概念法学が法適用をもっぱら規定的判断力による機械的な包摂とみたこ

21）　カント（牧野訳）『カント全集8：判断力批判（上）』（前出注*20*）26-36頁，179-84頁など，牧野英二『カントを読む』（岩波書店，2003年）とくに第三講，第四講参照。

とを批判し，法の欠缺補充や法律学的構成などの創造的活動には反省的判断力が不可欠だとするのが一般的なようである。両判断力の特徴づけが適切かどうかには留保が必要なところもあるが，ミクロ正当化と規定的判断力，マクロ正当化と反省的判断力とがほぼ対応関係にあるとみてよいであろう。ただ，規定的か反省的かという区別は，あれかこれかという関係ではなく，ミクロ正当化とマクロ正当化の重層的・共生的構造に対応して，法的判断力には双方の契機か交錯しながら含まれていることが，その全体的な知的営みを複雑にしていることに注意する必要がある。

　法解釈の目標に関する三要件のうち，(i)原理整合性と(ii)普遍化可能性の要件が，対話的合理性の法的「制度化」に伴って特定化された法独自の要件であるのに対して，(iii)通念的正義・衡平感覚との適合性という要件は，法的議論が対話的合理性基準を一般的基礎としていることに対応する要請の一つであり，やや性質を異にすることについては，すでに説明したところである（564頁参照）。いずれの要請も，基本的には，賢慮に基づく法的判断の合理性・理性性（reasonableness）の確保に関わるものである。要件(i)(ii)については，対話的合理性基準の一般的要件を法的観点から特定化したものであり，「法の支配」原理の要請の一環として，法的議論の正当化のいわば法内在的要件として理解しやすいのに対して，要件(iii)は，必ずしも法内在的要件と言えず，実践的議論一般に共通する要件であるので，少し補足的な説明が必要であろう。

　対話的合理性基準において，通念的正義・衡平感覚との適合性という要件をとくに重視するのは，上述のカントの反省的判断力に関する見解において，反省的判断力がすべての人びとの同意を正当に要求できるための一要件として，共通感覚，コモン・センス（公共的感覚）に関係づけなければならないという要件を挙げていることと関連している。カントのこのような見解と同趣旨のことを，アリストテレスも，その賢慮に関する見解において述べている。アリストテレスによれば，賢慮の本領は，一般的・普遍的な知識をもっていることを前提に，それを経験に基づいて個別的・特殊的なものに関連づけて判断するところにあるとされ，その判断は，共同体で一般に受け容れられている臆見であるエンドクサと共通感覚（sensus communis）といった，現代の用語では社会通念・良識・常識などと呼ばれているものを共通の基礎としていることが強調されている。そして，共同体的な状況のもとで他者とともに考えるという共感的

な一体感を背景に，これらのエンドクサや共通感覚に協働的な熟慮による吟味を加えて，一定の蓋然的な結論に至る対話的弁論術（レトリック・トピク）が用いられ，法廷弁論はこのような弁論術の代表的事例の一つと位置づけられていた。アリストテレスのこのような見解は，実践的判断の合理性・正当性の考え方に関する独自の知的伝統を形成しており，エンドクサや共通感覚のようなあいまいで日常的な社会的コンセンサスに哲学的省察を加え，その内容を明確化し整合的な表現を与えることによって，真理や正義を探求することを実践哲学の課題とするアリストテレス的伝統は，現代における実践哲学復権の有力な拠りどころとされているのである[22]。

　社会通念にみられる正義・衡平感覚との適合性を法的正当化・法解釈規準の一要件として位置づけることは，以上のようなアリストテレスのフローネーシス論やカントの判断力論において，エンドクサや共通感覚などの社会的コンセンサスに重要な位置が与えられていることをふまえ，そのような賢慮の伝統的地平の現代的復権をめざす一般的な見解を法的議論という領域と関連づけるために，法的観点からの枠づけとして，正義・衡平感覚という限定を加えたものである。社会通念・常識や正義・衡平感覚にこのような位置づけを与えることは，アリストテレス以来の賢慮の伝統の継承ということだけでなく，現代法システムにおける法源の規定方式などの制度的規約や裁判の実務慣行の解釈学的再構成としても適切だと考えられる。

3　法的正当化における社会的コンセンサスの位置づけ
(1)　社会的コンセンサスとしての通念的正義・衡平感覚

　法的議論におけるマクロ正当化の共通論拠については，実定法規範などの法源や各種の法解釈技法・法律学的理論構成などの権威的・制度的論拠が中核的なものとなるが，一定の問題事例に関する法解釈上の見解の対立に権威的・制度的論拠だけで決着がつかない場合，それ以外の各種の実質的論拠が引き合いに出される。そして，これらの権威的・制度的論拠と実質的論拠を取捨選択し

---

[22]　岩田靖夫『アリストテレスの倫理思想』（岩波書店，1985年）序章，第2章「フロネーシス」，同『倫理の復権：ロールズ・ソクラテス・レヴィナス』（岩波書店，1994年）序「ソクラテスの問い―原点への還帰」，第2章「公共的合意による倫理―ロールズ哲学の基本構造」など参照。

ウエイトづけして統合的に組み合わせて最も適切な解釈論を選択し実定法の規範的内容を特定化する決め手として，しばしば決定的に重要な役割を果たすのが，社会通念・常識などと呼ばれている社会的コンセンサスにみられる正義・衡平感覚である[23]。

裁判における法的正当化の中核的論拠となる法源についてみると，条理という法源（第2章3⑥参照）などは，このような社会的コンセンサスへの依拠を制度的に正統としているものと解することができる。制定法の規定方式についても，公序良俗・信義則・権利濫用などの一般条項，名誉毀損やわいせつなどの規範的概念などは，個別的事例に即した法の解釈・適用過程において，その具体的内容が社会一般で行われている常識・良識，社会通念・社会観念などと呼ばれているものに依拠して確定されることを，予め制度的に想定している。社会通念という観念は，これら以外にも，例えば，犯罪や不法行為における違法性の認定，借地借家契約更新拒絶の正当事由，行政裁量の限界の確定，争議行為の正当性などが争点となる裁判において，判決内容を左右する決め手として広範囲にわたって用いられている。

他方，法解釈と相互規定的に行われる事実認定においても，経験則に準拠しなければならず，その過程と結論は，健全な常識を備えた通常人によって合理的な疑い（reasonable doubts）を容れる余地がないものとして，納得の得られるものでなければならないとされている。そして，この経験則は，職業的技術・専門科学的知識に属するものと，一般的常識に属するものとに分けられ，そのうち，後者は社会通念と共通するものと理解されている。判例でも，「社会通念（経験法則）ニ照シ」とか「吾々の常識であり又日常生活の経験則の教えるところ」というような表現が，しばしば結論を左右するような判断の決め手として用いられている[24]。

このように，条理や経験則，社会通念・常識などの社会的コンセンサスは，法的議論・決定の正当化における公共的理性・理由の一種とみてもよいような

---

[23] 法的正当化における社会通念・常識などの社会的コンセンサスの以上のような位置づけからみれば，いわゆる常識論を法律論・解釈論と単純に対比的にとらえて論じることは必ずしも適切ではないであろう。田中成明「法の世界と常識の世界」法学セミナー327号（1982年）参照。

[24] 判例における社会通念の多様な使用法については，石井良三「判例から観た社会通念」同『民事法廷覚え書』（一粒社，1962年）参照。

重要な位置を占めているのである。しかし，判決の法的正当化において条理や経験則あるいは社会通念・常識などの社会的コンセンサスがこのような重要な役割を果たしているとしても，このようなあいまいな日常的な背景知である社会的コンセンサスのなかに，法的正当化の納得のゆく適切な理由となりうる何らかの明確な評価規準を，すでに出来上がったものとして見出すことができるわけではない。その具体的内容は，原理整合性と普遍化可能性の要請と相関的に，対話的議論によって反省的均衡を探求する正当化手続を法的に構造化した裁判手続のなかで，両訴訟当事者と裁判官の相互作用的な協働活動を通じて確定されるべきものである。社会的コンセンサスや通念的正義・衡平感覚の法的議論における位置づけは，このような裁判の当事者主義的手続の役割と相関的なものとして理解されなければならない。

(2) 動態的な社会的コンセンサスと裁判の役割

判決の法的正当化において社会通念・常識などの社会的コンセンサスの役割をこのように重視する見解に対しては，様々な批判が加えられてきている[25]。それらの批判には法律家が謙虚に耳を傾けるべきものもあるけれども，戦後の法解釈論争の不適切な議論枠組に規定されていたり，社会的コンセンサスの動態的な存在構造やその法的確認手続に対する理解が不十分であったりするものが少なくないように思われるので，最後に，この点について少し敷衍しておきたい[26]。

まず第一に，最もよくなされる批判として，社会成員の間での価値観の多様化・流動化が激しい現代社会において，社会で広く共有されている価値規準についてのコンセンサスが"そこにある"ものとして実際に存在するのか否か，また，仮に存在するとしても，裁判所がその内容の最終的な確認者として適し

---

[25] 社会通念の役割に最も否定的な見解は，「判決には，説得の論理が必要である。そうした説得の論理として，実は裁判官が主観的に判断しながらも，客観的な体裁を整えるために用いる説明の一つが社会通念である。つまり社会通念という言葉そのものは無内容であって，その本質は，裁判官の主観である。」(川井健「民法判例と社会通念—民法判例と社会通念」法律時報52巻5号（1980年）25頁)のように，戦後法解釈論争の火蓋を切った来栖三郎の問題設定（本書476-77頁参照）と類似のものである。

[26] 社会的コンセンサスの動態的な存在構造やその法的確認手続については，田中成明『法的空間：強制と合意の狭間で』（東京大学出版会，1993年）66-89頁でかなり詳しく説明しており，以下の説明は，基本的にその内容のうち，直接関連する箇所を要約しつつ若干敷衍ないし補正したものである。

ているかどうかという批判がある。

　たしかに，一定の個別的事例の裁判における法的正当化に引き合いに出される社会通念・常識などの社会的コンセンサスについて，その具体的内容の確定をめぐって，理性的に熟慮する人びとの間でも意見の相違が生じることは避け難い。意見が対立していて社会通念・常識の具体的内容を確定すること自体が難しい場合も少なくないが，そのような場合でも，少なくともどのような理由でどのような意見の対立状況にあるかについての共通の了解としてのコンセンサスは存在するであろう。特定の問題に関する社会通念・常識の具体的内容についてのコンセンサスがなくとも，意見が分かれていることについての共通の了解としてのコンセンサスが存在すれば，それを共通の前提として議論を進めればよいのである。さらに，裁判においては，原理的に対立しているいずれの価値理念に照らしても共通に正ないし悪と判断される手段的価値が問題となる事例が多く，しかも，何が悪として非難され回避されるべきかという消極的な面については，その他の点では対立している人びとの間でも，具体的判断が部分的に重なり合い，その限りでコンセンサスがみられることが，一般に考えられている以上に多いことに注目する必要がある。裁判によって直接実現されるべき法的正義が，何らかの実質的正義の積極的実現に直接寄与することよりも，著しく正義・衡平に反する具体的被害の個別的救済を第一次的目標としていることを考えるならば，裁判における法的議論の共通の前提としての社会的コンセンサスとしては，このようなもので十分であろう（消極的アプローチに関する第10章2 4の説明参照）。

　個々の法的議論におけるマクロ正当化の決め手となる実質的な判断規準（論拠）についての具体的な理性的合意は，法的議論においては，到達目標であり，その前提条件ではない。そのような理性的合意の具体的な内容は，予め出来上がりの処方箋として存在するものではなく，両訴訟当事者と裁判官が以上のような社会的コンセンサスに依拠しつつ展開する相互作用的な対話・討議などの法的議論を経て，徐々に明確にされ特定化されてゆくものである。訴訟当事者たちは，各々自己の依拠する判断規準（論拠）が，たんに私的個別的なものではなく，法的に承認されるべき公的一般的なものであることを，当該個別事例や類似の類型的問題事例と重要な関連のある社会的コンセンサスに訴えて主張し，裁判官は，両当事者の法廷弁論をふまえつつ，社会的コンセンサスに照ら

して何がそのような公的一般的な判断規準（論拠）であるかについての判断を収斂させてゆくのである。

　社会的コンセンサスの具体的内容は，決して裁判官が一方的にその権威に基づいて確定するものではなく，訴訟当事者間の対等かつ主体的な弁論を基礎とする相互作用的な協働活動の所産として生み出されるものである。社会的コンセンサスへの依拠ということは，その内容を確定する手続過程への両当事者の主体的参加の機会が公正かつ実効的に保障されていてはじめて，法的議論の合理性・正当性の確保・実現という機能を適切に果たしうるのである。社会的コンセンサスの具体的内容の特定化におけるこのような当事者主義的裁判手続への公正な参加保障の重要性という観点からみると，いわゆる要件事実論的裁判実務は，要件=効果図式によるミクロ正当化に照準を合わせていることもあって，マクロ正当化をめぐって社会的コンセンサスをも引き合いに出した法律問題・法関連問題をめぐる法的議論（いわゆる法討論（Rechtsgespräch））がミニ立法事実・法創造事実を基礎として両当事者と裁判官との三者関係において展開されることに十分に適合していないところがある。とくに判決による法の継続形成が重要争点となる政策形成訴訟などについて，マクロ正当化をめぐる法的議論の充実・活性化にも対応できる審理手続の再構築が必要であろう[27]。

　第二に，社会的コンセンサスという，できるだけ多数の人びとによって共有されている観念に訴えることは，個人や少数者の権利を擁護するのに不十分ないし不適切であり，また，現状維持的な保守的イデオロギーとなりがちであるという批判も無視し難い。

　社会的コンセンサスに訴えることには，たしかに，このような傾向が内含されていることは否定し難い。けれども，同時に，このような社会的コンセンサスへの訴えが，多数者や強者の意思の多数者支配的・実力主義的な貫徹に対して抑止的に働き，少数者や弱者の権利擁護を支える作用をももっていること，また，既存の法律・判例などとして固定された法的規準を社会的変動や価値観の変化に即応して創造的に継続形成してゆく重要なチャネルとなっていることも見落とされてはならない。

　法的判断規準（論拠）との関連で問題となるのは，漠然とした一般的な価値

---

　[27]　この問題については，山本和彦『民事訴訟審理構造論』（信山社，1995年），原『裁判による法創造と事実審理』（前出注7）など参照。

規準についての社会的コンセンサスでもなければ、政治・経済などの領域における価値規準についてのコンセンサスでもなく、あくまでも正義・衡平感覚（正確には不正義・不衡平感覚）としてあらわれる、法的紛争解決と重要な関連のある価値規準についてのコンセンサスである。何が法的に重要な関連のあるものかの範囲は、もちろん、各時代・各社会によって広くなったり狭くなったりするが、基本的には、その時々の社会の政治過程全体のなかで法システム・裁判制度に期待されている目的・役割・機能によって規定されている。どのような種類の社会的コンセンサスのどのような側面が、法的正当化においてどれだけの説得力をもちうるかは、一般的に「法的観点」によって、さらに個々の法的問題領域ごとに各種の権威的・制度的論拠によって限定され順序づけられているのである。

　従って、世論調査や選挙の投票などにおいて数量化して表わされる多数意見とか、経済的効率や行政的能率などの観点から重視されるべき社会的コンセンサスが、法的正当化においてもそのまま同じような説得力をもつわけではない。また、先ほど述べたように、正義・衡平感覚にあらわれる社会的コンセンサスは、必ずしも多数者の意見をそのまま反映しているとは限らず、その他の点では対立している様々な意見がこの点では部分的に合致するという、重なり合うコンセンサスという形態で形成される場合も少なくない。現代立憲民主制のもとで裁判に期待されている役割からみて、法的議論においては、数・力や効率・能率の論理が優先されがちな立法・行政・経済などの領域での議論とは違って、少数者や弱者の権利主張に格別の公正な配慮をすべきだという考え方が、社会的コンセンサスとして確立しているとみることもできる。

　もちろん、だからと言って、裁判での法的議論においては、少数者や弱者の権利主張であるというだけで当然に優先的配慮を受けることができるわけではない。そのような権利主張が裁判において法的に正統なものとして受け容れられるためには、相当広範囲にわたる潜在的多数者の正義・衡平感覚を反映した社会的コンセンサスによって承認・支持されうるものでなければならないことに変わりはない。社会的コンセンサスの動態的な存在構造やその法的確認手続からも分かるように、法的正当化の決め手となる具体的な価値規準についての合意は、所与的固定的なもの、発見されるべきものとして、予め存在しているのではない。むしろ、法廷弁論での問題提起や争点の明確化の一環として、従

来社会的コンセンサスと了解されていた内容を不適切だとしてそれにとって代わる新たな内容の具体的価値規準が提示されるなど，裁判の手続過程の全体的な展開のなかで，徐々に一定内容についての社会的コンセンサスが形成され具体的規準が確定されるのである。そして，少数者や弱者にとって重要なことは，その権利主張などの法的要求が，たんに私的個別的な利害主張ではなく，法的正当性を承認されて然るべき公的一般的なものであることを，裁判手続を通じて相手方や裁判官だけでなく社会一般の人びとの正義・衡平感覚にも訴えて，社会的コンセンサスの従来の内容を転換し新たな内容への支持を拡大・強化をめざす機会が手続的に保障されていることである。このような意味において，裁判の手続過程は，たんにすでにある社会的コンセンサスを確認する場ではなく，潜在的なものを顕在化することによって新たなコンセンサスを形成する場でもある。

(3) 第5編のむすびに代えて

以上の考察によって，法的議論・判断の合理性・正当性の確保・実現が，実定法的規準の内容如何によって制約されているだけでなく，社会通念・常識などの社会的コンセンサスにみられる正義・衡平感覚や，裁判の手続過程への両当事者の相互主体的参加の制度的保障という，状況的・制度的要因にかかっているところが大きいことが明らかになった。このような結論は，分かりきった自明の事柄だという印象をもつ人びとも少なくないであろう。だが，わが国の戦後の法解釈論争の展開においても，この自明の事柄に対して，それにふさわしい正当な法理論的位置づけが与えられてこなかったことを考えるならば，自明の事柄とされている共通の了解事項を，法実践に対する内的視点から解釈学的に再構成し，その実践哲学的基礎を解明することによって，伝統的な法実践の社会的存在理由と現代的意義を改めて確認することは，決して無駄なことではなかろう。

以上のような法的議論・判断の基本的構造やその合理性・正当性基準の解明の実践哲学的基礎については，第11章4などにおいて，その輪郭を素描したところである。そのような実践哲学的考察自体にとっては，以上のような結論は，最終的な解答ではなく，むしろ，出発点の確認にすぎず，問題の本格的な論究はまさにここからはじまると言ってもよい。以上のような法理学的考察の一応の結論が，実践哲学的地平における正義論や真理論とどのように関連して

いるかについては，各問題領域ごとに今後の課題を確認し，更なる考察の手がかりと方向をさぐりあてるところまでようやくたどりついた段階であり，まさに哲学的考察の途上にあるというのが実感である。

このような多くの課題を残しつつも，最後に，法律学的方法論の在り方について一言述べて，本編の考察を閉じることにしたい。

法律学的方法論において，実践哲学的な正義論や真理論との関連を視野に入れ，それらの理論を基礎にした更なる考察が重要不可欠であることは，言うまでもないところである。だが，それに優るとも劣らない重要性をもっているのは，法律学的方法論を正義論や真理論と適切に関連づける前提として，法システムや裁判制度の考察視座に関わる次のような問いをどのように考えるかということではなかろうか。すなわち，法的議論・判断の合理性・正当性の確保・実現を，裁判官をはじめ議論に携わる人びとが，絶対的真理に基づいて正しい社会の実現をめざすプラトン流の哲人王であることに期待するのか。それとも，法的議論の"場"である裁判が，具体的問題の適正な解決をめぐる見解・利害が対立している個別的事例に則して，当事者主義的手続過程への利害関係者の主体的参加のもとに，日常的な社会的コンセンサスに絶えざる批判的・対話的吟味を加えつつ，今ここで何が正義・衡平に適っているかについて法的に正当な一応の（prima facie）判断を形成するフォーラムとして，公正に作動することに期待するのか。このいずれのアプローチが，価値多元的な現代社会における法システム・裁判制度の社会的存在理由に適合しているかを見定めることが先決ではないかと思われる。

このような意味において，法的議論・判断の合理性・正当性基準の探求における核心的な問題は，正義とは何か，正義をどうして認識できるかといった，一般的な正義論や真理論よりも，むしろ第一次的には，"法的"正義をいかにして実現するか，法による正義実現の可能性と限界如何という，法システム・裁判制度のいわば"大文字の解釈"に関わる制度論の問題である。

《参考文献》
□青井秀夫『法理学概説』（有斐閣，2007年）
□加藤一郎『民法における論理と利益衡量』（有斐閣，1974年）
□亀本洋『法的思考』（有斐閣，2006年）
□R.ドゥウォーキン（小林公訳）『法の帝国』（未来社，1995年）

- □U. ノイマン（亀本＝山本＝服部＝平井訳）『法的議論の理論』（法律文化社，1997年）
- □平井宜雄「『法の解釈』論覚書」加藤一郎編『民法学の歴史と課題』（東京大学出版会，1982年）
- □同『平井宜雄著作集Ⅰ：法律学基礎論の研究』（有斐閣，2010年）
- □星野英一「民法解釈論序説」「『民法解釈論序説』補論」同『民法論集第一巻』（有斐閣，1970年）
- □同「民法の解釈をめぐる論争についての中間的覚書」同『民法論集第七巻』（有斐閣，1989年）
- □ジュリスト編集部編『法解釈論と法学教育：平井宜雄「法律学基礎論覚書」をめぐって』（有斐閣，1990年）
- □田中成明『法的思考とはどのようなものか』（有斐閣，1989年）
- □同「法的思考についての覚え書」山下正男編『法的思考の研究』（京都大学人文科学研究所，1993年）
- □同「法的思考について──実践知＝賢慮と法的議論・判断」司法研修所論集116号（2006年）

事項索引

(太字は重要箇所，矢印は関連項目（[　]は小項目）を示す)

あ　行

悪法（論議）　17, 60, 149-50, **152-63**, 166, 375　→疑法

新しい権利・人権　20, 119, 199, 234, **236-43**, 440

アメリカ・リアリズム法学　→リアリズム法学

生ける法　118, 120, 197, 450

違憲審査制（権）　156, 158, 162-63, 288, 330, 333

意思説　224-26　→法的権利［の本質］

一般条項　44, 66, 86, 88, 334, 459, 464, 466, 571

一般法学（Allgemeine Rechtslehre）　11, 147, 148

一般予防論　253-55, 313　→目的刑論

イデオロギー批判　21, 23, 218, 354, 420, 537-38

意図主義（intentionalism）　471　→法の解釈［の目標］

インフォーマリズム　109, **125-27**, 129-32, 301-05

ウォルフェンデン報告　174-77　→法的モラリズム

ADR　→裁判外紛争解決手続

演　繹　115, 349, 355-57, 449, 486, 501, 508-09, 514-15, 517, 523, 532-33, 536, 548

応報刑論　**251-53**, 255, 313　→刑罰［目的論］，正義［応報的］

か　行

解釈学（Hermeneutik）　5, 398, 424, 429, 486, 495, 519

解釈論　→法律論（解釈論）

外的視点（exteral point of view）　**16-21**, 91, 93, 291-92, 455, 475, 478, 480, 483, 486, 487, 501, 503　→内的視点

概念法学　11, 25, 114, 147, 148, 328, **448-49**, 453, 464, 475, 476, 483, 514, 532, 536, 545, 568

科学（的思考）　14, 349, 354, 475, 481, 513-14, 540　→経験科学

格差原理（difference principle）（ロールズ）　378, **387-88**, **390-91**, 392, 397, 407, 412, 416, 492

拡張解釈　468, 469　→体系的解釈

重なり合うコンセンサス（overlapping consensus）（ロールズ）　232, 362-63, 378, 394, **398-400**, 575　→コンセンサス

価値相対主義　23, 59, 156, 315, 323, 342, **345-54**, 355, 373, 375, 377, 478, 479

可謬主義（fallibilism）　368-69, 398

カルドア＝ヒックス基準　383, 488

環境権　20, 236, 239, 491-92

慣習法　33, 79-80, **82-84**, 85, 88, 112, 118-20, 450, 463

管理型法　40, **105-12**, 116-17, 118, **120-23**, 125, 127-33, 240, 263, 304, 313, 329　→法の三類型モデル

機械的法学　25, 114, 449, 451-53

帰結主義　379, 380

基礎づけ主義（foundationalism）　350, **363**, 395, 427-28, 551　→非＝基礎づけ主義

帰　納　115, 343, 355, 357, 480, 486, 514, 533

規範的倫理学　23, 341, 345, 356　→メタ倫理学

疑法（doubtful laws）（ドゥオーキン）　157-58, 162　→悪法（論議）

基本権　→人権

義務賦課規範　49, **66-67**, 73, 201-05　→法規範

義務論（deontology）　246, 251, 380, 401, 411, 491　→目的論

教義学的思考　17-19, 58, 514, 518　→法教義学（的思考）

強制的サンクション　32-33, 37, 44, 48-50, 66, 68, 72-73, 75, 119, **189-208**, 212-13, 218, 220　→サンクション（制裁），法的サンクション

強制的命令システム　**47-52**, 77, 190, 196, 206,

579

208, **210-13**
共通感覚（sensus communis）　568-70　→常識（論），社会通念
共通善　423-27
共同体主義（communitarianism）　126, 378, 421, 422, **423-30**, 431, 439, 441
議論・交渉フォーラム　38-42, **52-60**, 75, 98, 131, 189-90, 196, 217, 271, 273, 296, 308, 523
近代主義　99, 102, 106-07, 219, 301-02, 478
近代西欧法　99-102, 106, **112-17**, 132
具体的妥当性　323, 450, 464, 532
ケア（care）の倫理　433-35, 441
経験科学　3-4, 25, 90-91, 147, 343, 348, 479, 480, 513-17, 532　→科学（的思考）
経験則　461, 502, 571-72
形式的正義　→正義［形式的］
形式的（手続的）真実主義　277, 461　→実体的真実主義
形式論理（学）　323, 348-49, 352, 354, 355, 358, 361, 364, 365, 475, 486, 513-17, 533
刑罰　49, 190-92, 207, 210, **245-68**
　　──目的論　→応報刑論, 目的刑論
刑法の謙抑主義　207, 248, 260-61
結果志向的手法　560
権威（authority）　59-60, 352, 354, 373, 522-25
言語行為論（speech act theory）　358-59, 360
原初状態（original position）（ロールズ）　362, 386, 392, **394-97**, 398
現代型（政策形成）訴訟　124, 130, 276-81, 283, **286-97**, 308, 335-36, 339, 458, 482, 484-85, 520, 544-45, 550, 555
権能付与規範　49, **66-67**, 73, 201-05　→法規範
権利　217-43
　　──義務関係　32, 37, 50, 103, 110, 113, 198, **217-24**
　　回復的──　**217-20**, 236-38, 241-42
　　具体的──　235-38, 241-42, 494
　　集団別──（group-differentiated right）（キムリッカ）　438-39
　　第一次的──　**217-20**, 236-38, 242
　　抽象的──　235-36, 494

権利基底的（right-based）正義論　229, 231, 233, 377, 383-84, 388, **401-06**, 411
原理整合性　15, 53, 232, 236, 241, 281, 324, **368**, 473, 525-26, **564-66**, 568-69, 572
権利テーゼ（ドゥオーキン）　→原理論拠, 政策論拠
賢慮（phronesis, prudentia）　→実践知＝賢慮
権力分立論　39, 45, 64, 106, 113, 270, 277, 279-80, 330, 333, 374, 447-48, 506, 556
原理論拠（arguments of principle）（ドゥオーキン）　486, 494, 497, 561
合意　50, **54-57**, 74, 96, 108, 140, 182-83, 208-09, 297-98, 360, 367-69, 372, 383, 395, 399, 416-18, 420　→コンセンサス
　　理性的──　15, 52-53, 55-57, 360, 362, **367-69**, 370, 523, 527, 528, 573
合意型調整図式　**108-09**, 125-27, 304-05, 491, **509-10**, 560
行為規範　**67-70**, 73, 79, 111, 121, 201-05, 219　→法規範
合意説（consensus theory）　360, 363-64, 394　→真理
公共選択（public choice）理論　383, 416-17, 487
公共の正当化　233, 394-95, **398-401**
公共の理性・理由（public reason）　38, 41, 52, 363, 378, 394-95, 399-400, 571
公私区分論　426, 432-33
交渉　54, 57, 100, 119, 120, 132, 237-38, 241-42, 283, 290, 297, 305, 361, 371, 488, 491, 509, 531
構成の解釈理論（ドゥオーキン）　26, 486, **495-97**, 508, 519, 546
功績（desert）原理　251-53, 256, **322**, 416
衡平（equity）　305, **323-24**, 334-35, 450, 507, 526, 545　→正義［個別的］
合法性（legality, Legalität）　95, 97, 144-45, 150, 157, 168, 256-57, 276, 315-16, **327-28**, 331, 497　→法の支配
公民の共和主義　426-27
功利主義　23, 125, 141, 149, 172, 181-82, 225-

27, 246, 251, 254-56, 261, 343, 345, 356, 377-78, **379-85**, 388, 390-92, 401-02, 405-06, 410, 411, 412, 413, 415, 420, 422, 440-41, 483, 491, 557, 559
　行為——　255, 380-81, 384
　消極的——　337, 380-81
　選好——　380, **383-85**
　平均的——　380-81, 390, 397
　ルール——　255-56, 357, 380-81, 384, 418
効率（性）　381, 383, 390, 488-91, 499, 562
合理的選択理論　371, 396-97
互恵性（reciprocity）　198, 397, 399-400
個人主義　218, 378, 381, 382, 405, 406, 408, 423-24, 430
個人道徳（倫理）　165, 167, 170-71, 173, 404
コースの定理　488-89
個別主義（particularism）　427-30, 433, 437
語用論（pragmatics）　360, 371-72, 374
コンセンサス　37, 159, 354, 398, 399, 527, 528, 535, 537-38, 552　→合意
　重なり合う——　→重なり合うコンセンサス
　社会的——　55, 160, 231, 236-38, 241, 242, 338, 523, 525, **570-77**
　背景的——　52, 55, 63, **362**, 365, **367-70**, 552

さ　行

罪刑法定主義　80, 87, 245, 247, 256, 259, 267, 282
裁決規範　**67-70**, 73, 78-79, 111, 121, 201-05, 218　→法規範
財産所有型民主制　393
最小国家（論）（ノージック）　410-13, 415, 418
差異の政治（politics of difference）　429, 437-38
裁判（過程・手続）　26, 45, 54, 100, 108, 110, 113-14, 129-31, 210-11, 217, **269-309**, 333-36, 374, **447-53**, 491, 506, 518, 522, 572-76
　——の公開　245, 272-73, 293
　——の正統性　**276-86**, 291-93, 525-26, 545, 555, 557
　——の制度的枠組　271-76, 278-81, 287-88, 292, 295, 303-05, 334, 456, 506-08, 525-27, 543-45, 554-55
　——の手続過程の機能　55, 240-43, 273-74, 290-91, 528, 576
　——の政策形成機能　211, 242-43, 276-81, 283, **286-97**, 334, 545
　——の法形成（創造）機能　20, 25, 147-48, 158, 238, 241, 276-81, 283, **289-90**, 293, 334-35, 375, 450-53, 466, 476, 555　→司法的立法, 判例法, 法の継続形成
　——の紛争解決機能　75-76, 271, 275, 288, 290-91, 303
裁判実務　16-19, 482, 505-06, 531
裁判外紛争解決手続（ADR）　76, 88, 120, 126, 129-30, 275, 287, **297-309**, 410, 509
サンクション（制裁）　189-94　→強制的サンクション, 法的サンクション
　肯定的（positive）——　51, 68, 73, 77, 185, 191, 210, 263, 267, 268
　否定的（negative）——　51, 185, 191, 210, 212, 263, 268
三段論法　356, 358, 451, 514, 558　→法的三段論法
自己決定権　178, 180-81, 187, 431
事実たる慣習　83-84
事実認定　276-77, 452-53, 456-57, **458-63**, 514, 516
市　場　26, 173, 186-87, 379, 383, 408, 412, 413-16, 418, 487-90
市場原理主義　378, 408-10, 412
市場社会主義　422
自然権（論）　23, 140-41, 227, 229-31, 379, 401, 402, 409-10, 411, 417
自然主義（naturalism）　342-44, 356, 380
自然主義的ファラシー　343, 349, 478
視線の往復（エンギッシュ）　460, 515
自然法（論）　4, 7, 10, 11, 22-23, 24, 37-38, 79, 89, 95, **137-46**, 148, 149, 151-52, **153-56**, 158, 167, 328, 342, 343, 478, 483, 559
自治法型　40, **105-12**, 116-17, **118-20**, 121-23, 125-27, 128-33, 199, 237, 240, 304, 329　→法

事項索引　581

の三類型モデル
実証主義　23, 137, 146-47, 323, 341-42, 348-49, 352, 354, 355, 361, 365, 512, 513-17, 533, 566
実践知＝賢慮（phronesis, prudentia）　13, 15, 26, 59, **365-66**, 506, 512-13, 517, 520, 533, 559, 567-70　→実践理性
実践的議論　49, 52-55, 285, 325, 353-54, **355-75**, 519-28, 541
　——の合理性・理性性（reasonableness）365-66, 371-72　→対話的合理性基準
　——の制度化　52-60, 361, **372-75**, **521-28**
実践哲学　4-6, 8, 22-23, 49, 341, 353-54, 362, 365-66, 486, 517-21, 567, 576-77
実践理性　48, 59-60, 354, 359, **366**, 373, 518-20, 523
実体的真実主義　277, 461　→形式的（手続的）真実主義
実定法（システム）　8-9, 59-60, 78, 91-95, 111-12, 138-39, 147, 150-51, 201-05, 317, 323
　——規準の「開かれた構造」　65, 150, 158, 277, 334, 493, 525
実定法一元論　24, 143, 146, 147
実定法学　→法律学（法解釈学・実定法学）
実力説（強制説）　95-96, 206　→法の妥当根拠（論）
シティズンシップ（citizenship）　436-39　→市民権
私的自治の原則　39, 45, 69, 74, 106, 113, 218, 304
司法審査制（権）　→違憲審査制（権）
司法の裁量論　26, 65, 144, 150, 486, **493**
司法の立法　147-48, 466　→裁判［の法形成（創造）機能］，判例法
市民権　378, 405-06　→シティズンシップ
市民的不服従（civil disobedience）　138, 153, 156, 402
社会学的法学（sociological jurisprudence）10, 25, **451-52**, 479
社会学的方法　452, 468, 477, 478
社会契約説　23, 96, 140-41, 377-78, 379, 386, 394-95, 410, 416, 417

社会権　222, 226, 227-28, 231, 234, 239-40, 242, 322, 402, 407, 415, 440　→人権
社会主義　321, 322, 390, 393, 411, 413, 414, 415, 420-22
社会通念　55, 88, 120, 367, 464, 535, 569, 571-72, 576　→常識（論）
社会的正義　→正義［社会的］
社会道徳（倫理）　165, 170-71, 173, 180, 247, 260
社会民主主義　408, 421
自　由　95, 97, 168, 178, 181-84, 192, 222-24, 231, 332-33, 381, 387-90, 393, 402, 405, 408-09, 414-16, 421, 431, 439, 441　→自由権
自由権　223, 225-26, 227-28, 231, 239-40, 330, 387-90, 402, 405-06, 407, 415, 416, 440　→人権
自由主義　45, 64, 106, 115, 116, 149, 168-69, 172-74, 218, 228, 245, 270, 328, 330, 380, 390, 408, 413, 432, 448, 506　→リベラリズム
自由法運動（自由法学）　25, 141, **449-51**, 453, 454, 464, 483, 536, 541
縮小解釈（制限解釈）　468　→体系的解釈
主権者命令説　93, 96, 195, 208
純粋法学　11, 24, 48, 91-92, 147, 202, 218
消極的（negative）アプローチ　333, **336-39**, 573
常識（論）　14, 43, 46, 55, 305, 367, 399, 461, 483, 523, 571-72, 576　→共通感覚，社会通念
情緒主義（emotivism）（非認知主義）　342, 344, 345, 347-49, 356
承認説（同意説）　95-98　→法の妥当根拠（論）
承認の究極的ルール（ハート）　91, 93-94, 144, 145
条　理　79-80, **87-88**, 112, 120, 305, 367, 450, 571-72
自立型法　39-40, **105-17**, 118, 121-22, 123-25, 127-33, 169, 240, 268, 270, 276, 304-05, 313, 329, 510, 513　→法の三類型モデル
自立性原理　**522-28**, 539-40, 564
新カント学派　11, 23, 25, 91, 141, 346-49
人　権　66, 95, 97, 142, 157, 159, 226-27, **227-**

43, 315, 324, 329-33, 374, 378, 401, 411, 415, 431, 432, 437, 439, 491, 492, 516　→自由権, 社会権
新自由主義　378, 410, 421
人道主義　246, 249, 261
新トマス主義　5, 11, 12, 141-43
新派社会防衛論　253, 258
真　理　59, 352, 354, 363-64, 373, 523　→対応説, 整合説, 合意説
新レトリック論　359, 360, 362, 485, 518-19
ストア派　23, 139
正解テーゼ（ドゥオーキン）　66, 145, 486, **494-95**, 497-98
正義（論）　4, 22-23, 95, 145, 159-60, 261, 277, 313-39, 341-42, 366, **377-443**, 490, 496, 499, 502, 576-77
　応報的――　23, 245, 251, 321
　矯正的――　320-21, 328, 335, 411
　形式的――　86, 97, 115, 157, 159, 245, 256, 267, 272, 314-16, **318-19**, 323, 324, 327, 328, 332, 334, 353, 359, 496, 508, 514, 526
　交換的――　320-21, 335, 411
　個別的――　→衡平
　自然的――　270, 324
　実質的――　159, 277, 281, 318, **319-23**, 324, 325, 334-35, 338, 342, 353, 374
　司法的――　327, 333-36, 338
　社会的――　117, 121, 173, 177, 181, 185, 212, 246, 253, 322-23, 329, 335, 377-78, 381, 408-09, 411, 412, 413-16, 417, 421
　適法的――　277, 317-18, 323, 326-28　→法的安定性
　手続的――　→手続的正義
　背景的――　387, 391-92, 412, 416
　配分的――　320-23, 335, 408, 411-12
　分配的――　159, 381, 392, 406-07, 416, 420, 422, 428
　法的――　159, 313, 321, **326-36**, 516, 526, 573　→法の支配
正義・衡平感覚　44, 55, 56, 58, 59, 107, 117, 118, 132, 157, 160, 161, 237-38, 241, 279, 307,

　　　334, 338, 368, 464, 473, 511, 516, 525, 528, 535, 564-66, 568-69, **570-76**
正義ないし公正モデル（justice model）　246, 249
整合説（coherence theory）　344, 363-64, 394, 398, 495, 549　→真理
政策志向型訴訟（平井宜雄）　286, 500-01, 544-46
政策形成訴訟　→現代型（政策形成）訴訟
政策論（立法論）　20, 43, 46, 523, 563
政策論拠（arguments of policy）（ドゥオーキン）　486, 494, 497, 561
政治的構成主義（ロールズ）　378, 386, 394, 398
生存権　239-40, 412, 440
制定法の訂正（Gesetzesberichtigung）（法律に反した（contra legem）法創造）　163, 465-66
正当化（justification）の過程と発見（discovery）の過程　**454-55**, 501-03, 547, 553
正当化形成プロセス（長谷川晃）　547, 553
正統性（legitimacy, Legitimität）　157, 276, 374-75
制度化　52-60, 103-04, 277, 361, 455, 477, 485, 521-28, 534, 539, 543, 549, 551, 566, 567　→実践的議論［の制度化］
正（right）と善（good）　165, 353, 379-80, 426
成文法主義　45, 80, 83, 84-85, 114-15, 463, 466, 469, 529, 530
責任主義　252-53, 255, **256-59**, 328
積極的差別是正措置（affirmative action）　390, 402, 404, 431
選択説　224-26　→法的権利［の本質］
先例拘束性（stare decisis）の原理　84, 448-49, 497
相互主体的視座　38-40, **41-42**, 48, 51, 52, 67, 72, 74, 78, 189, 196, 206, 213, 370, 523
組織規範　**67-70**, 73, 77, 111, 121, 201-05　→法規範
租　税　193, 250, 265
ソフィスト　22, 95, 139
損害賠償　185, 190-92, 210-11, 260, 264, 299,

489, 491-92

た 行

対応説（correspondence theory） 360, 363-64 →真理
体系思考　517, 527, 536, 539　→問題思考
体系的解釈　467-68, 469, 470, 472-73　→論理解釈
第三の波理論　284, 291, 306
対話的合理性基準　40, **52-60**, 98, 285, 325, **362-75**, 498, 521-28, 539-41, 544, 549, 552, 564, 567
多元主義　346, 350-51
他者危害原理（ミル）　**172-77**, 186, 187
多数決原理　154, 156-57, 374, 383, 405, 418
多文化主義（multiculturalism）　378, 424, 428, 430, **435-40**
探究学的（zetetisch）思考（フィーヴェク）18-19, 58, 518, 537-38
小さな政府（論）　378, 409, 413
仲　裁　297-98, 300-01
注釈学派
　中世――　25, 466, 513
　フランス――　141, 448
調　停　88, 120, 126, 130, 275, 297-99, 302, 307, 509
直覚主義（intuitionism）　342-44, 380
抵抗権　141, 153
ディヴァージョン（diversion）　259-60, 262-63, 275, 410
テキスト主義　471　→法の解釈［の目標］
抵抗権　141, 153
適正手続（due process）　159, 246, 259, 261, 270, 324, 330, 496, 516
手続的正義　23, 58-59, 97, 159, 245, 267, 270, 273, 277, 281, 285-86, **324-26**, 327-28, 332, 334, 335, 372, 375, 391-93, 408, 416, 417, 461, 508
　純――　59, 285, **325-26**, 392, 395, 412, 528
手続保障（論）　241, 281-84, 290, 295, 557
討議倫理学・討議理論　360-62, 369, 519
統合としての法（law as integrity）（ドゥオーキン）　146, 486, **495-97**, 508, 546
当事者主義（adversary system）　106, 130, 240, **273-74**, 281-84, 295, 325, 506, 525, 545, 555, 557, 572, 574, 577
道徳犯罪　175, 260-61
特別予防論　185, 253-55, 313　→目的刑論
トピック的法律学　485, 536, 547, 567

な 行

内的視点（internal point of view）　**16-21**, 39, 57, 91, 93, 94, 105, 291-92, 364, 456, 479, 482, 483, 486, 495, 498, 501, 503-04, 576　→外的視点
二段階構造論　524, 548-50, 553　→ミクロ正当化とマクロ正当化
日常言語学派　356-59　→分析哲学
日照権　20, 119, 120, 199, 236-37
任意法規　79, 83
人間の尊厳　95, 97, 142, 230-31, 257, 260-61, 315, 316, 332-33
認知主義（cognitivism）　342, 361

は 行

パターナリズム　51, 128, 130-32, 172-73, **176-87**, 212, 226, 246, 260, 268, 296, 404, 411, 441
ハード・ケース（難しい事件）　3, 33, 59, 65-66, 144-45, 150, 277, 285, 326, 375, 458, 486, 493-98, 544, 558, 564-65
パレート最適基準　383, 390, 488-89　→効率（性）
犯　罪　49, 245-63
反省的均衡（reflective equilibrium）（ロールズ）　232, 362, 368, 394-95, **397-98**, 552, 565, 572
反対解釈　470
パンデクテン法学　10, 11, 25, 80, 448, 514, 532
反＝法化　→法化
判　例　18, 80, 84-87, 146, 289-90, 307, 455, 466, 530
判例研究　18, 480-81, 529-30
判例法　33, 45, 79-80, **84-87**, 88, 463　→裁判［の法形成（創造）機能］

584

判例法主義　80, 84, 114-15, 469, 529
被害者なき犯罪　175, 248, 260
非=基礎づけ主義（non-foundationalism）　346, **363-64**, 365, 394-95, 398, 427-28, 503, 550-52　→基礎づけ主義
非形式論理（学）　357, 359, 363-65, 457, 501, 551
非=司法化　104, 126, 301-02, 304-05
必要（needs）原理　**322**, 390, 414, 420
非犯罪化　248, 259-61, 262, 410
批判的法学（critical legal studies）　11, 21, 25, 116, 430, 497
批判道徳（critical morality）　170, 177, 234
非=法化　→法化
平　等　95, 97, 390-91, 393, 402-08, 421, 431, 439, 441
平等主義　253, 378, 381, 387-88, 390, 401-02, 408, 411, 412, 413, 416, 420-22, 431, 437, 441
平等な配慮と尊重を求める権利（ドゥオーキン）　**402-08**, 494
フェミニズム　378, 424, **430-35**
不快（offense）原理　176-77
福祉国家　76, 173, 177, 180-81, 228, 246, 267, 322, 377-79, 393, 403, 408-09, 411, 412, 413-14, 419, 421
普遍化可能性　15, 53, 232, 236, 238, 241, 281, 324, 354, 356, 358, **368**, 395, 473, 525-26, **564-66**, 568-69, 572
普遍主義　99, 101, 102, 106, 128, 129, 221, 319, 378, 386, 393-95, 427-30, 434-35, 437, 439, 440
普遍的な指図主義（ヘア）　356, 383-84
プラグマティズム　5, 10, 125, 316, 343, 350, 451
文化帝国主義　428, 439
分析哲学　5, 25, 341, 345, 356
分析法理学　8, 10-11, 24, 48, 93, 147, 195, 201, 204
紛争志向型訴訟（平井宜雄）　500-01, 544-46
文理解釈　467, 472-73, 483, 558
平和・秩序　95, 154, 155, 156-57, 163, 196, 317, 328　→法的安定性
保安処分　248, 258-59

法化（legalization）　25, 71, 100, **102-05**, 108-09, 110-11, 123, 127, 129, 131-33, 300-02, 304, 434, 442
反——（antilegalization）　**102-05**, 109, 123, 126, 127-29, 301-02, 304
非——（delegalization）　25, 100, **102-05**, 108-09, 111, 122, 123, 126, 129, 132, 301-02, 410, 435
法解釈学　→法律学（法解釈学・実定法学）
法規範　42-44, 49, **63-71**, 201-05, 272
法教義学（的思考）　17-19, 464, 466, 475, 479, 481, 507, 529, 530, **532-41**, 551, 558, 565
法　源　33, 43, 45, **78-88**, 93, 111-12, 272, 466, 551, 565
法原理　24, 44, **65-66**, 145, 158, 334, 493, 535, 551
法システム　**41-47**, 63-64, 67-71　→実定法（システム）
法実証主義　7, 8, 10, 11, 23, 24, 37-38, 48, 59, 79, 89, **91-95**, 97, 137-38, 141-42, 144-45, **146-52**, 153-56, 157, 158, 167, 208, 228, 328, 331, 375, 401, 414, 448, 486, 493, 495
法準則　44, **65-66**, 113
法=正義思考様式（平井宜雄）　499-501, 544-46
法政策学　2, 486, 499-501, 503, 547, 550, 553, 563
包摂（Subsumption）　115, 448, 459-60, 509
法治国家　330-31
法治主義　330-31
法廷弁論　56, 60, 130, 273-75, 283, 290-93, 359, 458, 505-06, 518, 525, 550, 570, 573, 575
法の安定性　86, 95, 154, 156, 314-16, **317-18**, 323, 328, 448-49, 451-52, 476　→平和・秩序
法的議論　45-46, 54, 57-58, 271, 282, 361, 374-75, 457, 485-86, 498, 505, **519-28**, **546-52**, 567　→法的思考
法的権利（義務関係）　→権利［義務関係］
――の本質　→意思説, 利益説, 選択説
法的（法律学的）構成　459, 481, 529, 569　→理論構成
法的サンクション　**190-94**, 197-200, 204-05,

263-68 →強制的サンクション，サンクション（制裁）
法的三段論法　453-60, 463, 508-09, 515, 530, 548
法的思考　25, 447, 505-17, 528, 534, 538, 540-41, 543-47　→法的議論
法的推論　26, 505, 520　→法的議論, 法的思考
法的正義　→正義［法的］
法的妥当性（拘束力）　→法の妥当性（効力）
法的パターナリズム　176-87　→パターナリズム
法的モラリズム　173-77, 180, 252, 260, 406
法道具主義　108-09, 125-27, 129, 131, 132, 316, 560
法と経済学　26, 267, 383, 416, 485-86, 487-92, 497, 499, 563
法と秩序 (law and order) イデオロギー（運動）　173, 318, 329
法の一般性　65, 106, 112-13, 144, 270, 316, 319, 327
法の解釈　145, 289, 452-54, 458, 463-73, 475-504, 529, 564-66
　──の技法　→文理解釈, 体系的解釈, 歴史的解釈, 目的論的解釈
　──の目標　→立法者意思説（主観説）, 法律意思説（客観説）, 意図主義, テキスト主義
法の概念 (concept) と構想 (conception)　31-41
法の外面性・道徳の内面性　167-70
法の継続形成　458, 465-66, 507, 528, 529, 545, 560, 574　→裁判［の法形成（創造）機能］
法の欠缺　450, 464-65, 469
法の欠缺補充　289, 465-66, 467-70, 569　→類推, 反対解釈, 勿論解釈
法の賢慮 (iuris prudentia)　9, 13, 26, 512-13, 517-18, 533
法の国家化　24, 63, 137, 167, 219
法の三類型モデル　38-41, 99-133　→自立法型, 自治法型, 管理型法
法の支配　39, 45, 46, 50, 63, 69, 72, 97-98, 100, 106, 110, 113-16, 131-33, 159, 200, 212, 217, 245, 256, 270, 272, 307, 309, 313, 316, 326-36, 374, 388, 403, 413, 415, 417, 439, 458, 506, 508, 509-10, 522, 526, 545, 549, 561, 563, 564, 569　→合法性
法の社会的機能　71-78
　活動促進──　50, 73-74, 75, 206-08
　資源配分──　51, 76-78, 121, 206, 209-10, 212
　社会統制──　50, 72-73, 75, 206-08, 245
　紛争解決──　75-76, 206　→裁判［の紛争解決機能］
法（的議論）の自律性　39, 71, 99, 106, 110, 112, 115, 152, 196, 494, 523-25, 534
法の妥当根拠（論）　78, 89, 95-98, 138-39, 153, 206　→実力説（強制説）, 承認説（同意説）
法の妥当性（効力）　33, 73, 78, 89-98, 112, 147, 149, 150, 153, 156, 158
法の倫理化　168, 170, 173, 321
方法二元主義　91, 342, 348-49, 355, 359, 478
法律意思説（客観説）　470-71　→法の解釈［の目標］
法律学（法解釈学・実定法学）　1-3, 16-19, 20-21, 45, 447, 458, 475, 479-82, 499, 501-03, 513, 518, 519, 521, 528-41, 547, 563
法律学的ヘルメノイティク　460, 547
法律論（解釈論）　20, 43, 46, 87, 293, 480, 502, 523, 550-51, 563, 564
傍論 (obiter dictum)　87, 293
北欧リアリズム法学　→リアリズム法学
ポスト・モダン法理論　11, 25

ま　行

マルクス主義　5, 21, 23, 125, 343, 418, 420-21, 431, 478
　──法理論　11, 12, 24, 116, 197, 218
ミクロ正当化とマクロ正当化（平井宜雄）　501-03, 547-53, 567-68　→二段階構造論
民主制 (democracy)　277, 279-80, 329, 331-32, 351-53, 361, 374, 429, 439, 447
　熟議── (deliberative ──)　361, 374-75,

377, 400, 420, 427
　選好集積型──（preference-aggregation
　　──) 383, 420
　立憲── →立憲民主制
無政府資本主義　409-10
命令説　64, 190　→法規範
メタ倫理学　23, **341-45**, 355, 356, 377, 380　→規範的倫理学
目的刑論　251, **253-56**　→刑罰［目的論］, 一般予防論, 特別予防論
目的＝手段思考様式（平井宜雄）　499-501, 544-46
目的＝手段図式　**108-09**, 125, 304, 491, **509-10**, 545, 549, 553, 556, **559-63**
目的論（teleology）　246, 251, 380, 401　→義務論
目的論的解釈　468-69
勿論解釈　470
問題思考　503, 517, 527, 536, 537, 545　→体系思考

や 行

夜警国家　76, 228, 411, 415
要件＝効果図式　65, 68, **108-09**, 114, 123-25, 304, 458, 463, 491, **508-10**, 524, 526, 545, 549, 553, 562, 564, 567-68, 574
要件事実論　545, 550-51, 574

ら 行

ラートブルフ定式　142, 315
リアリズム法学　11-12, 37-38, 89
　アメリカ──　21, 25, 33, 146, 147, **451-53**, 454, 456, 480, 483, 495, 497, 498, 541, 558
　北欧──　21, 25, **90-91**, 147, 195
利益衡（考）量論　468, 481, **482-85**, 487, 549, 553-60
利益説　224-26　→法的権利［の本質］
利益法学　25, **450-51**, 464, 536
リーガリズム　21, 57-58, 99, 106-107, 108-09, **123-25**, 127, 132, 167, 288, 302, 329, 433, 434-

35, 441-42
リーガル・プロセス（legal process）学派　271, 497
リーガル・マインド　**510-12**, 547, 567
立憲主義　39, 45, 106, 329-32, 374, 417, 418, 439　→立憲民主制
立憲民主制　54, 156-58, 163, 277, 279-80, 374, 378-79, 385-89, 392-93, 399, 403, 405, 418, 443, 493, 575　→立憲主義, 民主制
立法者意思説（主観説）　450, 468, 470-71　→法の解釈［の目標］
立法論　→政策論（立法論）
リバタリアニズム　126, 177, 246, 268, 321, 378, 391-92, 402, **408-20**, 421, 422, 426
リベラリズム　23, 181, 225-27, 253, 321, 377-78, 386-88, 399-401, 402-05, 408, 420-43　→自由主義
リベラル・コミュニタリアン論争　361, **423-30**　→リベラリズム, 共同体主義
理由指図（説）　44, 64, 67, 190　→法規範
理由探究的アプローチ（good reasons approach）　64, **356-59**, 360, 362, 518-19
理論構成　484, 529, 551, 558, 565　→法的（法律学的）構成
理論知（episteme, scientia）　15, 366, 512-13
類　推　115, 468-70
歴史的解釈　468
歴史的法理学（historical jurisprudence）　8, 10, 24
歴史法学派（Historische Rechtsschule）　11, 141, 448
レトリック（弁論術・修辞学）　25, 274, 359, 362, 371, 506, 512-13, 517-18, 520, 533, 570
　──的法律学　→トピク的法律学
論理解釈　467, 483, 558　→体系的解釈
論理実証主義　23, 344, 345, 348, 359

わ 行

和　解　120, 130, 274, 275, 290, 297-99, 304, 307-08, 509-10

人名索引
（太字は重要箇所を示す）

あ 行

青井秀夫　64, 460, 467, 519
碧海純一　32, 35, 72, 342, 477-78
アリストテレス（Aristotle）　22, 182, 274, 317, 320, 323, 326, 336, 341, 358, 359, **366**, 424, 429, 513, 533, 567, **569-70**
アレクシー（R. Alexy）　151, 486, 519-20, 539, 548
アンガー（R. M. Unger）　105, 121
イェリネック（G. Jellinek）　171
イェーリング（R. v. Jhering）　197, 224, 328, 448
市井三郎　338
井上治典　126, 282, 284, 306
岩田靖夫　320, 570
ウェーバー（M. Weber）　25, 95, 116, 346-48, 350, 479
ヴェルツェル（H. Welzel）　142-43
ウォルツァー（M. Walzer）　423, 428-29
内田貴　498
浦部法穂　554, 557
エイヤー（A. J. Ayer）　344, 347
エールリッヒ（E. Ehrlich）　25, 39, 105, 118, 120, 121, 197, 449
エンギッシュ（K. Engisch）　460, 467, 515
エンゲルス（F. Engels）　421, 431
オースティン（J. Austin）　**7-10**, 24, 39, 48, 91, 93, 96, 146, 148, 149, 195, 201, 204, 208
オースティン（J. L. Austin）　358
オリィヴェクローナ（K. Olivecrona）　90, 195, 201

か 行

ガイガー（Th. Geiger）　90-91
カウフマン（A. Kaufmann）　143, 470
加藤一郎　**482-84**, 554, 557, 558-59, 561

加藤新平　32, 35, 64, 147, 199, 203-04, 338, 347, 350
カードーゾ（B. N. Cardozo）　451-52
カラブレイジ（G. Calabresi）　487, 489, 499
川島武宜　101-02, 131, 220, 302, 475, **479-82**, 483, 531
カント（I. Kant）　6, 23, 140, 168, 172, 181, 224, 252, 255, 356, 366, 377, 380, 402, 411, 417, **567-70**
キケロ（Cicero）　139
キムリッカ（W. Kymlicka）　437-39
ギリガン（C. Gilligan）　433-34
クライニッヒ（J. Kleinig）　179, 181, 183-84
クリーレ（M. Kriele）　520-21
来栖三郎　469, **475-77**, 479, 483
グロチウス（H. Grotius）　23, 140
クワイン（W. V. O. Qwine）　398
クーン（Th. S. Kuhn）　540
ケルゼン（H. Kelsen）　6, 11, 21, 24, 39, 48, **91-92**, 147-48, 149, 195, 198, **201-05**, 218, 346-47, 351-52, 414
コーク（E. Coke）　114
小島武司　305-07
コース（R. H. Coase）　488
ゴールディング（M. P. Golding）　251-52, 253

さ 行

佐藤幸治　235-36, 331
サヴィニー（F. C. v. Savigny）　11, 25, 118, 224, 448
サール（J. R. Searle）　358-59
サレイユ（R. Saleilles）　141, 449
サンデル（M. J. Sandel）　423-26
ジェニィ（F. Gény）　141, 449
シジウィック（H. Sidgwick）　379-80
シュガーマン（St. D. Sugarman）　321-22
シュクラー（J. N. Shklar）　124

シュタムラー（R. Stammler） 11, 141
シンガー（P. Singer） 384-85
スティーブンソン（C. L. Stevenson） 344-45, 356
瀬川信久 548-49
ソクラテス（Socrates） 95, 149, 341
ソロー（H. D. Thoreau） 152

た 行

テイラー（Ch. Taylor） 423-24, 437-38
デカルト（R. Descartes） 414, 513, 518
デヴリン（P. Devlin） 174-75
デューイ（J. Dewey） 343, 350
トイプナー（G. Teubner） 71, 110
ドゥオーキン（G. Dworkin） 178, 183
ドゥオーキン（R. Dworkin） 3, 6, 24, 26, 31-32, 36, 65-66, 143-46, 148, 150, 151, 162, 165, 220, 227, 229, 233, 235, 393, **401-08**, 411, 413, 422, 429, 437, 486, **492-98**, 508, 519, 520, 546, 561
トゥールミン（St. Toulmin） **356-58**, 362, 371, 457, 501, 518-19, 520, 548-49
トマジウス（Ch. Thomasius） 140, 167-68
トマス・アクィナス（Thomas Aquinas） 23, 139-40, 141

な 行

中村治朗 498, 520
中村直美 179, 181, 183
ニッケル（J. W. Nickel） 234
ノージック（R. Nozick） 227, 268, 384, 392, 401-02, 409, **410-13**, 416-18

は 行

ハイエク（F. A. Hayek） 6, 121, 268, 322, 329, 337-38, 409, **413-16**, 417
バイヤー（K. Baier） 358, 362
パウンド（R. Pound） 10, 208, 451-52
ハーサニー（J. C. Harsanyi） 397
長谷川晃 547-48
ハート（H. L. A. Hart） 6, 10, 16, 24, 36, 64, 65, 67, 74, 91, **93-94**, 96, 97, 143-46, **147-51**, 155, 169, 170, **174-78**, 190, 198, 201, 203-04, 207, 222-23, 224-26, **257**, 318, 320, 387, 389, 397, 413, 486, 493
ハーバマス（J. Habermas） 6, 11, 25, 57, 165, 285, **359-61**, 362, 369, 371, 519
浜田宏一 491-92
ヒューム（D. Hume） 344, 359, 414, 429
平井宜雄 76, 486-87, **499-504**, **544-53**, 556, 563, 564
平井亮輔 57, 375
広中俊雄 465, 478
ファインバーグ（J. Feinberg） 176, 182
フィーベク（Th. Viehweg） 18-19, 485, 515, **517-18**, 520, 537
深田三徳 224, 229-33, 493
ブキャナン（J. M. Buchanan） 409-10, **416-20**
藤原保信 366, 533
フラー（L. L. Fuller） 6, 24, 74, 97, 118, 121, **143-46**, 148, 150, 159, 198, 208, 256-57, 271, 282, **315-16**, 327-28, 331, 332, 337-38, 350, 497, 562
プラトン（Plato） 22, 95, 152, 319, 341, 343, 577
フランク（J. Frank） 452
フランケナ（W. K. Frankena） 342, 346, 351
フリードマン（D. Friedman） 409-10
フリードマン（M. Friedman） 409-10
ヘア（R. M. Hare） 356, 383-84
ヘーゲル（G. W. F. Hegel） **6-9**, 23, 165, 424
ヘック（Ph. Heck） 450-51
ペノック（J. R. Pennock） 229-30
ベルグボーム（K. Bergbohm） 11, 149, 155
ペレルマン（Ch. Perelman） 359, 362, 485, **518**, 520
ベンサム（J. Bentham） 8, 10, 21, 23, 24, 48, 93, 146, 148, 149, 172, 195, 201, 204, 208, 222, 224, 227, 253, 343, 379, 381
星野英一 478, **482-84**, 503, 551, 554, 558-59
ポズナー（R. A. Posner） 487-88

ホッブズ（Th. Hobbes）　23, 140, 410, 417
ポパー（K. R. Popper）　337, 478, 502, 540, 549
ホーフェルド（W. N. Hohfeld）　222-24
ホームズ（O. W. Holmes）　451-52, 515

ま 行

マコーミック（N. MacCormick）　16, 455, 486, 520, 548
マッキノン（C. A. Mackinnon）　432
マッキンタイア（A. MacIntyre）　423-24, 429
マリノフスキー（B. Malinowski）　39, 197-98
マルクス（K. Marx）　24, 420-21, 424
マルティン（R. Martin）　234
ミラー（D. Miller）　421-22
ミル（J. S. Mill）　8, **172-77**, 179, 181, 182, 343, 379, 431
ムーア（G. E. Moore）　343
メイン（H. Maine）　8, 10, 24
メラメド（A. D. Melamed）　489
モンテスキュー（Ch. L. d. S. Montesquieu）　270, 447

ら 行

ラートブルフ（G. Radbruch）　6, 11, 142, 156, 168-69, **314-16**, 317-18, 319, 323, 346-48, 350, 351-52
ラズ（J. Raz）　64, 72, 150-51, 195, 201, 204-05, 332
ラッセル（B. A. W. Russell）　14, 347
ルウェリン（K. N. Llewellyn）　452
ルーカス（J. R. Lucas）　336
ルソー（J. J. Rousseau）　23, 140, 377, 414
ルーマン（N. Luhmann）　11, 25, 71, 284-85, 325
ロイド（D. Lloyd）　208-09, 318-19
六本佳平　200, 208
ロス（A. Ross）　90-91, 195, 201
ロスバード（M. N. Rothbard）　409-10
ロック（J. Locke）　23, 140, 377, 409, 411
ロールズ（J. Rawls）　6, 10, 23, 36, 59, 232, 285, 318, 320, 322, **325-26**, 362, 363, 368, 377-79, 384, **385-401**, 402, 404, 405, 407, 411, 412, 416, 421, 422, 423, 428, 429, 433, 437, 492, 528, 565

わ 行

ワッサストローム（R. A. Wasserstrom）　455, 548

≪著者略歴≫

田中成明（たなか　しげあき）

1942年　兵庫県三田市に生まれる
1964年　京都大学法学部卒業
　　　　京都大学大学院法学研究科教授，関西学院大学大学院司法研究科教授などを経て，
現　在　京都大学名誉教授　㈶国際高等研究所副所長

主要著書

『裁判をめぐる法と政治』（有斐閣，1979年）
『現代日本法の構図』（筑摩書房，1987年／増補版，悠々社，1992年）
『法的空間：強制と合意の狭間で』（東京大学出版会，1993年）
『現代社会と裁判』（弘文堂，1996年）
『転換期の日本法』（岩波書店，2000年）
『法学入門』（有斐閣，2005年）
『法への視座転換をめざして』（有斐閣，2006年）等

現代法理学
Contemporary Jurisprudence

2011年11月20日　初版第1刷発行
2022年9月20日　初版第2刷発行

著　者　田　中　成　明
発行者　江　草　貞　治

発行所　株式会社　有　斐　閣　　郵便番号　101-0051
　　　　　　　　　　　　　　　　　東京都千代田区神田神保町2-17
　　　　　　　　　　　　　　　　　http://www.yuhikaku.co.jp/

印刷・製本　共同印刷工業株式会社
©2011, Shigeaki Tanaka. Printed in Japan
落丁・乱丁本はお取替えいたします。
★定価はカバーに表示してあります。
ISBN 978-4-641-12548-3

JCOPY　本書の無断複写（コピー）は，著作権法上での例外を除き，禁じられています。複写される場合は，そのつど事前に，(一社)出版者著作権管理機構（電話03-5244-5088, FAX03-5244-5089, e-mail:info@jcopy.or.jp）の許諾を得てください。